SV

DENKEN UND WISSEN
EINE POLNISCHE BIBLIOTHEK

Herausgegeben von Dieter Bingen
Deutsches Polen-Institut Darmstadt
Redaktion: Peter Oliver Loew

Die Geschichte der sechs Begriffe des herausragenden polnischen Philosophen Władysław Tatarkiewicz ergänzt seine unvollendet gebliebene Geschichte der Ästhetik und führt sie in einzelnen Aspekten bis ins 20. Jahrhundert fort. Tatarkiewicz behandelt zentrale Fragen der Ästhetik durch eine Geschichte der Begriffe Kunst, Schönheit, Form, Kreativität, Mimesis und ästhetisches Erlebnis, die er von der Antike über das Mittelalter und die Moderne bis in die zweite Hälfte des 20. Jahrhunderts führt. Seine Ausführungen sind von großer Anschaulichkeit und Prägnanz. Die Geschichte der sechs Begriffe ist bereits in mehr als zehn Sprachen übersetzt worden.

Der Warschauer Philosoph, Ästhetiker und Kunsthistoriker Władysław Tatarkiewicz (1886-1980) zählt zu den wichtigsten polnischen Denkern des 20. Jahrhunderts und legte glänzende Überblickswerke und Einzelstudien zur Geschichte von Philosophie, Ästhetik und Kunst vor.

Władysław Tatarkiewicz

Geschichte der sechs Begriffe
Kunst · Schönheit
Form · Kreativität · Mimesis
Ästhetisches Erlebnis

Aus dem Polnischen
von Friedrich Griese

Suhrkamp Verlag

Originaltitel: Dzieje sześciu pojęć: sztuka · piękno · forma · twórczość · odtwórczość · przeżycie estetyczne.
Warszawa: Państwowe Wydawnictwo Naukowe 1976.

Die Übersetzung wurde gefördert durch das Auswärtige Amt

Erste Auflage dieser Ausgabe 2023

Umschlaggestaltung nach Entwürfen von hißmann, heilmann, hamburg
Satz: fio & flo, Thorn/Polen
Druck: Books on Demand GmbH, Norderstedt
Printed in Germany
ISBN 978-3-518-24387-9

www.suhrkamp.de

Geschichte der sechs Begriffe

Inhaltsübersicht

Vorbemerkung des Übersetzers

Trotz großer Anstrengungen ist es nicht gelungen, alle von Władysław Tatarkiewicz angeführten Zitate nach den deutschen Ausgaben zu überprüfen. Diese Textstellen werden im folgenden mit einem Sternchen (*) gekennzeichnet.

Friedrich Griese, im November 2002

Vorwort

Die Geschichte der Ästhetik kann man, genau wie die Geschichte anderer Wissenschaften, auf zweierlei Weise auffassen: als Geschichte der Menschen, die sie schufen, oder als Geschichte der Probleme, die in ihr gestellt und gelöst wurden. Die vom Verfasser des vorliegenden Buches veröffentlichte *Geschichte der Ästhetik* (Bd. 1-3, 1960-68; deutsch: Basel/Stuttgart: Schwabe 1979-1986) war eine Geschichte von Menschen, Schriftstellern und Künstlern, die sich in früheren Jahrhunderten über das Schöne und die Kunst, die Form und die Kreativität geäußert haben. Das vorliegende Buch kehrt zu demselben Thema zurück, faßt es jedoch anders: als Geschichte der ästhetischen Probleme, Begriffe und Theorien. Beide Bücher, das frühere und das jetzige, stützen sich teilweise auf dasselbe Material, allerdings nur teilweise, denn das vorige endete mit dem 18. Jahrhundert, während das vorliegende bis in unsere Gegenwart führt. Und vom 18. bis zum 20. Jahrhundert ist in der Ästhetik viel geschehen; erst in dieser Zeit wurde sie als eine eigene Wissenschaft anerkannt, erhielt sie einen eigenen Namen und brachte sie Theorien hervor, an die Gelehrte und Künstler einst nicht im Traum gedacht hätten.

Das neue Buch ist mit dem alten jedoch insofern verwandt, als man es als Ergänzung und Abschluß betrachten kann, als dessen viertes Buch gewissermaßen. Wegen des teilweise gemeinsamen Materials waren jedoch auch Wiederholungen nicht zu umgehen. In der Geschichte der Ästhetik gibt es wie in anderen Wissenschaften Begriffe und Theorien, die in keiner Fassung fehlen dürfen. Hier hatte der alte Empedokles recht mit der Behauptung, daß ein Gedanke, der es wert ist, ausgesprochen zu werden, es auch wert ist, wiederholt zu werden. – Das ist das erste Problem, das im Vorwort angesprochen werden mußte.

Das zweite ist das der *Periodisierung*. Jedes Buch, das längere

Geschichtsräume umfaßt, muß diese in irgendeiner Weise unterteilen. Das vorliegende Buch bedient sich der einfachen Einteilung in vier große Perioden: Antike, Mittelalter, Neuzeit und Gegenwart. Die Grenze zwischen Antike und Mittelalter wird zwischen Plotin und Augustin, die zwischen Mittelalter und Neuzeit zwischen Dante und Petrarca gesehen. Als Grenze zwischen Neuzeit und Gegenwart wird die Wende vom 19. zum 20. Jahrhundert angenommen: Da zerriß die Kontinuität der Entwicklung, die trotz nicht geringer Veränderungen vom 15. bis zum 19. Jahrhundert unbestreitbar ist.

Das dritte Problem: In einer Geschichte der Begriffe konnte sich der Autor entweder eine vollständige Inventarisierung oder nur eine Auswahl dessen, was im Laufe der Jahrhunderte über die Begriffe gedacht und geschrieben wurde, zur Aufgabe stellen. Eine Inventarisierung überstieg jedoch die Kräfte eines einzelnen, und sie erschien auch weniger dringlich als die Hervorhebung dessen, was es in den sukzessiven Konzeptionen des Schönen und der Kunst, der Form und der Kreativität an Treffendem, Tiefem und Originellem gab. Freilich stößt, wer eine Auswahl trifft, auf bekannte Schwierigkeiten: er kann sich selbst, seine Vorlieben und Bewertungen, seine eigenen Auffassungen von dem, was ewig gültig und was für bestimmte Epochen wesentlich ist, nicht gänzlich ausschalten. Die frühe Geschichtsperiode hat sich wenig um ästhetische Reflexionen gekümmert und sich noch weniger an sie gehalten, so daß eine Auswahl nicht notwendig war und fast das gesamte Material berücksichtigt werden konnte. Anders dagegen die uns näherstehenden Zeiten. In ihnen hat der Historiker unter vielem zu wählen, und seine Aufgabe ist umso schwieriger, als seinem Blick Distanz und Perspektive fehlen.

Auch die am Ende dieses Bandes aufgenommene Bibliographie bedarf einer Erläuterung im Vorwort. Sie ist nämlich nicht vollständig (eine vollständige Bibliographie zu einem Buch, das die gesamte europäische Ästhetik behandelt, wäre ein eigenes Werk). Sie enthält aber etwas mehr Titel als die im Text zitierten. Sie stellt das Arbeitsmaterial des Verfassers dar und führt die Arbeiten auf, die er benutzt hat. Sie ist unterteilt in Quellen und Monographien. Die Quellen sind schon im Text angegeben, aber in Abkürzung; den vollständigen Titel findet der Leser am Ende des Buches in der Bibliographie.

Die letzte notwendige Erläuterung gilt den Illustrationen. In einem Buch aus dem Bereich der Kunst und des Schönen wären sie unerläßlich, doch einen Text, in dem allein von Begriffen die Rede ist, könnte man fast nur illustrieren mit Verkörperungen von Begriffen, mit Allegorien, Vorstellungen der Gottheiten, die über die Künste und das Schöne wachen. Die griechische Konzeption dieser Gottheiten hat sich so sehr erhalten, daß man nicht nur die antiken Vorstellungen der Musen und des Orpheus reproduzieren konnte, sondern auch die Apolls aus dem 16. Jahrhundert, der drei Grazien aus dem 17. Jahrhundert und einer Muse aus dem 20. Jahrhundert. Unter den Illustrationen überwiegen Verkörperungen der Künste: der sieben freien Künste, der Poesie (Dichtung), der Malerei und des Theaters. Es findet sich unter ihnen aber auch der hl. Lukas als Patron der Malerei, eine barocke Allegorie der Unsterblichkeit der Künstler und eine als *Micron* betitelte zeitgenössische Allegorie der Unendlichkeit. Eine eigene Gruppe von Illustrationen bilden Berechnungen der vollkommenen Proportionen des Menschen: die bekannte Zeichnung von Leonardo da Vinci, eine weniger bekannte von Le Corbusier und eine kaum bekannte von Michelangelo, hier reproduziert nach einer Kopie, die einst von Stanisław August verehrt und in seine Sammlungen einverleibt wurde und jetzt Eigentum des Kupferstichkabinetts der Bibliothek der Universität Warschau ist. – Aus dieser polnischen Sammlung stammt die Mehrheit der Zeichnungen.

Das Buch wurde in den Jahren 1968-73 verfaßt. Es wurden aber auch einige ältere Fragmente aufgenommen, eines sogar aus der Zeit vor dem Zweiten Weltkrieg. Im Laufe seiner Entstehung wurden einzelne Kapitel veröffentlicht: im *Dictionary of the History of Ideas*, in einem Sammelband mit dem Titel *Wstęp do historii sztuki* [Einführung in die Kunstgeschichte] sowie in polnischen und ausländischen Zeitschriften.

Keines der Kapitel wurde jedoch in der vollständigen Fassung veröffentlicht, in der es hier erscheint.

Zu einem Vorwort gehören auch Dankesworte des Autors an all jene, die ihm geholfen haben, das Buch zu schreiben, zu illustrieren und herauszugeben. Sie gebühren Janusz Krajewski für die Vervollständigung der Bibliographie und nie nachlassende freundschaftliche Hilfe; Frau Prof. Helena Syrkusowa für zahlreiche Anregungen und wertvolle Ratschläge zum Bereich der zeitgenössischen Kunst; Frau Prof. Maria Ludwika Bernhard für ihre Hilfe bei der Auswahl der antiken Illustrationen; Frau Kustos Paulina Ratkowska bei der Auswahl der mittelalterlichen Illustrationen und den Kustoden des Kupferstichkabinetts, den Damen Teresa Sulerzyska und Elżbieta Budzińska, für das Zugänglichmachen der übrigen Sammlungen unter ihrer Obhut.

Einleitung

> In die Mitte der Welt habe ich dich gestellt, damit du von da aus bequemer ringsum betrachten kannst, was es auf der Welt gibt. Weder als einen Himmlischen noch als einen Irdischen habe ich dich geschaffen [...], damit du wie ein Former und Bildner deiner selbst nach eigenem Belieben und aus eigener Macht zu der Gestalt ausbilden kannst, die du bevorzugst.
>
> Giovanni Pico della Mirandola:
> *Oratio de hominis dignitate*

I.

Um die Vielfalt der Erscheinungen gedanklich zu bändigen, faßt der Mensch sie zu Gruppen zusammen, und die größte Ordnung und Übersichtlichkeit erreicht er, wenn er sie in große Gruppen nach allgemeinsten Kategorien einteilt. In der Geschichte der europäischen Kultur hat man solche Einteilungen seit klassischen Zeiten vorgenommen; und ob diese nun der Struktur der Erscheinungen entsprachen oder ob menschlicher Konformismus wirksam war, diese großen Einteilungen der Erscheinungen, ihre allgemeinsten Kategorien haben sich jedenfalls über Jahrhunderte mit erstaunlicher Beständigkeit behauptet.

1. Es wurden und werden drei Arten von höchsten *Werten* unterschieden: *das Gute*, *das Schöne* und *das Wahre*. Schon von Platon wurden sie zusammen genannt (*Phaidros*, 246 e) und haben sich seither im europäischen Denken gehalten. Im Mittelalter trat diese Zusammenstellung häufig in der lateinischen Formel *bonum*, *pulchrum*, *verum* auf, mit einer etwas anderen Qualifikation: nicht als drei Werte, sondern als

drei »transcendentalia«, als höchste Bestimmungen. Als oberste Werte werden sie erneut in einer uns näherliegenden Zeit erwähnt, besonders von einem französischen Philosophen der ersten Hälfte des 19. Jahrhunderts, Victor Cousin. Wir halten fest: das *Schöne* gilt in der Kultur des Westens seit altersher als einer der drei höchsten Werte.

2. Es wurden und werden drei Arten von Tätigkeiten und Lebensweisen unterschieden: *Theorie*, *Handeln*, *Schaffen*. Diese Einteilung findet sich bei Aristoteles, und man darf annehmen, daß er sie erdacht hat. In römischer Zeit machte Quintilian daraus die trichotomische Einteilung der *Künste* (*Inst. orat.*, II. 18. 1). Sie blieb die natürliche Einteilung für die Scholastik; sie erhielt sich auch in der Denkweise der Menschen der Neuzeit. Im Denken und Reden des Alltags tritt sie häufig in der vereinfachten, von Aristoteles abweichenden zweigliedrigen Formel von Theorie und Praxis auf. Ein Widerhall davon ist auch die heutige Gegenüberstellung von Wissenschaft und Technik. Die grundlegende aristotelische Trichotomie fand auch Ausdruck bei Kant in seinen drei Kritiken: der Kritik der reinen Vernunft, der praktischen Vernunft und der Urteilskraft. Diese drei Kritiken, drei Bücher, separierten drei Bereiche der Philosophie voneinander und zugleich drei Bereiche menschlicher Interessen und Tätigkeiten. Wenn Autoren des 19. Jahrhunderts, insbesondere Kantianer, die Philosophie in *Logik*, *Ethik* und *Ästhetik* unterteilten, so war das dieselbe Einteilung in einer anderen, einfacheren Formulierung. Wiederum anders, aber mit verwandter Intention unterschied und unterscheidet man *Wissenschaft*, *Moral* und *Kunst*. Wir halten fest: Die *Ästhetik* gilt als einer von drei Bereichen der Philosophie, die *Kunst* seit altersher als einer von drei Bereichen menschlichen Schaffens und Handelns.

Ähnlich unterteilen die Psychologen in *Denken*, *Wollen* und *Fühlen*, wobei gelegentlich angemerkt wird, daß diese Trias der von Logik, Ethik und Ästhetik und der von Wissenschaft, Moral und Kunst entspreche. Diese Trichotomien waren und sind noch immer so verbreitet, daß es nutzlos wäre, all jene aufzuführen, die sie im Laufe der europäischen Geschichte befürwortet haben. Allgemein kann man sagen, daß diese drei großen Trichotomien menschlicher Tätigkeit sich zusammen mit der aristotelischen Philosophie erhielten, sich aber auch dann noch behaupteten, als die letztere schwächer wurde; sie kehrten vor allem durch Kant wieder: nicht nur seine Anhänger, sondern auch seine Gegner bedienten sich seines dreigliedrigen Schemas.

3. Es wurden und werden (in der Philosophie wie im Alltagsdenken) zwei Arten von *Wesen* unterschieden: jene, die Teil der Natur sind, und jene, die vom Menschen geschaffen wurden. Diese Unterscheidung wurde früh von den Griechen eingeführt; sie unterschieden das, was »auf Grund von Natur« (*physei*) ist, von dem, was auf Grund von Kunst ist, dem, was menschliche Setzung (*nomo*, *thesei*) ist. Platon erklärt, dies sei eine Unterscheidung der Sophisten gewesen (*Nomoi*, X. 889 A). Es war für die Alten die Unterscheidung zwischen dem, was vom Menschen unabhängig, und dem, was von ihm abhängig ist; anders gesagt: zwischen dem Notwendigen und dem, das auch anders sein könnte. Das galt *prima facie* für praktische, gesellschaftliche Fragen, wurde aber auch auf die Kunst und auf Urteile über das Schöne angewandt.

Die Philosophie führte – ebenfalls schon in der Antike – eine ähnliche Unterscheidung ein, die aber auf einer anderen Grundlage beruhte, nämlich auf dem Gegensatz von Objekt und Subjekt: der Auszeichnung dessen, was unter unseren Dingen, Gedanken und Errungenschaften *objektiv* ist. Aristoteles unterschied einfach und radikal das, was »an sich« (*to kat'heauton*) ist, und das, was »für uns« (*to pros hemas*) ist. Doch in gleichem Maße war diese Entgegensetzung dem Denken Platons eigen; in der Geschichte des europäischen Denkens trat sie sowohl in der platonischen wie in der aristotelischen Strömung auf. Noch stärker wurde sie in der Neuzeit durch Descartes und Kant in den Vordergrund des Denkens gerückt und seither als eine Problematik der Philosophie bestimmt. In der Geschichte der Ästhetik war es zeitweise deren Hauptproblem, ob Dinge an sich oder nur für uns schön sind.

4. Es wurden und werden zwei Arten von Erkenntnis unterschieden: *geistige* und *sinnliche*. Mit aller Entschiedenheit wurden sie einander in der Antike gegenübergestellt als *aisthesis* und *noesis*, zwei Begriffe, die damals ständig benutzt und einander entgegengesetzt wurden. Diese Begriffe bewahrten ihre Position auch in der Neuzeit und bildeten die Grundlage für die Einteilung der Denker in Sensualisten und Rationalisten, bis hin zur Kantschen Lehre von den »zwei Stämmen der Erkenntnis«, die eine Synthese von Sensualismus und Rationalismus darstellte. Wir halten fest, daß der Name Ästhetik auf den griechischen Ausdruck *aisthesis* zurückgeht.

5. Es wurden und werden zwei *Faktoren des Seins* unterschieden: die Bestandteile und ihre Anordnung, anders gesagt die *Elemente* und die *Form*. Aristoteles schied sie voneinander, und sie haben sich seither, unterschiedlich interpretiert, über Jahrhunderte hinweg im europäischen Denken erhalten. Wir halten fest, daß die Form einer der Begriffe ist, die in Betrachtungen über die Kunst ständig wiederkehren.

6. Nachdrücklich unterscheidet man ferner zwischen der Welt und der Sprache, in der wir über die Welt sprechen, anders gesagt zwischen *Dingen* und *Zeichen*. Noch etwas anders: zwischen Dingen und Symbolen. Diese Unterscheidung stand nicht immer im Vordergrund der Wissenschaft, insbesondere der Wissenschaft vom Schönen und der Kunst, aber sie reicht zurück bis in die Frühzeit der griechischen Kultur, in der man einander schon das Ding und den Namen entgegensetzte: *rema* und *onoma*.

Das Gute – das Schöne – das Wahre, Theorie – Handeln – Schaffen, Logik – Ethik – Ästhetik, Wissenschaft – Moral – Kunst, Natur – menschliche Erzeugnisse, objektives und subjektives Eigentum, Geistiges und Sinnliches, Elemente – Formen, Dinge – Zeichen: all diese Unterscheidungen und

Kategorien sind grundlegend für das Denken der Welt oder wenigstens das des Westens. Zu ihnen gehören das Schöne, das Schaffen, die Ästhetik, die Kunst, die Form. Es steht außer Zweifel: die Ästhetik und ihre wesentlichen Begriffe gehören zum allgemeinsten und beständigsten Besitz des menschlichen Denkens. Und nicht minder beständig sind ihre großen Gegensätze: Schaffen und Erkenntnis, Kunst und Natur, Dinge und Zeichen.

II.

A. *Klassen*. Um die Erscheinungen gedanklich zu bändigen, verbinden wir solche, die einander ähnlich sind, miteinander und bilden aus ihnen Gruppen oder *Klassen*, wie die Logiker sagen. Wir verbinden sie zu kleineren und größeren, aber auch zu sehr großen Klassen, etwa den Klassen des Schönen und der Kunst, der Formen und des Schaffens, von denen schon die Rede war und von denen dieses Buch im weiteren handeln wird.

Wir bilden Klassen aufgrund der Eigenschaften, welche die Erscheinungen besitzen; es eignen sich jedoch nicht alle gemeinsamen Eigenschaften zur Bildung von Klassen. Die Klasse der grünen Objekte (um ein Beispiel zu nehmen, das außerhalb der Ästhetik liegt) umfaßt Gras, Smaragde, einige Papageien, Malachit und viele andere Dinge, aber sie ist von geringem Nutzen, weil grüne Objekte außer der Farbe wenig gemein haben und man nicht viel über sie als Klasse sagen kann. Als brauchbare Klassen gelten in der Ästhetik seit unvordenklichen Zeiten die Klassen der schönen, angenehmen, künstlerischen Dinge, die Klasse der Formen und die des Schaffens. Theoretiker wie Praktiker, Gelehrte wie Künstler waren und sind der Meinung, daß man über diese Klasse viel sagen kann; es wurden über sie nicht wenige Bände geschrieben.

Damit eine Klasse brauchbar ist, kommt es darauf an, daß die Eigenschaften, auf deren Grundlage sie gebildet wurde, erkennbar sind und man immer entscheiden kann, ob ein Objekt ihr angehört oder nicht. Diese Forderung erfüllen das

Schöne und die Kunst, die Form und das Schaffen nicht ganz. Die über sie geschriebenen Bände riefen und rufen Widerspruch hervor. Deshalb bemüht sich die Neuzeit, diese Klassen zu verbessern oder durch andere zu ersetzen.

Die Klassen, mit denen sich der Ästhetiker befaßt, sind unterschiedlicher Art:

1) Zu ihnen gehören die Klassen der *physischen Dinge*, z.B. der Werke von Architektur und Malerei; dies sind die einfachsten Klassen, derer man sich mit Leichtigkeit bedient.

2) Es gibt in der Ästhetik aber auch Klassen von *psychischen Erscheinungen*: der Ästhetiker interessiert sich nicht nur für die Werke, die Gefallen erwecken, sondern auch für das von ihnen geweckte Gefallen selbst.

3) Thema der Ästhetik sind nicht nur im Raum verteilte Werke der Malerei und Architektur, sondern auch der Tanz oder der Gesang, die sich in der Zeit vollziehen; man operiert dann nicht mit Klassen von Dingen, sondern von *Vorgängen*, Ereignissen, *Tätigkeiten* des Künstlers und der Rezipienten.

4) Diese Tätigkeiten erklärt der Ästhetiker mit Fähigkeiten, die der Künstler und der Rezipient besitzen; er operiert mit Klassen von *Fähigkeiten* genauso wie mit Klassen von Tätigkeiten. Die Alten verstanden die Kunst nur als Kunstfertigkeit, also als Fähigkeit, Dinge herzustellen; die Klasse der Künste war für sie eine Klasse von Fähigkeiten.

5) Um die Kunst oder das Schöne oder das Gefallen an der Kunst und dem Schönen zu erklären, unterzieht der Ästhetiker sie der Analyse, sondert er unter ihnen Elemente und Strukturen aus und bildet dann Klassen von *Elementen* und *Strukturen*. Strukturen sind jedoch Abstraktionen; der Ästhetiker operiert daher auch mit Klassen *abstrakter* Objekte.

Diese Vielfalt – Dinge, Erlebnisse, Tätigkeiten, Fähigkeiten, Elemente, Formen, Abstraktionen – muß man bedenken und darauf vorbereitet sein, daß nicht alle Klassen, mit denen der Ästhetiker operiert, ebenso einfach und leicht handhabbar sind wie die Klassen der physischen Dinge.

B. *Namen*. Um uns mit anderen zu verständigen, aber auch schon, um unsere eigenen Gedanken für uns selbst festzuhalten, geben wir den Objekten *Namen*. Manche einzelnen Objekte haben *Eigennamen*: fast jeder Mensch, jede Stadt und jeder Fluß, viele Berge, manche Häuser, manche Pferde und Hunde, aber auch manche Denkmäler der Architektur haben einen eigenen Namen; Bilder und Skulpturen in den Museen, musikalische Werke, Romane und Gedichte haben ihren Titel. Der Ästhetiker befaßt sich jedoch weniger mit diesen einzelnen Dingen als vielmehr mit ihren Klassen, und für diese Klassen sind andere als Eigennamen nötig, nämlich *allgemeine Namen*.

Diese Namen benennen Klassen unterschiedlicher Art: Klassen von physischen Dingen, psychischen Erscheinungen, Vorgängen oder Fähigkeiten. Die Vielfalt der Namen in der Ästhetik ist, ebenso wie in anderen Wissenschaften und in der Umgangssprache, nichts Ungewöhnliches. Es gilt aber zu bedenken, daß unter den Namen, derer sich die Ästhetik bedient, nicht nur Namen von Dingen sind, sondern auch von Tätigkeiten, Fähigkeiten, Elementen, Strukturen und abstrakten Eigenschaften.

Hier nun Beispiele von verschiedenen Kategorien von Namen, die in der Ästhetik gebräuchlich sind:

a) Namen von physischen Objekten, z.B. das Kunstwerk;

b) Namen von psychophysischen Ojekten, z.B. der Künstler und der Betrachter;

c) Namen von psychischen Objekten, z.B. das ästhetische Erlebnis;

d) Namen von Mengen, z.B. die Kunst (im Sinne dessen, was Künstler geschaffen haben);

e) Namen von Tätigkeiten, Vorgängen, z.B. der Tanz oder die Theateraufführung;

f) Namen von Fähigkeiten, z.B. Phantasie, Talent, Geschmack;

g) Namen von Strukturen, z.B. die Form;

h) Namen von Beziehungen, z.B. die Symmetrie;

i) Namen von Eigenschaften, z.B. das Schöne.

Zu den höchsten Namen der Ästhetik gehören die Namen abstrakter Eigenschaften. Nicht nur die Schönheit und die Häßlichkeit, sondern auch die Erhabenheit, das Malerische und die Subtilität (die als Spielarten der Schönheit erscheinen), auch der Reichtum und die Schlichtheit, die Ebenmäßigkeit und die Proportionalität (die in der Ästhetik als Gründe der Schönheit erwähnt werden).

Es gibt in der Ästhetik allerdings viele Namen, die mehrdeutig benutzt werden und je nachdem, wie sie benutzt werden, zu der einen oder anderen der oben angeführten Kategorien gehören; das gilt selbst für den Namen »Kunst«, der entweder eine Menge von Objekten (d) oder die Fähigkeit zu ihrer Verfertigung (f) bezeichnet.

Die folgenden, in der Ästhetik benutzten Namen werden in den weiteren Kapiteln dieses Buches vielfach verwendet:

(1) *Kunst* war einst der Name einer Fähigkeit eines Menschen, nämlich der Fähigkeit, Objekte herzustellen, die der Mensch brauchte; heute ist es eher der Name der *Menge* dieser Objekte. Es hat sich also nicht nur die Bedeutung geändert, der Name ist auch in eine andere Kategorie gewechselt: aus der Kategorie (f) in die Kategorie (d).

(2) *Schönheit* ist der Name einer Eigenschaft (Kategorie (i)), nämlich dann, wenn von der Schönheit eines Kunstwerks oder einer Landschaft die Rede ist; im weniger strengen Sprachgebrauch wird es auch so benutzt, daß es eine schöne *Sache* (Kategorie (a)) bezeichnet, ein Objekt, das die Eigenschaft der Schönheit besitzt.

(3) Das *ästhetische Erlebnis* ist der Name von psychischen *Vorgängen* (c).

(4) Die *Form* bezeichnet zumeist nicht die Dinge selbst, sondern die *Anordnung* der Teile und ihr Verhältnis zueinander; in manchen Fällen ist es jedoch der Name eines Objekts, das man sehen, berühren, in die Hand nehmen kann. Dieser Name schwankt also zwischen den Kategorien (i) und (a).

(5) *Poesie* ist ebenfalls kein eindeutiger Name. Es ist entweder ein *Sammelname*, z.B. in der Wendung »polnische Poesie [Dichtung] des 20. Jahrhunderts« (Kategorie (d)), oder es be-

deutet soviel wie das Poetische und ist dann der Name einer Eigenschaft (i), z.B. in der Wendung »die Poesie in den Werken Chopins«.

(6) *Kreativität (Schaffen)* ist in der Ästhetik entweder der Name eines schöpferischen Talents, also einer bestimmten geistigen *Eigenschaft*, bezeichnet andererseits aber auch die *Tätigkeit* des Künstlers; in der Umgangssprache bezeichnet es auch eine *Menge* (z.B. »das Schaffen Kraszewskis« im Sinne der Gesamtheit seiner Werke). Dieser Name schwankt also zwischen den Kategorien (i), (e) und (d).

(7) *Mimesis* und künstlerische *Nachbildung* sind entweder Namen von Tätigkeiten (des Künstlers), oder sie bezeichnen das *Verhältnis* des Werkes zu seinem Vorbild; sie gehören daher zu den Kategorien (e) oder (h).

(8) *Phantasie*, *Genie*, *Geschmack*, *ästhetischer Sinn* sind nicht so sehr Namen von psychischen Erlebnissen, die man erfahren kann (c), als vielmehr angenommene geistige *Fähigkeiten*, und sind daher Namen vom Typus (f).

(9) *Künstlerische Wahrheit* ist der Name, der am häufigsten benutzt wird, um das *Verhältnis* zwischen Werk und Vorbild zu bezeichnen (Kategorie (h)), bezeichnet manchmal aber auch eine direkt empfundene Eigenschaft (c).

(10) *Stil* in Verbindung mit einem Adjektiv, z.B. klassischer, romantischer oder barocker Stil, wird als *Sammelname* (d) verstanden, im Sinne der Menge aller klassischen, romantischen oder barocken Werke, aber auch – und vermutlich häufiger – als Name der *Eigenschaften*, die diese Werke auszeichnen (i).

Die in der Ästhetik benutzten Namen entstanden und erhielten sich ähnlich wie die Namen in anderen Bereichen des Wissens, also auf zweierlei Weise. Die einen wurden eingeführt, weil jemand es so beschloß, die anderen haben sich langsam und unbemerkt eingebürgert. Der Name der »Ästhetik« selbst wurde von einem Menschen eingeführt, und man weiß, von wem und wann, nämlich von Alexander Baumgarten im Jahr 1750. Ebenso wurde der Name »schöne Künste« eingeführt, und zwar 1747 von Charles Batteux, um Bildhauerei, Malerei, Dichtung, Musik und Tanz zu bezeichnen. Später hat sich die Bedeutung dieser Namen – der »Ästhetik« ebenso wie der »schönen Künste« – jedoch etwas verschoben. Ebenso erging es vielen anderen Namen; über ihre Bedeutung entschieden zunächst die Urheber, später aber auch die Benutzer.

Die allermeisten Namen, derer sich die Ästhetik bedient, entstanden nicht durch jemandes Entschluß; sie wurden der Umgangssprache entnommen, bürgerten sich unbemerkt, allmählich und durch Gewohnheit ein. Nicht alle wurden immer im gleichen Sinne angewandt; jemand benutzte sie, andere folgten seinem Beispiel, doch wieder andere benutzten sie in anderer Weise. So wurden sie zu mehrdeutigen Namen oder änderten im Laufe der Jahrhunderte ihre Bedeutung. Nicht anders geht es in anderen Wissenschaften, doch in der Ästhetik gibt es besonders viele mehrdeutige Namen und solche mit geänderten Bedeutungen. Ein krasses Beispiel der Mehrdeutigkeit von Namen ist »Form«; »Kunst« dagegen ist ein Beispiel eines allmählichen, zunächst kaum wahrnehmbaren, am Ende aber ganz erheblichen Bedeutungswandels.

C. *Begriffe.* Namen haben eine doppelte Funktion: sie bedeuten etwas und sie bezeichnen etwas. Der in der Architektur gebräuchliche Name »Kapitell« *bedeutet* soviel wie den krönenden Teil einer Säule, der die Stütze mit dem Balkenwerk verbindet; er *bezeichnet* hingegen sämtliche, über die ganze Welt verstreuten Kapitelle, ihre gesamte Klasse; er hat eine Bedeutung und bezeichnet eine unzählbare Menge von Objekten. Dies ist der Name, wie er in der Theorie der Architektur benutzt wird. In der Ästhetik haben die Namen zwar im allgemeinen eine abstraktere Bedeutung, erfüllen jedoch dieselben Funktionen.

Auf die Bedeutung des Namens reduziert sich das, was wir *Begriff* nennen. Einen Begriff von einem Kapitell, einem Kunstwerk oder dem Schönen haben heißt nichts anderes, als die Namen »Kapitell«, »Kunstwerk«, »das Schöne« zu benutzen und deren Bedeutung zu kennen. Es heißt aber auch, unter den Objekten die Klassen der Kapitelle, der Kunstwerke und des Schönen zu unterscheiden. Begriff, Name, Klasse –

das sind nur verschiedene Aspekte ein und derselben Operation: aus der Welt einander ähnliche Objekte auszusondern und sie in Gruppen zusammenzufassen.

D. *Definition* nennt man einen Satz, der die Bedeutung eines Namens angibt. Anders formuliert: Die Definition des Namens ist der Satz, der den diesem Namen entsprechenden Begriff angibt. Noch einmal anders: Sie ist die Nennung der durch diesen Namen bezeichneten Klasse von Objekten. Ganz kurz: die Erläuterung des Namens. Eine Definition hat immer die Form eines Satzes: das Subjekt ist darin der Name, das Prädikat der ihm entsprechende Begriff. So ist zum Beispiel die Definition: »Das ›Kapitell‹ ist der krönende Teil einer Säule« gleichbedeutend mit dem Satz: »Der Name ›Kapitell‹ bezeichnet den krönenden Teil einer Säule«. Es gibt zweierlei Definitionen: Die *eine* Art von Definition ist dann erforderlich, wenn man einen neuen Namen in die Sprache einfügt und festlegt oder plant, wie dieser Name verstanden werden soll. Wer sich an eine solche Definition macht, hat volle Freiheit: er kann sich einen beliebigen Namen aussuchen und ihm eine beliebige Bedeutung geben. Diese Freiheit hatten zum Beispiel die Kunsthistoriker, die vor einem halben Jahrhundert den »Stil Stanisław Augusts« definierten, denn vor ihnen war ein solcher Stil nicht von anderen unterschieden und der Name nicht benutzt worden. Der heutige Historiker hat diese Freiheit nicht mehr; er muß beachten, wie seine Vorgänger den Namen definierten und wie ihn seine Zeitgenossen benutzen. Seine Aufgabe ist nicht, eine Definition zu geben, die eine Bedeutung plant oder festlegt, sondern eine, die feststellt, wie der Name benutzt wird. Dies ist die *andere* Art von Definition. Die eine verleiht Bedeutungen, die andere findet sie vor; die eine schafft Bedeutungen, die andere reproduziert sie. Die erstere stellt kein Problem dar, da sie im Grunde ungebunden, frei ist; ein Problem ist dagegen die letztere: Mit welcher Methode stellt man fest, wie ein Name benutzt wird, wie rekonstruiert man seine Bedeutung? Seit Sokrates sagt man immer wieder, diese Methode sei die Induktion, aber seit Sokrates weiß man auch, daß es schwierig ist, beim Definieren die Induktion anzuwenden.

In der Praxis der Wissenschaft ist indessen die zweite Art von Definition wichtiger, häufiger gegeben. Natürlich kommen in der Wissenschaft wie in der Umgangssprache immer wieder neue Namen auf, werden Definitionen für sie entworfen, doch im Bereich solch allgemeiner Begriffe wie der Ästhetik kommt das selten vor. Ihre obersten Begriffe, die im folgenden betrachtet werden sollen, geben jedenfalls keine Gelegenheit für Entwürfe; die Begriffe und ihre Namen sind in den meisten Fällen bereits festgelegt und werden benutzt – man muß sie nur entziffern. Wie das gemacht wird? Selbst so einfache Begriffe wie Kapitell definiert niemand, kann niemand definieren durch (vollständige) Induktion; das gilt umso mehr für so komplexe, fließende, abstrakte Begriffe wie Schönheit oder Form. Man verfährt anders: Man verschafft sich einen *Überblick über Beispiele* und bemüht sich, möglichst verschiedenartige auszuwählen. Dies ist die intuitive Methode, denn bei der Auswahl der Beispiele folgt man der Intuition. Sie ist natürlich nicht unfehlbar, aber eine bessere ist schwer zu finden.

Die Definition des Namens ist nur das Vorspiel zum Wissen von den Dingen: nachdem sie deren Klasse ausgesondert hat, müssen nun die Eigenschaften dieser Klasse bestimmt werden. Die Sätze, welche diese bestimmen, nennen wir *Theorien*. Das Wissen von der Klasse besteht in einem korrekten System aus (einer) Definition und (mehr oder weniger zahlreichen) Theorien. Die Definition ist *quid nominis*, die Theorien sind *quid rei*. Man kann sie jedoch austauschen. Wenn wir z.B. dem krönenden Teil einer Säule den *Namen* Kapitell *geben*, dann *ist* natürlich jedes Kapitell der krönende Teil einer Säule. Umgekehrt kann eine Theorie ersatzweise als Definition benutzt werden.

Feliks Jaroński hat einmal (*O filozofii*, 1812) ein einfaches Beispiel für die Unterscheidung von Definition und Theorie gegeben: wenn wir von der Luft sagen, sie sei »das den Erdball einhüllende Gas«, dann ist das eine Definition; wenn wir dagegen sagen, sie sei eine Mischung aus Stickstoff und Sauerstoff, dann ist das bereits eine Theorie. Ähnlich werden diese beiden Dinge in der Ästhetik voneinander unterschieden. Die Feststellung des Thomas von Aquin, daß »die Dinge schön genannt werden, deren Anblick Wohlgefallen auslöst«, ist eine Definition des Schönen, und seine Theorie ist die Feststellung, daß »die Schönheit auf einem gewissen Glanz und auf dem harmonischen Verhältnis beruht«.

Nur außergewöhnliche Denker wie Platon und Aristoteles, Thomas und Kant haben das Schöne und die Kunst methodisch definiert und dabei die Definition von der Theorie getrennt. Der Historiker der Ästhetik findet in Texten aus alter Zeit Gedanken über Schönheit und Kunst ohne eine ausgesonderte Definition; er muß sie daher selbst rekonstruieren.

Die Geschichte der Ästhetik bestand nicht darin, daß ein und dieselben Definitionen und Theorien von Generation zu Generation weitergegeben worden wären. Die einen wie die anderen bildeten sich allmählich heraus und veränderten sich. Die heutigen Ansichten über das Schöne und die Kunst, über die Form und das Schaffen sind das Resultat vieler, von unterschiedlichen Standpunkten mit verschiedenen Methoden unternommener Versuche. Diese aufeinanderfolgenden Versuche wurden durch vielerlei Erwägungen kompliziert; Begriffe, die zum ursprünglichen Fundus gehörten, ließen sich nicht leicht mit späteren Gedanken in Einklang bringen. Aufeinanderfolgende Formationen überlagerten sich wie eine Reihe von Aufnahmen, die man mit ein und derselben photographischen Platte macht; so konnten natürlich keine scharfen Konturen entstehen. Überdies entstammten die Begriffe, die nach und nach in die Ästhetik Eingang fanden, unterschiedlichen Sphären: der Philosophie, der Werkstatt der Künstler, der Kunst- und Literaturkritik, der Umgangssprache, wobei ein und derselbe Ausdruck in den verschiedenen Sphären eine unterschiedliche Bedeutung hatte. Herausragende Persönlichkeiten unter den Schriftstellern, Künstlern und Gelehrten drückten den Begriffen ihren eigenen, oft erheblich von den anderen abweichenden Stempel auf. Begriffe wurden von Wissenschaftlern benutzt, betrafen aber weitgehend emotionale Dinge, die sich der wissenschaftlichen Erfassung entziehen.

Der Historiker muß mit Synonymen und Homonymen kämpfen; in den Texten, die auf ihn gelangten, findet er nicht selten viele Ausdrücke mit ein und derselben Bedeutung und viele Bedeutungen für ein und denselben Ausdruck. Auch stößt er auf Begriffe, die so verflochten sind, daß er vor ähnlichen Aufgaben steht wie der Förster, der Pfade durch das Dickicht des Waldes schlagen oder sie zumindest begradigen muß.

Kapitel I

Die Kunst: Geschichte des Begriffs

> Docti rationem artis intelligunt, indocti voluptatem
>
> Quintilian

I. Der frühe Begriff der Kunst

Der Ausdruck »Kunst« ist eine Übersetzung der lateinischen »*ars*«, die ihrerseits eine Übersetzung der griechischen »*techne*« ist. Doch »*techne*« und »*ars*« bedeuteten nicht ganz das, was heute »Kunst« bedeutet. Die Linie, die diesen zeitgenössischen Ausdruck mit jenen alten verbindet, ist durchgehend, aber nicht gerade. Die Bedeutung der Ausdrücke hat sich im Laufe der Jahre geändert. Es waren kleine, aber beständige Änderungen, und sie bewirkten, daß der Sinn der alten Ausdrücke nach Jahrtausenden ein völlig anderer wurde.

»*Techne*« in Griechenland, »*ars*« in Rom und im Mittelalter, ja sogar noch in den Anfängen der Neuzeit, in der Epoche der Renaissance, bedeuteten soviel wie Kunstfertigkeit oder Können, nämlich Fertigkeit in der Anfertigung eines Gegenstandes, eines Hauses, einer Statue, eines Schiffes, eines Bettes, eines Topfes, eines Gewands, aber auch Fertigkeit in der Führung eines Heeres, in der Feldvermessung, im Überzeugen von Zuhörern. All diese Fertigkeiten wurden Künste genannt: man sprach von der Kunst des Architekten, des Bildhauers, des Töpfers, des Schneiders, des Strategen, des Geometers, des Rhetors. Kunstfertigkeit beruht auf der Kenntnis von Regeln, und so gab es keine Kunst ohne Regeln, ohne Vorschriften: Die Kunst des Architekten hat ihre Regeln, die Kunst des Bildhauers, des Töpfers, des Geometers und des Generals hat jeweils andere. So gehörte der Begriff der Regel denn auch zum Begriff der Kunst, zu seiner Definition. Etwas ohne Regeln zu machen, allein der Eingebung oder der Phantasie folgend, war für die Alten oder für die Scholastiker keine Kunst, sondern ihr Gegenteil. In früheren Jahrhunderten dachten die Griechen von der Dichtung, sie beruhe auf der Inspiration der Musen, und zählten sie daher nicht zu den Künsten.

Im Einklang mit den allgemeinen Ansichten der Griechen schrieb Platon, er könne »nichts Kunst nennen, was eine unverständige Sache ist« (*Gorg.*, 465a). Galen definierte die Kunst als ein System von allgemeinen, zutreffenden und nützlichen Vorschriften, die einem bestimmten Zweck dienen. Seine Definition behielten nicht nur die Schriftsteller im Mittelalter bei, sondern auch noch Ramus in der Renaissance; Goclenius führte sie dann im Jahr 1607 in seiner Enzyklopädie an; und noch in unserer Zeit wiederholt sie (aber nur noch als historische Information) das philosophische Wörterbuch von Lalande. Diese Definition lautet: »*Ars est systema praeceptorum universalium, consentientium, ad unum eundemque finem tendentium*«.

Die Kunst, wie sie in der Antike und im Mittelalter verstanden wurde, hatte also einen erheblichen größeren Umfang als heute. Sie umfaßte nicht nur die schönen Künste, sondern auch das Handwerk; die Malerei war im gleichen Grade eine Kunst wie die Schneiderei. Als Kunst bezeichnete man nicht nur die fachkundige *Produktion*, sondern vor allem die *Kunstfertigkeit* des Produzierens selbst, die Kenntnis der Regeln, das fachmännische *Wissen*. Daher konnten nicht nur Malerei oder Schneiderei als Kunst gelten, sondern auch Grammatik oder Logik – eben als ein System von Regeln, als Fachwissen. Die Kunst hatte also einst einen weiteren Umfang, erweitert um das *Handwerk* und um zumindest einen Teil der *Wissenschaften*.

Für die Alten und die Scholastiker war das, was die schönen Künste mit dem Handwerk verband, weit augenfälliger als das, was sie trennte; nie unterteilten sie die Künste in künstlerische und handwerkliche. Sie gliederten sie vielmehr danach, ob sie

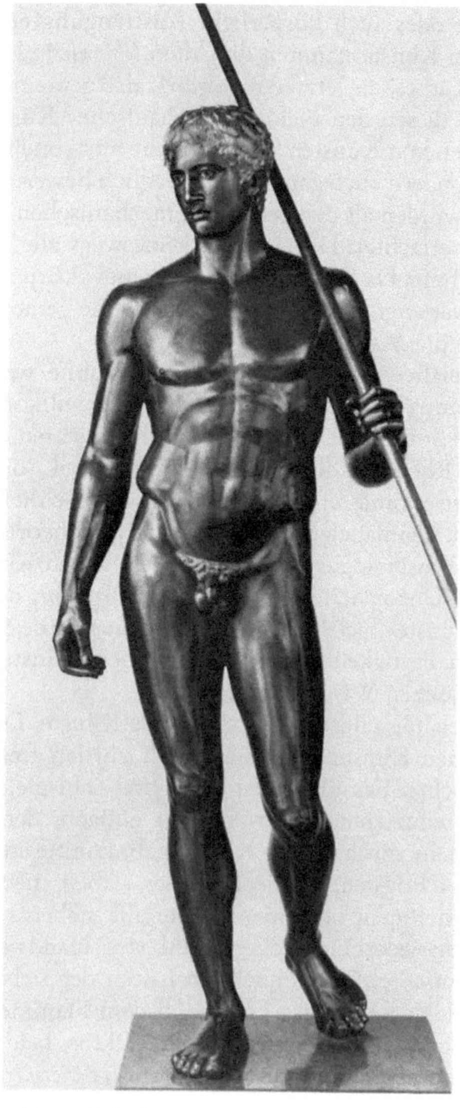

Abb. 1 Polyklet: Speerträger (um 440 v. Chr.)

nur geistige oder auch körperliche Anstrengung erforderten. Die ersteren Künste nannten die Alten *liberales*, also befreite oder freie Künste, die letzteren *vulgares*, also gemeine; das Mittelalter gab diesen den Namen »mechanische« Künste. Diese beiden Arten von Künsten wurden nicht nur voneinander geschieden, sondern auch ganz unterschiedlich bewertet: die freien Künste wurden als den gemeinen, mechanischen unendlich überlegen betrachtet. Dabei galten keineswegs alle »schönen« Künste als freie: Da die Kunst des Bildhauers körperliche Anstrengung verlangt, war sie für die Alten eine gemeine Kunst, ebenso wie die Malerei.

Im Mittelalter verstand man unter *ars* ohne weitergehende Bestimmung ausschließlich die Kunst der vollkommeneren Art, das heißt die freie Kunst. Freie Künste waren die Grammatik, die Rhetorik, die Logik, die Arithmetik, die Geometrie, die Astronomie und die Musik, also ausschließlich Wissenschaften, denn auch die Musik wurde als Theorie der Harmonie, als Musikologie verstanden. Diese freien Künste wurden in den Universitäten an der *facultas artium*, der »Abteilung der Künste«, gelehrt; sie war durchaus keine Schule der praktischen Fertigkeiten oder der schönen Künste, sondern der theoretischen Wissenschaften.

Im Mittelalter zählte man sieben freie Künste. Da man die mechanischen Künste als symmetrisch zu den freien zu behandeln suchte, bemühte man sich, ihre Zahl gleichfalls auf sieben zu reduzieren. Das war nicht einfach, denn weil es sehr viel mehr mechanische Künste gab, konnte man nur einige, die wichtigsten, in die Liste der sieben mechanischen Künste aufnehmen, oder man mußte alle sieben so weit definieren, daß jede eine größere Zahl von Handwerken und Künsten umfaßte. Die trefflichsten Listen der sieben mechanischen Künste findet man bei Radulf dem Flammenden (Radulfus Ardens) und bei Hugo von St. Viktor, beide aus dem 12. Jahrhundert. Radulfs Liste[1] umfaßt: *ars victuaria*, die der

1 M. Grabmann, *Geschichte der scholastischen Methode*, Freiburg/Br. 1909, I, S. 254.

Ernährung der Menschen dient, *lanificaria*, die ihrer Bekleidung dient, *architectura*, die ihnen Obdach gibt, *suffragotaria*, die Transportmittel bietet, *medicinaria*, die Krankheiten heilt, *negotiatoria*, die Kenntnis des Gütertauschs, und *militaria*, die Kunst, sich des Feindes zu erwehren. Die Liste Hugos (*Didascalicon*, II 24) umfaßte die folgenden mechanischen Künste: *lanificium*, *armatura*, *navigatio*, *agricultura*, *venatio*, *medicina*, *theatrica*.

Wo aber sind in diesen Listen jene, die *wir* Künste nennen? Von ihnen wurde nur eine zu den freien Künsten gezählt, die Musik, und zwar, weil sie, wie schon gesagt, hauptsächlich als Theorie der Harmonie verstanden wurde, nicht aber als Fertigkeit des Komponierens, Singens und Spielens. In den Listen der mechanischen Künste kommt allein die Architektur vor (bei Hugo einbezogen in den weiteren Begriff der *armatura*), am Schluß findet man in Hugos Liste auch die theatralische Kunst (obwohl »Theatrik« ein weiterer Begriff war, der jegliche Kunst der kollektiven Belustigung von Menschen umfaßte, nicht nur Theateraufführungen, sondern auch sämtliche öffentlichen Wettkämpfe, Rennen und den Zirkus).

Aber die Dichtung? Sie kommt in keiner Aufzählung vor, konnte nicht vorkommen. Sie galt schon in der Antike und noch mehr im Mittelalter als eine Art Philosophie oder Weissagung, nicht als Kunst. Der Dichter war ein Seher, nicht ein Künstler.

Aber Malerei und Bildhauerei? Sie wurden weder unter den freien noch unter den mechanischen Künsten genannt. Dennoch wurden sie ohne Zweifel als Künste verstanden, also als ein geschicktes, nach Regeln ausgeführtes Erzeugen. Sie galten jedoch nicht als freie Künste, weil sie körperliche Anstrengung erfordern. Warum wurden sie dann nicht unter den mechanischen Künsten genannt? Man kann diese Frage so beantworten: weil in den Listen dieser Künste, die programmatisch auf sieben beschränkt waren, nur die wichtigsten genannt wurden, und Maßstab der Wichtigkeit war für die mechanischen Künste die Nützlichkeit, und die Nützlichkeit der bildenden Künste, der Malerei wie der Bildhauerei, war gering. Deshalb wurden sie weder von Radulf noch von Hugo erwähnt. Die Künste, an die wir vor allem denken, wenn wir von »Künsten« sprechen, wurden einst als mechanische betrachtet, und sie galten als von so geringer Bedeutung, daß sie nicht verdienten, in den Listen genannt zu werden.

II. Der Wandel in der Neuzeit

Dieses Begriffsschema erhielt sich bis in die Neuzeit und wurde noch im Zeitalter der Renaissance angewandt. Aber gerade in dieser Zeit setzte ein Wandel ein. Damit aus dem alten Begriff der Kunst der wurde, der heute am gebräuchlichsten ist, mußten zwei Dinge geschehen: erstens mußten aus dem Bereich der Kunst die Handwerke und Wissenschaften ausgeschieden und die Dichtung aufgenommen werden; zweitens mußte das Bewußtsein entstehen, daß das, was nach dem Ausscheiden des Handwerks und der Wissenschaften übrigblieb, eine einheitliche Ganzheit bildet, eine *gesonderte* Klasse menschlicher Fertigkeiten, Tätigkeiten und Erzeugnisse.

Am einfachsten war die *Aufnahme der Dichtung* unter die Künste: schon Aristoteles hatte sie, als er die Regeln der Tragödie zusammenstellte, als *Fertigkeit* und damit als Kunst betrachtet. Das war im Mittelalter tatsächlich in Vergessenheit geraten, aber nun brauchte man nur daran zu erinnern. Und als Mitte des 16. Jahrhunderts in Italien die *Poetik* des Aristoteles in einer kommentierten Übersetzung erschien, als sie Bewunderung erregte und sehr zahlreiche Nachahmer fand, weckte die Zugehörigkeit der Dichtung zu den Künsten keinerlei Zweifel mehr. Man kann das Datum des Umbruchs genau angeben: die italienische Übersetzung (von Segni) der *Poetik* erschien 1549, und mit diesem Jahr beginnt eine Serie von Poetiken im Geiste des Aristoteles.[2]

Zur *Loslösung* der schönen Künste *von den Handwerken*

2 B. Weinberg, *A History of Literary Criticism in the Italian Renaissance*, Chicago 1961.

trug die soziale Situation bei, das Bestreben der bildenden Künstler, eine höhere Position zu erlangen. In der Renaissance begann man, das Schöne höher zu schätzen, und es begann eine Rolle im Leben zu spielen, wie es sie seit der Antike nicht mehr gespielt hatte; auch seine Produzenten, die Maler, Bildhauer und Architekten, wurden höher geschätzt; sie hielten sich übrigens selbst für etwas Besseres als die Handwerker und wollten die Gemeinschaft mit ihnen auflösen. Ihnen kam unverhofft die schlechte Wirtschaftslage zu Hilfe: Handel und Industrie, die im Spätmittelalter blühten, verfielen jetzt, alle bisherigen Kapitalanlagen erwiesen sich als unsicher, und man begann, Kunstwerke als eine Anlage zu betrachten, die nicht schlechter war als andere, ja sogar besser. Das verbesserte die Vermögenslage und die gesellschaftliche Stellung der Künstler und steigerte wiederum ihre Ambitionen; sie wollten gegenüber den Handwerkern bevorzugt und als Vertreter der freien Künste behandelt werden. Und sie erreichten es, wenn auch nur Schritt für Schritt, die Maler früher als die Bildhauer.

Schwieriger war die Sonderung der schönen Künste von den Wissenschaften; dem standen gerade die Ambitionen der Maler und Bildhauer im Weg. Vor die Wahl gestellt, ob sie als Handwerker oder als Gelehrte behandelt werden wollten, entschieden sie sich für letzteres. Die Gelehrten nahmen nämlich eine ungleich höhere Stellung ein. In dieselbe Richtung wies die traditionelle Konzeption, der zufolge die Kunst auf der *Erkenntnis* von Gesetzen und Regeln beruht. Das Ideal hervorragender Künstler der Renaissance war die Ergründung der Gesetze, die ihre Arbeit bestimmten, die mathematisch exakte Berechnung ihrer Werke. Das gilt besonders für Piero della Francesca, aber auch für Leonardo. Dies war die eigentümliche Tendenz der letzten Jahrzehnte des 15. Jahrhunderts: Luca Pacioli legte in *De divina proportione* 1497 seine Berechnungen der vollkommenen Proportion nieder, Piero die seinen in *De perspectiva pingendi* ein wenig früher. Erst in späteren Phasen der Renaissance wurde Widerspruch gegen diese exakte, wissenschaftliche, mathematische Konzeption laut: Die Kunst kann sogar mehr machen als die Wissenschaft, aber sie kann nicht dasselbe machen. Dieser Widerspruch kündigt sich bereits bei Michelangelo an, und mit aller Deutlichkeit wird er von Galileo ausgesprochen.

Mindestens so schwierig wie die Loslösung der schönen Künste vom Handwerk und den Wissenschaften war die Erlangung des Bewußtseins, daß sie selbst eine einheitliche Klasse bilden. Lange mangelte es an Begriffen und Ausdrücken, die sie insgesamt umfaßten; diese Begriffe und Ausdrücke mußten erst geschaffen werden.

A. Heute begreift man kaum noch, daß die Renaissance anfangs nicht den Begriff des *Bildhauers* besaß, wie wir ihn heute benutzen. Angelo Poliziano hatte in seiner Ende des 15. Jahrhunderts erschienenen Enzyklopädie der Künste (*Panepistemon*) statt des einen noch fünf Begriffe: *statuarii* (sie arbeiten mit Stein), *caelatores* (mit Metall), *sculptores* (mit Holz), *fictores* (mit Ton) und *encausti* (mit Wachs). Das Trennende zwischen diesen Produzenten wurde stärker betont als das Verbindende, so wie man im heutigen Begriffs- und Berufssystem eher das Trennende als das Verbindende zwischen Zimmermann und Maurer hervorhebt. Man hielt die Kunst eines jeden dieser fünf Produzenten für eine andere, weil jeder mit einem anderen Material und anderen Methoden arbeitete. Erst im 16. Jahrhundert begann die begriffliche Zusammenlegung, entstand ein allgemeinerer Begriff, der alle fünf Kategorien umfaßte; als sein Name bürgerte sich der Name derer ein, die mit Holz arbeiten, der *sculptores*, der mit der Zeit auch jene umfaßte, die mit Stein, Metall, Ton und Wachs arbeiten.

B. Zugleich vollzog sich eine weitere Vereinigung. Endlich bildete sich das Bewußtsein heraus, daß die Erzeugnisse des Bildhauers mit der Kunstfertigkeit und den Erzeugnissen des Malers und des Architekten so sehr verwandt sind, daß sie mit einem Begriff erfaßt und mit einem gemeinsamen Namen benannt werden können. Heute kommt es uns merkwürdig vor, daß dies so spät geschah, daß man so lange ohne den allgemeinen Begriff der bildenden Künste ausgekommen ist. Der Begriff hatte sich im 16. Jahrhundert bereits gebildet, aber man benutzte noch nicht den Namen »bildende Künste« oder »schöne Künste«. Man sprach vielmehr von den »zeichnerischen Künsten«, den *arti del disegno*. Dieser Name gründete auf der Überzeugung, daß es die Zeichnung sei, was diese Künste verbindet, was ihnen gemeinsam ist. Man kann von dieser Vereinigung dreier Künste in den *Lebensgeschichten* Vasaris (*Le Vite*) und im *Traktat von den vollkommenen Proportionen* Dantis (*Trattato delle perfette proporzioni*, 1567) lesen.

C. Nun hatte sich zwar der Begriff der zeichnerischen Künste gebildet, doch das heutige Begriffssystem war noch nicht erreicht: die zeichnerischen Künste waren noch nicht vereint mit Musik, Dichtung und Theater. Es gab für diese Künste keinen gemeinsamen Begriff und Ausdruck. Im 16. Jahrhundert begannen Bemühungen, sie zu bilden, aber es erwies sich als schwierig, und die Erfüllung dieser Aufgabe zog sich über rund zwei Jahrhunderte hin. Es gab schon ein Bewußtsein der Verwandtschaft all dieser Künste, aber es war nicht klar, was sie miteinander verbindet und zugleich von den Handwerken und Wissenschaften trennt und auf welcher Grundlage ein gemeinsamer Begriff für sie alle gebildet werden kann. Vom 15. bis zum 18. Jahrhundert gab es eine Vielzahl von Versuchen und Einfällen.

III. Die schönen Künste

Während einer der Autoren unter den Künsten »geistige« Künste auszusondern versuchte, versuchten es andere mit »musischen«, »edlen«, »gedenkenden«, »bildhaften«, »poetischen« und schließlich »schönen« Künsten.

Geistige Künste. Der Florentiner Humanist G. Manetti (*De dignitate et excellentia hominis*, 1532) sonderte unter den Künsten schon Mitte des 15. Jahrhunderts die *artes ingenuae* aus, wobei man diesen Namen sowohl als »geistige« wie auch als »originelle« Künste übersetzen kann. Er dachte an jene, die ein Produkt des Geistes sind und sich an den Geist wenden, und er sah in ihnen ein besonderes, ungewöhnliches, originelles Produkt. Er brachte die Modernisierung des Begriffs der Kunst nicht sonderlich voran; er ersann einen neuen Namen, nicht aber einen neuen Begriff, denn dies war lediglich ein neuer Name für die »freien« Künste, der Umfang blieb derselbe; er bezog wie seit jeher die Wissenschaften ein, nicht aber die Dichtung.

Musische Künste. Marsilio Ficino, der Leiter der Platonischen Akademie in Florenz, der ein halbes Jahrhundert später schrieb, verrichtete mehr als Manetti. In einem Brief an Paul de Middelburg schrieb er 1492: »Unser Zeitalter, dieses goldene Zeitalter, hat den lange vernachlässigten freien Künsten: der Grammatik, der Dichtung, der Rhetorik, der Malerei, der Architektur, der Musik und dem antiken Gesang des Orpheus Gerechtigkeit widerfahren lassen«.[3]

Er packte die Sache umgekehrt an wie Manetti: er behielt den alten Namen (freie Künste) bei, faßte darunter jedoch einen anderen, neuen Komplex von Künsten; er bezog Architektur und Malerei ein, die bisher als mechanische Künste verstanden worden waren, und dazu die Dichtung, die überhaupt nicht zu den Künsten gezählt worden war. Er brachte es fertig, diese Künste zu vereinen und sie vom Handwerk zu trennen. Auf welcher Grundlage er das tat? Diese Frage beantwortet er selbst in einem anderen Brief, den er an Canisiano richtet: »Es ist die Musik«, schreibt er dort, »die die Schöpfer: die Rhetoren, Poeten, Bildhauer und Architekten inspiriert.«

Er sah also das Verbindende zwischen ihnen in der Musik, und man kann die von ihm ausgesonderten Künste, wenngleich er selbst dieses Adjektiv nicht benutzte, in seinem Sinne als »musikalische« bezeichnen. »Musik« und »musisch« waren seit der Antike mehrdeutige Begriffe: im engeren Sinne betrafen sie die Tonkunst, im weiteren Sinne alle Künste, die

3 A. Chastel, *Marsile Ficin et l'art*, Genève 1954; ders., *Art et humanisme à Florence au temps de Laurent le Magnifique*, Paris 1959.

»in den Diensten der Musen« stehen. Das Verbindende zwischen den von Ficino ausgesonderten Künsten kann man also in ihrem melodischen oder rhythmischen Charakter sehen, aber auch allgemeiner im »Dienst an den Musen« oder, wie er selbst schrieb, in der Inspiration der Schöpfer.

Edle Künste. Noch einmal ein halbes Jahrhundert später sonderte Giovanni Pietro Capriano in seiner Poetik aus dem Jahr 1555 (*De vera poetica*, A 3) ein ähnliches Ensemble von Künsten aus, jedoch auf einer anderen Grundlage und unter einem anderen Namen, dem der »edlen« Künste. Er schrieb: »Der Name der edlen Künste gebührt allein jenen, die Gegenstand unserer edelsten Gefühle, unserer umfassendsten Fähigkeiten sind und die gleichzeitig Beständigkeit auszeichnet: dies sind die Dichtung, die Malerei und die Bildhauerei.«

Grundlage der Aussonderung dieser Künste war ihre Bewertung: diese Künste bilden eine eigene Gruppe, weil sie vollkommener, edler und dauerhafter sind als andere.

Gedenkende Künste. Lodovico Castelvetro, dessen Name in der Geschichte der Poetik zu den bekanntesten gehört, äußerte sich in dieser Sache in einem Traktat aus dem Jahr 1572 (*Coretione*, S. 79). Er unterschied darin eine bestimmte Gruppe von Künsten, die er auf einer wiederum anderen Grundlage den handwerklichen gegenüberstellte. Die handwerklichen Künste erzeugen Dinge, die der Mensch benötigt, während andere wie die Malerei, die Bildhauerei und die Dichtung nach seiner Meinung nur dazu dienen, Dinge und Ereignisse im Gedächtnis zu bewahren. Er nannte sie deshalb *»arte commemorative della memoria«*. Ihr Umfang wich ein wenig von dem der »musischen« und »edlen« Künste ab; sie umfaßten zum Beispiel nicht die Architektur. Die Idee Castelvetros nimmt in der Geschichte des Kunstbegriffs jedoch einen nicht minder bedeutenden Platz ein als die Ideen Ficinos und Caprianos.

Bildhafte Künste. Einige Autoren des 16. und 17. Jahrhunderts trugen den Gedanken vor, daß das, was die »edlen« oder »gedenkenden« Künste wirklich auszeichnet, ihre Bildhaftigkeit sei, die Tatsache, daß sie sich konkreter Bilder, nicht aber Abstraktionen und Schemata bedienen. Was im übrigen so verschiedene Künste wie die Malerei und die Dichtung verbindet, ist ihre Bildhaftigkeit. In diesem Sinne wiederholte man die Losung des Horaz *ut pictura poesis* (»Eine Dichtung ist wie ein Gemälde«). Als einen Vertreter dieser Idee kann man Claude François Menestrier nennen, einen französischen Historiker, Heraldiker und Kunsttheoretiker des 17. Jahrhunderts (*Les recherches du blason*, 1683, I). Er wies nach, daß alle edlen Künste mit Bildern arbeiten, »*travaillent en images*«.

Poetische Künste. Die erwähnte Losung des Horaz wurde im 16. und 17. Jahrhundert gelegentlich auch umgekehrt und lautete dann *ut poesis pictura* (»Ein Gemälde ist wie eine Dichtung«). Mit dieser Umkehrung gab man der Überzeugung Ausdruck, daß das, was solche Künste wie die Malerei vom Handwerk trennt, das Poetische sei, die Verwandtschaft mit der Dichtung. »Poetisch« oder »dichterisch« bedeutete nach der in diesen Jahrhunderten herrschenden Denkweise soviel wie bildlich, metaphorisch. Und für einige Autoren war dieses Bildliche und Metaphorische das eigentliche Bindeglied der edlen, nicht-handwerklichen Künste. Der beredteste Fürsprecher dieser Idee war der Italiener Emmanuele Tesauro in einem Buch aus dem Jahr 1654 (*Canocchiale Aristotelico*, S. 424). Für ihn, der zu den literarischen Manieristen gehörte, beruhte die Vollkommenheit der Kunst auf der *arguzia*, der Subtilität; »jegliche Subtilität ist eine übertragene Rede« (*ogni arguzia è un parlar figurato*). In handwerklichen Erzeugnissen gibt es keine Metaphern, wohl aber in literarischen und theatralischen Werken, in Gemälden, Skulpturen und Tänzen: alle leben von Metaphern, das ist ihr gemeinsames Merkmal, welches allein sie besitzen.

Schöne Künste. Schon im 16. Jahrhundert hatte Francesco da Hollanda im Hinblick auf die bildenden Künste gelegentlich den Ausdruck »schöne Künste« (*boas artes* im originalen portugiesischen Wortlaut) benutzt. Doch obwohl uns dieser Ausdruck so natürlich erscheint, bürgerte er sich zunächst nicht ein. Die Konzeption, der dieser Ausdruck entsprach (wenngleich sie sich seiner nicht bediente), trat deutlich in der zweiten Hälfte des 17. Jahrhunderts hervor, nämlich in der großen

Abhandlung über die Architektur, die François Blondel 1675 veröffentlichte (*Cours d'architecture*, 1675, S. 169). Darin erwähnte er neben der Architektur die Dichtung, die Redekunst, die Komödie, die Malerei und die Bildhauerei, denen er noch die Musik und den Tanz hinzufügte, mit einem Wort all jene Künste, die seine Vorgänger als geistige, edle usw. Künste bezeichnet hatten und die im folgenden Jahrhundert zusammen das »System der schönen Künste« bilden sollten. Das Verbindende zwischen ihnen sah Blondel darin, daß sie alle wegen ihrer Harmonie eine Quelle der Freude für uns sind. So drückte er den Gedanken aus, daß sie durch ihre Schönheit wirken, daß diese ihre Gemeinsamkeit ausmacht. Gleichwohl benutzte er nicht den Ausdruck »schöne Künste«.

Vornehme und angenehme Künste. Seit dem 15. Jahrhundert gab es, wie der vorstehende historische Rückblick erkennen läßt, das lebhafte Empfinden, daß Malerei, Bildhauerei, Architektur, Musik, Dichtung, Theater und Tanz eine eigene Gruppe von Künsten bilden, die sich vom Handwerk und den Fertigkeiten abheben, mit denen sie seit Jahrhunderten den gemeinsamen Namen »Künste« trugen. Dagegen war nicht klar, was diese Gruppe eint und welcher Name ihr deshalb gebührt: geistige, musische, edle, gedenkende, bildhafte oder poetische Künste. Noch 1744 schlug Giambattista Vico für sie den Namen »angenehme« Künste vor (*Scienza nuova*, 1744, S. 52), und im selben Jahr prägte James Harris (*Three Treatises*, 1744, S. 25) den Ausdruck »vornehme« Künste (*elegant arts*). 1747, drei Jahre später, nannte Charles Batteux sie (in *Les beaux arts réduits à un meme principe*, 1747, S. 6) »schöne« Künste. Dieser Name erschien im Titel seines vielgelesenen Buches – und bürgerte sich ein. Zusammen mit ihm festigte sich der Begriff.[4]

Dies war eine wesentliche Veränderung. Denn während die Bestimmung der edlen, gedenkenden, vornehmen oder angenehmen Künste die Privatsache von Capriano, Castelvetro,

4 P. O. Kristeller, *The Modern System of the Arts*, in: Journ. of the Hist. of Ideas 12 (1951) u. 13 (1952).

Harris und Vico war und blieb, wurde die Bestimmung der schönen Künste Allgemeingut. Der Name »schöne Künste« ging in den Sprachgebrauch der Gelehrten des 18. Jahrhunderts ein und hielt sich auch noch im folgenden Jahrhundert. Er hatte einen klar abgegrenzten Inhalt: Batteux führte fünf schöne Künste an – Malerei, Bildhauerei, Musik, Dichtung und Tanz – sowie zwei ihnen verwandte: Architektur und Rhetorik. Diese Liste wurde allgemein akzeptiert, und es festigte sich nicht nur der Begriff der schönen Künste, sondern auch ihre Liste, das System der schönen Künste, und zwar, nach der Hinzufügung von Architektur und Rhetorik, mit der Anzahl sieben. Der Begriff und das System der schönen Künste erscheinen uns einfach und natürlich, aber der Historiker weiß, wie spät und mit welcher Mühe sie festgelegt wurden.

Ab Mitte des 18. Jahrhunderts war es nicht mehr zweifelhaft, daß die Handwerke Handwerke und keine Künste sind, daß die Kunstfertigkeiten Kunstfertigkeiten und keine Künste sind; folglich sind nur die schönen Künste wahrhaft Künste. Wenn das aber so ist, dann kann und muß man sie ganz einfach Künste nennen, denn andere Künste gibt es nicht. Und diese Terminologie bürgerte sich ein, nicht sogleich, aber im 19. Jahrhundert. Nun änderte sich die Bedeutung des Ausdrucks »Kunst«, ihr Geltungsbereich verengte sich und umfaßte jetzt *allein die schönen Künste*, ohne Handwerk und Kunstfertigkeiten. Man kann sagen: Es erhielt sich lediglich der Name, aber es entstand ein *neuer* Begriff der Kunst.

Infolgedessen umfaßte der Name »schöne Künste« eine noch engere Gruppe von Künsten, nämlich die bildenden Künste, jene, die man einst die »zeichnerischen« nannte: In diesem Sinne benutzte man im 19. Jahrhundert solche Titel wie »Schule der Schönen Künste« oder »Gesellschaft zur Förderung der Schönen Künste«; sie bezeichneten Schulen und Vereinigungen, die sich mit Malerei und Bildhauerei, aber nicht mit Dichtung und Musik befaßten.

Zuvor, in der Mitte des 18. Jahrhunderts, war noch mehr geschehen: Nicht nur bildete sich der Begriff der schönen

Künste heraus, sondern es festigte sich auch ihre Theorie. Das heißt, es festigte sich die Ansicht darüber, welches die gemeinsamen Merkmale der schönen Künste sind, was ihr Wesen ist. Diese Theorie des 18. Jahrhunderts erscheint heute zweifelhaft, aber damals fand sie fast allgemeine Anerkennung, und zwar für recht lange Zeit. Sie war das Werk desselben Ch. Batteux, der über den Namen der schönen Künste entschieden hatte. Der Einfluß dieses Schriftstellers überragte seinen Rang bei weitem, und er verdankte seinen Einfluß weitgehend dem Umstand, daß er Vorgänger hatte, daß seit langem das Bedürfnis gewachsen war, diese spezielle Gruppe von Künsten auszusondern und zu erklären.

Die von Batteux vertretene Theorie der schönen Künste beruhte darauf, daß er ihr gemeinsames Merkmal darin sah, daß sie die Realität *nachahmen*. Es könnte scheinen, als beschritte er damit einen alten, sogar sehr alten, seit der Antike wohlbekannten Weg. Das scheint jedoch nur so, denn seit der Antike (genauer: seit Platon und Aristoteles) wurden die Künste in schöpferische und nachahmende *unterschieden*, und alle Erörterungen über Nachahmung, *mimesis*, *imitatio* im Laufe von über 2000 Jahren bezogen sich allein auf die »nachahmenden« Künste, auf Malerei, Bildhauerei und Dichtung, nicht aber auf Architektur und Musik. Erst Batteux faßte *alle schönen Künste* als nachahmende auf und stützte ihre allgemeine Theorie auf die Nachahmung. Diese Theorie scheint nicht zuzutreffen, hatte aber gleichwohl großen Erfolg. Weil sie die erste allgemeine Theorie der Kunst im neuen Kunstverständnis war.

Das 18. Jahrhundert, das die Kunst im neuzeitlichen Sinne unterschied, fand auch einen Ausdruck für die Andersartigkeit der sie bestimmenden Gesetze. Aristoteles hatte schon sehr viel früher geschrieben (*Poetik*, 1460 b 13), daß »die Richtigkeit nicht dieselbe ist bei der Politik und bei der Poetik« und daß in der Kunst richtig sein kann, was in der Politik nicht möglich ist. Doch erst gegen Ende des 18. Jahrhunderts wurde der folgende lapidare Satz geäußert: »Kunst ist, was sich selbst die Regel giebt«. Diesen Gedanken äußerte Friedrich Schiller in einem Brief an Körner (*Briefe*, III. 99). Doch die Idee der Autonomie der Kunst fand nicht dieselbe Anerkennung wie die Idee Batteux'.

Wir sagen im Rückblick auf die Entwicklung des Kunstbegriffs, daß diese Entwicklung natürlich, ja sogar unausweichlich war. Man kann sich nur wundern, daß es so vieler Jahrhunderte bedurfte, diesen Begriff in seine heutige Form zu bringen. Und es geschah etwas Merkwürdiges: Der Kunstbegriff der Antike und des Mittelalters, Ausgangspunkt der Entwicklung, war grob, aber klar, ließ sich einfach und korrekt definieren. Der heutige Begriff dagegen, Endpunkt dieser Entwicklung, enger als jener und scheinbar bestimmter, ist gerade nicht bestimmt, entzieht sich einer Definition. Das bestätigen Wörterbücher und Enzyklopädien von heute, indem sie einer Definition ausweichen oder sich an eine ältere halten. So bezieht sich die Definition des Larousse: »*application de la connaissance raisonnée et des moyens spéciaux à la réalisation d'une conception*« auf den antiken, nicht auf den heutigen Kunstbegriff. Oder sie schränken den Begriff gemäß seiner späteren Entwicklung ein und bestimmen die Kunst nach Art des 18. Jahrhunderts anhand des Schönen. Lalande nennt »Kunst« »*toute production de la beauté par les œuvres d'un être conscient*«, und Runes nennt sie Gebilde, deren »*principle is based on beauty*«.

Einer solchen Definition entspricht die heutige Kunst mit ihren vielen Strömungen spätestens seit den Dadaisten und Surrealisten nicht mehr: Schönheit ist für die Kunst nicht nur kein auszeichnendes, sondern nicht einmal ein unerläßliches Merkmal. Auch lehnen Theoretiker, die die zeitgenössische Kunst berücksichtigen wollen, eine solche Definition ab. Zweifel, ob es richtig ist, die Kunst durch Schönheit zu definieren, tauchten schon um 1900 auf. Und ein halbes Jahrhundert später war es zur nahezu einhelligen Überzeugung geworden, daß diese Definition nicht richtig ist. Damit brach eine neue Epoche in der Geschichte des Kunstbegriffs an.

Die Geschichte dieses Begriffs, die sich in Europa somit über 25 Jahrhunderte erstreckt, zerfällt *grosso modo* in zwei

Abschnitte, die beide einen eigenen Kunstbegriff hatten. Der erste Abschnitt, jener des antiken Begriffs, war sehr lang; er währte vom 5. Jahrhundert vor unserer Zeitrechnung bis zum 16. Jahrhundert unserer Zeitrechnung. Während dieser langen Jahrhunderte wurde die Kunst als *Erzeugung nach Regeln* verstanden. Das war ihr erster Begriff. Die Jahre 1500-1750 waren eine Übergangszeit: Der bisherige Begriff büßte zwar seine alte Stellung ein, behauptete sich aber noch, während der neue sich bereits vorbereitete. Bis der alte Begriff um 1750 dem neuzeitlichen wich. Nun bedeutete Kunst soviel wie *Erzeugung von Schönheit*. Dieser zweite Begriff fand ebenso allgemein Anklang wie zuvor der antike. Sein Umfang war kleiner, er umfaßte die von Batteux aufgezählten sieben Künste und nur diese. Etwa anderthalb Jahrhunderte lang erschien dieser neue Begriff derart angemessen, daß Ästhetiker und Kunsttheoretiker nicht daran dachten, ihn zu ändern und zu verbessern. Bis am Ende ein Wandel eintrat, der teils einer vertieften Analyse des Begriffs, teils der Entwicklung zuzuschreiben war, welche die Künste selbst in dieser Zeit durchmachten. Sie paßten nicht mehr mit dem alten Kunstbegriff zusammen, entsprachen nicht mehr der anfänglichen Definition der Kunst.

IV. Neue Auseinandersetzungen um die Grenzen der Kunst

Der Umfang des Begriffs wurde zweifelhaft. Das System der von Batteux unterschiedenen sieben schönen Künste genügte nicht mehr. Eine Erweiterung des Systems, das Hinzufügen der einen oder anderen Kunst, schuf keine Abhilfe: alle Vorschläge waren umstritten. An Schwankungen hatte es auch in der Vergangenheit nicht gemangelt, hatte man die Handwerke doch zunächst zu den Künsten gezählt, später aber nicht mehr. Die Künste umfaßten zunächst die Wissenschaften, später aber nicht mehr; die Dichtung, anfangs von den Künsten ausgenommen, wurde später hinzugezählt. Die Stabilisierung des Begriffs und des Umfangs der Künste, lange vorbereitet und von Batteux zu Ende gebracht, war nicht endgültig. Schon im 18. Jahrhundert gingen die Meinungen auseinander: Gehört die Dichtung zu den »*beaux-arts*«, oder bildet sie eine andere Kategorie, die »*belles-lettres*«? Im 19. und zu Beginn des 20. Jahrhunderts wuchsen die Zweifel beträchtlich.

Als die *Kunstphotographie* entstand, kamen Zweifel auf: ist sie eine Kunst oder nicht? Die Kunstphotographie ist ja gleichermaßen ein Erzeugnis der Maschine wie des Menschen, die Kunst dagegen ein Produkt des Menschen. Dieselben Zweifel rief später der Film hervor.

Schon vorher hatte man darüber diskutiert, ob der *Gartenbau* eine Kunst sei. Ihre Schönheit, sagte man, verdanken Gärten doch der *Natur* in nicht geringerem Maß als dem Gärtner; es liegt aber im Begriff der Kunst, daß sie ein Produkt des Menschen ist.

Kann *Industriearchitektur* ein Kunstwerk sein? Nein, sagte man, weil sie andere Ziele hat; sie gehört zur Industrie, nicht zur Kunst. Ebenso das *Plakat*: Kann es, mit seinem *kommerziellen* und *massenhaften* Charakter, zur Malkunst gerechnet werden? Bei den Präraffaeliten herrschte Empörung, als einer aus ihrem Kreis ein Plakat für eine Seifenfabrik entwarf. In der heutigen Sprache würde die Frage lauten: Sollen die »Medien«, diese massenhaft produzierten, kommerziellen Mittel der Kommunikation mit den Menschen und ihrer Beeinflussung, zu den Künsten gezählt werden?

Sind handwerklich hergestellte *Geräte aus Holz* Kunst? Auch das erschien strittig; im traditionellen System der Künste kommen sie nicht vor, doch schöne Geräte werden in Kunstmuseen ausgestellt. Nicht anders verhält es sich mit Keramik, Glas, Stoffen, Waffen oder mit den Erzeugnissen von Druckern und Buchbindern. Dagegen, sie zu den Künsten zu zählen, wurde im 19. Jahrhundert das Argument vorgebracht, ihr intellektuelles, geistiges Element reiche nicht aus, sie als Kunstwerke zu betrachten; als ein Werk eher der *Hände* als des Geistes und als *Gebrauchsgegenstände* seien sie keine Kunst, jedenfalls keine reine Kunst. Die Sache war umstritten, denn William Morris und die »Art's Worker Guild« kämpften im selben Jahrhundert darum, das Handwerk mit den Künsten vollkommen gleichzustellen und mit der Gegenüberstellung von reiner Kunst und Gebrauchskunst Schluß zu machen; sie kämpften gegen das Vorurteil, Gebrauchsgegenstände gehörten nicht zur Kunst. Gewiß wird man in einem Porzellanservice schwerlich dieselbe Gedankentiefe wie in einem Drama und dieselbe Ausdrucksfülle wie in einer Symphonie finden, aber wenn das gegen eine Zugehörigkeit des Service zur Kunst sprechen sollte, hieße das, daß *nicht allein die Schönheit* über die Zugehörigkeit entscheidet, sondern auch noch andere Erwägungen wie *Intellektualität* und *Expressivität*.

Und noch etwas: Die Menschen des 19. Jahrhunderts gingen gern in Farcen und Operetten, aber viele von ihnen hätten protestiert, wenn jemand Operetten (selbst die von Offenbach) zu Kunstwerken hätte erklären wollen. Gleiches galt für die Tanzmusik (selbst die Walzer von Strauß). Warum? Weil sie, hieß es, nicht ernst und idealistisch genug sei. So als entschiede auch der Grad des *Ernstes* und der *Moralität* über die Zugehörigkeit zur Kunst.

Das alles deutet darauf hin, daß der scheinbar gefestigte Kunstbegriff es in Wirklichkeit nicht war; das Kriterium der Zugehörigkeit zur Kunst war vielfältig und schwankend; theoretisch bestand dieses Kriterium in der Schönheit, aber praktisch auch in einem gewissen Anteil von Gedanken und Ausdruck, im Grad des Ernstes und der Moral, in der individuellen Ausführung und im nichtkommerziellen Zweck.

Das Problem, ob die Kunst im praktischen Leben nützlich sein solle, existierte in der Antike überhaupt nicht, weil ihr Begriff auch das Schneider- oder das Tischlerhandwerk umfaßte. Aber auch später existierte es nicht; man darf annehmen, daß die folgende Ansicht allgemein geteilt wurde: Die Kunst dient der Schönheit [Verschönerung] des Lebens; falls sie aber unmittelbar praktisch oder gesellschaftlich nützlich ist, umso besser. Das ist nicht ihr Ziel, aber eine wünschenswerte Wirkung. Dies änderte sich im 19. Jahrhundert, schon in der ersten Jahrhunderthälfte; damals kam die Forderung nach *ausschließlich ästhetischen* Zielen und Wirkungen der Kunst auf: *l'art pour l'art*, Kunst um der Kunst willen. Ebenso gut, wenn nicht besser hätte man die Losung ausgeben können: Schönheit um der Schönheit willen. Der Soziologe erklärt, warum sie gerade in dieser Zeit aufkam und zuerst in Frankreich zu Hause war. Der Philosoph Victor Cousin sagte 1818 in einer Universitätsvorlesung: »Die Schönheit in der Natur und in der Kunst bezieht sich nur auf sich selbst. Die Kunst ist kein Instrument, sie hat ihren Zweck in sich.« Etwas später der Schriftsteller Théophile Gautier im Vorwort zum 1832 erschienenen Roman *Albertus*: »Wozu dient das? Es dient dazu, schön zu sein. Genügt das nicht? Wenn sie auf die positive Liste kommt, wird die Poesie zur Prosa, wird aus der Freien eine Sklavin. Darin steckt die Kunst. Sie ist Freiheit, Überfluß, Aufblühen, Entfaltung der Seele.« Zwei Jahre später schrieb Gautier im Vorwort zu *Mademoiselle de Maupin*: »Wahrhaft schön ist allein, was *zu nichts dient*. Was nützlich ist, ist häßlich.«

Der antike Kunstbegriff war klar und deutlich, aber er entspricht nicht mehr den heutigen Bedürfnissen. Der neuzeitliche Begriff entspricht diesen Bedürfnissen eher, aber er ist nicht klar und deutlich. Der erstere ist nur noch ein historischer Begriff, der letztere, scheinbar aktuell, bedarf der Korrektur.

Es entstand die folgende Situation: Es war schwierig, den Inhalts des Begriffs festzulegen, solange sein Umfang nicht festgelegt war, und es war schwierig, den Umfang abzustecken, solange über den Inhalt keine Einigkeit bestand. Das ist keine ungewöhnliche Situation, gerade bei so allgemeinen und so gebräuchlichen Begriffen wie dem der Kunst. Ihren Begriff zeichnete und zeichnet immer noch eine doppelte Unbestimmtheit aus:

A. Im 19. Jahrhundert und auch weiterhin wurde die Kunst in einem weiten, großzügigen Sinne verstanden, so daß sie nicht nur die sieben Künste Batteux' umfaßt, sondern auch die Kunstphotographie, den Film, Gerätschaften und die mechanischen, nützlichen, angewandten Künste. Die *materielle Kultur* wird im allgemeinen nicht in Bausch und Bogen von den

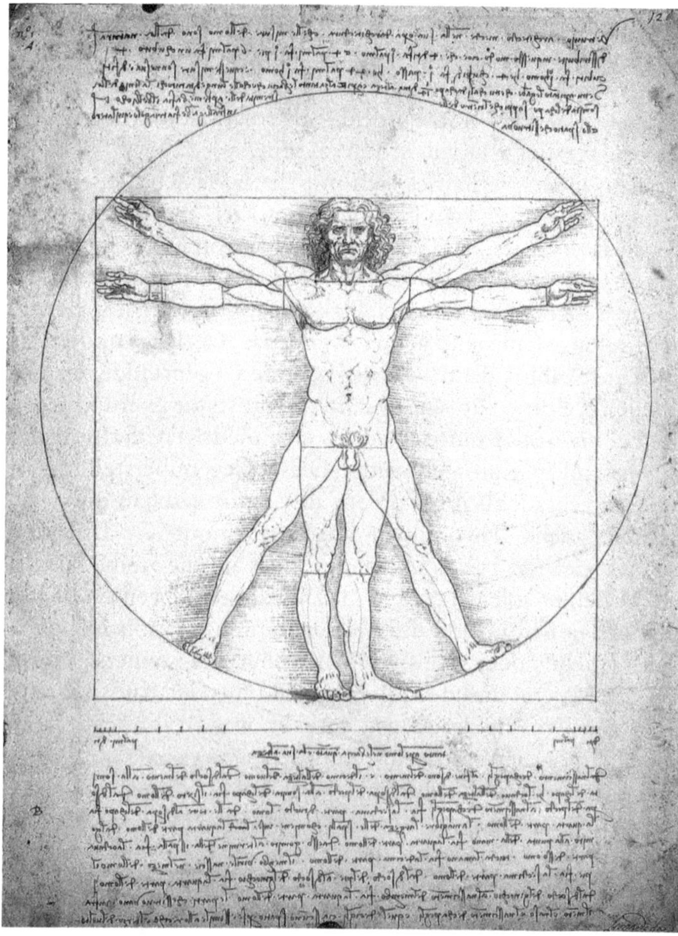

Abb. 2 Leonardo da Vinci: Proportionsschema (um 1490)

Künsten ausgeschlossen. Denn viele Gegenstände, die zu ihr gehören und vornehmlich hergestellt werden, um den Menschen das Leben leichter zu machen – zum Beispiel Stühle zum Sitzen, Teller zum Essen, Flinten zum Jagen oder Uhren zum Messen der Zeit –, wurden und werden mit der Absicht hergestellt, zugleich Kunstwerke zu sein. Manche dieser Gegenstände, bei deren Herstellung man ausschließlich an ihren Nutzen dachte, erzielen keine geringere, sondern gelegentlich sogar eine stärkere Kunstwirkung als solche, die mit der Absicht angefertigt wurden, schön zu sein.

Nicht anders verhält es sich mit den »Massenmedien«: sie verfolgen durchweg kein künstlerisches Ziel, aber häufig besitzen sie auch dieses; tatsächlich werden sie von Kennern zu den Kunstwerken gezählt, gelegentlich sogar zu den Kunstwerken hohen Ranges, zum Beispiel Plakate, angefangen mit denen, die Toulouse-Lautrec machte. Wenn das 19. Jahrhundert sie zur Kunst zählte, dann – ebenso wie die Gegenstände der materiellen Kultur – zur »angewandten« Kunst, die es entschieden von der »reinen« Kunst schied, als eine niedrigere Gattung, als unvollständige Kunst einstufte. Diese Gegenüberstellung ist heute ungebräuchlich geworden, aber dafür geschah etwas anderes: Manche Theoretiker, angefangen mit C. Bell und S. I. Witkiewicz, beschränken die Kunst auf die »reine Form«, und bei einer solchen Beschränkung zählen Gegenstände der materiellen Kultur und der Massenkommunikation nicht zur Kunst, mehr noch, vieles von der bisherigen »reinen« Kunst, von der Malerei und der Literatur, fällt aus der Kunst heraus. Über den Umfang der Kunst, darüber, was zu ihr gehört und was nicht, besteht also keine Einigkeit.

B. Von Anfang an wurden außer der Schönheit noch andere Anforderungen an die Kunst gestellt: Tiefe und Ideen, Weisheit und Erhabenheit der Erlebnisse. Dionysios von Halikarnaß verlangte, daß sie »Inbrunst der Seele« wecke, Plotin, daß sie »an das wahre Sein erinnert«, Michelangelo, daß sie »den Aufstieg zum Himmel eröffnet«; Novalis meinte, wahre Kunst sei »Offenbarung Gottes in der Natur«, Hegel, sie sei »eine Art und Weise [...], die umfassendsten Wahrheiten des Geistes zum Bewußtsein zu bringen«. Andere Künstler, Theoretiker und Rezipienten stellten solche Anforderungen dagegen nicht; es genügte, daß das Werk Auge oder Ohr erfreut, um als Kunstwerk anerkannt zu werden. So war es in früheren Zeitaltern, so ist es auch jetzt; immer wieder kommen andere, besondere, höhere Anforderungen an die Kunst zu Wort, andere Kriterien außer der Schönheit: daß sie »aus dem Alltag herausreißt«, »das Leben bereichert«, »dem flüchtigen Leben Gestalt gibt«. An anderer Stelle wird jedoch alles Kunst genannt, was gefällt und ergreift, mag es ihm auch an Erhabenheit oder Tiefe, Ideenreichtum oder Fähigkeit der Gestaltung des Lebens ermangeln. Es gibt also zweierlei Kunstverständnis. Von allem, was nach dem einen Verständnis zur Kunst gezählt wird, gehört (wenn man so sagen darf) nur die Hälfte, nämlich die obere Hälfte zur Kunst im anderen Verständnis, und nur diese obere Hälfte wird als wahre Kunst anerkannt; selbst aus der »reinen« Kunst fallen dann weniger ambitiöse, weniger durchgeistigte Werke, die Werke kleinerer Geister und Talente heraus. In diesem letzteren Sinne ist Kunst eine *Auswahl* dessen, was zur Kunst im ersteren Sinne gehört, eine Auswahl, die von einem ästhetischen, aber auch einem ideellen und moralischen Standpunkt aus getroffen wird, vom Standpunkt der »geistigen Nahrung«, die sie hergibt. Als Kunst gilt dann nur die große, beständige, »die Zeit besiegende« Kunst, wie A. Malraux schreibt (*La métamorphose des dieux*, 1957), die mehr ist als Vergnügen und Zerstreuung, allein jene, die eine »transzendente Berufung« hat, wie A. Koestler sagt (*The Act of Creation*, 1964, S. 336). Daß der Umfang des Begriffes Kunst unbestimmt ist, liegt einerseits daran, daß bisweilen allein die höhere Kunst als Kunst angesehen wird, und andererseits daran, daß allein die reine Kunst als solche gilt.

Der Begriff enthält noch weitere Unbestimmtheiten: a) entweder umfaßt er die Literatur, oder er umfaßt sie nicht (wie in der Wendung »Kunst und Dichtung«); b) die Kunst wird entweder im Sinne der *Werke* oder im Sinne der *Kunstfertigkeit* ihrer Herstellung verstanden; c) entweder spricht man so, als gäbe es nur *eine* Kunst mit vielen Gattungen (*ars una, species mille*), oder so, als gäbe es ebensoviele Künste wie Gattungen, als sei die Malerei eine Kunst, die Bildhauerei eine zweite, die Musik eine dritte. Diese formalen Unbestimmtheiten einer nicht hinreichend geordneten Sprache sind jedoch unbedeutend im Verhältnis zu den beiden großen Unbestimmtheiten, von denen vorher die Rede war. Diese tragen am meisten dazu bei, daß es über den *Inhalt* des Begriffs der Kunst keine Einigkeit gibt, daß die Bemühungen, sie zu definieren, zu keinem befriedigenden Ergebnis führen.

V. Auseinandersetzungen um den Begriff der Kunst

Beim Definieren von Begriffen folgt man bequemerweise dem traditionellen Rezept, zuerst die Gattung, der der zu definierende Begriff angehört, und dann deren spezifische Merkmale zu bestimmen. Über die Gattung, der die Kunst angehört, bestehen im allgemeinen keine Zweifel: es geht um eine bewußte *menschliche* Tätigkeit oder (in einer anderen Begriffsnuance) das Produkt dieser Tätigkeit. Schwierig ist nur, das oder die *spezifischen* Merkmale zu finden, durch welche sich die Kunst von anderen Tätigkeiten und Produkten des Menschen unterscheidet.

Das 18. Jahrhundert hat uns zwei Definitionen hinterlassen: Kunst ist die Hervorbringung von Schönem, und Kunst ist Nachahmung.

1. *Das spezifische Merkmal der Kunst ist, daß sie Schönes hervorbringt* – dies ist die klassische, vom 18. Jahrhundert an benutzte Definition. In größtmöglicher Knappheit lautet sie: Kunst nennt man jene Art menschlicher Produktion, die Schönheit anstrebt und sie erreicht. Dieser Definition liegt die Überzeugung zugrunde, daß das Schöne die Intention, das Ziel, der Erfolg, der höchste Wert und das Unterscheidungsmerkmal der Kunst sei. Die Idee, daß Kunst und Schönheit zusammengehören, ist sehr alt: »Alles Musische«, schrieb Platon (*Pol.*, 403 c), »muß enden in der Liebe zum Schönen«. Zweitausend Jahre später verlangte L. B. Alberti (*De pictura*, II., S. 88) vom Maler, sich vor allem darum zu bemühen, daß die Teile seines Werkes »sich zu einem Schönen zusammenfügen«. Aus diesen Anregungen schälte sich schließlich die Definition der Kunst

heraus, die seit Batteux im 18. Jahrhundert an Einfluß gewann und im 19. Jahrhundert streng verbindlich wurde.

Heute weckt diese Definition jedoch Zweifel, unter anderem deshalb, weil »das Schöne« kein eindeutiger Ausdruck ist. Im weiteren Sinne bezeichnet sie alles Beliebige, ist sie eher ein Ausdruck von Entzücken oder Gefallen als eine Definition. Im engeren Sinne reduziert sie sich auf Durchdachtheit, Klarheit und Übersichtlichkeit der Formen; »schön ist, was harmonisch ist« (*pulchrum est quod commensuratum est*), wie man im 16. Jahrhundert definierte. Diese Definition des Schönen ist der klassischen Kunst angemessen, fraglich ist dagegen, ob sie der gotischen, der manieristischen, der barocken Kunst und einem erheblichen Teil der Kunst des 20. Jahrhunderts entspricht; sie kann folglich nicht die gesamte Kunst definieren.

2. *Das spezifische Merkmal der Kunst ist, daß sie die Realität nachbildet.* In der Vergangenheit hat man sich bei dieser Definition zumeist der Formulierung bedient: die Kunst *ahmt* die Realität *nach*. Sokrates definierte die Malerei als Nachbildung der sichtbaren Dinge. Für Leonardo war zweitausend Jahre später »diejenige Malerei am lobenswertesten, welche mit dem nachgeahmten Gegenstand am meisten übereinstimmt« (*Trattato*, Fragment 411). Für beide war dies jedoch die Definition lediglich der nachbildenden Kunst, also der Malerei, der Bildhauerei und der Dichtung. Erst in der Mitte des 18. Jahrhunderts versuchte Batteux (derselbe, der die Definition Kunst = Schönheit eingeführt hatte), »dieses Prinzip der Nachahmung auch auf die Musik und die Kunst der Geste anzuwenden«; und er fügt hinzu: »Ich war selbst erstaunt, in welchem Maße dieses Prinzip auch diesen Künsten entspricht«. Daraus folgerte er, daß die Nachahmung der Natur die gemeinsame Aufgabe der Künste sei, daß sie deren angemessene Definition sei.

»Nachahmung« war von Anfang an ein mehrdeutiger Ausdruck, doch im gewöhnlichen, geläufigsten Sinne entspricht er weder der Architektur noch der Musik, noch der abstrakten Malerei, und nur eingeschränkt entspricht er der figurativen

Malerei und einem erheblichen Teil der Literatur. Daher ist diese einst so beliebte Definition heute nur noch eine historische Reminiszenz. An ihre Stelle traten mindestens vier neue (oder relativ neue) Definitionen.

3. *Das spezifische Merkmal der Kunst ist, daß sie den Dingen Gestalt gibt.* Die Kunst gestaltet Dinge, oder um es mit anderen, verwandten Worten zu sagen: sie formt sie, gibt Materie und Geist Gestalt, Form, Struktur. Diesem Kunstverständnis gab Aristoteles Ausdruck, als er schrieb, daß es genügt, »wenn das Werk in charakteristischer Beschaffenheit da ist« (*Nikomachische Ethik*, 1105 a 27). Doch erst einige Autoren des 20. Jahrhunderts führten dieses Merkmal der Kunst in deren Definition ein, am frühesten und entschiedensten Engländer und Polen: Bell, Fry und S. I. Witkiewicz, der schreibt, der Begriff des künstlerischen Schaffens sei »gleichbedeutend mit der *Konstruktion von Formen*« (*Nowe formy w malarstwie*, 1919).

Diese Definition, die als spezifisches Merkmal der Kunst die Form, die Gestalt nennt, ist die modernste, die den Menschen von heute am stärksten anzieht, vielleicht besonders in der Formulierung von August Zamoyski: »Kunst ist alles, was aus dem Bedürfnis nach Gestalt entstanden ist« (in: Zwrotnica, Nr. 3, 1922). Doch auch diese Definition stößt auf Schwierigkeiten.

Daß sie mit unterschiedlichen Termini operiert – Form, Gestalt, Konstruktion, Struktur –, ist unerheblich, denn das sind synonyme Ausdrücke. Was diese Definition jedoch belastet, ist die Tatsache, daß all diese Ausdrücke zweideutig sind. Wenn Witkiewicz von den »Konstruktionen« sagt, daß es »das Ziel der Kunst war, ist und sein wird«, sie zu schaffen, dann denkt er an »abstrakte« Konstruktionen. Die Mehrheit der heutigen Theoretiker der schönen Künste und der Literatur versteht »Form« dagegen in einem weiteren Sinne, so daß sie nicht nur abstrakte, sondern auch konkrete, nicht nur konstruierte, sondern auch nachgeahmte, aus der realen Welt geschöpfte Formen umfaßt. Witkiewicz' Definition ist zweifellos *zu eng*, umfaßt nicht alle Objekte, die man gemeinhin

»Kunst« nennt; Witkiewicz hatte übrigens keineswegs die Absicht, diesen ganzen Bereich einzubeziehen, er schloß einen erheblichen Teil davon aus; seine Intention war nicht, den traditionellen Kunstbegriff zu rekonstruieren, sondern einen neuen zu schaffen; seine Definition war keine deskriptive, sondern eine regulative, wenn nicht gar arbriträre.

Das landläufige, weite Verständnis der Form oder Konstruktion ist dagegen *zu weit*. Nicht nur der Künstler, sondern auch der Ingenieur, der Techniker, der Maschinenbauer geben schließlich der Materie Form, Gestalt, Struktur. Wenn man die Kunst als Formgebung definiert, muß man daher die Form näher bestimmen; als schöne oder als ästhetisch wirkende Form, als ebenmäßige, angemessene, starke oder geschlossene Form usw. Nicht anders verhält es sich, wenn man »Gestalt« oder »Struktur« in die Definition einführt. Eine Form, Gestalt oder Struktur hat alles, was es gibt, und daher kann nicht Form, Gestalt oder Struktur das spezifische Merkmal von Kunst sein, sondern höchstens eine bestimmte Form, eine bestimmte Gestalt oder Struktur. Die besondere Form der Kunst sehen manche Künstler und Theoretiker in der *reinen* Form, einer Form, die unabhängig davon, was sie darstellt und wozu sie dient, *für sich selbst* spricht (einer *intrinsic form*, wie die Angelsachsen sie nennen). In der Kunst wird indes auch eine Form benutzt und geschätzt, die gut *einem Zweck dient*; eine solche *funktional* genannte Form haben Werke der Gebrauchskunst, etwa Häuser oder Stühle. Drittens wird bei Kunstwerken auch eine Form benutzt und geschätzt, die dem entspricht, was sie *darstellt*: eine solche *gegenständlich* genannte Form ist kennzeichnend für Werke der nachbildenden Kunst, für Porträts oder Landschaftsbilder. In der Kunst gibt es sowohl reine als auch funktionale und gegenständliche Formen, aber weder die funktionalen noch die gegenständlichen Formen sind »reine« Formen.

Daraus folgt: Wenn die Form die Kunst definieren soll, dann nicht jede Form; es muß aber auch nicht unbedingt eine reine Form sein. Die Definition »Das spezifische Merkmal der Kunst ist die Form« ist daher zu weit, und die Definition »Das spezifische Merkmal der Kunst ist die reine Form« ist zu eng. Denn Form hat nicht nur das Kunstwerk, sondern auch die Maschine; Kunstwerke aber haben nicht nur eine reine, sondern auch eine funktionale und nachahmende Form.

4. *Das spezifische Merkmal der Kunst ist die Expression.* Im Sinne dieser Definition würde das spezifische Merkmal der Kunst in der Haltung dessen stecken, der das Werk erschafft, in der Haltung des *Künstlers.* Das ist eine verhältnismäßig neue Definition; vor dem 19. Jahrhundert trifft man sie nur ausnahmsweise an. Die Mehrheit der älteren Theoretiker erwähnte, wenn von der Kunst die Rede war, die Expression nicht; einige, darunter F. Patrizi im 16. Jahrhundert (*Della poetica*, 1586, S. 91), bestritten sogar, daß sie ein Merkmal der Dichtkunst sei (»*Espressione non è propria del poeta*«). Der Wandel setzte im 18. Jahrhundert ein, bei Condillac, Diderot und dann den Romantikern. Ganz und gar veränderte sich das Verhältnis zur Expression im 20. Jahrhundert. Zu klassischen Verfechtern dieses Kunstverständnisses wurden Croce, seine Schüler und Anhänger; unter ihnen sind Kunstphilosophen und -psychologen, aber auch Künstler, darunter abstrakte wie Kandinsky. Dieses Verständnis ist jedoch zu eng, denn Expressivität ist ein Merkmal bestimmter Strömungen und Kunstwerke, aber nicht aller; die konstruktive Kunst hat darin keinen Platz.

5. *Das spezifische Merkmal der Kunst ist, daß sie ästhetische Erlebnisse hervorruft.* Diese Definition sieht das spezifische Merkmal der Kunst in ihrer *Wirkung auf die Rezipienten.* Damit also nicht in den Werken selbst. Trotz der (für das 19. und 20. Jahrhundert typischen) Verschiebung ähnelt diese Definition jener, die das spezifische Merkmal der Kunst in der Schönheit sah. Man kann sie auch so formulieren: Das spezifische Merkmal der Kunst ist, daß sie eine Empfindung von Schönheit hervorruft.

Die Schwierigkeiten dieser Definition ähneln den Schwierigkeiten jener. Der Ausdruck »ästhetisches Erlebnis« ist nicht viel eindeutiger und klarer als der Ausdruck »Schönheit«. Diese Definition ist zu weit, denn nicht nur Kunstwerke rufen ästhetische Erlebnisse hervor; hier wäre eine Einschränkung nötig, etwa dergestalt, daß das spezifische Merkmal der Kunst nicht nur darin besteht, ästhetische Erlebnisse hervorzurufen, sondern daß sie *zum Ziel* hat, sie hervorzurufen; aber das ist fragwürdig. Andererseits ist diese Definition auch zu eng. Und vor allem das löste im 20. Jahrhundert eine Opposition gegen sie aus. Man kann die Kunst durch ihre Wirkung definieren, aber diese Wirkung ist nicht nur eine ästhetische. Wenn wir sagen, etwas habe eine ästhetische Wirkung, dann meinen wir damit, daß es Entzücken oder Ergriffenheit auslöst; die Wirkung mancher Kunstwerke besonders unseres Jahrhunderts ist jedoch von anderer Art. Genau aus diesem Grund wurde noch eine weitere Definition vorgebracht, und zwar diese:

6. *Das spezifische Merkmal der Kunst ist, daß sie Erschütterung hervorruft.* Auch diese Definition der Kunst beruft sich auf deren Wirkung auf die Rezipienten, versteht sie aber anders als die vorige Definition. Sie tauchte später auf als die anderen und ist eine typische Definition unserer Zeit. Die Aufgabe und der Erfolg der Kunst besteht für viele Bildhauer, Schriftsteller und Musiker von heute nicht darin, ästhetische Erlebnisse, sondern vielmehr *starke Erlebnisse*, eine Erschütterung, einen »Schock« hervorzurufen. Gelungen ist ein Werk, das erschüttert. Anders gesagt: Aufgabe der Kunst ist nicht die Expression, sondern die *Impression* im natürlichen Wortsinne, der Eindruck, der starke Eindruck, der starke *Schlag* gegen den Rezipienten. Bergson hat das wohl früher als andere zum Ausdruck gebracht, als er (*Les données immédiates*, 1889, S. 12) schrieb: *»L'art vise à imprimer en nous des sentiments plutôt qu'à les exprimer«* – »Die Kunst will die menschliche Seele eher beeindrucken als sie ausdrücken«. Wenn sie im Sinne der vorigen Definition Erlebnisse hervorrufen wollte, die vom Entzücken bis zur Ergriffenheit reichen, so ruft sie im Sinne dieser Definition Erlebnisse hervor, die von der Ergriffenheit bis zur Erschütterung reichen. Eine solche Definition ist der

Kunst der Avantgardekünstler angemessen. Dafür ist sie aber der übrigen Kunst nicht angemessen, insbesondere jener, die wir klassisch nennen; als Definition der gesamten Kunst ist sie ebenfalls zu eng.

Sechs Definitionen für ein und dasselbe Phänomen sind viel. Obendrein hat jede der sechs noch Varianten, hat sie ihre erweiterten oder eingeengten Formen. Ein Beispiel dafür wäre die auf E. Cassirer zurückgehende Definition, die von S. Langer erweitert wurde und die Kunst definiert als Schaffen von Formen, aber lediglich *symbolischen Formen*.

Man könnte über diese sechs grundlegenden Definitionen, ihre Varianten und Kombinationen hinaus noch an weitere denken.[5] Zum Beispiel an eine Definition, die auf dem Begriff der *Vollkommenheit* beruht. Man könnte sich dabei sogar auf Autoren früherer Jahrhunderte berufen, auf die Schule Wolffs, auf Diderot. Das wäre jedoch eine allzu weite Definition, denn vollkommen können auch die Errungenschaften der Wissenschaft und gesellschaftliche Systeme sein. Gleichzeitig wäre sie zu eng, denn vielleicht sind nur wenige, nur die vorzüglichsten Werke vollkommen. Außerdem: wie stellt man ihre Vollkommenheit fest? Woran kann man sie messen?

Es gibt noch andere denkbare Definitionen: »Das spezifische Merkmal der Kunst ist das Schöpferische«; dies wäre jedoch eine zu weite Definition, denn Schöpferisches gibt es nicht nur in der Kunst, sondern auch in der Wissenschaft, der Technik, der gesellschaftlichen Organisation. Oder: »Das spezifische Merkmal der Kunst ist eine Erzeugung *ohne Regeln*« (diese Definition wäre insofern etwas Besonderes, als sie das Gegenteil der antiken Definition der Kunst wäre). Diese Definition wäre wiederum zu eng. Das gilt auch für die folgende Definition: »Das spezifische Merkmal der Kunst ist das Erzeu-

5 Earl of Listowel, *A Critical History of Modern Aesthetics*, London 1930; R. Odebrecht, *Ästhetik der Gegenwart*, Berlin 1932; G. Morpurgo-Tagliabue, *L'esthétique contemporaine*, Milano 1960.

gen von *irrealen Dingen*« oder, wie man schon in der Antike sagte, »das Erzeugen von Illusionen«.

Wohlgemerkt ist keine der vorgetragenen Definitionen gänzlich unbegründet; das gilt vor allem für die sechs grundlegenden Definitionen. Jede von ihnen kann sich nämlich auf *bestimmte*, mehr oder weniger zahlreiche Kunstwerke berufen, auf bestimmte Typen und Strömungen in der Kunst. Der Haken daran ist, daß keine von ihnen allen Werken entspricht, was aber für eine Definition unerläßlich ist; keine umfaßt den gesamten Bereich der Objekte, die wir »Kunst« nennen. All diese Definitionen sind zu eng.

Es zeigt sich ein merkwürdiger Sachverhalt: Wir bedienen uns sinnvoll des Ausdrucks »Kunst«, der uns erlaubt, uns untereinander zu verständigen, wir haben einen Begriff der Kunst – aber wir können ihn nicht definieren. Letzten Endes ist das jedoch nicht verwunderlich, denn die Klasse der Objekte, die wir »Kunst« nennen, ist nicht nur ausgedehnt, sondern auch inhomogen. So inhomogen, daß frühere Zeitalter bis hin zur Renaissance diese Klasse gar nicht gebildet haben; erst die Neuzeit faßte die kleineren Klassen – Literatur und Bildhauerei, reine und angewandte Künste – zusammen und bemühte sich, diesen weiten Begriff der Kunst zu definieren. Diese Bemühungen stießen auf Schwierigkeiten. Und neben den Definitionsversuchen tauchte in der Mitte des 20. Jahrhunderts die Ansicht auf, daß es nicht nur schwierig, sondern ganz und gar unmöglich sei, die Kunst zu definieren.

VI. Verzicht auf eine Definition

In dieser Zeit tauchte eine Ansicht allgemeinerer Natur auf, die Anklang fand: daß unter den Namen, derer wir uns bedienen, solche sind, die sich nicht definieren lassen, weil sie auf lose, unbestimmte Weise benutzt werden und die von ihnen bezeichneten Gegenstände keine gemeinsamen Merkmale haben. Sie besitzen lediglich »Familienähnlichkeit«, wie L. Wittgenstein sagte, der diesen Gedanken aufbrachte und mit seiner

Autorität stützte. Man nannte Begriffe dieser Art »offen«. Zu ihnen wurden bald die Grundbegriffe der Ästhetik gezählt: die Begriffe des Schönen, des ästhetischen Wertes, aber auch der Kunst. Zum Fürsprecher der Anerkennung des Kunstbegriffs als »offen« wurde der amerikanische Ästhetiker M. Weitz. Er schrieb (*The Role of Theory in Aesthetics*, 1957): »Es ist nicht möglich, die notwendigen und hinreichenden Eigenschaften der Kunst anzugeben; deshalb ist ihre Theorie logisch unmöglich und nicht nur faktisch schwierig«. Kunst ist schöpferisch, »die Künstler können stets neue Dinge schaffen, die es noch nie gab; deshalb lassen sich die Bedingungen der Kunst nicht erschöpfend aufzählen«. Daher »ist die grundlegende Behauptung, man könne die Kunst in eine reale oder irgendwie wahre Definition fassen, eine falsche Behauptung«.

Wenn Weitz' Argumentation richtig ist, dann gilt sie nicht nur für die Kunst, sondern auch für andere Bereiche, für Wissenschaft und Technik. Denn ihre Entwicklung enthält auch Schöpferisches. Wenn die Schwierigkeiten, die er vorbringt, eine Definition der »Kunst« unmöglich machen, dann ebenso eine Definition der »Maschine«. Weil aber neue Pflanzen- und Tierarten entstehen, müßten die Begriffe der »Pflanze« und des »Tieres« ebenfalls offen sein. Weitz gesteht denn auch, daß es abgeschlossene Begriffe allein in der Logik und der Mathematik gibt. Wenn demnach die Definition der Kunst untergeht, dann in einer Naturkatastrophe, die die überwältigende Mehrheit der Definitionen verschlingt.

Weitz meint, daß wir eine Definition der Kunst eigentlich nicht brauchen, weil wir uns auch ohne sie über die Kunst verständigen können. Das trifft zu, soweit es um die gewöhnliche Konversation geht; für genauere Untersuchungen ist aber das Fehlen einer Definition gewiß nicht günstig. Dieser Umstand veranlaßt uns, hartnäckig auf einem anderen Weg nach einer Definition zu suchen, da uns der bisherige in die Irre geführt hat.

Zwei Jahre später (1958) trat auch W. E. Kennick mit der These hervor, daß »die traditionelle Ästhetik auf einem Irrtum beruht« (*Does Traditional Aesthetics Rest on a Mistake?*): Der

Irrtum der Ästhetik bestehe gerade darin, daß sie die Kunst zu definieren versuchte. Man könne, schrieb er, ein »Messer« definieren, weil das Messer eine bestimmte Funktion habe; die Kunst habe eine solche Funktion nicht. Es gibt keine »allgemeinen Regeln, Maßstäbe, Kriterien, Kanones oder Gesetze, die man auf alle Kunstwerke anwenden könnte«. »Es gibt kein Merkmal, das ein gemeinsames Merkmal sämtlicher Kunstwerke wäre«; es ist nicht gut, »Shakespeare und Aischylos mit demselben Maß zu messen«. Das alles ist richtig, aber – daraus folgt nicht, daß eine Definition unmöglich ist.

Die Vielfalt dessen, was wir Kunst nennen, ist eine Tatsache. Kunstwerke haben in verschiedenen Epochen, Ländern, Strömungen und Stilrichtungen nicht nur verschiedene Formen, sie erfüllen auch verschiedene Funktionen, sind Ausdruck verschiedener Intentionen und wirken auf unterschiedliche Weise. Es sei nicht wahr, schreibt der englische Philosoph S. Hampshire (*Logic and Appreciation*, 1967), daß alle Kunstwerke über alle Zeiten hinweg für alle Menschen dieselben Bedürfnisse und Interessen befriedigen. Doch die Konsequenz aus dieser Vielfalt ist nicht der Verzicht auf eine Definition, sondern die Suche nach einer anderen Definition.

Man kann sich Wittgensteins Vergleich des Begriffs mit einer Familie zunutze machen, aber in einer leicht veränderten Version, in der der Vergleich treffender ist. Jede Familie setzt sich ja aus *vielen* Familien zusammen, die einen von der väterlichen, die anderen von der mütterlichen Seite. In alten Zeiten mußte, wer in einen Ritterorden eintreten wollte, (so lautete die Formel) die »Familien (angeben), die zu seiner Familie gehören«. Eine ähnliche Pflicht scheint auf demjenigen zu ruhen, der einen Begriff wie den Begriff der Kunst definieren möchte. Zu einem solchen Begriff gehört eine *gewisse Anzahl von Familien*; die Definition verlangt, diese vielen Familien aufzuzählen, die zu der einen gehören. In unserem Fall die vielen Familien, die zur Kunst gehören.

Aus den vorstehenden Ausführungen ergeben sich drei allgemeine Folgerungen, eine für die Vergangenheit des Kunstbegriffs, die zweite für seine Gegenwart, die dritte für seine

Zukunft. Was die europäische Vergangenheit angeht, so enthält sie eigentlich nur die Geschichte des *Namens* »Kunst«, nicht aber die des Begriffs, denn nur der Name hat sich erhalten, der Begriff dagegen verändert; allmählich zwar, aber vollkommen: in früheren Jahrhunderten entsprach dem Namen »Kunst« ein anderer Begriff als in späteren. Was die Gegenwart betrifft, so hat sie unter dem Namen Kunst einen Begriff ausgebildet, den sie vergebens zu bestimmen sucht. Und was bleibt für die Zukunft? Man kann natürlich die Kunst bestimmen, wie man will. Man kann sagen: »Kunst ist ein Konstruieren reiner Formen«, wie das S. I. Witkiewicz getan hat. Oder: »Die Kunst ist eine Widerspiegelung der Realität«, wie es viele getan haben und noch tun. Oder: »Kunst ist Expression«; so bestimmte sie Croce. Das alles sind Bestimmungen von besonderer Art: sie bilden nicht die Begriffe nach, derer man sich gemeinhin bedient, sondern setzen je nach dem Willen des Autors andere Begriffe fest. Es sind »regulative« und zumindest teilweise »arbiträre« Definitionen. Unter demselben Namen schaffen sie neue Begriffe der Kunst, mit einem anderen Inhalt und einem anderen Umfang. Das kann ein geeigneter Weg sein, wenn der Kunstbegriff, der von der heutigen Allgemeinheit benutzt wird, sich nicht entwirren läßt; wo es jedoch möglich ist, sollte man lieber einen anderen Weg probieren. Ein solcher Weg scheint der zu sein, die vielen Familien, die zur Familie der Kunst gehören, zu berücksichtigen.

VII. Eine alternative Definition

Die Gegenstände, die wir zur Kunst zählen, die zu ihrem Begriff gehören, haben unterschiedliche Funktionen: sie stellen Dinge dar, die es gibt, aber sie konstruieren auch solche, die es nicht gibt. Sie konstruieren nicht nur und stellen nicht nur äußere Dinge dar, sondern drücken auch das Innenleben aus. Sie drücken nicht nur das Innenleben des Künstlers aus, sondern regen auch das Innenleben des Rezipienten an. Indem sie den Rezipienten anregen, verschaffen sie ihm nicht nur

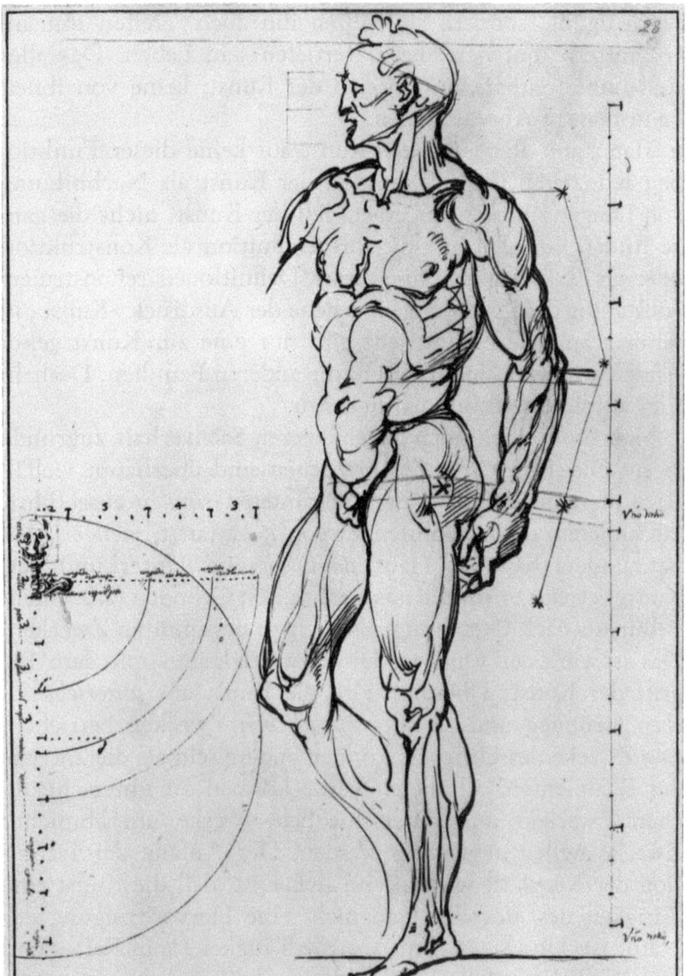

Abb. 3 Michelangelo: Akt mit Berechnung der Proportionen (Kopie, 18. Jh.)

Befriedigung, sondern sie rühren ihn auch, greifen ihn an, erschüttern ihn, bereichern, vertiefen sein Leben. Das alles sind unbestreitbare Funktionen der Kunst; keine von ihnen kann man in Abrede stellen.

Man kann aber auch die Kunst auf keine dieser Funktionen reduzieren. Eine Definition der Kunst als Nachbildung von Dingen umfaßt nur einen Teil der Kunst, nicht die ganze Kunst. Gleiches gilt für ihre Definition als Konstruktion oder als Expression. Keine dieser Definitionen rekonstruiert vollständig die Bedeutungen, welche der Ausdruck »Kunst« in unserer Sprache besitzt; jede gibt nur eine zur Kunst gehörende Familie an und übergeht die anderen Familien. Deshalb sind all diese Definitionen ungenau.

Man muß einen noch allgemeineren Sachverhalt zugrunde legen: Die Tätigkeiten des Menschen sind überhaupt vielfältig – die einen werden aus bestimmten *Gründen* ausgeführt, die anderen zu bestimmten *Zwecken*; er tanzt, *weil* er Lust hat, und er baut ein Haus, *damit* er eine Unterkunft hat. Kunst betreibt er sowohl aus bestimmten Gründen (z.B. einem Bedürfnis nach Gestaltung) als auch zu bestimmten Zwecken. Das ist eine der Quellen der Schwierigkeiten mit dem Begriff der Kunst. Überdies wird die Kunst aus *unterschiedlichen* Gründen und zu *unterschiedlichen* Zwecken betrieben. Die Zwecke des Urhebers können andere sein als die Zwecke des Rezipienten. Ähnliche Werke können zu unterschiedlichen Zwecken und unterschiedliche Werke um ähnlicher Zwecke willen angefertigt werden. Der Anfang der Definition der Kunst ist leicht, denn sicher ist, daß die Kunst eine Tätigkeit des *Menschen* und nicht eine Hervorbringung der Natur ist. Und sie ist eine *bewußte* Tätigkeit, kein Reflex und kein Werk des Zufalls: Das Muster, zu dem wir gelangen, wenn wir – um Leonardos Beispiel zu nehmen – einen Schwamm an die Wand werfen, wird schließlich kein Kunstwerk sein. Die Abgrenzung der Kunst von der Natur ist einfach.

Schwierig ist hingegen die Abgrenzung der Kunst von *anderen Tätigkeiten* des Menschen, schwierig die Feststellung, welche Merkmale allein der Kunst, nicht aber anderen Formen der Kultur zukommen. Mit der traditionellen Formulierung sagen wir, daß das *genus* der Kunst unzweifelhaft ist, schwierig dagegen die Feststellung, welches die *differentia specifica* der Kunst ist. Ein Sonett und ein Gebäude, eine Zierkommode und eine Sonate sind so sehr voneinander verschiedene Kunstwerke, daß man bezweifeln kann, ob sich ihnen allen gemeinsame Merkmale finden werden. Diese Merkmale suchen die Theoretiker denn auch von altersher nicht so sehr in den Werken der Kunst als vielmehr im *Verhältnis* der Kunst zur Realität, in ihren *Intentionen* oder in ihrer *Wirkung* auf die Menschen. Doch auch diese Gesichtspunkte haben keine Eigenschaft zutage gefördert, die der Kunst in allen Fällen, sonst aber keiner Tätigkeit des Menschen zukommt.

Was die *Intention* der Kunst angeht, so entstanden manche ihrer Werke aus dem Bedürfnis, die *Realität* festzuhalten, andere dagegen aus dem Bedürfnis nach *Gestaltung* und wieder andere aus dem Bedürfnis nach Expression.

Was die Wirkung der Kunst auf die Menschen angeht, so rufen viele ihrer Werke spezifische ästhetische Erlebnisse hervor, deren wesentlicher Bestandteil Gefühle des Wohlgefallens oder des *Entzückens* sind, aber es gibt auch solche, die anders wirken: sie sind Ursache von Ergriffenheit oder ein starker Schlag, eine *Erschütterung*, und das ist etwas anderes als Wohlgefallen und Entzücken.

Was das *Verhältnis* der Kunst zur *Realität* angeht, so ist ein erheblicher Teil von ihr eine *Nachbildung* der konkreten Realität, wenn nicht eine getreue, so doch mindestens eine freie; ein anderer Teil von ihr *erzeugt* jedoch abstrakte Gestalten. Die einen Kunstwerke halten fest, was ist, die anderen konstruieren, was es noch nicht gegeben hat.

Was den *Wert* der Kunst angeht, so zeichnen sich viele ihrer Werke durch *Schönheit* aus, während andere sich durch Anmut, Subtilität, Erhabenheit oder noch andere ästhetische Werte auszeichnen. Diese Werte sind, wie jüngst von M. Beardsley (*Aesthetic Experience Regained*, 1969) unterstrichen wurde, nicht abzählbar.

Folgerung: Wie auch immer wir die Kunst definieren, ob

wir uns auf ihre Intention, ihr Verhältnis zur Realität, ihre Wirkung oder ihre Werte berufen, stets landen wir bei einer *Alternative*, bei der Formel »entweder-oder«.

Wenn wir die Kunst durch die *Intention* definieren, müssen wir sagen, daß die Intention entweder im Bedürfnis nach Festhalten der Realität oder im Bedürfnis nach Gestaltung oder im Bedürfnis nach Expression besteht. Wir kommen also zu einer alternativen Definition. Damit aber nicht genug. Selbst eine solche alternative Definition wird noch nicht richtig sein, denn nicht alles, was aus einem Bedürfnis nach Realität, Gestaltung oder Expression entstanden ist, zählen wir zur Kunst; zu ihr zählen wir nur das, was Entzücken, Ergriffenheit oder Erschütterung hervorzurufen vermag. Die Definition des Kunstwerks muß daher nicht nur die Intention, sondern auch die Wirkung berücksichtigen.

Analog wird es sich verhalten, wenn wir die Kunst durch ihre *Wirkung* definieren. Es wird eine alternative Definition sein, denn zu den Kunstwerken zählen wir jene, die entweder entzücken oder ergreifen oder erschüttern. Aber auch das wird noch keine korrekte Definition sein, denn ein Werk, das entzückt oder ergreift oder erschüttert, zählen wir nur dann zur Kunst, wenn es aus dem Bedürfnis nach Gestaltung oder aus dem Bedürfnis nach Expression entstanden ist.

Folgerung: Die Definition der Kunst muß sowohl deren Intention als auch deren Wirkung berücksichtigen; aber sowohl die Intention als auch die Wirkung können so oder anders sein. Es wird also eine nicht nur alternative Definition sein, sondern eine doppelt alternative. Sie wird in etwa die folgende Form haben: Die Kunst ist ein Nachbilden von Dingen oder ein Konstruieren von Formen oder ein Ausdrücken von Erlebnissen, aber nur eine solche Nachbildung, eine solche Konstruktion oder ein solcher Ausdruck, die entweder zu entzücken oder zu ergreifen oder zu erschüttern vermögen.

So stellt sich das gegenwärtige Stadium der langen und verwickelten Geschichte des Kunstbegriffs dar.

VIII. Definition und Theorien

Wenn die Frage der Definition der Kunst auf diese Weise abgeschlossen ist, so bleibt die Frage ihrer Theorie offen. Das heißt: Wenn es uns gelungen ist, das Phänomen der Kunst abzugrenzen, so bleibt noch die Aufgabe, sie zu erklären. Wenn Kunst Nachbildung, Konstruktion und Expression ist, dann fragt sich, warum und wozu wir diese Tätigkeiten ausführen, warum und wozu wir Dinge nachbilden, Formen konstruieren, Erlebnisse ausdrücken. Was ist der Grund und der Zweck dieser Tätigkeiten?

Seit Jahrhunderten kennt man relativ einfache Antworten auf diese Fragen, unter denen drei hervorstechen. Die erste lautet, daß Nachbilden, Konstruieren und Ausdrücken ein *Naturtrieb* und ein natürliches Bedürfnis des Menschen seien. Sie müssen sich daher nicht durch einen anderen Grund oder Zweck legitimieren. Wir bilden nach, konstruieren und geben Erlebnissen Ausdruck, weil wir es wollen; weiter zu fragen und nach Erklärungen zu suchen ist unnötig.

Die zweite Antwort lautet, daß diese Tätigkeiten einen Zweck haben und daß dieser Zweck ganz einfach sei: Wir bilden nach, konstruieren und äußern uns, weil es uns Vergnügen bereitet, und wir erzeugen dadurch Objekte, die den Menschen gefallen und auch ihnen *Vergnügen* bereiten. Eine andere Erklärung als diese hedonistische kann und muß man nicht geben.

Die dritte Antwort besteht darin, sich zu seinem *Unwissen* zu bekennen. Es ist eine skeptische Antwort. Eingedenk der Worte Quintilians, daß »die Gebildeten den Sinn der Kunst, die Ungebildeten nur das Vergnügen an ihr kennen« (*Docti rationem artis intelligunt, indocti voluptatem*: *Inst. or.*, II. 17, 42), sagt der Skeptiker: Wir haben keine Theorie der Kunst gefunden und müssen ohne sie auskommen; es genügt uns, daß wir in der Kunst Befriedigung finden.

Lange Jahrhunderte haben sich mit diesen Antworten, der ersten, der zweiten oder der dritten, zufriedengegeben. Doch es tauchten immer wieder andere Theorien der Kunst auf: sie sei ein Dienst an Gott, eine Gewissenserforschung, Kritik an der Gesellschaft oder das Projektieren einer neuen Welt. Vor allem unsere Zeit gibt sich mit jenen einfachen Theorien nicht zufrieden. Sie hat keine große Theorie hervorgebracht, die allgemeine Anerkennung gefunden hätte, sie hat aber auch keine genauere Theorie hervorgebracht. Was sie stattdessen gab, waren verschiedene Ankündigungen von Theorien, von denen hier wenigstens vier genannt seien.

Die erste besagt, daß die Kunst dazu dient, unsere Empfindungen, unsere *innere Realität* zu entdecken, zu erkennen, zu beschreiben und festzuhalten. Stanisław Witkiewicz schrieb in diesem Sinne an seinen Sohn (Brief vom 21.1.1905): »Strebe beim Malen nur nach der absoluten Wiedergabe des Bildes, das dir vorschwebt. Malen heißt, *sich und anderen* das Bild zu *zeigen*, das *in uns* entsteht«. Diese Theorie ähnelt der »Theorie der Expression«, aber sie greift tiefer: Die Kunst ist nicht so sehr Ausdruck als vielmehr Erkenntnis des Innenlebens.

Die zweite faßt die Kunst als Nachbildung dessen auf, was in der Welt *ewig* ist. Stanisław Przybyszewski schrieb (*Confiteor*, in: Życie 3/1899): »Kunst ist die Nachbildung dessen, was ewig, frei von allen Veränderungen und Zufälligkeiten, unabhängig von der Zeit und auch vom Raum ist, also: die Nachbildung des Wesenhaften, das heißt der *Seele*, des Lebens der Seele in allen ihren Äußerungen«.

Die dritte Ankündigung einer Theorie: Die Kunst ist ein Verfahren, das zu erfassen, was anders nicht zu erfassen ist, was die menschliche Erfahrung übersteigt. Der große Bildhauer August Zamoyski sagte: »Die Kunst ist *Veranschaulichung der Dinge, die nicht unseren Sinnen unterworfen sind*« (*L'art est la figuration des choses non soumises à nos sens*). Kunst in diesem Sinne ist ein Versuch, die Grenzen unseres gewöhnlichen Lebens zu durchbrechen. Sie ist ein Bemühen, Dinge zu entdecken, zu erkennen, zu erfassen, deren Existenz wir erahnen und die wir anders nicht zu erfassen vermögen.

Die vierte Ankündigung einer Theorie: »Kunst ist *der*

Eigenwille des Genius«, wie Adolf Loos sagte, der hervorragende Architekt und tiefgründige Denker (*Ornament und Erziehung*, 1910). Dieser Eigenwille vermag das zu finden, was der gewöhnliche Mensch nicht findet. Und er kann »die Menschen immer weiter und weiter und immer höher und höher führen« (*). Das ist der Sinn der Kunst, nicht aber, Dinge zu erzeugen, die gefallen, die Vergnügen bereiten, die die Umwelt verzieren. Um Verzierungen und Vergnügungen mag sich das Handwerk kümmern.

IX. Die Gegenwart

Was oben über den Begriff und die Theorie der Kunst gesagt wurde, bezieht sich auf die jüngste Vergangenheit, es reicht jedoch nicht aus, um die Gegenwart zu bestimmen. In dieser Zeit sind so große Veränderungen eingetreten, daß sogar der Begriff, die Definition der Kunst davon erfaßt wurde.

A. Will man die Gegenwart der Kunst verstehen, tut man gut daran, auf die Kunst des 19. Jahrhunderts zurückzugreifen. Sie hatte Merkmale, die denen der heutigen diametral entgegengesetzt waren: sie war vor allem programmatisch angepaßt, unterwarf sich dem Geschmack des Publikums und war daher konventionell; die heutige Kunst ist dagegen programmatisch oppositionell. Sie sind in allem gegensätzlich: die konventionelle Kunst wollte nicht neue, sondern schöne Dinge erzeugen, die gegenwärtige hält es umgekehrt. Außerdem wollte jene die Rezipienten erfreuen, statt sie zu erschüttern; auch in dieser Hinsicht nimmt die gegenwärtige die entgegengesetzte Haltung ein. Die neue Kunst ging auf dem Wege des Widerspruchs aus der alten hervor. Wenn wir die Schar der rebellischen Künstler als »Avantgarde« bezeichnen und die Sache etwas vereinfachen, können wir sagen, daß die Veränderung sich in drei Etappen vollzog: Auf die Etappe der verteufelten Avantgarde folgte die der kämpfenden und schließlich die der siegreichen Avantgarde.

Die erste Etappe fällt noch ins 19. Jahrhundert, in die Zeit, in der die konventionelle Kunst vorherrschte; damals fanden sich jedoch vereinzelt unabhängige Schriftsteller und Künstler, die sich nicht um die herrschende Meinung scherten, sie provozierten; heute sind sie berühmt, damals waren sie »verteufelt« (*maudits*). Zu den Schriftstellern gehörten Leute wie Poe (der schon 1804 geboren wurde), Baudelaire, Lautréamont, Rimbaud. Im letzten Drittel des Jahrhunderts wurden die Oppositionellen nicht nur zahlreicher, sie schlossen sich auch zusammen; in dieser Zeit bildeten sich die Schulen der Symbolisten und Impressionisten. Der Avantgarde mangelte es allerdings noch an breiterer Anerkennung und Einfluß. Im 20. Jahrhundert wurde sie jedoch immer weniger bekämpft, ja, sie wurde zunehmend bewundert und sogar zum Vorbild. Nun entstanden die großen Avantgarde-Gruppierungen wie der Surrealismus und der Futurismus, besonders unter den Bildhauern der Kubismus, der Abstraktionismus, der Expressionismus und weitere Richtungen in der Literatur und der Musik. Diese Avantgarde brachte es in kurzer Zeit dahin, daß die Freiheit in der Kunst nicht nur zulässig, sondern geradezu gefordert wurde; für die Künstler fielen alle Fesseln fort.

Nach dem Ersten und besonders nach dem Zweiten Weltkrieg hatte sich die Avantgarde durchgesetzt. Avantgardekünstler, die mit den Konventionen brachen, wurden gesucht, besonders geschätzt, berühmt, hoch bezahlt.

Konservative Künstler wurden in die Defensive gedrängt, retteten sich damit, daß sie die Avantgarde nachahmten. Seitdem zählt allein sie. Wenn wir die kämpfende Avantgarde Modernismus nennen, dann kann man sagen, daß mit den Kriegen die Zeit des Postmodernismus begann. Im Grunde gibt es keine Avantgarde mehr, denn es gibt nur noch Avantgarde.

B. Die Avantgarde siegte dank des Talents der Künstler, aber auch dank ihrem Anderssein, dem sie ihre Attraktivität verdankte. Anderssein wurde nun ihr Programm: es soll anders sein als vorher. Das Anderssein trug die Avantgarde an die

Spitze, und allein durch Anderssein kann sie sich an der Spitze behaupten. Sie war anders als die konventionelle Kunst, jetzt muß sie anders sein als sie selbst, muß sie ständig neu sein. In der siegreichen Avantgarde ändern die Formen sich ständig, fast jährlich; Formen, Programme, Konzeptionen, Losungen, Theorien, Namen, Begriffe ändern sich schneller als je zuvor, auch wenn es keine neuen Ideen vom Format des Kubismus oder des Surrealismus gibt. Der französische Theoretiker A. Moles (in: Science de l'art, III, S. 23) schrieb: »Die Kunst der Revolte ist zur Profession geworden« (*L'art de révolte est devenu profession*). Vielleicht wäre es richtiger zu sagen, daß die Revolte in der Kunst zur Profession geworden ist (*en art la révolte est devenue profession*). Der französische Maler Dubuffet sagt (*Prospectus*, I. 25): »Die Kunst ist in ihrem Wesen Neuheit. Auch Ansichten über die Kunst müssen Neuheit sein. Das einzige der Kunst förderliche System ist die Revolution in Permanenz.«

Die Avantgarde zeichnet sich nicht nur durch Neuheit, sondern auch durch Extremismus aus. Die Zahl der extremen Lösungen ist aber begrenzt. Durch die Verbindung dieser beiden Tendenzen – zum Neuen und zum Extremen – bekamen die Veränderungen die Form des Wechsels von einem Extrem zum anderen, der Polarisierung, des Verlassens extremer Positionen und der Rückkehr zu ihnen. Das hatte noch tiefer liegende Gründe: Der Künstler von heute hat divergierende Intentionen: Er möchte er selbst sein, zugleich aber Mittel der Massenkommunikation schaffen, er gehört zum technischen Zeitalter, zugleich aber möchte er in der unbekannten Welt »das Geheimnis erjagen«.

Welches sind nun die Merkmale der siegreichen Avantgarde? Wirkt sie durch die Konstruktion oder durch die Expression? Durch das eine wie das andere. Mal ist sie extrem konstruktiv, mal extrem expressiv. Und ist sie eine Kunst der Regeln oder eine Kunst des Temperaments? Das eine wie das andere; in der einen Sekunde strebt sie Regeln an, in der nächsten unterwirft sie sich den Temperamenten. Will sie Technik sein oder Metaphysik? Das eine wie das andere, je nach Jahr und Umgebung. Mal wird sie als Beruf aufgefaßt, dann wieder kommt die Parole auf, daß »jeder ein Künstler ist« und daß »die Kunst auf der Straße ist«.

Man hat verschiedentlich versucht, die Kunst unserer Zeit zu charakterisieren. Bekannt ist zum Beispiel der Versuch von H. Sedlmayr (*Verlust der Mitte*, 1961, besonders S. 114): Was sie auszeichnet, ist ein Hang zu den niederen Funktionen des Lebens (»Zug nach unten«), zu primitiven Formen, unorganischen Formen, absurden Formen, Entheiligung, Autonomie des Menschen, über dem es keine höheren Mächte gibt. Zutreffende, aber unvollständige Kennzeichnungen. Sie gelten für die eine Hälfte der heutigen Kunst, doch ihre andere Hälfte hat diametral entgegengesetzte Bestrebungen: metaphyische, sakrale. Wenn sie nicht die Metaphysik der Philosophen übernimmt, so deshalb, weil sie sie selbst durch Bilder, Skulpturen, Töne ausdrücken will. »Nach meiner Überzeugung«, schreibt der Avantgardemaler Ben Nicholson, »ist die Malerei ihrem Wesen nach dasselbe wie religiöse Erlebnisse«. Ein anderer Künstler, Chirico, charakterisiert seine Malerei als *»pittura metafisica«*.

C. Die Veränderungen, die sich in den Formen der Kunst vollzogen haben, gehören eigentlich nicht zu den Überlegungen, die uns hier interessieren, sie wurden aber angedeutet, weil sie sich auf die Theorie, ja sogar auf den Begriff der Kunst ausgewirkt haben.

Der Begriff, der sich nach einer zweitausendjährigen Entwicklung festigte, hatte unter anderem die folgenden Besonderheiten. Erstens implizierte er, daß die Kunst ein Teil der *Kultur* ist. Zweitens, daß die Kunst dank *Fertigkeiten* entsteht. Drittens, daß sie dank spezifischer Eigenschaften quasi eine *separate* Provinz in der Welt bildet. Viertens, daß sie danach strebt, den *Kunstwerken* Leben zu geben; in den Werken liegt ihr Sinn, um ihrer willen wird sie geschätzt; den Namen »Kunst« gibt man den Werken des Künstlers und nicht nur seiner Kunstfertigkeit.

Gegen diese bis vor kurzem diskussionslos anerkannten

Thesen über die Kunst wenden sich einige Künstler und Theoretiker unserer Zeit, ja sogar ganze Gruppen.

1. Es kam die Konzeption auf, daß die *Kultur* der Kunst schadet. Ein extremer Verfechter dieser Konzeption ist J. Dubuffet, »Berufsoppositioneller und Feind der Kultur«; er behauptet, daß die Kultur alle erstickt, besonders die Künstler. Deshalb ist er ein Gegner der europäischen Tradition, ein Gegner der Griechen, des Schönen in der Kunst, ein Gegner ihrer Rationalität und der literarischen Sprache.

2. Nach der uralten griechischen Auffassung war die Kunst *Kunstfertigkeit* und der Künstler ein Profi, der diese Fertigkeit besitzt. Und trotz aller Veränderungen, welche eine zweitausendjährige Geschichte für den Kunstbegriff mit sich brachte, ist dieses Motiv in ihm erhalten geblieben: Kunst ist die Fertigkeit, schöne oder ergreifende Dinge zu erzeugen. In der heute siegreichen Avantgarde meldete sich indes Widerspruch dagegen. Die Parole vom »Ende der Kunst« (*l'art est mort*) bedeutet vor allem: Ende der kunstvollen, professionellen Kunst. Jeder kann Kunst betreiben, wie er will. »Die Kunst ist auf der Straße«, jeder kann ein Dichter sein, wie Lautréamont schon früher gesagt hatte. Oder später H. Arp: »Alles ist Kunst«. Jüngst sagte ein polnischer Schriftsteller (M. Porębski, *Ikonosfera*, 1972): »Zum Kunstwerk wird alles, was Aufmerksamkeit auf sich zu lenken vermag«.

3. Die Überzeugung, daß die Kunst eine *separate* Provinz in unserer Welt bildet, führte sogar zu der Theorie, daß man sie isolieren müssen, daß ihre Werke erst dann richtig wirken; dem dienen die Rahmen der Bilder, die Sockel der Skulpturen, die Vorhänge im Theater. Jetzt ist aber die gegenteilige Theorie entstanden: Ihre eigentliche Wirkung erreicht die Kunst, wenn sie *mit der Realität verschmilzt*. Der amerikanische Bildhauer Robert Morris sagt, daß das Aufstellen von Steinen und das Graben in der Erde, mit einem Wort »Erdarbeiten« (*earthworks*), die unsere Welt formen und die Natur

verändern, die vollkommenste Form der Kunst seien. Nach seiner Auffassung ist der Künstler eigentlich ein körperlich Arbeitender; der Maler tut, und wenn er noch so berühmt ist, nichts anderes als Farbe aus der Tube auf die Leinwand zu bringen; der dem Künstler übergeordnete Begriff ist der Träger (H. Rosenberg, *The De-definition of Art*, 1972, S. 246). Diese Tendenz zur Naturalisierung der Kunst ist heute eine Nebentendenz, aber sie tritt nicht nur in den visuellen Künsten auf; eine analoge Erscheinung in der Musik ist der sogenannte »plastische Klang« und in der Kunst des Wortes die »konkrete Poesie«.

Die drei vorstehenden Thesen sind paradox und umstürzlerisch, aber nicht so neu, wie man meinen könnte. Hat nicht das 18. Jahrhundert (durch Rousseau) gegen die Kultur protestiert, hat es nicht die Dilettanten gepriesen und englische Gärten angelegt? Allerdings sind diese Ideen heute ungleich radikaler. Die drei vorstehenden Thesen betreffen die wirksame Ausübung der Kunst, die vierte These zielt dagegen auf den Kunstbegriff selbst.

4. Kunst im traditionellen Sinne ist nicht nur das Schaffen, sondern auch sein *Erzeugnis*: das Buch, die Skulptur, das Bild, das Gebäude oder das musikalische Werk. Dagegen behaupten die Surrealisten, ihnen gehe es ausschließlich um den *schöpferischen Prozeß*, nur er sei wichtig, nicht aber das durch ihn erzeugte Objekt. Dubuffet spricht den Erzeugnissen nicht die Kunst ab, meint jedoch, ihre Lebensdauer sei kurz, sie wirkten nur so lange, wie sie neu und überraschend sind. Ein amerikanischer Künstler (Jan Dibbets) sagt, er sei »nicht an der Herstellung von Objekten interessiert« (*I am not interested in making objects*). Ein anderer (R. Morris) sagt dagegen, es sei nicht nötig, daß ein Kunstwerk ausgeführt wird, es genüge das Projekt, die Absicht; wir könnten ein Kunstwerk »vom Hörensagen« erleben und bewerten (*appreciate through hearsay*). Der Franzose A. Moles schreibt: »*Es gibt keine Kunstwerke mehr*, es gibt nur noch künstlerische Situationen« (*Il n'y a plus d'œuvres d'art, il y a des situations artistiques*). Ebenso

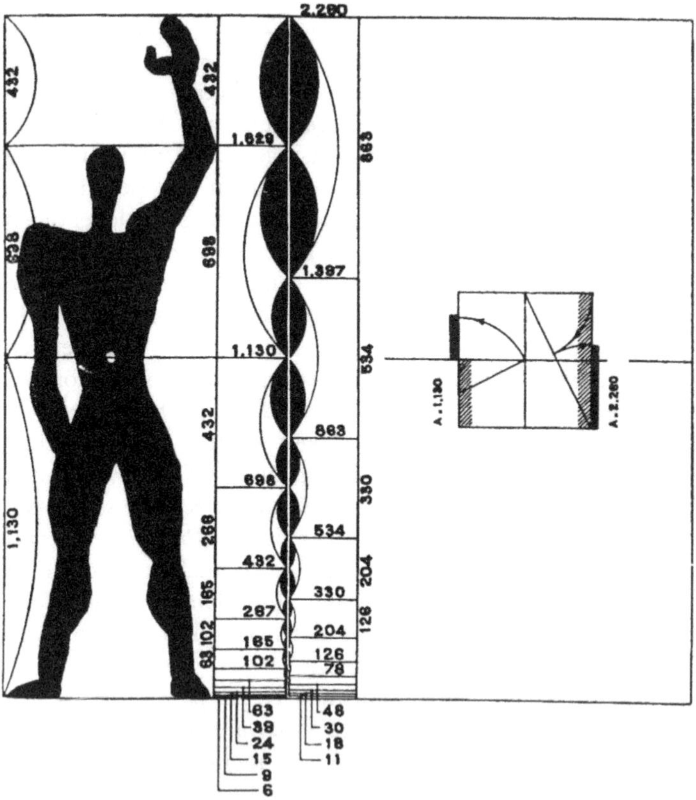

Abb. 4 Le Corbusier: Modulor

ein anderer französischer Theoretiker, J. Leymarie: »Was zählt, ist die schöpferische Funktion der Kunst, nicht die künstlerischen Erzeugnisse, mit denen wir völlig übersättigt sind« (»*Ce qui compte c'est la fonction créatrice de l'art* [...] *non les produits artistiques dont nous sommes massivement saturés*«, in: Rencontres Internationales de Genève, 1967). Eine Kunst ohne Kunstwerke – das ist eine Änderung nicht nur der Theorie, sondern der *Definition* selbst, die größte Neuheit in einer auf Neuheiten begierigen Zeit.

Im Bereich der Kunst neigt unsere Zeit vor allem zum Widerspruch. Sie ist gegen Museen – nicht sie sind die Bestimmung der Kunst. Sie ist gegen die Ästhetik – diese verallgemeinert individuelle Erfahrungen, und aus Verallgemeinerungen entstehen Dogmen. Sie ist gegen die Unterscheidung von Kunstgattungen – diese ist vollkommen unwesentlich. Sie ist gegen die Form – diese ist eine Erstarrung des lebendigen schöpferischen Prozesses. Sie ist gegen eine gesellschaftliche Auffassung der Kunst – diese hört dann auf, eine persönliche Sache, ein Gespräch des schöpferischen Menschen mit dem Universum zu sein. Sie ist gegen den Künstler – schließlich kann jeder schöpferisch sein. Sie ist gegen die Konzeption der Urheberschaft – im *Happening* hat es seinen Sinn verloren. Sie ist gegen Kunstwerke überhaupt – diese schöpferischen Hervorbringungen sind überflüssig, und wir sind von ihnen übersättigt. Sie ist gegen die Institution der Künste selbst. Sogar gegen den Namen »Kunst«. Dubuffet (*Prospectus*, I. 124) schreibt: »Ich kann den Namen ›Kunst‹ nicht ausstehen, es sollte ihn besser gar nicht geben«. Mit dem Namen würde auch der Begriff verschwinden, und »wo sich der Begriff verliert, stirbt auch die Sache selbst«.

Vor über einem halben Jahrhundert, im Jahr 1919, hat Stanislaw Ignacy Witkiewicz (*Nowe formy w malarstwie*, Teil IV) das Ende der Kunst vorhergesagt. Er meinte sogar, daß »der Zerfallsprozeß schon eingesetzt hat«. Er nannte zwei Ursachen für diese Erscheinung. Die eine ist der Umstand, daß die Menschheit die »metaphysische Unruhe« verloren hat, die die eigentliche Quelle der Kunst ist. Die andere ist der Umstand, daß in der Welt die Zahl der Anreize und ihrer Kombinationen begrenzt ist und sie sich daher irgendwann erschöpfen müssen, umso mehr, als der Mensch sich an sie gewöhnt und immer schwächer auf sie reagiert und zum Schluß überhaupt nicht mehr reagiert. »Keine Macht«, schrieb Witkiewicz, »ist imstande, diesen Prozeß aufzuhalten«. Doch eine »glückliche Menschheit kann sehr gut ohne Kunst auskommen«. Und »nichts anderes wird in dieser Richtung entstehen«.

Gewiß denken nicht alle Theoretiker unserer Zeit wie Witkiewicz, doch ein nicht geringer Teil von ihnen tendiert zur Liquidierung der Kunst. Sie sind der Ansicht, daß sie eine *vorübergehende* Form des Lebens und der menschlichen Tätigkeiten war, und sie haben nichts dagegen, wenn sie sich im Leben und seinem Rhythmus auflöst.

Die Kunst ist ihrem Wesen nach ein Bereich der Freiheit und kann verschiedene Formen haben. Friedrich Schiller hat das in einem Brief an Körner (*Briefe*, III. 99) einmal in die lapidare Formel gefaßt: »Kunst ist, was sich selbst die Regel giebt«. Es ist dies jedoch eine Freiheit in einem begrenzten Bereich, dem der Konstruktion von Formen, der Nachbildung von Dingen und des Ausdrucks von Empfindungen, sofern sie in einem Werk realisiert werden. Das bloße Projekt, das nicht realisiert wird, ist keine Kunst. Ebensowenig all das, was »Aufmerksamkeit auf sich zu lenken vermag«. Würden wir das Kunst nennen, erhielte sich zwar der Name, nicht aber der Begriff.

Daß es Kunst in der Form, daß Ölfarben auf eine Leinwand gemalt und in einen vergoldeten Rahmen gefaßt werden, einmal nicht mehr geben kann, ist sicher. Sie kann aber in anderen Formen weiterbestehen. Außerdem ist Kunst nicht nur dort, wo ihr Name ist, wo ihr Begriff und eine fertige Kunsttheorie ausgebildet werden. Man hatte sie in den Höhlen von Lascaux nicht gehabt, und doch wurden dort Kunstwerke geschaffen. Selbst wenn, wie es manche Werke der Avantgarde nahelegen, die Konzeption und die Institution der Kunst untergehen sollten, darf man doch vermuten, daß Menschen nicht aufhören werden, zu singen und aus Holz Figuren zu schneiden, das, was sie sehen, nachzubilden, Formen zu konstruieren und durch Zeichen ihren Gefühlen Ausdruck zu geben.

Hat die Kunst ihre alten Funktionen verloren, insbesondere die nachbildende Funktion? Sie hatte sie einst, aber ist es damit nicht unwiederbringlich vorbei? So scheinen manche Neuerer zu denken. Doch ein so radikaler abstrakter Künstler wie Ben Nicholson schreibt über die Kunst: »Sie muß, gestützt auf die Erfahrung der Abstraktion, allmählich wieder zur figurativen Gestaltung übergehen.«

Wir leben in einer Zeit, die nach *Neuheit* sucht: Wird diese Suche niemals enden? Die Geschichte lehrt, daß sich alles ändert; man darf daher annehmen, daß auch das heute so lebhafte Bedürfnis nach Veränderungen früher oder später vergehen wird. Einige sind sogar der Ansicht, daß dies schon in Bälde geschehen wird. Paul Valéry, ein (in nicht geringerem Maße als Witkiewicz) typischer Vertreter der Epoche, fragte sich bereits nach dem Ersten Weltkrieg, ob sich das Bedürfnis nach radikalen Experimenten erschöpft habe. Bisher hat es sich jedoch noch nicht erschöpft. Ebensowenig ist das Ende der Kunst eingetreten. Wir befinden uns auf unebenem Gelände, wir wissen nicht, was uns bevorsteht. Es drängt sich ein Vergleich auf: Wenn ein Fluß auf Unebenheiten und Felsblöcke trifft, bildet er Wirbel aus und ändert dann sein Bett. Es kommt aber auch vor, daß er in die alte Richtung zurückkehrt und ebenmäßig und gerade weiterfließt.

Kapitel II

Die Kunst: Geschichte der Klassifikation

Es scheint kein System der Künste zu geben, das allen Ansprüchen genügte

M. Dessoir, Ästhetik und allgemeine Kunstwissenschaft (1905)

Klassifikation ist ein anderer Name für logische Einteilung; beide Namen werden hier wechselweise benutzt, wir sprechen also von der Klassifikation oder der Einteilung der Künste. Libelt versuchte, noch einen anderen (wohlklingenden) Namen einzuführen, nämlich »rozkład sztuk« [›Plan der Kunst‹], der aber keinen Anklang fand. Die Geschichte der Klassifikation oder Einteilung der Künste verlief parallel zur Geschichte ihrer Definition: wenn sich die Definition änderte, änderte sich auch der Umfang des Begriffs, und den geänderten Umfang mußte man anders einteilen. Wegen dieses Zusammenhangs muß, ehe man an die Geschichte der Klassifikation der Künste geht, an den alten Kunstbegriff erinnert werden, der einen anderen Umfang und einen anderen Inhalt hatte als der heutige.

I. Die Einteilung sämtlicher Künste (Antike)

In der Antike war der Begriff der Kunst weiter als heute: jegliche Fertigkeit in der Herstellung von Dingen galt als Kunst. Die Fertigkeit wurde gleichgesetzt mit der Kenntnis der Prinzipien der Herstellung: ihr Begriff implizierte, daß man sich nach Methoden, Vorschriften, Regeln richtete; unter Kunst verstand man die Fertigkeit der Herstellung nach Prinzipien und Regeln. Diesem Verständnis gaben schon die Klassiker Ausdruck: Platon und Aristoteles, der die Kunst definierte als »ein Hervorbringen mit bewußter richtiger Überlegung« (*Nikomachische Ethik*, 1140 a 9). Ähnlich bestimmte auch der Stoiker Kleanthes (Quintilian, *Inst. or.*, II. 17.41) die Kunst als »Fähigkeit, den Weg abzustecken«, nämlich jenen Weg, der die methodische Herstellung von Dingen ermöglicht. Unter den späteren Autoren der Antike bestimmte der Rhetor Quintilian die Kunst als Erzeugung von Dingen *via et ordine*, nach Regeln also.

Die Stoiker legten besonderes Gewicht darauf, daß der Kunst ein ganzes System von Regeln zugrunde liegt, und daher nannten sie sie lapidar »*System*«. Als System charakterisierten sie sowohl Chrysipp (nach der Überlieferung von Sextus Empiricus) als auch Zenon von Kition (nach dem Zeugnis von Olympiodor), also die beiden Begründer des Stoizismus.

Das, was die Alten »Kunst« nannten, entsprach also nicht dem, was wir so nennen, sondern eher dem, was wir Kunstfertigkeit, Geschicklichkeit, Technik nennen. Der Umfang des Kunstbegriffs war damals also weiter, denn er umfaßte die Kunstfertigkeit nicht nur des Malers und Bildhauers, sondern auch die des Tischlers und Webers: er galt ebenso für ihre Kunstfertigkeit, umfaßte also die *Handwerke*. Er umfaßte überdies auch die *Wissenschaften*, sei es die Geometrie oder die Grammatik, in denen man ebenfalls ein System von treffenden Methoden, von Regeln des Vorgehens sah und die man zusammen mit der Bildhauerei und der Weberei zu den Künsten zählte. Erst später sonderte Cicero unter den Künsten jene aus, die keine Dinge erzeugen, sondern nur den Geist umfassen, *animo cernunt*, also jene, die wir nicht Künste nennen, sondern Wissenschaften.

Unter dem Namen der Klassifikation der Künste taten die Alten also *etwas anderes* als wir: sie klassifizierten nicht bloß die »schönen Künste«, sondern sämtliche *Kunstfertigkeiten* (einschließlich der Handwerke und Wissenschaften). Es war dies ein weiter Umfang, der durch Klassifizieren geordnet werden mußte. Seit der Frühzeit tauchten denn auch in Griechenland Klassifikationen der Künste auf. Die erste ersannen die athenischen Sophisten. Später nahmen sich Platon, Aristoteles und die hellenistischen Denker, Philosophen, Gelehrten und Publizisten dieser Aufgabe an und lösten sie auf unterschiedliche Weise.

1. Die Sophisten unterschieden zwei Kategorien von Künsten: solche, die wegen ihrer *Nützlichkeit* betrieben werden, und solche, die man betreibt, um *Vergnügen* zu bereiten (Isokrates, *Panegyrikus*, 40, aber auch: Anonymus, *Hermogenis de statibus*, in: H. Rabe, *Prolegomenon Sylloge*, S. 321). Sie teilten sie mit anderen Worten in jene ein, die lebenswichtig sind, und jene, die eine angenehme Zutat zum Leben sind. Diese Klassifikation fand Anerkennung und bürgerte sich bei den Griechen ein. In der Zeit des Hellenismus tauchte sie bisweilen auch in einer weiterentwickelten Form auf. Plutarch fügte nämlich zu den nützlichen und angenehmen noch eine dritte Kategorie von Künsten hinzu: jene, die um ihrer *Vollkommenheit* willen gepflegt werden. Die vollkommenen Künste sah er jedoch nicht in den schönen Künsten, sondern in den Wissenschaften, denn für vollkommene Künste hielt er die Mathematik und die Astronomie. Die Wissenschaften wurden nicht nur zu den Künsten gezählt, sondern galten als die vollkommensten der Künste.

2. *Platon* stützte seine Klassifikation auf die Tatsache, daß die einzelnen Künste ein unterschiedliches Verhältnis zu den wirklichen Dingen haben: die einen erzeugen sie, wie es die Architektur tut, die anderen ahmen sie nach, wie etwa die Malerei (*Politeia* 601 d, *Sophistes* 219 a; ferner: Diog. Laertios, III 100). Diese Gegenüberstellung von *hervorbringenden* und *nachbildenden* (oder nachahmenden) Künsten wurde in der Antike populär und blieb es auch in der Neuzeit.

In einer anderen Klassifikation stellte Platon die Künste, die *reale Dinge* erzeugen, jenen gegenüber, die lediglich *Bilder von Dingen*, Fiktionen hervorbringen. Die Architektur gehört zur ersteren Kategorie von Künsten, die Malerei zur letzteren. Für Platon war diese Klassifikation übrigens identisch mit der vorigen, denn Nachahmungen waren in seinen Augen keine Dinge, sondern nur Bilder von Dingen.

Die *aristotelische* Klassifikation der Künste unterschied sich nicht sonderlich von der platonischen, fand jedoch eine andere, sinnreiche Formulierung; sie teilte die Künste nämlich ein in jene, die *vollenden*, was die Natur nicht zu vollenden vermag, und jene, die sie *nachahmen* (*Physik*, 199 a 15).

3. Die in der Antike gebräuchlichste Klassifikation der Künste war die Einteilung in *freie* und *gemeine* Künste. Sie war eine Idee der Griechen, ist jedoch bekannter in der lateinischen Benennung, die die *artes liberales* den *artes vulgares* gegenüberstellt. Stärker als andere Klassifikationen war sie durch die gesellschaftlichen Verhältnisse in Griechenland bedingt; ihre Grundlage war die Tatsache, daß die einen Künste eine körperliche Anstrengung erfordern, von der die anderen frei sind, und diese Tatsache erschien den Alten ungemein wichtig: sie trennte die wertvollen Künste von den weniger wertvollen. Hier machte sich die aristokratische Einstellung der Griechen und ihre Abneigung gegen körperliche Arbeit geltend, die Bevorzugung geistiger Tätigkeiten. Als freie Künste (auch als »befreite« bezeichnet) galten die geistigen Künste, als gemeine jene, die Handarbeit, handwerkliche Arbeit erforderten. Die geistigen oder freien Künste wurden nicht nur als eine eigene, sondern auch als eine weit vollkommenere Gruppe betrachtet. Man muß dazu wissen, daß als freie und damit wertvollste Künste für die Alten die Geometrie und die Astronomie galten, die in unserem Verständnis gar keine Künste, sondern Wissenschaften sind.

Der Urheber dieser Klassifikation läßt sich nicht angeben; wir kennen nur die Namen späterer Denker, die sie anerkannten, formulierten, verkündeten, sie aber nicht erdacht hatten. Galen, der berühmte Arzt des zweiten Jahrhunderts nach unserer Zeitrechnung (*Protrepticus*, 14), war derjenige unter den uns bekannten Schriftstellern, der diese Klassifikation am genauesten überlieferte (vgl. Cicero, *De officiis*, I 42. 150). In späteren Zeiten nannten die Griechen die freien Künste auch *enzyklische* (*Scholien* zu Dionysios Thrax, Bekker, II 654). Dieser Ausdruck, der ungefähr dieselbe Bedeutung hat wie der moderne Ausdruck »enzyklopädisch«, bedeutet etymologisch soviel wie »einen Kreis bildend« und bezeichnete den Kreis der Künste, die ein gebildeter Mensch kennen mußte.

Einige Gelehrte der Antike fügten zu den freien und den dienenden Künsten noch weitere Gruppen von Künsten hinzu. So erwähnte Seneca (*Epist.*, 88.21) neben den Künsten, die belehren (*pueriles*), solche, die erheitern (*ludicrae*). Damit verknüpfte er im Grunde zwei verschiedene Klassifikationen, die Galens und die der Sophisten. Die Klassifikation, zu der er auf diese Weise gelangte, war vollständiger, aber ohne Einheit, weil ihr das einheitliche »*fundamentum divisionis*« fehlte.

4. Eine andere antike Klassifikation kennen wir dank Quintilian (*Inst. or.* II 18. 1). Dieser vom Denken des Aristoteles inspirierte römische Rhetor des ersten Jahrhunderts teilte die Künste in drei Gruppen ein. Die erste umfaßte jene Künste, die lediglich forschen: er nannte sie *theoretische* und gab als Beispiel für sie die Astronomie an. Die zweite Gruppe umfaßte Künste, die auf Handeln (*actus*) beruhen, aber kein Produkt des Handelns hinterlassen; Quintilian nannte sie *praktische* und führte als Beispiel den Tanz an. Zur dritten Gruppe gehörten Künste, die Dinge erzeugen, die Hervorbringungen hinterlassen, welche auch dann fortdauern, wenn die Tätigkeit des Künstlers beendet ist: er nannte sie *poietische*, was auf griechisch soviel bedeutete wie hervorbringende; als Beispiel diente ihm die Malerei.

Von dieser Klassifikation gab es ebenfalls Varianten. Dionysios Thrax (*Scholia*, II 670), ein Autor der hellenistischen Ära, fügte noch eine Kategorie hinzu, nämlich die *apotelestischen* Künste, ein Name, der »vollendete« oder »zu Ende geführte« Künste bezeichnete; letztlich war das nur ein anderer Name für die poietischen Künste. Der Grammatiker Lucius Tarreus führte die Kategorie der *organischen* Künste ein, das heißt solcher, die Werkzeuge benutzen (»organon« war das griechische Wort für Werkzeuge) (*Scholia* zu Dionysios Thrax, II. 652). Auch dieser Autor erweiterte die Klassifikation, aber auf Kosten ihrer Einheitlichkeit.

5. Cicero bediente sich mehrerer Klassifikationen der Künste, vorwiegend solcher, die auf die ältere griechische Tradition zurückgingen, aber er benutzte auch eine, die, wenngleich sie an die Einteilung der Künste in freie (vollkommenere) und gemeine anknüpfte, ein relativ selbständiger Einfall von ihm zu sein scheint. Er machte nämlich die Bedeutung der Künste zur Grundlage der Klassifikation und teilte sie ein in *größte* (artes maximae), *mittlere* (mediocres) und *kleinere* (minores) Künste. Zu den größten zählte er die politischen und militärischen Künste, zu den mittleren die rein geistigen Künste, das heißt die Wissenschaften, aber auch die Dichtung und die Rhetorik, zu den kleineren alle übrigen Künste: die Malerei, die Bildhauerei, die Musik, die szenische Kunst und die Athletik. Die schönen Künste betrachtete er folglich als *artes minores* (*De off.*, I 42). Weit wichtiger, den Kern der Sache treffend und auch bei der Einteilung der »schönen« Künste brauchbar war eine andere Einteilung Ciceros (*De or.*, III 7. 26), nämlich die in »gleichsam stumme« (*quasi mutae*) und *Künste des Wortes* (*in oratione et in lingua*).

6. Am Ende der Antike griff Plotin noch einmal die Aufgabe der Klassifikation der Künste auf. Und er führte sie (*Enn.*, V 9. 11) ziemlich vollständig durch, indem er fünf Arten von Künsten unterschied: 1) Künste, die physische Objekte erzeugen, zu denen die Architektur gehört, 2) Künste, die mit der Natur zusammenwirken, wie Medizin und Landwirtschaft, 3) Künste, die die Natur nachahmen, wie das die Malerei tut, 4) Künste, die die menschlichen Handlungen verbessern und verschönern, wie die Rhetorik und die Politik, 5) rein geistige Künste wie die Geometrie. Diese Klassifikation, der scheinbar ein einheitliches *principium divisionis* fehlt, besaß jedoch eines, denn sie ließ sich vom *Grad der Vergeistigung* der Künste

leiten; sie begann mit einer rein materiellen (für eine solche hielt er die Architektur) und endete mit der rein geistigen Geometrie. Er hatte nicht nur eine Klassifikation, sondern auch ein *hierarchisches* System der Künste im Sinn. (Eine andere Einteilung Plotins findet sich in *Enn.*, IV 4. 31.)

Fassen wir die obige Zusammenstellung älterer Klassifikationen zusammen: Die griechisch-römische Antike kannte mindestens sieben Klassifikationen der Künste, von denen die meisten obendrein in mehreren Varianten auftraten. Jede von ihnen hatte eine andere Grundlage. 1) Die Klassifikation der Sophisten wurde durchgeführt aufgrund des *Zwecks* der Künste; 2) die Klassifikation Platons und Aristoteles' aufgrund des *Verhältnisses* der Künste zur Realität; 3) die Klassifikation Galens aufgrund der von den Künsten verlangten *körperlichen Anstrengung*; 4) die Klassifikation Quintilians aufgrund der von den Künsten erzielten *Erzeugnisse*; 5) die eine Klassifikation Ciceros aufgrund des *Werts der Künste*; 6) seine andere Klassifikation aufgrund des Anteils der *Sprache*; 7) die Klassifikation Plotins aufgrund des *Grades* ihrer *Vergeistigung*.

Das alles waren Einteilungen menschlicher Fertigkeiten und Fähigkeiten im weitesten Sinne, nicht aber spezielle Einteilungen der schönen Künste. Freilich umfaßten sie auch die schönen Künste. Doch keine dieser Einteilungen sah *die schönen Künste als eigene Kategorie*, keine teilte die Künste ein in schöne Künste und Handwerke. Die schönen Künste, die keine eigene Gruppe bildeten, waren vielmehr auf ganz *verschiedene* Bereiche der Künste *verteilt*.

Und zwar folgendermaßen: 1) In der Klassifikation der Sophisten wurde die Architektur zu den nützlichen Künsten gezählt, die Malerei zu ihrem Gegenteil, zu den Künsten, die zum Vergnügen betrieben werden. 2) Platon und Aristoteles hielten die Architektur für eine hervorbringende, die Malerei dagegen für eine nachbildende Kunst. 3) Die befreiten (enzyklischen) Künste umfaßten Musik und Rhetorik, nicht aber Architektur und Malerei. 4) In der Klassifikation Quintilians gehörten Tanz und Musik zu den »praktischen« Künsten, Architektur und Malerei zu den »poietischen« (apotelestischen). 5) Cicero hielt keine der schönen Künste für eine höhere Kunst und nur die Dichtung und die Redekunst für mittlere Künste; alle anderen schönen Künste hielt er für *artes minores*. 6) In der Klassifikation Plotins waren die schönen Künste ebenfalls aufgeteilt, und zwar gehörten die einen zur ersten, die anderen zur dritten Gruppe.

Die Antike hat folglich nie die Möglichkeit erwogen, daß die vom Handwerk geschiedenen schönen Künste eine eigene Gruppe von Künsten bilden sollten. Gewiß gibt es eine gewisse Ähnlichkeit zwischen unserem Begriff der schönen Künste und den antiken Begriffen der freien Künste, der dem Vergnügen dienenden Künste, der »nachahmenden« Künste, der »poetischen« Künste; alle diese antiken Begriffe waren jedoch weiter als der Begriff der schönen Künste. *Einige* der freien Künste, einige der vergnüglichen und einige der hervorbringenden Künste waren tatsächlich (in unserem Sinne) schöne Künste – einige, aber nicht alle. Weder die Freiheit noch das Vergnügen, noch die Nachahmung, noch das Hervorbringen waren jene Eigenschaften, die die Künste im modernen (engeren) Wortsinne hätten definieren können. Der Historiker neigt zu der Annahme, daß die Alten alle vernünftigen Möglichkeiten der Klassifikation der Künste berücksichtigt haben, außer dieser einen: der Einteilung in schöne Künste und Handwerke.

II. Die Einteilung der freien und mechanischen Künste (Mittelalter)

Das Mittelalter bediente sich des von der Antike ererbten Kunstbegriffs, gab ihm jedoch eine neue Formulierung. Man findet sie bei Thomas von Aquin (*Summa Theol.*, I-a II-ae q. 57a 5 ad 1); er schreibt, die Kunst sei »die rechte Ordnung der Vernunft« (*recta ordinatio rationis*), durch welche die Menschen über bestimmte Mittel zum richtigen Ziel einer menschlichen

Handlung gelangen. Kürzer: die Kunst ist die rechte auf das Schaffen gerichtete Vernunft (*recta ratio factibilium*).

Zusammen mit dem alten Begriff der Kunst behielt das Mittelalter auch deren alte Klassifikationen bei. Im Vordergrund stand weiterhin die Einteilung der Künste in freie und gemeine, anders gesagt in geistige und solche, die Handarbeit erfordern. Nur die ersteren, die freien, hielt man für wahre Künste: *ars* ohne Adjektiv war gleichbedeutend mit *ars liberalis*. Isidor schrieb (*Differentiae*), die Kunst sei *ihrer Natur nach* frei, und den gemeinen Künsten gab er einen anderen Namen: »*artificium*« (*artificium gestu et manibus constat*). Die nicht-freien Künste weckten jedoch im Mittelalter größeres Interesse als in der Antike, wurden höher geschätzt, erhielten nicht mehr den verächtlichen Namen »gemeine«, sondern wurden »mechanische« genannt.

Das Mittelalter nahm eine minutiöse Einteilung der Künste vor, wie es sie in der Antike nicht gegeben hatte, eine Einteilung sowohl der freien als auch der mechanischen Künste. Ihre Einteilungen hatten die Form von Listen oder Aufzählungen. Die Einteilung und *Liste der freien Künste* bildete sich früh – und wurde allgemein übernommen. Sie hatte eine praktische, pädagogische Grundlage; sie entsprach dem Programm der Schulen; es gab sieben freie Künste, und sie waren unterteilt in zwei Abteilungen, die Abteilung der (drei) humanistischen Künste, der *artes rationales* oder *sermonicales*, und der (vier) natürlichen, realen Künste, der *artes reales*. Die rationalen nannte man »triviale«, weil es drei waren, die realen »quadrivialen«, weil es vier waren. Zu den rationalen Künsten gehörten Grammatik, Rhetorik und Dialektik, zu den realen Arithmetik, Geometrie, Astronomie und Musik. Es waren ausschließlich Wissenschaften, nicht Künste im modernen Sinne. Wenn sich die Musik in dieser Liste fand, dann im Sinne der Musikologie oder der Akustik, der Kenntnis der harmonischen Beziehungen zwischen Tönen.

Einteilungen und Listen der mechanischen Künste kamen später auf, erst im 12. Jahrhundert. Man zählte ihrer sieben,

Abb. 5 Muse (3. Viertel des 5. Jh. v. Chr.)

wahrscheinlich nach dem Vorbild der freien Künste und wegen der Symmetrie mit ihnen. Wir kennen zwei mittelalterliche Listen. Die eine (schon im vorigen Kapitel besprochene) war das Werk von Radulf von Langenfeld (de Campo Lungo), genannt Ardens, das heißt der Flammende;[1] sie umfaßte *ars victuaria, lanificaria, architectura, medicina, ars suffragatoria, negociatoria* und *militaria*; die mechanischen Künste waren also eingeteilt in jene, die der Ernährung und der Bekleidung der Menschen dienen, die ihnen Obdach geben, Transportmittel bieten, Krankheiten heilen, den Güteraustausch regeln und vor dem Feind schützen; sie wurden also eingeteilt nach dem Zweck, dem sie dienen.

Die zweite Liste findet sich im *Didascalicon* Hugos von St. Viktor (*Didascalicon*, II 9); hier waren die mechanischen Künste eingeteilt in *lanificium* (Kunst der Kleiderherstellung), *armatura* (die Obdach und Arbeitsgeräte bietet), *agricultura, venatio* (Jagd), *medicina, navigatio* (Kunst der Orientierung) und *theatrica* (*scientia ludorum*). Diese Einteilung Hugos fand Zustimmung; im 13. Jahrhundert teilte der hl. Bonaventura die mechanischen Künste ebenso ein; desgleichen Robert Kilwardby (jedoch unter Fortlassung der Theatrik). Dieselbe Einteilung findet sich auch in einer Krakauer Handschrift *Quaestiones super Isagogen secundum Benedictum Hesse* (wo die *armatura* allerdings durch die Kriegskunst ersetzt ist).

Diese Listen der sieben Künste muß man als Einteilungen der mechanischen Künste betrachten. Es waren individuelle Entwürfe (nur zwei der sieben stimmen mit Radulf und Hugo überein), und dennoch sind sie einander recht ähnlich, so daß sie bestätigen, wie das Mittelalter die mechanischen Künste verstand. Erstaunlich an diesen Einteilungen ist, daß sie nicht vollständig sind (so fehlt bei Radulf die seemännische und bei Hugo die militärische Kunst). Man muß zugeben, daß es keine Einteilungen (bzw. vollständigen Listen) sind, also keine Klassifikationen *stricto sensu*, sondern eine Auswahl aus ihnen. Nämlich eine Auswahl der sieben *wichtigsten* mechanischen

1 Grabmann, *Geschichte der scholastischen Methode*, I, S. 254.

Künste. In keinem Fall waren sie aber eine Klassifikation der »schönen« Künste. In der Liste Radulfs könnte nur eine, die Architektur, zu diesen Künsten gezählt werden, in der Liste Hugos zwei: die *armatura* und die Theatrik, die erstere, weil sie die Architektur, die letztere, weil sie Theateraufführungen umfaßte.

Es drängt sich die Frage auf, warum in den mittelalterlichen Listen die Künste fehlen, die wir als die authentischsten betrachten, wie die Dichtung oder die Malerei und die Bildhauerei; sie kommen weder unter den freien noch unter den mechanischen Künsten vor. Darauf ist zu antworten, daß die Dichtung nicht vorkommt, weil das Mittelalter in ihr eine Art Philosophie oder Weissagung, Gebet oder Beichte sah, nicht aber eine Kunst. Aber warum werden Malerei und Bildhauerei nicht unter den Künsten erwähnt? Unter den freien deshalb nicht, weil sie Handarbeit sind. Aber warum dann nicht unter den mechanischen Künsten? Sie mußten doch als Künste betrachtet werden, weil sie Kunstfertigkeiten sind, die bestimmten Regeln gehorchen. Sie werden deshalb nicht unter den sieben mechanischen Künsten genannt, weil diese sieben nur eine Auswahl der wichtigsten darstellten. Die Auswahl der mechanische Künste wurden unter dem Gesichtspunkt ihrer praktischen Bedeutung getroffen, und die war bei der Malerei und der Bildhauerei nicht groß, so daß sie den Künsten weichen mußten, die der Bereitstellung von Obdach und Bekleidung, der Ernährung und der Rettung bei Krankheit dienten. Darauf beruhte der bemerkenswerte Sachverhalt, daß diese Fertigkeiten, die unsere Zeit als Künste im engsten Wortsinne betrachtet, in den mittelalterlichen Listen nicht einmal erwähnt wurden.

III. Suche nach einer neuen Einteilung (Renaissance)

A. Auch die Renaissance hielt am klassischen Begriff der Kunst fest. Ficino charakterisierte sie als Produktionsregel: »*Ars est efficiendorum operum regula*«. Spätere Renaissance-Autoren, sowohl der Philosoph Ramus als auch der Lexikograph Goclenius, wiederholten wörtlich die einst von Galen formulierte Definition: »*Ars est systema praeceptorum*«. Mit dem Begriff behauptete sich auch die alte Klassifikation.

Benedetto Varchi, der sich (in der Abhandlung *Della maggioranza dell'arti*, 1546) eingehender als andere Humanisten und Gelehrte der Renaissance mit der Klassifikation der Künste befaßte, teilte sie ähnlich wie die griechischen Sophisten ein in jene, die der Nützlichkeit, und jene, die dem Vergnügen dienen; er teilte sie aber auch wie Galen in freie und gemeine ein; wie Seneca in *ludicrae, giocose* und *puerili*; wie Platon in jene, die Vorbilder der Natur benutzen, und jene, die sie nicht benutzen; er teilte die Künste aber auch, ähnlich wie Cicero, in grundlegende (*architettonide*) und untergeordnete (*subalternate*) ein. All diese antiken Einteilungen blieben weiterhin aktuell, und einstweilen nur sie.

Die Vielzahl der klassischen Einteilungen hielt sich lange. Das aus dem Jahr 1607 stammende *Lexicon Philosophicum* von R. Goclenius teilte die Künste ein in »Hauptkünste« wie die Architektur und »Hilfskünste« wie die Malerei; in »produktive« wie die Bildhauerei und »instrumentelle« (*organicae*), die den produktiven als Werkzeuge dienen; es teilte sie außerdem in freie und mechanische ein, benannte und bestimmte beide aber etwas anders. Die einen nannte Goclenius nämlich »reine«, die anderen »handwerkliche«: die ersteren streben nach Wahrheit und Erkenntnis, die anderen nach der Hervorbringung nützlicher Dinge. Es war also alles wie früher. Das 17. Jahrhundert blieb nicht nur bei den altertümlichen Einteilungen der Künste, sondern vermehrte sie sogar noch in echter Barockmanier. J. H. Alsted führte in seiner vielbändigen *Enzyklopädie* aus dem Jahr 1630 gar 17 Einteilungen der Künste ein. Darunter war eine Einteilung in geistige (*mentales*) und manuelle (*manuale* oder, aus dem Griechischen, *chirurgicae*). Eine andere teilte die Künste in leichtere und schwierigere ein. In hinzufügende (wie die Apothekerkunst) und vermindernde (wie die Badekunst). In alte (wie die Landwirtschaft) und neue (wie die Druckerkunst). In notwendige (wie das Hirtenleben) und überflüssige (wie die Schauspielerei). In ehrliche (wie die Malerei) und unehrliche (wie die Kuppelei). Und noch Dutzende weiterer Einteilungen. Wenn sie hier erwähnt werden, so nicht ihrer Vorzüge wegen, sondern als *signa temporis*. Und es muß nicht betont werden, daß die Kunst hier sehr weit gefaßt wird, keineswegs beschränkt auf die schönen oder auch nur auf die freien Künste.

B. Die Epochen der Renaissance und des Barock vom 15. bis 17. Jahrhundert sind in der Geschichte der Klassifikation der Künste durch etwas anderes in Erinnerung, nämlich dadurch, daß sie das *Bewußtsein* erlangten, daß Künste wie die Malerei, die Bildhauerei, die Dichtung und die Musik unter den Künsten *largo sensu* einen besonderen Platz einnehmen und in der Klassifikation herausgehoben werden sollten. Diese Epochen vermochten diesem Bewußtsein, diesem Gefühl jedoch keinen spezifischen Ausdruck zu geben; es gab viele Versuche, die speziellen Künste, die Künste *sensu strictiori*, von den anderen zu scheiden, doch keinem war Erfolg beschieden.

Heute, da die schönen Künste seit langem eine besondere Kategorie bilden und sogar als die einzigen echten Künste gelten, erscheint es überflüssig, erklären zu wollen, warum das Gefühl ihrer Besonderheit aufkam. Man kann dafür jedoch gesellschaftliche Ursachen angeben: Die gesellschaftliche Stellung der Architektur, der Malerei, der Bildhauerei, aber auch der Musik und der Dichtung änderte sich, und zwar so sehr, daß ihre Unterscheidung, ihre Aussonderung zu einer ganz natürlichen Sache wurde.

Um sie als *eigene Gruppe* von Künsten auszusondern, mußte man jedoch festlegen, was sie miteinander verbindet und was sie von den anderen Künsten, den Wissenschaften und den Handwerken trennt. Darüber bestand lange keine Einigkeit; es wurden, wie schon erwähnt, verschiedene Ideen vorgebracht, die jedoch keinen Anklang fanden, nicht zur herrschenden Meinung wurden. Einer der frühen Humanisten (Manetti) hatte bereits versucht, die speziellen Künste, die sich besonderer Anerkennung erfreuten, aber von geringem Nutzen waren, als *artes ingenuae* herauszusondern, was geistige Künste, aber auch originelle Künste bedeutete. Sein Vorschlag bürgerte sich jedoch nicht ein. Ebenso erging es der Idee eines anderen Humanisten, L. Valla (*Elegantiarum latinae linguae*, 1543, praef.), daß diese Künste, die »den freien am nächsten stehen« (er nannte hier die Malerei, die Bildhauerei und die Architektur), nach »*Feinheiten* der lateinischen Sprache« (*ad rerum elegantiam spectantes*) streben. Auch keinen Anklang fanden die Vorschläge der Autoren des Cinquecento, diese Künste von den gemeinen, mechanischen als »edle« (G. P. Capriano) oder als »gedenkende« (L. Castelvetro) zu unterscheiden. Keinen Anklang fanden die Vorschläge der Epoche des Barock und des Manierismus, sie als »bildhafte« (Menestrier) oder »metaphorische« (E. Tesauro) zu unterscheiden. Ebensowenig setzten sich Versuche aus den Anfängen der Aufklärung durch, sie als »angenehme« (u.a. Vico) zu unterscheiden. Anklang fand erst die Klassifikation, die die Besonderheit dieser Künste in der Schönheit sah.

An der Wende vom 16. zum 17. Jahrhundert entstand eine neue, große, einflußreiche Klassifikation der Kunstfertigkeiten, das Werk von Francis Bacon. Sie kam der Aussonderung der schönen Künste bereits sehr nahe, als sie (*De dignitate et augmentis scientiarium*, II. 1) eine besondere Gruppe von Kunstfertigkeiten heraushob, nämliche jene, die nicht (wie die Wissenschaften) auf der Vernunft und nicht (wie die Geschichte) auf der Erinnerung gründen, sondern auf der Vorstellungskraft. Das war in der Tat eine Grundlage, um diese Gruppe von Künsten von den Wissenschaften und Handwerken zu unterscheiden. Bacon zählte jedoch allein die Dichtung zum Bereich der Vorstellungskraft, sah allein in ihr ein Werk der menschlichen Phantasie. Musik und Malerei waren für ihn etwas völlig anderes, nämlich *artes voluptariae*, die dem Genuß dienen, die eine dem des Ohres, die andere dem des Auges; deshalb hielt er sie für praktische Fertigkeiten und zählte sie zur selben Gruppe wie die Medizin und die Kosmetik (*De dignitate*, IV.2 sowie: *Advancement of Learning*, Ausg. 1960, S. 109). Jedenfalls kam es lange nicht zu einer solchen Einteilung der Künste, daß jene, die wir die schönen nennen, sich in einer Gruppe und die übrigen in einer anderen Gruppe befanden.

IV. Die Einteilung der Künste in schöne und mechanische (Aufklärung)

Eine solche Einteilung kam erst in der Zeit der Aufklärung zustande. Auch festigte sich erst in dieser Zeit der Name »schöne Künste«. Hin und wieder war er schon ein wenig früher aufgetaucht; im 16. Jahrhundert wird er bereits von Francesco da Hollanda benutzt (auf portugiesisch: *boas artes*); im 17. Jahrhundert wurde er schon vertrauter, und am Ende des Jahrhunderts fand er sich im Titel eines Buches, das von der Dichtung und den bildenden Künsten handelte, dem *Cabinet des beaux arts* von Charles Perrault aus dem Jahr 1690. Das war jedoch nur eine Vorankündigung. Erst um die Mitte des 18. Jahrhunderts führte Charles Batteux die ganze Gruppe dieser Künste auf und unterschied sie eindeutig von den übrigen Künsten. Er teilte die Künste ein in schöne und mechanische. Sein Buch erschien 1747 unter dem Titel *Les beaux arts réduits à un seul principe*.

A. Die von Batteux unterschiedene Gruppe der *schönen Künste*[2] bestand aus fünfen: der Musik, der Dichtung, der Malerei, der Bildhauerei und dem Tanz (genauer der Kunst der Bewegung, *l'art du geste*). Die Besonderheit dieser Künste sah der Autor darin, daß es ihre Aufgabe ist, zu gefallen, aber auch darin, daß sie die Natur nachahmen. Den großen Bereich der Künste (im traditionellen Sinne) unterteilte er also in die schönen Künste, deren Daseinsberechtigung in dem Vergnügen besteht, das sie bereiten, und die mechanischen Künste, deren Daseinsberechtigung in der Nützlichkeit be-

2 P. O. Kristeller, *The Modern System of the Arts*, in: Journ. of the Hist. of Ideas 12 (1951), H. 4 u. 13 (1952), H. 1.

steht. Ihnen fügte er eine dritte, gewissermaßen mittlere Gruppe von Künsten hinzu, die sich sowohl durch Vergnüglichkeit als auch durch Nützlichkeit auszeichnen; zu dieser Gruppe zählte er nur zwei Künste: die Architektur und die Redekunst. Das Prinzip der Einteilung der Künste war nicht neu: die Unterteilung der Künste in solche, die dem Vergnügen und dem Nutzen dienen, in nachahmende und hervorbringende, aber auch in nachbildende und hervorbringende reichte bis ins alte Griechenland zurück. Das Neue war der Name der »schönen« Künste – und in noch höherem Maße die Vereinigung zu einer Gruppe von Künsten, die sich in vielerlei Hinsicht so sehr voneinander unterscheiden wie die bildenden Künste, die Kunst des Wortes und die Musik.

Es war dies freilich eine relative Neuheit, denn die Verwandtschaft von Malerei und Bildhauerei war seit langem bekannt; seit der Renaissance wurden sie unter dem gemeinsamen Namen *arti del disegno* zusammengefaßt. Varchi nannte Malerei und Bildhauerei »eine Kunst«: *una arte sola*. Zur Annäherung von Dichtung und Malerei trug das damals populäre Horaz'sche *ut pictura poesis* bei. Am überraschendsten war die Annäherung dieser Künste an die Musik, wenngleich sie in der Antike mit der Dichtung verbunden worden war. Daß die Rhetorik auf der Liste stand, verstand sich von selbst. Im damaligen System trat das gesamte Prosaschrifttum unter diesem Namen auf: »Prosa, das heißt Rhetorik, denn ich halte sie für ein und dasselbe«, schrieb Batteux.

B. Batteux' Einteilung setzte sich rasch durch. Schon zwei Jahre nach der Veröffentlichung seines Buches erschien eine (freie) englische Übersetzung, die im Untertitel 5 *polite arts* erwähnte, jedoch nicht ganz dieselben, nämlich Dichtung, Musik, Malerei, Architektur und Rhetorik. Als im Jahr 1751 der erste Band der französischen *Encyclopédie* erschien, war die Frage der Klassifikation der Künste noch unentschieden. Diderot hielt sich im Artikel *Art* dieser Enzyklopädie noch an die alte Einteilung in freie und mechanische Künste; d'Alembert dagegen benutzte im selben Jahr in der Einleitung (*Discours préliminaire*) zur *Enzyklopädie* bereits den Namen »schöne Künste« und erwähnte dabei die Malerei, die Bildhauerei, die Architektur, die Musik und – an anderer Stelle – die Dichtung. Der Name »schöne Künste« ging aus dem Französischen in andere Sprachen über, darunter Italienisch, Deutsch und Polnisch. Im Englischen versuchte man sie anfangs als *polite arts* oder, dem Vorschlag von J. Harris (*Three Treatises*, 1744) folgend, als *elegant arts* zu bezeichnen; es blieb am Ende bei *fine arts*. In der russischen Sprache setzte sich der Name der *изящных* Künste durch, also der feinen, nicht der schönen.

C. Das Publikum machte sich damals die Auffassung Batteux' zu eigen, aber mit einer Änderung: es erkannte die dritte Gruppe nicht an und fügte Architektur und Rhetorik zu den schönen Künsten hinzu. Das hatte schon J. A. Schlegel, der Übersetzer von Batteux ins Deutsche, gefordert. Batteux selbst zählte Architektur und Rhetorik nicht zu den schönen Künsten, weil diese sich seiner Meinung nach nicht nur durch Schönheit auszeichnen, sondern außerdem durch Nachahmung der Natur, und diese Forderung wird von der Architektur und der Rhetorik nicht erfüllt. Die Nachwelt hörte nicht auf ihn – nicht der einzige Fall, in dem eine Idee in anderer Form wirkte, als der Ideengeber wollte. Die Klassifikation der Künste, wie Batteux sie entworfen hatte, ging in die europäische Wissenschaftstheorie ein, aber in einfacherer, nicht drei-, sondern zweigliedriger Gestalt: es blieb bei den schönen und den mechanischen Künsten. Nachdem Architektur und Rhetorik hinzugekommen waren, gab es *sieben* schöne Künste, so wie einst sieben freie und mechanische Künste. Die Zahl der Künste war in der Kunsttheorie stärker gefestigt als ihre Liste; bei den Autoren des 18. Jahrhunderts werden immer wieder drei bildende Künste genannt: Architektur, Bildhauerei und Malerei, dazu die Dichtung und die Musik; sie waren quasi die Virilmitglieder unter den schönen Künsten; die beiden übrigen Plätze wurden dagegen unterschiedlich besetzt, mit der Rhetorik, dem Theater, dem Tanz oder der Gartenbaukunst.

Batteux' Einteilung war nicht der Einfall eines Genies, sie war seit langem vorbereitet. Es hatte zuvor schon viele ähnliche Einteilungen gegeben, nur hatten sie nicht soviel Glück. Batteux' Einteilung bürgerte sich ein und rief sogar einen radikalen Wandel im Kunstbegriff selbst hervor. Und obwohl sie nicht der Einfall eines Genies war, war sie doch das wichtigste Ereignis in der europäischen Geschichte der Klassifikation der Künste.

D. Die schönen Künste, *les beaux arts*, nahmen unter den Künsten nun den privilegierten Platz ein, den zuvor die freien Künste, die *artes liberales*, eingenommen hatten. Wie einst das Freie stand nun das Schöne dem Mechanischen gegenüber. Die Künste, die nicht zu den schönen gehören, nennt Sulzer jetzt gemeine, so wie einst die Künste geheißen hatten, die nicht zu den freien gehörten. Zwar änderte sich jetzt der Umfang der mechanischen (oder gemeinen) Künste, aber die Malerei, die Bildhauerei und die Architektur gehörten nicht mehr zu ihnen.

Auf die Aussonderung der schönen Künste folgte bald der nächste Akt: die als »schön« ausgesonderten Künste wurden als die *einzigen* wahren Künste anerkannt – und man begann, den Namen »Künste« nur noch auf sie zu beziehen. Wer »Kunst« sagte, meinte die schöne Kunst, so wie im Mittelalter »Kunst« dasselbe bedeutete wie freie Kunst. In der Welt der *Kunst* änderte das nichts, aber in der Welt der *Sprache* der Kunst war es eine Revolution. Die Bedeutung des Ausdrucks »Kunst« verengte sich. Damit veränderte sich *eo ipso* auch die Bedeutung des Namens »Klassifikation der Künste«. Jetzt begann man, unter diesem Namen ausschließlich die Klassifikation der *schönen* Künste zu verstehen. Zugleich begann man, die Klassifikationen der *Erzeugnisse* der Kunst (der Kunstwerke) in der Weise zu verstehen, in der man zuvor die Klassifikationen der Kunstfertigkeiten verstanden hatte.

Das Zeitalter der Aufklärung unternahm und realisierte eine Aufgabe, die noch allgemeiner war als die Einteilung der Künste, nämlich die *Einteilung der gesamten* menschlichen

Produktion. Und in dieser Einteilung erlangten die Kunst und das Schöne einen ehrenvollen Platz. Man knüpfte an eine ältere Idee an, nämlich an die aristotelische Einteilung der menschlichen Tätigkeiten in theoretische, praktische und poietische. Diese Tätigkeiten wurden aufgeteilt auf die Erkenntnis, das Handeln und die Produktion. Mit anderen Worten auf die Wissenschaft, die Moral und die schönen Künste. Engländer traten früh mit einer solchen Einteilung hervor, und in Deutschland war es Kant, der sie weiterentwickelte und am meisten zu ihrer Verbreitung und Festigung beitrug.

E. Die Aufklärung teilte die Künste in schöne und mechanische ein, aber mit der weiteren Unterteilung der schönen Künste befaßte sie sich kaum. Allerdings mit einer einzigen, aber bedeutenden Ausnahme: sie trennte zwischen literarischen und bildenden Künsten, zwischen »schöner Literatur« und »schönen Künsten«, zwischen *belles-lettres* und *beaux-arts*. Es gab eine gewisse Unsicherheit: mal wurde die schöne Literatur (Batteux folgend) zu den »schönen Künsten« im weiteren Sinne gezählt, mal faßte man sie als eine *eigene* Gruppe nicht-mechanischer Künste auf. Die Aufklärung machte sich bewußt, daß durch das Schaffen ein tiefer Zwiespalt geht: auf der einen Seite die Erzeugung von Wörtern, auf der anderen die Erzeugung von Dingen. Sie wandte sich gegen die Forderung, daß sich eine Kunstgattung an der anderen ein Beispiel nehmen solle, gegen *ut pictura poesis* und gegen *ut poesis pictura*. Wie einst Leonardo, L. Dolce und B. Varchi in der Renaissance, so traten nun noch entschiedener die Fürsprecher einer Trennung der poetischen von den bildenden Künsten auf den Plan: Shaftesbury, Richardson, Dubos, Harris, Diderot.[3] Mit größter Entschiedenheit und größter Wirkung sagte Lessing im *Laokoon*, 1766: »...daß die Malerei zu ihren Nachahmungen ganz andere Mittel, oder Zeichen gebrauchet, als die Dichtung; jene nämlich Figuren und Farben in dem Raume, diese

3 Vgl. W. Folkierski, *Entre le classicisme et le romantisme*, Paris u. Kraków 1925.

aber artikulierte Töne in der Zeit. Die Zeichen der Malerei sind natürlich, die Zeichen der Dichtung willkürlich [...]. So können neben einander geordnete Zeichen [d.i. die Malerei] auch nur Gegenstände, die neben einander [...] existieren, auf einander folgende Zeichen [d.i. die Dichtung] aber auch nur Gegenstände ausdrücken, die auf einander folgen«.[4] Auf diese Weise, sagt Goethe (*Dichtung und Wahrheit*, II. 18), sei der Unterschied zwischen bildender Kunst und Redekunst erklärt worden.

In der Überzeugung, daß es dennoch nicht weniger Ähnlichkeiten als Unterschiede zwischen diesen beiden Kunstgattungen gibt, forderte M. Mendelssohn (*Betrachtungen*, 1757), alle Künste einheitlich zu behandeln, und ab 1771 versuchte G. Sulzer (*Allgemeine Theorie der Schönen Künste*, 1771-74), seine Forderung zu erfüllen. Goethe spottete (in einer im selben Jahr veröffentlichten Besprechung seines Buches) über die Idee, Dinge miteinander zu verknüpfen, die sich seiner Meinung nach so sehr voneinander unterschieden.[5] Merken wir dazu an, daß Mendelssohn und Sulzer die Einteilung der Künste in schöne und literarische durchaus nicht in Frage stellten; sie sahen nur keinen tieferen Unterschied zwischen den voneinander geschiedenen Künsten. Dies ist ein Anlaß, sich bewußt zu machen, daß Einteilungen der Künste unterschiedlich verstanden werden können und verstanden wurden.

F. Ähnlich wie in anderen Fragen der Ästhetik hatte Kant auch hier das letzte Wort im 18. Jahrhundert. In der *Kritik der Urteilskraft* von 1790 lieferte er gleichsam eine Bilanz dessen, was das Jahrhundert im Hinblick auf die Einteilung der Künste zustande gebracht hatte. Er sonderte unter den Künsten die schönen Künste aus, aber auf einem Umweg: Er teilte die Künste zunächst in mechanische und *ästhetische* ein,

4 Vgl. J. Białostocka, *Lessing i sztuki plastyczne* [Lessing und die bildenden Künste], in: G. E. Lessing, *Laokoon*, Wrocław (u.a.) 1962.

5 Rezension abgedruckt in: *Werke*, Weimar 1896, Bd. 37, S. 206; vgl. P. O. Kristeller, op. cit.

und erst diese unterteilte er in angenehme und schöne. Diese aber unterteilte er weiter, und zwar auf mehr als eine Weise. Er unterteilte sie nach Platonscher Art in Künste der Wahrheit und Künste des Scheins, wobei er die Architektur zu den ersteren, die Malerei zu den letzteren zählte. Er teilte die Künste ferner danach ein, ob sie mit in der Natur vorhandenen Gegenständen oder mit von der Kunst geschaffenen Gegenständen operieren. In der originellsten seiner Einteilungen unterschied er ebenso viele Kunstgattungen, wie der Mensch Möglichkeiten besitzt, seine Gedanken und Gefühle auszudrücken und mitzuteilen. Das waren seiner Meinung nach drei: das Wort, die Gebärde und der Ton und dementsprechend drei Arten schöner Künste; des Worts bedienen sich die Dichtung und die Redekunst, des Tons die Musik, der Gebärde die Malerei, die Bildhauerei und die Architektur.

V. Die Einteilung der schönen Künste (neuere Zeit)

Im 19. Jahrhundert befaßte man sich nicht weniger mit der Klassifikation der Künste als zuvor, und nach der im 18. Jahrhundert erfolgten Revolution des Kunstbegriffs ging es nur noch um Klassifikationen der Künste im engeren Wortsinn: um die *schönen* Künste.

A. Zu Beginn des Jahrhunderts zeichneten diese Klassifikationen sich durch eine besondere Methode aus. Ausgangspunkt früherer Klassifikationen waren in der Regel die tatsächlich betriebenen Künste gewesen, die Methode bestand im Vergleich zwischen ihnen, und das Ziel war Ordnung. Die Systeme der idealistischen Philosophie des 19. Jahrhunderts gingen dagegen mit einem anderen Ausgangspunkt, einer anderen Methode und einem anderen Ziel an die Einteilung der Künste heran: Ausgangspunkt war für sie der *Begriff* der Kunst, die Methode bestand in seiner Zergliederung, das Ziel im Auffinden von Varianten dieses Begriffs. War man zuvor (im allgemeinen) empirisch verfahren, so verfuhr man jetzt apriorisch. Tatsächlich

Abb. 6 Apollon und eine Muse. Attische Deckelschale (2. Viertel des 5. Jh. v. Chr.)

hat jede Klassifikation eine zweifache Grundlage: sie stützt sich auf empirische Daten und auf begriffliche Überlegungen; jetzt aber verschob sich plötzlich der Schwerpunkt. Apriorische Klassifikationen tauchten schon in der auf Kant folgenden Generation auf. Schelling klassifizierte die Künste auf ebenso großartige wie unpraktikable Weise nach ihrem Verhältnis zum Unendlichen, Schopenhauer nach ihrem Verhältnis zum Willen, der Grundlage seiner Metaphysik.

Der polnische Autor Libelt tat es diesen deutschen Klassifikationen der Künste in seinem Buch *Estetyka, czyli umnictwo piękne* [Ästhetik oder die Lehre vom Schönen] (1849, S. 107) nicht nur gleich, sondern er übertraf sie womöglich noch an Künstlichkeit und Beliebigkeit. Er unterteilte die Künste nach dem Ideal, das sie anstreben und das entweder das Schöne oder das Wahre oder das Gute sein kann; ferner unterteilte er sie danach, ob sie dieses Ideal im Raum, in der Zeit oder im Leben gestalten. Daraus ergab sich für ihn die folgende Einteilung:

I. Formale oder bildende Künste	Architektur – gestaltet das Ideal des Schönen Schnitzkunst – gestaltet das Ideal des Wahren Malerei – gestaltet das Ideal des Guten	im Raum
II. Inhaltliche oder bildende Künste	Musik – gestaltet das Ideal des Schönen Poesie – gestaltet das Ideal des Wahren Redekunst – gestaltet das Ideal des Guten	in der Zeit
III. Soziale Künste	Idealisierung der Natur – gestaltet das Ideal des Schönen Ästhetische Erziehung – gestaltet das Ideal des Wahren Soziale Idealisierung – gestaltet das Ideal des Guten	im Leben

Ergänzend muß man noch erläutern, daß die Rubrik, die Libelt »Idealisierung der Natur« nannte, für ihn in drei Abteilungen zerfiel:

Gartenkunst oder Verschönerung der Natur selbst
Kleidung oder Verschönerung des Körpers
Ornamentik oder Verschönerung des Lebens

Was Libelt tat (aber auch andere Ästhetiker seiner Zeit), kann man so charakterisieren: sie suchten für offenkundige Unterschiede zwischen den Künsten nicht-offenkundige Gründe.

Hegel hatte schon vorher, im Jahr 1818 (*Vorlesungen über die Ästhetik*) seine wohlbekannte Einteilung der Künste in symbolische, klassische und romantische verkündet. Diese Einteilung war jedoch von besonderer Art, denn er stellte nicht Kunstgattungen zusammen, sondern *Stile*, die in allen Gattungen nacheinander auftreten. Das war ein fruchtbarer Einfall, denn von da an sind über anderthalb Jahrhunderte hinweg viele ähnliche historische Einteilungen ersonnen worden. Freilich wurde damit eine andere Aufgabe gelöst als die, welche die Klassifikation der Künste seit Jahrhunderten zu erfüllen versucht hatte.

B. Um die Mitte des 19. Jahrhunderts hatten die großen Systeme sich erschöpft und machten stärker empirisch orientierten Untersuchungen Platz. Aus Klassifikationen, die *Möglichkeiten* aufzählten, wurden wieder Ordnungen *faktisch* betriebener Künste. Zentrum der Ästhetik war damals Deutschland. In der Klassifikation der Künste bewiesen deutsche Autoren eine nicht geringe Findigkeit. Es gab Präzedenzfälle: die Einteilungen Kants, aber auch Th. Vischers, der unter den Hegelianern am stärksten zur Ästhetik neigte und die Künste, die er in ihrer faktischen Entwicklung ernst nahm, nach der Art der Phantasie einteilte: nachbildend ist sie in den bildenden Künsten, schöpferisch in der Musik und, wie er feststellte, »poetisch« in der Dichtung.

In der zweiten Hälfte des 19. Jahrhunderts wurden die (schönen) Künste auf unterschiedliche Weise eingeteilt. In solche, die mit dem Auge, und solche, die mit dem Ohr aufgenommen werden. In schöpferische und nachbildende. In Künste der Bewegung und unbewegliche Künste. In solche, die (wie die Musik) einen Ausführenden erfordern, und solche, die (wie die Malerei) keinen Ausführenden benötigen. In solche, die alle Teile des Werkes gleichzeitig zeigen, und solche, die sich in der Zeit erstrecken, wie die Musik oder die Literatur. In solche, die bestimmte Assoziationen wecken, wie das die Malerei und die Kunst des Wortes tun, und solche, die unbestimmte Assoziationen wecken, wie die Musik. Später begann man, die Künste im Zusammenhang mit den neuen Strömungen in figurative und nichtfigurative einzuteilen oder, wie man sie auch nannte, in konkrete und abstrakte, in asemantische und semantische. Besonders häufig benutzte man die Einteilung in *reine* und *angewandte* Künste. Dies war ein typisches Paar des 19. Jahrhunderts, wie einst die *freien* und die *gemeinen* und danach die *freien* und die *mechanischen* Künste – und gewissermaßen ein Echo auf sie.

Es wurden bei diesen Einteilungen unterschiedliche *fundamenta divisionis* angewandt: man unterteilte die Künste nach den Sinnen, die sie ansprechen, nach den Funktionen der Künste, nach der Art der Ausführung, nach der Art der Wirkung, dem Gebrauch, den Elementen der Künste. Die Einteilungen breiteten sich rasch aus und wurden zum namenlosen Gemeingut. Am Ende wurde etwas Eigentümliches deutlich: trotz unterschiedlicher Einteilungsprinzipien kamen ähnliche Ergebnisse heraus, die Künste zerfielen in dieselben Gruppen, wie wenn die Einteilung der Künste unstreitig gewesen wäre und lediglich ihr Prinzip streitig. Dies fand klaren Ausdruck in einer Tabelle, die Max Dessoir 1906 in *Ästhetik und allgemeine Kunstwissenschaft* zusammenstellte:

Raumkünste (Künste der Ruhe und des Nebeneinander)	Zeitkünste (Künste der Bewegung und des Nacheinander)	
PLASTIK MALEREI	MIMIK POESIE	Künste der Nachahmung, der bestimmten Assoziationen, der realen Formen
ARCHITEKTUR	MUSIK	Freie Künste der unbestimmten Assoziationen und irrealen Formen

Dennoch beendete Dessoir, damals eine Autorität in Sachen Ästhetik, seinen Überblick über die Klassifikationen mit der pessimistischen Folgerung: »Es scheint kein System zu geben, das allen Ansprüchen genügte.«

C. Doch die Versuche einer Klassifikation hörten nicht auf. J. Volkelt trug 1909 sogar mehrere Vorschläge mit wenn nicht neuen, so doch originellen Formulierungen vor: Künste mit dinglichem und mit undinglichem Gehalt; Künste der Geformtheit und der Bewegung; wirklich-körperliche und schein-körperliche Künste. Der polnische Ästhetiker K. F. Wize schlug im selben Jahr (in einem deutschen Buch) vor, die Künste in bildende, klangliche und solche der Bewegung einzuteilen. Die *Encyclopedia Britannica* von 1910 teilte die Künste traditionell in nachahmende und nicht nachahmende ein; in freie und dienstbare; in gestaltende, bewegende und sprechende. Der führende deutsche Psychologe O. Külpe kehrte (im Jahr 1907) zu einer noch gewöhnlicheren Einteilung zurück: in optische, akustische und optisch-akustische Künste. Damit verzichtete er gleichsam beim Klassifizieren auf das Philosophieren. Daß aber die Dichtung vom Theater (das in eine andere Rubrik geriet) getrennt und in dieselbe Gruppe gesteckt wurde wie die Musik, offenbarte die Unzulänglichkeit einer so einfachen Klassifikation.

D. Seit den Weltkriegen trat das Problem der Klassifikation der Künste in den Hintergrund, aber dennoch wurden immer wieder neue Versuche unternommen, neue Prinzipien vorgetragen. Inzwischen war Deutschland nicht mehr das Hauptzentrum der Ästhetik und der Kunsttheorie. In Frankreich teilte ein hervorragender Denker, der unter dem Pseudonym Alain schrieb, die Künste in den Jahren 1923-39 in gesellige und einsame Künste ein; zu den letzteren zählte er die Malerei, die Bildhauerei, die Keramik und einen Teil der Architektur, und er meinte, daß sie sich gänzlich aus dem Verhältnis des Künstlers zu der von ihm ausgeführten Sache erklären, unabhängig davon, wie die Beziehungen zwischen den Menschen jeweils beschaffen sind. E. Souriau (*La correspondance des arts*, 1947) teilte die Künste in bildende und rhythmische ein. In den Vereinigten Staaten schlug S. Langer (1953) vor, die Künste nach der Art der von ihnen erzeugten Illusion einzuteilen. Th. Munro (*The Arts and Their Interrelations*, 1951) teilte die Künste auf unterschiedliche Weise ein, u.a. in geometrische und biometrische, also in solche, die mit abstrakten bzw. lebendigen Formen operieren. L. Adler teilte die Künste ein in direkte (ohne Instrumente) und indirekte (solche, die Instrumente benutzen); diese Einteilung ist einfach und monumental; auf der einen Seite sind die bildenden Künste, auf der anderen die akustischen, auf der einen die »apollinischen«, auf der anderen die »dionysischen«; allerdings ist die Einfachheit erkauft mit der Auslassung von Musikinstrumenten und Büchern, mit der Reduktion von Musik und Dichtung auf vokale Kunst. In Polen teilte J. Makota (*O klasyfikacji sztuk pięknych* [Über die Klassifikation der schönen Künste], 1964), Motive der Phänomenologie R. Ingardens entfaltend, die Künste nach den »Schichten« ein, die sie enthalten.

Manche Versuche zeichnen sich dadurch aus, daß ein und derselbe Autor *mehrere* Klassifikationen vorträgt; so verfuhren Dessoir, Volkelt und Munro. Das ist nichts Neues; so hielten es schon Platon, Plotin und Cicero; Aristoteles schrieb, daß die Künste sich in vielerlei Hinsicht unterscheiden, sowohl durch die Art als auch durch die Mittel und das Objekt der Herstellung, und jeder Aspekt führt zu einer anderen Einteilung. Was die Vielzahl der Einteilungen betrifft, tat es niemand Alsted gleich. Auch Kant probierte viele Klassifikationen aus.

E. Ein solcher Pluralismus ist ein maßvolles Verfahren, den Schwierigkeiten beizukommen, die durch die Einteilung der Künste aufgeworfen werden. Er ist allerdings nicht sonderlich typisch für unsere Zeit, die eher zu extremen, maßlosen Lösungen neigt. Sie will alles oder nichts, entweder eine definitive Klassifikation haben oder ganz auf Klassifikationen verzichten.

Unter den heutigen Klassifikationen der Künste sind einige mit *maximalistischen* Ambitionen, die in dieser Hinsicht sogar weiter gehen als die idealistischen Philosophen des 19. Jahrhunderts. Am bekanntesten darunter ist die Klassifikation des französischen Philosophen E. Souriau (*La correspondance des arts*) von 1947.

Er unterteilt die Künste in solche, die mit der Linie operieren, und andere, die mit der Masse, der Farbe, dem Licht, der Bewegung, mit artikulierten und nichtartikulierten Tönen operieren; er kommt wieder auf die Zahl sieben, die im Mittelalter bevorzugt wurde. Sie ist hier jedoch verdoppelt, denn Souriau nimmt in jedem der sieben Bereiche zwei Möglichkeiten an, die einer abstrakten und die einer die Realität nachbildenden Kunst; so unterscheidet er zum Beispiel zwischen »reiner« Malerei und figurativer Malerei; neben der Musik (im gewohnten Sinne) führt er eine deskriptive Musik als eine eigene Kunst ein. Dieses System von vierzehn Künsten läßt sich graphisch durch einen Kreis, eine geschlossene Figur, darstellen, und es beansprucht, die Klassifikation nicht nur der aktuell betriebenen Künste, sondern aller überhaupt möglichen Künste zu sein; es ist, könnte man sagen, eine auf Zuwachs angelegte Klassifikation, in die alle erdenklichen Künste hineinpassen sollen, also auch die Künste der Zukunft; Souriau wollte sie vorhersehen und gab daher nicht grundlos einem seiner Bücher (aus dem Jahr 1929) den Titel *L'avenir de l'esthétique* – »Die Zukunft der Ästhetik«. Aber mit welchen Kosten wird diese Konstruktion erreicht! Nicht nur ist in ihr die »deskriptive Musik« von der Musik getrennt, sondern es wird neben der Literatur eine Kunst der reinen Prosodie erfunden, die es nicht gibt und von der man nicht weiß, ob es sie jemals geben wird.

F. Größerer Sympathie erfreut sich in unserer Zeit die diametral entgegengesetzte, *minimalistische* Ansicht, die den wissenschaftlichen Wert, die Nützlichkeit und die Ausführbarkeit einer Einteilung der Künste in Zweifel zieht. Man trifft auf die Meinung (D. Huisman), sogar in der Umgebung Souriaus, daß sich bei einer Einteilung der Künste »Künstlichkeit kaum vermeiden« läßt. Diese pessimistische Ansicht kann sich auf das dürftige Ergebnis jahrhundertelanger Bemühungen, aber auch auf die Schwierigkeiten stützen, auf die jeder Klassifikationsversuch stößt. Zwei Schwierigkeiten stechen hervor:

1. Es ist nicht möglich, die Künste korrekt einzuteilen, weil

ihr Umfang nicht festgelegt, weil keine Einigkeit darüber besteht, was Kunst und was nicht Kunst ist, welche menschlichen Tätigkeiten und Erzeugnisse zu den Künsten zu zählen sind und welche nicht. Es werden verschiedene Kriterien angewandt, und was nach dem einen Kunst ist, ist es nach dem anderen nicht, so daß über den Umfang der Kunst Unsicherheit herrscht. Wenn ein menschliches Erzeugnis, um zu den Künsten gezählt zu werden, lediglich Gefallen erwecken muß, sind Parfums Kunstwerke; sie sind es aber nicht, wenn von Kunstwerken auch ein geistiger Inhalt verlangt wird. Zu den Künsten zählt man im allgemeinen nur jene, die einen eigenen Namen, eine eigene Technik, eigene Fachkräfte und eine gesellschaftliche Position haben; es kann aber passieren, daß bei diesem Vorgehen einige Künste nicht berücksichtigt werden.

2. Wenn es schon schwer ist, festzustellen, was Kunst ist, dann umso mehr, was *eine* Kunst ist. Tragödie und Komödie waren für Aristoteles zwei verschiedene Künste, ebenso wie das Flötenspiel und das Kitharaspiel, denn sie erfordern andere Instrumente, andere Fertigkeiten. Zur Zeit der Renaissance galt die Schnitzkunst als eine andere Kunst als das Hauen einer Skulptur aus Stein, das Gießen aus Bronze und das Formen aus Wachs; jede dieser Künste hatte einen eigenen Namen, und einen gemeinsamen hatten sie nicht. Sie konnten unmöglich als eine Kunst gelten, da sie doch eine verschiedene Technik haben und verschiedene Materialien benutzen. Alsted faßte bereits das Arbeiten mit Stein und mit Metall zu einer Kunst zusammen, und trotzdem sah er dort, wo wir nur eine Kunst sehen, die »Bildhauerei«, noch vier Künste. Wenn der Umfang der Bildhauerei enger gewählt wurde, wurde der Umfang der Malerei mitunter weiter gewählt. Im Barock zählte man zur Malerei Theateraufführungen, den Bau von Triumphbögen, *castra doloris*, Feuerwerke, ja sogar die Gartenbaukunst. Unmöglich, die Künste zu klassifizieren, wenn ihr Umfang und die Grenzen zwischen ihnen eine Sache der Konvention sind und die Konventionen sich ändern.

Nicht nur ändern die Namen der Künste ihre Bedeutung, es ändern und erweitern sich auch die Künste selbst. Derzeit gibt es neben der figurativen eine abstrakte Malerei und eine ebensolche Bildhauerei, und da Malerei und Bildhauerei seit jeher als nachbildende Künste galten, ist schon die Einteilung der Künste in hervorbringende und nachbildende fraglich geworden.

3. Vielleicht lassen sich jedoch in dieser Katastrophe der Einteilungen einige von ihnen retten. Vor allem die in dingliche und wörtliche.

Was in der heutigen Kunst die Klassifikation erschwert, ist die absichtliche Uneinheitlichkeit der Thematik, die Vermengung von verschiedenen Motiven in einem Werk, die miteinander verknüpft werden »ohne erkennbaren Zusammenhang wie im Leben«, um G. Apollinaire zu zitieren:

Notre art moderne

mariant souvent sans lien apparent comme la vie
les sons les gestes les couleurs les cris les bruits
la musique la danse l'acrobatie la poésie la peinture
les chœurs les actions et les décors multiples
(Les mamelles de Tirésias)

Es unterliegt nämlich keinem Zweifel, daß die einen Künste *Dinge zeigen*, während andere sie lediglich mittels sprachlicher *Zeichen andeuten*. Diesen Unterschied hat man seit langem bemerkt und zu verschiedenen Zeiten darüber geschrieben. Cicero stellte ja den »stummen« Künsten die Künste »des Wortes« gegenüber. Der hl. Augustin schrieb ja, daß man ein Bild anders betrachtet, als man Buchstaben betrachtet (*aliter videtur pictura, aliter videntur litterae*). Allein die Dichtung ist schöpferisch, sonst keine der Künste, erklärte Sarbiewski, als er diese beiden Bereiche der Künste einander gegenüberstellte. Allein die Dichtung ist ein Werk der Phantasie, sonst keine der Künste: so unterschied Francis Bacon zwei Arten von Künsten. Die Dualität der dinglichen und wörtlichen Künste wurde im 18. Jahrhundert durch den Gegensatz von *beaux-arts* und *belles-lettres* ausgedrückt. Goethe schrieb, zwischen den bildenden und den literarischen Künsten liege »eine ungeheure Kluft«. Im 19. Jahrhundert dachte man ähnlich: von Hartmann unterschied diese zwei Arten von Künsten: Künste der Wahrnehmung und Künste der Phantasie (1887). Dieselbe Einteilung schwebt Th. Munro vor (1951), wenn er nach der »Art der Vermittlung« (*transmission*) die Künste einteilt in jene, die Dinge zeigen, und jene, die sie lediglich andeuten.

Diese Einteilung der Künste in dingliche und wörtliche kann man als bescheidenes, aber sicheres Ergebnis langwieriger Klassifikationsbemühungen auf dem Gebiet der Künste betrachten. So langwierig waren diese Bemühungen übrigens auch wieder nicht: die Aussonderung der schönen Künste nahm zwei Jahrtausende in Anspruch, und die Einteilung der schönen Künste begann in Wirklichkeit erst im 18. Jahrhundert.

Kapitel III

Die Kunst: Geschichte des Verhältnisses von Kunst und Dichtung

Aliter enim videtur pictura, aliter videntur litterae

Aurelius Augustinus

1. Unser Begriff von der Kunst und der griechische

»Poesie«, »Musik«, »Architektur«, »Plastik« – all diese Ausdrücke stammen aus dem Griechischen. Die modernen Nationen übernahmen sie von den Griechen, um mit ihnen die Künste zu bezeichnen. Die alten Griechen benutzten sie ebenfalls, aber überwiegend in einer anderen Bedeutung. Das war im allgemeinen eine weitere Bedeutung, die sich nicht auf künstlerische Dinge beschränkte.

Die *»Poiesis«*, von der sich die »Poesie« herleitet, bedeutete bei den Griechen ursprünglich soviel wie Produktion überhaupt (von »poiein«, machen, produzieren), und ihre Bedeutung verengte sich erst später auf eine Produktion besonderer Art, nämlich die Produktion von Gedichten. Ebenso bezeichnete der *»poietes«*, von dem sich der »Poet« herleitet, ursprünglich jeden Produzenten.

»Musike« bezeichnete jegliche Tätigkeit unter dem Patronat der Musen, und die Tonkunst war dabei nur eine unter anderen. *»Musikos«* war der Name nicht nur für den Musiker in unserem Sinne, sondern im weiteren Sinne für jeden wahrhaft *gebildeten* Menschen von gründlicher Kultur, der sich in den Künsten auskannte und sie zu pflegen wußte. *»Architekton«* war der oberste *Leiter der Produktion*, im Gegensatz zu den ihm unterstellten Arbeitern, und *»architekto-*

nike« hatte auch die allgemeinere Bedeutung einer »obersten« Wissenschaft oder Kunst.

Diese griechischen Ausdrücke von so allgemeinem Inhalt – »Macher«, »künstlerisch geschult«, »Leiter der Arbeiten« – erfuhren erst im Laufe der Zeit eine Verengung und Spezialisierung und wurden begrenzt auf bestimmte Bereiche der Kunst: der erste bezeichnete nun den Dichter, der zweite die Musik, der dritte den Architekten. Entsprechend verstand man unter »Produktion« nun die Dichtung, unter »Schulung« die Musik, unter »oberster Kunst« die Architektur.

Bevor das geschah, hatten die Griechen für die Bezeichnung jener Bereiche der Kunst, die den Ruhm ihrer Kultur ausmachten, keine Namen. Sie hatten sie nicht, weil sie sie nicht benötigten, weil sie sich überhaupt nicht solcher Begriffe wie der heutigen Begriffe der Dichtung, der Musik, der Architektur und der Plastik bedienten. Das erscheint uns unglaublich, so sehr haben wir uns an diese Begriffe gewöhnt; wir benutzen sie ständig, und so erscheinen sie uns als gleichsam von der Natur bestimmte Begriffe, als unentbehrliche Formen für die Erfassung künstlerischer Erscheinungen. Sie waren jedoch, wie die Geschichte zeigt, nicht unentbehrlich; gerade die Griechen, die soviel für die Künste getan haben, benutzten sie nicht in einer Zeit, in der ihr Schaffen in höchster Blüte stand. Noch in der Zeit der großen Tragiker, des Parthenon, des Phidias und des Praxiteles bedienten sie sich ihrer kaum, spielten sie in ihrem Begriffssystem nicht annähernd die Rolle, die sie heute spielen. Das heißt übrigens nicht, daß die Begriffe der Griechen von der Kunst gänzlich unentwickelt waren – sie waren einfach anders als die unseren.

Wenngleich unsere Kunst in ziemlich gerader Linie auf die Kunst der Griechen zurückgeht, so waren ihre Kunst und ihre künstlerischen Beziehungen und infolgedessen auch ihre ästhetischen Ansichten doch nicht dieselben wie bei uns. Zunächst war das *System der Künste* ein anderes. Einige Bereiche der Kunst, die heute allgemein verbreitet sind, gab es damals nicht. Sie hatten keine literarische, sondern nur eine gesprochene oder eigentlich gesungene Dichtung. Ihre Musik

Abb. 7 Orpheus bei den Thrakern. Vase (Mitte 5. Jh. v. Chr.)

benutzte zwar Instrumente, war aber im Grunde Vokalmusik, eine rein instrumentale Musik besaßen sie nicht. Ihre architektonische Kunst umfaßte Tempel und Schatzkammern, eventuell noch Tore und Rathäuser, aber keine Wohnhäuser.

Auch die *Einteilung der künstlerischen Tätigkeit* war eine andere. Bestimmte Künste, die heute getrennt betrieben werden, wurden von den Griechen zusammen betrieben und galten als eine Kunst. Das galt zum Beispiel für die Musik und den Tanz. Im allgemeinen genügte ihnen ein Ausdruck, um beide zu bezeichnen. Als sie schon den spezialisierten Ausdruck »Musik« im Sinne der Tonkunst entwickelt hatten, faßten sie darunter zumeist auch den Tanz. Aus solchen Verbindungen erwuchsen Ansichten, die uns paradox erscheinen wie die, daß die Musik der Dichtung deshalb überlegen sei, weil sie auf zwei Sinne einwirkt (das Ohr und das Auge), die Dichtung aber nur auf einen (das Ohr).[1]

1 E. Müller, *Geschichte der Theorie der Kunst bei den Alten*, Breslau 1834.

Umgekehrt waren bestimmte Bereiche der Kunst, die heute als zusammengehörig betrachtet werden, bei den Griechen getrennt, weil sie von verschiedenen Fachleuten ausgeführt wurden. So bauten zum Beispiel die Meister, die Tempel errichteten, keine Wohnhäuser. Vor der hellenistischen Epoche, also vor dem 3. Jahrhundert vor unserer Zeitrechnung, gab es bei den Griechen keine Paläste, sondern nur reine Zweckbauten ohne momumentale oder dekorative Ambitionen, deren Ausführung auf einem ganz anderen Niveau stand als die von Tempeln. Sie wurden auch von anderen Handwerkern ausgeführt. Zwischen den entsprechenden Gruppen bestand keine Verbindung, und so ist es nicht verwunderlich, daß damals kein allgemeiner, beide Gruppen umfassender Begriff der Architektur gebildet wurde. Ähnliche Verhältnisse herrschten im Bereich der Bildhauerei, der Musik und der Literatur: überall wurden die Ausführenden in kleinere Gruppen unterteilt, überall bestand zwischen diesen Gruppen keine Verbindung, und so fehlte es an den entsprechenden allgemeinen Begriffen.

Wenn das System der Künste bei den Griechen von dem unseren verschieden war, dann umso mehr ihre *Begriffe von der Kunst*. Sie waren in doppeltem Sinne von den unseren verschieden. Erstens rückten sie andere künstlerische Erscheinungen in einen Zusammenhang, als das die Modernen tun. Die Begriffsbildung besteht ja darin, daß man diese oder jene Erscheinungen in einen Zusammenhang rückt und in einem Begriff zusammenfaßt. Die Sprache schien den Griechen am engsten mit Melodie und Rhythmus zusammenzugehören, und so faßten sie die Künste, die durch Sprache, Melodie und Rhythmus wirken, die sprachlichen, musikalischen und tänzerischen Künste, zu einem Begriff zusammen. Die Tragödie und die Komödie, die eine Einheit aus Wort, Musik und Tanz bilden, waren für die Griechen von Musik und Tanz nicht weiter entfernt als von den reinen Künsten des Wortes. Ganz anders als für uns, die wir uns eines anderen Begriffssystems bedienen, hingen für sie die Tragödie und die Komödie begrifflich ebenso eng mit Musik und Tanz zusammen wie mit Epik und Lyrik.

Abb. 8 Kithara-Spielerin mit Zuhörern. Vase (um 530 v. Chr.)

Zweitens gaben die Griechen ihren Begriffen im Bereich der Künste einen anderen Grad der Allgemeinheit, als das die Neuzeit tut. Darin besteht vielleicht der größte Unterschied zwischen beiden Begriffssystemen, dem alten und dem neuen.

Die Griechen kamen nämlich sehr lange ohne jene sehr allgemeinen Begriffe aus, die für uns doch ganz alltäglich und notwendig sind wie Dichtung, Musik, Plastik und Architektur.

Wohl besaßen sie einen noch weiteren Begriff, nämlich den allgemeinen Begriff der »Kunst«, der übrigens nicht mit dem unseren identisch war. Davon abgesehen verfügten sie jedoch im allgemeinen nur über *Begriffe von engerem Umfang* wie etwa »Epik« oder »Dithyrambik«, »Spiel auf der Flöte« oder »Spiel auf der Lyra«. Noch Aristoteles zählte bei der Zusammenstellung der nachahmenden Künste die Tragödie und die Komödie, die Lyrik, die Epik und die Dithyrambik auf, statt sie einfach im allgemeinen Begriff der Dichtung zusammenzufassen. Ebenso sprach er von der »Auletik« und der »Itharik«, statt sie im Begriff der Musik zusammenzufassen, wie das heute jeder tun würde. Auch Werke aus Stein und aus Bronze wurden in Griechenland im allgemeinen nicht in dem einen Oberbegriff der Bildhauerei zusammengefaßt; es waren zwei verschiedene Künste, die auf unterschiedliche Weise und im allgemeinen von verschiedenen Leuten ausgeführt wurden.

Dieses System der Begriffe von der Kunst war kein Zufall; es hatte seine Ursache in einer strengeren Arbeitsteilung unter den Künstlern, mehr noch aber in einer anderen *Auffassung der Künste* als der unseren. Die Griechen sahen die Kunst unter dem Aspekt der Tätigkeit des Künstlers, nicht unter dem der Empfindungen des Betrachters oder Zuhörers. Dadurch entfiel der wichtigste Faktor, der verschiedene Künste miteinander verbindet, und es blieb nur noch die Heterogenität der Künste, deren jede mit einem anderen Material, mit anderen Mitteln und von anderen Menschen betrieben wurde.

Wenn wir nun das griechische System der Begriffe von der Kunst mit dem unseren vergleichen, so kann man sagen, daß die Griechen von der Pyramide der künstlerischen Begriffe die Spitze und die Basis besaßen: die Spitze war der Begriff der Kunst, und die Basis bildete die Reihe der sehr speziellen und engen Begriffe. Was ihnen fehlte, waren die Zwischenglieder, mit denen das moderne Denken zumeist operiert. Wir werden im folgenden übrigens noch sehen, daß die Spitze des griechischen Systems verschieden war von der des heutigen Systems, denn es wies eigentlich nicht eine Spitze auf, sondern zwei.

Bei einem solchen Begriffssystem erscheinen die Thesen, die für uns, die wir mit einem anderen System operieren, paradox sind, gerechtfertigt. Das größte Paradox ist, daß Bereiche der Produktion, die wir für Gattungen der »Kunst« halten, für die Griechen überhaupt nicht zu einer gemeinsamen Gattung gehörten. Das gilt vor allem für die bildende Kunst und die Dichtung. Die bildende Kunst gehörte für sie zur Gattung »Kunst«, die Dichtung jedoch nicht.

II. Der Begriff der Kunst

Die unterschiedliche Einstufung der Dichtung und der bildenden Kunst durch die Griechen äußert sich am deutlichsten in der unterschiedlichen gesellschaftlichen Bewertung des Dichters und des bildenden Künstlers. Noch im 5., ja sogar noch im 4. Jahrhundert wurden die Künstler als Handwerker betrachtet, die Dichter dagegen als eine Art Seher und Philosophen. Das hatte seinen Grund darin, daß man die Dichtung und vor allem die Kunst anders verstand. Der Kunstbegriff war nämlich so konstruiert, daß er die bildende Kunst, nicht aber die Dichtung umfaßte. »Kunst« (»*techne*«) nannte man in Griechenland jegliche *fachkundige Produktion*, also eine solche, die *nach Prinzipien und Regeln ausgeführt* wurde. Dieser Charakterisierung entsprach die Arbeit des Architekten oder des Bildhauers. Ihr entsprach aber auch die Arbeit des Zimmermanns oder des Webers. Sie alle waren im griechischen Verständnis Meister der Kunst (*technitai*), ihre Tätigkeiten und Erzeugnisse gehörten gleichermaßen zur Kunst. Der Begriff der Kunst hatte damals einen anderen Inhalt und vor allem einen anderen Umfang als der heutige Begriff. Es war ein Begriff, dessen sich die Menschen in der Umgangssprache genauso bedienten wie die Philosophen. Ein Beispiel aus der Philosophie: Aristoteles definierte Kunst als »ein mit richtiger Vernunft verbundenes hervorbringendes Verhalten«.

Um eine Kunst im weiten, griechischen Sinne zu betreiben, benötigt man körperliche, aber auch geistige Leistungsfähigkeit, nicht nur Geschicklichkeit, sondern auch Sachkenntnis. Für die Griechen gehörte die Kunst denn auch, obwohl zu ihrem Umfang auch die Arbeit des Zimmermanns und des Webers gehörte, zu den geistigen Tätigkeiten. Zwar stellten sie ihr die Erkenntnis und die Theorie gegenüber, doch andererseits betonten sie, daß die Kunst sich auf Wissen stützt, und daher zählten sie sie in einem gewissen Sinne zum Wissen. Es war für sie ein »produktives Wissen« (*poietike episteme*), wie Aristoteles es nannte, im Gegensatz zum theoretischen Wissen, zur Erkenntnis. Für die universalistisch denkenden Griechen stellte es ein sogar ein recht hochrangiges Wissen dar; es galt nämlich als der gewöhnlichen Erfahrung überlegen, weil es ein allgemeines Wissen war. Grundlage der Kunst waren ja die Regeln der Produktion, und Regeln sind immer allgemein.

Die so verstandene Kunst war eine komplexe und gewissermaßen grundlegende Erscheinung, die nicht nur einen, sondern viele Gegensätze besaß. Sie war das Gegenteil a) der Natur – als Werk des Menschen; b) der Erkennnis – als praktische Tätigkeit; c) der Praxis – als produktive Tätigkeit; d) des Zufalls – als zielgerichtetes und regelgeleitetes Tun; e) der Erfahrung – als ein Bereich, der allgemeine Regeln besitzt.

Dieser Begriff von Kunst [*sztuka*] ist auch uns nicht fremd, doch tritt er bei uns [in Polen] selten unter diesem Namen auf, sondern eher unter dem Namen »*kunszt*«. »Kunst« [*sztuka*] in unserem Verständnis ist dagegen eigentlich eine Abkürzung für »schöne Kunst«. Es ist ein engerer Begriff, dessen Umfang nur einen Teil des Umfangs des griechischen Kunstbegriffs ausmacht. Für diesen engeren Umfang hatten die Griechen wiederum keinen Namen, da sie, wie wir sehen werden, eine solche Klasse von Erscheinungen nicht unterschieden.

Die Tradition dieses griechischen Begriffs hatte lange Bestand. Die lateinische »*ars*« bedeutete noch im ganzen Mittelalter nichts anderes als die griechische »*techne*«. Erst nach und nach unterschied man unter den Künsten die »schönen Künste«, die in der Neuzeit unter den Künsten die führende Stellung einnahmen und sich schließlich des Namens »Kunst« bemächtigten. Erst von da an verstand man, wenn man »Kunst« sagte, darunter nur noch diesen wichtigsten Teil ihres einstigen großen Umfangs. Dieser alte weite Begriff wurde immer altmodischer, kam langsam außer Gebrauch und machte dem engeren Begriff Platz.

Der Umfang des griechischen Kunstbegriffs war insofern weiter als der neuzeitliche, als er Künste umfaßte, die nicht »schön« waren. Dies waren die theoretischen Künste, also die Wissenschaften, und das Handwerk. Er war aber, wie wir sehen werden, auch enger, weil er nicht die Dichtung enthielt.

Daß die Griechen neben den schönen Künsten, der Malerei, der Bildhauerei und der Architektur auch das Handwerk in den Begriff der »Kunst« einbezogen, hatte einen tieferen Grund. Sie waren nämlich überzeugt, daß die Arbeit des Bildhauers und des Zimmermanns, des Malers und des Webers in ihrem Wesen dieselbe sei und daß ihrer aller Grundlage die »fachkundige Produktion« bilde. Sie verbindet die ansonsten verschiedenen Produktionsbereiche der Bildhauerei und der Malerei, aber sie verbindet sie zugleich mit den Handwerken. Der Bildhauer und der Maler arbeiten mit verschiedenen Materialien, verschiedenen Werkzeugen und verschiedenen technischen Verfahren, und es war allein die fachkundige Produktion, was ihre Arbeiten in den Augen der Griechen verband. Eine solche Produktion war aber auch die Arbeit des Handwerkers. Der allgemeine Begriff, der alle Bereiche der bildenden Künste umfassen soll, kann nicht gleichzeitig die Handwerke auslassen.

Die »schönen« Künste, wie man sie später nannte, bildeten in Griechenland nicht einmal eine eigene Teilklasse der Künste. Die Künste wurden nicht in schöne und handwerkliche eingeteilt; eine solche Einteilung war damals unbekannt. Man dachte vielmehr, daß *jede* Kunst im weitesten Sinne des Wortes Harmonie und damit Schönheit erreichen könne, daß jede dem Handwerker (*demiurgos*) und dem Baumeister (*architekton*) die Möglichkeit gibt, sich auszuzeichnen.

Man teilte die Künste anders ein: in freie und dienstbare, je nachdem, ob sie körperliche Anstrengung erfordern. Diese Einteilung war normal und allgemein anerkannt, auch wenn sie in einer anderen Terminologie ausgedrückt wurde. Die Späteren, wie Poseidonios und Galen, fügten diesen beiden grundlegenden Arten von Künsten bisweilen zwei andere hinzu und nannten neben den *artes liberales* und *vulgares* die *artes pueriles* und *ludicrae*, die belehrenden und unterhaltenden. Aber weder in der ursprünglichen zweigliedrigen noch in der späteren viergliedrigen Einteilung kamen die »schönen Künste« als eigenständiges Glied der Einteilung vor. Sie wurden nicht einmal gemeinsam einem der Glieder der Einteilung zugewiesen, sondern unter ihnen aufgeteilt: Bildhauerei und Architektur, die schwere körperliche Arbeit verlangten, wurden zu den dienstbaren Künsten gezählt, während Malerei und Musik im Gegenteil als freie Künste galten. Übrigens soll erst Pamphilos darauf hingewirkt haben, daß die Malerei unter die freien Künste aufgenommen wurde; vorher wurde auch sie zu den dienstbaren gerechnet. Die Musik war dagegen immer eine freie Kunst, weil man die Tätigkeiten der Musiker für rein intellektuelle hielt, im gleichen Maß wie die Tätigkeiten der Mathematiker.

Hin und wieder wandte man in Griechenland noch andere Einteilungen der Künste an. Aber die Situation ist überall dieselbe: *Die »schönen« Künste bildeten in keiner der Einteilungen ein eigenständiges Ganzes.*

Es gibt die verbreitete Ansicht, die Klasse der schönen Künste sei trotz allem in der Antike bekannt gewesen, nur unter einem anderen Namen, dem der nachahmenden (mimetischen) Künste. Die nachahmende Tätigkeit war das Merkmal, dank dessen Platon und Aristoteles Dichtung und bildende Kunst einander annähern und unter einem allgemeineren Begriff zusammenfassen konnten. Die Kunst, sagt Aristoteles in der *Physik*, vollendet entweder, was die Natur nicht zu vollbringen vermag, oder sie ahmt sie nach. Die Kunst der erstgenannten Art ist nützlich, die der letzteren Art hat, da sie der Nützlichkeit entbehrt, nur dadurch Sinn, daß sie dem Vergnügen und der Schönheit dient. Zu ihr gehören denn auch sowohl die Malerei und die Bildhauerei als auch die Tragödie, die Komödie und das Epos. Folglich sind die »nachahmenden« Künste dieselben, die wir die »schönen« zu nennen pflegen.

Nun ist diese Ansicht aber unzutreffend: 1) Der Begriff der »nachahmenden« Künste war im alten Griechenland nicht gebräuchlich, er war nur eine Idee von Platon und Aristoteles. 2) Selbst bei diesen Philosophen deckt sich der Umfang der »nachahmenden« Künste nicht gänzlich mit dem der »schönen« Künste, denn nicht alle nachahmenden Künste sind schöne, und nicht alle schönen Künste sind nachahmende.

Im Bewußtsein der alten Griechen der klassischen Epoche

waren also die schönen Künste nicht nur mit den Handwerken und anderen Künsten vereint, sondern noch nicht einmal als eine eigene Gruppe herausgehoben. Es zeichnete sie nicht einmal aus, daß die Kunst des Künstlers höher, vollkommener ist als die Kunst des Handwerkers. Die Griechen unterschieden zwar zwischen höheren und niederen Künsten, aber sie zählten die Kunst des Bildhauers genauso wie die Kunst des Zimmermanns zu den niederen, und zwar wegen der körperlichen Anstrengung, die sie erfordern. Diese war für die Griechen nämlich stets ein erniedrigender Faktor.

Die Folge einer solchen Auffassung der Künste war ein für uns paradoxes System der Begriffe und Anschauungen. Das System war so beschaffen, daß aus ihm Diskrepanzen folgten:

1) zwischen der Bewertung des Künstlers und der Bewertung des Werkes,

2) zwischen Kunst und Schönheit,

3) zwischen bildender Kunst und Dichtung.

»Oft erfreuen wir uns an einem Werk, doch wir verachten den, der es anfertigte«, sagt Plutarch im Lebensbild des Perikles, und zweifellos hat die Mehrheit der Griechen der klassischen Epoche diese Ansicht geteilt. Platon pries die Idee des Schönen und versuchte die Kunst herabzusetzen. Allgemeingut war noch in der klassischen Zeit die Ansicht, die Dichtung sei eine göttliche Gabe, die bildende Kunst dagegen eine rein menschliche Tätigkeit, und zwar eine der niederen. Und noch sehr viel später, zur Zeit der Römer, stellte sich Horaz die Frage: Ist die Dichtung überhaupt eine Kunst?

III. Der Begriff der Dichtung

Das Schaffen des Dichters, das für uns dem Schaffen des Malers oder Architekten ähnlich ist, fiel für die Griechen nicht unter ihren Begriff der Kunst. Nach ihrer Meinung fehlten der Dichtung die beiden Merkmale, die die »Kunst« charakterisieren: Erstens ist sie keine Produktion im materiellen Sinne, zweitens stützt sie sich nicht auf Regeln. Sie ist nicht eine

Sache allgemeiner Regeln, sondern des individuellen Einfalls, nicht der Routine, sondern der Kreativität, nicht der Kunstfertigkeit, sondern der Inspiration. Der Architekt kennt die Abmessungen gelungener Werke, kann ihre Proportionen in exakten Zahlen angeben und sich auf diese Zahlen stützen; der Dichter dagegen kann sich in seiner Arbeit auf keinerlei Normen, keine Theorie berufen, sondern nur auf die Hilfe Apollos und der Musen hoffen. Die Routine, die aus den Erfahrungen früherer Generationen erwächst, war für die Griechen Grundlage der Kunst, für die Dichtung war sie in ihren Augen dagegen tödlich. Deshalb trennten sie die Dichtung nicht nur von der Kunst, sondern sie betrachteten beide sogar als Gegensätze.

Eine Verwandtschaft sahen sie dagegen zwischen der Dichtung und – der *Weissagung*. Der Bildhauer ist eine Art Handwerker, der Dichter eine Art Seher. Die Tätigkeiten des ersten sind durch und durch menschlich, die des letzteren dagegen von der Gottheit inspiriert. »*Entheon he poiesis*« sagt sogar Aristoteles, der am wenigsten irrationale und mystische unter den Philosophen Griechenlands. Zwar erschöpfte sich die Tätigkeit des bildenden Künstlers (wie auch der übrigen Handwerker) nicht in der Geschicklichkeit seiner Hände, sondern enthielt auch einen geistigen Faktor, doch in der Dichtung sah man einen geistigen Faktor höheren Ranges, der über das durchschnittliche Maß hinausging. Die sich in der Dichtung offenbarende höhere Ordnung konnte ihre Quelle allein in der Gottheit haben. »Der Dichter«, sagt ein deutscher Philologe, »war ein von göttlichem Geist beseeltes Instrument der die Welt lenkenden und ordnenden Mächte, der Künstler nur der Bewahrer eines ursprünglich göttlichen Erbes von Kenntnissen, nicht anders als der Bauer, der Tischler, der Schmied«.[2]

Die Griechen legten den Akzent noch auf eine weitere Eigentümlichkeit der Dichtung, auf ihre Fähigkeit, Seelen zu *führen*, ihre, mit dem griechischen Terminus zu sprechen,

---

2 B. Schweitzer, *Der bildende Künstler und der Begriff des Künstlerischen in der Antike*, in: Neue Heidelberger Jahrbücher, 1925, S. 6.

Abb. 9 Heiliger Lukas. Miniatur aus dem sog. Evangeliar von Sainte Chapelle

»psychagogische« Fähigkeit.[3] Sie verstanden diese Fähigkeit im allgemeinen als eine irrationale, als Faszination, Verzauberung, Verführung der Geister. Die einen schätzten sie als eine beinahe übermenschliche Kraft sehr hoch, die anderen, darunter Platon, verdammten sie wegen ihrer Irrationalität. Auch diese trennte die Dichtung von der Kunst, die naturgemäß andere Absichten verfolgt und auch nicht die Mittel hätte. Diese Fähigkeit ist vielmehr, wie Gorgias im *Lob Helenas* betonte, eine allgemeine Eigenschaft des Wortes und rückt die Dichter in die Nähe derer, die sich ebenfalls des Wortes bedienen und dadurch auf die Seelen einwirken: der Philosophen, der Redner und der Gelehrten.

Drittens beruhte jegliche Tätigkeit für die Alten auf Wissen; sie sagten sogar, abgekürzt und nicht ganz korrekt, jegliche Tätigkeit sei Wissen. Die Dichtung machte davon keine Ausnahme. Sie war für sie sogar ein *Wissen höchster Art*: ein Wissen, das in die geistige Welt hineinreichte und mit den göttlichen Wesen verkehrte. Sie rückte dadurch in die Nähe der Philosophie: besonders in einem System wie dem platonischen standen der Philosoph und der Dichter nahe beieinander. Doch auch Aristoteles erkannte, daß die Dichtung sich mit dem allgemeinen Erfassen der Erscheinungen befaßt, und schrieb, sie sei »philosophischer« als die Geschichte, die lediglich einzelne Tatsachen feststellt. Daher wurde die Dichtung zusammen mit der Kunst in den Bereich des Wissens eingeordnet; sie stand in ihm jedoch am entgegengesetzten Pol. Sie ist nicht ein »technisches« Wissen, wie es die Kunst ist. Sie ist intuitiv und irrational, während jene auf Erfahrung und empirischer Überlegung beruht; sie strebt danach, das Wesen des Seins zu erfassen, während die Kunst sich auf praktische Erscheinungen und Interessen beschränkt.

Die Alten, die mit einfacheren Kategorien operierten als wir, verstanden das Verhältnis des Menschen zum Ding auf nur zweierlei Weise: entweder produziert er Dinge, oder er erkennt sie; etwas Drittes gibt es nicht. Nun ist die bildende

---

3 P. M. Schull, *Platon et l'art de son temps*, Paris 1933.

Kunst wesentlich eine Produktion von Dingen, die Dichtung nicht. Wenn aber die Dichtung keine Dinge produziert, dann kann ihre wahre Funktion nur die Erkenntnis sein. Auf diese Weise geriet die bildende Kunst in den Bereich der Produktion und die Dichtung in den Bereich der Erkenntnis. Deshalb stand die bildende Kunst in den Augen der Griechen dem Handwerk näher als der Dichtung und die Dichtung der Philosophie näher als der bildenden Kunst.

Schließlich noch etwas. Aristophanes schrieb in den *Fröschen*: »Sag mir, weswegen muß man einen Dichter bewundern? Wegen seiner Geschicklichkeit und Zurechtweisung, weil wir die Menschen in den Städten *besser machen*«. In diesen Worten kommt eine weitere Eigenschaft der Dichtung zum Ausdruck, die sie im Verständnis der Griechen von der bildenden Kunst entfernte. Dieser stellten sie nämlich utilitaristische und hedonistische, nicht aber moralische und erzieherische Aufgaben. Eine moralische Haltung zur Dichtung war in der klassischen Epoche Griechenlands ganz allgemein verbreitet. Meistens war dies der einzige Maßstab, den man an sie anlegte. Nicht nur in der breiten Masse, sondern auch unter der geistigen Elite. Aristophanes stand damit keineswegs allein: *»beltius poiein«*, die Menschen durch Dichtung besser machen, war damals eine ständige Forderung. Sie wurde von den Sophisten vertreten (wie man unter anderem in Platons *Protagoras* sieht), von Rednern wie Isokrates, von Männern vom Format eines Xenophon. Dieselbe Haltung nahm Platon ein, als er die Dichter ebendeshalb verurteilte, weil sie moralisch nicht genügend nützlich waren.

Was die Dichtung im Bewußtsein der Griechen auszeichnete, waren also erstens ihre seherischen, zweitens ihre psychagogischen Merkmale, drittens ihre metaphysische und viertens ihre moralisch-erzieherische Bedeutung. Aus diesen Quellen erwuchs ein Antagonismus zwischen Dichtung und Kunst, wie wir ihn nicht kennen. Er rührte daher, daß die Griechen ein anderes Verhältnis zu vielen Erscheinungen hatten, aber auch daher, daß sie mit anderen Begriffen operierten als wir. Erstens war ihr Kunstbegriff ein anderer, hatte einen anderen

Umfang. Zweitens unterschied sich ihr Begriff der Dichtung wenn nicht durch den Umfang, so doch durch den Inhalt von dem unseren; bei seiner Bestimmung wurden andere Merkmale betont.

Es liegt an diesem anderen Verständnis der Kunst und der Dichtung, daß Bereiche, die wir als homogene miteinander zu verbinden pflegen, sich bei den Griechen in unterschiedlichen begrifflichen Rubriken befanden. Was sie trennt, wurde in den Vordergrund gestellt und verschleierte ihre gemeinsamen Eigenschaften, die wiederum, vielleicht allzu nachdrücklich, von der neuzeitlichen Betrachtungsweise betont werden. Die neuzeitliche Konzentration der Aufmerksamkeit auf ihre gemeinsamen Eigenschaften führte dazu, daß sie unter einem gemeinsamen Begriff zusammengefaßt wurden. Die Griechen kannten diese Sichtweise nicht. Sie erkannten nicht das Verbindende zwischen dem, was sie für eine Art Handwerk hielten, und dem, was sie auf göttliche Inspiration zurückführten.

Doch zum griechischen Begriff der Dichtung muß noch eine Einschränkung gemacht werden. Die Griechen besaßen *zwei Arten der Auffassung der Dichtung*, gewissermaßen zwei Begriffe von ihr. Der eine, von dem bisher die Rede war, war vom *Inhalt* der Dichtung bestimmt, der andere von ihrer *Form*. Nach dem ersten war nur das Dichtung, was der Inspiration entsprungen war und einen wichtigen poetischen Inhalt hatte, nach dem zweiten das, was in gereimter Form ausgesprochen wurde. In diesem letzteren Sinne genügte es, daß ein Werk gereimt war, um ein poetisches Werk genannt zu werden. Der formale Begriff war dank seiner klaren äußerlichen Merkmale weit faßbarer und leichter zu bestimmen, und so wurde er denn auch allgemein zur Definition der Dichtung benutzt und als ihr Kriterium angewandt. »Die ganze Dichtung«, schrieb Gorgias, »nenne ich eine Rede, die metrisch gebaut ist«. Hätte man die Dichtung nur so verstanden, hätte sie vollkommen zum antiken Begriff der Kunst gepaßt und keinen Anlaß gegeben, sie der bildenden Kunst gegenüberzustellen. Doch das war für die Alten lediglich ihr äußerliches Kriterium. Daran erkannten sie sie äußerlich; das Gewicht, das sie ihr beimaßen, ging dagegen von einem anderen, inneren Verständnis der Dichtung aus. Und auf dieser Grundlage fügten sie sie in ihr Begriffssystem ein. Denn der Dichter ist, wie Aristoteles schrieb, ein Dichter eher wegen der Fabel seiner Werke als wegen ihrer gereimten Form.

Aus der zweifachen Auffassung der Dichtung ergab sich eine gewisse Unklarheit ihres antiken Begriffs. Sie verurteilte Aristoteles in seiner *Poetik*: »Denn auch, wenn jemand etwas Medizinisches oder Naturwissenschaftliches in Versen darstellt, pflegt man ihn so zu nennen. Homer und Empedokles haben indes außer dem Vers nichts Gemeinsames; daher wäre es richtig, den einen als Dichter zu bezeichnen, den anderen aber eher als Naturforscher denn als Dichter« (*Poetik*, 1451 a 36). An anderer Stelle (*Poetik*, 1451 b) schrieb er: »... man könnte ja auch das Werk Herodots in Verse kleiden, und es wäre in Versen um nichts weniger ein Geschichtswerk als ohne Verse. Diejenige Kunst, die allein die Sprache, in Prosa oder in Versen ..., verwendet, hat bis jetzt keine eigene Bezeichnung erhalten.«

Hier wurde die Mehrdeutigkeit aufgedeckt, die dem Terminus »Dichtung« eigen ist und bis heute nicht eliminiert wurde. Mit ihrer Aufdeckung trug Aristoteles dazu bei, begrifflich zwischen der Reimkunst und der poetischen Inspiration zu unterscheiden. In der post-aristotelischen Epoche tauchte der Gedanke auf, daß die Inspiration nicht notwendig an die gereimte Rede gebunden ist, sondern sich auch in anderen Bereichen menschlicher Tätigkeit zeigen kann.

Schon von Anfang an hatten die Griechen zusammen mit der Dichtung die *Musik* in die Sphäre der Inspiration einbezogen.[4] Die Grundlage dafür war eine doppelte. Erstens ihre gemeinsame Ausübung, denn die Dichtung wurde, wie schon gesagt, gesungen, und die Musik war vokal. Zweitens die psychologische Gemeinsamkeit. Beide wurden nämlich als akustische Produktionen verstanden. Ihre psychologische Gemeinsamkeit reichte noch tiefer. Musik und Tanz können, anders

4 H. Abert, *Die Lehre vom Ethos in der griechischen Musik*, Leipzig 1899.

als Architektur und Bildhauerei, »manischen« Charakter haben, eine Quelle von Wahn und Rausch sein. Das entfernt sie von der bildenden Kunst und rückt sie in die Nähe der Dichtung. Mehr noch: Gerade sie sind es wohl, die, zusammen mit der Dichtung betrieben, diese in den Zustand des Rausches und der Empfänglichkeit für Inspirationen versetzen.

Es gab in Griechenland zwar eine Strömung (die wohl auf Demokrit zurückging und ihren Hauptvertreter in Philodemos hatte), deren Wortführer der Musik eine größere Rolle im Geistesleben absprachen – sie behaupteten, der Ton wirke allein auf den Körper und nur das Wort als Exponent des Denkens beeinflusse den Geisteszustand des Menschen, so daß die Musik ausschließlich durch ihre Verbindung mit der Dichtung eine psychische Wirkung entfalte. Es überwog aber die (von Platon über Aristoteles und Theophrast ausgehende) Ansicht, die der Musik – gleich der Dichtung – eine anregende und reinigende Wirkung sowie eine moralische und metaphysische Bedeutung zuschrieb.

Auf diese Weise kamen Dichtung und Musik einander bei den Griechen näher. Dichtung und bildende Kunst befanden sich dagegen nicht nur in unterschiedlichen Klassen von Erscheinungen, sondern auch *auf unterschiedlichen Niveaus*: die Dichtung stand unendlich viel höher als die bildende Kunst. Die alten Griechen vergötterten die Dichter, während sie dem Bildhauer als Künstler lange dieselbe gesellschaftliche Stellung zuwiesen wie dem Steinmetz als Handwerker. Beide sind *banausoi*, die ihren Unterhalt mit der Hände Arbeit verdienen.

Die griechische Literatur legt davon vielfach Zeugnis ab. Mit größter Klarheit tun das insbesondere zwei Texte, die bekannten Texte Plutarchs und Lukians. Plutarch äußerte im *Leben des Perikles* die Überzeugung, daß auch nach dem Betrachten solcher Meisterwerke wie Phidias' *Zeus von Olympia* oder Polyklets *Hera von Argos* kein wohlgeborener Jüngling ein Phidias oder ein Polyklet werden wolle, weil aus der Tatsache, daß man das Werk bewundert, nicht folge, daß auch sein handwerklicher Hersteller bewunderungswürdig ist. Lukian sagt es noch deutlicher: »Selbst angenommen, du würdest Phidias oder Polyklet und schüfest zahlreiche Meisterwerke, so würden alle deine Kunst bewundern, doch kein Vernünftiger würde danach verlangen, dir ähnlich zu sein; denn stets würde man in dir einen Handwerker sehen und dir vorhalten, daß du deinen Unterhalt mit den Händen verdienst.«[5] (*)

Das genaue Gegenteil davon war das Verhältnis zu den Dichtern und besonders zu einem Dichter: zu Homer. Ihn umgab ein regelrechter Kult. Die Verbreiter dieses Kults, die Rhapsoden, wurden unter Lykurg, Solon und Pisistratus gleichsam in den Staatsdienst aufgenommen. Nach dem ersten Jahrhundert der neuen Zeitrechnung begann man in Homer einen Theologen zu sehen und in seinen Epen Bücher der Offenbarung. Doch schon vorher, »während des gesamten heidnischen Altertums war er ein Lehrer der Religion, also gleichsam ein Prophet und Theologe. Seit wann man in ihm einen Halbgott sah, wissen wir nicht. Auf jeden Fall bezeugen schon Cicero und Strabo, daß man ihm in Smyrna, Chios, Assos und Alexandrien göttliche Ehren erwies.«[6]

IV. Der Begriff des Schönen

Tatsache ist, daß die Griechen – genauer gesagt, die durchschnittlichen Griechen der klassischen Epoche – die Dichtung nicht als Kunst betrachteten. Diese für uns kaum verständliche Tatsache verlangt noch nach einer Erklärung. Die einfachste Erklärung ist die: Sie nahmen diesen von dem unseren abweichenden Standpunkt ein, weil sie sich eines anderen Begriffssystems bedienten als wir. Warum war ihr System ein anderes? Weil sie in bezug auf Dichtung und Kunst nur einen Teil jener Gesichtspunkte besaßen, über die das neuzeitliche Denken verfügt. Sie besaßen jene, welche beide Bereiche voneinander

5 K. Michałowski, *Fidiaz i Poliklet* [Phidias und Polyklet], in: Sprawozdania Towarzystwa Naukowego Warszawskiego, Wydz. II, 1930.
6 T. Sinko, *Literatura grecka* [Die griechische Literatur], Bd. 1, Kraków 1931, S. 134 Anm.

trennen, während ihnen diejenigen fehlten, die beide miteinander verbinden. Es waren dies genau jene Gesichtspunkte, die sich das neuzeitliche Denken in Sachen Kunst vor allem zu eigen macht: die Gesichtspunkte des Ästhetischen und des Kreativen. Denn wenn wir heute Dichtung und Kunst unter einem Oberbegriff zusammenfassen, so hat das einen zweifachen Grund: der ästhetische Gesichtspunkt bringt die Erzeugnisse des Dichters und des Künstlers einander näher, der kreative ihre Tätigkeiten. Wenn wir beispielsweise ein Gedicht und ein Bauwerk zu ein- und derselben Klasse von Objekten zählen, dann entweder, weil wir in beiden etwas Schönes sehen, oder weil wir in ihnen schöpferische Werke sehen. Diese beiden Gesichtspunkte fehlten aber den alten Griechen nicht nur der Frühzeit, sondern auch noch der klassischen Epoche.

Natürlich besaßen die Griechen einen Begriff des Schönen. Man sollte sich allerdings nicht vorstellen, daß er bei ihnen, die soviel Schönes schufen, eine große Rolle gespielt hätte.[7] In der griechischen Frühzeit brachten sie die Kunst überhaupt nicht mit dem Schönen in Zusammenhang: sie pflegten sie aus religiösen Gründen, schätzten sie wegen ihrer Kostbarkeit und Pracht und besprachen sie nur unter technischen Aspekten. An der Bildhauerei schätzten sie Gold und Edelsteine höher als die Schönheit der Formen. Das war genau in der Zeit, die die vorzüglichsten Werke ihrer Kunst hervorbrachte.

Von größerem Gewicht ist, daß der griechische Begriff des Schönen – »*to kalon*« –, von dem sich unser Begriff herleitet, erheblich von diesem abweicht. Er hatte einen anderen, sehr viel weiteren Umfang. Er war weiter, könnte man sagen, weil er außerdem entweder die Ethik oder die Mathematik umfaßte.

1. Meistens bedeutete »schön« soviel wie »anerkennenswert«, und nur eine feine Nuance unterschied das Schöne von dem, was man »das Gute« nannte. Besonders bei Platon umfaßte das Schöne auch das »sittlich Schöne«, also charakterliche Vorzüge, die wir nicht nur nicht mit ästhetischen Vorzü-

7 F. P. Chambers, *Cycles of Taste*, Cambridge 1928.

gen in Verbindung bringen, sondern sorgfältig von ihnen trennen. Nicht viel anders verstand Aristoteles das Schöne, wenn er es als das definierte, »was gut und eo ipso angenehm ist«. Ein solcher Begriff des Schönen taugte natürlich nicht als Bindeglied zwischen den Künsten.

2. Die Alten sprachen oft von der Proportion in der Kunst, wofür sie den Ausdruck »Symmetrie« (»*symmetria*«) verwendeten. Dieser Begriff scheint unserem Verständnis von Schönheit näherzukommen, doch besteht auch hier ein wesentlicher Unterschied. Sie schätzten an der Proportion nämlich nicht die gesehene, sondern die gewußte Regelmäßigkeit, die ihnen nicht sinnliches, sondern intellektuelles Wohlgefallen bereitete. Außerdem sahen sie die Proportion eher in Figuren, die von Geometern konstruiert, als in solchen, die von Künstlern geformt worden waren. Sie hatte nichts spezifisch Künstlerisches an sich, im Gegenteil, man sah sie eher in der Natur und in der Kunst nur insoweit, als diese sich der Natur annäherte. Man erblickte in ihr das »göttliche Wesen der Dinge« – und schätzte sie ebendeshalb höher als ihre Schönheit. Die Wertschätzung der Symmetrie hatte also eine intellektuelle oder mystische, am wenigsten aber eine ästhetische Grundlage. Somit war auch dieser Begriff, der mehr auf Mathematik und Metaphysik als auf Ästhetik zielte, ungeeignet zur Bildung einer Klasse der »schönen Künste« im neuzeitlichen Sinne.

Erst die nachklassische Epoche schuf einen Begriff, der unserem Schönheitsbegriff näherkam. Es war der Begriff der »Eurythmie« (»*eurythmia*«), der im Laufe der Zeit neben die Symmetrie trat. Beide bezeichneten eine Regelmäßigkeit, die Symmetrie jedoch eine kosmische, ewige und heilige Regelmäßigkeit der Natur, die Eurythmie dagegen eine sinnliche, optische oder akustische Regelmäßigkeit. »*Eurythmia*«, sagt Vitruv (*De architectura*, I 2), »*est venusta species, commodusque in compositionibus membrorum aspectus*«.

Die Symmetrie betraf das absolute Schöne, die Eurythmie das Schöne für Auge oder Ohr. Während es für die Symmetrie im Grunde gleichgültig ist, ob sie wahrgenommen wird, da man sie sich auch mit der Vernunft bewußtmachen kann, zielt die Eurythmie speziell auf die wahrnehmenden Sinne ab. Deshalb ist auch nur sie, nicht aber die Symmetrie spezifisch mit der Kunst verknüpft. Im Verständnis der Griechen waren Symmetrie und Eurythmie nicht nur verschieden, sondern bildeten im allgemeinen einen scharfen Gegensatz. Es liegt nämlich in der Natur der die wahrgenommenen Dinge entstellenden Sinne, daß die Symmetrie nicht den Eindruck der Eurythmie erzeugt – daher muß man sie umgestalten, damit sie einen eurythmischen Eindruck macht.

Nach und nach teilten sich die griechischen Künstler in zwei Strömungen, jene, die auf die Symmetrie, und jene, die auf die Eurythmie bedacht waren. Die früheren Künstler, besonders die Architekten, arbeiteten nach den Regeln der Symmetrie und suchten im Seienden nach den Kanones des Schönen. Die späteren bemühten sich, jene Beziehungen zu finden, die den Sinnen schön erscheinen; ihre Kunst war illusionistisch. Die Älteren hatten allein die absolute, kosmische, göttliche, übersinnliche Schönheit der Symmetrie anerkannt, und noch Platon war ein Verfechter ihrer Kunst. Doch die bildende Kunst schlug im allgemeinen den Weg der Eurythmie ein. Lysipp war der erste, der in der Bildhauerei die Grenze überschritt; er erklärte, seine Vorgänger hätten die Menschen so gestaltet, wie sie sind, er dagegen stelle sie als erster so dar, wie sie zu sein scheinen. Recht populär war in der späteren Antike die Definition, der zufolge die Schönheit in der Proportion der Teile zu anderen Teilen und zum Ganzen besteht, sofern sie mit schöner Farbe (»*euchroia*«) verbunden ist. Ihre Auffassung des Schönen war nicht mehr nur sinnlich, nicht nur visuell, sondern geradezu koloristisch. Wenn die ältere Definition des Schönen bei den Griechen sehr weit war, so war diese nun sehr eng. Sie umfaßte weder die Musik noch die Dichtung und vermochte sie daher nicht mit der bildenden Kunst unter einem Begriff zusammenzufassen.

V. Der Begriff der Kreativität

Den Alten fehlte nicht nur der ästhetische Gesichtspunkt. Ihnen fehlte auch die kreative Auffassung der Kunst, der andere Faktor, der im modernen Bewußtsein die Dichtung mit der bildenden Kunst und der Musik verbindet.

Das erste Symptom dieses Mangels war das Übergewicht der Theorien der »Nachahmung« in den griechischen Ansichten zur Kunst. Ihnen zufolge sind die Werke der Künstler nicht deren Schöpfungen, sondern Nachbildungen der Realität. Das andere Symptom bestand in der Suche nach Kanones für die Kunst und im Kult der Kanones, die man glaubte gefunden zu haben.

Nicht Originalität in der Kunst wurde geschätzt, sondern allein die Vollkommenheit, die einzigartig ist und, wenn sie einmal erreicht war, unverändert wiederholt werden sollte. Originalität war nicht das Ziel der griechischen Künstler, sondern drang gleichsam gegen ihren Willen in ihre Kunst ein; sie erlagen ihr gewissermaßen, bedrängt davon, daß ihre Sicht- und Empfindungsweise sich ständig weiterentwickelte. Doch der Traditionalismus war, wie der englische Historiker F. P. Chalmers sagt, während der ganzen klassischen Epoche allmächtig, und Neues wurde als schimpflich betrachtet. Vor Herodot und Xenophon wurden Künstler nicht namentlich erwähnt. Noch Aristoteles behauptete, der Künstler müsse die Spuren seiner Persönlichkeit im Werk verwischen.

Die künstlerische Produktion wurde als Routine aufgefaßt. In ihr spielten nach dem Verständnis der Griechen nur drei Faktoren eine Rolle: das Material, die Arbeit und die Form. Das Material der Kunst liefert die Natur, die Arbeit unterscheidet sich nicht von der des Handwerkers, und die Form ist eine einzige und ewige – oder sollte es doch sein. Es fehlte der vierte Faktor, der in den neuzeitlichen Ansichten auftaucht: das freie und schöpferische Individuum. Für einen eigenen Faktor Kreativität war in einer solchen Auffassung von Produktion kein Platz. Erst recht war für ihn kein Platz in der Auffassung des Kunstempfindens. Die Produktion wurde rein routinemäßig, das Empfinden des Rezipienten als rein rezeptiv aufgefaßt – in diesen beiden Formen negierte man das Schöpferische in der Kunst.

Bei den Griechen der klassischen Epoche herrschten uneingeschränkt zwei Gesichtspunkte, der intellektuelle und der rezeptive. Sie verknüpften Dinge miteinander, die in unseren Augen sehr weit voneinander entfernt sind. Jede Tätigkeit ist im Grunde Wissen, und jedes Wissen ist rezeptiv. Unter die Rubrik »Wissen« fielen sämtliche Künste. Es fielen unter sie aber auch fast alle Bereiche geistiger Produktion des Menschen; sie war das *genus* nicht nur für die Wissenschaft und die Philosophie, sondern auch (seit Sokrates) für die Tugend, die Kunst und die Dichtung.

In dieser riesigen Rubrik traf die Kunst mit der Dichtung zusammen, doch erstens umfaßte diese Rubrik außer ihnen noch eine große Menge anderer Dinge, und zweitens stellten die Kunst und die Dichtung in ihr Extreme dar, wie sie weiter nicht voneinander entfernt sein konnten, denn die eine gehörte zum technischen, die andere zum prophetischen Wissen.

Das Begriffssystem, von dem hier die Rede ist, war in Griechenland nicht Besitz dieses oder jenes Philosophen, sondern Gemeinbesitz. Es war die gängige Ansicht, die nur den Ausgangspunkt für die stärker ausgearbeiteten und eigenständigeren Ansichten der Philosophen bildete. Sie äußert sich deutlich in der Volksmythologie, insbesondere in der Liste der neun Musen.

Unter den Musen, Töchtern von Zeus und Mnemosyne, war Klio bekanntlich die Muse der Geschichte, Euterpe die der Musik, Thalia die der Komödie, Melpomene die der Tragödie, Terpsichore die des Tanzes, Erato die der Elegie, Polyhymnia die der Lyrik, Urania die der Astronomie und Kalliope die der Rhetorik und der heroischen Dichtung.

Dieses Ensemble ist ungemein bezeichnend.

Zunächst bestätigt es, daß die Griechen keinen allgemeinen Begriff der Dichtung hatten. Lyrik, Elegie, Komödie, Tragödie und heroische Dichtung treten als Gattungen auf, die nicht durch ein gemeinsames Genus miteinander verbunden sind.

Zweitens macht es deutlich, daß zwischen der Dichtung und den bildenden Künsten keinerlei Zusammenhang besteht. Für das griechische Denken war die Dichtung enger mit der Rhetorik und der Wissenschaft verwandt, sei es die historische, sei es die mathematisch-naturwissenschaftliche, als mit der Malerei oder der Bildhauerei. Es gab Musen der Geschichte und der Astronomie, aber keine Musen der Malerei, der Bildhauerei oder der Architektur.

Drittens zeigt es jedoch, daß die von den bildenden Künsten getrennte Dichtung nicht von Musik und Tanz getrennt, sondern im Gegenteil stärker mit ihnen verbunden war als im heutigen System der Künste. Der Grund dieser Verbindung wurde schon erläutert. Die Musen umgeben die Musik und den Tanz genauso mit ihrer Fürsorge wie alle Werke der Kunst des Wortes.

VI. Apate, Katharsis, Mimesis

Ebensowenig wie eine schöpferische Haltung unterschieden die Alten eine ästhetische Haltung. Diese grenzten sie nicht von der Haltung des Forschers ab. Für Forschen und Betrachten hatten sie einen gemeinsamen Ausdruck: »*theoria*«. In der Kontemplation schöner und künstlerischer Dinge sahen sie nichts anderes als eine angenehme Wahrnehmung. Der Wahrnehmungsvorgang wurde von ihren Philosophen zwar unterschiedlich interpretiert (die einen verstanden ihn physiologisch, die anderen rein psychologisch, die einen sensualistisch, die anderen mit einem rationalistischen Einschlag), doch faßten sie ihn durchgängig als einen psychischen Vorgang einheitlichen Typs auf, der stets gleich verläuft, gleichgültig, ob der Wahrnehmende einen Gegenstand erkennen will oder ob er in ihm ästhetische Befriedigung sucht. Sie bemerkten jedoch rasch, daß die von der Kunst hervorgerufenen Erlebnisse außer den Wahrnehmungen noch andere Faktoren besonderer Art enthalten. Schon früh versuchte man diese Faktoren zu bestimmen. Platon und Aristoteles, deren große Kunsttheorien seit altersher bekannt sind, waren hier nicht die ersten. Theorien wurden schon im 5. Jahrhundert vor unserer Zeitrechnung aufgestellt. Sie entstanden vor allem im Kreis der Sophisten, und am meisten verdankten sie, soweit wir das heute beurteilen können, Gorgias.

Erste Versuche gingen in drei verschiedene Richtungen. Die einen suchten die Besonderheit dieser Erlebnisse in der Illusion, die anderen in der emotionalen Erschütterung, wieder andere darin, daß ihr Objekt Gegenstände sind, die irreal, aber realen Dingen ähnlich sind. Grundbegriff der Theorie war im ersten Fall die *apate*, die Illusion, im zweiten die *katharsis*, die emotionale Entladung, im dritten die *mimesis*, die Nachbildung. Man kann diese drei Theorien, die seit der Frühzeit in Griechenland auftraten, kurz und auf griechisch die apatetische, die kathartische und die mimetische Theorie nennen. Sie sind offenbar sehr weit und umfassen sämtliche Kunsterlebnisse, das Erleben der bildenden Kunst ebenso wie das der Dichtung. Sie scheinen zu beweisen, daß die Griechen trotz allem erkannten, was diese Bereiche eint. Doch das ist ein Mißverständnis. Wenn diese Theorien auf den gesamten Umfang der Künste ausgedehnt werden konnten und im Laufe der Zeit auch ausgedehnt wurden, so wurden sie in ihren griechischen Anfängen doch keineswegs weit verstanden: sie gehörten ursprünglich zur Poetik, beschrieben Erlebnisse, die in bezug auf die Dichtung empfunden wurden, insbesondere die dramatische Dichtung, und bei ihrer Formulierung dachte man überhaupt nicht an die bildenden Künste.

1. Die *apatetische* (oder »illusionistische«, wie man sie heute nennen würde) Theorie behauptete, das Theater wirke dadurch, daß es eine Illusion (*apate*) hervorruft; es erzeugt einen Schein und versteht es, dem Zuschauer einzureden, das sei Realität; es weckt in ihm solche Gefühle, als betrachte er wirklich die Leiden des Ödipus oder der Elektra und nicht das Spiel

von Schauspielern. Es ist eine außerordentliche, fast magische Wirkung, die auf der verführerischen Macht des Wortes beruht, gleichsam eine Bezauberung des Zuschauers und Hörers. Die Illusion verbindet sich hier mit der Magie. »*Apate*«, d.h. Illusion, und »*goeteia*«, Bezauberung – diese beiden Ausdrücke treten in der Formulierung dieser Ansicht ständig zusammen auf.[8]

Man kann mit nahezu vollkommener Gewißheit sagen, daß sie von Gorgias geschaffen wurde. Im *Lob der Helena* (dessen Echtheit heute nicht mehr angezweifelt wird) stellt er Illusion und Magie als Grundlage der Kunst dar. In dem von Plutarch bewahrten Fragment trägt er das später des öfteren wiederholte Paradoxon vor, die Tragödie sei jenes besondere Werk, in dem derjenige, der sie [die anderen] getäuscht hat, gerechter ist als der, der sie nicht getäuscht hat, und der Getäuschte klüger ist als der, der nicht getäuscht worden ist. Die Ansicht des Gorgias kehrt in den Schriften der Sophisten wieder und kommt auch bei Autoren aus anderen Kreisen vor, besonders eindringlich bei Polybios, der mit Hilfe seiner Begriffe die Historie der Tragödie gegenüberstellt, die »*dia ten apaten ton theomenon*« – durch die Illusion der Schauenden – wirkt.

Diese Theorie, deren Bedeutung und Verbreitung im frühen Griechenland von den Philologen heute hoch eingeschätzt wird, ist jedoch nur eine Theorie der Dichtung, speziell der dramatischen. Im Zitat von Gorgias oder in der Abhandlung eines unbekannten Sophisten mit dem Titel *Peri diaites* oder bei Polybios, selbst sehr viel später bei Horaz oder Epiktet bezieht sie sich auf die Tragödie. Das ist auch natürlich, denn von allen Künsten ist gerade das Theater eine Kunst der Illusion. Dagegen hatte die griechische bildende Kunst des 5. Jahrhunderts keinerlei illusionistische Ambitionen. Im Zusammenhang mit der *apate* wird denn auch nie die Bildhauerei erwähnt. Die Malerei wird allerdings zweimal erwähnt, im *Lob der Helena* und in den anonymen *Dialexeis*. Man darf darin

8 M. Pohlenz, *Die Anfänge der griechischen Poetik*, in: Nachr. v. d. kgl. Ges. d. Wiss. zu Göttingen, 1920.

jedoch lediglich einen Vergleich sehen, die Feststellung einer partiellen Ähnlichkeit, eine Parallele zwischen zwei ansonsten verschiedenen Bereichen, nicht aber die Schaffung einer einheitlichen Klasse von Erscheinungen, die sich aus der Tragödie und der Malerei zusammensetzt.

2. Die *kathartische* Theorie. Im 5. Jahrhundert vor unserer Zeitrechnung war es eine verbreitete Überzeugung, daß die Musik und die Dichtung, zumindest bestimmte Zweige von ihr, in den Gemütern heftige, fremde Gefühle hervorrufen, eine Erschütterung auslösen, in einen Zustand versetzen, in dem Gefühl und Phantasie die Oberhand über die Vernunft haben. Mit dieser verbreiteten Überzeugung verband sich bisweilen eine zweite, weiter gehende: daß diese starken Erlebnisse insbesondere der Furcht und des Mitleids eine Entladung der Gefühle verursachen. Und es sind nicht die Gefühle selbst, sondern es ist ihre Entladung, der die Lust entspringt, die Dichtung und Musik vermitteln.

Wir finden diese Ansicht bei Aristoteles in seiner berühmten Definition der Tragödie. Sie ist aber, wie bemerkt wurde, gleichsam ein Fremdkörper in seiner *Poetik*, gehört zu einem fremden Konzept ästhetischen Denkens, das Aristoteles von früheren Denkern übernommen haben muß.[9] Tatsächlich hatte schon Gorgias die Wirkung der Dichtung als eine emotionale Erschütterung dargestellt, die sich für ihn mit der Magie und der Illusion der Dichtung verband. Auf wen diese Ansicht zurückgeht, läßt sich kaum mit letzter Gewißheit sagen. Vielleicht auf die Pythagoreer, wie manche meinen. Für sie war nämlich die *Katharsis* – Reinigung – der natürliche und oberste Begriff der ganzen Philosophie. Die Reinigung des Leibes bewirkt man mit der Medizin, die Reinigung der Seele mit der Musik: das war ihre Losung. Es ist jedoch möglich, daß, wie andere meinen, die spezifische Anwendung des Begriffs erst bei Aristoteles selbst auftrat. Nämlich dort, wo Aristoteles im Widerspruch zu Platon, der die Dichtung wegen ihrer

9 E. Howald, *Eine vorplatonische Kunsttheorie*, in: Hermes 54 (1919).

emotionalen, irrationalen Wirkung verurteilte, zugunsten der Dichtung zeigen wollte, daß sie die Gefühle nicht verstärkt, sondern vermindert, indem sie sie entlädt. In diesem Fall wäre die Theorie der »Reinigung« der Gefühle durch die Dichtung eine spezifisch aristotelische; die Theorie der »Erschütterung« der Gefühle durch die Dichtung war jedoch chronologisch früher da, schon vor Aristoteles bekannt und verbreitet.

Doch in der einen wie in der anderen Form war es ausschließlich eine Theorie der Dichtung und der Musik. Weder Gorgias noch Aristoteles, noch sonst jemand im 5. oder gar im 4. Jahrhundert vor unserer Zeitrechnung dachte daran, sie auf die Malerei oder die Bildhauerei zu beziehen. Denn was haben sie gemein mit der Furcht oder mit dem Mitleid, ihrer Steigerung oder Entladung?

3. Die *mimetische* Theorie. Grundlage dieser Theorie war die Beobachtung, daß die menschliche Produktion in einigen ihrer Zweige nicht die Realität steigert, sondern *eidola*, Bilder, irreale, fiktive Gebilde, Gespenster, Trugbilder schafft.[10] In diesem Sinne sprach man von einer »scheinbildenden« Kunst, *eidolopoetike techne*. Man sah jedoch auch, daß diese irrealen Gebilde reale Dinge nachbilden. Deshalb nannte man diese Künste auch mimetische, das heißt nachbildende, nachahmende. Und dieser Name wurde gebräuchlich und bürgerte sich ein. Kern der mimetischen Kunst blieb jedoch im Verständnis der Griechen, daß sie irreale Dinge schafft. Nachahmer, sagt Platon, nennen wir den, der irreale Dinge hervorbringt: *eidolu demiurgos*. Nicht unbedingt einen Nachbildner und erst recht nicht einen Kopisten der Realität.

Diese Theorie war eher geeignet als andere, die Dichtung mit den bildenden Künsten zu vereinen. Aber ursprünglich trat sie nicht selbständig auf, sondern nur in Verbindung mit

10 S. V. Tolstaja-Melikova, *Učenie o podražanii i ob illuzii v grečeskoj teorii iskusstv do Aristotela* [Die Lehre von Nachahmung (Mimesis) und Illusion in der griechischen Kunsttheorie bis Aristoteles], in: Izvestija Akademii Nauk SSSR 1926, Nr. 12.

der Theorie der Illusion. Denn nicht irgendeine, sondern nur eine *apatetike mimesis* ist das Wesen der Dichtung oder der schönen Kunst, da es nicht genügt, ein irreales Gebilde hervorzubringen – es muß außerdem die Illusion der Realität hervorrufen. Nur in Verbindung mit der Theorie der Illusion auftretend, wurde die Theorie der Nachahmung wie jene ausschließlich auf die Dichtung bezogen. So war es speziell bei Gorgias und überhaupt in der Frühzeit; später wurde der Umfang der Theorie erweitert.

In der frühen Epoche Griechenlands, bei Gorgias und den Sophisten, waren diese drei Theorien also miteinander verbunden, bildeten sie geradezu Elemente einer einzigen Poetik: Erstens erzeugt die Dichtung ihre irrealen Wortgebilde, zweitens schafft sie für die Zuhörer oder Zuschauer Illusionen und drittens ruft sie bei ihnen eine emotionale Erschütterung hervor. Doch jedes dieser Elemente der Theorie hatte einen anderen Ursprung, stellte ein anderes Motiv dar. Deshalb gingen sie auch mit der Zeit auseinander, wurden zu drei verschiedenen Theorien. Platon und Aristoteles machten sich die mimetische Theorie zu eigen, und wegen ihrer Autorität traten die beiden anderen in den Hintergrund, während diese eine für lange Zeit zur herrschenden wurde.

VII. Platon: Zwei Arten von Dichtung

Die Behauptung, die Griechen hätten die Dichtung nicht zu den Künsten gezählt, kann jedoch dem Einwand begegnen, daß sie nicht für den berühmtesten und zugleich authentischsten uns bekannten Denker der klassischen Epoche gelte. Gerade Platon hob ja die Ähnlichkeit zwischen der Dichtung und der Bildhauerei hervor und faßte sie in einer gemeinsamen ästhetischen Theorie zusammen, der erwähnten mimetischen Theorie. Dieser Einwand wäre jedoch nicht berechtigt. Es ist wahr, daß er die Dichtung in seinen Begriffen mit der Bildhauerei verknüpfte, besonders im 10. Buch der *Poli-*

teia, wo er sich über die Nichtswürdigkeit der nachahmenden Künste ausließ, zu denen er die Dichtung genauso wie die Malerei zählte. Wahr ist aber auch, daß er an anderer Stelle, namentlich im *Phaidros*, von der Dichtung als einem erhabenen Wahnsinn, einer Inspiration der Musen schrieb, also von etwas, das mit Nachahmung und handwerklicher Routine nichts gemein hat.

Es könnte scheinen, als sei Platon in sich widersprüchlich, als habe er über die Dichtung und ihr Verhältnis zur Kunst keine feste und klare Ansicht gehabt. Das ist jedoch nur ein Anschein, der daher rührt, daß man eine grundlegende Tatsache nicht berücksichtigt, nämlich die, daß Dichtung nicht gleich Dichtung ist. Es gibt eine inspirierte Dichtung und eine handwerkliche Dichtung. Im *Phaidros* schreibt Platon von einer Art des Wahnsinns, die von den Musen kommt, »die, wenn sie eine zarte und unentweihte Seele ergreift und zu Festgesängen und anderer Dichtung aufregt und entzückt, tausend Taten der Alten verherrlichend, die Nachkommen bildet«. »Wer aber ohne den Wahnsinn der Musen den Toren der Dichtkunst sich naht in der Meinung, seine Fertigkeit werde wohl hinreichen, ihn zum Dichter zu machen, der bleibt ein Stümper, und seine verstandesmäßige Kunst wird völlig verdunkelt von der des in Wahnsinn Verzückten« (*Phaidros*, 245 a). Eine unverkennbar seherische Konzeption der Dichtung. Diese Ansicht war unter den Griechen Gemeingut, doch niemand hat sie klarer und extremer ausgedrückt als Platon.

Doch nicht alle Dichter sind inspirierte Wahnsinnige; die übrigen schreiben Gedichte, in denen sie sich keine andere Aufgabe setzen als die Nachahmung der Realität, und sie bedienen sich dabei der handwerklichen Routine. Es gibt eine Dichtung, die aus dichterischem Wahnsinn (*mania*) geboren wird, und eine Dichtung, die aus schriftstellerischer Kunstfertigkeit (*techne*) erwächst. Die manische Dichtung gehört zu den höchsten Funktionen des Menschen, die technische dagegen befindet sich auf der Ebene der handwerklichen Funktionen. Wenn Platon im nämlichen *Phaidros* eine Rangordnung der menschlichen Seelen und Betätigungen aufstellt, kommt der Dichter in ihr zweimal vor: einmal an ferner, sechster Stelle als »ein Dichter oder ein anderer mit Nachahmen sich abgebender Beruf«, in unmittelbarer Nachbarschaft des Handwerkers oder des Landmanns, aber unter einem anderen Namen – als *musikos* – nimmt er *zusammen mit den Philosophen* den ersten Platz ein: denn der *musikos* [der dem Dienst der Musen Ergebene] ist nichts anderes als der Dichter, der von den Musen Auserwählte, der ihre Inspiration besitzt und schafft.

Im Dialog *Ion* äußert sich Platon bis zum Überdruß über den Gegensatz von Dichtung und Kunst, über die göttliche Inspiration als Bedingung der Dichtung. »So bewirkt aber auch die Muse eine göttliche Ergriffenheit.« »Denn *alle guten epischen Dichter* geben alle diese ihre schönen Dichtungen *nicht als Werke überlegter Kunst* von sich, sondern sie tun dies in einem Zustande der Begeisterung und Verzückung. Und ebenso auch die Liederdichter...« Denn »der Dichter ist nicht eher imstande zu dichten, als bis er von Begeisterung ergriffen und von Sinnen ist und aller Vernunft bar«. Es ist der Gott selber, »der da redet und durch sie [die Dichter] zu uns spricht«. »Alle jene schönen Dichtungen sind nicht menschlicher Art noch Menschenwerk, sondern göttlicher Art und Götterwerk und die Dichter nichts anderes als Dolmetsche der Götter.«

Im *Symposion* läßt er Diotima erklären, daß es Menschen gibt, die zwischen den Göttern und den Menschen vermitteln und diesen die Befehle und Gunsterweise der Götter überbringen, durch die die Weissagungskunst den Himmel erreicht. »Wer dieser Dinge kundig ist, der ist ein dämonenbeseelter [göttlicher] (*theios aner*), wer aber irgend eines anderen in Künsten oder Gewerben kundig ist, der ist bloß ein handwerksmäßiger Mann (*banausos*).« Hier begegnen wir also wieder der radikalen, typisch platonischen Entgegensetzung zweier Wirkungssphären, der halbgöttlichen und der nur menschlichen. Der Bildhauer bleibt immer in der letzteren, der Dichter kann dagegen beiden angehören.

Jegliche Dichtung war für Platon wie für die Griechen überhaupt Erkenntnis. Aber die manische Dichtung war aprio-

Abb. 10 Musica mundana, Musica humana, Musica instrumentalis. Französische Miniatur (13. Jh.)

rische Erkenntnis des idealen Seins, die technische dagegen nur Nachbildung der sinnlichen Realität. Dieser ihr mimetischer Charakter rückte sie bei Platon in die Nähe der bildenden Kunst und vor allem der Malerei. Die Annäherung betraf jedoch nur die niedere, niemals aber die höhere, seherische Dichtung, die keine Nachahmung ist und daher mit der Malerei nichts gemein hat. Der Gegensatz zwischen Dichtung und Kunst, zwischen Sehertum und Handwerk, blieb bei Platon also uneingeschränkt in Kraft. Er wurde sogar noch größer. Denn in seinem Verständnis ist die Funktion der Nachahmung der Realität eine so unwürdige, daß die bildende Kunst und die nachahmende Dichtung nicht nur auf der Ebene der Technik stehen, sondern auf der untersten Stufe der Technik, noch unter dem ehrlichen Handwerk. In der *Politeia* wurde die Nichtswürdigkeit der mimetischen Kunst zunächst durch eine Analyse der Arbeit des Malers dargelegt. Erst danach wurde sie auf den Dichter übertragen. Wer genauer hinsieht, erkennt, daß ein Vergleich dieser beiden Bereiche im 5. Jahrhundert vor unserer Zeitrechnung nichts Gewöhnliches war, sondern ein Paradoxon Platons: er verglich einen Teil der Dichtung mit der Malerei, um sie auf diese Weise herabzusetzen.

Platon hätte die Einteilung des Schaffens in zwei extrem unterschiedliche Arten, eine manische und eine technische, ebensogut auf die bildende Kunst anwenden können, wie er sie auf die Dichtung anwandte. Daß er genau das nicht tat, ist bezeichnend für diesen Griechen des 5. Jahrhunderts. Es war noch nicht in den Bereich des Möglichen gerückt, daß ein Maler oder Architekt ein Seher, ein inspirierter Schöpfer, ein Auserwählter der Musen, ein Künstler im tieferen Sinne des Wortes sein könnte. Im *Symposion* erklärt Platon, daß »*poiesis*« Hervorbringen bedeutet und somit im Prinzip jegliche Kunst (*techne*) als Dichtung bezeichnet werden könnte; tatsächlich geben wir den Künsten jedoch nicht diesen Namen, sondern reservieren ihn für nur einen Bereich: für Dichtung und Tonkunst. Und das tun wir, weil wir nur diesen Bereich als wirklich schöpferisch betrachten, als wahre *poiesis*.

Das Beispiel Platons ist nicht nur keine Widerlegung, sondern im Gegenteil das stärkste Argument für die hier vertretene These, daß die Dichtung im frühen und klassischen Griechenland nicht als Kunst betrachtet und nicht auf eine Stufe mit den Künsten gestellt wurde, sondern als eine unvergleichlich höhere Tätigkeit galt.

VIII. Aristoteles: Erste Annäherung von Kunst und Dichtung

Der in Platons Konzeption auftretende Gegensatz zwischen höherer und niederer Dichtung wurde von Aristoteles abgelehnt. Seine Kunsttheorie verwarf in der für diesen Denker typischen Weise ebenso wie seine Metaphysik und seine Erkenntnistheorie die obere der zwei Ebenen Platons und blieb bei der unteren. So wie er in der Metaphysik die Ideen verwarf und allein reale Dinge anerkannte, so wie er in der Erkenntnistheorie das rein vernunftmäßige Wissen verwarf, um allein das empirische anzuerkennen, so verwarf er in seiner Theorie die *seherische Dichtung* und blieb bei der nachahmenden.

Für ein seherisches Verständnis der Dichtung war bei diesem Feind des Irrationalismus kein Platz. Da nun das manische Schaffen ausfiel, blieb nur noch eine Art übrig, das mimetische. Durch einen eigentümlichen Zufall wurde die negative Eigenschaft, die Platon den niedersten Formen der Dichtung zuschrieb, nun zur höchsten Eigenschaft jeglicher Dichtung und Kunst. Da es jedoch nicht mehr mit höheren Formen verglichen wurde, verlor es bei Aristoteles seinen negativen Charakter. Zum gemeinsamen Merkmal jeglicher Dichtung und Kunst geworden, erlaubte das Mimetische, sie in einer einzigen Klasse zusammenzufassen, der Klasse der mimetischen, der nachahmenden Künste. Begrifflich wurden die beiden Bereiche vereint, die bisher getrennt behandelt worden waren: die optische Kunst, bestehend aus Architektur, Bildhauerei und Malerei, und die akustische Kunst, zu der Dichtung, Musik und Tanz gehörten. Bei Aristoteles kam es also erstmals zu einer Annäherung. Zu ihr kam es, weil er den bisherigen Begriff der Dichtung verwarf. Und sie vollzog sich auf einem niedrigeren Niveau: die bildende Kunst wurde nicht auf das Niveau der Dichtung gehoben, sondern die Dichtung wurde umgekehrt auf das Niveau der bildenden Kunst herabgestuft.

Zum ersten Mal entstand ein so weites *genus*, das beide Bereiche umfaßte, aber nichts darüber hinaus. Es vereinte die Dichtung mit der bildenden Kunst, schloß aber die Handwerke nicht ein. Es hat mehr oder weniger denselben Umfang wie die modernen »schönen Künste«.

Daß Aristoteles die bildende Kunst und die Dichtung zu einer Klasse der nachahmenden Künste vereinte, wird unzweideutig durch die Texte seiner Schriften belegt. In der *Poetik* (1460 b 8) sagt er zum Beispiel, daß »der Dichter ein Nachahmer ist, genau wie der Maler«. Ähnlich in anderen Schriften, so etwa in der *Rhetorik* (1371 b 4): »das Nachahmen wie Malerei, Bildhauerei und die Dichtung gewährt Lust«.

Die Mentalität des Aristoteles kam dieser Vereinheitlichung entgegen. Erstens wirkte sich hier seine Abneigung gegen irrationale Konzeptionen aus, und eine solche war die alte Konzeption der Dichtung. Zweitens war die Art, Erscheinungen aufzufassen, die ihm am meisten entsprach und die er am liebsten anwandte, ihre Erfassung in technischen Kategorien als Tätigkeiten und Erzeugnisse; er wandte sie sogar auf Naturerscheinungen an und erst recht auf die Dichtung. Indem er aber die Dichtung so auffaßte, wie die bildende Kunst seit jeher aufgefaßt worden war, glich er sie der bildenden Kunst an.

Nachdem der Begriff der »*mimesis*« in der Ästhetik des Aristoteles zum obersten Begriff geworden war, änderte er bis zu einem gewissen Grad seinen Inhalt. Er hatte zuvor zwei Elemente enthalten: das »Nachahmen« war das Schaffen von Gegenständen, die erstens irreal und zweitens realen Dingen ähnlich sind. Das erste Element war das wichtigere, und noch Platon verurteilte an der Kunst stärker, daß ihre Schöpfungen irreal sind, als daß sie nachahmend sind.

Bei Aristoteles verschob sich dagegen der Akzent: Das Wesen der Dichtung oder der bildenden Kunst bestand für ihn buchstäblich darin, daß sie »nachahmend« sind, weil sie die

Realität nachbilden. Und die Befriedigung, die sie vermitteln, beruht gerade darauf, daß der Zuhörer oder Betrachter in ihren Werken die nachgebildete Realität wiedererkennt.

Es gibt indes Anhaltspunkte dafür, daß Aristoteles durchaus kein extremer und einseitiger Anhänger einer imitatorischen, naturalistischen Kunstauffassung war. Es gibt Anhaltspunkte dafür, daß er das Nachahmen in der Kunst nicht als ein schlichtes Kopieren verstand und daß er sich im klaren darüber war, daß die Konzeption der Kunst als Nachahmung einer Korrektur, zumindest aber einer Ergänzung bedarf.

Wohl war seine Kunstauffassung grundsätzlich mimetisch, doch bezog er auch andere Motive und Inhalte in sie ein. Als einen wesentlichen Faktor der Kunst berücksichtigte er die Freude, die durch Rhythmus und Harmonie hervorgerufen wird und die nichts gemein hat mit der Befriedigung, die das Erkennen von Ähnlichkeiten zwischen Kunst und Realität vermittelt. Überdies bezog er in die Theorie der Tragödie das Motiv der *Katharsis* ein, das von der Nachahmung sehr weit entfernt ist. Seine Ästhetik und seine Kunsttheorie waren pluralistischer, als man gemeinhin annimmt.

Doch schon der Begriff der nachahmenden Künste war bei Aristoteles kein einheitlicher. Er legte zwar den Akzent auf den Faktor der Nachahmung in der Kunst, aber zuweilen interpretierte er die Nachahmung so, daß sie das Gegenteil der Nachahmung war. So etwa, als er behauptete, daß die Künste nicht individuelle Ereignisse, sondern allgemeine Sachverhalte nachbilden, oder als er schrieb, daß sie nicht feststellen, was ist, sondern was sein kann. Diese Auffassung ließ in der vermeintlichen Nachahmung Elemente der Phantasie und Kreativität hervortreten.

IX. Der Hellenismus: Zweite Annäherung von Kunst und Dichtung

Zur ersten Annäherung zwischen Dichtung und bildender Kunst kam es deshalb, weil die Dichtung zunächst teilweise und dann insgesamt vom Sehertum gelöst und als Kunst aufgefaßt wurde. Platon machte damit den Anfang, und Aristoteles radikalisierte es.

Die folgenden Generationen der Griechen trieben die begriffliche Annäherung dieser beiden Bereiche noch weiter, nun aber auf dem umgekehrten Weg: durch Einbeziehung der bildenden Kunst oder wenigstens eines Teils von ihr in das Sehertum. Das geschah erst in der hellenistischen Epoche. War die erste Annäherung aus dem Geist der Nüchternheit erwachsen, so erwuchs die zweite aus einem Streben nach Vertiefung. War die erste ein Werk des Rationalismus, so die zweite eines des Irrationalismus. Denn in der Zeit, die in Griechenland auf Aristoteles folgte, änderte sich die Denkweise: man suchte vor allem nach geistigen, schöpferischen, göttlichen Elementen und fand sie selbst dort, wo man zuvor die gewöhnlichste Handarbeit, Technik und Routine gesehen hatte.

An Texten, die den neuen Standpunkt zum Ausdruck bringen, mangelt es nicht; er gehört nämlich einer späteren Epoche an, in der viel geschrieben wurde und aus der sich relativ viele literarische Denkmäler erhalten haben.

Da ist zum Beispiel Dion Chrysostomos, ein mit der stoischen Philosophie sympathisierender Rhetor des ersten Jahrhunderts unserer Zeitrechnung, der in seiner zwölften *Olympischen Rede* den Bildhauer nicht nur zu den Weisen (*sophos*), sondern zu den göttlichen Männern (*daimonios*) zählt. In die Platonsche Kategorie der inspirierten Menschen, zu der die Dichter, Philosophen und Gesetzgeber gehörten, bezieht er nun auch die Bildhauer ein. Auf dieser Grundlage führt er den damals beliebten *agon*, den Wettstreit um den höheren Rang zwischen Phidias und Homer durch. Noch betont er allerdings, daß der Dichter über vollkommenere, umfassendere und freiere Mittel verfügt.

Quintilian, ein Rhetor des ersten Jahrhunderts unserer Zeitrechnung, stellt fest, daß die Malerei zwar stumm ist, aber dennoch imstande, in die persönlichsten Gefühle einzudringen, und zwar so tief, daß sie in dieser Hinsicht die Dichtung zu übertreffen scheint.

Pausanias, ein Geograph und Historiker des zweiten Jahrhunderts, schreibt ebenfalls, daß das Werk des Bildhauers genauso eine Sache göttlicher Inspiration (*entheon*) sei wie das Werk des Dichters.

Lukian sagt im *Traum*, daß man vor Phidias, Polyklet, Miron und Praxiteles ebenso das Knie beugen müsse wie vor den Göttern, die sie schufen.

Philostratos, ein Maler und Schriftsteller an der Wende vom 2. zum 3. Jahrhundert, schreibt in der Einleitung zu seinen *Eikones*: »Dieselbe Weisheit, die den Dichter überkommt, entscheidet auch über den Wert der Malkunst, denn auch sie enthält Weisheit.«

Kallistratos schreibt anläßlich einer Beschreibung der *Menade* des Skopas und des *Eros* des Praxiteles, daß die Götter nicht nur den Dichtern göttliche Inspiration zuteil werden lassen, sondern daß auch die Hände des Bildhauers bisweilen von göttlichem Hauch berührt seien.

Noch hyperbolischer und transzendenter, noch erhabener und abstrakter als die aller anderen ist – natürlich – die Kunstauffassung Plotins.

Die in all den Behauptungen dieser Künstler und Philosophen geäußerten Urteile waren neu, doch bezogen sie sich auf Gegenstände, mit denen sie zuvor nicht verbunden worden waren. Weisheit und Inspiration waren bisher allein den Dichtern zugeschrieben worden, nur sie galten als Seher, als göttliche Männer. Nun wurden zu ihnen auch die Maler und Bildhauer gerechnet. Seitdem werden ständig Parallelen zwischen Dichtern und bildenden Künstlern, besonders Malern gezogen. Sie haben das gleiche Recht auf Freiheit, sagt Horaz. Sie stellen genauso die Taten und Charaktere der Helden dar, sagt Philostratos.

Noch ist das nicht Gemeingut. Noch zählt derselbe Lukian in seiner *Paideia* die Bildhauerei zu der unteren Kategorie der Künste. Noch stellt Cicero den gewöhnlichen *opifices* die hervorragenden Männer (*optimi studiis excellentes*) gegenüber, zu denen er allein die Dichter zählt. Die Kunst der Architekten hält er für *sordida*, und die Frage, ob man den Maler und Bildhauer nicht derselben Kategorie zurechnen müsse, läßt er offen. Seneca weigert sich entschieden, irgendwelche bildenden Künstler, diese *luxuriae ministros*, zum Bereich der freien Künste zu zählen. Vitruv sieht den Unterschied zwischen Architektur und Schusterei allein in der größeren Schwierigkeit. Die Haltung dieser Autoren ähnelt der der alten Griechen, nur sind die Motive zumeist andere: spezifisch römisch, utilitaristisch und moralistisch. Dieser traditionellen Konzeption war niemand treuer als Cicero. Er sagte (*Pro Archia*, 18), »daß, während alle anderen Tätigkeiten auf Unterricht, Regeln und Kunst beruhen, die Stärke des Dichters in seiner eigenen, natürlichen Anlage liegt und daß er durch die Kraft des Geistes angetrieben und gewissermaßen durch göttlichen Anhauch begeistert wird«. Seine Worte verhallten nicht so bald: noch anderthalb Jahrtausende später zitierten sie die modernen Schriftsteller, angefangen mit Petrarca (*Invectivae*, 1) und Boccaccio (*Genealogia deorum*, XIV. 7).

Dennoch wurde eine Bresche in die traditionelle Bewertung der Kunst geschlagen, und gleich mehrfach. Im neuen Verständnis ist die Tätigkeit des Künstlers 1) eine *geistige*, keine rein manuelle, materielle; 2) eine *individuelle* und damit keine routinemäßige, handwerkliche; 3) ein *freies* Schaffen, bei dem die Phantasie über die natürlichen Vorbilder hinausgeht, und nicht ein Nachahmen der Realität; 4) Nutznießerin göttlicher Inspirationen und kein Produkt nur der diesseitigen Natur; 5) ein Streben nach dem inneren *Wesen* des Seins und nicht bloß nach seinen sinnlichen Erscheinungen.

Man kann sagen, daß der Umschwung allzu radikal war. Er stürzte die Kunst von dem Extrem, in dem sie sich bisher befunden hatte, ins entgegengesetzte. Er verlieh ihr die ihr zukommenden menschlichen Züge: eine geistige, individuelle und freie Natur. Zugleich versah er sie jedoch mit göttlichen und mystischen Zügen.

Der Gegenstand der bildenden Kunst, der seiner Natur nach äußerlich und sinnlich ist, wurde nun als innerlich und geistig aufgefaßt. »Denn wenn man die leibliche Schönheit erblickt, muß man nicht in ihr aufgehen wollen, sondern im

Bewußtsein, daß sie nur Schemen und Schattenbilder zeigt, zu dem flüchten, dessen Abbild sie ist.« Mit einer Anhebung der bildenden Kunst auf das Niveau der Dichtung verband sich somit eine Senkung des Wertes dessen, was der naturgegebene Gegenstand der bildenden Kunst ist.

Unverhältnismäßig wuchs das Interesse an der Persönlichkeit des Künstlers. Plinius (*Historia naturalis*, XXXV. 145) schrieb, daß die letzten Werke der Künstler und unvollendete Gemälde mehr bewundert werden als die vollendeten, weil auf ihnen die Spuren der ursprünglichen Konzeption des Künstlers (*ipsaeque cogitationes artificium*) besonders deutlich sind. Die Auffassung der Kunst als Nachahmung trat in den Hintergrund. Der Traditionalismus in der Kunst verschwand. Lysipp erklärte, er sei niemandes Schüler. Man fürchtete sich nicht mehr vor dem Neuen, sondern begann sich vielmehr darum zu bemühen. »Da das Neue zur Mehrung der Annehmlichkeit beiträgt«, schrieb Athenaios, »sollten wir es nicht verschmähen, sondern ihm Beachtung schenken.« Die Regeln, die den Künstler gefesselt hatten, lockerten sich. »In der Dichtung«, schrieb Lukian (*Historia quo modo conscrib.*, 9), »herrscht uneingeschränkte Freiheit; für sie ist einzig Gesetz, was der Dichter gutheißt«. Da Dichtung und bildende Kunst einander gleichgestellt waren, galt die Freiheit auch für die Künstler.

Diese Veränderungen hoben den Wert der Kunst in den Augen der Zeitgenossen. Das Malen wurde zum Teil der Bildung der Jugend. Eigentlich erst jetzt begann der Kult der Kunst in Griechenland, den es, wie wir sahen, nicht gegeben hatte, als sie auf ihren höchsten Höhen stand. Entsprechend der soziale Status des Künstlers: Parasios und Zeuxis verdienten Vermögen, Apelles war, wie Tizian, ein Vertrauter der Könige.

Es änderte sich jedoch nicht nur die Bewertung der bildenden Kunst, sondern auch ihr Verständnis. Ihr Begriff wurde ein anderer als in der klassischen Epoche, verlor den unpersönlichen und routinehaften Charakter. Dichtung und bildende Kunst waren nun gleichgestellt, und ihre Annäherung vollzog sich nicht wie bei Aristoteles auf der niederen Ebene der Technik, sondern auf der höheren Ebene des Schöpferischen.

Das psychologisch wichtigste Motiv in der neuen Kunsttheorie war der Begriff der Phantasie. Der neuen Auffassung entsprach natürlich nicht mehr die *Mimesis*-Nachahmung, sondern die Phantasie. Philostratos schrieb im *Leben des Apollonios* von der »Phantasie, der Handwerkerin, die gescheiter ist als die Nachahmung«, und vom Denken (*gnome*) behauptete er, daß es »besser malt und bildhauert als die Kunst des Handwerkers«. Auch andere – wie Pseudo-Longinos, Autor einer Schrift »Über das Erhabene«, oder Horaz – begriffen die Bedeutung der Phantasie und des Denkens, die, aus einer Vielzahl von Motiven wählend und diese Motive frei miteinander verbindend, die innere Wahrheit der Dinge wirksamer wiedergeben können.

Für die Alten standen die verschiedenen Künste der Dichtung unterschiedlich nah; am nächsten stand ihr die Malerei. Sie hatte mit der Dichtung gemein, daß beide mimetische Künste sind, die die Realität nachbilden. Bis sich den antiken Theoretikern die Frage stellte: Was unterscheidet sie überhaupt von der Dichtung? Am ausführlichsten hat sie Dion Chrysostomos beantwortet (*Or.*, XII), ein Schriftsteller des ersten Jahrhunderts. Er sah einen vierfachen Unterschied zwischen bildenden Künsten und Dichtung: 1) Der bildende Künstler schafft ein Bild, das sich nicht in der Zeit abspielt wie das Werk des Dichters. 2) Da er nicht alle Vorstellungen, alle Gedanken bildnerisch ausdrücken kann, muß er zu Symbolen greifen. 3) Er muß mit einem widerspenstigen Werkstoff kämpfen und hat daher nicht dieselbe Freiheit wie der Dichter. 4) Er ist auch dadurch beschränkt, daß er den Augen nicht unwahrscheinliche Dinge einreden, sie nicht so täuschen kann, wie der Dichter die Menschen mit dem Zauber der Worte täuscht. Dion warf dieses Problem fünfzehn Jahrhunderte vor Lessing auf und gab darauf eine ähnliche Antwort wie dieser, nur entschiedener im Geiste der Antike.

Aus dem antiken Rom stammen die bekannten Worte: *ut*

pictura poesis, eine Dichtung ist wie ein Gemälde. Es gibt nicht viele Worte, die so oft zitiert wurden wie diese Worte des Horaz (*De arte poetica*, 361), aber auch nicht viele, die so falsch und entgegen der Intention des Autors interpretiert worden sind. Horaz sah lediglich eine entfernte Analogie zwischen Malerei und Dichtung, nämlich die, daß die Menschen auf die Dichtung ebenso unterschiedlich reagieren wie auf die Malerei: »Eine Dichtung ist wie ein Gemälde: es gibt solche, die dich, wenn du näher stehst, mehr fesseln, und solche, wenn du weiter entfernt stehst; [...] dieses hat einmal gefallen, doch dieses wird, noch zehnmal betrachtet, gefallen« (*ibid.*). Dieser Text des Horaz sagt nichts von einer tieferen Ähnlichkeit beider Künste, noch rät er dem Dichter, sich ein Vorbild am Maler zu nehmen, wie man ihn in späteren Jahrhunderten unbegründet gedeutet hat.

Worauf war der Wandel zurückzuführen? Einige Philologen schreiben ihn philosophischen Schulen zu, die einen dieser, die anderen jener.[11] Doch ein philosophisch bedeutsamer Wandel muß seine Ursache nicht notwendigerweise in philosophischen Ansichten haben. Eher wurde er von dem Wandel der allgemeinen Einstellungen ausgelöst, der sich in der Epoche des Hellenismus vollzog. Er zog viele Einzelerscheinungen nach sich, darunter die neue Konzeption der Kunst und deren Annäherung an die Dichtung. Dieser allgemeine Wandel der Einstellung fand auch Ausdruck in neuen Systemen der Philosophie. Die neuen philosophischen Systeme waren wie die neuen ästhetischen Ansichten schon die Folge eines psychischen [mentalen] Wandels, der sich damals vollzog.

Zwei Systeme gingen näher auf die Kunst ein. Das stoische System arbeitete vor allem ihr neues psychologisches Motiv heraus, nämlich die aktive, persönliche Natur der künstlerischen Produktion. Das platonische und das neuplatonische System entwickelten ein neues leitendes metaphysisches Motiv:

11 E. Birmelin, *Die kunsttheoretischen Grundlagen in Philostrats Apollonios*, in: Philologos 88 (1933); B. Schweitzer, *Mimesis und Phantasia*, in: Philologos 89 (1934).

die göttliche Inspiration des Schaffens. Beide Systeme [das stoische und das platonische] geben denn auch der neuen Ästhetik Ausdruck, wobei jedes einen anderen Aspekt hervorkehrt.

X. Mittelalter: Erneute Trennung von Dichtung und Kunst

Die ästhetische Entwicklung in Griechenland führte von Begriffen, die sich stärker von den unseren unterscheiden, gegen Ende der Antike zu Begriffen, die den unseren ähnlicher sind. Dies war jedoch nicht von Dauer, denn bald vollzog sich eine Umkehr zu den früheren Begriffen der Kunst.

Sie hing zusammen mit der Annahme des Christentums. Der Geist des Evangeliums und die Strenge der frühen Kirchenväter nahmen der Kunst die Bedeutung, die sie nach und nach in Griechenland gewonnen hatte. Eine unversöhnliche moralische Haltung ließ nicht viel Raum für eine ästhetische Haltung; der christliche Spiritualismus konnte für sinnliche Schönheit keine Sympathie hegen. Einer solchen Haltung entsprach nicht das hellenistische, sondern das althellenische Verhältnis zur Kunst, und so machte die Entwicklung der Ansichten Halt und kehrte zu ihrem Ausgangspunkt zurück.

Die spätgriechischen ästhetischen Ansichten gingen nicht gänzlich unter. Sie erhielten sich zusammen mit dem ganzen neuplatonischen System in den Schriften des Pseudo-Dionysios [Pseudo-Areopagita] und übten dank ihrer trotz allem einen nicht geringen Einfluß auf das Mittelalter aus. In Fortsetzung der extrem transzendenten Form des Hellenismus hielten die Schriften des Pseudo-Areopagita überdies einzig das übersinnliche Schöne für das wahre Schöne; sie sahen es in Gott und in der von ihm geschaffenen Natur, nicht in der Kunst, die das Werk der unvollkommenen Hände von Menschen ist. Sie sprachen zwar viel vom Schönen, aber wenig von der Kunst, und wenn sie dazu beitrugen, daß bestimmte Ansichten sich im Mittelalter erhielten, dann waren es Ansichten über das Schöne und nicht solche über die Kunst.

Der scholastische Begriff der Kunst (*ars*) ging nicht auf die hellenistischen, sondern auf die von Aristoteles systematisierten altgriechischen Begriffe zurück. Dieser äußerst weite, jegliche Kunst umfassende Begriff war nicht aus der *Poetik* des Aristoteles geschöpft, sondern aus seiner *Physik*, seiner *Metaphysik*, seiner *Rhetorik*. »Kunst« bedeutete soviel wie methodische, nach Regeln stattfindende Produktion. *Artifex* heißt im Mittelalter der Verfertiger irgendwelcher Gegenstände, der sich ihre Form vorher im Geist zurechtgelegt hat. Zum Umfang der Kunst gehörte das Handwerk, auch das Wissen. In diesem riesigen Umfang der mittelalterlichen »Kunst« machte das, was wir Kunst nennen, also die schöne Kunst, nur einen Bruchteil aus.

Dieser Teil der Kunst stand nicht einmal im Vordergrund. Er ragte nicht durch echte ästhetische Intentionen heraus; er erfüllte eine dienende, den Zwecken der Religion untergeordnete Rolle. Man suchte das Schöne nicht in der Kunst; nach den damaligen Vorstellungen war das Schöne weit leichter in der Natur, der Schöpfung Gottes, zu finden. Die Literatur jener Jahrhunderte schilderte nicht das Schöne der Kunst, erwähnte es nicht einmal. Im Mittelalter schuf man viele Werke von höchster Schönheit, aber man schuf sie gleichsam nebenbei, gedankenlos, ohne sich um Schönheit und Kunst, Kreativität und Kunstfertigkeit zu kümmern. Das war übrigens keine Ausnahme – im frühen Griechenland war es nicht anders gewesen. Die Kunst hatte wieder einen nicht-individuellen, zunftmäßigen, kanonischen Charakter; ihr war nicht an Originalität gelegen, sondern an Übereinstimmung mit der Tradition und den Regeln.[12]

Und wieder wurde die Kunst intellektuell aufgefaßt. Sie gehörte, wie man damals sagte, zur intellektuellen Ordnung, bestimmte den *habitus* des praktischen Intellekts. Obwohl sie das Handwerk umfaßte, galt die manuelle Geschicklichkeit als äußerlicher und sekundärer Faktor, verglichen mit der geistigen Leistung. »*Perfectio artis consistit in iudicando*«, schrieb Thomas von Aquin, und die Kunst bestimmte er als eine ge-

12 J. Maritain, *Art et Scholastique*, Paris 1920.

wisse Ordnung des Geistes (*ordinatio rationis*), kraft derer das Handeln der Menschen mit Hilfe bestimmter Mittel zu bestimmten Zielen führt.

In der Einteilung der Künste folgte man getreulich dem Vorbild der Antike und besonders dem des Aristoteles: sie wurden eingeteilt in freie und dienstbare, d.h. mechanische. Die freien Künste – *artes liberales* – waren jene, die an den Schules des Mittelalters gelehrt wurden: Arithmetik und Geometrie, Logik und Rhetorik. In unserem Sinne also Wissenschaften und keineswegs Künste. Was wir »Kunst« nennen, bildete innerhalb der mittelalterlichen Künste keine geschlossene, einheitliche Gruppe. Es zerfiel vielmehr in jene zwei Bereiche – wieder wie im frühen Griechenland. Die Musik gehörte zu den freien Künsten, wo sie auf die Mathematik und die Logik stieß. Bildhauerei und Malerei gehörten dagegen zu den mechanischen Künsten. Der Musiker stellt nämlich im Geiste Töne zusammen, wie der Mathematiker Zahlen und der Logiker Begriffe zusammenstellt, während die Instrumentierung für ihn nur ein äußerlicher Ausdruck ist, wie die Ziffern und Wörter für jene. Der Bildhauer und der Maler müssen dagegen manuell mit einem Werkstoff arbeiten, und daher gehört ihre Kunst zur selben Kategorie wie das Weber- und das Steinmetzhandwerk. Damit ist wieder das für die klassische Kultur Griechenlands typische Begriffssystem in Kraft. Die Position der bildenden Künste war im Mittelalter weniger fest als die der Dichtung, schlug abwechselnd zum Positiven und zum Negativen hin aus. Der negativen Bewertung gab Hrabanus Maurus (*Carmen ad Bonosum*, 30) Ausdruck: »Die Schrift hat im Leben größere Bedeutung und ist für jeden von größerem Nutzen; das Bild gibt nur geringe Befriedigung, sättigt das Auge, solange es neu ist, langweilt aber, wenn es gealtert ist, verliert rasch seine Wahrheit und weckt keinen Glauben.« Die Malerei stand in schlechterem Ansehen als die Dichtung, weil sie moralisch von geringerem Nutzen zu sein schien und zweitens nicht zu den geistigen und göttlichen Dingen vordringt.

Aber es brach sich auch eine andere Ansicht Bahn. Die Dinge sind auf einem Bild zwar *materialiter* dargestellt, doch der gebildete Betrachter erlebt sie *spiritualiter*. Der Ungebildete schöpft sogar noch größeren Nutzen; die Malerei ersetzt ihm die Schrift, ist die *biblia pauperum*.

Malerei und Dichtung teilen in mittelalterlichen Listen und Einteilungen der Künste ein ähnliches Schicksal: in diesen Listen kommt weder die Malerei noch die Dichtung vor. Die Malerei galt als mechanische Kunst, von diesen Künsten gab es viele, die Listen nannten nur die wichtigsten; ihre Wichtigkeit bemaß sich nach ihrem Nutzen, und der Nutzen der Malerei erschien gering im Vergleich zur Kunst des Landmanns, des Webers oder des Soldaten, und deshalb wurde sie in den Listen der Künste weggelassen. Die Dichtung wurde in diesen Listen ebenfalls weggelassen, sie aber aus dem Grunde, daß sie – wie in der Antike – nicht als Kunst galt. Für die Menschen des Mittelalters war sie eher ein Gebet oder eine Beichte als eine Kunst.

XI. Neuzeit: Definitive Annäherung von Dichtung und Kunst

So wie in Griechenland nach der klassischen Ära der Hellenismus kam, so brachte nach dem Mittelalter die Renaissance einen Wandel. Man hat zu Recht gesagt, daß die Renaissance nicht in der Entdeckung antiker Kunstdenkmäler bestanden habe, denn die waren auch vorher schon zugänglich und bekannt, sondern lediglich in der Entdeckung, daß diese Denkmäler »schön« sind. Die bildende Kunst wurde befreit von der Verwirklichung moralischer und religiöser Zwecke und wurde wieder zur Kunst um der Kunst und der Schönheit willen.

Der Wandel vollzog sich auf zwei Wegen. Der eine entsprach getreu dem Hellenismus und war unmittelbar von ihm inspiriert. In Gang setzte ihn Ficino, der an der florentinischen Platonischen Akademie die Begriffe und die ganze geistige Gestalt des Neuplatonismus erneuerte. Anstelle von Kanones und Tradition trat wieder die freie Kreativität in den Vordergrund, statt der Routine die Individualität, statt der Beobachtung die Phantasie, statt der Kunstfertigkeit die Inspiration. An die Stelle des mittelalterlichen Intellektualismus trat eine durch und durch emotionale Haltung. Hatte das Mittelalter Schönheit geschaffen, ohne davon zu reden, so war das Schöne nun in aller Munde. Die Kunst wurde bewußt mit der Schönheit in Verbindung gebracht. Das Technische und Handwerkliche an ihr, das zuvor ein wesentliches Element gewesen war, trat jetzt in den Hintergrund gegenüber dem Kult der Inspiration, des Enthusiasmus, des Genies, und die allgemeine Atmosphäre war irrational und übertrieben, ablehnend gegen Regeln, gegen den Kanon und die rigide diskursive Vernunft.

Diese war nicht nur die Haltung von Philosophen und Theoretikern. Auch so mancher Künstler der Renaissance dachte ähnlich, zum Beispiel Michelangelo, der von seiner eigenen Kunst und der Kunst überhaupt ganz und gar plotinische Begriffe hatte. Nach ihrer Überzeugung vermochte die bildende Kunst die höchsten Gipfel zu erreichen, die andere Epochen allein der Dichtung vorbehalten glaubten. Vor kurzem noch nach gängiger Meinung durch eine Kluft getrennt, fanden bildende Kunst und Dichtung sich nun Seite an Seite. Sie begegneten einander in den höheren Gefilden, wie in der Epoche des Hellenismus.

Neben dieser Richtung der Renaissance entwickelte sich jedoch noch eine andere, für die es in der Antike keinen eindeutigen Präzedenzfall gab, die in ihrer Grundlage moderner war. Der Wandel war hier weniger ungestüm, die schönen Künste wurden nicht gleich an die Spitze befördert, sondern stiegen nur um eine Stufe in der Hierarchie auf. Man versetzte sie nämlich aus der Klasse der mechanischen Künste in die Klasse der freien Künste. Der Künstler wurde von Vertretern dieser Richtung nicht mehr als Handwerker betrachtet, aber man war auch nicht gesonnen, ihn als Seher zu betrachten. Man stellte ihn neben den Gelehrten, dem er angeglichen wurde. Nicht Begeisterung und göttliche Inspiration soll Grundlage der schönen Kunst sein, sondern bewußtes Denken. Deshalb kann die derselben Kategorie zugeordnet werden wie die Logik, die Arithmetik und die Musik. Leon Battista Alberti, ein Architekt und großer Theoretiker der Kunst der Renaissance, vertrat diesen Standpunkt, und Leonardo da Vinci stand ihm nahe.

Wenn die Scholastiker eine Kunst ohne Schönheit kannten und die Neuplatoniker im Grunde nur die Schönheit außerhalb der Kunst schätzten, so vereinte sich die Kunst bei den Menschen der Renaissance endlich mit der Schönheit. Es war dies aber, anders als in den Ansichten der Anhänger des Neuplatonismus, eine reale und sinnliche Schönheit ohne mystische und metaphysische Grundlage. Die Gegensätze zwischen reiner Technik und reiner Kreativität, zwischen rein äußerlicher und rein innerlicher Auffassung der Arbeit des Künstlers glichen sich aus.

Das Ergebnis war die Vereinigung der Künste und der Dichtung in einem gemeinsamen Begriff auf rein künstlerischer Grundlage, ohne Berufung auf die Mystik. Die Künste und die Dichtung trafen sich endlich nicht auf den göttlichen Höhen, sondern auf der Ebene der Menschen. Das menschliche Schaffen ist weder rein mechanische Arbeit noch übermenschliches Sehertum. Die bildende Kunst wurde von den mechanischen Künsten gelöst und erhöht, die Dichtung aus den göttlichen Sphären heruntergeholt. Auf diese Weise fanden sie sich nebeneinander wieder.

Die Einordnung der schönen Künste auf der Ebene der freien Künste ging übrigens nicht ohne Widerstand und Vorbehalte ab. Selbst Leonardo war dagegen. Was die *Malerei* anging, hatte er keine Zweifel: »Die Malerei beklagt zu Recht, daß sie nicht zu den freien Künsten gezählt wird, denn sie ist eine echte Enkelin der Natur und wirkt mit Hilfe des Auges, des edelsten unserer Sinne«, schrieb er im *Traktat über die Malerei*. Daß die Sinne weniger galten als die Gedanken und die Natur weniger als der Geist, erkannte er nicht mehr an. Was die *Bildhauerei* anging, blieb er dagegen gänzlich bei der hergebrachten Ansicht. »Sie ist«, schrieb er, »nicht Wissen, sondern eine mechanische Kunst, die beim Ausführenden Schweiß und körperliche Ermüdung hervorruft.« Die Rangerhöhung, die

Leonardo für die Malerei erreichte, bewirkten erst spätere Generationen für die Bildhauerei und die Architektur.

Diese Verschiebungen wirkten sich auf das Verhältnis zwischen bildender Kunst und Dichtung aus. Beide befanden sich in der Mitte zwischen Sehertum und Technik, in der Klasse der Produktion des Schönen. Und mehr oder weniger auf derselben Ebene. Doch bei Leonardo stand die Malerei – wohl zum ersten Mal in der Geschichte der europäischen Kultur – *höher als die Dichtung*. Er argumentierte so: Die Malerei gestaltet für das Auge, den edelsten der Sinne, die Dichtung für das Ohr; sie operiert mit wahren Bildern der Natur, die Dichtung nur mit Worten. Erst in der Neuzeit mit ihrem Sinn für Fakten und Realität, ihrem Gefallen an sichtbaren und faßbaren Dingen, war eine solche Ansicht möglich; im klassischen Altertum wie im Mittelalter wäre sie der Gipfel des Absurden gewesen.

Doch trotz allem gelangte der ästhetische Standpunkt der Renaissance noch nicht zu den Begriffen der Kunst, des Künstlerischen und des Künstlers, mit denen wir operieren. Sie, die Begriffe, waren noch allzu formal und intellektuell. Die neuen Begriffe der Renaissance vermochten zwar die »schönen« Künste zu vereinen, trennten sie aber noch nicht bewußt und deutlich von den »intellektuellen« Künsten, den Wissenschaften. Die einen wie die anderen gehörten weiterhin in die Rubrik der »freien Künste«. Die definitive Unterscheidung der ästhetischen und damit auch der künstlerischen Erscheinungen vollzog sich erst im 18. Jahrhundert. Damit endete der langwierige Prozeß, dessen Verlauf hier angedeutet wurde. Die Renaissance begann mit der tradierten Gegenüberstellung von Dichtung und Künsten. Sowohl Petrarca als auch Boccaccio beriefen sich auf die Ansicht Ciceros, die Dichtung sei übernatürliche Eingebung, die Kunst dagegen Technik. Und noch am Ende des Quattrocento schrieb Ficino (*Epistolae*, I): »Wahr ist der Satz unseres Platon, daß die *Dichtung nicht in der Kunst* ihren Ursprung hat.« Aber nicht viel später kam es zu einer Annäherung beider Bereiche. Der Maler und der Dichter

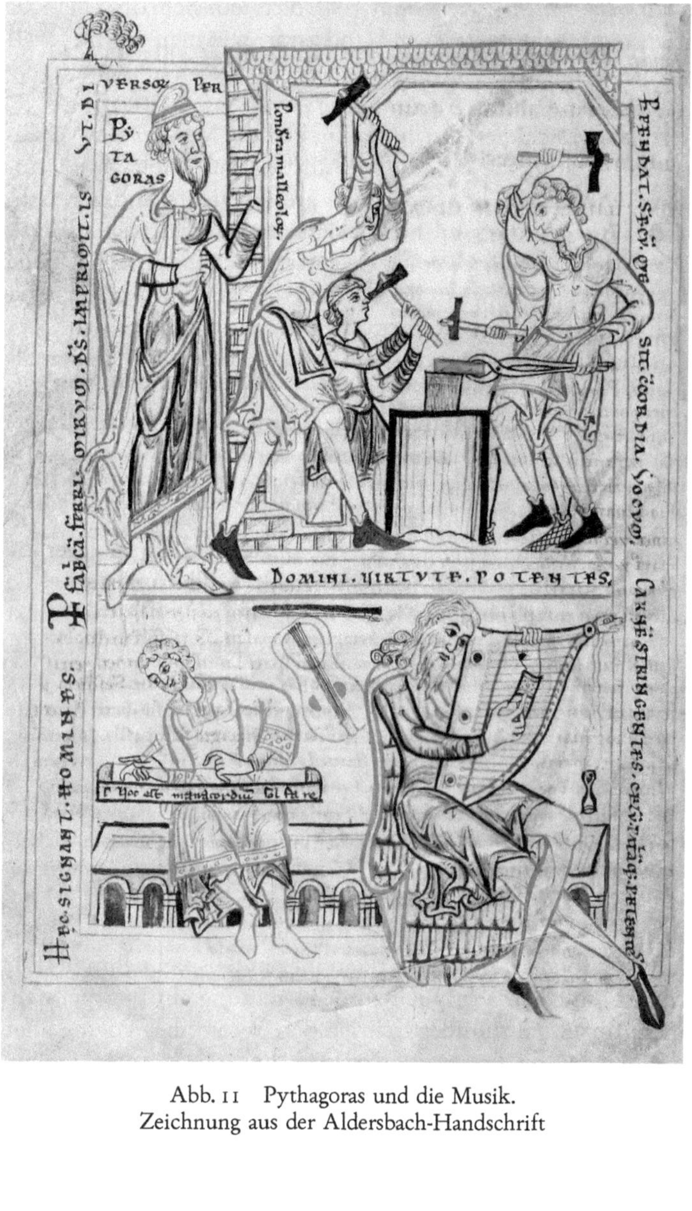

Abb. 11 Pythagoras und die Musik.
Zeichnung aus der Aldersbach-Handschrift

sind *quasi fratelli*, wie Lodovico Dolce, ein Schriftsteller des nächsten Jahrhunderts, sagt. Und zwar, wie man meinte, weil sie dieselbe Aufgabe erfüllen: die Realität nachzubilden.

Jetzt setzte sich die Ansicht durch, daß die Malerei alle Vorzüge der Dichtung besitzt. Dieser Aufstieg hatte vielfältige Ursachen: Die Malerei brachte damals große Talente und vorzügliche Werke hervor und entwickelte, beginnend mit Alberti, ihre allgemeine Theorie; für sie sprachen auch wirtschaftliche Gründe, denn in wirtschaftlich schwierigen Zeiten erwiesen sich Kunstwerke als eine vorteilhafte Kapitalanlage; dank der Entwicklung der Begriffe wurde die Malerei, die bisher als Handwerk und Routine verstanden worden war, endlich als freie, künstlerische Tätigkeit anerkannt; damit fielen die gegen die bildende Kunst gerichteten Vorurteile.

In der Zeit des Manierismus und des Barock näherte sich die Malerei noch mehr der Dichtung an. Während die Dichtung der Malerei Themen lieferte, illustrierte die Malerei die Dichtung. Ein Dichter von der Größe Calderóns stellte die Malerei sogar noch über die Dichtung, hielt sie für »die Kunst aller Künste«, das Vollkommenste, was der Mensch erschafft. Durch die Annäherung entstand eine Neigung, daß die eine sich die andere zum Vorbild nahm. Scaliger, der italienische Meister der Poetik, forderte, daß die Dichtung eine Malerei für das Ohr sei (*veluti aurium pictura*), und der französische Theoretiker der Malerei Félibien hielt den für einen »großen Maler«, der *wie die Dichter* verfährt.

Jetzt wurde der beiläufige Ausspruch des Horaz *»ut pictura poesis«* zur Parole. Damit änderte sich sein Sinn: Es hieß nicht mehr, die Dichtung besitze eine gewisse Analogie zur Malerei, sondern sie solle sich an ihr ein Beispiel nehmen. Die Malerei soll sich aber auch an der Dichtung ein Beispiel nehmen. Im 18. Jahrhundert schrieb der Autor eines Poems über die Malerei, du Fresnoy: »Die Dichtung sei wie die Malerei, die Malerei sei der Dichtung ähnlich« (*Ut pictura poesis* erit, *similisque poesi* sit *pictura*). Das war bereits ein Befehl. Und es war eine Richtlinie nicht nur für die Theoretiker, sondern auch für die Künstler selbst, es bestimmte deren Produktion.

Infolgedessen wurde die Dichtung, bisher der Gegensatz der Künste, nun vorbehaltlos zu ihnen gezählt; im 16. oder 17. Jahrhundert fehlte sie in keiner Aufzählung. So fand sie sich zusammen mit der Malerei, der Bildhauerei und anderen Künsten im System der Künste von Ch. Batteux aus dem Jahr 1747, das über Generationen hinweg Geltung besaß. Die Frage der Einbeziehung der Dichtung in die Klasse der Künste war entschieden – anders als bei den Alten. Freilich um den Preis, daß der Begriff der Kunst sich änderte. Gleichzeitig änderte sich aber auch der Begriff der Dichtung. Beide Begriffe waren jetzt andere als in der Antike.

XII. Erneute Trennung von Dichtung und Malerei

Seit der Zeit des klassischen Griechenland hatte der *Umfang* des Begriffs der Dichtung festgestanden: dazu gehörten die Werke Homers ebenso wie die des Sophokles und Pindars. Strittig war dagegen, was diesen Werken gemeinsam ist, welches der *Inhalt* des Begriffs ist. Für Gorgias bestand die Gemeinsamkeit allein in der gebundenen Rede; sie genügt zur Definition der Dichtung. Vorherrschend war jedoch eine andere Ansicht: daß sie *nicht* genüge, daß die Dichtung sich außer durch die gebundene Form auch durch ihren Inhalt auszeichne. Es war Aristoteles, der diese Ansicht entwickelte, doch fand er keine Formulierung, die allgemein anerkannt worden wäre. Erst ein Stoiker des ersten Jahrhunderts unserer Zeitrechnung, Poseidonios, fand sie: Die Dichtung zeichnet sich sowohl durch die (metrische und rhythmische) Form als auch durch den gewichtigen Inhalt aus. Dieses Verständnis der Dichtung erhielt sich noch bis ins Mittelalter und fand dann die folgende Formulierung: »*poesis est scientia quae gravem et illustrem orationem claudit in metro*« (Matthäus von Vendôme, *Ars versificatoria*, 12. Jh.). Die Dichtung ist also eine sprachliche Schöpfung, aber nur in gebundener Form und mit gewichtigem Inhalt.

Der Begriff der Dichtung war einigermaßen gefestigt. Gewiß verlangte Boccaccio vom Dichter Leidenschaft (*fervor*), und Chapelain (*Opinion*, S. 2) forderte eine glänzende (*illustre*) Thematik, einen allegorischen Sinn, eine nützliche Wirkung, eine Darstellung der Dinge »*comme elles doivent être*«. Aber der Streit zwischen Dichtung als Kunst und als Sehertum (*furor poeticus*) war nicht mehr aktuell. Schon Aristoteles hatte gezeigt, daß sowohl für den seherischen wie für den künstlerischen Dichter Platz ist. Die so verstandene Dichtung faßte Batteux mit den schönen Künsten zu einem System zusammen.

Doch seit dem Erscheinen von Batteux' Buch waren noch keine zwanzig Jahre vergangen, als sich eine gewichtige Stimme für ihre gesonderte Stellung meldete, die Stimme Lessings im Jahr 1766. Er zeigte, daß es sich um Künste von verschiedenem Charakter handelt. Die Malerei sei nämlich eine Kunst im Raum, die Dichtung eine Kunst in der Zeit; die Malerei sei nicht wie diese in der Lage, den Verlauf einer Handlung darzustellen, sondern könne nur einen Querschnitt zeigen. Es sei daher ein Fehler, sie einander annähern zu wollen, vor allem aber, die Malerei als Vorbild für die Dichtung und die Dichtung als Vorbild für die Malerei hinzustellen. Doch zur gleichen Zeit schrieb Diderot (im *Salon*, 1767): »*ut poesis pictura* non *erit*«. Diese Gedanken waren einst schon von Dion verkündet worden, aber erst jetzt fanden sie Gehör. Übrigens eher bei Theoretikern als bei Künstlern, denn im Laufe des 18. und während eines bedeutenden Teils des 19. Jahrhunderts hörten diese nicht auf, Dinge zu malen, die eher als Gegenstand einer poetischen Beschreibung taugten, während Dichter sich verzweifelt bemühten, etwas zu beschreiben, was man leichter hätte malen können. Das änderte sich erst an der Schwelle zu unserem Jahrhundert.

In den Anfängen des 19. Jahrhunderts behauptete Schelling,[13]

13 Ch. N. Brüstiger, *Kants Ästhetik und Schellings Kunstphilosophie*, Diss. Halle 1912.

in *jedem* menschlichen Schaffen sei *sowohl Poesie als auch Kunst*. Poesie verstand er im Einklang mit den Griechen als angeborene Gabe und Kunst als eine durch bewußte Arbeit und Übung erlangte Technik. Die Poesie ordnete er dem Bereich des Geistes, die Kunst dem Bereich des Geschmacks zu. Ähnlich urteilte Goethe, der schrieb: »Künste und Wissenschaften erreicht man durch Denken, Poesie nicht; denn diese ist Eingebung [...]. Man sollte sie weder Kunst noch Wissenschaft nennen, sondern Genius.«

Seit der Antike gab es zwei Konzeptionen der Poesie: als Kunstfertigkeit (Kunst) und als Sehertum. Stets war sie jedoch auf das Wort beschränkt. Boccaccio definierte sie eindeutig als *»fervor quidam exquisite inveniendi atque dicendi seu scribendi quod inveneris«*. Mochte man sie der Malerei auch noch so sehr annähern – immer war es nur ein Vergleich. Die zweite Bedingung der Zugehörigkeit zur Dichtung war die gebundene Rede. Irgendwann fiel diese Bedingung fort. V. Hugo schrieb (im Vorwort zu den *Odes*, 1822): »Das Reich der Poesie ist unbegrenzt [...]. Schöne Werke in allen Gattungen, sowohl in Versen als auch in *Prosa* [...] brachten die kaum vermutete Wahrheit zutage, daß die Poesie *nicht auf der Form* der Vorstellungen beruht, sondern auf den Vorstellungen selbst.« Ähnlich hatte sich zuvor schon der Dichter A. Chénier geäußert (*Élégies*, I, 22), als er *Vers* und *Poesie* unterschied: *»L'art ne fait que des vers; le cœur seul est poète«*. Eine so weit gefaßte Poesie bezeichnete Alfred de Vigny als »kristallisierten Enthusiasmus«. Ihr Begriff wurde erweitert um die gebundene Rede, aber dafür verengt auf die *Lyrik*. Der Philosoph Jouffroy schrieb, daß »es keine andere Poesie gibt als lyrische«. Dieser Begriff der Dichtung bezog sich schon nicht mehr nur auf die Wortkunst; Poesie in diesem Sinne zeigt sich in Werken der Musik oder der Malerei. Auch überschritt er die Grenzen der Kunst: Poesie gibt es auch in Naturansichten oder in Lebenssituationen. Dieser Begriff hat sich erhalten, er erscheint uns natürlich und naheliegend, auch wenn er schwer zu definieren ist. Am besten entspricht ihm die Definition von P. Valéry: »Poesie ist der Versuch, mit den künstlerischen Mitteln der Sprache Dinge darzustellen, die *durch Tränen, Liebkosungen, Küsse, Seufzer u. dgl. unklar ausgedrückt* sind [...] *Anders läßt es sich nicht definieren*«.

Wie weit entfernt sich diese Definition von den Definitionen des antiken Poseidonios, des mittelalterlichen Matthäus von Vendôme, des Renaissancemenschen Petrarca, des neoklassischen Chapelain. Wir haben jetzt mehr als einen Begriff, aber auch mehr als einen Terminus: Dichtung [Poesie], das Poetische, die Literatur.

Auch in den bildenden Künsten änderte sich im 19. Jahrhundert das Verhältnis zur Dichtung. Es ist in ihnen Raum für das Poetische, aber nur im neuen, weiten Sinne. Die großen Maler Bonnard oder Matisse waren der Ansicht, daß die Malerei sich auf die *ihr* eigenen Formen beschränken solle. Sie soll insbesondere Entlehnungen aus der Literatur meiden. Hätten sie sich der lateinischen Formel bedienen wollen, hätte sie gelautet: *ut pictura pictura*. Für die Dichtung hieße die entsprechende Formel: *ut poesis poesis*. Also das genaue Gegenteil der vergangenen Jahrhunderte, besonders des 17. Jahrhunderts.

Das war und ist noch immer eine der Tendenzen der Kunst und Dichtung unserer Zeit. Nach ihr erschien jedoch noch eine andere: Die Künste sollen *alle* Möglichkeiten nutzen, aus allen erdenklichen Quellen schöpfen, die eine soll von der anderen nehmen, wenn nur das Ergebnis neu, eigen, anders, frappant ist. Die *poesis* soll *ut pictura* sein, aber auch *ut musica*, *ut rhetorica*, *ut scientia*. Es gibt viele Modelle, und es gibt keinen Grund, das Modell des 18. Jahrhunderts (*poesis ut pictura*, *pictura ut poesis*) in den Vordergrund zu stellen, als besser denn die anderen zu betrachten.

So liegen die Dinge, was die *Vorbildlichkeit* der einen Künste für die anderen angeht; unstreitig ist dagegen das *Zusammenwirken* der Künste.

Und doch wußten die Alten, was sie taten, als sie Dichtung und Kunst einander entgegensetzten. Im heutigen Begriffssystem gehören Dichtung und bildende Kunst zwar einer Klasse an, doch bilden sie in ihr zwei Zweige, zwei Kunstgattungen, wie sie weiter nicht voneinander entfernt sein könnten, zwei Pole: eine Kunst, die *Dinge* sichtbar macht, und eine Kunst, die lediglich die *Zeichen* von Dingen sichtbar macht, oder auf die einfachste Formel gebracht: die bildenden Künste und die Kunst des Wortes.

Schon Augustin hatte diesen Dualismus betont: *aliter videtur pictura, aliter videntur litterae*. Auch das 18. Jahrhundert unterschied zwischen *beaux-arts* und *belles-lettres*.

Die Sache ist kompliziert: In der hier vorliegenden Betrachtung wurde sie als eine Entwicklungsreihe aufgefaßt, doch in Wahrheit handelt es sich um *zwei* verschiedene Reihen. Einerseits die Geschichte des Verhältnisses der bildenden Künste zu den Künsten des Wortes. Andererseits um die Geschichte des Verhältnisses der Künste zur Dichtung, jener Dichtung, die Valéry bestimmte durch die Ähnlichkeit zu Tränen oder Liebkosungen und von der Gałczyński schrieb: »die Sache ist heilig, die Rede anders«.

Nicht immer sind die frühen Ansichten Fehler, die erst auf späteren Stufen korrigiert werden. Unter den neueren Ansichten ist eine, die sämtliche Künste als eine einzige homogene Ganzheit auffaßt. Nun scheint es, als sei diese Ansicht nicht ganz richtig, als hätten eher die alten Griechen Recht gehabt.

Natürlich gibt es viele Ähnlichkeiten zwischen den Künsten, besonders zwischen der Dichtung und der bildenden Kunst. Dennoch gibt es grundlegende Unterschiede zwischen ihnen. Es sind übrigens nicht die, auf welche die Griechen den Akzent setzten. Denn es stimmt nicht, daß die Dichtung stärker als andere Künste eine Sache der Eingebung ist. Es stimmt nicht, daß sie weniger Können, weniger Kunstfertigkeit, weniger technische Gewandtheit verlangt. Es stimmt nicht, daß sie ein individuelleres, freieres, geistigeres Unternehmen ist. Oder daß sie eher dazu prädestiniert ist, in die metaphysische Natur des Seins einzudringen. Oder daß die bildende Kunst und andere Künste weniger »psychagogisch« sind, weniger Macht über die Seelen haben. Und daß sie, im

Gegensatz zur Dichtung, weniger moralische und erzieherische Bedeutung haben. Und daß der schöpferische Prozeß in ihnen anders verläuft als in der Dichtung. All diese Behauptungen der Griechen beruhten auf Mißverständnissen. Aber die grundlegende Wahrheit der Griechen bleibt auch dann in Kraft, wenn man ihre Fehler in der Kunsttheorie verwirft: daß es verschiedene Arten von Künsten gibt und daß die verschiedenen Arten vom Betrachter oder Zuhörer verschiedene Reaktionen verlangen. Zwischen der Dichtung und der bildenden Kunst scheint sogar ein zweifacher grundlegender Unterschied zu bestehen.

1. Die bildende Kunst macht Dinge sichtbar, die Dichtung nur Zeichen. Daher besitzt die eine eine Unmittelbarkeit, an der es der anderen mangelt; die eine ist immer konkret und bildhaft, während die andere mit Abstraktionen arbeiten kann und muß. Das ist ein Unterschied nicht des Details, sondern des Fundaments der Künste, denn die Quelle des Erlebens ist in beiden Fällen eine andere. Im ersten Fall ist es vornehmlich die Form, im zweiten der Inhalt. Quelle des Erlebens, der Ergriffenheit oder der Freude ist in einem Fall die sichtbare Welt, die im anderen Fall gar nicht gezeigt, sondern nur durch Zeichen angedeutet wird. Das ist der grundlegende Unterschied zwischen der visuellen Kunst und der Dichtung.

2. Unser ästhetisches Erleben ist sogar bei ein und derselben Kunst ein zweifaches. Entweder konzentrieren wir uns auf das Kunstwerk selbst, seine Farben, Klänge, Worte, die in ihm dargestellten Ereignisse, oder es veranlaßt uns zu Assoziationen, Gedanken, Träumen. Im ersten Fall ist das Werk unmittelbarer und eigentlicher Gegenstand des Erlebens, im zweiten nur sein Auslöser. Man kann sich sowohl auf ein Bild als auch auf ein Gedicht konzentrieren; doch zur Konzentration reizt naturgemäß eher eine Kunst, die uns Dinge vor Augen hält, zum Träumen dagegen jene, die dem Zuhörer oder Leser lediglich Signale in Gestalt von Wörtern hinwirft. Die visuelle Kunst hat ihr Fundament in der Wahrnehmung, die Kunst des Wortes dagegen in der Phantasie.

An diesen beiden Unterschieden scheiterten die Bemühungen um allgemeine Begriffe, die sämtliche künstlerischen Erscheinungen zusammenfassen sollten. Die Begriffe erwiesen sich immer wieder entweder als zu eng, wodurch ein Teil dieser Erscheinungen außerhalb ihres Umfangs blieb, oder als so weit, daß sie auch Erscheinungen umfaßten, die mit Kunst nicht viel gemein haben.

Kapitel IV

Das Schöne: Geschichte des Begriffs

La proporzionalità solamente fa pulchritudine
L. Ghiberti

I. Wandlungen des Begriffs

Was wir »das Schöne« nennen, nannten die Griechen *kalon* und die Römer *pulchrum*. Dieser lateinische Ausdruck hielt sich nicht nur während der Antike, sondern auch während des Mittelalters; im Latein der Renaissance verschwand er jedoch und machte einem neueren Platz: *bellum*. Der neue Ausdruck hatte eine besondere Herkunft: er entwickelte sich aus »*bonum*« (das Gute, in der Verkleinerung »*bonellum*«, abgekürzt »*bellum*«), wurde anfangs nur auf die Schönheit von Frauen und Kindern bezogen, dann auf alles Schöne erweitert und verdrängte am Ende »*pulchrum*«. Keine der modernen Sprachen übernahm den Namen »*pulchrum*«, etliche machte sich dagegen »*bellum*« zu eigen: die Italiener als *bello*, die Spanier ebenso, die Franzosen als *beau*, die Engländer als *beautiful*. Andere europäische Sprachen entwickelten Entsprechungen aus eigenen Grundwörtern: *piękny*, *krasivyj*, *schön*.

Die alten und die modernen Sprachen haben jeweils mindestens zwei Formen desselben Stammworts, das Adjektiv und das Substantiv: *kallos* und *kalon*, *pulchritudo* und *pulcher*, *bellezza* und *bello*, Schönheit und schön.

Eigentlich benötigt man zwei Substantive, zur Bezeichnung einer konkreten schönen *Sache* und des abstrakten *Merkmals* Schönheit. Die Griechen entsprachen diesem Bedürfnis, indem sie das konkrete Schöne mit dem (substantivischen) Adjektiv »*to kalon*« bezeichneten und »*kallos*« für das Abstrakte reservierten. Im Polnischen erfüllt »*piękno*« [die Schönheit, das Schöne] beide Funktionen und ist daher ein mehrdeutiger Ausdruck; es ist dies übrigens ein Mangel, den »*piękno*« mit »prawda« [die Wahrheit, das Wahre] und »dobro« [das Gut, das Gute] teilt.

Die zweite Mehrdeutigkeit von »*piękno*« beruht darauf, daß dieser Ausdruck mal im weiten Sinne benutzt, mal auf das sichtbare und hörbare Schöne eingeengt wird.

Die Griechen hatten einen weiteren Begriff des Schönen; sie bezeichneten mit diesem Namen nicht nur schöne Dinge, Formen, Farben und Klänge, sondern auch schöne Ideen und schöne Sitten. Platon führt im *Großen Hippias* als Beispiele schöne Charaktere und schöne Gesetze an. Das, was er in dem berühmten Abschnitt des *Symposion* (210 e – 211 d) als schöne Idee bezeichnete, hätte er ebensogut als gute Idee bezeichnen können, denn es ging nicht um das sichtbare und hörbare Schöne. Die Philosophen des klassischen Griechenland sahen die authentischste Schönheit gerade in der geistigen, moralischen Schönheit des Charakters, der geistigen Schönheit der Ideen.

Doch die athenischen Sophisten hatten schon im 5. Jahrhundert ein engeres Verständnis dieses ursprünglichen Begriffs und bestimmten das Schöne als »das durch Augen und Ohren uns zukommende Angenehme« (vgl. Platon, *Hippias mai.*, 298 a; Aristoteles, *Topica*, 146 a 21). Für sensualistisch orientierte Philosophen war diese Einengung naheliegend. Platon kritisierte ihre Definition, und insofern zu Recht, als sie nicht dem überkommenen Begriff entsprach, sondern einen neuen entwarf. Ihr Vorzug war, daß sie den Begriff des Schönen zu etwas Bestimmterem machte, ihn vom Guten abgrenzte; ihr Fehler war, daß der Ausdruck durch sie mehrdeutig wurde, denn der alte, weite Begriff verschwand nicht, obwohl der neue entstanden war.

Als die Stoiker später das Schöne bestimmten als das, was »eine angemessene Zusammenordnung der Glieder und eine angenehme Farbe« hat (Cicero, *Tusc. disp.*, IV 13.30), verstanden sie es so eng wie die Sophisten. Als Plotin (*Enn.*, I 6.1) von schönen Wissenschaften und Tugenden schrieb, verstand er das Schöne dagegen so weit wie Platon. In Zeiten, die uns näher sind, erhielt sich der Dualismus im Verständnis des »Schönen«, mit dem Unterschied, daß in der Antike der weite Begriff, später dagegen der enge Begriff überwog. Wenn die Griechen anfangs ohne engeren Begriff des Schönen auskamen, so deshalb, weil sie über andere Ausdrücke verfügten. Das sichtbare Schöne nannten sie *Symmetrie* oder Ebenmaß, das hörbare *Harmonie* oder Einklang (Philostratos d. Jüngere, *Imag.* (*Prooem.*); Diogenes Laertios, VIII 47; Stobaios, *Ecl.*, I 2 und 7 sowie IV 1.40). Der erste Ausdruck befriedigte den sprachlichen Bedarf des Bildhauers und Architekten, der letztere den des Musikers. Kurz, anfangs verhielt es sich so, daß die Griechen das Schöne weiter verstanden als wir, während sie das Schöne in unserem engeren Sinne anders bezeichneten. Mit der Zeit engten sie den Begriff des Schönen so ein, daß er an die Stelle von Symmetrie und Harmonie trat, und diese beiden Ausdrücke traten in den Hintergrund. So blieb es auch in der späteren Zeit: Symmetrie und Harmonie wurden nur noch selten benutzt; Kopernikus benutzte sie jedoch wieder, getreu der altgriechischen Tradition (*De revol.*, 1543, IX.35 und X.39).

Das Mittelalter und die Neuzeit übernahmen die begriffliche und terminologische Apparatur der Alten, ergänzten sie jedoch auf ihre Art. Die Scholastiker differenzierten den Begriff: so unterschied Albert der Große (*Summa theol.*, q. 26) das Schöne *in corporibus*, *in essentialibus*, *in spiritualibus*. Die Menschen der Renaissance sahen die Dinge mit den Augen des Bildhauers und waren geneigt, den Begriff des Schönen auf einen Sinn einzuengen, nämlich den Gesichtssinn: Ficino meinte (*Opera*, 1561, S. 1574), daß »das Schöne sich mehr auf den Gesichtssinn als auf das Gehör bezieht«. Die Menschen späterer Jahrhunderte machten sich alle Varianten des Begriffs des Schönen zu eigen, benutzten sie abwechselnd und wie es ihnen bequem war. Den spekulativen Ästhetikern war es bequemer, sich des weiten, den Empirikern, sich des engeren Begriffs zu bedienen. Zu den »schönen« Künsten zählte man im 18. Jahrhundert sogar die Dichtung und die Rhetorik; gegen Ende des Jahrhunderts zählte man sie nicht mehr dazu, dafür aber die Musik und den Tanz. Im 19. Jahrhundert war der Name auf die bildenden Künste im eigentlichen Sinne, die Malerei und die Bildhauerei, beschränkt.

Die obigen historischen Hinweise zeigen, daß die Theorien des Schönen mit drei verschiedenen Begriffen operierten.

A. Das Schöne im weitesten Sinne. Dies war der ursprüngliche griechische Begriff, der auch das Moralisch-Schöne und damit nicht nur den Bereich der Ästhetik, sondern auch den der Ethik umfaßte. Einen ähnlichen Sinn hatte er auch in dem mittelalterlichen Diktum: *»pulchrum et perfectum idem est«*.

B. Das Schöne im ausschließlich ästhetischen Sinne. Es umfaßte nur das, was ästhetische Erlebnisse hervorruft; es umfaßte aber auch wirklich alles, was ein solches Erlebnis hervorruft, sei es eine Farbe, ein Klang oder eine Idee. Gerade dieser Begriff des Schönen wurde mit der Zeit zum Grundbegriff der europäischen Kultur.

C. Das Schöne im ästhetischen Sinne, aber eingeengt auf den Bereich des Gesichtssinnes. Schön in diesem Sinne konnten nur die Form und die Farbe sein. Ein solcher Begriff des Schönen wurde schon in der Antike benutzt, nämlich von den Stoikern. In der Gegenwart kommt er eher in der Umgangssprache als in der Ästhetik vor.

Diese dreifache Bedeutung des Schönen erschwert jedoch nicht die Verständigung; was sie erschwert, ist der riesige Begriffsumfang des Schönen, ist die Vielzahl und Vielfalt seiner Designate. Die Theoretiker berücksichtigen nur einige von ihnen, nämlich diejenigen, die ihnen vertraut sind und die ihnen typisch erscheinen, und danach modellieren sie ihre Theorie;

der eine berücksichtigt diese, der andere jene, so daß abweichende Ergebnisse kaum zu vermeiden sind. Man kennt, was die Ansichten über das Schöne angeht, die Divergenz zwischen Klassikern und Romantikern, aber es gab und gibt noch sehr viel mehr solcher Meinungsverschiedenheiten.

Der wichtigste unter diesen drei ist in der heutigen Ästhetik der Begriff B, und er wird denn auch Gegenstand der hier vorliegenden historischen Betrachtungen sein. Die erste Frage muß sein: Läßt sich das Schöne (im Sinne von B) definieren, und wenn ja, wie?

Es gibt jedenfalls mehrere Definitionen von hervorragenden Denkern verschiedener Epochen. Aristoteles (*Rhet.*, 1366 a 33) definierte das Schöne so: »Schön ist also das, was um seiner selbst willen als wählenswert Lob verdient oder was gut ist und, weil es gut ist, angenehm ist«. Thomas von Aquin (*Summa theol.*, I, q. 5, art. 4, ad 1) schrieb, »daß die Dinge schön genannt werden, deren Anblick Wohlgefallen auslöst«, Kant: Das Wohlgefallen am Schönen ist »ein uninteressiertes und freies Wohlgefallen, denn kein Interesse, weder das der Sinne, noch das der Vernunft, zwingt den Beifall ab«; mit dem Geschmacksurteil [über das Schöne] »muß ein Anspruch auf subjektive Allgemeinheit verbunden sein« (*Kritik der Urteilskraft*, 1790, § 5).

In alten und neueren Zeiten wurden darüber hinaus nicht wenige Definitionen vorgetragen. Am vollständigsten sind offenbar die zeitgenössischen englischen Schriftsteller Ogden und Richards (*The Meaning of Beauty*, S. 142 ff.) mit ihrer Aufstellung von 16 Arten des Gebrauchs des Wortes »schön«, die allerdings etliche offenkundig falsche Positionen enthält. Wenn sie schreiben, daß das Schöne »Nachahmung der Natur« oder ein »Werk des Genies« sei, daß es einen »wünschenswerten gesellschaftlichen Effekt hat«, daß es »die Lebenskräfte steigert« oder »Kontakt mit außergewöhnlichen Persönlichkeiten« schafft, sind das allenfalls partielle Beobachtungen und fragwürdige Verallgemeinerungen, keinesfalls aber Definitionen. Höchstens fünf der sechzehn mögen für die Abwägung einer Definition des Schönen taugen.

Es sind die folgenden: Das Schöne ist 1) eine einfache Qualität, die manchen Dingen eigen ist; 2) die besondere Gestalt, die manchen Dingen eigen ist; 3) das, was besondere Gemütsbewegungen bei den Menschen erregt; 4) die Offenbarung eines allgemeinen (typischen, idealen) Faktors in den Dingen; 5) Expression.

Indessen ist a) Satz 1) keine Definition des Schönen, sondern die Behauptung, daß es eine Definition des Schönen nicht gibt und nicht geben kann. b) Die Sätze 2) und 3) sind lediglich Rahmen für eine eventuelle Definition: Das Schöne ist eine besondere Gestalt – aber was für eine? Es erregt besondere Gemütsbewegungen – aber was für welche? Eine Definition des Schönen verlangt Antworten auf diese Fragen. Angegeben ist das *genus*, es fehlt die *differentia specifica*. c) Die Sätze 4) und 5) sind eher Theorien als Definitionen des Schönen. d) Die Aufstellung von Ogden und Richards ist schon deshalb nicht komplett, weil sie nicht die Definitionen von Aristoteles, Thomas und Kant enthält.

Ganz deutlich ist der Unterschied zwischen Definition und Theorie bei Thomas von Aquin. Eine *Definition* gab er, als er schrieb, »daß die Dinge schön genannt werden, deren Anblick Wohlgefallen auslöst«; eine *Theorie* gab er, als er schrieb, daß »die Schönheit auf einem gewissen Glanz und auf dem harmonischen Verhältnis beruht«. Dort ist die Rede davon, wie man das Schöne erkennt, hier davon, wie man es erklärt. Die überwältigende Mehrheit der Menschen benutzt den Ausdruck »das Schöne« übrigens, ohne sich um seine Definition zu bemühen. Man darf vermuten, daß sie es im allereinfachsten Sinne verstehen, ähnlich wie Thomas.

In manchen Wörterbüchern werden »Synonyme« für das Schöne genannt. Man erkennt jedoch unschwer, daß es sinnähnliche Ausdrücke sind, die aber nicht synonym mit dem Schönen sind. Es scheint vielmehr, daß das Schöne (B) kein Synonym besitzt.

II. Die Große Theorie

Schon die Alten schufen eine allgemeine Theorie des Schönen. Sie besagte: Das Schöne beruht auf der Proportion der Teile. Genauer gesagt: Das Schöne beruht auf der Wahl der Proportionen und der rechten Anordnung der Teile. Noch genauer: auf der Größe, Qualität und Quantität der Teile und ihrem gegenseitigen Verhältnis. Das läßt sich an einer beliebigen Kunst illustrieren, am besten aber an der Architektur: Für die Schönheit eines Portikus ist im Sinne dieser Theorie die Anzahl, die Größe und der Abstand der Säulen entscheidend. Analog verhält es sich in der Musik, nur daß die Verhältnisse, die dort räumliche sind, hier zeitliche sind. Diese Theorie trat im Laufe der Jahrhunderte sowohl in weiterer (qualitativer) als auch in engerer (quantitativer) Form auf. In der engeren Form besagte sie, daß das über die Schönheit entscheidende Verhältnis der Teile sich in Zahlen ausdrücken läßt. In noch engerer Form, daß das Schöne sich allein an Dingen zeige, deren Teile sich zueinander verhalten wie einfache Zahlen: eins zu eins, eins zu zwei, zwei zu drei usw.

Es besteht Anlaß, diese Theorie als Große Theorie zu bezeichnen. Denn es gibt nicht nur in der Geschichte der Ästhetik, sondern auch in der Geschichte der ganzen europäischen Kultur nicht viele Theorien von vergleichbarer Dauer und allgemeiner Anerkennung. Auch gibt es nicht viele Theorien von so großer Reichweite, die sich auf den ganzen ausgedehnten Bereich des Schönen erstrecken.

Es waren die Pythagoreer, die mit dieser Großen Theorie begannen. Die Schönheit eines Dings beruhte ihnen zufolge auf der vollkommenen Struktur und diese auf der Proportion der Teile. Also auf etwas, das sich exakt in Zahlen angeben ließ. Sie nahmen also die Große Theorie in ihrer engen Form in Angriff. Diese Theorie war die Verallgemeinerung einer pythagoreischen Beobachtung bezüglich der Harmonie von Tönen: Saiten klingen harmonisch zusammen, wenn das Verhältnis ihrer Längen ein Verhältnis einfacher Zahlen ist.

Abb. 12 Orpheus und die neun Musen
(um 1200)

Diese in der Musik gemachte Entdeckung ging vor allem in die Theorie dieser Kunst ein. Bald jedoch erstreckte sich eine analoge Konzeption auf die bildende Kunst, die Architektur und die Bildhauerei, aber auch auf die Schönheit lebender Körper. Sie erstreckte sich auf den Bereich des Gesichtssinns wie auf den des Gehörs. Die Namen »*harmonia*« und »*symmetria*« (Zusammenklang und Ebenmaß) entsprachen exakt dieser Theorie. Wie auch immer es war, ob diese Theorie von der Musik auf die bildende Kunst übergriff oder ob sie in der bildenden Kunst spontan und parallel entstand – in der klassischen Epoche Griechenlands galt sie jedenfalls schon in beiden Künsten.

Ihre detaillierte Darstellung hat sich lediglich aus der Spätantike erhalten, nämlich im Werk des Vitruvius über die Architektur (III.1). Dort führte der Autor aus, daß Schönheit bei einem Bauwerk dann erreicht werde, wenn all seine Teile ein entsprechendes Verhältnis von Höhe zu Breite, von Breite zu Länge haben und überhaupt den Erfordernissen der Symmetrie entsprechen. Er zeigte, daß es in der Bildhauerei und der Malerei nicht anders ist, aber auch in der Natur, die »den menschlichen Körper so schuf, daß der Schädel vom Kinn bis zum oberen Teil der Stirn und dem Haaransatz ein Zehntel der Körperlänge mißt«; daher kann man, wie Vitruv meinte, die rechten Proportionen sowohl von Bauwerken wie von Körpern zahlenmäßig darstellen.

Die Folge dieser Theorie war, daß man nach der vollkommenen Proportion für jede der Künste suchte. Seit der Frühzeit glaubten die griechischen Künstler, sie gefunden zu haben; die Gemeinschaft erkannte das an, und die Sprache hielt es fest. In der griechischen Musik wurden bestimmte Melodien konkurrenzlos, und man nannte sie »*nomoi*«, Gesetze; in der bildenden Kunst fanden bestimmte Proportionen allgemeine Anerkennung, und man nannte sie »*kanon*«, Maß. Selbst wenn die Musiktheorie und die Theorie der bildenden Künste in Griechenland unabhängig voneinander entstanden sein und sich erhalten haben sollten, so beruhten sie doch auf derselben Konzeption des Schönen.

Diese Konzeption herrschte bei den Künstlern, aber auch bei den pythagoreischen Philosophen, die, wie ein späterer Autor referiert, »in den Zahlen die Eigenschaften und Verhältnisse der Harmonie fanden« (Aristoteles, *Metaph.*, 985 b 23).

Sie behaupteten, daß »Ordnung und Proportion schön und nützlich sind« und »dank der Zahl alles schön aussieht«. Ihre Konzeption machte sich Platon zu eigen und verkündete, daß »richtiges Maß und angemessenes Verhältnis [...] Schönheit im Gefolge haben« (*Phileb.*, 64 E), daß »Häßlichkeit ein Mangel an Maß« sei. Diese Ansicht teilte auch Aristoteles (*Poetik*, 1450 b 38), der erklärte, daß »das Schöne auf der Größe und der Anordnung beruht« und daß »Ordnung, Proportion und Bestimmtheit« die Hauptarten des Schönen seien. Ebenso dachten die Stoiker: »Die Schönheit des Leibes beruht auf der Proportion der Glieder untereinander und hinsichtlich des Ganzen« (Stob., *Ecl.*, II 62, 15); ebenso sahen sie die Schönheit der Seele – auch von ihr meinten sie, sie beruhe auf der Proportion ihrer Teile.

Es besteht kein Zweifel: Die antike Lehre, die das Schöne mit der Proportion gleichsetzte, war eine große, allgemeine und beständige Theorie des Schönen. Sie wurde von der gesamten Antike akzeptiert: Die Aussagen der Pythagoreer und Platons sind aus dem 5. Jahrhundert, die des Aristoteles aus dem 4. Jahrhundert, die der Stoiker aus dem 3. Jahrhundert, die des Vitruv bereits aus dem ersten Jahrhundert unserer Zeitrechnung. Es hat in der Geschichte nicht viele ebenso beständige Theorien gegeben und in der Geschichte der europäischen Ästhetik keine zweite, die so beständig war.

Erst am Ende der Antike wurde sie von Plotin (*Enn.*, VI 7.22) der Kritik unterzogen. Aber auch er bestritt nicht, daß die Schönheit in der Proportion und dem Verhältnis der Teile liegt, nur war er der Meinung, sie liege nicht ausschließlich in ihnen. Er argumentierte folgendermaßen: Erstens könnten, wenn es so wäre, wie die Große Theorie will, nur zusammengesetzte Dinge, die Teile besitzen, schön sein; das Licht, die Sterne und das Gold sind jedoch schön, obwohl sie nicht zusammengesetzt sind. Zweitens stammt die Schönheit der Proportionen nicht von diesen selbst, sondern von der Seele, die sich durch sie äußert und, wie Platon sagte, »hindurchschimmert«.

Diese Gründe bewogen Plotin zu der Behauptung, daß die Schönheit eines Dings *nicht nur* von den Proportionen abhänge. Diese Behauptung fand Anhänger, und die »Große Theorie« hörte auf, die einzige Theorie des Schönen zu sein. Neben sie trat eine zweite, dualistische. Plotin schuf sie am Ausgang des Altertums, sie war noch ein Werk der Antike, aber schon nicht mehr typisch für sie. Sie fand dagegen Eingang in die mittelalterliche Kunsttheorie. Das verdankte sie vor allem einem unbekannten Schriftsteller des 5. Jahrhunderts, den man Pseudo-Dionysios nannte. In der Abhandlung *De divinis nominibus* (IV, 7) fand er für die dualistische Ästhetik die lapidare Formel, daß Schönheit auf »Ebenmaß und Glanz« (*euarmostia kai aglaia*) beruht. Diese Formel übernahmen die führenden Scholastiker des 13. Jahrhunderts; den Glanz nannten sie »*claritas*«. Ulrich von Straßburg (*Liber de summo bono*, L. II, fr. 3 c. 5) schrieb unter Berufung auf Pseudo-Dionysios, das Schöne sei »*consonantia cum claritate*«. Vor allem aber schrieb Thomas von Aquin selbst (*Summa theol.*, II-a II-ae q. 145 a. 2) unter Berufung auf dieselbe Autorität, daß »*ad rationem pulchri sive decori concurrit et claritas et debita proportio*«. Auch später, schon in der Neuzeit, folgten die Renaissance-Italiener von der Platonischen Akademie in Florenz unter der Führung von Marsilio Ficino (*Comm. in Conv.*, IV.6) Plotin und fügten in der Definition des Schönen den Proportionen den »Glanz« hinzu.

Diese Linie der Ästhetiker von Plotin bis Ficino, vom 3. bis zum 15. Jahrhundert, sagte sich nicht von der Großen Theorie los, sondern ergänzte sie lediglich und schränkte sie damit ein. Durch dieselben Jahrhunderte verlief aber noch eine andere, noch zahlreichere Linie von Denkern, die der Großen Theorie treu blieben. Der Mittler zwischen dem Altertum und dem Mittelalter, der an der Überlieferung dieser Theorie mitwirkte, war Boethius (*Top. Arist. interpretatio*, III. 1), der »letzte Römer«. Getreu der klassischen Theorie erklärte er, Schönheit sei Ebenmaß der Teile (*commensuratio partium*) und sonst nichts. Diese Theorie stützte Augustin (*De ord.*, II 15. 42; *De musica*, VI 12. 38; *De nat. boni*, 3) mit seiner

Autorität. Der mittelalterliche Stammbaum der Theorie des Schönen weist also zwei große Linien auf: Augustin war für diese Linie, was Pseudo-Dionysios für jene war. Sein klassischer Text lautet: »Von hier schritt die Vernunft weiter zu den Kräften der Augen, und während sie Erde und Himmel betrachtete, fühlte sie, daß ihr nur die Schönheit gefiel, und in der Schönheit die Formen, in den Formen die Maße und in den Maßen die Zahlen«. Von ihm stammt auch die Jahrhunderte überdauernde Formel des Schönen: »Maß, Form und Ordnung« (*haec tria: modus, species et ordo*). Aber auch die Definitionen der Schönheit als »*aequalitas numerosa*«, »*numerositas*« – ähnliche und nicht minder charakteristische Definitionen als einst die der Pythagoreer und Platons.

Die Ansicht und die Formulierungen Augustins behaupteten sich während des ganzen Mittelalters, tausend Jahre lang. Eine große Abhandlung aus dem 13. Jahrhundert, die man unter dem Namen *Summa Alexandri* kennt, wiederholte nach Augustin: Ein Ding ist schön, wenn es das richtige Maß, die Form und die Ordnung bewahrt. Speziell auf die Musik bezogen erklärte Hugo von St. Viktor (*Didascalicon*, II 16), sie sei die Übereinstimmung mehrerer Dinge, die zur Einheit gebracht wurden. In der Abhandlung *Musica enchiridiasis* (I 195) lesen wir: »Alles, was am Rhythmus und an rhythmischen Bewegungen angenehm ist, beruht auf der Zahl.« Ähnlich, nur noch allgemeiner, äußerte sich in der Hochzeit der Scholastik Robert Grosseteste (*Comm. ad De div. nom.*): »Jegliche Schönheit beruht auf der Identität der Proportionalität.« Als Motto der gesamten mittelalterlichen Ästhetik könnte man die damalige Ansicht nehmen: »*Pulchritudo est apta partium coniunctio*«.

Nicht anders verhielt es sich mit der Ästhetik der Renaissance. Auch für sie war, ganz allgemein gesagt, »*armonia occultamente risultante della compositione di piu membri*«. Allerdings fällt dem Leser alter Texte auf, daß die mittelalterlichen mehr Gedanken über die Schönheit enthalten, als man hätte erwarten können, die Texte der Renaissance dagegen weniger. Das liegt daran, daß die Philosophen der Renaissance eher Naturphilosophen als Ästhetiker waren und über die Schönheit nicht sonderlich nachgedacht haben. Das taten hingegen vom 15. Jahrhundert an die bildenden Künstler und vom 16. Jahrhundert an auch die Dichter. Die einen wie die anderen beriefen sich auf die Alten, die Künstler vornehmlich auf Vitruv, die Verfasser von Poetiken auf Aristoteles. Sie täuschten sich, wenn sie glaubten, anders zu urteilen als das Mittelalter. Die allgemeine Theorie des Schönen war in der Renaissance dieselbe wie im Mittelalter, stützte sich auf dieselbe klassische Konzeption, die sich in zweitausend Jahren nicht geändert hatte. Ihr gab gleich zu Beginn der Renaissance, im Jahr 1435, der Architekt und Schriftsteller L. B. Alberti Ausdruck. Er definierte die Schönheit als Harmonie und gute Proportion, »Übereinstimmung und Zusammenklang der Teile« (*De re aed.*, IX 5); er benutzte für sie verschiedene Namen, alte lateinische und neu italienische: *consensus*, *conspiratio partium*, *consonantia*, *concinnitas*, *concordanza*; all diese Namen hatten aber dieselbe Bedeutung, sie alle besagten, daß die Schönheit vom harmonischen Verhältnis der Teile abhängt. Von den Ausdrücken Albertis bürgerte sich in der Renaissance am stärksten die »*concinnitas*« ein. Es war ihm zu verdanken, daß die Große Theorie sich in dieser Zeit ausbreitete, aber nicht nur ihm, sondern auch dem hervorragenden Bildhauer L. Ghiberti, der ihr gleichzeitig oder gar noch einige Jahre früher Ausdruck gab, als er schrieb (*I comm.*, II 96): »*La proporzionalità solamente fa pulchritudine*«. Diese Theorie des Schönen behauptete sich noch nach zwei Jahrhunderten der Renaissance. Lomazzo, der schon am Ende dieser Epoche lebte, schrieb (*Trattato*, I 3) in der Zeit manieristischer und idealistischer Theorien, daß, wenn etwas gefällt, dann deshalb, weil es Ordnung und Proportionen hat.

Diese Ansicht verbreitete sich über Italien hinaus und wurde in ganz Europa bestimmend. In Deutschland schrieb der große Dürer (*Vier Bücher*, 1528, II): »Ohne rechte Proportion kann kein Bild vollkommen sein.«

Mehr noch: Die Große Theorie erwies sich als beständiger als die Renaissance. Der große französische Maler Poussin war um die Mitte des 17. Jahrhunderts der Ansicht, daß »die Idee des Schönen nur dann in die Materie hinabsteigt, wenn diese Ordnung, Maß und Form hat« (bei Bellori, *Vite*, 1672). Nicht anders war es in der Theorie der Architektur. Sogar noch auf dem Höhepunkt des Barock und des Akademismus, in der zweiten Hälfte dieses Jahrhunderts, definierte der berühmte Architekt Frankreichs, F. Blondel (*Cours d'architecture*, 1675, V. partie, Livre V, ch. XIV) die Schönheit als »*concert harmonique*«; die Harmonie war ihm zufolge »Quelle, Ursprung und Ursache« der Befriedigung, welche die Kunst verschafft.

Ähnlich war es in der Musiktheorie. Die Musik ist eine Sache von Prinzipien und Regeln, »*raggioni e regole*«, wie Vincenzo Galilei im *Dialogo della musica* (1581) erklärte. Nicht anders auch in der Philosophie, zumindest bei einigen ihrer Vertretern. Leibniz schrieb (*Principes de la nature et de la grâce*, 17): »Die Musik entzückt uns, obschon ihre Schönheit in nichts anderem als in der Entsprechung von Zahlen besteht [...] Die Freuden, die das Auge an den Proportionen findet, sind gleicher Art, und auch die der übrigen Sinne werden von ähnlichen Dingen herrühren.«

Erst im 18. Jahrhundert verlor diese beständige Theorie an Anziehungskraft. Dafür waren empiristische Strömungen in der Philosophie und romantische Strömungen in der Kunst verantwortlich. Doch sie existierte weiter, sogar bis in unsere Gegenwart. Wenn der Avantgarde-Ästhetiker Max Bense (*Kleine abstrakte Ästhetik*, 1969) schreibt, das Ziel der Kunst sei »die Verteilung der Elemente des Materials«, dann gibt er damit ja der Großen Theorie Ausdruck.

Die Alten vermaßen den *Doryphoros* des Polyklet, hielten seine Proportionen für vollkommen (Abbildung 1, S. 31). Die einfachen Zahlen dieser Proportionen waren ihrer Meinung nach das Geheimnis der Schönheit. Die berühmtesten späteren Künstler bemühten sich um diese einfachen Zahlen oder geometrischen Formen – davon zeugen die Zeichnungen Leonardo da Vincis (Abbildung 2, S. 49) und Michelangelos (Abbildung 3, S. 63) ebenso wie die Berechnungen des zeitgenössischen bildenden Künstlers Le Corbusier (Abbildung 4, S. 75).

Man kann, wenn man die Geschichte ein wenig vereinfacht, sagen, daß die Große Theorie vom 5. Jahrhundert vor bis zum 17. Jahrhundert unserer Zeitrechnung herrschte. Sie wurde jedoch im Laufe dieser zweiundzwanzig Jahrhunderte durch zusätzliche Thesen ergänzt (damit befaßt sich der nachfolgende Abschnitt III), stieß auf Einwände (Abschnitt IV), und parallel zu ihr wurden andere Theorien vorgebracht (Abschnitt V).

Ihre Krise trat erst im 18. Jahrhundert ein (davon handelt Abschnitt VI); das Problem des Schönen fand damals eine andere Lösung (Abschnitt VII). Noch anders stellte sich die Frage der Schönheit im 19. Jahrhundert dar, aber nicht auf Dauer (Abschnitt VIII), bis in unserem Jahrhundert eine erneute Krise nicht nur der Theorie, sondern des Begriffs der Schönheit selbst eintrat (Abschnitt X).

III. Ergänzende Thesen

Die Große Theorie wurde gewöhnlich in Verbindung mit bestimmten ästhetischen Thesen verkündet, und zwar den folgenden: der These von der Rationalität der Schönheit, ihrer quantitativen Natur, ihrer metaphysischen Grundlage, ihrer Objektivität und ihrem hohen Wert.

A. Die erste These – daß wir die wahre Schönheit mit der *Vernunft* und nicht mit den Sinnen erkennen, zumindest nicht mit den Sinnen allein – verband sich ganz zwanglos mit der Großen Theorie. Als Beleg mag ein Zitat aus dem *Dialogo della musica* (1581) von Vincenzo Galilei genügen: »Der Sinn gehorcht wie ein Diener, die Vernunft ist Führerin und Herrin« (la raggione guida e padrona).

B. Die These vom *quantitativen* Charakter der Schönheit war ein ständiges Element der Großen Theorie und in den meisten oben angeführten Zitaten implizit enthalten. Sie gehörte zur pythagoreischen Tradition, die sich noch bis ins Mittelalter behauptete. Damals schrieb Robert Grosseteste (*De luce*, 58): »Ein gutes Gefüge und die Übereinstimmung in allen zusammengesetzten Dingen rührt von den fünf Proportionen her, die zwischen den ersten vier Zahlen möglich sind: 1, 2, 3, 4.« Diese Tradition galt auch noch in der Renaissance. P. Gauricus schrieb in dem Werk *De sculptura* (S. 138): »Was für ein Mathematiker, so frage ich, muß jener gewesen sein, der den Menschen so geschaffen hat.«

C. Die *metaphysische* These. Die Große Theorie war seit ihren pythagoreischen Anfängen weit von äußerlichem Formalismus entfernt: ihre Anhänger sahen in den Zahlen und Proportionen ein tiefes Gesetz der Natur, ein Prinzip des Seienden (*arche ton onton*). Wie Theon von Smyrna (*Mathematica*, I) berichtet, sahen die Pythagoreer in der Musik die Grundlage des ganzen Systems (*systema*) der Welt. Heraklit erklärte, die Natur sei eine Symphonie (*to symfonon*), die Kunst ahme sie darin nur nach. Platon war der Meinung, daß, wer auf welche Weise auch immer die natürlichen Proportionen der Dinge ändere, der Kunst untreu werde, und das Volk von Athen teilte seinen Standpunkt und wehrte sich gegen alle Modifikationen der natürlichen Formen in der Kunst. Die Schönheit der Welt war eine Grundüberzeugung der Stoiker; sie gaben von einer Generation zur nächsten die Losung weiter, daß »die Welt schön ist«. Und Cicero schrieb (*De nat. deor.*, II. 7. 18), daß die Welt »in all ihren Proportionen und Teilen vollkommen ist«.

Die metaphysische Grundlage der Großen Theorie hatte bei Platon eine besondere, eine idealistische Form. Wahre Schönheit gab es ihm zufolge nur in den ewigen Ideen, sie war übersinnlich; der Mensch kann und soll jedoch nach ihr streben. Beginnend mit Platon gab es zwei Metaphysiken der Schönheit: die eine sah die reine Schönheit im Kosmos, in der realen Welt, die andere in den Ideen (*locus classicus*: Platon, *Symposion*, 210-211). Von dieser letzteren gab es wiederum zwei Versionen: Platon selbst stellte der vollkommenen Schönheit der Idee die unvollkommene sinnliche Schönheit gegenüber, während Plotin die Schönheit der Idee für das Urbild, den »Archetyp« der sinnlichen hielt, in der er zumindest einen Abglanz der vollkommenen Schönheit erblickte.

Die metaphysische Konzeption der vollkommenen Schönheit war zumeist eine *theologische* Konzeption. Das war sie bis zu einem gewissen Grad schon in Griechenland, und umso mehr dann im Christentum. »Ursache alles Schönen ist Gott«, sagt Klemens von Alexandrien (*Stromata*, 5). Athanasius, ein anderer Kirchenvater, schreibt (*Oratio contra gentes*, 34): »Die Schöpfung weist, wie wenn sie ein Buch wäre, auf ihren Schöpfer hin.« Die Welt ist schön, weil sie das Werk Gottes ist. Später, bei Autoren des Mittelalters, wird die Schönheit von einer Eigenschaft der Werke Gottes zusätzlich zu einem Attribut Gottes selbst. »Gott ist ewige Schönheit« (*aeterna pulchritudo*), schreibt Alkuin (*Albini de rhetorica*, 46) in der Karolingerzeit. Ulrich von Straßburg (*De pulchro*, 75) auf dem Höhepunkt der Scholastik: »Gott ist nicht nur vollkommen schön und die höchste Stufe der Schönheit selbst, sondern auch darüber hinaus die bewirkende Ursache, das Urbild und die Zielursache jeder geschaffenen Schönheit.« (Ein Zeitgenosse von ihm, Robert Grosseteste, erklärte, daß, wenn man von Gott sagt, daß er schön sei, man in Wirklichkeit sage, daß er die Urquelle aller Schönheit sei.) In der Welt »gibt es keine Schönheit außer in Gott«, sagten die Viktoriner im 12. Jahrhundert (Achardus, *De Trinitate*, I 5). Alles in der Welt ist schön, weil es von Gott eingerichtet ist, schrieb ein Jahrhundert später Guibert von Nogent (*De vita sua*, 2). Theologische Thesen machten nur einen Teil der mittelalterlichen Äußerungen über die Schönheit aus, aber einen so wesentlichen Teil, daß sie die mittelalterliche Epoche der Großen Theorie kennzeichnen.

Auch in der Epoche der Renaissance verschwand die theo-

Abb. 13 Melpomene (Ende 14. Jh.)

logische Metaphysik nicht aus der Theorie der Schönheit. Nicolaus Cusanus schrieb (*De visione Dei*, VI. 1): »Dein Antlitz, o Herr, ist die absolute Schönheit selbst, die jeder schönen Form das Sein verleiht.« Michelangelo (im Gedicht Nr. 109 an Cavalieri): »Wenn nirgends zeigt sich Gottes Gnade mehr, als in der Armut einer ird'schen Hülle – sie lieb' ich nur, weil Er sich in ihr spiegelt.« Palladio (*I quattro libri*, IV c.2) empfahl in der Architektur die Form des Kreises, weil sie »am besten geeignet ist, die Einheit, die unendliche Wesenheit, die Gleichförmigkeit und die Gerechtigkeit Gottes darzustellen«. Seine Konzeption des Schönen (die vollkommen der Großen Theorie entspricht) verband sich mit seiner religiösen Konzeption, hatte in ihr ihre Grundlage. Es steht auf einem anderen Blatt, daß die Große Theorie auch ohne religiöse, theologische und metaphysische Grundlage auftreten konnte und tatsächlich auftrat.

D. Die These des *Objektivismus*. Die Urheber dieser Theorie der Schönheit – die Pythagoreer, Platon, Aristoteles – setzten voraus, daß Schönheit ein objektives Merkmal schöner Dinge sei und daß bestimmte Proportionen und Verhältnisse an und für sich schön sind, nicht etwa deshalb, weil sie dem Betrachter und Zuhörer gefallen. Man konnte ein Objektivist in der Ästhetik sein, ohne mit der Großen Theorie einverstanden zu sein, aber man konnte nicht mit ihr einverstanden sein, ohne ein Objektivist zu sein. Ebensowenig konnte man sie anerkennen, wenn man auf dem Standpunkt des Relativismus stand: Wenn das Verhältnis der Teile über die Schönheit eines Dings entscheidet, dann kann es nicht wahr sein, daß das Ding selbst unter einem Aspekt schön ist und unter einem anderen nicht. So verstanden sowohl ihre antiken Urheber als auch ihre späteren Anhänger die Große Theorie. Der Pythagoreer Philolaos erklärte, die harmonische »Natur der Zahl« offenbare sich in göttlichen und menschlichen Dingen, weil sie das »Prinzip des Seins« darstellt. Das Schöne, schrieb Platon (in vielen Dialogen, besonders im *Symposion*), sei schön nicht in Beziehung auf etwas anderes, sondern immer und für sich schön. Und Aristoteles (*Rhetor.*, 1366 a 33): »Schön ist, was um seiner selbst willen erstrebenswert ist.« Diese Überzeugung erhielt sich in der christlichen Ästhetik. Augustin (*De vera rel.*, XXXII. 59) schrieb: »Meine erste Frage würde also lauten, ob die Dinge deshalb schön sind, weil sie ergötzen, oder deshalb ergötzen, weil sie schön sind.« Thomas (*In Div. Nom.*, IV 10) wiederholt dies fast wörtlich: »Nicht darum ist etwas schön, weil es von uns geliebt wird, sondern weil es schön und gut ist, wird es von uns geliebt.« Ähnlich dachten die anderen Scholastiker: schöne Dinge sind *essentialiter pulchra*, das Schöne ist ihre *essentia et quidditas*. In der Neuzeit wird es nicht anders: Alberti (*De re aed.*, VI 2) schreibt, daß, wenn etwas schön ist, es aus sich heraus schön ist, »*quasi come di se stesso proprio*«.

E. Mit der Großen Theorie verband sich auch die These, daß die Schönheit ein hohes *Gut* sei. Darin stimmten alle Epochen überein. Platon schrieb in der Antike (*Symp.*, 211 d): »Das Leben lohnt sich, wenn irgendwo, für den Menschen im Anschaun des Schönen an sich.« Er stellte es neben das Wahre und das Gute, so daß es in die Trias der höchsten Werte einging, die des Wahren, des Guten und des Schönen. Ähnlich in der Neuzeit. Petrarca benutzte im Zusammenhang mit der Schönheit des Körpers (*forma corporis*) sämtliche allerhöchsten Adjektive: *eximia est, egregia est, elegantissima est, mira est, rara est, clara est, excellens est* (*De remediis utriusque*, I 2). Etwas später, im Jahr 1431, schrieb Lorenzo Valla (*De voluptate: Opera*, S. 915): »Wer die Schönheit nicht lobt, der muß an der Seele oder am Körper blind sein, und wenn er gesunde Augen hat, verdient er, daß sie ihm genommen werden, weil er ja doch nicht merkt, daß er sie hat.« Castiglione, ein Freund Raffaels und Arbiter elegantiarum der Renaissance, nannte bald darauf die Schönheit heilig (*Cortegiano: Opera*, IV. 59). Montaigne (*Essais*, III. 12) schrieb: »Ich kann es nicht oft genug sagen, wie sehr ich die Schönheit, diese mächtige und kostbare Eigenschaft, hochschätze« (*Je ne puis dire assez souvent combien j'estime la beauté, qualité puissante et advantageuse*).

In der Tradition der Kirche gab es freilich auch ein anderes Verhältnis zum Schönen. »Die Anmut ist trügerisch und Schönheit vergeht«, heißt es in den *Sprüchen Salomons* (31, 30). »Im Gebrauch sind sie [die schönen Dinge] gefährlich«, lesen wir bei Klemens von Alexandrien (*Paedagogus*, II 8). Doch zur gleichen Zeit schrieb der hl. Augustin (*De musica*, VI. 10; *Conf.*, IV. 3): »Lieben wir überhaupt etwas außer dem Schönen?« Die Einwände galten der Schönheit des Körpers, doch die Bewunderung der Christen für die *pulchritudo interior* und *spiritualis* ging über in eine *exterior* und *corporalis* – und am Ende blieben das Urteil des Christentums und das Urteil des Mittelalters über das Schöne positiv.

Man hätte außerdem erwarten können, daß zusammen mit der klassischen Theorie auch zwei andere Thesen in der Geschichte des europäischen Denkens auftreten: daß die Schönheit a) die oberste Kategorie der Ästhetik und b) das die Kunst definierende Merkmal ist. Aber diese Erwartung erfüllt sich nicht; in den alten Texten kommen diese Thesen nicht vor. Sie waren auch nicht möglich, solange es nicht eine Wissenschaft wie die Ästhetik und eine Konzeption wie die der schönen Kunst gab, und die tauchten erst im 18. Jahrhundert auf. Erst von da an begann man in der Schönheit das Ziel oder die »Bestimmung« der Künste zu sehen, das, was sie miteinander verbindet, was sie definiert. Zuvor waren die Schönheit und die Kunst lose miteinander verbunden gewesen, hatte man in der Schönheit eine Eigenschaft eher der Natur als der Kunst gesehen.

IV. Einwände

Die Universalität und Beständigkeit der Großen Theorie verhinderten nicht, daß sie im Laufe der Jahrhunderte auf Einwände, Kritiken und Abweichungen stieß.

A. Früh tauchten Zweifel an der Objektivität der Schönheit auf. Zuerst bei den Sophisten. In einer Schrift unter dem Titel

Dialexeis (2. 8) erklärte ein unbekannter Sophist, daß alles schön und alles häßlich ist. Der den Sophisten nahestehende Literat Epicharm (Diog. Laert., III 16, Frg. B 5, Diels) führte aus, daß für den Hund der Hund und für den Stier der Stier am schönsten sei. Solche subjektivistischen Gedanken kehren auch in späteren Jahrhunderten wieder.

B. Früh auch brachte Sokrates, wie Xenophon berichtet, die These vor, daß es eine Schönheit gibt, die nicht auf den Proportionen beruht, sondern auf der Angemessenheit, also auf der Übereinstimmung des Gegenstandes mit seinem Zweck und seinem Wesen. Im Sinne dieser These könnte sogar ein Mistkorb schön sein, wenn er seinem Zweck entspräche; ein goldener Schild dagegen ist nicht schön, denn Gold ist für ihn kein geeignetes Material, weil es ihn allzu schwer macht. Daraus folgte wenn nicht die Subjektivität, so doch die Relativität der Schönheit. Sokrates selbst unterschied zwei Arten von Schönheit: es gibt Proportionen, die an sich schön sind, und solche, die für etwas schön sind. Er verneinte nicht die klassische Theorie, aber er schränkte sie ein. Das sokratische Verständnis von Schönheit hatte auch in der Epoche des Hellenismus Verfechter, insbesondere unter den Stoikern. Wie Diogenes Laertios bezeugt, hatte das Schöne für sie zwei Bedeutungen: es war entweder das, was vollkommen proportional war, oder das, was vollkommen an seine Bestimmung angepaßt war. Das Schöne ist entweder *pulchrum stricto sensu* oder *decorum*.

Die Antike schuf die Theorie der Schönheit als Proportion, aber sie entwickelte auch die Theorie der Schönheit als Angemessenheit. Sie trug außerdem eine Alternativlösung vor: Die Schönheit beruht entweder auf der Proportion oder auf der Angemessenheit. Auch andere Alternativlösungen begründete sie: Die Schönheit kann ideal oder sinnlich, geistig oder körperlich, objektive *Symmetrie* oder subjektiv bedingte *Eurythmie* sein. Spielarten des Schönen, die zunächst als nebensächlich behandelt wurden, wurden im Laufe der Zeit zentral und sprengten die Große Theorie.

C. Im Zeitalter der Patristik, im 4. Jahrhundert, griff Basilius der Große (*Homilia in Hexaemeron*, II 7) den Gedanken auf, daß die Schönheit zwar (wie es die Große Theorie wollte) in einem Verhältnis besteht, aber nicht nur im gegenseitigen Verhältnis der Teile eines Gegenstandes, sondern auch im Verhältnis des Gegenstandes zum Gesichtssinn. Er relativierte mit dieser Ansicht nicht die Schönheit, aber er relationierte sie: Schönheit war für ihn die *Relation* des Gegenstandes zum Gesichtssinn; dieser Gedanke ließ sich aber erweitern, ließ sich anwenden auf das Gehör, den Geist, die Gefühle, das Subjekt überhaupt, und daraus folgte, daß Schönheit ein bestimmtes Verhältnis zwischen Objekt und Subjekt ist. Dieser Gedanke tauchte bei den Scholastikern des 13. Jahrhunderts auf, und die berühmte Definition des Thomas von Aquin – *pulchra sunt quae visa placent* – berief sich sogar zweifach auf das Subjekt: auf den Gesichtssinn und das Gefallen.

D. Wenn die Neuzeit auch die Große Theorie der Schönheit annahm, so schränkte sie doch unbemerkt deren Umfang ein. Es begann mit dem Lob der Subtilität und der Anmut. Subtilität war das Ideal der Manieristen; sie sahen in ihr überwiegend nur eine Form des Schönen, doch G. Cardano (*De subtilitate*, 1550, S. 275) stellte sie bereits der Schönheit gegenüber. Er stimmte mit den Klassikern darin überein, daß das Schöne einfach, klar und leicht sei, die Subtilität aber schwierig; er meinte jedoch, daß sie demjenigen, der sie zu entwirren vermag, nicht weniger Befriedigung verschaffe als die Schönheit. Anderen Manieristen erschien sie sogar vollkommener als die Schönheit. Bei späteren Vertretern dieser Richtung wie Gracián oder Tesauro verdrängte die Subtilität geradezu die Schönheit, übernahm deren Namen und Position. Im Sinne der neuen Ansichten war wahrhaft schön eigentlich nur das Subtile – »*finesse plus belle que la beauté*«. Und diese Schönheit, die schöner war als die Schönheit, beruhte nicht mehr auf dem vollkommen harmonischen Verhältnis. Gracián sagt sogar, daß die Harmonie aus der Disharmonie entsteht. Das war schon eine deutliche Abweichung von der klassischen Theorie. Im selben 16. Jahrhundert ging von einer anderen Gruppe von Schriftstellern und Künstlern das Lob der Anmut und des Reizenden (*grazia*) aus. Nun schien die Anmut ebenso wie die Subtilität aber keine Sache der Proportion und der Zahl zu sein. Den Ästhetikern, die von der Idee der Anmut angetan waren, standen zwei Wege offen: sie konnten entweder sowohl das Schöne als auch das Anmutige für wertvoll erklären, oder sie konnten die Schönheit auf die Anmut reduzieren. Führte der erste Weg zu einer Einschränkung der Großen Theorie, so führte der zweite zu ihrer Verneinung; wenn nämlich die Schönheit auf Anmut beruht, dann sind Verhältnis, Proportion und Zahl für sie nicht wesentlich, garantieren sie keine Schönheit.

Kardinal Bembo (*Asolani*, 1505, S. 129) schlug jedoch noch eine andere Lösung vor: »Schönheit ist nichts anderes als Anmut, die aus Proportion und Harmonie entsteht«. Diese Auffassung, die die Schönheit auf die Anmut oder auch die Anmut auf die Schönheit (nämlich auf Proportion und Harmonie) zurückführte, blieb eine Ausnahme. Für viele Schriftsteller der späten Renaissance und des Manierismus hatte die als Anmut verstandene Schönheit ihren Ursprung gerade in der Freiheit, der Nachlässigkeit, in der *sprezzatura*, wie Baldassare Castiglione sagt (*Cortegiano*, S. 63). Das stimmte nicht mit der Großen Theorie überein.

Die Oberhand gewann einstweilen eine mittlere, dualistische Lösung. Sie tauchte besonders in der Poetik (u.a. Scaligers) auf und bestand in der Unterscheidung von »*pulchritudo*« und »*venustas*«, das heißt zwischen der regelmäßigen Schönheit und der Schönheit der Anmut. Nun kommt es jedoch dazu, daß die letztere – und nur sie – als die vollkommenere gilt, als »*pulchritudinis perfectio*«.

E. Die Entwicklung verlief überdies in Richtung einer Irrationalisierung des Schönen: es tauchten Zweifel an der begrifflichen und besonders der quantitativen Natur des Schönen auf, an der Möglichkeit, es zu definieren. Petrarca hatte einmal beiläufig geäußert, das Schöne sei »*non so qué*«, »ich weiß nicht was«. Im 16. Jahrhundert wiederholten viele Schriftsteller diesen Ausspruch. Lodovico Dolce sagte, die Schönheit entzücke, man weiß nicht warum, *è quel que non so ché*. Mit etwas anderen Worten erklärte Firenzuola, die Schönheit, die aus einer bestimmten Anordnung der Teile hervorgeht, gehe aus ihr geheimnisvoll, *occultamente*, hervor.

Der Ausspruch Petrarcas fand besonders im 17. Jahrhundert Anklang. Er wurde sowohl lateinisch als »*nescio quid*« wie auch französisch als »*je ne sais quoi*« zur gängigen Formel. Bouhours schrieb die Formel speziell den Italienern zu. Sie findet sich aber auch bei Leibniz (*Nouveaux essais*, II. 22; *Meditationes de cognitione*, 1684, I. 79): Für ihn waren ästhetische Urteile klar (*clairs*), aber ungenau (*confus*); sie behaupten, aber erklären nicht; man kann ihnen nur mit Hilfe von Beispielen Ausdruck geben, »*et au reste il faut dire que c'est un je ne sais quoi*«.

F. All diese Veränderungen waren ein Vorspiel zur Relativierung und sogar zur Subjektivierung des Schönen. In einer Zeit, in der Künstler und Literaten über Kunst und Schönheit mehr zu sagen hatten als Philosophen, war dies eine der wenigen oder gar die einzige bedeutsame Konzeption in diesem Bereich, die von den Philosophen kam. Den Anfang machte Giordano Bruno (*De vinculis*: *Opera*, III 637), als er schrieb: »Nichts ist absolut schön, alles ist nur in Beziehung zu etwas schön«. Er äußerte diesen Gedanken jedoch in einer kleinen, ungelesenen Arbeit, und nichts deutet darauf hin, daß er ein Echo fand.

In der nächsten Generation war es Descartes, der ähnlich dachte: Er schrieb (in einem Brief an M. Mersenne vom 18.3.1630) über das Schöne, daß es »nichts anderes bedeutet als eine Beziehung unseres Urteils auf den Gegenstand«. Und er beschrieb diese Beziehung so, wie man heute den bedingten Reflex beschreibt. Allerdings schrieb er darüber nur in privaten Briefen, weil die Sache sich seiner Meinung nach nicht zu wissenschaftlichen Untersuchungen eignet und nicht publiziert zu werden verdient; auch seine Ansicht war daher nur einem kleinen Kreis von Gelehrten bekannt. Sie wurde jedoch von den führenden Philosophen des 17. Jahrhunderts geteilt: Pascal schrieb, daß die Mode über die Schönheit entscheide; Spinoza in einem Brief an H. Boxel aus dem Jahr 1674, daß, wenn wir anders beschaffen wären, häßliche Dinge für uns schön und schöne häßlich wären; Hobbes, daß es von unserer Erziehung, unserer Erfahrung, unserem Gedächtnis, unserer Phantasie abhänge, was wir für schön halten. Den Künstlern und Literaten blieben diese Gedanken lange vorenthalten; erst gegen Ende des 17. Jahrhunderts drangen sie zu ihnen vor, als Claude Perrault, der berühmte französische Architekt, seiner Überzeugung Ausdruck gab (*Ordonnance*, 1683, Pref., S. 6; *Les dix livres d'architecture de Vitruve*, 1673), daß die Schönheit überwiegend eine Sache der Konvention und der Gewöhnung sei. Seine Kritik galt vor allem den Proportionen: Bestimmte Proportionen galten zweitausend Jahre lang als objektiv und absolut schön, doch gefallen sie nur deshalb, weil wir uns an sie gewöhnt haben.

V. Andere Theorien

Neben den Einwänden gegen die Große Theorie und der Kritik an ihr gab es Versuche, andere Theorien des Schönen zu schaffen. Diese anderen Theorien wurden verkündet, doch zweitausend Jahre lang vermochte keine von ihnen jene zu verdrängen. Sie stellten eher Ergänzungen dar. Davon gab es mehrere:

A. Schönheit beruht auf der *Einheit in der Vielheit*. Diese Ansicht kam der Großen Theorie am nächsten; man hätte sie für deren Variante halten können, doch zu Unrecht, denn die Einheit impliziert kein bestimmtes Verhältnis und keine bestimmten Proportionen. Einheit und Vielheit waren grundlegende Motive der Griechen, die sie jedoch in der Theorie des Schönen nicht anwandten. Das taten dagegen die Gelehrten des frühen Mittelalters. Johannes Scotus Eriugena schrieb

(*De div. nat.*, V 35), daß die Schönheit der Welt auf einer Harmonie beruhe, die sich *in unitatem ex diversis generibus variisque formis* zusammensetzt. Jahrhundertelang war diese Konzeption des Schönen gelegentlich zu Wort gekommen, jedoch selten, und sie verbreitete sich erst im 19. Jahrhundert; da wurde sie allerdings zu einer Art Schlagwort.

B. Schönheit beruht auf der *Vollkommenheit*. Dies war, unter dem lateinischen Namen »*perfectio*«, die bevorzugte Konzeption des Mittelalters. Freilich nicht nur in der Theorie des Schönen, sondern auch und noch verstärkt in der des Wahren und des Guten. Thomas von Aquin benutzte diesen Begriff jedoch speziell im Zusammenhang mit der Kunst: »Ein Bild wird schön genannt, wenn es die Sache vollkommen darstellt« (*Imago dicitur pulchra si perfecte representat rem*). Dabei betonte er, daß es um die Vollkommenheit nicht des Künstlers, sondern die des Werkes geht. Nicht anders die Theoretiker der Renaissance. Viperano schrieb 1579 in *De poetica* (S. 65f.): »Mit Platon nenne ich ein Gedicht schön, das in seinem Aufbau vollkommen und vollendet ist; seine Schönheit ist identisch mit seiner Vollkommenheit« (*pulchrum et perfectum idem est*). Auch diese Theorie berief sich also auf die alten Griechen, auf Platon. Sie fügte sich mühelos in die Große Theorie ein, denn man nahm an, daß vollkommen sei, was ein passendes Gefüge und erkennbare Proportionen hat. Erst später, vom 18. Jahrhundert an, verselbständigte sich die Theorie der Vollkommenheit und wurde zu einer eigenen ästhetischen Theorie.

C. Schönheit beruht auf der *Angemessenheit*, der Übereinstimmung der Dinge mit ihrem Wesen und Zweck. Schön ist alles, was *aptum*, *decorum*, was geeignet, schicklich ist. Diese Konzeption, die schon in der Antike entstand, sowohl in der Philosophie, namentlich bei den Stoikern, als auch in der Rhetorik, bei Cicero und Quintilian, behauptete sich auch später, wurde aber zumeist als Ergänzung der Haupttheorie verstanden; man betrachtete das *decorum* als Spielart des Schönen. Zur allgemeinen Losung unter dem Namen »*bienséance*« wurde sie erst bei den Klassikern des 17. Jahrhunderts.

D. Schönheit ist eine *Offenbarung von Ideen* in den Dingen, der »Widerschein« der Idee, wie die Neuplatoniker sagten, das Sichoffenbaren des »Archetyps«, des Urmusters, der höchsten Vollkommenheit, des Absoluten oder wie immer man diese schwer benennbaren Dinge zu benennen liebte. Das war die Theorie Plotins (*Enn.*, I 6.2), des Pseudo-Dionysios (*De coelesti harmonia*, 3), dann Alberts des Großen (*Opusculum de pulchro et bono*). Zuweilen fand sie große Anerkennung, aber auch sie trat nicht als Widerpart der Großen Theorie auf, sondern zusammen mit ihr, als ihre Ergänzung oder Begründung.

E. Schönheit ist ein *Ausdruck der Seele*, der »inneren Gestalt«, wie Plotin sagte. Im Sinne dieser Theorie gefällt uns nur der Geist, nur er ist wahrhaft schön, und materielle Dinge sind insofern schön, als sie von ihm erfüllt sind. Die frühen Jahrhunderte dachten kaum an eine solche Theorie, im Griechischen gibt es eigentlich keinen Terminus, der dem Ausdruck entspricht. Der Terminus »Expression« bürgerte sich erst im 17. Jahrhundert ein. Der Maler Le Brun war wohl der erste, der ein Buch über den Ausdruck veröffentlichte, er verstand ihn jedoch anders, als Prägnanz, als charakteristisches Aussehen der Dinge und Menschen. Zur Verknüpfung des Schönen mit dem Ausdruck von Gefühlen kam es erst im 18. Jahrhundert, und die allgemeine Theorie des Schönen als Ausdruck ist eigentlich erst ein Werk des 20. Jahrhunderts.

F. Schönheit liegt im *Maß*. Dieser Ansicht gab Dürer (*Von der Malerei*, S. 301) die klassische Formulierung: »Zu viel und zu wenig verderben alle Ding.« Anderthalb Jahrhunderte später drückte sich der französische Kunsttheoretiker Du Fresnoy noch deutlicher aus und erklärte, daß das Schöne »in der *Mitte* zwischen zwei Extremen liegt«. Er griff einen Gedanken von Aristoteles auf, der diesen jedoch nur auf das sittlich Gute, nicht auf das Schöne angewandt hatte; in dieser Anwendung war er eine Neuheit des 17. Jahrhunderts. Doch die Bestimmung des Schönen als Maß stellte keine eigene Theorie dar, sondern war eher eine spezielle Formulierung der Großen Theorie.

Zusammenfassung: Es mangelte im Laufe der Jahrhunderte nicht an Ideen, wie das Schöne zu bestimmen sei; die meisten entstanden noch in Griechenland. Sie tauchten später gelegentlich auf, aber ohne Kontinuität, um die Große Theorie eher zu ergänzen als zu ersetzen. Hinzu kam noch eine:

G. Schönheit liegt in der *Metapher*. Dieser Theorie zufolge beruht alle Schönheit auf der Metapher, dem *»parlar figurato«*; es gibt ebenso viele Abarten von schönen Künsten, wie es Abarten von Metaphern gibt. Sie war eine Schöpfung des 17. Jahrhunderts, das Werk des literarischen Manierismus, vor allem von Emanuele Tesauro (*Canocchiale*, 1654, bes. S. 74 und 424). Es war eine originelle Theorie, die sich kühner als andere mit der traditionellen Theorie messen konnte.

VI. Die Krise der Großen Theorie

Wenngleich also die Große Theorie zweitausend Jahre lang die führende Konzeption des Schönen war, so mangelte es doch nicht an Einwänden gegen sie. Sie richteten sich entweder gegen sie selbst, namentlich gegen die These, daß die Schönheit auf dem Verhältnis und der Proportion beruhe, oder gegen mit ihr verbundene Thesen: gegen die Objektivität des Schönen, gegen seine Rationalität, gegen seine quantitative Natur, gegen seine metaphysische Grundlage, gegen seine höchste Stellung in der Hierarchie der Werte. Schon in der Antike tauchten diese Einwände auf, aber in der Neuzeit wurden sie zahlreicher und entschiedener. Bis es im 18. Jahrhundert zur Krise der Großen Theorie kam.

Warum kam es zu ihr? Weil der Geschmack sich änderte, weil die Kunst und Literatur des Spätbarock und dann der Romantik, beide ganz und gar unklassisch, entstand und lockte, während die Große Theorie sich am Modell der klassischen Kunst und Literatur ausrichtete. Mit dem herrschenden Geschmack und der neuen Kunst kaum in Einklang zu bringen, verlor sie ihre Aktualität – und nun wurden Mängel sichtbar, die man vorher nicht bemerkt hatte.

A. Die Krise hatte einen zweifachen Ursprung, in der Philosophie und in der Kunst. In den neuen Ansichten und dem neuen Geschmack, im Empirismus der Philosophen und in der Romantik der Literaten und Künstler. Sie zeigte sich in mehreren Ländern, am stärksten in England (bei Psychologen und philosophierenden Publizisten) und in Deutschland (bei Philosophen und vor-romantischen Literaten). Die englischen Schriftsteller, angeführt von Addison, neigten zu der Annahme, sie hätten als erste die alte Konzeption des Schönen zu Fall gebracht und damit etwas »ganz Neues« geschaffen. Darin hatten sie jedoch Vorläufer. Neu waren im Grunde drei Dinge. Erstens, daß die von den Philosophen ausgehende Kritik am Schönen von Publizisten wie Addison und bald darauf auch von Kritikern wie Diderot in Frankreich aufgegriffen und verbreitet wurde, von Leuten, die stärker als die Philosophen auf die öffentliche Meinung Einfluß nehmen konnten. Zweitens hatten die Philosophen, von denen schon im vorangegangenen Jahrhundert die Kritik am traditionellen Verständnis des Schönen ausgegangen war, namentlich Descartes und Spinoza, keine Lust, sich mit subjektiven und deshalb unwesentlichen Erscheinungen zu befassen, zu denen sie das Schöne zählten; im 18. Jahrhundert dagegen widmeten sich neben den Publizisten und Kritikern auch die Philosophen neuen Typs wie Hume diesen Dingen mit Leidenschaft. Die dritte Neuheit bestand darin, daß psychologische Untersuchungen, etwa über die Reaktion des Menschen auf das Schöne, die bisher nur gelegentlich betrieben wurden, nun Kontinuität bekamen. Besonders in England gab es im 18. Jahrhundert nicht eine Generation, die auf diesem Gebiet nicht einen hervorragenden Forscher hervorgebracht hätte: Addison publizierte im Jahr 1712, Hutcheson 1725, Hume ab 1739, Burke 1756, Gérard 1759, Home 1762, Alison 1790, Smith 1796, und die Abhandlung von Payne-Knight erschien erst 1805.

Auch wenn es nicht die Hauptabsicht dieser Schriftsteller war, die traditionelle Theorie des Schönen zu stürzen, so trugen sie doch alle dazu bei. Aus ihren psychologischen Analysen ging hervor, daß die Schönheit nicht auf einer bestimmten

Proportion und einem regelmäßigen Verhältnis der Teile beruht; davon könne, meinten sie, bei richtiger Beobachtung die gewöhnliche Alltagserfahrung überzeugen. Einen anderen Weg gingen die Romantiker, ja schon die Vorromantiker; sie zeigten, daß es sich genau andersherum verhält, als es die traditionelle Theorie will, da die Schönheit gerade in der Abwesenheit des Regelmäßigen besteht, nämlich in der Lebendigkeit, im Malerischen, in der Fülle. Sie besteht ferner im Ausdruck von Gefühlen, der mit Proportion und Regelmäßigkeit nicht viel gemein hat. Die Ansicht über das Schöne änderte sich nicht nur, sondern kehrte sich um, und die Große Theorie erschien nun unvereinbar mit der Kunst und der Erfahrung.

B. Die Kritiker des 18. Jahrhunderts kann man noch auf andere Weise in zwei Gruppen einteilen. Die eine, früher gebildete, stand auf dem Standpunkt, daß das Schöne unfaßbar sei und man daher keine Theorie des Schönen aufstellen könne. Petrarcas »*non so ché*« war nun, besonders in der französischen Version »je ne sais quoi«, in aller Munde, darunter auch solche Koryphäen der Philosophie wie Leibniz und Montesquieu. Was schön ist, fühlt man eher, als daß es sich in Worten und Begriffen ausdrücken läßt. Das war ein Anschlag vor allem auf die exakte, quantitative Form der Großen Theorie; tatsächlich entzog es aber jeder Theorie des Schönen den Boden.

Die zweite, spätere Gruppe der damaligen Kritiker, die zahlreicher und vor allem in England einflußreicher war, wandte sich gegen das objektive Verständnis des Schönen, das seit jeher seiner Theorie zugrunde gelegen hatte. Sie erklärten nun, Schönheit sei lediglich eine subjektive Vorstellung der Menschen; Schönheit, zuvor eine Eigenschaft von Dingen, wurde für sie zu einer Eigenschaft von Erlebnissen. »Das Wort Schönheit wird verstanden als die Idee, die in uns geweckt wird« (*The word Beauty is taken for the idea raised in us*), schrieb Hutcheson (*An Enquiry*, 1725). Und an anderer Stelle: »Schönheit [...] im eigentlichen Sinne bezeichnet die Wahrnehmung durch einen Geist« (*Beauty* [...] *properly denotes the perception of some mind*). Ähnlich D. Hume (*Essays*, 1757):

Abb. 14 Die Philosophie und die Befreiten Künste (1594)

»Schönheit ist keine Eigenschaft der Dinge selbst. Sie existiert in dem Geist, der sie betrachtet, und jeder Geist nimmt eine andere Schönheit wahr« (*Beauty is no quality in things themselves. It exists in the mind which contemplates them, and each mind perceives a different beauty*). Nicht anders H. Home (Lord Kames, *Elements*, 1762): »Schönheit bezieht sich ihrem Begriff nach auf einen Wahrnehmenden« (*Beauty in its very conception refers to a recipient*). Schönheit ist demnach unsere Reaktion, und das, was diese Reaktion auslöst, sind nicht notwendigerweise Proportionen, wie es die alte Theorie wollte. Proportionen müßte man messen, doch die Schönheit empfinden wir unmittelbar, ohne Messung.

C. Die früheren, gemäßigteren Kritiker wie Hutcheson (und vor ihm noch der Franzose Perrault) behaupteten lediglich, daß nicht jegliche Schönheit objektiv ist, daß es sowohl eine objektive (*intrinsic, original*) als auch eine relative (*relative, comparative*) Schönheit gibt oder, wie Crousaz sagte, sowohl eine natürliche als auch eine konventionelle. Ab Mitte des Jahrhunderts kam es jedoch vor allem in England zu einer Radikalisierung der Ansicht: jegliche Schönheit ist subjektiv, relativ, konventionell. Wie insbesondere Alison ausführte, kann jedes Ding als schön empfunden werden – es hängt davon ab, womit man es assoziiert: »Die Schönheit der Formen entsteht gänzlich aus den Assoziationen, die wir mit ihnen verknüpfen« (*Beauty of forms arises altogether from the associations we connect with them*). Desgleichen schreibt R. Payne-Knight (*An Analytical Inquiry into the Principles of Taste*, ed. 1805) über die Schönheit der Proportionen, daß sie völlig von der Assoziation der Ideen abhängt (*depends entirely upon the association of ideas*). Dinge, die so empfunden werden, sind einander nicht ähnlich, die Suche nach einem ihnen gemeinsamen Merkmal wäre vergeblich. Jedes Ding kann schön sein, und jedes kann häßlich sein, je nachdem, womit wir es assoziieren; jeder von uns hat andere Assoziationen. Angesichts dessen kann es eine allgemeine Theorie der Schönheit nicht geben; man kann lediglich an eine allgemeine Theorie des Empfindens von Schönheit denken. Bisher war die leitende Frage, von welcher Eigenschaft der Gegenstände ihre Schönheit abhängt, nun ist es die, von welcher Eigenschaft unseres Geistes sie abhängt. Mehr noch, während die klassische Theorie der Vernunft (und teilweise einfach dem Gesichtssinn und dem Gehör) die Fähigkeit zuschrieb, Schönheit zu erkennen, schrieben die Autoren des 18. Jahrhunderts sie der Phantasie zu, etwa Addison, oder dem Geschmack, wie Gérard, oder sie postulierten, daß wir dafür eine spezielle Fähigkeit besitzen, einen eigenen »Schönheitssinn«. »*Sense of beauty*«, »*imagination*« und »*taste*« – all diese neuen Lösungen waren unvereinbar mit dem Rationalismus der Großen Theorie.

VII. Andere Theorien des 18. Jahrhunderts

A. Um Begriffe und Theorien zu korrigieren, zu verbessern und zu retten, bedient man sich seit jeher der Differenzierung, und so war es auch mit dem Begriff und der Theorie des Schönen. Mit der Differenzierung, der Parzellierung seines riesigen Umfangs begannen schon die Alten. Sokrates unterschied zwischen dem Schönen an sich und dem Schönen für etwas, Platon zwischen der Schönheit realer Dinge und abstrakter Linien, die Stoiker zwischen der körperlichen und der geistigen Schönheit, Cicero zwischen männlicher und weiblicher Schönheit, *dignitas* und *venustas*, also zwischen Würde und Lieblichkeit.

In den folgenden Jahrhunderten ging die Differenzierung des Schönen weiter; hier seien wenigstens einige Unterscheidungen angeführt: Isidor von Sevilla unterschied zwischen der vollen Schönheit (*decus*) und der Gefälligkeit (*decor*), Robert Grosseteste auf dem Höhepunkt der Scholastik zwischen dem Schönen *in numero* und dem Schönen *in gratia*, Witelo mit Alhazen zwischen dem Schönen *ex comprehensione simplici* und dem Schönen durch Gewöhnung (*consuetudo fecit pulchritudinem*). Später unterschieden Schriftsteller der Renaissance zwischen eigentlicher Schönheit und Anmut, die Schriftsteller des Manierismus zwischen eigentlicher Schönheit und Subtilität, die Schriftsteller des Barock, wie Bouhours, zwischen eigentlicher Schönheit und Anmut (*agrément*); davon wird im nächsten Kapitel noch ausführlicher die Rede sein.

An der Schwelle des 18. Jahrhunderts ging die Parzellierung des Schönen mit nochmals gesteigertem Tempo weiter: Claude Perrault unterschied zwischen überzeugender (*convaincante*) und willkürlicher Schönheit (*beauté arbitraire*), Pater Y. M. André zwischen wesentlicher und natürlicher Schönheit, aber auch zwischen dem Großen und der Anmut als Arten des Schönen (*le grand – le gracieux*); Crousaz unterteilte das Schöne in das, wofür wir Anerkennung empfinden, und das, was uns Vergnügen bereitet; die Klassiker der Wende vom 17. zum 18. Jahrhundert wie Testelin unterschieden zwischen dem Schönen wegen des Nutzens und dem Schönen wegen der Bequemlichkeit, der Seltenheit und der Neuheit. Als Beispiel für Distinktionen des 18. Jahrhunderten sei die Unterscheidung von J. G. Sulzer (*Allgemeine Theorie der schönen Künste*, 1792, I. S. 150) in das »ahnmutig[e]«, »prächtig[e]« und »feuerig[e]« Schöne genannt oder von der Wende des 18. zum 19. Jahrhundert die von Friedrich Schiller in das Naive und das Sentimentalische.

Im 18. Jahrhundert gab es zwei grundlegende Differenzierungen des Schönen. Erstens die bekannte Unterscheidung von Hutcheson zwischen dem »ursprünglichen«, dem absoluten Schönen und dem »relativen« Schönen. Zweitens die Unterscheidung, die von den Engländern begonnen wird, aber von Kant ihre klassische Formulierung erhielt, zwischen freier Schönheit (*pulchritudo vaga*) und anhängender Schönheit (*pulchritudo adhaerens*). Im Unterschied zur ersteren setzt die letztere einen Begriff davon voraus, was der Gegenstand sein soll.

B. Der in der Ästhetik des 18. Jahrhunderts typische Standpunkt war der Verzicht auf eine allgemeine Theorie oder die Anerkennung nur einer Theorie, nämlich der psychologischen Theorie des ästhetischen Erlebnisses. Doch das Jahrhundert war reich und vielfältig; ein weiterer Standpunkt war der Pluralismus, der sich auf die (oben angegebene) begriffliche Unterscheidung stützte. Überdies hatten teils erneuerte, teils neue Theorien des Schönen ebenso ihre Anhänger wie die Große

Theorie; selbst dieses Jahrhundert ging nicht gänzlich von ihr ab.

Die Philosophen und Literaten wurden ihrer überdrüssig, nicht aber die Künstler, vor allem nicht die Künstler, die gleichzeitig Theoretiker waren und deren es damals viele gab. »Die Regeln der Kunst beruhen auf der Vernunft« (*Les règles de l'art sont fondées sur la raison*), schrieb der Architekturtheoretiker Lepautre. Ähnlich ein anderer, Frézier: »Man muß die Ordnung der Architektur den Gesetzen der Vernunft unterwerfen« (*On doit asservir les ordres d'architecture aux lois de la raison*). Dagegen Laugier (*Essai sur l'architecture*, 1752): »Eine Erfindung, für die man keinen Grund angeben kann, ist, selbst wenn sie die vorzüglichsten Befürworter hätte, eine schlechte Erfindung, die man verurteilen muß« (»*Toute invention* [...] *dont on ne saurait rendre une raison, eût-elle même les plus grands approbateurs, est une invention mauvaise et qu'il faut préscrire*«). Und an einer anderen Stelle: »Der Erfolg der Architektur verlangt, nichts in ihr zu dulden, was nicht auf Prinzipien beruht« (*Il convient au succès de l'architecture de n'y rien souffrire qui ne soit fondé en principe*). So schrieb man in Frankreich[1] und ähnlich auch in anderen Ländern. In Deutschland formulierte im Rahmen einer Polemik zwischen zwei damals berühmten Architekten Krubsatius seinen schwersten Vorwurf gegen die Bauten Pöppelmanns kurz und bündig: ihre Formen seinen »unbegründet«.

Nicht nur Künstler teilten diesen Standpunkt. Sulzer, ein Enzyklopädist der Künste, definierte das Schöne nach alter Art als »*ordo et mensura*«. Die damalige Rückkehr zur Antike und zum Klassizismus verstärkte noch den Kult der Vernunft, des Maßes, der Proportion, sowohl bei den Künstlern wie bei den Theoretikern.

C. Es gab in den Ansichten dieses Jahrhunderts aber auch Platz für andere Theorien des Schönen.

1 Die Aussagen von Lepautre, Frézier und Laugier sind wiedergegeben nach K. Cassirer: *Die ästhetischen Hauptbegriffe der französischen Architekturtheoretiker von 1650-1790*, Berlin 1909.

1. Die Theorie der Schönheit als Vollkommenheit hatte Anhänger in Deutschland. Christian Wolff (*Empir. Psychologie*, 1732, § 544-546) definierte, einer Anregung von Leibniz folgend, die Schönheit als Vollkommenheit; er fand die lapidare Formel: Schönheit ist Vollkommenheit der sinnlichen Erkenntnis (*perfectio cognitionis sensitivae*). Ähnlich A. Baumgarten (*Metaphysica*, 1739, § 662, und *Aesthetica*, 1750, § 14). Diese Annäherung von Schönheit und Vollkommenheit hielt sich bis zum Ende des Jahrhunderts, und nicht nur in der Schule Wolffs. Der Philosoph Mendelssohn definierte das Schöne als »undeutliches Bild der Vollkommenheit«, der Maler Mengs (*Gedanken über die Schönheit und den Geschmack in der Malerei*, 1762) als »sichtbare Idee der Vollkommenheit«, der Gelehrte Sulzer schrieb in der schon zitierten Arbeit, daß »nur schwache Köpfe nicht bemerken können, daß in der Natur alles auf Vollkommenheit abzielt«. In Kants *Kritik der Urteilskraft* trägt § 15 dagegen die Überschrift: »Das Geschmacksurteil ist von dem Begriffe der Vollkommenheit gänzlich unabhängig«. Das war der Wendepunkt. In der Ästhetik des 19. Jahrhunderts wirkte der Begriff der Vollkommenheit nur noch altmodisch.

2. Die Theorie der Schönheit als Ausdruck gewann in dem Maße an Bedeutung, wie die Romantik näherrückte. In Frankreich schrieb Condillac (*Essais sur les origines des connaissances humaines*, 1746, S. 16): »die vorherrschende Idee ist die des Ausdrucks« (*l'idée qui prédomine est celle de l'expression*). Sie fand später auch in England Anhänger. Alison (*Essays*, 1790) führte die Schönheit von Klängen, aber auch von Farben und Dichterworten darauf zurück, daß sie Gefühle ausdrücken. »Beauty of the sound arises from qualities of which they are expressive.« Unter den Farben seien einzig jene schön, die angenehmen oder interessanten Qualitäten Ausdruck geben (*No colours, in fact, are beautiful but such as are expressive to us of pleasing or interesting qualities*). Daraus zog er den Schluß: »Das Schöne und das Erhabene [...] sind letztlich Ausdruck des Geistes« (*The beautiful and the sublime* [...] *are finally to be ascribed to their expression of mind*).

3. Gegen Ende des Jahrhunderts hatte auch Platons Konzeption, die die Schönheit von den Ideen und vom Geist herleitete, ihre Anhänger. Sogar der realistische Porträtmaler Reynolds (*Discourses*, 1778) erklärte, die »ganze Schönheit« beruhe darauf, daß man »sich über die individuellen Formen erhebt«. Um so mehr der Klassiker Winckelmann. »Dieser Begriff der Schönheit«, schrieb er (*Geschichte*, 1764), »ist wie ein aus der Materie durchs Feuer gezogener Geist« Er pries die idealistische Schönheit, das »Ideal«, das er als Gestalt beschrieb, wenngleich es nicht die Gestalt eines konkreten Gegenstandes ist. Im Ideal sah er ein Konzentrat der realen Schönheit, eine »Auswahl« schöner Teile und ihre »Verbindung zur Einheit«. In der Natur offenbart es sich nur stückweise, verwirklicht ist es aber, wie Winckelmann meinte, in der Kunst, namentlich in der Kunst der Antike. Seine Theorie war zwar eine Hinterlassenschaft des Altertums, nämlich Platons, aber doch so lebendig, daß sie zur Umwälzung in der neuzeitlichen Kunst beitrug.

VIII. Nach der Krise

Nach der Krise der Aufklärungszeit geschah etwas Unerwartetes: Im 19. Jahrhundert kehrten die bekannten Theorien des Schönen wieder, nur waren es verschiedenartige Theorien, und die Große Theorie war zwar auch darunter, hatte aber nicht mehr ihre einstige Stellung.

Besonders anziehend wurde in der ersten Jahrhunderthälfte die alte Theorie (freilich in einer neuen Version), nach der das Schöne eine Offenbarung der Idee ist. »Das Schöne bestimmt sich [...] als das sinnliche Scheinen der Idee«, wie Hegel schrieb (*Vorlesungen über die Ästhetik*). Diese Theorie stand nun im Zentrum der Aufmerksamkeit der Ästhetiker, besonders in Deutschland, dank Schelling. Von Deutschland aus verbreitete sie sich in anderen Ländern. In Frankreich gab ihr V. Cousin Ausdruck (*Cours de philosophie*, 1836): »*Pour qu'un objet soit beau il doit exprimer une idée.*« Ähnlich schrieben in Polen sowohl die Philosophen Kremer und Libelt als auch die Dichter. Mickiewicz sagte im Collège de France: »Die partikulare, vergängliche, irdische Schönheit ist eine undeutliche Erinnerung an das, was der Geist einmal erfahren hat und was dazu bestimmt ist, daß das Ideal des Schönen all diese Gefühle umfaßt und in sich verwirklicht.« (*) Die Platonsche Idee, das Ideal, der Geist, die Anamnese: all das kehrte in den Theorien des 19. Jahrhunderts wieder, vor allem in der ersten Hälfte, aber auch danach hielt es sich noch, obwohl Widerspruch laut wurde (in Polen hielt es sich noch über Struve hinaus).

Nach vorn drängten sich auch Konzeptionen, die zuvor marginal gewesen waren: daß Schönheit in einer aus Vielfalt zusammengesetzten Einheit bestehe. Man findet diese Konzeption (*unité et variété*) in dem oben zitierten *Kurs der Philosophie* von Victor Cousin, aber auch später kehrte sie häufig wieder, besonders bei jenen, die nicht viel mehr als diesen Gemeinplatz zu sagen hatten. Aber auch die Große Theorie – daß die Schönheit auf dem Verhältnis der Teile, der Proportion, der Form beruhe – kehrte in dieser Zeit zurück. In Frankreich findet man sie bei Quatremère de Quincy. Vor allem aber in Deutschland, wo Herbart vom Beginn des 19. Jahrhunderts an eine Ästhetik auf dem Begriff der Form aufbaute (*Schriften zur praktischen Philosophie*, 1808), die dann von seinen Schülern R. Zimmermann (*Allgemeine Ästhetik*, 1865) und – speziell in der Musik – E. Hanslick (*Vom Musikalisch-Schönen*, 1854) weiterentwickelt wurde. Die Neuheit dieser Ästhetik war teilweise eine terminologische: sie sagte »Form«, wo die alte Große Theorie »Proportion« gesagt hatte. Sie nahm eine bedeutende Position ein, aber nicht eine so ausschließliche wie die Große Theorie in den verflossenen Jahrhunderten. Die Autorität Herbarts währte wie die Hegels ungefähr bis zur Jahrhundertmitte.

Dann geschah etwas Merkwürdiges: Das Interesse an der Schönheit ließ nach, obwohl das Interesse an der Ästhetik nicht nachließ. Doch es manifestierte sich in anderer Gestalt, unter einem anderen Stichwort: nicht der Schönheit, sondern der Kunst und des ästhetischen Erlebnisses. Es gab im 19.

Jahrhundert sogar mehr ästhetische Theorien als jemals zuvor, doch waren es keine Theorien des Schönen. Auf das ästhetische Erlebnis konzentriert, sahen sie dessen Grundlage in der Empathie (Vischer, später Lipps), in der bewußten Illusion (K. Lange), in erhöhter Tätigkeit des Geistes (Guyau), in Scheingefühlen (v. Hartmann), in der Expression (Croce), in der Kontemplation (Külpe, Segał). Nie zuvor hatte es so viele Theorien gegeben, so viele komplizierte Versuche, für die Ästhetik eine einfache Formel zu finden, so viele Versuche, die Vielfalt der Erscheinungen auf eine Theorie zu reduzieren, wie in diesem Jahrhundert. Doch all diese ästhetischen Theorien waren keine Theorien des Schönen, oder höchstens indirekt.

IX. Die zweite Krise

Erinnern wir uns: Das 18. Jahrhundert begann mit der Kritik am Begriff des Schönen selbst. D. Stewart geißelte seine Unentschiedenheit, die aus der Mehrdeutigkeit des Wortes resultierte; ein anderer Ästhetiker, A. Gérard, erklärte, das Schöne habe überhaupt keine bestimmten Designate, sondern umfasse die unterschiedlichsten Dinge, sofern sie nur in dieser oder jener Weise gefallen. Noch ein anderer, Payne-Knight, urteilte, die Bedeutung des Wortes sei unbestimmt, es drücke lediglich Zustimmung aus.

Das große Ereignis der Ästhetik des 18. Jahrhunderts war Kants Feststellung, daß alle Urteile über das Schöne individuelle Urteile sind. Schönheit wird für jeden Gegenstand getrennt festgestellt und nicht aus allgemeinen Sätzen hergeleitet. Der Syllogismus (etwa derart: Eigenschaft E entscheidet über die Schönheit des Gegenstandes G, Gegenstand G hat die Eigenschaft E, ergo ist Gegenstand G schön) findet hier keine Anwendung, und zwar deshalb nicht, weil es Prämissen der Art »Eigenschaft E entscheidet über die Schönheit des Gegenstandes G« in Wirklichkeit nicht gibt. Alle allgemeinen Sätze über Schönheit sind nichts als induktive Verallgemeinerungen individueller Sätze und können sich wie alle derartigen Verallgemeinerungen als falsch erweisen. Von diesen Einwänden und Entdeckungen machte das 19. Jahrhundert nicht sonderlich Gebrauch und suchte weiter nach einer Definition des Schönen und nach einer allgemeinen Theorie. Es hielt auch an der alten Wertschätzung des Schönen fest; aus den Anfängen des Jahrhunderts stammt die poetische Bekundung von Keats, daß das Schöne ewige Freude sei (»*A thing of beauty is a joy for ever*«). Der Kult des Schönen, den Ruskin später verbreitete, ist bekannt.

Das alles änderte sich jedoch in unserem Jahrhundert. Wurden im 18. Jahrhundert negative Prämissen gegen eine Ästhetik des Schönen vorgetragen, so wurden im 20. Jahrhundert negative Folgerungen gezogen. Von Künstlern ebenso wie von Theoretikern. Insbesondere diese: Schönheit ist ein so mangelhafter Begriff, daß man darauf keine Theorie aufbauen kann. Sie ist auch keine so wertvolle Eigenschaft, wie man jahrhundertelang geglaubt hat. Sie ist auch nicht die wesentliche Aufgabe der Kunst. Wenn ein Kunstwerk den Rezipienten erschüttert, wenn es ihn stark beeindruckt, so ist das wichtiger, als wenn es ihn durch seine Schönheit entzückte. Nun erreicht man Erschütterung aber nicht nur durch Schönheit, sondern auch durch Häßlichkeit. »Das Häßliche lieben wir heute genauso wie das Schöne«, schrieb Apollinaire. Es kamen Zweifel auf, ob die seit der Renaissance so allgemeine Verbindung der Kunst mit dem Schönen berechtigt sei. Die Folgerungen zog H. Read: Man darf die Künste nicht mit dem Schönen koppeln, »die Gleichsetzung von Kunst und Schönheit liegt all unseren Schwierigkeiten bei der Beurteilung von Kunst zugrunde. Denn Kunst ist nicht notwendig schön; das kann man nicht oft und nicht laut genug wiederholen«.

Der Meinung, daß andere Dinge nicht minder wertvoll sind als die Schönheit, daß die Schönheit überschätzt wurde, gab der Schriftsteller W. Somerset Maugham in seinem Roman *Cakes and Ale* [deutsch: *Seine erste Frau*, Berlin 1974] vehementen Ausdruck. In der Übersetzung lautet sein Text: »Schönheit empfinden ist ein Außer-sich-Geraten, eine Empfindung, so einfach wie der Hunger. Es läßt sich schlechthin nichts über die Schönheit sagen. Sie ist wie der Duft einer Rose; man kann an ihr riechen – das ist alles. Deshalb ist jede Kunstkritik – es sei denn, daß sie sich nicht mit Schönheit, das heißt mit Kunst beschäftigt – so langweilig. Alles, was uns ein Kritiker über Tizians ›Grablegung Christi‹, das Bild, das vielleicht von allen Bildern in der Welt die reinste Schönheit ausstrahlt, sagen kann, ist: ›Geh hin und schau es dir an!‹ Was er sonst etwa noch äußern könnte, ist Kunstgeschichte, Biografie und ähnliches. Aber die Menschen schreiben der Schönheit noch andere Eigenschaften zu: Erhabenheit, Menschlichkeit, Zärtlichkeit, Liebe, und zwar darum, weil Schönheit allein sie nicht lange befriedigen kann. Die Schönheit ist vollkommen, und Vollkommenheit – so ist nun einmal die menschliche Natur – fesselt unsere Aufmerksamkeit nur für eine kleine Weile. [...] Kein Mensch hat jemals zu erklären vermocht, warum der dorische Tempel in Paestum schöner ist als ein Glas kaltes Bier, es sei denn, daß er Argumente anführt, die mit der Schönheit nichts zu tun haben. Schönheit ist eine Sackgasse. Sie ist ein Berggipfel, der, einmal erreicht, nirgendwohin führt.«

Das ist ein langes Zitat, aber es gibt auch zwei verschiedenen Thesen Ausdruck; die eine betrifft das Phänomen des Schönen, die andere den Begriff des Schönen. Die erste drückt die Überzeugung aus, daß das Phänomen nicht so attraktiv ist, wie man traditionell angenommen hat, daß es die Aufmerksamkeit des Rezipienten jedenfalls nicht für längere Zeit zu fesseln vermag. Die zweite drückt aus, daß Schönheit ein einfaches Merkmal ist, das sich nicht definieren, analysieren, erklären läßt. Weder die erste noch die zweite These wird ausschließlich von Maugham vertreten. Die erste wurde von vielen Künstlern, die zweite von vielen Theoretikern unseres Jahrhunderts geäußert.

Die letzteren griffen – nicht immer in Kenntnis ihrer Genealogie – Gedanken von Stewart, Gérard und Payne-Knight auf und radikalisierten sie noch. In einer Version betonten sie, der Begriff des Schönen sei einfach und könne deshalb *nicht bearbeitet werden*, in einer anderen, er sei mehrdeutig und verschwommen, er bezeichne alles Beliebige, nicht eine Klasse, sondern ein Sammelsurium von Klassen, er werde bald so, bald anders benutzt und sei daher *ungeeignet für den wissenschaftlichen Gebrauch*. Eine korrekte Theorie des Schönen sei nicht möglich, erst recht nicht eine so allgemeine wie die Große Theorie. Nach Jahrtausenden der Größe des Schönheitsbegriffs sei für ihn die Zeit des Untergangs gekommen.

Doch die Geschichte ist noch nicht zu Ende.

A. Einige Ästhetiker wie Herbart im 19. und Croce im 20. Jahrhundert haben darauf hingewiesen, daß wir (besonders in der Umgangssprache) auch solche Dinge als schön bezeichnen, die uns lediglich Unterhaltung, Belehrung, Anregung und Vergnügen bieten. Der erste Schritt zur Bereinigung des Begriffs des Schönen muß darin bestehen, diese Dinge zu eliminieren.

B. Man kann das Schöne im Begriffssystem auf die höchsten Realisationen beschränken; in diesem Fall käme der Name der schönen Dinge nicht allen zu, die heute umgangssprachlich so genannt werden, sondern würde den schönsten vorbehalten, und auf ihrer Grundlage würden die Definition und die Theorie des Schönen gebildet. Th. Thoré-Bürger schrieb (*Nowe kierunki w sztuce XIX wieku* [Neue Bestrebungen in der Kunst des 19. Jahrhunderts], 1972, S. 145): »Schönheit heißt Seltenheit. Schönheit heißt Ausnahme. Schon das Wort drückt das aus: Schönheit ist die höchste Sprosse einer Leiter, die bis zum Abgrund der Häßlichkeit hinabreicht.« Und er zitierte Byron: »Byron hat einmal, ich weiß nicht wo, geschrieben: Ich habe in meinem Leben eine einzige schöne Frau, ein einziges schönes Pferd und einen einzigen schönen Löwen gesehen.« Für die restlichen blieben dann Bezeichnungen wie hübsch, ästhetisch usw. Daß ein solcher Schritt leicht durchzuführen wäre, ist jedoch nicht zu erwarten.

C. Es gibt zwei Kriterien der Schönheit, sinnliche und geistige. Die einen Dinge werden zu den schönen gezählt, weil sie bezaubern, die anderen, weil sie Anerkennung wecken. Maßstab der Schönheit ist (um die Formulierung von Roger Fry zu benutzen) entweder *charm* oder *approval*. Die Schönheit der Natur ist zumeist die Schönheit des Zaubers, während viele Kunstwerke nur Anerkennung wecken. Es gibt aber auch Dinge, die beiden Kriterien genügen; diese verdienen im höchsten Maß, zu den schönen gezählt zu werden. Und man könnte den Begriff des Schönen so bilden, daß seine Designate nur jene Gegenstände sind, die beiden Kriterien genügen. Darauf zielte die Definition Kants.

Die Verbesserung des Begriffs des Schönen ist so oder so eine schwierige Sache; es ist leichter, auf ihn zu verzichten, als ihn zu verbessern. Tatsächlich kommt das Wort »schön« in den meisten Druckwerken des 20. Jahrhunderts aus dem Bereich der Ästhetik nicht vor. Seine Stelle haben andere eingenommen, besonders das Wort »ästhetisch«; sie sind weniger mit Mehrdeutigkeit und mit historischem Ballast belastet (obwohl sie, an die Stelle des Schönheitsbegriffs tretend, einen Teil seiner Schwierigkeiten übernehmen).

In der Umgangssprache, wo es weniger auf Exaktheit und Eindeutigkeit ankommt, haben sich Begriff und Name des Schönen jedoch erhalten. »Schönheit« benutzt man heute mehr in der Praxis als in der Theorie, mehr im Gespräch als in Büchern. Es ist zu einem geläufigen Ausdruck geworden; das ist das Schicksal eines Begriffs, der jahrhundertelang in der europäischen Kultur, Philosophie und Kunsttheorie eine zentrale Stellung eingenommen hat.

Es war die Aufgabe der vorliegenden Überlegungen, die Geschichte der Großen Theorie des Schönen darzustellen, neben anderen, weniger beständigen Theorien. Um uns nicht in dieser Geschichte zu verirren, mußten wie sie vereinfachen, uns auf die größeren Veränderungen beschränken, die wir nur durch Beispiele illustrierten. Es wird vielleicht nützlich sein, noch einmal und in noch kürzerem Umfang die Geschichte des Begriffs darzustellen und dabei die Richtung und die Wendepunkte der Entwicklung anzugeben.

X. Zusammenfassung

Worauf lief also die europäische Theorie des Schönen innerhalb von zweitausend Jahren hinaus, wohin ging ihre Entwicklung?

A. Erstens gab es einen Übergang von einem *weiten Begriff des Schönen zu einem rein ästhetischen Begriff.* Der weite Begriff, der auch das Moralisch-Schöne umfaßte, hielt sich bis zum Ende des Altertums in der platonischen Strömung, doch für die Sophisten, die Aristoteliker und die Stoiker war Schönheit schon überwiegend eine ausschließlich ästhetische Schönheit. Auch die Scholastiker benutzten den engeren Begriff (»schön sind Dinge, die beim Anschauen gefallen«). Um so mehr die Humanisten der Renaissance (»schön ist ein Ding, das vom Gesichtssinn vollkommen erkannt wird«). Ebenso Descartes: »*Le mot beau semble plus particulièrement se rapporter au sens de la vue*«. Der Renaissance-Schriftsteller A. Nifo (1530) erklärte, die Schönheit der Seele sei eine Metapher (und begründete das so: Schön ist, was Begehren weckt, also kann Schönheit nur eine Eigenschaft von Körpern sein). Zugleich hielt sich der alte, weitere Begriff lange neben dem neuen; an ihm hielten vor allem jene fest, die ihre Inspiration bei Platon schöpften. Dante schrieb: »Denn leichtfertig und töricht urteilt, wer das Schöne auf die Sinne reduziert.« Der letzte Akt des Prozesses der Einengung des Begriffs war die Abtrennung des Erhabenen vom Schönen im 18. Jahrhundert: alles außer dem ästhetisch Schönen ging über auf den Begriff des Erhabenen.

B. Übergang *vom allgemeinen Begriff des Schönen zum Begriff des klassischen Schönen.* Der auf den ästhetischen Bereich eingeengte Begriff war jedoch ein weiter Begriff: er umfaßte das Schöne sowohl der klassischen wie jeder anderen Kunst. Die Große Theorie des Schönen war am Modell der klassischen Kunst entwickelt worden; die Meister des Barock glaubten aber, ihre Kunst füge sich trotz allem in diese Theorie ein, und suchten nicht nach einer anderen. Im 18. Jahrhundert war das schon anders: den Rokoko-Verzierungen entsprach eher die Bezeichnung »anmutig«, den vorromantischen Landschaften die Bezeichnung »malerisch«, der vorromantischen Literatur die Bezeichnung »erhaben«. Die Bezeichnung »schön« blieb den klassischen Werken vorbehalten.

Der Philosoph Hobbes war im 17. Jahrhundert der Meinung (*Leviathan*, 1651, II 6), die englische Sprache besitze keinen so allgemeinen Terminus wie das alte lateinische *pulchrum*, sondern nur viele spezielle Termini: hübsch, anmutig, angenehm, liebenswert, elegant, ehrbar, erhaben und – schön, was aber nur einer unter diesen vielen speziellen Termini ist, der die anderen nicht umfaßt, nicht allgemeiner ist als sie. Die von Hobbes aufgestellte Liste der speziellen ästhetischen Termini wurde vom 18. Jahrhundert noch um Namen wie malerisch, charakteristisch, ungewöhnlich, überraschend und andere erweitert. Das klassische Schöne bildete einen eher kleinen Teil des Schönen *sensu largo*, der aber so gewichtig war, daß er als *pars pro toto* auftrat.

C. *Von der Schönheit der Welt zur Schönheit der Kunst.* Für die alten Griechen war Schönheit eine Eigenschaft der natürlichen Welt; sie waren voller Bewunderung für ihre Vollkommenheit, ihre Schönheit. Die Welt ist schön, doch das Werk des Menschen soll, kann, muß schön sein. Die Überzeugung, daß die Welt schön sei (»*pankalia*«), vertraten nicht nur die frühen, sondern auch die späten Griechen und die Römer. Plutarch schrieb (*De placitis philosophorum*, 879 c): »Die Welt ist schön, man ersieht es an der Gestalt, der Farbe, der Größe und der Vielzahl der Sterne, die sie umgeben.« Und Cicero (*De or.*, III 45. 179): »Die Ordnung [der Welt] ist so schön, daß sich ein wirkungsvollerer Anblick nicht einmal denken läßt.«

Diese Ansicht behauptete sich im Mittelalter; sie äußerte sich in der Überzeugung Augustins, daß die Welt das schönste Poem sei. Die Schönheit der Welt rühmten auch die Kirchenväter des Ostens, besonders Basilius, und dann die karolingischen Gelehrten (Scotus Eriugena); ebenso die Viktoriner des 12. und die Scholastiker des 13. Jahrhunderts.

Von der Schönheit der Welt waren auch die Menschen der Neuzeit überzeugt, angefangen mit Alberti, der (*De re aed.*, VI 2) schrieb, daß »die Natur unablässig und mit verschwenderischer Freigebigkeit ein Übermaß an Schönem schafft«, über Montaigne, der auf seiner Italienreise lieber die Naturansichten als die Kunstwerke betrachtete, bis hin zu Bernini, der überzeugt war, daß die Natur den Dingen »alle ihnen nötige Schönheit« verleiht (bei F. Baldinucci, *Vite di Bernini*, 1682). Auch in den ästhetischen Abhandlungen der Aufklärung ist mehr von der schönen Natur als von der schönen Kunst die Rede. Doch Anzeichen eines Wandels der Anschauungen begannen schon in der Antike aufzutauchen. Für Kenner wie Philostratos und Kallistratos stand die Schönheit der Kunst im Vordergrund. Dann nahm die Kunst einen wichtigen Platz in der Ästhetik Augustins ein. Thomas von Aquin (*Summa theol.*, I, q. 39, a. 8) fand in der Kunst eine Schönheit, wie es sie in der Natur nicht gibt: »Ein Bild wird dann schön genannt, wenn es die Sache, auch wenn sie häßlich ist, vollkommen darstellt.« In der Neuzeit nahm die Bedeutung des Kunstschönen allmählich zu. Bezeichnend für das 19. Jahrhundert ist die Ansicht, daß es *zweierlei Schönheit* gibt, das Naturschöne und das Kunstschöne. Sie haben unterschiedliche Ursprünge und Formen. In unserem Jahrhundert ging man noch einen Schritt weiter: Schönheit gibt es ausschließlich in der Kunst. Diese Ansicht äußerte C. Bell (*Art*, 1914): Schönheit ist eine bedeutende Form (*significant form*), und es ist der Künstler, der den Formen Bedeutung verleiht; die Formen der Natur besitzen keine Bedeutung.

D. *Vom Schönen, das mit der Vernunft erfaßt wird, zum Schönen, das mit dem Instinkt erfaßt wird.* Jahrhundertelang herrschte die Überzeugung, daß Kunstwerke nur deshalb schön sind, weil sie bestimmten Regeln entsprechen, und daß nur die Vernunft ihre Schönheit zu erfassen vermag. Die Klas-

Abb. 15 Musentempel (1635)

siker sprachen nicht viel darüber, denn über das Selbstverständliche spricht man nicht viel. Um so mehr sprachen darüber die Neuklassiker, die die inzwischen bedrohte alte Konzeption zweitausend Jahre später aufrechterhalten wollten. Mit einer anderen These trat insbesondere Leibniz hervor: »Wir haben keine rationale Kenntnis von der Schönheit. Was jedoch nicht heißt, daß wir keine Kenntnis von ihr hätten. Sie beruht auf dem Geschmack. Dieser äußert sich darüber, ob ein Ding schön ist, auch wenn er nicht zu erklären vermag, warum es so ist. Er ist etwas mit dem Instinkt Verwandtes.« (*) In der Theorie des Schönen trat im 18. Jahrhundert der Geschmack zusammen mit der Phantasie an die Stelle der Vernunft: der Geschmack erkennt das Schöne, und die Phantasie erschafft es. Das 19. Jahrhundert schuf eine Kompromißlösung: Geschmack und Phantasie dienen dem Schönen ebenso wie Regeln und rationales Denken. Man darf annehmen, daß diese Lösung auch unserer Zeit entspricht.

E. *Von der objektiven zur subjektiven Auffassung des Schönen.* Von diesem Wandel war schon die Rede, doch muß in der Zusammenfassung an ihn erinnert werden. Diese Auffassung herrschte lange, wenngleich sich vielfach, angefangen mit den Sophisten, ein ästhetischer Subjektivismus zu Wort meldete. Er setzte sich erst in der Neuzeit durch. Das geschah jedoch ein wenig früher, als man gemeinhin annimmt, nämlich schon im 17. Jahrhundert bei den Philosophen. Auch hier war Descartes der Initiator, doch wurde seine Ansicht von Pascal, Spinoza und Hobbes geteilt. Die Kritiker und Künstler blieben damals noch dem Objektivismus treu. Doch am Beginn des 18. Jahrhunderts war der Wandel vollendet. Der erste Vertreter des neuen Kurses in diesem Jahrhundert war der Literat Addison, ein radikalerer später der Philosoph Hume. Ein typischer und einflußreicher Ästhetiker des 18. Jahrhunderts, gab Burke dem Subjektivismus eine gemäßigte Form. Am Ende des Jahrhunderts machte Kant sich zwar das Prinzip des Subjektivismus zu eigen, schränkte es jedoch ein: er behauptete nämlich, daß Urteile über das Schöne trotz ihrer Subjektivität

Allgemeingültigkeit beanspruchen können. Seither, kann man sagen, stand die Mehrheit der Ästhetiker im Prinzip auf dem Standpunkt der Subjektivität des Schönen, bemühte sich jedoch um seine objektiven und allgemeingültigen Elemente.

F. *Von der Größe zum Sturz des Schönen.* Die Größe des Schönen hatte lange Bestand, bis ins 18. Jahrhundert, jedoch nicht länger. Damals geriet der Glaube an diese Idee ins Wanken, obwohl das Gefallen an schönen Dingen und die Fähigkeit, solche hervorzubringen, nicht nachließen. Die Ursachen waren mannigfaltig: erstens büßte das Schöne, als man es subjektiv interpretierte, etwas von seiner Größe ein; zweitens verlor es etwas von seinem Terrain, als das Subtile, das Malerische und das Erhabene vom Schönen abgetrennt wurden; schließlich war das Schöne jahrhundertelang mit den klassischen Formen verbunden worden, und diese Formen büßten im 18. Jahrhundert zugunsten der romantischen Formen etwas von ihrer Attraktivität ein. F. Schlegel schrieb (in *Über das Studium der griechischen Poesie*, 1797): »Nicht das Schöne ist das Princip der modernen Kunst, sondern das Charakteristische, das Interessante und das Philosophische.« Diese Ansicht ist in unserer Zeit mit aller Macht wieder aufgetaucht. H. Read (*The Meaning of Art*, 1964) behauptete, alle Schwierigkeiten bei der Beurteilung von Kunst gingen auf ihre Gleichsetzung mit der Schönheit zurück. Es ging sogar bis zum Scherz: »*Rien n'est beau que le laid*« (R. Polin). »Das Schöne hat sich aus der zeitgenössischen ästhetischen Theorie zurückgezogen, ja, es ist aus ihr verschwunden« (J. Stolnitz, *Beauty*, 1961, S. 185).

Man könnte meinen, die Theorie des Schönen habe sich im Laufe der Jahrhunderte Schritt für Schritt gebildet. In Wirklichkeit war es anders: sie entstand früh, und ihre weitere Geschichte bestand eher in Kritik, Einschränkung, Korrektur.

Welche Ereignisse waren die Wendepunkte in dieser Geschichte? Es waren nicht die großen Definitionen eines Aristoteles oder eines Thomas; sie formten nicht die Ansicht über das Schöne, sondern formulierten nur lapidar eine bereits ausgebildete Ansicht. Prägend für diese Ansicht waren hingegen die Große Theorie und bis zu einem gewissen Grad die Platonsche Idee des Schönen. Diese Idee war zwar eine fiktive Konstruktion – und die Große Theorie war eine Vereinfachung –, sie schuf aber gleichwohl einen stabilen und bequemen Rahmen für die Reflexion über das Schöne.

1. Ein Wendepunkt war Plotins Kritik der Großen Theorie und die von ihm vertretene These, daß es neben der Proportion noch einen anderen Faktor des Schönen gibt. Die Weiterentwicklung dieser These durch Pseudo-Dionysios und die Erneuerung der Großen Theorie durch Augustin entschieden über das Schicksal der Ästhetik im Mittelalter.

2. Das nächste bedeutende Datum war die Annäherung zweier Begriffe, die bis dahin getrennte Wege gegangen waren, im Zeitalter der Renaissance, der Begriffe des Schönen und der Kunst. Das System der ästhetischen Begriffe sollte von da an einige Jahrhunderte lang einen doppelten Gipfel haben: wenn Kunst, dann Kunst des Schönen, wenn Schönheit, dann Schönheit der Kunst.

3. Der nächste Wendepunkt war der Übergang von der objektiven zur subjektiven Konzeption des Schönen. Ein amerikanischer Historiker, der darin die »kopernikanische Wende« der Ästhetik erblickt, läßt diese mit Shaftesbury beginnen und datiert sie auf das 18. Jahrhundert: »*the whole century is a Copernican Revolution in Aesthetics*«. Doch die Idee der Subjektivität des Schönen hatte sich mindestens schon am Beginn des 17. Jahrhunderts gebildet, die bedeutenden Philosophen dieses Jahrhunderts hatten die Wende vollzogen, und das 18. Jahrhundert tat nichts anderes, als sie zu verbreiten.

4. In dieses Jahrhundert fiel dagegen eine andere Wende: die von den klassischen zu den romantischen Vorlieben, vom Schönen, das auf Regeln beruht, zum Schönen, das auf Freiheit beruht, von dem, das Wohlgefallen erzeugt, zu dem, das Ergriffenheit erzeugt. Diese Wende trug zur Erschütterung

der Großen Theorie bei, führte aber nicht zu einer anderen Theorie gleichen Ranges.

5. Eine weitere Wende des 18. Jahrhunderts, eine formale nur, aber dennoch bedeutende: jetzt erst entstand die Konzeption einer eigenen Wissenschaft vom Schönen (Baumgarten, 1750) und kurz darauf die Idee, daß diese Wissenschaft, die »Ästhetik«, neben dem theoretischen und praktischen den dritten großen Zweig der Philosophie bildet (Kant, 1790).

6. Ein weiterer Wendepunkt in den Ansichten über das Schöne ist der, dessen Zeugen wir heute sind.

Kapitel V

Das Schöne: Geschichte der Kategorien

Pulchritudo multiplex est
Giordano Bruno

I. Spielarten des Schönen

A. Das Schöne ist mannigfaltig, finden sich unter den schönen Gegenständen doch sowohl Kunstwerke als auch Naturansichten, sowohl schöne Körper als auch schöne Stimmen und schöne Ideen. Man kann daher annehmen, daß es nicht nur verschiedene schöne Gegenstände in der Welt gibt, sondern daß auch ihre Schönheit unterschiedlicher Art ist. Die Gelehrten unterscheiden die Schönheit der Natur [das Naturschöne] von der andersartigen Schönheit der Kunst [dem Kunstschönen], das Schöne der Musik vom Schönen der Plastik, die Schönheit realer Gestalten von der Schönheit abstrakter Formen, die den Gegenständen eigene Schönheit von der anderen Schönheit, die sie aus Assoziationen schöpfen. Letztlich jedoch kennt die Geschichte der Ästhetik nicht viele *Einteilungen* des Schönen. Als C. Perrault im 17. Jahrhundert die notwendige von der willkürlichen Schönheit unterschied, als H. Home (Lord Kames) im 18. Jahrhundert die relative von der absoluten Schönheit schied und als G. Th. Fechner im 19. Jahrhundert die eigene Schönheit von der assoziierten Schönheit trennte, war das stets dieselbe Einteilung, nur unter anderem Namen. Am Ende hat die Geschichte der Ästhetik sehr viel weniger Versuche einer Klassifikation des Schönen hinterlassen als Klassifikationen der Künste.

B. Hingegen weist diese Geschichte eine nicht geringe Zahl von *Spielarten* des Schönen auf, die nicht in eine reguläre Klassifikation einbezogen wurden. Als Beispiele für diese Spielarten mögen das Subtile, das Anmutige und das Feine dienen. Der Unterschied zwischen diesen lockeren Spielarten des Schönen und seiner regulären Klassifikation wird vielleicht deutlicher durch einen Vergleich mit den Farben. Wir kennen einerseits die regulären Einteilungen der Farben nach bestimmten Prinzipien: die Einteilung in die sieben Farben des Spektrums, die Einteilungen in reine und gemischte, in einfache und zusammengesetzte, in gesättigte und ungesättigte Farben. Andererseits kennen wir einzelne Farben wie Scharlachrot, Purpurrot, Karminrot und die Korallenfarbe, die sich jedoch in kein System fassen und gemeinsam in die Gesamtheit der Farben einordnen lassen.

Ähnlich ist es mit dem Schönen: Wir bedienen uns seiner *Einteilungen*, z. B. in sinnliche und geistige Schönheit, wir unterscheiden aber auch Spielarten wie etwa das Anmutige oder das Subtile, die nicht das Ergebnis einer Gliederung des Schönen sind und keinen bestimmten Platz in seinen Einteilungen haben. Man kann sie daher nicht gut als Arten oder Gattungen des Schönen bezeichnen, sondern eher als Spielarten. Gelegentlich bezeichnet man sie auch als *Qualitäten* des Schönen oder als ästhetische Qualitäten.

Man hat mehrfach versucht, diese *Spielarten des Schönen* zusammenzustellen. Eine außergewöhnlich vollständige Liste findet sich bei Goethe.[1] Er nennt u. a. das Tiefe, das Originelle, das Plastische, das Erhabene, das Individuelle, das Vergeistigte, das Edle, das Empfindsame, den Geschmack, das Treffende, das Schickliche, die Macht der Wirkung, das Erlesene, das Höfische, die Fülle, den Reichtum, die Wärme, den Zauber, die Lieblichkeit, die Anmut, die Gewandtheit, die Leichtigkeit, die Lebendigkeit, die Zartheit, das Glanzvolle, das Raffinierte, das Stilvolle, das Rhythmische, die Harmonie, die Reinheit, die Tadellosigkeit, die Eleganz und die Vollkommenheit. Das ist eine umfangreiche Liste, aber auch sie ist keineswegs vollständig; was sie zum Beispiel nicht aufführt,

1 *J. W. Goethe über Kunst und Literatur*, hrsg. W. Girnus, Berlin 1953.

ist das Gravitätische, das Vornehme, das Monumentale, das Üppige, das Poetische und das Natürliche. Die Aufgabe ist allein deshalb schon nicht vollständig und exakt zu erfüllen, weil sie eine doppelte ist: zum einen sind die Eigenschaften von Dingen, zum anderen die sprachlichen Ausdrücke zur Bezeichnung dieser Eigenschaften zusammenzustellen, und diese Ausdrücke decken sich nicht in allen Sprachen.

An Versuchen, die Spielarten des Schönen aufzuzählen, fehlt es auch in unserer Zeit nicht. Als Beispiel sei die Zusammenstellung von F. Sibley (*Aesthetic Concepts*, 1959) angeführt, die folgende Eigenschaften nennt: schön, gefällig, anmutig, elegant, subtil, heiter, tragisch, dynamisch, mächtig, lebendig, ergreifend, einheitlich, ausgewogen, integriert. In Polen wohlbekannt ist die umfangreiche und differenzierte Aufstellung von R. Ingarden (*Przeżycie – dzieło – wartość*, 1966; deutsch: *Erlebnis, Kunstwerk und Wert*, Tübingen 1969). Eine ausführliche Darstellung gibt der kalifornische Ästhetiker K. Aschenbrenner in *The Concept of Value. Foundation of Value Theory* (1971).

Jede der hier erwähnten ästhetischen Qualitäten trägt zur Schönheit des Dings bei; sie trägt, wohlgemerkt, zur Schönheit bei, garantiert sie jedoch nicht, denn andere Qualitäten können überwiegen und das Ding seiner Schönheit berauben. Manche Dinge finden wir ihrer Anmut wegen schön, andere nicht, obwohl wir sie als anmutig empfinden. Ebenso verhält es sich mit der Regelmäßigkeit, dem rhythmischen Charakter und der Eleganz: keine dieser Qualitäten ist eine hinreichende Bedingung für Schönheit. Ebenso ist keine eine notwendige Bedingung, denn ein Ding kann seine Schönheit einer anderen Qualität verdanken. Hingegen bewirkt jede, daß ein Ding, das sie besitzt, falls es schön ist, schön im Sinne dieser Qualität ist.

C. Den Spielarten des Schönen hat man gelegentlich den Namen »Kategorie« gegeben, allerdings nur den *allgemeineren* Spielarten, die eine Vielzahl von Spielarten enthalten. Es war Kant, der diesem Namen den Weg in die Ästhetik ebnete; er tauchte dann bei den Ästhetikern des 19. Jahrhunderts auf, so bei E. Th. Vischer (*Über das Erhabene und Komische*, 1837). Er hat sich in der Ästhetik jedoch weniger im kantischen als im aristotelischen Sinne eingebürgert. Ist schon der Begriff der ästhetischen Qualität nicht scharf, so noch weniger der Begriff der ästhetischen Kategorie; dennoch bürgerte er sich ein. Es war die Ambition der Ästhetiker des 19. und einiger Ästhetiker des 20. Jahrhunderts, eine vollständige Liste der ästhetischen Kategorien zu geben und den gesamten Umfang des Schönen mit ihnen zu erfassen. Die hier vorgetragenen Überlegungen verfolgen ein bescheideneres Ziel: sie wollen lediglich einen Überblick über die Kategorien geben, die in der Geschichte des europäischen Denkens zu Wort gekommen sind.

Einige Kategorien des Schönen wurden schon seit der Antike erwähnt. In Griechenland waren es die *symmetria* (Ebenmaß), die geometrische Schönheit der Formen, die *harmonia* (Zusammenklang), das Schöne in der Musik, die *eurythmia*, die subjektiv bedingte Schönheit. In Rom bildete sich die Kategorie des *Erhabenen*, besonders dank der Rhetoren und der Konzeption der höheren (*sublimis*) Rhetorik. Das Mittelalter kannte weitere Kategorien des Schönen. Schon im 12. Jahrhundert unterschied Isidor von Sevilla zwischen dem *decus* (Schönheit) und dem *decor* (Gefälligkeit). Später verliehen die Scholastiker den Namen »*decor*« eher einer höheren Spielart des Schönen, die auf der Übereinstimmung mit der Norm beruhte; »*venustas*« war ihr Name für das Reizende und Anmutige; sie kannten Kategorien wie *elegantia*, das heißt Vornehmheit, *magnitudo*, das heißt Größe, *variatio*, das heißt Formenvielfalt, *suavitas*, das heißt Süße. Das mittelalterliche Latein hatte für die Spielarten des Schönen viele Namen: *pulcher, bellus, decor, excellens, exquisitus, mirabilis, delectabilis, preciosus, magnificus, gratus*. Es waren Namen von Kategorien des Schönen, aber sie wurden locker benutzt, waren noch nicht zu einem System verbunden, und der Name »Kategorie« wurde noch nicht auf sie angewandt.

Auch in der Neuzeit wurden hin und wieder verschiedene Kategorien in den Vordergrund gestellt. Am häufigsten die

Anmut (*gratia*). Aber auch die *Subtilität* (*subtilitas*) und die *Schicklichkeit* (*bienséance*). Mit der Kategorie des *Neuen* arbeitete V. Galilei, der (*Dialogo*, 1581) schrieb: »Die Musiker unserer Zeit ziehen in der Art der Epikureer ohne jede Rücksicht, nur um den Sinn zu erfreuen, das Neue allem anderen vor.« Im 18. Jahrhundert gewann die Kategorie der *Eleganz* an Bedeutung; der Maler J. Reynolds (*Discourses of Art*, 1778) setzte den Akzent auf sie. Die Geschichte der Kategorie des *Malerischen* beginnt mit dem Jahr 1794, in dem Sir U. Price seinen *Essay on the Picturesque* veröffentlichte; das Wort »*picturesque*« war den Engländern und Franzosen schon vorher bekannt, bezeichnete aber nicht das Malerische, sondern die Malkunst. Die Kategorie des *Glanzvollen* (*the brilliant*) tauchte bei einem englischen Autor des 20. Jahrhunderts auf (G. L. Raymond, *Essentials of Aesthetics*, 1906).

D. *Aufstellungen* von Kategorien findet man bei den Schriftstellern der Renaissance. Als Beispiel mag G. Trissino dienen, der in *La poetica* (1529) »*forme generali*« unterschied: *Klarheit, Größe, Schönheit* und *Schnelligkeit* (*clarezza, grandezza, bellezza, velocità*). Diese Aufstellung verbreitete sich jedoch nicht, und auch andere Einfälle in den Poetiken des 16. Jahrhunderts fanden keinen Anklang.

Verbreitung fand erst eine Aufstellung von Kategorien, die am Beginn des 18. Jahrhunderts auftauchte; sie war das Werk von J. Addison. Sie war bescheiden, wies nur drei Glieder auf und unterschied zwischen dem Großen, dem Ungewöhnlichen und dem Schönen (*the great, the uncommon, the beautiful*). Er verstand das Schöne in einem engeren Sinn als eine der ästhetischen Kategorien. Addisons Aufstellung erwies sich als brauchbar. Unter dem Ungewöhnlichen verstand man im England des 18. Jahrhunderts auch das Neue, unter dem Großen auch das Erhabene, doch die Aufstellung blieb im Prinzip unverändert. Sie hatte ihren festen Platz in der Ästhetik der Aufklärung, zumindest der englischen. Auf sie griff M. Akenside 1744, J. Warton 1746 und Th. Reid am Ende des Jahrhunderts zurück.

Abb. 16 Goltzius: Apollo (um 1600)

Außerdem wurde diese Aufstellung erweitert, insbesondere von A. Gérard (1759), der nicht sonderlich glücklich noch vier weitere Kategorien hinzufügte (*senses of imitation, of harmony, of ridicule, of virtue*). Sie wurde aber auch vermindert, nämlich um das Neue-Ungewöhnliche, das späteren Ästhetikern (z. B. Reid) als eine Eigenschaft anderer Ordnung erschien als das Schöne und das Große. Vor allem E. Burke (1756), ein besonders einflußreicher Schriftsteller, behielt nur zwei Kategorien bei: *das Schöne* und *das Erhabene*. Sein Binom beschloß das 18. Jahrhundert, das mit dem Trinom Addisons eröffnet worden war.

Als diesen Kategorien übergeordneten Begriff würden wir den Begriff der ästhetischen Qualität oder der ästhetischen Kategorie betrachten; die damaligen Ästhetiker sagten, es seien Arten des Wohlgefallens oder genauer: Arten des »Wohlgefallens der Phantasie«.

Doch zwischen den Zeilen kann man lesen, daß auch für sie das Schöne der Oberbegriff war. Addison schrieb, manche Gedichte seien *schön*, weil sie erhaben sind, andere, weil sie sanft sind, wieder andere, weil sie natürlich sind. Das ist verständlich, denn *Schönheit* war damals (nicht anders als heute) ein *doppelter Begriff*, der im weiten und im engeren Sinne benutzt wurde. S. Johnson (*Dictionary*, 1755) stellte dem Schönen die Eleganz gegenüber, die er jedoch gleichzeitig als eine Spielart des Schönen bestimmte. Die obengenannten Kategorien bürgerten sich bei den englischen Essayisten und Philosophen des 18. Jahrhunderts ein; die bildenden Künstler entdeckten andere. W. Hogarth (*The Analysis of Beauty*, 1753) erwähnte die Angemessenheit (*fitness*), die Heterogenität, die Homogenität, die Einfachheit, die Kompliziertheit und die Vielheit. Bei den Künstlern und Schriftstellern anderer Länder finden wir andere Einfälle. In Frankreich nannte Diderot die folgenden Kategorien: *joli, beau, grand, charmant, sublime* – und fügte hinzu: »weitere in unendlicher Zahl«. Im Deutschland des 18. Jahrhunderts unterschied J. G. Sulzer (1771) *anmutig, erhaben, prächtig* und *feuerig*.

In der ersten Hälfte des 19. Jahrhunderts tauchten schon umfangreichere Listen von Kategorien auf. F. Th. Vischer unterschied anfangs (1837) *tragische, schöne, erhabene, pathetische, wunderbare, komische, groteske, bezaubernde, anmutige* und *hübsche* Dinge (*), in seinem Hauptwerk (*Ästhetik*, 1846) aber nur noch zwei Kategorien: *erhaben* und *komisch*. Als Beispiele aus unserer Zeit mögen die Aufstellungen zweier französischer Ästhetiker dienen: Ch. Lalo (*Esthétique*, 1925) unterschied 9 Kategorien: *schön, prächtig, anmutig, erhaben, tragisch, dramatisch, geistreich, komisch, humoristisch*. E. Souriau (*La correspondence des arts*, 1947) fügte hinzu: *elegisch, pathetisch, phantastisch, malerisch, poetisch, grotesk, melodramatisch, heroisch, edel, lyrisch*.

Manche Kategorien werden in der Umgangssprache, aber nur ausnahmsweise in der Wissenschaftssprache benutzt, wie *Hübschheit* (wenn etwas trotz seiner Nichtigkeit wegen seiner äußeren Form gefällt). – *Monumentalität* ist eine Kategorie, die mehr von Kunstkritikern als von Ästhetikern benutzt wird. – Manche Kategorien sind umstritten: Kant zählte den *Reiz* nicht zu den ästhetischen Kategorien, weil, wie er sagte, sich dem Reiz zu ergeben keine interesselose und mithin keine ästhetische Haltung sei. Andere Kategorien werden ohne erkennbare Rechtfertigung vorgeschlagen; zu ihnen gehört die in der Ästhetik unserer Zeit auftauchende *Häßlichkeit*. Die Reaktion auf Häßlichkeit ist sicherlich eine ästhetische und gelegentlich ebenso stark wie die auf Schönheit, aber es ist doch ein und dieselbe Kategorie; wer die Häßlichkeit als eine eigene Kategorie anführt, der muß auch die Abwesenheit des Erhabenen usw. erwähnen. *Das Tragische* und *das Komische*, im 19. und 20. Jahrhundert häufig genannt, sind im Grunde keine ästhetischen Kategorien. Wie M. Scheler überzeugend gezeigt hat, ist Tragik nicht eine ästhetische, sondern eine ethische Kategorie; tragisch sind Lebenssituationen, aus denen es keinen Ausweg gibt. Humor ist eine moralische Haltung. Das Vergnügen, das die Komik bereitet, ist kein ästhetisches Vergnügen, schrieb Th. Lipps (*Ästhetik*, 1914, S. 585). Daß tragische und komische Situationen ein gegebenes Thema für die Kunst, zumindest die literarische, sind, steht auf einem anderen Blatt. Ihre Stellung in der Ästhetik verdanken das Tragische und das Komische dem Umstand, daß die theatralischen Formen der Tragödie und der Komödie sich früh ausbildeten und zum Gegenstand eines so einflußreichen Werkes wie der *Poetik* des Aristoteles wurden. Im Mittelalter bedeutete »*tra-*

gicus« ganz einfach erhaben (*grandia verba, sublimus et gravis stilus*).

E. Man hat versucht, die Kategorie zu einem *System* zu vereinen und das Schöne nach einem einheitlichen Prinzip auf sie zu verteilen. L. N. Stołowicz (1959) ging von dem Grundsatz aus, daß es ebenso viele ästhetische Kategorien gibt wie Beziehungen zwischen idealen und realen Faktoren. Er erhielt auf diese Weise sechs Kategorien, darunter Häßlichkeit, Komik und Tragik. Ein wenig attraktiver ist das Kategoriensystem von J. S. Moore (*The Sublime*, 1948): Es gibt ebenso viele Kategorien, wie es Arten der Harmonie gibt: des Geistes mit dem Gegenstand, der Idee mit der Form, der Einheit und Vielheit; auf dieser Grundlage unterschied er sechs: *das Schöne* (als vollständige, dreifache Harmonie) und die partiell harmonischen Kategorien des *Erhabenen*, des *Glanzvollen*, des *Hübschen*, des *Malerischen* und des *Monumentalen*.

Anne Souriau, die den ästhetischen Kategorien eine Abhandlung gewidmet hat (*La notion de catégorie esthétique*, 1966), kam zu dem Schluß, daß es nicht möglich ist, die Kategorien systematisch zu klassifizieren, sie in einer definitiven Tabelle festzuhalten. Ihr Argument ist, daß neue Kategorien erdacht werden können, daß sie »*un domaine illimité à l'activité créatrice des artistes et à la réflexion des esthéticiens*« darstellen. Unseres Erachtens gibt es für diesen Sachverhalt noch andere methodologische Gründe. Ganz knapp gesagt: die ästhetischen Kategorien sind Spielarten, nicht Arten des Schönen. Einige von ihnen sollen hier besprochen werden.

II. Die Angemessenheit

A. Seit der Antike galt die Angemessenheit als eine Spielart des Schönen, namentlich die Angemessenheit der Dinge an die Aufgabe, welche die Dinge erfüllen sollen, an den Zweck, dem sie dienen. Diesen Vorzug nannten die Griechen *prepon*; die Römer übersetzten diesen Ausdruck mit *decorum*. »*Prepon appellant Graeci, nos dicamus sane decorum*«, schrieb Cicero (*Orat.*, 21. 70). Später benutzte man im Lateinischen häufiger den Namen *aptum*, aber in der Renaissance kehrte das *decorum* zurück. Die Franzosen des Grand Siècle nannten diese Eigenschaft zumeist *bienséance*, im alten Polen sprach man von *dostojność*. Heute spricht man eher von der Angemessenheit, der Eignung, der Zweckmäßigkeit und der Funktionalität als Vorzug mancher Künste und als Grund des Gefallens, das wir an ihnen finden. Die Terminologie hat sich geändert, doch der Begriff selbst ist geblieben.

Der Begriff enthielt jedoch eine gewisse Zweideutigkeit. Bei vielen Schriftstellern findet man die Feststellung, es gebe »zweierlei Schönheit«, die Schönheit der Form und die Schönheit der Angemessenheit; wer so spricht, betrachtet die Angemessenheit als eine *Spielart des Schönen*. Andere Autoren, insbesondere ältere, hielten dagegen allein die Schönheit der Form für Schönheit und sahen in der Angemessenheit einen *anderen*, der Schönheit verwandten Vorzug, den sie jedoch von der Schönheit unterschieden, der Schönheit entgegensetzten. Letztlich war auch das eine Frage der Terminologie, hing es insbesondere davon ab, wie man die Schönheit verstand, im weiteren oder im engeren Sinne.

Schon Sokrates rückte die Schönheit in einen Zusammenhang mit der Angemessenheit; nach Xenophons *Memorabilia* (III 8. 4) unterschied er das Schöne an sich von dem, was schön ist, weil es an seine Bestimmung (*prepon*) angepaßt ist. Bei einer Rüstung oder einem Schild, die er als Beispiele nannte, ging es vor allem um die Schönheit der Anpassung. Man kann den Eindruck gewinnen, die Ansichten des Sokrates seien schwankend gewesen, denn er nannte die Angemessenheit, die Anpassung an den Zweck schön, stellte sie aber an anderer Stelle der Schönheit gegenüber; man versteht jedoch leicht, was er meinte: die Angemessenheit ist Schönheit im weiten Sinne (wenn er alles schön nennt, was gefällt) und zugleich das Gegenteil von Schönheit (wenn man darunter die Schönheit der Form versteht).

Den Begriff der Angemessenheit übernahmen die Stoiker

(v. Arnim, Frg. 24): das taten schon die frühen Vertreter der Schule, aber auch später sah Diogenes der Babylonier in der Angemessenheit den grundlegenden Vorzug eines Dings; auch Plutarch pries sie (*De aud. poet.*, 18 d); Cicero rühmte dann das »*decorum*« (*Orat.*, 21. 70).

Augustin führte die Angemessenheit (nun unter dem anderen Namen »*aptum*«) in den Titel seiner in jungen Jahren verfaßten Arbeit *De pulchro et apto* ein. Isidor von Sevilla (*Sententiae*, I. 8. 18) unterschied sie von der Schönheit im engeren Sinne: »Die Gefälligkeit beruht *entweder* auf der Schönheit *oder* auf der Angemessenheit.« Die Scholastiker hielten am Begriff der Angemessenheit und am Gegensatz von Angemessenheit und Schönheit fest. Ulrich von Straßburg (*De pulchro*) faßte das Verhältnis dieser Begriffe noch deutlicher, als er schrieb, daß das Schöne im weiten Sinne, das sowohl das Schöne im engeren Sinne (*pulchrum*) als auch die Angemessenheit (*aptum*) umfaßt, »*communis ad pulchrum et aptum*« sei. Hugo von St. Viktor (*Didasc.*, VII) unterschied *aptum* und *gratum*, wobei er den letzteren Namen dem Schönen *sensu stricto*, der Schönheit der Form, verlieh. Das Begriffssystem war im Mittelalter klarer als je.

In der Renaissance war das Gefallen an der *concinnitas* (der Schönheit der Form, der Schönheit der vollkommenen Proportion) so groß, daß das *decorum* in den Hintergrund trat. Alberti sagt jedoch deutlich, daß die Schönheit eines Gebäudes davon abhängt, ob es seiner Bestimmung entspricht.

In der Folgezeit kam es zu einer Erneuerung des alten Begriffs der Angemessenheit, besonders in der französischen klassizistischen Theorie des 18. Jahrhunderts, angefangen mit Chapelain, allerdings unter anderen Namen: »*convenance*«, »*justesse*« und besonders »*bienséance*«. Diesen französischen Namen entsprach die altpolnische »*przystojność*«. Der Wandel betraf nicht nur die Terminologie. Vielmehr verschob sich der Inhalt ganz erheblich; es ging jetzt weniger um Eigenschaften einer ihrem Gebrauch angemessenen Sache, sondern mehr um den seiner gesellschaftlichen Stellung angemessenen Menschen: gefällig ist ein Mensch, dessen Aussehen und Verhalten seinem Stand und seiner Würde entspricht. Vor allem die Literaturtheorie machte »Angemessenheit« in dieser *gesellschaftlichen* Bedeutung zur ersten Regel der Kunst; davon spricht jede Abhandlung des 17. Jahrhunderts, speziell bei Rapin. Nach dem *Dictionnaire de l'Académie Française* (Ausg. von 1787) bedeutet »*bienséance*« soviel wie »*convenance de ce qui se dit, de ce qui se fait par rapport à l'âge, au sexe, au temps, au lieu etc.*«.

B. In der Epoche der Aufklärung wurde der Begriff der Schönheit noch stärker mit dem Begriff der Angemessenheit verknüpft; er hatte damals Fürsprecher besonders unter den Philosophen, Essayisten und Ästhetikern Englands, nicht mehr im Sinne der gesellschaftlichen Schicklichkeit, sondern wieder im Sinne der Nützlichkeit, wie einst in Griechenland.[2] D. Hume schrieb (*Treatise*, 1739, Bd. II), die Schönheit vieler menschlicher Werke beruhe »auf der Nützlichkeit und Brauchbarkeit (*fitness*) für den Zweck, dem sie dienen«. Ähnlich A. Smith (*Of the Beauty which the Appearence of Utility Bestows upon all Productions of Art*, 1759, part IV, ch. 1): »Die Wirksamkeit eines Systems oder einer Maschine bei der Bewirkung des Zwecks, für den sie bestimmt wurden, verleiht dem ganzen Gegenstand Schönheit.« Und nicht anders A. Alison (*Essays on the Nature and Principles of Taste*, 1790): »Es gibt keine Form, die nicht schön würde, wenn sie dem Zweck vollkommen angepaßt ist.«

In der Folgezeit war der Bereich des Schönen für diese Schriftsteller halbiert: die einen Gegenstände besitzen ihre eigene Schönheit, die anderen erwerben sie durch ihre Nützlichkeit. Wie H. Home schrieb (*Elements of Criticism*, 1762): »Ein Gegenstand, der eigener Schönheit entbehrt, schöpft sie aus seiner Nützlichkeit.«

Welche Folgerungen ergeben sich aus den hier zusammengestellten historischen Daten? Daß Angemessenheit seit der Frühzeit als eine der Formen des Schönen galt; daß sie einen

2 E. R. de Zurko, *Origins of Functionalist Theory*, New York 1957.

anderen Namen hatte; daß sie zumeist als eine *von zwei* Formen des Schönen erwähnt wurde; daß sie die spezifische Schönheit nützlicher Gegenstände war. Handwerker schufen diese Schönheit, und Philosophen schrieben über sie und rühmten sie.

Als Beispiele nützlicher Schönheit nannte Hume Tische, Stühle, Wagen, Sättel und Pflüge. Im 19. Jahrhundert, dem Jahrhundert der Maschinen und Fabriken, mußte der Umfang des nützlichen Schönen sich erweitern. Doch erstens befriedigten die Fabrikerzeugnisse nicht alle; vor allem im am stärksten industrialisierten England lösten sie Kritik aus und die Aktion von J. Ruskin und W. Morris für eine Rückkehr zum Handwerk. Zweitens geschah etwas Merkwürdiges: die maschinelle Erzeugung umfaßte nicht die Architektur und die Umwelt, in der der Mensch lebt. Es entstand die eigentümliche »Dichotomie der bürgerlichen Kultur: einerseits die Wunder der maschinellen Erzeugung der Industrie, andererseits umgab sich der Mensch zu Hause mit dem *bric-à-brac* verzierter Geräte.«[3]

C. Die *Architektur* wurde im Altertum, im Mittelalter und in der Renaissance zu den mechanischen Künsten gezählt, aber ihre Theorie interessierte sich eigentlich nur für monumentale Bauten, nicht für nützliche; die Abhandlungen aus diesem Fach wurden ausschließlich im Hinblick auf große Bauwerke und ihre vollkommenen Proportionen verfaßt. Erst in der Mitte des 18. Jahrhunderts (Batteux, 1747) wurde die Architektur unter die mittleren Künste, zwischen den freien und den mechanischen, eingereiht, und bald darauf wurde sie zusammen mit der Malerei und der Bildhauerei allgemein als schöne Kunst anerkannt; dieser Aufstieg trug nicht zu ihrem funktionalen Verständnis bei; davon waren die Neugotik, die Neurenaissance und das Neurokoko des 19. Jahrhunderts himmelweit entfernt.

Bis schließlich der Wandel eintrat: die Architektur wurde

3 H. Schaefer, *The Roots of Modern Design*, London 1970, S. 161.

in Theorie und Praxis dem Prinzip der Funktionalität unterworfen. Als wichtigster Urheber des Wandels gilt der amerikanische Architekt F. L. Wright (1869-1959); historische Untersuchungen zeigen jedoch, daß er Vorläufer hatte, insbesondere L. H. Sullivan (1856-1915). Aber auch er war nicht der erste; das war vielmehr H. Greenough, ebenfalls ein Amerikaner, Architekt und Konstrukteur und zugleich Theoretiker und Schriftsteller; er wirkte in der Mitte des 19. Jahrhunderts, seine Arbeit *Form and Function* wurde 1851 verfaßt: das war der Anfang der Bewegung. Greenough schrieb über Häuser, daß »man sie Maschinen nennen kann« (wie später Le Corbusier) und daß »aus der Funktion die Schönheit folgt«. Den Ursprung dieser neuen Idee sehen Historiker nicht nur in der Industrialisierung der Welt, sondern auch im angelsächsischen *common sense* und in der protestantischen Ethik der Strenge und Sparsamkeit. Sie trugen dazu bei, daß man sich beim Bemühen um Schönheit in der Architektur von der Ornamentik abwandte und der Funktionalität der Formen zuwandte.

Die Vorkämpfer des Funktionalismus des 20. Jahrhunderts – die Bauhaus-Architekten, Van de Velde und Le Corbusier – kämpften auch mit der Feder; sie bauten nicht nur funktional, sie versuchten dieses Verständnis der architektonischen Schönheit auch theoretisch zu begründen – und ihre Sache gehört nicht nur zur Geschichte der Architektur, sondern auch zur Geschichte der Begriffe. Die Maschine wurde zum Vorbild für die Kunst, man bezeichnete die Epoche als »Maschinenzeitalter« (*machine age*). Keine Strömung, keine Periode der Ästhetik hat der Forderung nach Angemessenheit eine solche Bedeutung beigemessen. In extremen Äußerungen wurde *jegliche* Schönheit auf sie reduziert. Man konnte annehmen, daß (zumindest für die Architektur und die Geräteherstellung) die definitive ästhetische Formel gefunden worden, die Entwicklung der Begriffe an ihr Ende gekommen war.

D. Der Höhepunkt des Funktionalismus fiel in die Jahre 1920-1930, seine Herrschaft dauerte bis zur Mitte des Jahrhunderts. Dann aber setzte eine zunächst nicht bemerkte Umkehr ein.[4] Der englische Schriftsteller R. Banham war wohl der erste, der den Meinungsumschwung bemerkte (*Machine Aesthetics*, 1955; *The First Machine Age*, 1960). Die Überzeugung, die industriell erzeugten Formen hätten »Ewigkeitswert«, erwies sich als Irrtum, das Bedürfnis nach Neuem (und die Erfordernisse des Marktes) taten wieder einmal das Ihre; die Entwicklung (nicht nur der Formen, auch der Begriffe) blieb nicht stehen, sondern ging weiter. Der Pan-Funktionalismus war nicht das Ende, sondern ein Abschnitt der Entwicklung; die Ära der Maschinenästhetik war eine ihrer Phasen. Kennzeichen der neuen Phase, die schon begonnen hat und nur noch keinen Namen und keinen eindeutigen Charakter hat, scheint der Liberalismus (*permissiveness*), die Zulässigkeit aller Formen, die Befreiung von Dogmen zu sein, auch vom Dogma des Funktionalismus. In der aktuellen Entwicklungsphase des Geschmacks und der Ansichten scheint der Phantasie, dem Erfindungsgeist, der Einwirkung auf die Gefühle größere Bedeutung zuzukommen.

O. Niemeyer, der herausragende brasilianische Vertreter der neuen Strömung in der Architektur, scheint in seinen Formen zwar Le Corbusier und Wright nahezustehen, kommentiert sie jedoch anders, legt größeres Gewicht auf ihre Neuheit, ihre Eigenart als auf ihre Funktionalität. »Eine *andere* Form zu suchen, das war die leitende Idee meiner Arbeit.« »In all meinen Arbeiten ist das Verlangen nach neuen Formen deutlich.« Er empfiehlt, auch in der Architektur »die klassischen Formen zu meiden und stattdessen Flexibilität und Vielfalt anzustreben«. Und noch etwas, was es im Maschinenzeitalter nicht gab: er wünscht Poesie, »*des formes rêveuses et poétiques*«. Sein Ziel sind Gefühle und Stimmungen, welche die Architektur wecken kann; er möchte »eine menschlichere und anheimelndere Stadt verwirklichen«, *une ville plus humaine et plus accueillante*.

4 H. Schaefer, op. cit.

Demgegenüber waren die hundert Jahre von 1850 bis 1950 eine eigentümliche Periode, die sich durch ihre Vorliebe für die funktionale Schönheit auszeichnete. Aber auch durch eine davon zu unterscheidende Vorliebe, die für die reine Schönheit der Konstruktion *ohne Ornamente.*

III. Die Verzierung

In den bildenden Künsten unterscheidet man häufig zwei Elemente: die *Struktur* und die *Verzierung.* Mit anderen Worten: Struktur und Dekoration. Noch anders: Struktur und Ornamentik. Dieser Gegensatz hat besonderes Gewicht in der Architektur, auch in der Geräteherstellung; aber im weiteren Sinne gilt er in allen Künsten, selbst in der Literatur. In manchen Kunstwerken, Stilen und Epochen waren beide Elemente im Gleichgewicht, in anderen genügte die Struktur ohne Verzierung, und wieder andere fanden gerade an der Verzierung Gefallen. So war es in der Praxis, aber hin und wieder haben auch Theoretiker sich für oder gegen die Verzierung ausgesprochen.

A. Die antike wie die mittelalterliche Architektur wahrten ein Gleichgewicht – im Grunde wirkte die Struktur, die aber bei Tempeln Raum für bildhauerische Dekoration ließ: die antike bei Frontons und Metopen, die mittelalterliche bei Tympana und Kapitellen. Doch sowohl in der Antike als auch im Mittelalter ging die Entwicklung hin zu vermehrter Dekoration.

Die Haltung der Neuzeit war in diesen Dingen unbeständiger; in manchen Epochen neigte sie zur Verzierung, in anderen zu ihrer Beseitigung. Im Barock herrschte ein regelrechter *horror vacui,* im Neuklassizismus (oder zumindest in Teilen von ihm) dagegen ein *amor vacui.* Ähnlich wie die Antike und die Gotik tendierte die Neuzeit seit der Renaissance zur Vermehrung der dekorativen Elemente. Den Gipfel erreichte diese Entwicklung auf der iberischen Halbinsel und in den südamerikanischen Kolonien der Spanier und Portugiesen. (Polnische

Beispiele eines Übergewichts der Dekoration sind in Wilna die Kirchen St. Peter im Stadtteil Antokol und die Dominikanerkirche.) Der Hang zur Dekoration brach um das Jahr 1800 einigermaßen plötzlich ab. (Polnische Beispiele sind die von den Architekten J. Kubicki und H. Szpilowski entworfenen Herrenhäuser [in der Nähe Warschaus – d. Ü.].) Die Wende vom Ornament zur Struktur hing teilweise mit der Wende vom Barock zum Klassizismus zusammen, denn der Stil des Empire war ein ornamentaler Klassizismus. Um so weniger darf man sie mit der Wende vom Klassizismus zur Romantik identifizieren.

B. Diese beiden ästhetischen Werte, der Wert der Struktur und der Wert der Verzierung, hatten seit dem Mittelalter ihre eigenen Namen. Die Schönheit der Struktur nannten die Scholastiker »*formositas*« (offensichtlich von »*forma*«) oder auch »*compositio*«, die Schönheit der Verzierung »*ornamentum*« und »*ornamentus*«; auch den Namen »*venustas*« benutzten sie im Sinne der Ornamentik, des Dekorativen.

Die Frührenaissance blieb bei den mittelalterlichen Kategorien: sie trennte das Schmücken vom Komponieren. Nicht nur in den bildenden Künsten, sondern auch in der Kunst des Wortes: die Dichter »*componunt et ornant*«, wie Boccaccio (*Genealogia deorum*, XIV. 7) schrieb. Petrarca (*De remediis*, I. 2) schätzte das Schöne, das lediglich Verzierung (*ornamentum*) ist, gering. Alberti trennte eindeutig zwischen Schönheit und Verzierung (*pulchritudo* und *ornamentum* oder *bellezza* und *ornamento*) und fügte hinzu, daß die Verzierung ein »*complementum*« des Schönen sei. Ähnliches schrieb T. Tasso (*Discorsi*, 1569) später in bezug auf die Poesie: Dem Thema gebühre eine »*eccelente forma*«, aber man müsse auch »*vestirle con que' piu esquisiti ornamenti*«. Anders formuliert heißt es dazu bei G. G. Trissino (*Poetica*, 1529, S. V): »Die Schönheit läßt sich unter zwei Gesichtspunkten betrachten: sie ist entweder natürlich oder künstlich (*adventizio*). Das heißt: einige Körper sind schön dank der natürlichen Entsprechung und der Harmonie der Glieder und der Farben, während an-

Abb. 17 M. Dente nach Raimondi: Drei Grazien (1590)

dere durch die Pflege, die man ihnen angedeihen läßt, schön werden.« Trissino wandte diese Unterscheidung auf die Poesie an: einige Gedichte sind schön *»per la correspondenzia delle membre e dei colori«*, andere durch das ihnen hinzugefügte *»ornamento extrinseco«*; die eine Art von Schönheit ist von Natur aus in den Dingen, die andere wird ihnen vom Menschen hinzugefügt: diese hinzugefügte Schönheit ist lediglich Verzierung. Darin stimmen alle theoretischen Äußerungen des Mittelalters und der Renaissance überein.

C. Die schmucklosen Kunstwerke, Bauten und Geräte, die am Beginn des 19. Jahrhunderts unter dem Einfluß griechischer Ausgrabungen, aber auch der englischen Mode (*style anglais*) hergestellt wurden, auf dem Kontinent recht verbreitet waren und unter dem Namen Biedermeier bekannt sind, hatten keine lange Lebensdauer. Danach kam die Zeit der »historischen« Stile, und an den Hinterlassenschaften der Vergangenheit waren die Ornamente leichter nachzuahmen als die eigentliche Renaissance- oder Rokoko-Struktur. Daher war dies eine Zeit des Überwiegens der Verzierung.

Gegen Ende des 19. Jahrhunderts war man der Neurenaissance- und Neurokoko-Ornamente überdrüssig, nicht aber der Ornamente an sich; sie sollten nur originell sein. Damals entstand jene dekorative Kunst, die wir Sezession (Jugendstil) nennen; es war eines der Merkmale dieses Stils, daß die Dekoration sich ausbreitete, daß sie alle Flächen bedeckte. Er begann in der Ornamentik (Gallé-Vasen wurden schon ab 1884 hergestellt), griff über auf die Geräteherstellung und ab 1890 auch auf die Architektur.

Dieser dekorative Stil bildete sich jedoch zur selben Zeit heraus wie der ihm diametral entgegengesetzte funktionale Stil, dem es um die Struktur von Bauwerken und Geräten ging und nicht um ihre Verzierung. Greenough schrieb von der Majestät der *wesentlichen* Formen (*majesty of the essential*), und Sullivan erklärte, er habe »keine Angst vor der Nacktheit«. Für die meisten funktionalistischen Architekten war der Widerstand gegen die Verzierung eine Nebensache, aber es fand sich auch ein Mann, für den er die Hauptsache war; er äußerte heftig seinen Widerspruch gegen das Dekorative in der Kunst. Dieser Mann war Adolf Loos, ein Architekt und Schriftsteller, der an der Jahrhundertwende aktiv war (seine Artikel stammen aus den Jahren 1897-1930; die der Jahre 1897-1900 wurden unter dem Titel *Ins Leere gesprochen*, die späteren in einem Band mit dem Titel *Trotzdem* veröffentlicht). Sein Standpunkt zeichnete sich durch eine bis dahin unbekannte Radikalität aus. Er lautet, auf die kürzeste Formel gebracht: »Evolution der kultur ist gleichbedeutend mit dem entfernen des ornamentes aus dem gegenstande« (*Architektur*, 1910).

Loos bekannte, daß Ornamente auf tieferen Stufen der Kultur natürlich und angebracht seien, jetzt aber nicht mehr. »Der papua tätowiert seine haut, sein boot, seine ruder, kurz alles, was ihm erreichbar ist. Er ist kein verbrecher. Der moderne mensch, der sich tätowiert, ist ein verbrecher oder ein degenerierter« (*Ornament und Verbrechen*, 1908). Die Größe unserer Epoche bestehe darin, daß sie unfähig ist, ein neues Ornament hervorzubringen: diese »Ornamentlosigkeit ist ein zeichen geistiger kraft«; der moderne Mensch widmet seine Erfindungskraft anderen Dingen.

Loos war radikaler als andere, aber er stand nicht allein. Ähnlich dachte schon Greenough: »Verschönerung ist die instinktive Anstrengung einer Zivilisation, die noch in den Anfängen der Entdeckung ihrer Unvollkommenheit steckt.« Nach Loos war es der Werkbund, der schon ab 1907 die »ornamentlose Form« anstrebte; ähnlich auch die andere bedeutende Organisation, das Bauhaus. Der Architekt Le Corbusier forcierte Formen, die »durch ihre Nacktheit gefallen«. Der Werkbund begründete die Überlegenheit ornamentloser Formen damit, daß sie sich zur fabrikmäßigen Herstellung eignen; ein weiteres Motiv war aber die Wertschätzung der einfachen Formen. »Der Mensch reagiert auf die Geometrie«, schrieb Ozenfant, ein Mitarbeiter Le Corbusiers. Die Opposition gegen die Verzierung hatte also eine doppelte Zielsetzung: zugunsten funktionaler Formen, aber auch zugunsten einfacher, regelmäßiger, geometrischer Formen.

Diese Theorie wirkte sich unmittelbar auf die architektonische Praxis aus. In kurzer Zeit veränderte sich das Aussehen der Städte, entstanden Hochhäuser mit einfachster Linienführung. Die Geschichte kennt nicht viele Theorien, die sich so sichtbar ausgewirkt hätten.

In einem bestimmten Moment konnte man meinen, das ewige Hin und Her im Verhältnis der Kunst zur Verzierung sei beendet, zum Nachteil der Verzierung, die Ornamente seien angesichts der »Majestät der wesentlichen Formen« für immer verschwunden. Diese Meinung wäre aber zweifellos falsch. Das Bedürfnis nach Verzierungen macht sich schon wieder geltend. Ihre Ablehnung war eine Phase der Entwicklung, aber nicht deren Ende. Der Prozeß des Wandels der Anschauungen über Kunst und Schönheit geht weiter, er beschleunigt sich sogar.

IV. Das Liebliche

In Rom kannte man die Unterscheidung zwischen *würdevoller* und *lieblicher* Schönheit: die *dignitas*-Würde ist Schönheit, die Lieblichkeit-*venustas* auch, aber jede ist eine andere Schönheit. Kurz, aber prägnant schreibt Cicero in *De officiis* (I 36.130): »Da es aber zwei Arten der Schönheit gibt, deren einer die Lieblichkeit, der anderen die Würde zugehört, so müssen wir die Lieblichkeit der Frau, die Würde dem Manne für zukommend erachten.« Diese Unterscheidung erhielt sich im Mittelalter, jedoch mit einer Modifikation. Hatte das altrömische weite Verständnis des Schönen einen Gegensatz enthalten, so entstanden daraus später zwei. Einerseits stellte man der Würde die *Eleganz* (*elegantia*) gegenüber, wie sie der Lieblichkeit der Frau eigen ist. Andererseits stellte man die *Lieblichkeit* (*venustas*), der äußeren Schönheit, die *innere*, geistige Schönheit (*interior, pulchrum in mente*) gegenüber. »Lieblichkeit« nahm die Bedeutung der äußeren, insbesondere der visuellen Schönheit an; darüber schrieb z. B. Jean de Garlande in seiner *Poetria* (13. Jh.). Es entstand geradezu ein Gegensatz zwischen Schönheit und Lieblichkeit, wenn man unter »Schönheit« die höchste, die innere, geistige Schönheit verstand. Das war jedoch nicht durchgängig so; ungeachtet ihrer bekannten Präzision wies die scholastische Terminologie in diesen letztlich peripheren Dingen große Schwankungen auf. Ein andermal bedeutete das Schöne (*pulchrum*) genau das sinnliche, sichtbare Schöne, *delectabile in visu*; in diesem Fall verwischte sich der Unterschied zwischen Schönheit und Lieblichkeit. Jedenfalls bediente die Scholastik sich sowohl des *weiten* Begriffs der Schönheit als auch *engerer* Begriffe, die *Spielarten* des Schönen bezeichnen: der inneren (geistigen) Schönheit einerseits und der äußeren (visuellen) Schönheit andererseits.

Dieses Begriffssystem behauptete sich zunächst in der neuzeitlichen Ästhetik: *dignitas, venustas* und *elegantia* beziehungsweise Würde, Lieblichkeit und Eleganz blieben wichtige Kategorien für die großen Humanisten des Quattrocento wie L. Valla. In uns näherstehenden Zeiten hörten sie – zu Recht oder eher zu Unrecht – auf, Kategorien der wissenschaftlichen Ästhetik zu sein, blieben aber weiterhin Kategorien der »Alltags-Ästhetik«.

V. Die Anmut

Die Anmut, auf griechisch *charis*, auf lateinisch *gratia*, spielte in der Weltsicht der Antike eine bedeutende Rolle. Die Chariten, ihre Verkörperung in der Mythologie, auf lateinisch Grazien genannt, fanden auch Eingang in die neuzeitliche Symbolik und Kunst als Inbegriff des Schönen und Anmutigen. Und unter dem lateinischen Namen der *Grazie* ging die Anmut in die modernen Sprachen und in die Theorie des Schönen ein.

Im Latein des Mittelalters gewann eine andere, wenn auch verwandte Bedeutung des Wortes *gratia* im religiösen und philosophischen Diskurs die Oberhand, nämlich die Gnade, die göttliche Gnade. Doch in den modernen Sprachen, angefangen mit dem Italienischen der Renaissance, war *grazia* wieder die Anmut. Und sie war wieder etwas, das der Schönheit nahekam. Kardinal Bembo erklärte, Schönheit sei immer Anmut und nichts anderes, es gebe keine andere Schönheit als die Anmut. Andere Ästhetiker der Renaissance unterschieden dagegen zwischen diesen beiden Begriffen. Für diejenigen, die den Schönheitsbegriff weiter faßten, umfaßte er die Anmut, für diejenigen, die ihn enger verstanden, war er der Gegensatz zum Begriff der Anmut. In der einflußreichen *Poetik* von J. C. Scaliger wird Schönheit als Vollkommenheit, Regelmäßigkeit und Übereinstimmung mit den Regeln verstanden; in der so verstandenen Schönheit hatte die Anmut keinen Platz. B. Varchi unterschied schon im Titel seines 1590 erschienenen *Libro della beltà e grazia* zwischen Schönheit und Anmut. Die Schönheit *sensu stricto* wird von der Vernunft beurteilt, die Anmut ist dagegen ein »*non so ché*«. Félibien schreibt (*L'idée du peintre parfait*, 1707, § XXI) noch sehr viel später über die Anmut: »Man könnte sie als etwas definieren, das gefällt und das Herz gewinnt, ohne durch den Geist hindurchgegangen zu sein. Die Anmut und die Schönheit sind zwei verschiedene Dinge: die *Schönheit* gefällt nur *durch die Regeln*, und die *Anmut* gefällt *ohne Regeln*.« In diesem Punkt bestand Einigkeit vom Quattrocento bis zum Rokoko.

Es gab später Versuche einer genaueren Bestimmung der Anmut. Lord Kames führte aus, die Anmut sei allein dem Gesichtssinn zugänglich, sie offenbare sich allein im Menschen, im Gesicht, in der Bewegung; in der Musik sei sie eine Metapher. Winckelmann unterschied Spielarten der Anmut: eine erhabene, eine gewinnende, eine kindliche. Noch später definierte Schelling die Anmut als »höchste Sanftheit und Übereinstimmung aller Kräfte« (*).[5]

Doch innerhalb zweier Jahrhunderte vollzog sich ein recht erheblicher Wandel im Begriff der Anmut. Während der Renaissance verstand man unter Anmut ein natürliches, freies, ungezwungenes Verhalten und Aussehen; das Gegenteil war Steifheit und Gezwungenheit. Man beobachtete sie bei Männern wie bei Frauen, bei Alten wie bei Jungen. Als Inbegriff der Anmut galten Raffaels Porträts, selbst die Porträts älterer Männer. Im Rokoko wurde die Anmut dagegen zum Privileg der Frauen[6] und der Jugend, zu ihrer Verkörperung wur-

5 R. Bayer, *L'esthétique de la grâce*, 2 Bde., Paris 1933.

6 Im 18. Jahrhundert hatte die polnische Sprache für die Anmut [polnisch

den die Bilder Watteaus, zu ihrem Gegenteil die Strenge, zum Grundmerkmal die Zierlichkeit der Formen. Man stellte der Anmut die Größe gegenüber (P. Yves Marie André, *Essai sur le beau*, 1741); die Anmut, die in der Renaissance mit der Größe zusammenpaßte, paßte im 18. Jahrhundert nicht mehr mit ihr zusammen.

VI. Die Subtilität

»*Subtilis*« bedeutete in der Antike ungefähr soviel wie *acutus* – scharf, *gracilis* – schlank, *minutus* – zierlich. Zum Terminus technicus wurde es in der Rhetorik; dort bezeichnete es den anspruchslosesten Stil, der auch *humilis, modicus, temperatus* genannt wurde: »*ab aliis infimus appellatur*«, wie Cicero angibt (*Orat.*, 29).

Im Mittelalter hörte man wenig von der Subtilität, doch ihre Stellung besserte sich. Als Jan Długosz bei dem Maler Jan von Sącz eine Kopie eines bemalten französischen Wandbehangs bestellte, verlangte er, daß sie noch subtiler (*subtilior*) sein solle als das Vorbild. Das bedeutete, daß sie noch feiner, noch sorgfältiger ausgeführt werden sollte.[7]

Richtig populär wurde dieser Terminus erst in der Zeit des Manierismus, gegen Ende des 16. Jahrhunderts. Nun nicht mehr in der Bedeutung »zierlich« oder »sorgfältig«, sondern in der, die er auch heute hat. Die so verstandene Subtilität entsprach der Epoche, ihr Begriff wurde zu einem erstrangigen Begriff. Ihr Verhältnis zur Schönheit hat G. Cardano prägnant formuliert (*De subtilitate*, 1550, S. 275), und er muß noch einmal zitiert werden. Er schrieb nämlich, daß uns einfache und klare Dinge erfreuen, weil wir sie leicht durchdringen, ihre Harmonie und Schönheit erkennen. Noch größer ist jedoch

wdzięk, m.] eine weibliche Form »wdzięka«; Beispiele bei Samuel Bogumił Linde, *Słownik języka polskiego* [Wörterbuch der polnischen Sprache] (1807-1814).

7 J. Ptaśnik, *Cracovia artificium*, Bd. 1, Kraków 1917, S. 167, Nr. 523. Den Hinweis auf den Text von Długosz verdanke ich Prof. M. Plezia.

die Freude, wenn es uns gelingt, komplizierte, schwierige, verwickelte Dinge zu entwirren, zu durchdringen, zu erkennen. Diese Dinge nennen wir subtil, so wie wir die einfachen und klaren schön nennen. Die Subtilität ist nach Meinung Cardanos und anderer Vertreter der Epoche des Manierismus für scharfsinnige Menschen ein noch höherer Wert als die Schönheit.

Was Cardano früh – schon in der Mitte des 16. Jahrhunderts – formulierte, wurde für sehr viele Schriftsteller und Künstler des Jahrhundertendes und des ganzen nächsten Jahrhunderts zur Losung und zum Ideal: Trefflichkeit, Subtilität, *agudeza*, wie die Spanier sagten, die damals die Meister der Subtilität waren. Der größte Meister war Balthasar Gracián, der größte Theoretiker Emanuele Tesauro. Schwierige und verborgene Dinge zu erfassen und in der Disharmonie die Harmonie zu erkennen, war damals für viele der Gipfel der Kunst: neben der Schönheit und bis zu einem gewissen Grad über ihr stand die Subtilität.

Einen solchen kollektiven Kult der Subtilität hat es später nicht mehr gegeben, auch wenn verschiedene Künstler verschiedener Epochen ihr ergeben waren.

VII. Die Erhabenheit

Der Begriff des Erhabenen bildete sich in der antiken Rhetorik, ähnlich wie der Begriff der Subtilität, aber in einer positiveren Fassung. Der erhabene Stil (den T. Sinko den hohen nannte) galt als der höchste der drei Stile der Redekunst, so wie der subtile als der niedrigste galt. Er wurde auch als groß (*grandis*) und ernst (*gravis*) bezeichnet, und diese Synonyme zeigen, daß die Erhabenheit in der Antike als Größe und Ernst verstanden wurde.

Vom großen [oder hohen] Stil war in den Rhetoriken, Stilistiken und Poetiken der Antike oft die Rede. Berühmt war der speziell diesem Stil gewidmete Traktat des Caecilius, der jedoch nicht erhalten ist. Erhalten hat sich ein anderer, der eine Antwort auf Caecilius darstellt, aus dem 1. Jahrhundert unserer Zeitrechnung stammt und unter dem Titel *Peri hysous* (Über die Erhabenheit) bekannt ist. Er galt lange als Werk des Longinos, fälschlich, wie von der Philologie gezeigt worden ist; er hat aber unter seinem Namen Jahrhunderte überdauert und eine mächtige Wirkung entfaltet. Nicht sogleich, erst nach Jahrhunderten, in der Neuzeit. Seine griechische Handschrift wurde erst im 16. Jahrhundert entdeckt und 1554 in Basel im Druck veröffentlicht (Herausgeber war der berühmte Robertello). Noch im selben Jahrhundert erschienen zwei weitere Auflagen und 1572 auch eine lateinische Übersetzung. Eine Übersetzung in eine moderne Sprache, die der berühmte N. Boileau verfaßte, erschien erst hundert Jahre später, im Jahr 1672 unter dem Titel *Traité du sublime et du merveilleux*. Jetzt, aber auch erst jetzt wurde der Traktat des Pseudo-Longinos zu einem berühmten und populären Buch; populär war es im 17. Jahrhundert, besonders in England. Die Alten hatten darin einen Traktat über die Rhetorik gesehen, jetzt wurde er als Traktat über die Ästhetik gedeutet. Diese von Boileau angestoßene Deutung galt in der Zeit der Aufklärung weiter. Das vergrößerte seine Bedeutung. Er führte den Begriff der Erhabenheit in die Ästhetik ein und gab der Ästhetik des Erhabenen eine rhetorische Färbung. Überdies führte er neben dem Motiv der Erhabenheit das Motiv des Ungewöhnlichen (»Bewundernswert ist immer das Ungewöhnliche«), der Größe, des Unendlichen, des Wunderbaren ein. Schon Boileau, der Übersetzer und Popularisator des Pseudo-Longinos, zählte *le merveilleux, l'admirable, le surprenant, l'étonnant* zum Erhabenen, also alles, was Bewunderung weckt, verblüfft, mitreißt, in Erstaunen versetzt (*enlève, ravit, transporte*). Vor allem aber verbanden sich Erhabenheit und Größe mit dem Schönen. A. Félibien (*L'idée du peintre parfait*, 1707) schrieb, daß »die gewöhnlichen Dinge durch den großen Geschmack schön und die schönen erhaben und wunderbar werden, denn in der Malerei sind der große Geschmack und der erhabene und wunderbare ein und dasselbe«. Mit der herannahenden Romantik zogen im 18. Jahrhundert zusammen mit der Erhabenheit verlockende und erschreckende Dinge wie das Schweigen, das Dunkel und das Grauen in die Kunst, die Dichtung und die Ästhetik ein. In der Kunst und Dichtung des 18. Jahrhunderts kam es zu einem Dualismus, den es vorher nicht gegeben hatte: das Hohe stand neben dem Anmutigen, oder in einer anderen Version: das Erhabene neben dem Schönen. Das Erhabene wurde zur obersten Losung der Dichtung und dann der schönen Künste. Es lockte ebenso, ja sogar noch mehr als das Schöne. Man verstand es als die Fähigkeit, die Seelen mitzureißen und zu erheben, verbunden mit Größe der Gedanken und Tiefe der Gefühle. Waren im 17. Jahrhundert Schönheit und Subtilität die wichtigsten Kategorien der Kunst gewesen, so waren es im 18. Jahrhundert Schönheit und Erhabenheit.

Es war Addison, der sie in England gleich am Beginn des Jahrhunderts miteinander verband als Eigenschaften, die die Phantasie anlocken: »Schönheit und Erhabenheit« wurde zur universalen Formel der englischen Ästhetik in der Zeit der Aufklärung. Besonders seit E. Burke sie im Titel und Inhalt seiner berühmten Abhandlung von 1756 (*A Philosophical Enquiry into the Origin of Our Ideas of the Sublime and Beautiful*) nebeneinander stellte.[8]

Es gab in diesem Jahrhundert wohl keinen Ästhetiker, der sich nicht über die Erhabenheit ausgelassen hätte, doch fast jeder füllte den Begriff mit einem anderen Inhalt. J. Baillie (1747) sah ihr Wesen in der Größe, D. Hume in Höhe und Ferne, A. Gérard (1759, 1774) in den großen Dimensionen und dem, was wie sie auf den Geist einwirkt. Manche der damaligen Schriftsteller unterschieden vom Erhabenen (*the sublime*) eine verwandte Eigenschaft, die sie mit dem französischen Namen »*grandeur*« nannten und die imponierende Dinge umfaßte, während jene ergreifende Dinge umfaßte.

8 Dieser Abschnitt der Geschichte des Begriffs der Erhabenheit ist wohlbekannt dank zweier hervorragender amerikanischer Monographien: S. H. Monk, *The Sublime, a Study of Critical Theories in XVIII Century England*, New York 1935; W. J. Hipple jr., *The Beautiful, the Sublime, and the Picturesque in Eighteenth-Century British Aesthetic Theory*, Carbondale 1957.

In dieser oder jener Bedeutung war der Begriff der Erhabenheit damals fast nicht vom Begriff der Schönheit zu trennen, wurden sie noch enger miteinander verknüpft als in anderen Zeiten *pulchrum* und *aptum*, Schönheit und Anmut, Schönheit und Subtilität. Lange verstand man das Erhabene eher als einen Wert, der dem Schönen gleichrangig und von ihm verschieden ist, denn als eine Kategorie des Schönen. »Das Erhabene und das Schöne beruhen«, wie Burke (*Enquiry*, III. § 27) schrieb, »auf ganz verschiedenen Grundlagen.«

Im 19. Jahrhundert wurde das Erhabene dagegen als eine Kategorie des Schönen aufgefaßt. Ein englischer Historiker meint, J. Ruskin habe diesen Wandel bewirkt.[9] Doch auf dem Kontinent fand die Auseinandersetzung schon früher statt. G. Th. Fechner (*Vorschule der Ästhetik*, 1875, II. 163) referiert ihn folgendermaßen: »Nach Carrière, Herbart, Herder, Hermann, Kirchmann, Siebeck, Thiersch, Unger, Zeising ist das Erhabene nur eine besondere Art oder Modification des Schönen [...]. Hingegen stehen nach Burke, Kant, Solger Erhabenheit und Schönheit einander ausschliessend gegenüber, so dass das Erhabene niemals schön, das Schöne niemals erhaben sein kann.«

VIII. Zweierlei Schönheit

Das Schöne ist ein zweideutiger Begriff; im weiteren Sinne zählen wir zu ihm alles, was wir mit Wohlgefallen und Anerkennung betrachten, hören, uns vorstellen, also auch das Anmutige, Subtile und Funktionale. Im anderen, engeren Sinne betrachten wir Anmut, Subtilität und Funktionalität jedoch nicht nur nicht als Eigenschaften des Schönen, sondern geradezu als seine Gegensätze. Unter den Gesichtern, die wir mit Wohlgefallen betrachten, die also im weiten Sinne schön

9 J. S. Moore, *The Sublime and Other Subordinate Esthetic Concepts*, in: Journal of Philosophy 45 (1948), H. 2.

sind, sind solche, die wir lieber anmutig oder interessant nennen, während wir die Bezeichnung »schön« anderen vorbehalten. Schönheit im weiten Sinne umfaßt die Anmut und die Subtilität, Schönheit im engeren Sinne steht im Gegensatz zu ihnen. Diese Zweideutigkeit ausnutzend, kann man paradoxerweise sagen: *das Schöne ist eine Kategorie des Schönen.* Das heißt: Das Schöne *strictori sensu* ist – neben dem Anmutigen, dem Subtilen, dem Erhabenen usw. – eine Kategorie des Schönen *sensu largo.*

Das Schöne im *weiten* Sinne ist ein sehr allgemeiner und schwer zu definierender Begriff. Ein englischer Ästhetiker des 18. Jahrhunderts, A. Gérard (*Essay on Taste*, 1759, S. 47), hat es jedoch treffend gefaßt: »Der Name des Schönen wird fast auf jedes Ding angewandt, das uns gefällt [...], sowohl wenn es angenehme visuelle Vorstellungen weckt, wie wenn es angenehme Vorstellungen der anderen Sinne suggeriert.« Das Schöne *sensu largo* bezeichnet, wie gesagt, alles, was wir mit Wohlgefallen und Anerkennung betrachten, hören, uns vorstellen. Oder nach der mittelalterlichen, aber noch immer brauchbaren Formel des Thomas von Aquin: Schön ist *»id cuius ipsa apprehensio placet«* (*Summa theol.*, I-a II-ae q. 27 a. 1 ad 3).

Und das Schöne im engen Sinne, also das Schöne als eine der ästhetischen Kategorien? Am bequemsten ist es, diese Frage historisch zu beantworten. Also: Die Alten haben, indem sie *»pulchrum«* und *»aptum«* einander entgegensetzten, gezeigt, daß das Schöne *nicht* den ästhetischen Wert umfaßt, den die Funktionalität besitzt, daß es von ihr verschieden ist.

Die Menschen der Renaissance haben, indem sie *»beltà«* und *»grazia«* einander entgegensetzten, gezeigt, daß das Schöne *nicht* die Anmut umfaßt, daß es von ihr verschieden ist.

Die Menschen der Epoche des Manierismus haben, indem sie das *»acutum«* dem Schönen entgegensetzten, aufgedeckt, daß Klarheit und Durchsichtigkeit im Begriff des Schönen Platz hatten, nicht aber die Subtilität.

Die Menschen der Aufklärung wollten mit der Entgegensetzung von Schönheit und Erhabenheit ausdrücken, daß die vom Erhabenen geweckten Gefühle, die vor allem Gefühle

»der Bewunderung und Furcht« sind, verschieden sind von den Gefühlen, die das Erlebnis des Schönen charakterisieren, denn die sind (nach der Formulierung von Th. Reid) »angenehme und fröhliche Gefühle«, Gefühle »der Rührung und Zärtlichkeit« (nach der Formulierung von E. Burke).

Die obigen Erinnerungen an historische Sachverhalte sprechen davon, was Schönheit *stricto sensu* nicht ist, nicht aber davon, was sie ist. Dahin bringt uns eher eine spätere Auseinandersetzung, die zwischen den Romantikern und Klassikern. Vereinfachend kann man sagen, daß die Romantiker das Schöne in der Vergeistigung und im Poetischen sahen, die Klassiker dagegen in der regelmäßigen Form. Und das ist die einfachste Formel: die Schönheit *stricto sensu* ist die (klassische) Schönheit der Form. In den Anfängen des ästhetischen Denkens meinten die Alten gerade diese Schönheit der Form. Die Attraktivität der Form und die Kraft der Tradition bewirkten, daß die Schönheit der Form lange im Vordergrund der Ästhetik stand und daß die Große Theorie, die die Schönheit als Form, als das richtige Verhältnis der Teile, interpretierte, sich behauptete. Diese Theorie entsprach der Schönheit *stricto sensu*; zweifelhaft ist dagegen, ob sie sich auf den gesamten Bereich des Schönen ausdehnen läßt, das *sensu largo* auch das Angemessene, das Anmutige, das Subtile, das Erhabene, das Malerische und das Poetische umfaßt. Diesen Kategorien des Schönen entsprechen Formeln wie »Schönheit ist Form« und »Schönheit ist Proportion« nicht.

Die Scholastiker konnten, da sie eine reichere Terminologie besaßen, die Zweideutigkeit der Schönheit vermeiden. Ulrich von Straßburg (*De pulchro*, S. 80) schrieb, daß *»decor est communis ad pulchrum et aptum«*; wir würden seinen Gedanken so ausdrücken müssen: Schönheit im weiten Sinne ist das gemeinsame Merkmal des Schönen im engeren Sinne und des Angemessenen. Die Ästhetiker der Vergangenheit legten den Umfang des Schönen nicht einheitlich fest. Als Petrarca die Schönheit dafür pries, daß sie *»clara est«* (*De remediis*, I. 2), dachte er an die Schönheit *stricto sensu*. Ebenso all jene, die, angefangen mit L. B. Alberti (*De re aedificatoria*, IV. 2), die Formel wiederholten, daß »man der Schönheit nichts hinzufügen noch hinwegnehmen kann«[10]. Hingegen mochten diejenigen, die, angefangen mit Dante (*Convivio*, IV.c. 25) und Petrarca, die andere stehende Formel für die Schönheit wiederholten, daß sie nämlich etwas sei, was sich nicht bestimmen läßt (*»nescio quid«*, *»il non so ché«*), eher an die Schönheit *sensu largo* denken.

Die Schönheit im weiten Sinne, die auch das Erhabene umfaßt, muß den englischen Ästhetikern des 18. Jahrhunderts vorgeschwebt haben, die die eigentümliche Theorie von der ausschließlich geistigen Natur der Schönheit verkündeten, namentlich A. Alison (*Essays on the Nature and Principles of Taste*, 1790, S. 411: *»Matter is beautiful only by being expressive of the qualities of mind«*), aber auch Th. Reid (im *Brief an Alison vom 3.2.1790*): *»Things intellectual which alone have original beauty«*.[11]

IX. Ordnungen und Stile

Die Alten machten fast in allen von ihnen betriebenen Künsten Unterschiede zwischen bestimmten Spielarten, Kategorien, Tonarten oder *Ordnungen*, wie sie sie auch nannten. In der Musik unterschieden sie zwischen der dorischen, der ionischen und der phrygischen Tonart, und zwar auf der Grundlage, daß jede anders auf die Menschen wirkt; die eine ist streng, die andere weich, die dritte aufreizend. In der Rhetorik unterschieden sie zwischen der ernsten, der mittleren und der einfachen oder auch zwischen der hohen, der subtilen und der blumigen. In der Architektur unterschieden sie zwischen der dorischen, der ionischen und der korinthischen Ordnung. Im Theater unterschieden sie zwischen Tragödie und

10 E. R. de Zurko, in: *Art Bulletin* 39 (1957).

11 H. S. Monk, *A Grace beyond the Reach of Art*, in: Journal of the History of Ideas 4 (1944).

Komödie. Diese uralten Unterscheidungen waren *beständig*, behaupteten sich über Generationen und Jahrhunderte hinweg, und in späteren Zeiten kam es zu Versuchen, sie noch auszubauen und vom einen Bereich der Kunst auf den anderen zu übertragen.[12] Bekannt ist namentlich die Idee des großen Poussin, die Tonarten der Musik auf die Malerei zu übertragen; die Theoretiker des 17. und 18. Jahrhunderts griffen den Gedanken auf, aber ihre Unterscheidungen erlangten nicht mehr die Allgemeingültigkeit und Dauer wie die alten.

Diese Spielarten, Tonarten, Ordnungen der Künste wurden von Generation zu Generation weitergegeben, waren unabhängig von den Epochen, die Künstler hatten sie ständig zur Auswahl, konnten die einen oder anderen je nach ihren künstlerischen Absichten anwenden. Neben diesen konstanten Ordnungen, Kategorien und Spielarten gibt es in der Geschichte der Künste noch eine andere Vielheit: die Vielheit der *Stile*. Das sind keine konstanten Formen mehr, unter denen der Künstler auswählen kann; sie sind nicht von ihm intendiert, sondern für ihn eine Notwendigkeit, weil sie der Sicht-, Vorstellungs- und Denkweise seiner Zeit und seiner Umwelt entsprechen. Sie sind ihm zumeist nicht bewußt; der Kritiker und vor allem der Historiker ist sich über sie stärker im klaren als der Künstler. Und sie werden nicht von Generation zu Generation weitergegeben, *ändern* sich mit dem Leben und der Kultur, unter dem Einfluß gesellschaftlicher, wirtschaftlicher, psychologischer Faktoren, sind Ausdruck ihrer Zeit. Nicht selten ändern sie sich radikal, fallen sie von einem Extrem ins andere.

Der Name »Stil« in diesem Sinne wurde spät gebräuchlich; zum ersten Mal benutzte ihn wohl Lomazzo im Jahr 1586. Seitdem aber wird er, besonders in uns näheren Zeiten, reichlich, im weiten Sinne und daher ungenau angewandt. Der be-

12 J. Białostocki, *Styl i modus w sztukach plastycznych* [Stil und Modus in den bildenden Künsten], in: Estetyka 2 (1961), S. 147.

Abb. 18 C. Bloemart nach A. von Diepenbeeck: Mythos des Pygmalion: die belebte Galatea (1655)

kannte Artikel von M. Schapiro (*Style*) aus dem Jahr 1953 zeigte die ganze Verschwommenheit und Vieldeutigkeit des Begriffs auf; Schapiro versuchte nicht, ihrer Herr zu werden. Das tat J. v. Schlosser in einer älteren Arbeit aus dem Jahr 1935 (*Stilgeschichte und Sprachgeschichte*), in der er die Zwiespältigkeit des Begriffs deutlich machte: einerseits geht es um den Stil eines Künstlers, der immer bis zu einem gewissen Grad ein eigener, *individueller*, origineller ist, andererseits um den Stil einer Epoche, die von ihr *allgemein* benutzte künstlerische Sprache. Diese Unterscheidung ist sehr treffend, und die Anregung, diese beiden Dinge unterschiedlich zu benennen, ist richtig; verkehrt ist dagegen der Vorschlag, den Namen »Stil« für die individuellen Besonderheiten beizubehalten; richtiger würde man umgekehrt verfahren: die individuellen Formen anders benennen und die *gemeinsame* Sprache einer Epoche Stil nennen. In diese Richtung ging die Entwicklung der Sprache: anfangs stand das Wort »Stil« für das, was die Renaissance »Manier« nannte, verstanden als persönlicher Stil des Künstlers, und Buffon konnte noch sagen: »*le style c'est l'homme*«; inzwischen sind wir es jedoch gewohnt, vom Stil einer *Epoche* zu sprechen, vom gotischen oder barocken Stil. Der Wandel im Verständnis des Wortes vollzog sich in der zweiten Hälfte des 19. Jahrhunderts, als die Kunsthistoriker von der Faktenbeschreibung zur allgemeinen Charakterisierung von Epochen und Strömungen übergingen.

Damals führten sie neue Kategorien in die Ästhetik ein, nämlich solche wie das Barocke und das Romantische. Hier ist nicht der Ort, sie zu besprechen; es muß jedoch an allgemeinste Versuche erinnert werden, sämtliche Stilkategorien auf eine geringe Zahl zu reduzieren. Der älteste bestand in der Unterscheidung von Klassik und Romantik (in Polen kennen wir dies von Brodziński). Das 20. Jahrhundert brachte eine Vielzahl solcher Versuche; man wollte zeigen, daß die Geschichte der Kunst zwischen klassischen und gotischen Formen schwanke (W. Worringer, 1908); zwischen klassischen und barocken Formen (E. d'Ors, 1929); zwischen klassischen und manieristischen (J. Bousquet); zwischen primitiven und klassischen (W. Déonna, 1945). Diesen Versuchen ist nicht nur gemein, daß sie dichotomisch sind, sondern auch, daß eine der Stilformationen jeweils der Klassizismus ist.

Sie alle scheinen allzu sehr zu vereinfachen, aber zusammengenommen ergeben sie offenbar ein treffendes Bild der Kunstgeschichte, zumindest der europäischen. An ihr erkennen wir, daß die Kunst immer wieder von ihrer klassischen Gestalt abgewichen, doch stets wieder zu ihr zurückgekehrt ist. Abgewichen allerdings in unterschiedliche Richtungen: zu primitiven, zu gotischen, dann zu manieristischen und barocken Formen. All diesen ästhetischen *Kategorien* ist gemeinsam, daß sie *historische* sind. In dieser Untersuchung erscheint es geboten, auf die zentrale Kategorie des *Klassischen* einzugehen. Die nichtklassischen Kategorien sollen durch das *Romantische* vertreten werden.

X. Die klassische Schönheit

A. *Verschiedene Bedeutungen des Ausdrucks »klassisch«.* Der von Kunsthistorikern benutzte Ausdruck »Klassizismus« wurde auf der Grundlage der Wörter »Klassiker« und »klassisch« gebildet; sie gehen zurück auf das lateinische *classicus*, das wiederum auf *classis* zurückgeht. Das alles waren mehrdeutige Ausdrücke: *classis* war im Altertum der Name sowohl einer gesellschaftlichen Klasse als auch einer Schulklasse, aber auch der Flotte; im mittelalterlichen Latein bezeichnete *classicus* den Schüler und *classicum* den in der Flotte benutzten Zinken. Seit der Antike wurde das Adjektiv *classicus* (klassisch) auf Schriftsteller und Künstler angewandt. Aber im Laufe der Jahrhundert änderte es nach und nach seine Bedeutung.

In Rom wurde der Ausdruck *classicus* aus dem Bereich der sozialen, administrativen und Besitzverhältnisse auf Literatur und Kunst übertragen. Die römische Verwaltung teilte die Bürger nämlich nach der Höhe ihrer Einkünfte in fünf Klassen ein, und als *classicus* wurde, wie Aulus Gellius (VI. 13) bezeugt, derjenige bezeichnet, der zur ersten, höchsten Klasse gehörte und ein Einkommen von über 125 000 Assen hatte. Dem Schriftsteller dieser höchsten Klasse, dem klassischen (*classicus*), stellte man den Schriftsteller der untersten Klasse gegenüber, der ebenfalls im übertragenen Sinne proletarisch (*proletarius*) genannt wurde. Der Name »klassischer« Schriftsteller enthielt nur eine Bewertung, nicht eine Charakterisierung; ein klassischer Schriftsteller konnte ein Schriftsteller beliebiger Art sein, wenn er nur in seiner Art ein *vollkommener* Schriftsteller war.

Die Renaissance blieb bei dieser Gleichung: ein klassischer Schriftsteller ist ein vollkommener Schriftsteller. Als vollkommen galten aber nur die antiken Schriftsteller. Daher die neue Gleichung: klassischer Schriftsteller gleich antiker Schriftsteller.

Aus der Überzeugung von der Vollkommenheit der antiken Schriftsteller und Künstler erwuchs seit dem 15. Jahrhundert das Bestreben, ihnen ähnlich zu werden – und daher ging der Name eines klassischen Schriftstellers und Künstlers auch auf jene über, *die den Alten ähnlich sind*; das geschah besonders im 16. und 17. Jahrhundert, als zudem die Überzeugung aufkam, daß die Modernen den Alten nicht nur ähnlich, sondern gleich geworden seien.

Die modernen Verehrer und Nachahmer der Alten meinten, diese verdankten ihre Größe dem Umstand, daß sie sich an Regeln, Kunstregeln hielten. »Klassisch« waren für sie jene Schriftsteller, *die sich an die Regeln der Schriftstellerei halten.* In diesem Sinne schrieb Jan Śniadecki (*O pismach klasycznych i romantycznych* [Über klassische und romantische Schriften], 1819): »In meinem Verständnis ist all das klassisch, was den Regeln der Poesie entspricht, die Boileau für die Franzosen, Dmochowski für die Polen und Horaz für die Gebildeten aller Völker aufgestellt hat.«

Horaz, Boileau, die klassischen Vorbilder der Poesie – das alles war alt, gehörte zur Vergangenheit, war bereits Tradition. Und nach einer weiteren Akzentverschiebung wurde das Wort »klassisch« im 19. Jahrhundert auch im Sinne dessen benutzt, was *alt*, *traditionell* war, was die Patina von Jahrhunderten trug. In diesem Sinne nannte Słowacki Jan Kochanowski (»den nach der Linde duftenden klassischen Jan«) klassisch.

Kunst und Literatur der Alten hatten, besonders in der Blütezeit Athens, bestimmte Merkmale wie Harmonie, Ausgewogenheit der Teile, Ruhe, Einfachheit, »edle Einfalt und stille Größe«, wie Winckelmann sagte. Diese Merkmale besaßen auch die Literatur und Kunst der Späteren, die sich an ihnen ein Beispiel nahmen. Als »klassische« Schriftsteller und Künstler werden im 19. und 20. Jahrhundert auch diejenigen bezeichnet, die diese Merkmale besitzen, obwohl sie weder zur Antike gehören noch auf deren Bahnen wandeln. Diese Bedeutungen des Klassischen bildeten sich allmählich heraus, bis es am Ende sechs waren.

1. Erstens bedeutet der Ausdruck »klassisch«, wenn es um Dichtung und Kunst geht, soviel wie *vollkommen*, vorbildlich, allgemein anerkannt. Klassische Autoren oder Klassiker in diesem Sinne sind Homer und Sophokles, aber auch Dante und Shakespeare, Goethe und Mickiewicz. Klassisch in diesem Sinne sind auch einige Künstler der Gotik und des Barock.

Der Ausdruck »klassisch« in diesem Sinne wird nicht nur auf Künstler und Dichter angewandt, sondern auch auf Wissenschaften und Gelehrte; so spricht man z. B. von Klassikern der Philosophie und meint damit nicht nur die Alten, nicht nur Platon und Aristoteles, sondern auch Descartes oder Locke, denn jeder von ihnen war auf seine Art vollkommen, repräsentierte eine bestimmte Denkweise aufs glänzendste. So benutzte zum Beispiel Goethe das Wort, als er im Gespräch mit H. Voß sagte, alles, was vortrefflich sei, sei *eo ipso* klassisch, zu welcher Gattung es auch gehöre. Ebenso, wenn er zu Eckermann (17.10.1828) sagte: »Was will all der Lärm über *klassisch* und *romantisch*! Es kommt darauf an, daß ein Werk durch und durch gut und tüchtig sei, und es wird auch wohl klassisch sein.«

2. Dieser Ausdruck bedeutet zweitens soviel wie *antik*. In diesen Sinne pflegt man von der »klassischen Philosophie«, nämlich der griechischen und lateinischen, zu sprechen, und von der klassischen Archäologie, in der es um die Kunst und die materielle Kultur der Alten geht. In diesem Verständnis bedeutet »klassischer« Autor soviel wie griechischer oder lateinischer Autor; dazu gehören Homer und Sophokles, aber auch kleinere Dichter, sofern sie nur in der Antike gelebt haben.

Entsprechend verhält es sich auch mit den klassischen Bildhauern und Philosophen. In diesem Fall ist es ein historischer Begriff, der Künstler und Denker eines ganz bestimmten Abschnitts der Geschichte bezeichnet. Und nur eines einzigen: »Nur einmal«, schrieb Mochnacki (*Pisma* [Schriften], 1910, S. 239), »schien die Sonne der klassischen Kunst.«

Der Begriff des klassischen Autors oder Werkes in diesem Sinne ist nicht ganz eindeutig; gelegentlich wird er enger verstanden, zum Beispiel in der Beschränkung auf Griechenland. Mickiewicz schrieb vom »griechischen, das heißt klassischen Stil«. Ähnlich äußern sich heute manche Historiker. Andere verleihen diesen Namen ausschließlich der Hochzeit der griechischen Antike im 5. und 4. Jahrhundert vor unserer Zeitrechnung. »Klassisch« in diesem Sinne waren der Schriftsteller Sophokles, der Bildhauer Phidias und die Philosophen Platon und Aristoteles; die Schriftsteller, Bildhauer und Philosophen des Hellenismus waren es nicht. In diesem engeren Sinne klassisch waren auch die Schriftsteller und Künstler der Hochzeit der römischen Kultur des augusteischen Zeitalters. Dieser engere Begriff, der weder die archaische Periode des Altertums noch die Spätzeit der Antike umfaßt, ist halb historisch, halb bewertend; er bezeichnet nur den Höhepunkt der Antike.

3. Drittens bedeutet »klassisch« das, was *antike Vorbilder nachahmt* und ihnen ähnlich ist. »Klassisch« in diesem Sinne nennt man manche modernen Schriftsteller und Künstler sowie ihre Werke, die sich an den Alten orientieren, und ganze Epochen der Kunst, in denen die Nachahmung der Antike eine charakteristische Erscheinung war. Dieser Begriff des »Klassischen« ist ebenfalls ein *historischer* Begriff. In diesem Sinne »klassische« Perioden hat es in der Geschichte Europas immer wieder gegeben, vor allem in der Neuzeit, aber auch im Mittelalter; dazu gehören schon die Zeit der Karolinger, bestimmte Strömungen in der romanischen Periode und dann die Renaissance, teilweise das 17. Jahrhundert, vor allem der Klassizismus an der Wende vom 18. zum 19. Jahrhundert. Was die »klassische« Kunst und Dichtung dieser Perioden auszeichnet, sind von der Antike übernommene Formen, architekto-

nische Ordnungen, Kolonnaden und Friese, Hexameter und Jamben, Motive aus der antiken Hierarchie und Mythologie.

Oft wurde und wird der Ausdruck »klassisch« auch in der Weise benutzt, daß er die zweite und dritte Bedeutung miteinander verknüpft; er umfaßt dann sowohl antike Werke als auch ihre modernen Anhänger. In diesem Sinne schrieb Brodziński (*O klasyczności i romantyczności* [Über Klassizität und Romantizität], in: *Pisma estetyczno-krytyczne* [Ästhetisch-kritische Schriften], 1964, Bd. 1, S. 3): »Klassisch im wahren Sinne waren bisher die Werke der alten Griechen und Römer, die nach einhelliger Meinung als die besten galten und der Jugend seit Jahrhunderten als Vorbild gezeigt wurden; heute wird unter diese ruhmvollste Bedeutung fast alles subsumiert, was nicht gegen die Regeln der Kunst verstößt, was sich im Geschmack dem goldenden Zeitalter der Römer oder dem Geschmack Frankreichs annähert, speziell unter Ludwig XIV.« Anders Mochnacki (*Pisma* [Schriften], 1910, S. 239): »Der Titel der Klassiker wird in der heutigen Zeit usurpiert.« Er war der Meinung, daß der ganze moderne Klassizismus »eine schulmäßige Verwandlung« sei, ein »Klassizismus, aus dem bereits das wahre Wesen herausgeätzt wurde«.

4. Viertens bedeutet »klassisch« soviel wie *übereinstimmend mit den Regeln*, die in der Kunst und der Literatur gelten. In diesem Sinne werden die Ausdrücke in den schon zitierten Fragmenten von Śniadecki (»den Regeln der Poesie entsprechend«) und Brodziński (»nicht gegen die Regeln der Kunst verstoßend«) benutzt. An einer anderen Stelle, wo er das Romantische bestimmen will, schreibt Brodziński (S. 14): »Die einen wollen unter diesem Wort die Abkehr von allen *Regeln* verstehen, *auf die sich das Klassische gründet.*« Dieses Verständnis trifft man heute seltener an, aber man trifft es an.

5. Fünftens bedeutet »klassisch« soviel wie feststehend, typisch, üblich, die Norm bildend, besonders früher gebräuchlich, *eine Tradition hinter sich habend*. In dieser Bedeutung wird das Wort allerdings häufiger außerhalb von Kunst und Literatur benutzt: man spricht von einem klassischen Stil im Schwimmen, vom klassischen Schnitt des Fracks, aber auch

von der klassischen Logik, das heißt der älteren, die vor den Entdeckungen der letzten Generationen gelehrt wurde. Man spricht von Klassikern der Literatur, vornehmlich im Sinne ihrer vorzüglichsten Vertreter (Bedeutung 1.), doch sind nicht alle so vorzüglich, teils sind es nur ältere Schriftsteller, die als Vertreter einer *verflossenen* Schreibweise studiert werden. Nach der Meinung heutiger Linguisten »verleiht die Patina der Zeit dem Buch Merkmale des Klassischen«.

6. Sechstens schließlich bedeutet »klassisch«, Merkmale wie *Harmonie, Maß, Gleichgewicht, Ruhe* zu besitzen. In der Formulierung des 18. Jahrhunderts: edle Einfalt und stille Größe. Die *Enciclopedia Italiana* nennt als allgemein anerkannte Merkmale klassischer Werke: *norma, proporzione, osservazione del vero, esaltazione dell'uomo*. Diese Merkmale besitzen klassische Werke in der Bedeutung 2. und 3., solche der Antike und der Renaissance, aber nicht nur sie; klassisch in diesem Verständnis können auch dichterische Werke ohne Olymp und Hexameter und architektonische Werke ohne antike Ordnungen, Säulen, ohne Akanthus und Mäander sein, wenn sie nur Harmonie, Maß und Gleichgewicht besitzen.

Diese Aufzählung bedarf noch einiger Erläuterungen:

a. Der Terminus »klassisch« hat in der Regel noch verschiedene Nuancen. Im *Dictionnaire de l'Académie Française* wurde er ständig im wertenden Sinne (Bedeutung 1.) benutzt, aber in der Ausgabe von 1964 hieß es, »klassisch« bedeute soviel wie »anerkannt sein« (*approuvé*), und in der Ausgabe von 1835, es bedeute »Vorbild sein« (*modèle*). Aber das ist nicht dasselbe. Der Terminus »klassisch« ist ein ganz und gar internationaler Terminus, aber nicht alle Sprachen bedienen sich seiner auf dieselbe Weise. Das oben Gesagte gilt für die polnische Sprache, aber nicht anders ist es in der englischen, russischen, italienischen und deutschen Sprache. Die Franzosen benutzen den Terminus jedoch anders, nämlich in erster Linie für die eigene Kunst des 17. Jahrhunderts, genauer, der zweiten Hälfte dieses Jahrhunderts, und mehr in bezug auf die Literatur als auf die schönen Künste. Racine und Bossuet werden »klassische« Schriftsteller genannt, wobei der Ausdruck so verstanden wird, daß er mindestens drei der oben unterschiedenen Eigenschaften umfaßt (1., 3., 6.): Vollkommenheit, Verwandtschaft mit der Antike und Harmonie der Werke. Larousse definiert: »*Classique – qui appartient à l'antiquité gréco-latine ou aux grands auteurs du XVII siècle*«; weiter heißt es, daß »*au sens strict le terme de classique s'applique à la génération des écrivains dont les œuvres commencent à paraître autour de 1660*«. Aber das ist eine französische Eigenheit, zu der es keine Analogie in anderen Sprachen gibt.

b. Die hier dokumentierte Mehrdeutigkeit des Ausdrucks »klassisch« erreichte ihren Höhepunkt im 19. Jahrhundert, ist in unserer Zeit jedoch zurückgegangen. Die Bedeutung 1. wird benutzt, aber mehr in der Umgangssprache als in der Wissenschaft; heutige Literaturwissenschaftler stellen nicht mehr wie die alexandrinischen Gelehrten Listen von »klassischen« Autoren auf. Die Bedeutung 2. geht ebenfalls zurück, denn Philologen und Archäologen benutzen lieber Termini, die weniger durch Mehrdeutigkeit belastet sind; sie sprechen nicht von klassischer, sondern von »antiker« Wissenschaft und Kunst, nicht von klassischer, sondern von »mediterraner« Archäologie. Im Rückgang begriffen ist auch die Bedeutung 4., denn heute glaubt man nicht mehr so wie einst Śniadecki und Brodziński an die Macht von Regeln in Kunst und Dichtung. Außer Gebrauch kommt auch Bedeutung 5.: wenn man sagen möchte, daß ein Schriftsteller von früher ist, sagt man einfach »von früher« und nicht »klassisch«. Seit die Bedeutung 1. in den Hintergrund getreten ist, enthält der Name »klassisch« keine Bewertung mehr, sondern ist ausschließlich eine Charakterisierung.

c. Der Name wurde jedoch nicht gänzlich eindeutig; aktuell blieben zwei seiner Bedeutungen, 3. und 6. In der ersten dieser beiden Bedeutungen ist er ein *historischer*, in der zweiten ein *systematischer* Name; in der ersten bezeichnet er die und keine andere Periode oder Strömung in Kunst und Literatur, in der zweiten einen bestimmten *Typ* von Literatur oder Kunst, unabhängig davon, in welcher Periode er auftrat. Er ist also entweder ein *Eigenname* einer historischen Erscheinung (in der Bedeutung 3.) oder ein *allgemeiner Terminus* (6.).

d. Der Terminus »klassisch« wurde früher in der Literaturtheorie benutzt, aber in Zeiten, die uns näherstehen, wird er häufiger in der Theorie der bildenden Künste angewandt. Gegenwärtig ist der Begriffsapparat in beiden Bereichen ähnlich. Anders dagegen in der *Musik* und ihrer Theorie. Als Klassiker gelten in ihr Bach, Händel und Mozart, die weder zur Antike zurück noch auch die Tradition, den alten Stil bewahren wollten, sondern im Gegenteil einen neuen schufen. Sie waren Klassiker in einem anderen Sinne, in dem, daß sie auf einen einfachen Rhythmus, einen symmetrischen Aufbau des Werkes und auf Vollkommenheit der Form achteten.

e. Von dem Adjektiv »klassisch« leiten sich die Substantive »Klassiker«, »das Klassische« und »Klassizismus« her; letzterer wurde in unserem Jahrhundert zu einem besonders häufig benutzten Terminus. Dabei ist er nicht eindeutig: als sein Definiens treten entweder die Antike oder die Regel oder die Harmonie auf, und in dem Operettenlied »Młodzież się klasycyzmu zrzekła« [Die Jugend hat dem Klassizismus entsagt], das in der vorigen Generation populär war, wurde er noch anders verstanden: als Übereinstimmung mit der Tradition. Wie die meisten Termini, die auf -ismus enden, bezeichnet er nicht Menschen und nicht Werke, sondern eine Ansicht, eine Doktrin, eine Richtung. Und er besitzt die spezifische Mehrdeutigkeit dieser Termini; er bezeichnet entweder einen Kunsttyp oder eine Schule, ein Lager oder eine Gruppe von Künstlern mit ähnlichen Bestrebungen oder eine künstlerische oder geistige Bewegung oder Strömung oder die Ideologie dieser Bewegung oder die Haltung der an dieser Bewegung Teilnehmenden oder die Richtungen ihrer Tätigkeit oder den Zeitraum, in dem sie wirkten, oder Merkmale ihrer Tätigkeiten und Werke. Überdies wird der Terminus »Klassizismus« sowohl zur Bezeichnung eines *allgemeinen* Begriffs wie auch als *Eigenname* einiger Richtungen und Perioden benutzt, zum Beispiel der Periode des Perikles, Ludwigs XIV. oder der Hinwendung zur Antike im 18. Jahrhundert. Man ist sich nicht einmal darüber einig, welchen Perioden dieser Name zusteht; manche behaupten, er komme allein der Antike zu, weil die übrigen

Perioden eine Nachahmung des Klassizismus und kein Klassizismus waren. So dachte Mochnacki, als er in den Werken moderner, insbesondere französischer Autoren einen »Klassizismus, der kein Klassizismus ist«, entdeckte.

B. *Die Kategorie des Klassischen.* Man hat verschiedentlich versucht, das klassische Schöne und das Klassische zu definieren. Der alte Philosoph Hegel definierte es als Gleichgewicht zwischen Geist und Körper, ein zeitgenössischer Archäologe (G. Rodenwaldt, 1915) als Gleichgewicht zwischen zwei Neigungen des Menschen, der zur Nachbildung der Wirklichkeit und der zu ihrer Stilisierung; ein französischer Kunsthistoriker (Hautecœur, 1945) als Versöhnung der Kontraste und ein deutscher (W. Weisbach, 1933) als Idealisierung, also als Versöhnung von Wirklichkeit und Idee.

All diese Definitionen sind im Grunde ähnlich, alle führen das Klassische auf das Gleichgewicht und auf die Übereinstimmung von Elementen zurück. Sie sind jedoch, weil sie auf eine einfache Formel hinauswollen, allzu sehr vereinfacht. Wenn man Kunstwerke aus Perioden, die allgemein als klassische gelten, miteinander vergleicht, kann man mehr Merkmale des Klassischen aufzählen. Nicht nur Übereinstimmung, Gleichgewicht, Harmonie kennzeichnen sie, sondern auch *Maß*. Die Klassiker streben nach einem *klaren*, deutlichen Bild der Dinge. Sie wollen ihre Aufgabe *rational* erfüllen. Sie unterwerfen sich der *Disziplin*, beschränken ihre eigene Freiheit. Sie halten sich an den *menschlichen Maßstab*, schaffen nach dem Maß des Menschen. Es gibt in der Geschichte der menschlichen Kunst mehrere Perioden, Strömungen und Gruppierungen, die diesen Bestimmungen entsprechen. Mochnacki erwähnte »drei Abteilungen des klassischen Geschmacks«, in Griechenland, in Rom und in Frankreich; ein Historiker von heute erwähnt noch mehr von ihnen. Jede hatte gewisse spezifische Merkmale, aber das Klassische war ihnen gemeinsam.

Die Bestandteile der klassischen Ideologie wurden am besten von den Künstlern und Schriftstellern der Renaissance formuliert. Es waren die folgenden:

1. Überall und besonders bei einem Kunstwerk hängt die Schönheit von den richtigen *Proportionen*, von der Übereinstimmung zwischen den Teilen, von der Beachtung des Maßes ab. Schon Vitruvius schrieb (III. 1): »Die Formgebung der Tempel beruht auf Symmetrie, an deren Gesetze sich die Architekten peinlichst genau halten müssen. Diese aber wird von der Proportion erzeugt.« Einer der ersten Meister der Renaissance, Lorenzo Ghiberti, sagte (*I commentarii*, II. 96): »*La proporzionalità solamente fa pulchritudine*«. Giotto bewunderte er dafür, daß er seine Natürlichkeit und Anmut erreichte, ohne das Maß zu verlassen (*l'arte naturale e la gentilezza non uscendo delle misure*). Ähnlich erklärte Luca Pacioli (*De divina proporzione*, 1509), ein gelehrter Theoretiker der Kunst des 15. Jahrhunderts, daß Gott die Geheimnisse der Natur (*secreti della natura*) durch die Proportionalität (*proporzionalità*) offenbare; Leon Battista Alberti schrieb, die Schönheit beruhe auf Eintracht und Harmonie (*consensus et consonantia*); Pomponius Gauricus (*De sculptura*, S. 130), daß wir das Maß erkennen und lieben müssen (*mensuram contemplari et amare debemus*); Kardinal Bembo (*Asolani*, 1505, S. 129), daß »Schönheit nichts anderes als Anmut ist, die aus Proportion und Harmonie hervorgeht« (*belezza non è altro che una grazia che di proportione e d'armonia nasce*). Nicht anders auch der fanatische Giovanni Savonarola (*Prediche sopra Ezechiele* XXVIII): »*bellezza è una qualità che resulta della proporzione e corrispondenza delli membri*«. Auch Dürer verstand die Schönheit der Kunst ähnlich wie die Italiener; er schrieb: »ahn recht Proporzion kann je kein Bild vollkommen sein«. Genauso äußerte sich in der Mitte des 16. Jahrhunderts Andrea Palladio über die Macht der Proportion – »*la forza della proporzione*«. Man könnte mit der Anführung von Zitaten und Beispielen nicht nur aus dem 15. und 16. Jahrhundert endlos fortfahren.

2. Die Schönheit liegt im *Wesen der Dinge*, ist ihre objektive Eigenschaft, ist nicht abhängig von der Phantasie oder Konvention der Menschen. Deshalb ist sie in ihren wesentlichen Zügen unwandelbar, unvergänglich; deshalb muß man sie erkennen, nicht ersinnen. Alberti schrieb in *De statua*, daß

»an den Formen der Körper etwas ist, das ihnen völlig angestammt und angeboren ist, wodurch sie beständig fest und unveränderlich verharren« (*in ipsis formis corporum habetur aliquid insitum atque innatum, quod constans atque immutabile perseveret*). Nicht anders dachten die Theoretiker der Poesie. Julius Caesar Scaliger, ihre größte Autorität in der Renaissance, schrieb (*Poetices*, III. 11): »Es gibt in allen Gattungen der Dinge *ein Erstes und Richtiges*, nach dessen Norm und Prinzip alles Übrige ausgerichtet werden kann« (*Est in omni rerum genere unum primum ac rectum, ad cuius tum normam, tum rationem caetera dirigenda sunt*). Aus dieser Ansicht folgte, daß der richtige Weg für die Kunst in der *Nachahmung der Natur* besteht. Nachahmung wurde von den Theoretikern des Klassizismus jedoch nicht im Sinne eines Kopierens des Äußeren der Dinge verstanden, sondern als Suche nach jenem *primum ac rectum*, jenem *constans ac immutabile*, von dem sowohl Alberti als auch Scaliger schrieben.

3. Die Schönheit ist eine Sache des *Wissens*. Man muß sie erforschen, erkennen, kennen, nicht aber ersinnen, improvisieren. Die Schönheit (*leggiadria*) ist mit der Vernunft verbunden, sagt Alberti. Und Gauricus: »In der Kunst erreicht man nichts ohne Allgemeinbildung, nichts ohne Gelehrsamkeit« (*nihil sine litteris, nihil sine eruditione*). Negativ gefaßt, würde dieser Gedanke der klassischen Ideologie lauten: Schönheit und Kunst sind weder Sache der Phantasie noch Sache des Instinkts.

4. Die der menschlichen Kunst eigentümliche Schönheit ist eine Schönheit im *menschlichen Maßstab*. Nicht im übermenschlichen, wie er die Romantiker lockte. Dieses Prinzip wandten die Klassiker auch auf die Architektur an. Und in ihr müssen nach Vitruv (III. 1) die Proportionen »exakt den Proportionen eines wohlgeformten Menschen entsprechen«.

5. Die klassische Schönheit unterliegt *allgemeinen Regeln*. Darauf legte besonders der französische Klassizismus des 17. Jahrhunderts Nachdruck.

Der Begriff der klassischen Schönheit, ein halb historischer und halb systematischer, ist kein präziser Begriff; man kann

Abb. 19 F. Bartolozzi nach J. B. Cipriani:
Nymphe der Unsterblichkeit (mit einer Büste Shakespeares)

jedoch sagen, daß er dem entspricht, was oben Schönheit *stricto sensu* genannt wurde, also der Schönheit der Form, des ebenmäßigen Gefüges.

XI. Die romantische Schönheit

A. *Beginn und Wandlungen des Begriffs*

1. Aus der Gruppe der Wörter »Romantik«, »romantisch«, »Romantiker« entstand als erstes das Adjektiv »romantisch«. Man entdeckte es schon in einer Handschrift aus dem 15. Jahrhundert – allerdings ist das ein Einzelfall. In Wirklichkeit beginnt seine Geschichte spät, im 17. Jahrhundert. Sie durchlief seitdem zwei Phasen; in der ersten wurde das Wort ohne Zusammenhang der Kunst und ihrer Theorie benutzt, und erst an der Wende vom 18. zum 19. Jahrhundert wurde es zu einem Terminus technicus der Theorie. In der ersten Phase wurde es selten und locker verwendet. Es bezeichnete gewöhnlich Stimmungsbilder, Veduten und Orte, Begegnungen und Ereignisse; in diesem Sinne benutzte Swift es im Jahr 1712, als er eine »romantische« Mahlzeit im Schatten der Bäume beschrieb, und Boswell im Jahr 1763, als er vom Sitz seiner Vorfahren sprach. Derselbe Ausdruck bezeichnete außerdem unwahrscheinliche, unwirkliche Dinge, Überspanntheiten und Donquichotterien; in diesem Sinne wurde es z. B. 1763 von Pepys benutzt. »Manche Engländer«, schrieb der Franzose J. Leblanc 1745, »versuchen ihren Gärten ein Aussehen zu geben, das sie *romantic* nennen, was ungefähr soviel bedeutet wie malerisch.«

Recht lange wurde dieser Ausdruck nur in einer Sprache benutzt, dem Englischen. Die Franzosen hatten einen anderen, ähnlichen: *romanesque*. Erst im Jahr 1777 übernahm ihn ein Freund von J. J. Rousseau, R. L. de Girardin: »Ich zog den englischen Ausdruck *romantique* unserem französischen *romanesque* vor.«

Die Etymologie des Wortes ist klar. Es leitete sich von *Romanze* her: romantisch nannte man die Szenerie von Romanzen und Menschen, die als Helden von Romanzen taugten. Die Romanze hatte ihren Namen wiederum von den romanischen Sprachen, in denen zuerst Romanzen verfaßt wurden. Diese Sprachen wurden wiederum so genannt, weil sie in der *Romania* entstanden, im Grenzbereich zwischen Italien und dem Frankenland. Der Name Romania leitete sich natürlich von Rom her. Letztlich geht der Name der Romantik also auf Rom zurück, wie um darauf hinzuweisen, daß in unserer Sprache alle Wege von Rom ausgehen.

2. In den Wortschatz von Literatur und Kunst drang der Ausdruck »romantisch« in Deutschland ein, im Jahr 1798, durch die Brüder Schlegel. Sie, vor allem Friedrich, gaben den Namen der *modernen* Literatur, insofern sie sich von der klassischen unterscheidet. Zu ihren Eigenschaften zählte ein Vorherrschen von individuellen Motiven, von philosophischen Motiven, eine Vorliebe für »Fülle und Leben«, eine gewisse Gleichgültigkeit gegen die Form und vollkommene Gleichgültigkeit gegen Regeln, die mangelnde Furcht vor dem Grotesken und Häßlichen, aber auch ein sentimentalischer Stoff in einer phantastischen Form. Schlegel wandte diesen Namen auf die gesamte moderne Literatur an; Romantisches fand er schon bei Shakespeare und Cervantes. Er sah es aber auch bei zeitgenössischen Autoren, darunter so prominente wie Goethe und Schiller. Das änderte sich ziemlich schnell. Insbesondere annektierten die zeitgenössischen Schriftsteller den Namen für sich. Daher hörte man auf, Shakespeare und Cervantes zu den Romantikern zu zählen; von nun bezeichnete der Name *nur noch die Zeitgenossen.* Das war die erste Verschiebung in seinem Verständnis. Und bald darauf folgte die zweite. Der Name, der in Deutschland entstanden war und anfangs ausschließlich deutsche Schriftsteller bezeichnete, griff über auf Frankreich, wo er von einer Gruppe rebellischer zeitgenössischer Literaten übernommen wurde. Er griff auch auf andere Länder über. In Polen tauchte das Adjektiv »romantisch« 1816 im Druck auf (in einem Artikel von St. Potocki im »Pamiętnik Warszawski« und in einer Rezension einer *Hamlet*-Aufführung). Für Brodziński und Mickiewicz war der Name in den Jahren 1818-1822 schon eine Selbstverständlichkeit; er bezeichnete ebenfalls eine Gruppe zeitgenössischer polnischer Dichter. Ebenso war es in anderen Ländern; insbesondere neue Schriftstellergruppen übernahmen für sich den Namen »Romantiker«. Das wurde zu einer Art Eigenname nicht

für Individuen, sondern für Gruppen (nicht anders war es später mit den Namen Junges Polen, Skamander oder Quadriga).

Die Schriftsteller, die romantisch genannt wurden und sich selbst romantisch nannten, gehörten zu einer Familie und hatten deshalb das Recht auf einen gemeinsamen Namen; zwischen manchen war die Verwandtschaft allerdings eine entfernte. Immerhin zählten sich zu den Romantikern sowohl die Schlegels und Novalis als auch Mickiewicz und Słowacki, Hugo und Musset, Puschkin und Lermontow. Auch der Name der Romantiker hatte folglich ein *vielfältiges*, uneinheitliches Designat, war der Name für viele ähnliche, aber nicht identische Gruppen.

Was die Romantiker einte, war die Chronologie: sie waren (in abgerundeten Zahlen) in den Jahren 1800-1850 aktiv. Die Daten für Frankreich: Schon 1821 schrieb die Provinzakademie (in Toulouse) einen Wettbewerb über die Bestimmung der Merkmale der romantischen Literatur aus; 1830 erschien bereits eine Geschichte der Romantik in Frankreich (von E. Ronteix), und schon 1843 schrieb Sainte-Beuve (in einem *Brief an J. und C. Olivier*), daß es mit der romantischen Schule vorbei und die Zeit für eine andere gekommen sei. In Polen pflegt man den Beginn der Romantik mit der Abhandlung von Brodziński aus dem Jahr 1818 anzusetzen und ihr Ende mit dem Tode Słowackis im Jahr 1849 zu verbinden.

3. Der Umfang des Begriffs des Romantischen wurde jedoch rasch erweitert, und damit änderte sich seine Bedeutung.

a. Anfangs bezeichnete der Ausdruck »Romantiker« namentlich jene, die diesen Namen für sich gewählt hatten; nach und nach umfaßte er jedoch auch *andere zeitgenössische* Schriftsteller, die mit jenen sympathisierten, diesen Namen aber für ihre Selbstcharakterisierung nicht benutzten. Aus diesem Grund fanden sich in Literaturgeschichten unter den Romantikern neben vielen anderen auch Dumas Père und Fredro. Man kann sagen, daß in die Familie der Romantiker auch deren Freunde einbezogen wurden.

b. Man begann unter diesen Namen auch *frühere* Schriftsteller mit verwandten Tendenzen zu subsumieren wie Rousseau in Frankreich, Warton in England und die »Sturm und Drang«-Vertreter in Deutschland, und zwar in der Überzeugung, daß sie im Hinblick auf ihre Tendenzen und Erfolge nicht nur als Vorläufer, sondern als echte Romantiker zu betrachten seien. Der Ausspruch, die Dichtung wolle »etwas Riesiges, Barbarisches und Wildes«, ist eine romantische Deklaration, die aber dem anerkannten Beginn der Romantik um vierzig Jahre vorausging – der Ausspruch stammt von Diderot (»*La poésie veut quelque chose d'énorme, de barbare et de sauvage*«, aus der Abhandlung *De la poésie dramatique*, VII, S. 370). Hier kann man wiederum sagen, daß in die Familie der Romantiker ihre Vorfahren einbezogen wurden.

c. Einbezogen wurden auch *spätere* Schriftsteller, die Merkmale der Romantiker beibehielten. Die romantischen Generationen starben weg, aber einige Schriftsteller blieben der romantischen Tradition treu. Von ihnen kann man sagen: In die Familie der Romantiker wurden ihre Nachfahren einbezogen. Die *Enzyklopädie* Kolumbiens zählt Dickens, Sienkiewicz und Maeterlinck zu den Romantikern, und der französisch-amerikanische Historiker Barzun zählt W. James und S. Freud zu ihnen.

d. Den ursprünglich für Schriftsteller bestimmten Namen begann man auch den damaligen Vertretern *anderer Künste* mit analogen Neigungen zu geben: Malern wie Delacroix oder C. D. Friedrich, Bildhauern wie David d'Angers, Musikern wie Schumann, Weber oder Berlioz. In die Familie der Romantiker wurden auch ihre Verwandten einbezogen.

e. Der Prozeß der Erweiterung der Bedeutung des Wortes ging weiter: man begann es auf Schriftsteller und Künstler anzuwenden, die weder einen zeitlichen noch einen kausalen Zusammenhang mit jenen aufwiesen, die in den Jahren 1800-1850 diesen Namen angenommen hatten; es genügte eine Ähnlichkeit der Werke, ihrer Form oder ihres Inhalts. Nicht nur Shakespeare und Cervantes reihte man jetzt wieder unter die Romantiker ein, sondern auch viele andere. Jemand zählte zu ihnen Villon und Rabelais, jemand anders Kant und Fr. Bacon, ja sogar den hl. Paulus und den Verfasser der Odyssee.

4. Diese Erweiterungen hatten weitreichende Folgen, ließen das Wort »Romantiker« vollkommen zweideutig werden: Wenn es einerseits der *Eigenname* bestimmter literarischer Gruppen der Jahre 1800-1850 ist, so ist es heute andererseits ein *allgemeiner Begriff*, der Literaten und Künstler einer beliebigen Periode umfaßt. Das ist übrigens nichts Ungewöhnliches, denn ähnlich verhält es sich mit anderen Ausdrücken, die von Kunst- und Literaturhistorikern benutzt werden, zum Beispiel »klassisch« und »barock«.

B. *Bestimmungen des Romantischen.* Die Romantik, das Romantische und das romantische Werk wurden und werden noch immer sehr unterschiedlich verstanden und bestimmt. Hier nun ein Viertelhundert Bestimmungen, ausgewählt aus einer noch größeren Anzahl, hauptsächlich von Schriftstellern, die romantisch genannt wurden und sich selbst so nannten.

1. Eine Bestimmung, die man sehr häufig antrifft: Romantisch ist jene Kunst, die sich ganz oder überwiegend dem *Gefühl*, der Vorahnung, dem Trieb, dem Enthusiasmus, dem Glauben, also irrationalen Funktionen des Geistes hingibt. Exaltation und Intuition waren für Mickiewicz »sakramentale Ausdrücke der Epoche«, der romantischen Epoche. Die Formel der Romantik, die jeder Pole auswendig kennt, lautet [aus Mickiewicz' Gedicht »Romantik« – d.Ü.]:

Gefühl und Glaube sind mehr
Als des Klüglers Auge und Brille

In diesem Geiste bestimmte Ignacy Chrzanowski die Romantik als Kampf des Gefühls mit der Vernunft. »Kunst ist Gefühl«, wie Musset erklärte. »Die Dichtung ist kristallisierter Enthusiasmus«, wie Alfred de Vigny urteilte. Der Instinkt ist in ihr wichtiger als Berechnungen. Wie Kazimierz Brodziński (S. 15) schrieb: »Für das Klassische braucht man mehr verfeinerten Geschmack, für das Romantische mehr verfeinertes Gefühl.«

2. Eine Bestimmung, die der vorigen nahekommt: Romantisch ist jene Kunst, die sich der *Phantasie* hingibt. Romantisch ist die Überzeugung, daß Dichtung und Kunst insgesamt vor allem oder ausschließlich eine Sache der Phantasie seien. Diese vergötterten die Romantiker über alles; sie glaubten, wie Benedetto Croce sagte, an die übermenschliche Gabe der mit wunderbaren und widersprüchlichen Eigenschaften ausgestatteten Phantasie. Sie wollten sich zunutze machen, daß die Phantasie reicher ist als die Wirklichkeit. Wie Chateaubriand schrieb: »Die Phantasie ist reich, fruchtbar, wunderbar, das Sein arm, steril, kraftlos.« Der Schriftsteller und Künstler soll deshalb, statt sich an reale Vorbilder zu halten, der Phantasie freien Lauf geben. Der als romantischer Maler geltende Eugène Delacroix notierte in seinem Tagebuch, daß »am schönsten Werke sind, die die reine Phantasie des Künstlers ausdrücken«, und nicht jene, die sich nach einem Modell richten.

3. Romantisch ist, was das *Poetische* als höchsten Wert der Literatur und Kunst anerkennt. Eustache Deschamps, ein Mitarbeiter von Victor Hugo, schrieb 1824: »Der verwickelte Streit zwischen Klassikern und Romantikern ist nichts anderes als der ewige Krieg zwischen prosaischen Geistern und poetischen Seelen.«

4. Romantisch im engeren Sinne ist, die Kunst speziell *zärtlichen* Gefühlen zu unterwerfen. Brodziński schrieb (S. 14): »Die romantischen Schönheiten sind ausschließlich für zärtliche Herzen«. Denselben Sinn hat eine andere Formulierung: »Die lyrische Dichtung ist die gesamte Dichtung« (*La poésie lyrique est toute la poésie*), wie Théodore Jouffroy schrieb, ein Philosoph aus der Zeit der Romantik.

5. Eine allgemeine Bestimmung: Romantisch ist die Überzeugung von der *geistigen* Natur der Kunst. Die Dinge des Geistes sind ihr Thema, ihr Inhalt, ihre Aufgabe. Dazu noch einmal Brodziński (S. 28): »Für Homer war alles Fleisch, für unsere Romantiker ist alles Geist.«

6. Romantisch ist, *dem Geist mehr Gewicht zu geben als*

der Form: das ist das Verständnis Hegels. Diese Bestimmung klingt ähnlich, unterscheidet sich aber von der vorigen, denn sie stellt dem Geist die Form und nicht das Fleisch gegenüber. Die so verstandene Romantik ist ein bewußter *Amorphismus*, im Gegensatz zu dem Streben der Klassiker nach Form und Harmonie. Wacław Borowy schrieb: »Amorphismus ist das grundlegende Merkmal der romantischen Kunsttheorie [...]. Er ist ein Streben nach Gestaltlosigkeit, eine tendenzielle Vernachlässigung der Einheit, der Harmonie der Gestalten.« In einer anderen Formulierung: Romantik ist ein Überwiegen des Inhalts gegenüber der Form – das *Was* ist wichtiger als das *Wie*. Für sie ist Regelmäßigkeit kein Vorzug.

7. Eine ähnliche, aber krassere Formulierung: Da die Romantik anderen als formalen Faktoren das Übergewicht gibt, kann man sie (mit einer Formulierung, die Karol Szymanowski auf Beethoven bezogen hat) auch so bestimmen: Romantik ist ein Überwiegen *ethischer Interessen* gegenüber ästhetischen. Oder auch so: Die Ästhetik der Romantik ist eine Ästhetik ohne Ästhetizismus.

8. Die Romantik ist ein *Aufstand gegen überkommene Formeln*, ein Ignorieren oder Umstürzen anerkannter Regeln, Prinzipien, Vorschriften, Kanones, Konventionen. L. Vitet hob diesen Zug hervor, als er in den zwanziger Jahren des 19. Jahrhunderts in »Le Globe« »*la guerre aux règles*« ausrief. Er schrieb: »Romantik ist im weitesten und allgemeinsten Sinne, mit einem Wort, Protestantismus in Literatur und Kunst«.

9. Ein radikaleres Verständnis: Romantik ist ein *Aufstand gegen alle Regeln*, sie fordert die Befreiung von Regeln schlechthin, sie ist ein Schaffen, das auf Regeln keine Rücksicht nimmt, frei von ihnen ist. »Die schöpferische Kraft läßt sich niemals unter allgemeine Prinzipien subsumieren« (M. Mochnacki, *Pisma*, 1910, S. 252).

Eine ähnliche Bestimmung, nur anders formuliert: Romantik ist Liberalismus in Literatur und Kunst. Das war die Formel eines prominenten Romantikers, Victor Hugos.

10. Die Romantik ist »ein *Aufstand der Seele gegen die Gesellschaft*, die sie [die Romantik] hervorbrachte« – so die Version

von Stanisław Brzozowski. Er hat seinen Gedanken auch bildhaft formuliert: »Die Romantik ist ein Aufstand der Blume gegen ihre Wurzeln.«

11. Romantik heißt *Individualismus* in Literatur und Kunst. Sie gibt jedem das Recht, je nach eigener Eingebung und eigenem Geschmack zu schreiben, zu malen, zu komponieren. Romantik ist das Bedürfnis nach *Freiheit* und die Forderung nach Freiheit in allen Lebensbereichen, auch in der Dichtung und der Kunst.

12. Romantik heißt *Subjektivismus* in Literatur und Kunst. »Romantisch bedeutet subjektiv«, schreibt G. Picon, ein französischer Kritiker von heute. Und die alten Romantiker würden sich diese Bestimmung zu eigen machen. Sie bedeutet: Der Romantik zufolge stellt der Künstler seine Sicht der Dinge dar, ohne Anspruch auf Objektivität und Allgemeingültigkeit dessen, was er geschaffen hat. Ein solches Verständnis der Romantik läßt unterschiedliche Formulierungen zu – in einer wohlwollenden heißt es, sie sei »eine Eruption von innen«, in einer abfälligen, sie sei eine »Zurschaustellung des Ichs« (*étalage du moi*).

13. Romantik ist eine Neigung zum *Sonderbaren*. W. Pater bestimmte sie so: »*It is the addition of strangeness to beauty that constitutes the romantic character in art*« (Artikel *Romantism* in »Macmillan's Magazine«, Bd. 35, 1876, S. 64f.).

14. Eine weitere Bestimmung geht von dem Streben nach dem Unendlichen aus: »Die Romantik führt vom Gegenstand fort zum *Unendlichen*«, sagt Brodziński (S. 28), der der Meinung war, auf dieser Grundlage könne man den Romantiker vom Klassiker unterscheiden. Poetischen Ausdruck gab der so verstandenen Romantik ein schöner Vers von William Blake: *Hold infinity in the palm of your hand.*

15. Ähnlich: Romantik ist das Bemühen, durch die Erscheinungen, durch die Oberfläche der Dinge hindurch zur *Tiefe des Seins* vorzudringen. Oder das Bemühen, durch dichterische Anstrengung zur *Seele der Welt* vorzudringen. Oder zu den verborgenen, *geheimen* Dingen vorzudringen. Die so verstandene Romantik hatte zwei Konsequenzen: erstens ließ sie

die Dichtung dazu neigen, Funktionen der Philosophie zu übernehmen; zweitens ließ sie sie zu ungewöhnlichen Mitteln greifen, weil vor solchen Aufgaben die Sinne ebenso versagen wie das Denken; man ist daher angewiesen auf Zustände der Ekstase, auf Eingebungen.

16. Romantik ist ein *symbolisches* Verständnis der Kunst. Denn die Farben, Gestalten, Klänge und Worte, derer sich die Kunst bedient, waren lediglich Symbole dessen, wonach die Romantiker in Wahrheit trachteten. Für einen Romantiker, wie es August Wilhelm Schlegel war, war das Schöne eine »symbolische Darstellung der Unendlichkeit« (*).

17. Eine andere Konzeption: Romantik bedeutet, der Kunst in der Wahl der Inhalte wie der Formen *keinerlei Grenzen* zu setzen. Alles eignet sich als Thema, die sinnliche ebenso wie die transzendente Welt, die Wirklichkeit ebenso wie der Traum, das Erhabene ebenso wie das Groteske, und alles darf mit allem vermischt werden, so wie es im Leben vermischt ist. So formulierte Victor Hugo sein romantisches Programm in der Vorrede zum Drama *Cromwell*. Ähnlich Friedrich Schlegel: »Fülle und Leben«. Der Romantiker Coleridge pries Shakespeare dafür, daß er heterogene Dinge so zusammenbringt, wie sie in der Natur vereint sind (*the heterogeneous is united as it is in nature*). Ähnlich fassen neuere Historiker die Sache auf, wenn sie die Intentionen der Romantiker darin sehen, mit ihrer Kunst »*das ganze Erbe* des Menschen« (*the whole inheritance of man*) zu umfassen, wie es Lord Acton formuliert. Von dort ist es nicht weit zur nächsten Bestimmung:

18. Romantik ist die Anerkennung der *Vielfalt*, der Mannigfaltigkeit der Dinge und der Kunst. Formen gibt es viele in der Welt, und entgegen der klassischen Tradition ist eine nicht schlechter als die andere. Der amerikanische Ideenhistoriker A. O. Lovejoy (*Essays on the History of Ideas*, 1948) bezeichnet die Haltung der Romantiker als Diversitarianismus und stellt ihr den Uniformitarianismus der Klassiker gegenüber. Er sagt, die Romantiker hätten »den Wert der Vielfalt« (*the intrinsic value of diversity*) entdeckt. Gerade in der Mannigfaltigkeit erblickten sie die künstlerische Vollkommenheit. Das war der

Ursprung der von ihnen vollzogenen Vermehrung der literarischen und künstlerischen Formen, aber auch ihrer Neigung zu gemischten literarischen und künstlerischen Formen.

19. Eine verwandte Bestimmung der Romantik besteht in einer *feindlichen* Einstellung zu jeder Art von *Standardisierung und Simplifizierung*, der Überzeugung, daß Verallgemeinerungen, Universalisierungen unmöglich, vergeblich, falsch sind. Damit verbindet sich eine weitere, eher unerwartete Bestimmung der Romantik:

20. Romantik heißt, *sich ein Vorbild an der Natur zu nehmen*. Sie ist nämlich vielfältig, nichtstandardisiert; nur die Angleichung an sie erlaubt der Kunst, der Standardisierung zu entgehen. Deshalb sprachen die Romantiker sich für Realismus, für Natürlicheit aus, sahen sie darin die Rettung vor den Konventionen, den Schemata, der Unnatürlichkeit der Klassiker. Manche Historiker, zuletzt J. Barzun, betonen heute bei der Beschreibung ihres Wirkens den Realismus der Romantiker. Indessen hatte die Romantik eine völlig andere Tendenz:

21. Für sie war die Realität – im Gegensatz zum wahren Sein – wertlos und unwesentlich. Die Kunst entsteht daraus, daß man der Wirklichkeit entsagt, erklärte einer der Vorboten der Romantik, W. H. Wackenroder. Oder daraus, daß man sie herabsetzt, ihr wahre Realität abspricht (M. Schasler, ein vor hundert Jahren wirkender Historiker der Ästhetik, sprach von der »Herabsetzung zum bloßen Schein«) und ihren Wert leugnet. »Romantik ist Unzufriedenheit mit der sozialen Realität«, formuliert Juliusz Kleiner (*Studia z zakresu teorii literatury* [Studien aus dem Bereich der Literaturtheorie], 1961, S. 97), der Konflikt des Menschen mit der Welt. Mehr noch: Romantik heißt *Flucht aus der Realität*, vor allem der gegenwärtigen (ibid., S. 102). Eine Flucht in die Welt der Utopie und des Märchens (die Angelsachsen nennen dies das *»fairy-tale-element«* der Romantik). Eine Flucht in den Bereich der Fiktion und der *Täuschung*. Mit den Worten Mickiewicz' [aus seiner »Ode an die Jugend« – d.Ü.]:

Mich über die tote Welt zu erheben,
Ins Traumparadies mich zu retten.

Oder wenigstens eine Flucht in die *Vergangenheit*, in alte Zeiten. Vor allem in das Mittelalter, das so weit von der Moderne entfernte. Das Schönste ist für den Romantiker das, was es nicht mehr gibt. Eventuell, was es noch nicht gibt.

22. Eine andere, weniger extreme Bestimmung der Romantik: Nicht eine Neigung zur Realität oder eine Abneigung kennzeichnet sie, sondern einzig die Neigung zu einer bestimmten Art von Realität, nämlich zu einer lebendigen, *dynamischen und malerischen*. Während die Klassiker eine statische, statuarische Kunst verehren, vergöttert die Romantik das Schwungvolle, Dynamische, Malerische, Ungewöhnliche, ist sie ein Fortgerissenwerden über das Stille, Ausgeglichene, Geregelte, Geordnete, Gewöhnliche hinaus. Von dort ist es nicht weit bis zur folgenden Bestimmung:

23. Romantisch ist ein Schaffen, das nicht nach harmonischer Schönheit strebt, sondern nach der *starken Wirkung*, dem mächtigen Eindruck, der Erschütterung der Menschen. Es kommt mehr darauf, an, daß ein Werk interessant, anregend, erschütternd ist, als daß es schön ist.

24. Eine andere, verwandte Formel der Romantik: Nicht Harmonie ist die leitende Kategorie der Kunst, sondern vielmehr der *Konflikt*. So ist es in der Kunst, weil es so in der menschlichen Seele ist, und nicht anders ist es in der menschlichen Gesellschaft.

25. Von dem romantischen Schriftsteller Ch. Nodier stammt das folgende, um 1818 formulierte eigentümliche Verständnis der romantischen Literatur: Haben sich die frühen und die klassischen Dichter von den »Vollkommenheiten der menschlichen Natur« inspirieren lassen, so lassen sich die romantischen von unseren *Mängeln und Nöten* (»nos misères«) inspirieren. Nicht viel anders dachten andere Romantiker: Musset meinte, die neue (romantische) Zeit zeichne sich durch ein Übergewicht des *Leidens* aus.

Abb. 20 R. Morghen nach P. Nocchi/Rafael: Die Poesie

Dies sind also verschiedene Bestimmungen des Romantischen, verschiedene, aber in einem gewissen Sinne verwandte Bestimmungen; von verschiedenen Seiten her erfassen sie ein komplexes Phänomen. Allgemein und negativ ausgedrückt, kann man sagen: das Romantische ist das Gegenteil des Klassischen. Die romantische Schönheit ist vollkommen verschieden von der klassischen Schönheit, von dem, was hier Schönheit *stricto sensu* genannt wurde; sie ist verschieden von der Schönheit der Proportion, des harmonischen Verhältnisses der Teile. Im Sinne der obigen Bestimmungen kann man sagen, daß sie die Schönheit des starken Gefühls und des Enthusiasmus, die Schönheit der Phantasie, die Schönheit des Poetischen, des Lyrischen ist, die geistige, amorphe Schönheit, die sich weder der Form noch den Regeln fügt, die Schönheit des Sonderbaren, der Grenzenlosigkeit, der Tiefe, des Geheimnisvollen, des Symbols, der Vielfalt, die Schönheit der Täuschung, des Fernen, des Malerischen, auch die Schönheit der Kraft, des Konflikts, des Leidens, die Schönheit des mächtigen Eindrucks.

Wenn man sich nicht vor einer extremen Formulierung fürchtet, kann man sagen, daß die höchste Wertekategorie, die im Klassizismus in der Schönheit besteht, in der Romantik nicht in der Schönheit besteht, sondern in der Größe, der Tiefe, der Erhabenheit, dem Schwung. Besser aber ist vielleicht noch eine andere Formel: Wenn die klassische Schönheit eine Schönheit im *engsten* (formalen) Sinne ist, so läßt sich die romantische Schönheit nur mit dem *weitesten* Begriff von Schönheit vereinbaren. Von dem ausgedehnten Bereich des Schönen bleibt, wenn man die klassische Schönheit ausscheidet, ein Rest, der wenn nicht gänzlich, so doch in hohem Maße romantische Schönheit ist.

Kapitel VI

Das Schöne: Streit zwischen Objektivismus und Subjektivismus

> Est in omni rerum genere unum primum ac rectum, ad cuius tum normam, tum rationem caetera dirigenda sunt
>
> J. C. Scaliger: Poetices

> There is nothing, either good or bad, but thinking makes it so
>
> W. Shakespeare: Hamlet

Die Auseinandersetzung zwischen dem objektivistischen und dem subjektivistischen Verständnis der Ästhetik ist alt. Bei ihm geht es darum, ob der ästhetische Wert eine Eigenschaft der Dinge oder nur eine menschliche Reaktion auf die Dinge ist. Mit anderen Worten: Ist das ästhetische Urteil ein Urteil über Objekte oder über das, was Subjekte angesichts ihrer empfinden? Krasser formuliert: Wenn wir das Urteil abgeben, daß ein Ding »schön« oder »ästhetisch« ist, schreiben wir ihm dann eine Eigenschaft zu, die es besitzt, oder eine, die wir ihm verleihen? Oder so: Gibt es schöne und häßliche Dinge, oder gibt es solche Dinge gar nicht, besitzt kein Ding diese Eigenschaften an sich, sind alle ästhetisch neutral, weder schön noch häßlich, und wir betrachten sie bloß als solche? Wenn Platon erklärt, daß »Dinge immerdar an und für sich schön sind« (*Philebos*, 51 B), dann gibt er der objektivistischen Einstellung in der Ästhetik Ausdruck; wenn David Hume (*Of the Standard of Taste*, 1757) dagegen schreibt, daß »die Schönheit der Dinge allein im Geist dessen existiert, der diese Dinge betrachtet«, dann spricht er sich für die subjektivistische Einstellung aus.

Es gibt in der Ästhetik noch andere, ähnliche Auseinandersetzungen, insbesondere diese: Wenn ein Ding für den einen schön ist, ist es dann für alle schön, oder kann es für die einen schön und für die anderen häßlich sein? Hier geht es nicht mehr um den Subjektivismus, sondern um den ästhetischen Relativismus. Wenn Platon erklärt, daß Dinge »an und für sich« schön sind, dann widerspricht er dem ästhetischen Subjektivismus, und wenn er erklärt, sie seien »immerdar« schön, dann widerspricht er dem Relativismus. Wenn Hume aber dem zitierten Satz hinzufügt, daß »jeder Geist eine andere Schönheit wahrnimmt«, dann verbindet er den Subjektivismus mit dem Relativismus. Die Verbindung dieser beiden Ansichten ist jedoch nicht zwingend: die Geschichte der Ästhetik kennt einen Subjektivismus ohne Relativismus und einen Relativismus ohne Subjektivismus.

Man hat sich die Geschichte der Auseinandersetzung zwischen Subjektivismus und Objektivismus oft so vorgestellt, daß die Ästhetiker der Antike und des Mittelalters auf dem Standpunkt des Objektivismus standen und die modernen diesen aufgaben und zum Standpunkt des Subjektivismus übergingen. Diese Auffassung der Geschichte ist jedoch falsch. Das subjektivistische Verständnis der Schönheit tauchte nämlich schon in der frühen Antike auf und war auch dem Mittelalter nicht fremd, und das objektivistische Verständnis hat sich auch in der Neuzeit lange behauptet; wenn es dem subjektivistischen für einige Zeit den Vorrang einräumte, so kehrte es doch wieder zurück. Allenfalls statistisch kann man sagen, daß der Objektivismus in der antiken und mittelalterlichen Ästhetik überwog, in der neuzeitlichen dagegen der Subjektivismus. Im folgenden wird ausführlicher auf die Geschichte der Auseinandersetzung eingegangen.

I. Die Antike

Wie es scheint, kam die Auseinandersetzung erst innerhalb der Philosophie auf; bei den vor-philosophischen Schriftstellern und Dichtern findet man davon noch keine Spur. Ungebildete Menschen neigen (vermutlich zu allen Zeiten) naturgemäß zu der Ansicht, daß, wenn ihnen etwas gefällt, dann deshalb, weil es schön ist, und nicht, weil es ihrem Geschmack entspricht. Daß letzteres möglich sein könnte, erkannten jene, die zu philosophieren begannen. Die Auseinandersetzung entbrannte, weil ein Teil der Philosophen dennoch auf dem vorphilosophischen Standpunkt beharrte. Der Unterschied war nur der, daß die objektivistischen Nichtphilosophen ihre Ansicht für selbstverständlich hielten; sie bedurfte keiner Argumente, und sie bemühten sich nicht um Argumente für sie; die objektivistischen Philosophen versuchten dagegen, ihren Standpunkt mit Argumenten zu begründen. Auch unter den frühen griechischen Denkern des 5. Jahrhunderts gab es die beiden unterschiedlichen Standpunkte; die einen begründeten den ästhetischen Objektivismus, die anderen unterzogen ihn der Kritik. Die Pythagoreer begründeten ihn, die Sophisten kritisierten ihn.

Die *Pythagoreer* begründeten die Objektivität der Schönheit folgendermaßen: Unter den objektiven Eigenschaften der Dinge ist eine, die Schönheit hervorbringt, nämlich die Proportion. »Ordnung und Proportion«, sagten sie, »sind schön und nutzbringend. Unordnung aber und das Fehlen der Proportion sind häßlich und unnütz« (Stobaios, *Ecl.* IV 1. 40 H, Frg. D 4). Man kann diese Ansicht folgendermaßen erweitern: Die Schönheit beruht auf der Harmonie, die Harmonie auf der Ordnung, die Ordnung auf der Proportion, die Proportion auf dem Maß, das Maß auf der Zahl. Ordnung, Proportion und Ebenmaß sind aber objektive Eigenschaften der Dinge. Unter dem Einfluß der Pythagoreer und im Einklang mit ihrer Theorie begannen die Griechen, die Schönheit »*symmetria*«, das heißt Ebenmaß, zu nennen. Die Proportion, sagten sie, ist die objektive Grundlage aller Schönheit; es gibt Schönheit in der wirklichen Welt, im Kosmos; der Mensch erblickt sie in ihm und überträgt sie auf seine eigenen Schöpfungen.

Die *Sophisten* hielten die Schönheit dagegen für eine subjektivistische und anthropozentrische Ansicht. Der Kosmos enthält weder Schönheit noch Häßlichkeit – sie werden allein vom Menschen hervorgebracht. Das war die natürliche Anwendung des Weltbildes der Sophisten: »Der Mensch ist das Maß aller Dinge«, also auch der Schönheit. Die Relativität der Schönheit bewiesen sie mit dem Hinweis darauf, daß verschiedenen Menschen verschiedene Dinge gefallen, daß verschiedene Dinge für die einen und die anderen schön sind. Schön, schrieben sie, ist es, wenn die Frauen sich schmücken, häßlich, wenn die Männer das tun. Der den Sophisten nahestehende Literat Epicharm wies darauf hin, daß »der Hund seinesgleichen für am schönsten hält, und ähnlich der Stier den Stier, der Esel den Esel, das Schwein – das Schwein« (Diog. Laert., III 16, Frg. B 5). Ausgangspunkt der Sophisten war der ästhetische Relativismus, von dem sie auch den Subjektivismus ableiteten. Schönheit ist nichts anderes als die Lust unserer Augen und Ohren.

Der den Sophisten nahestehende Rhetor Gorgias ging im ästhetischen Subjektivismus am weitesten. Er erklärte (*Helen.*, 8, Diels, Frg. B 11), daß dem, was wir angesichts der Kunst (und besonders der Dichtung) empfinden, in der objektiven, realen Welt nichts entspricht. Die Wirkung der Kunst beruht auf Illusion, Irreführung, Täuschung: sie wirkt mit dem, was es gerade *nicht gibt*. Diese sehr frühe, noch aus dem 5. Jahrhundert vor unserer Zeitrechnung stammende Theorie enthielt den extremsten ästhetischen Subjektivismus.

Nach dem Versuch der Pythagoreer, den ästhetischen Subjektivismus zu begründen, und seiner subjektivistischen Kritik durch die Sophisten wurde in der Philosophie der Griechen bald der nächste Schritt getan, nämlich die begriffliche Differenzierung, die eine Annäherung der beiden extremen Ansichten und eine maßvollere, gerechtere Lösung des Streits erlaubte. Ihn tat *Sokrates*. Er unterschied nämlich zwei Arten von schönen Dingen, solche, die an sich schön sind, und solche, die *für jemanden* schön sind, nämlich für denjenigen, der sich ihrer bedient. Das war die erste Kompromißlösung: Schönheit ist *teils* objektiv, *teils* subjektiv; es gibt sowohl die eine als auch die andere Schönheit (Xenophon, *Commentarii*, III. 10. 10).

Sokrates machte sich diese Lösung zu eigen, weil er ein neues Verständnis der Schönheit gefunden hatte. Die Pythagoreer nahmen an, die Schönheit beruhe auf der *Proportion*, er dagegen wies darauf hin, daß sie auch und vor allem auf der *Angemessenheit* beruht, der Zweckmäßigkeit, der Anpassung an ihre Bestimmung. Während die Schönheit der Proportion konstant ist, ist die Schönheit der Angemessenheit relativ, weil verschiedene Dinge eine verschiedene Bestimmung und daher auch eine verschiedene Schönheit haben (Xenophon, *Commentarii*, III 8. 4). Ein Schild ist schön, weil er gut schützt, ein Speer, weil man ihn schnell und mit Wucht werfen kann; daher unterscheidet sich die Schönheit des Speers von der Schönheit des Schildes. Gold ist zwar schön, doch ein goldener Schild ist nicht schön, weil er sich für das, was die Bestimmung eines Schildes ist, nicht eignet. Das Zweckmäßige nannte Sokrates schön (*kalon*) oder auch angemessen (*harmotton*); die späteren Griechen benutzten den Ausdruck *prepon*, und die Römer übersetzten das mit *aptum* oder *decorum*. Die spätere Antike machte entweder einen *Unterschied* zwischen *decorum* und Schönheit und sagte dann, jegliche Schönheit sei absolut und die Angemessenheit lediglich relativ, oder sie zählte das Angemessene zum Schönen und sagte dann, es gebe zweierlei Schönheit, die entweder absolut oder relativ sei. Besser erklärt wurden diese Dinge erst an der Schwelle zum Mittelalter.

Nichts hatte auf das weitere Verständnis der Schönheit, darauf, daß sie als eine objektive Eigenschaft der Dinge aufgefaßt wurde, so großen Einfluß wie die Tatsache, daß *Platon* sich den Pythagoreern anschloß. Seine Autorität verhalf dem Objektivismus in der Ästhetik nicht nur auf Jahrhunderte, sondern auf Jahrtausende zur Vorherrschaft. Sein Standpunkt war in höchstem Maß pythagoreisch: Es gibt objektive Schönheit, und sie beruht auf der Proportion. Er schrieb (*Soph.*, 228 A; *Phileb.*, 51 C): »Die Einhaltung der Proportion ist immer schön«; »Nichts Schönes ist ohne Maß.« »Es gibt schöne Dinge, die immerdar an und für sich schön sind, und sie erregen bestimmte, ihnen eigentümliche Lustgefühle.« Platon machte in seinen Ausführungen eine Einschränkung: »Ich spreche nicht von dem, was jemandem gefällt, sondern von dem, was schön ist«, er leugnete also nicht, daß über schöne Dinge auch subjektive und relative Urteile geäußert werden; es geht nur darum, daß Urteile eine objektive Grundlage haben *können* und sollten. Und sie haben sie, wenn sie sich nicht auf Eindrücke und Gefühle stützen, sondern auf die Vernunft.

Platons Einfluß war umso größer, als der andere ebenso einflußreiche Denker Griechenlands, *Aristoteles*, sich über die Objektivität oder Subjektivität der Schönheit nur ungern und selten äußerte. Er nahm in dieser Frage gewissermaßen einen neutralen Standpunkt ein. Seine Neutralität wirkte sich zum Vorteil der herrschenden Meinung, also des Objektivismus aus.

Die *Stoiker*, die Schöpfer der anderen starken Strömung in der antiken Philosophie, waren in der Ästhetik entschiedene Objektivisten. Sie nahmen an, daß die Schönheit auf der Proportion beruht und ein ebenso objektives Merkmal ist wie die Gesundheit, die ebenfalls auf der Proportion beruht (Galen, *De placitis Hipp. et Plato.*, V. 2 (158) und V. 3 (161)). Sie wandten diese Überzeugung sowohl auf die geistige wie auf die leibliche Schönheit an. Die Schönheit im engeren Sinne, die leibliche, visuelle Schönheit, bestimmten sie als gute Proportion und gutes Verhältnis der Glieder zusammen mit Gefälligkeit der Farben (*cum coloris quadam suavitate*). Sie waren sich dessen bewußt, daß das Urteil über die Schönheit sich auf die Sinne, auf den unmittelbaren Eindruck stützt und daher irrational ist, dachten aber nicht, daß die Schönheit dadurch zu etwas Subjektivem würde, denn die Sinne können, wie der Stoiker Diogenes der Babylonier ausführte, geübt und gebildet werden; subjektiv sind die mit den Eindrücken einhergehenden Gefühle, nicht aber die Eindrücke selbst: wenn diese »geschult« sind, gewinnen sie Objektivität und bilden die Grundlage des objektiven Wissens von der Schönheit (Philodemos, *De musica*, 11).

Auf diese Weise trugen die vier großen philosophischen Schulen – die pythagoreische, die platonische, die aristotelische und die stoische – zur Begründung des Objektivismus in der Ästhetik bei. Es gab in der Epoche des Hellenismus jedoch zwei andere, die den Objektivismus bekämpften: die Epikureer auf sanftere, die Skeptiker auf entschiedenere Art. Die *Epikureer* befaßten sich kaum mit der Theorie der Schönheit; sie übernahmen einfach die Definition der Sophisten, Schönheit sei »das durch Augen und Ohren uns zukommende Angenehme«, und entschieden damit vorweg, daß sie subjektiv ist. Erst Philodemos, ein späterer Vertreter der Schule, interessierte sich stärker für die Kunsttheorie; er bewies, daß in der Dichtung und sogar in der Musik nichts von Natur aus schön ist, daß ihre ganze Schönheit subjektiv ist. Das folgte seiner Meinung nach jedoch nicht daraus, daß es unmöglich sei, über Kunst und Schönheit allgemeine Urteile zu fällen. Jeder äußert sein subjektives Urteil über sie, aber es stimmt nicht, daß jeder in diesem Bereich ein anderes Urteil hat: Philodemos vertrat in der Ästhetik somit einen Subjektivismus ohne Relativismus (*De poem.*, V 53). Die *Skeptiker* hielten alle Urteile über die Schönheit für subjektiv, sogar in der Musik, die in der Antike eine ausgesprochene Domäne des Objektivismus war. Sie erklärten, daß es von unseren Vorstellungen abhängt, ob Melodien schön oder häßlich sind. Doch stärker als die Subjektivität betonten die Skeptiker die Relativität von Urteilen über die Schönheit, unterstrichen sie, daß es persönliche Urteile sind, daß es keine Grundlage für ihre Verallgemeinerung, für ein wie auch immer beschaffenes allgemeingültiges Wissen über die Schönheit gebe.

Die Epikureer und Skeptiker bildeten eine oppositionelle Minderheit, während die Mehrheit der antiken Philosophen von der Objektivität der Schönheit überzeugt war. Die Überzeugung der Mehrheit der Philosophen wurde von der breiten Masse, aber auch von den Spezialisten, den Musikern, Dichtern und Künstlern geteilt. In der Theorie der *Musik* wurde die pythagoreische These, daß die Schönheit von der Harmonie, die Harmonie aber von der Proportion und der Zahl abhänge, nicht in Frage gestellt. Die Theoretiker waren sich jedoch darüber im klaren, daß sich im Verhältnis der Menschen zur Musik auch subjektive Momente äußern. In den *Problemata* des Pseudo-Aristoteles (920 b 29) heißt es, daß wir uns an bestimmten Melodien freuen, »weil wir uns an sie *gewöhnt* haben«, und am Rhythmus freuen wir uns, »weil er *uns* auf bekannte Weise anregt«. Dennoch stand diese Abhandlung letztlich auf dem Standpunkt, daß »die Proportion *von Natur aus* angenehm ist«, daß der Rhythmus Freude bereitet, weil er auf Zahlen und Proportionen beruht.

Ebenso wurde die *Dichtung* verstanden. In der späteren Antike nahm man herkömmlich an, daß die Dichtung allgemeinen Regeln unterliegt, die der Dichter nicht hervorbringt, sondern denen er sich fügt. Pseudo-Longinos (*De sublim.*, VII 4) erklärte, daß »alle ein und dieselbe Meinung über dasselbe haben, trotz der Verschiedenheit in Sitten, Lebensweise, Neigungen, Lebensalter und Sprache«. Selbst Philodemos urteilte ähnlich (*De poem.*, V). Den subjektiven Faktoren des Gefallens wurde wenig Beachtung geschenkt. Nur die Skeptiker behaupteten, daß »die Sprache an sich weder schön noch häßlich ist« (Sextus Empiricus, *Adv. mathem.*, II 56).

Schärfer äußerte sich die Kontroverse zwischen Objektivismus und Subjektivismus in der Theorie der *bildenden Künste*: Ist die sichtbare Schönheit in den betrachteten Dingen oder im Geist des Betrachters? Schafft der Geist die Schönheit, oder entdeckt er sie nur? Vorherrschend war jedoch diese letztere Überzeugung. Entsprechend dem zweifachen Verständnis von Schönheit entstand hier eine zweifache Terminologie: die *objektive* Schönheit, die in den Dingen steckt, wurde seit den Zeiten der Pythagoreer *symmetria* genannt; die Symmetrie war in der Formulierung Vitruvs »die harmonische Übereinstimmung, die sich aus den Gliedern des Werkes ergibt«. Für die subjektiv bedingte Schönheit, die nicht darauf beruht, daß das Ding einen harmonischen Aufbau besitzt, sondern einen harmonischen *Eindruck* hervorruft, wurde dagegen der Ausdruck *eurythmia* geprägt.

Die Alten versuchten, die Kunst auf der objektiven Symmetrie aufzubauen, also auf der unveränderlichen, in der Natur des Dings liegenden Proportion, wurden sich aber recht

Abb. 21 Demarteau nach F. Boucher: Die Poesie

früh dessen bewußt, daß der Gesichtssinn seine Besonderheiten hat, daß die Befriedigung nicht nur von den objektiv vollkommenen Proportionen abhängt, sondern auch davon, daß diese Proportionen den Besonderheiten des Gesichtssinnes entsprechen. Und sie waren der Meinung, daß der Künstler – der Architekt ebenso wie der Bildhauer und der Maler –, wenngleich er grundsätzlich mit der Symmetrie arbeitet, diese doch dem Menschen und seinem Auge anpassen muß. Die Geschichte zeigt, daß die Griechen allmählich von der Symmetrie zur Eurythmie übergingen. Schon die klassischen Bauwerke des 5. Jahrhunderts weisen Abweichungen von der geraden Linie und von einfachen zahlenmäßigen Proportionen auf. Stützte sich das Prinzip der Symmetrie auf die Philosophien der Pythagoreer und Platons, so stützte sich das Prinzip der Eurythmie auf die athenischen humanistischen Philosophen, auf Sokrates und die Sophisten.

Vitruv, der sehr viel später schrieb, sich aber auf die klassische Kunst berief, gebot den Architekten, sich an die mathematischen Kanones zu halten, empfahl ihnen aber gleichzeitig gewisse Abmilderungen (*temperaturae*), erlaubte ihnen, zur Symmetrie etwas hinzuzufügen (*adiectiones*) oder etwas fortzunehmen (*detractiones*). »Das menschliche Auge«, schrieb er (*De archit.*, III. 3. 13), »sucht überall das Schöne; wenn wir dieses Verlangen nicht befriedigen, einerseits durch Einhaltung der richtigen Proportionen und andererseits durch ausgleichende Zufügungen zu den Moduln, so daß, was zu fehlen scheint, durch den Ausgleich vergrößert wird, dann bietet sich dem Beschauer ein unangenehmer und unschöner Anblick.«

Somit sprach er sich zwar für die objektiv schönen Proportionen aus, aber auch für subjektiv bedingte »ausgleichende Zufügungen«. Letzteres erwies sich besonders in manchen Fällen als nötig, wenn beispielsweise ein Gebäude, eine Statue oder ein Bild aus der Ferne betrachtet werden sollte. Um beim Betrachter den *Eindruck* der Symmetrie zu erzeugen, darf das Gebäude oder die Statue nicht ganz symmetrisch sein. Dieser Standpunkt verband den ästhetischen Objektivismus mit dem Subjektivismus: er erkannte die objektive Schönheit an, gebot aber Abweichungen von ihr wegen der subjektiven Bedingungen der Wahrnehmung des Schönen. Ihn unterstützten griechische Gelehrte und Philosophen wie Demokrit und Proklos und gelehrte Mathematiker und Mechaniker wie Heron, Geminos und Philon. Ausdruck fand dieser Standpunkt vor allem in der Architektur, aber auch in anderen Künsten: Die Bildhauer stellten einen Kanon für Statuen auf, wichen aber von ihm ab, wenn Statuen zum Beispiel auf einer Höhe errichtet wurden, und Maler gingen bei Theaterdekorationen, die an die Betrachtung aus der Ferne angepaßt werden mußten, zum Impressionismus und zur Deformation über.

Wenngleich die Griechen grundsätzlich zur objektiven Deutung von Erscheinungen neigten, machten sie bei der ästhetischen Frage, ob die Schönheit etwas Objektives oder etwas Subjektives ist, insgesamt sowohl in der Theorie wie in der künstlerischen Praxis recht früh Kompromisse, und seitdem machten sie sich darüber kaum Gedanken. Stärker beschäftigte sie eine verwandte, aber davon verschiedene Frage: Ist das Schöne für alle ein und dasselbe, oder ist es für jeden etwas anderes?

Wie schon erwähnt, hatten die Griechen noch einen anderen, verwandten Begriff, nämlich das *decorum*; dazu gehörte alles, was angemessen, richtig, zweckmäßig war. Sein Verhältnis zum Schönen war nicht ganz klar: war es eine Spielart des Schönen oder nur eine Analogie? Wenn es zum Schönen gehörte, dann war es von anderer Art als die Symmetrie, denn über sie entschied das Verhältnis der Teile untereinander, über das *decorum* dagegen die Anpassung der Teile an ein Ganzes. Es gab nur eine Art von Symmetrie, aber verschiedene Arten von *decorum*; war die Schönheit dort eine allgemeine, so war sie hier eine individuelle. Die Symmetrie mußte der Tempel der Athene ebenso beachten wie der des Zeus, aber die Form mußte, da sie verschiedenen Gottheiten dienten, eine andere sein. In der Poetik und der Rhetorik stand das *decorum* im Vordergrund, in der bildenden Kunst, die sich stärker an der Symmetrie orientierte, etwas mehr im Hintergrund. Die Symmetrie war für die Alten der Bereich der objektiven und allgemeingültigen Schönheit, das *decorum* höchstens der einer menschlichen, individuellen, relativen Schönheit. Doch es gab eine Entwicklung hin zum *decorum* (ähnlich der Entwicklung hin zur Eurythmie). Hatte sich die klassische Kunst der Griechen unter der Losung der Symmetrie entwickelt, so legte die hellenistische schon mehr Gewicht auf das *decorum*. Die Stoiker haben, wenn man Cicero zu ihnen rechnen darf, den Begriff des *decorum* am weitesten ausgearbeitet. Sie bezogen ihn auf das Objekt: jedes Objekt, sei es ein Mensch, sei es ein Kunstwerk, hat sein *decorum*. Im allgemeinen bezogen sie es jedoch nicht auf die Zeit, den Ort oder das Subjekt, von dem das Objekt genutzt oder bewertet wird. In der späteren Antike hat es natürlich Rhetoren wie Quintilian gegeben, die relativistisch erklärten, daß das *decorum* sich auch *pro persona, tempore, loco, causa* ändert, doch der bildenden Kunst oder der Musik der Antike war ein solcher Relativismus bis zum Ende fremd. Muß die Relativierung des *decorum* auch eine Relativierung des Schönen nach sich ziehen, und wie verhält sich das Schöne überhaupt zum *decorum*? In der Antike blieb die Antwort auf diese Fragen vage – eine deutlichere gab erst das Mittelalter.

II. Das Mittelalter

Die mittelalterlichen Denker blieben in der Ästhetik bei der Ansicht der Alten, nämlich der objektivistischen, die sie bei den Platonikern fanden. Mehr noch: die in der Antike vorherrschende Ansicht wurde jetzt fast zur einzigen, ohne die Opposition, die einst die Sophisten oder die Skeptiker gebildet hatten. In dieser Form, die gewissermaßen einen Kompromiß darstellte, behauptete sie sich über Jahrhunderte: die Schönheit ist eine Eigenschaft der Objekte, doch die menschlichen Subjekte fassen sie auf ihre je eigene Art auf, entsprechend ihren individuellen und gesellschaftlichen Bedingungen, ihren Vorlieben und Gewohnheiten. Die mittelalterliche Ansicht über das Schöne war also im Prinzip objektivistisch, aber mit Einschränkungen zugunsten der Subjektivität: *cognoscitur ad modum cognoscentis*.

Bemerkenswert ist dabei, daß, so sehr die Alten auch zwischen einem objektivistischen und einem subjektivistischen Verständnis der Schönheit schwankten und die einen zu diesem, die anderen zu jenem neigten, das Problem als solches doch in keinem uns bekannten antiken Text klar gestellt wird. Explizit erscheint es dagegen bei den Denkern des Mittelalters. Augustin schrieb (*De vera rel.*, XXXII 59): »Meine erste Frage wird also sein, ob die Dinge deshalb schön seien, weil man an ihnen Freude habe, oder ob man deshalb Freude an ihnen habe, weil sei schön seien« (*Et prius quaeram, utrum ideo pulchra sint, quia delectant, an ideo delectent, quia pulchra sunt*). Auf diese klar gestellte Frage gab er eine ebenso klare Antwort: »Ohne Zweifel werde ich die Antwort bekommen, man habe deswegen Freude an ihnen, weil sie schön seien« (*Hic mihi sine dubitatione respondebitur, ideo delectare, qui pulchra sunt*). Diese Alternative wird acht Jahrhunderte später fast wörtlich von Thomas von Aquin wiederholt (*In div. nom.*, 398): »Nicht darum ist etwas schön, weil es von uns geliebt wird, sondern weil es schön und gut ist, wird es von uns geliebt« (*Non enim ideo aliquid est pulchrum et bonum quia nos illud amamus, sed quia est pulchrum et bonum, ideo amatur a nobis*). Das war neu – ein mit vollem Bewußtsein und mit Nachdruck verkündeter Objektivismus. In der Antike hatten die ästhetischen Subjektivisten ihren Standpunkt lediglich angedeutet, und die Objektivisten sprachen kaum oder überhaupt nicht von ihrem Objektivismus, so als sei er etwas Selbstverständliches.

Getreu seiner Methode führte das Mittelalter in das Problem der Objektivität der Schönheit begriffliche Differenzierungen ein, die eine gemäßigtere, gütliche Auffassung erlaubten.[1] Am wichtigsten waren zwei, beide schon früh initiiert, Jahrhunderte vor der Zeit der Scholastik, schon im 4. Jahrhundert unserer Zeitrechnung. Die eine von Augustin, die andere von Basilius dem Großen.

Eigentlich war es erst *Augustin*, der zwei Begriffe zusammen- und gegeneinander stellte, die bereits im Altertum benutzt, aber von ihm gerade nicht als gegensätzliches und ein-

1 W. Tatarkiewicz, *Geschichte der Ästhetik*, Bd. 2, Basel u. Stuttgart 1980, S. 60.

ander ergänzendes Paar zusammengefügt worden waren: *pulchrum* und *aptum*. Die in seiner Jugend verfaßte Arbeit, in der er das tat, ist verschollen, aber der Sinn der Unterscheidung ist klar. Unter den Dingen, die gefallen, sind manche »schön«, andere »angemessen«; die *schönen* Dinge sind es *»an sich«*, die *angemessenen* sind es immer in Beziehung *auf etwas und für jemanden*.

Diese Unterscheidung behielt Isidor von Sevilla bei und erklärte, daß *differunt sicut absolutum et relativum*. In einer anderen Version stellte sie im 12. Jahrhundert Gilbert von la Porrée aus der Schule von Chartres dar; er sagte (*In Boeth. De Hebdomad.*, IX. 206), daß es zweierlei Schönes gebe (wie auch zweierlei Gutes überhaupt), das eine *secundum se*, das andere *secundum usum*, das eine *absolute*, das andere *comparative* beurteilt. Diese Unterscheidung wurde weitergeführt von Albert dem Großen (*Opusculum de pulchro et bono*) und seinem Schüler Ulrich von Straßburg (*De pulchro*, 80): »*Decor est communis ad pulchrum et aptum. Et haec duo differunt secundum Isidorum sicut absolutum et relativum.*« Sie unterschieden *pulchrum* und *aptum* als absolute und relative Schönheit. Die christlichen Schriftsteller von Augustin bis Albert und Ulrich unterschieden das *aptum* vom Schönen: damit verringerten sie den Bereich des Schönen, retteten dafür aber seine Objektivität.

Während Augustin altgriechische Begriffe weiterentwickelte und benutzte, führte Basilius von Caesarea (*Homilia in Hexaem.*, II. 7) im selben 4. Jahrhundert eigene Begriffe ein. Er trat mit der kühnen Idee hervor, daß Schönheit nicht eine Eigenschaft sei, sondern ein *Verhältnis*, nämlich das Verhältnis des *Objekts*, das gefällt, zum *Subjekt*, dem es gefällt. Basilius, der von den älteren Griechen die These übernommen hatte, daß Schönheit im harmonischen Verhältnis der Teile besteht, mußte diese gegen den Vorwurf Plotins verteidigen, daß auch einfache Dinge wie das Licht, in dem es kein Verhältnis der Teile gibt, weil es überhaupt keine Teile gibt, schön sind; er verteidigte sie mit dem Hinweis, daß die Schönheit dieser Objekte ebenfalls auf einem Verhältnis beruhe, nämlich zu dem wahrnehmenden. Es war wichtig, daß die Schönheit statt als Eigenschaft als Verhältnis aufgefaßt wurde, noch wichtiger aber, daß es als Verhältnis des Objekts zum Subjekt aufgefaßt wurde. Man kann dieses Verhältnis des Schönen Relationismus nennen. Es war kein Relativismus und kein Subjektivismus, aber auch kein reiner Objektivismus – es war eine mittlere, eine Kompromißlösung.

Die Scholastiker gingen einen ähnlichen Weg, insbesondere Wilhelm von Auvergne zu Beginn des 13. Jahrhunderts. Er schrieb (*De bono et malo*, 206), daß die Dinge in ihrem Wesen schön seien. Aber diese sehr objektiv klingende Behauptung bedeutete für Wilhelm nichts anderes, als daß bestimmte Dinge von Natur aus geeignet sind, uns zu *gefallen* (*natum placere*). Er sprach sich für eine objektive oder natürliche Schönheit aus, aber Schönheit war für ihn lediglich die bestimmten Dingen eigene *natürliche Fähigkeit zu gefallen*. Das Gefallen eines Dings setzt aber ein Subjekt voraus, dem das Ding gefällt.

Thomas von Aquin bediente sich eines Schönheitsbegriffs, der dem Begriff des Basilius und Wilhelms ähnelte. Er definierte schöne Dinge als jene, »deren Anblick Wohlgefallen auslöst« (*Summa theol.*, I q. 5 a. 4 ad 1: »*Pulchra enim dicuntur quae visa placent*«. Vgl. ibid., I-a II-ae q. 27 a. 1 ad 3). Diese Definition besagte, daß Schönheit eine Eigenschaft ist, die manche Objekte *besitzen*, aber *im Verhältnis zum Subjekt* besitzen; sie ist eine Relation des Objekts zum Subjekt: es gibt sie nicht ohne ein Objekt, das gefallen kann, aber auch nicht ohne ein Subjekt, dem es gefällt. Diese relationistische Konzeption, die dem Altertum fremd war, aber bei den christlichen Denkern vielfach wiederkehrt, war weder ein reiner Subjektivismus noch ein reiner Objektivismus.

Das Mittelalter brachte auch einen ästhetischen Relativismus hervor. Man findet ihn bei einem jener Denker des 13. Jahrhunderts, die von den Arabern abhängig waren, nämlich bei *Witelo*. In seinen ästhetischen Ausführungen folgte er Alhazen. Beide interessierten sich vornehmlich unter psychologischem Gesichtspunkt für das Schöne: wie reagiert der Mensch darauf? Allerdings faßten sie die Schönheit als eine Eigenschaft der Dinge auf, die nicht minder objektiv ist als die Gestalt und die Größe. Alles, was wir wissen, wissen wir durch Erfahrung, und die Erfahrung zeigt uns schöne und häßliche Dinge. Alhazen fragte nicht, ob die menschliche Erfahrung hier eine einheitliche ist. Witelo ging jedoch über seinen Meister hinaus und stellte diese Frage. Und er mußte sie verneinen. Andere Farben, schrieb er (*Optica*, IV. 148), gefallen den Mauren, andere den Skandinaviern. Das hängt vornehmlich von der Gewohnheit ab, die die geistige Verfassung des Menschen formt, und »je nachdem wie jemand veranlagt ist (*proprius mos*), so wird auch sein Urteil über die Schönheit ausfallen« (*In pluribus tamen istorum consuetudo facit pulchritudinem* [...]. *Sicut unicuique suus proprius mos est, sic et propra aestimatio pulchritudinis accidit unicuique*). Witelo kam zum Relativismus, nicht aber zum Subjektivismus; verschiedene Menschen urteilen verschieden über das Schöne, aber das liegt weniger an der Subjektivität der Schönheit als daran, daß die einen richtig und die anderen falsch urteilen.

Noch weniger subjektivistisch in Sachen des Schönen war Duns Scotus. »Die Schönheit«, schrieb er (*Opus Oxoniense*, I q. 17 a. 3 n. 13), »ist nicht irgendeine absolute Qualität an einem Körper, sondern die Gesamtheit aller dem Körper entsprechenden Eigenschaften, d. h. der Größe, der Gestalt und der Farbe, und schließlich auch die Gesamtheit aller Beziehungen dieser Eigenschaften zum Körper und untereinander« (*Pulchritudo non est aliqua qualitas absoluta in corpore pulchro, sed est aggregatio omnium convenientium tali corpori, puta magnitudinis, figurae et coloris et aggregatio omnium respectuum qui sunt istorum ad corpus et ad se invicem*). Diese Definition besagt, daß die Schönheit eines Dings von allen Eigenschaften und Beziehungen abhängt, die in diesem Ding enthalten sind. Sie kommt der antiken Definition nahe, wonach die Schönheit ein *Verhältnis* ist, erweitert sie jedoch beträchtlich, denn für jene lag die Schönheit in der Beziehung der materiellen *Teile*, hier aber außerdem in der Beziehung der *Eigenschaften*. Dagegen umfaßt sie nicht die Beziehung des Dings zum Subjekt, eine Beziehung, die von Basilius bis Thomas als wesentlicher Faktor der Schönheit galt. Duns Scotus stand in der Ästhetik folglich nicht auf dem Standpunkt des Relationismus und erst recht nicht des Subjektivismus. Seine Kritik, die bald auch die Ockhams sein wird, äußerte sich in der Ästhetik als ein Kampf nicht gegen den Objektivismus, sondern gegen Hypostasierungen, gegen die Auffassung der Formen und des Schönen als Substanzen, wo sie doch nur Eigenschaften, Beziehungen, Verhältnissse sind.

III. Die Renaissance

Es wäre falsch zu behaupten, daß mit der Renaissance sogleich ein Wandel in den Anschauungen eintrat, daß der moderne Subjektivismus den alten Objektivismus verdrängte. Die Quellen sagen etwas anderes. Sicherlich begann die Renaissance mit der subjektivistischen Ansicht über das Schöne, namentlich bei Petrarca. Er erklärte (*De remediis utriusque fortunae*, I. 2), daß, wenn wir von einer Sache sagen, sie sei »vollkommener«, unsere Aussage die Sache selbst betrifft, das Urteil objektiv ist; wenn wir dagegen ästhetisch über die Sache urteilen, indem wir zum Beispiel sagen, sie sei »angenehmer« (*gratior*), betrifft unsere Aussage lediglich die Reaktion des Subjekts auf sie: sie spricht nicht von der Sache selbst, sondern von dem, was die Betrachter über sie urteilen (*non rem ipsam, sed spectantium iuditia respicit*).

Der Schriftsteller der Frührenaissance äußerte diesen Gedanken jedoch nur beiläufig und entwickelte ihn nicht weiter, und von anderen wurde er nicht wahrgenommen. In dem geschichtlichen Moment, der als Beginn der Neuzeit gilt, sind durchaus keine größeren Veränderungen in den Ansichten über die Objektivität des Schönen zu erkennen. In der letzten Phase des Mittelalters waren subjektivistische und relativistische, zumindest aber relationistische Motive schon recht stark. Aber gerade diese Strömungen griff die Renaissance nicht auf. Sie war von der aus der Antike überkommenen Überzeugung erfüllt, daß die Schönheit etwas Objektives sei, daß sie unwandelbaren Gesetzen unterliege, daß es die Aufgabe des Künstlers sei, diese Schönheit und diese Gesetze zu entdecken. Es gibt diesbezüglich klare Aussagen, insbesondere von dem führenden Kunsttheoretiker Leon Baptista Alberti und dem führenden Philosophen der Renaissance, Marsilio Ficino von der florentinischen Platonischen Akademie. *Alberti* bewunderte die Künstler und Gelehrten des Altertums, weil sie »soweit es menschlicher Fleiß vermag, die *Gesetze* zu enthüllen suchten, nach denen die *Natur* sich bei der Schaffung ihrer Werke richtete«. Und das versuchte er selbst. »Meinem Dafürhalten nach«, schrieb er (*De statua*, 173), »gibt es von Natur aus für jede Kunst und Wissenschaft gewisse *Prinzipien, Vorbegriffe und Regeln* (*naturae principia quaedam et prospectiones et secutiones*); wer diese durch Aufmerksamkeit wahrnimmt und für sich benützt, der wird seine Absichten seinem Vorhaben entsprechend auf das Schönste erreichen«.

Die Schönheit definierte er als Harmonie, Übereinstimmung und Zusammenspiel der Teile (*consensus et conspiratio partium*) (*De re aedificatoria*, IX. 5 und VI. 2). Die Harmonie (*concinnitas*) ist nicht ein Werk des Menschen, sondern »*das absolute und höchste Gesetz der Natur*«. Der Künstler kann höchstens einen Schmuck (*ornamentum*) hinzutun, aber die wahre Schönheit liegt in der Natur der Dinge, ist ihnen eingeboren (*innatum*), wie Alberti schrieb, womit er Gedanken aussprach, die er nicht nur von den Alten, sondern mehr noch von den Scholastikern übernahm. Dementsprechend war er der Meinung, daß nicht Freiheit, sondern Notwendigkeit (*qualche necessità*) die Tätigkeit des wahren Künstlers bestimmt (ibid., VI. 5).

An einer anderen Stelle schrieb er: »Manche sagen, es sei eine haltlose und vage Meinung, die wir von der Schönheit und der ganzen Baukunst hätten: je nach dem Geschmack des Einzelnen sei die Form des Bauwerkes verschieden und veränderlich und durch keinerlei künstlerische Vorschriften einzuschränken. Das ist der gewöhnliche Fehler der Unwissenheit, die behauptet, was sie nicht kennt, existiere auch nicht« (ibid., VI. 2). Man kann sich kaum entschiedener über die Objektivität der Regeln des Schönen und der Kunst äußern: Subjektivismus und Relativismus in Sachen Kunst waren für Alberti ein Zeichen von Ignoranz.

Nicht anders dachte *Ficino*, wenngleich er einen anderen Ausgangspunkt und Rückhalt hatte – denn während Alberti ein Künstler und ein gelehrter Forscher war, war er ein platonischer Philosoph. Das Schöne bestimmte Ficino als jene Macht, die den Geist und die Sinne *anruft und hinreißt* (*Opera*, 1641, S. 297 in: *Comm. in Conv.*): »Gerade dieser Liebreiz der Tugend oder der Gestalt oder der Stimmen, der den Geist durch das Denken oder den Gesichtssinn oder das Gehör zu sich ruft und sie hinreißt, wird mit vollem Recht Schönheit genannt« (*Haec ipsa seu virtutis seu figurae sive vocum gratia*).

Zugleich war er überzeugt, daß die Idee der Schönheit uns *angeboren* ist: »Die Schönheit gefällt und findet Anerkennung, weil sie der uns angeborenen Idee der Schönheit entspricht und mit ihr in jeder Beziehung übereinstimmt« (ibid., S. 1574 in: *Comm. in Plotinum*, I. 6). Daraus folgte für ihn, daß es im Bereich der Schönheit keine Relativität geben könne.

Ähnliche Meinungen verbreiteten auch andere, kleinere und weniger einflußreiche Schriftsteller der Renaissance. Pomponius Gauricus, Verfasser eines Traktats über die Bildhauerei aus dem Jahr 1504, rief dazu auf, Maß und Symmetrie in der Kunst zu betrachten und zu lieben (*De sculptura*, 130): »*Mensuram igitur, hoc enim nomine symmetriam intelligamus* [...] *et contemplari et amare debimus.*« Er gab somit derselben Überzeugung Ausdruck, wie wir sie bei Alberti und Ficino finden, daß in der Schönheit ein objektives Maß und eine objektive Regel gelten. Daniele Barbaro, der Herausgeber der architektionischen Schriften Vitruvs, schrieb im Vorwort zu ihnen (*I dieci libri dell'architettura di M. Vitruvio*, 1556, S. 57): »Göttlich ist die Macht der Zahlen (*divina è la forza dei numeri*) [...] Nichts ist bedeutungsvoller in dem Bau dieses Ganzen, das wir Welt nennen, als die Angemessenheit, das Gewicht, die Zahl und das Maß, aus denen [...] alles Göttliche und Menschliche zusammengesetzt ist, gewachsen ist und vollkommen geworden ist.«

Nicht anders war es in der *Poetik*. Julius Caeser Scaliger schrieb 1561 (*Poetices libri septem*, III. 11), daß es in ihr nicht nur eine objektive, sondern eine *einzige* Norm gibt, nach der man sich richten muß (*Est in omni rerum genere unum primum ac rectum ad cuius tum normam, tum rationem caetera dirigenda sunt*).

Die objektiven ästhetischen Überzeugungen der Renaissance gingen über den Bereich von Philosophie und Wissenschaft hinaus. Ihnen gab Baldassare Castiglione in seinem Führer für Höflinge Ausdruck (*Cortegiano*, IV. 59), wenn er von der »heiligen« Schönheit sprach. Agnolo Firenzuola definierte die Schönheit in seinem Buch *Über die Schönheiten der Frauen* (*Discorsi delle bellezze delle donne*, I, ed. Bianchi, 1884, VI. S. 251) als »*una ordinata concordia e quasi un' armonia occultamente risultante della composizione, unione e commissione di piu membri diversi*«. Auch hier war nicht die Rede von der Subjektivität und Relativität der Geschmäcke.

Gab es in der Renaissance keine anderen, weniger objektivistischen Ansichten? Der eine oder andere würde vielleicht gern auf Nicolaus Cusanus verweisen, schrieb dieser doch, daß die Formen nicht in der Materie, sondern »im Geist des Künstlers« stecken (*De ludo globi* in: *Opera omnia*, Basel 1565, S. 219): »*Globus visibilis est invisibilis globi qui in mente artificis fuit imago*«). Es wäre jedoch ein großer Irrtum, diese Worte im subjektivistischen Sinne zu interpretieren: die »Formen im Geist des Künstlers« waren für ihn nicht persönliche, sondern universale, von der Natur eingeflößte Formen. »Denn es gibt Formen, und sie sind die Form, die allen schönen Formen Sein verleiht« (*De visione Dei*, VI, ibid., S. 185: »*Tua facies, Domine, habet pulchritudinem et hoc habere est esse. Est igitur ipsa pulchritudo absoluta, quae est forma dans esse omni formae pulchrae*«).

Eher kann man sich auf Antonio Filarete und seinen Traktat über die Architektur aus den Jahren 1457-1464 berufen, einen der frühesten, der in der Neuzeit geschrieben wurde. Die Tatsache, daß Halbrundbögen *vollkommener* sind als Spitzbögen, erklärte er damit, daß sie *leichter zu betrachten* sind, daß der

Abb. 22 Lépicié nach Ch. Coypel:
Die Malerei vertreibt die Muse des Theaters (1733)

Blick mühelos (*senza alcuna obstaculità*) über sie gleitet, anders als bei den gotischen Spitzbögen; und »nichts ist schön, was das Sehen erschwert« (*Traktat über die Baukunst* in: *Quellenschriften* N. P. III, 1890, S. 273 (Oettingen)). Man kann diesen Gedankengang in der Tat subjektivistisch interpretieren: daß die Schönheit von Ansichten von den Augen des Betrachters abhängt, ihrem Aufbau und ihren Bedürfnissen, von der Leichtigkeit, mit der sie die Ansicht betrachten können. Zu denken gibt jedoch, daß es außer diesem Gedanken in dem ganzen Traktat nichts gibt, was für eine solche Interpretation sprechen würde. Filarete hatte keine philosophischen Interessen, stellte sich solche allgemeinen Fragen nicht; dies mag eine isolierte Bemerkung sein, über deren Folgerungen er sich keine Gedanken gemacht hat; auf jeden Fall hat er sich nicht generell für eine subjektive Interpretation der Schönheit ausgesprochen.

Um in der Ästhetik der Renaissance eine solche Interpretation zu finden, muß man bis zu Giordano Bruno warten, also bis zum Ende der Epoche, bis zum Ausgang des 16. Jahrhunderts. Bruno gehörte nicht zu jenen Männern der Renaissance, die sich ausschließlich mit der Schönheit und der Kunst befaßten; er behandelte sie eher am Rande, versuchte allgemeinere philosophische Ansichten auf sie anzuwenden. Zumindest die eine seiner Abhandlungen, die nicht zu seinen Lebzeiten erschien, *De vinculis in genere* (*Opere*, 1879-1891, III. 645) – über die »Fesseln«, das heißt die Abhängigkeiten des Menschen – behandelt Fragen der Schönheit subjektivistisch.[2] Ihr Hauptmotiv ist der Pluralismus, die *Vielfalt* der Schönheit: »*Pulchritudo multiplex est.*« Aber auch die *Unbestimmtheit* und Unbeschreibbarkeit der Schönheit: »*indefinita et incircumscriptibilis est ratio pulchritudinis*«. Ferner die *Relativität* der Schönheit: »*Sicut diversae species ita et diversa individua a diversis vinciuntur; alia enim simmetria est ad vinciendum Socratem, alia ad Platonem, alia ad multitudinem, alia ad paucos.*« Und schließlich: »*Nihil absolute pulchrum, sed ad aliquid pulchrum.*« Das ist eine eher relativistische Formulierung, auch wenn sie ihrer Intention nach dem Subjektivismus nahekommt.

Bruno war wohl nicht der einzige, der in dieser Weise über die Schönheit dachte. Ein Jahr nach seinem Tode, im ersten Jahr des 17. Jahrhunderts, schrieb Shakespeare im *Hamlet*: »nichts ist weder gut noch böse; das Denken macht es erst dazu«. Er schrieb von guten und bösen Dingen, aber zweifellos zählte er zu den Guten das Schöne und zu den Bösen das Häßliche. Allerdings äußerte Shakespeare ebensowenig wie Bruno Ansichten, die für die Renaissance typisch sind.

Man kann das oben Gesagte verallgemeinern: Jene, die in den ersten Jahrhunderten der Neuzeit über die Schönheit schrieben, zweifelten nicht an ihrer Objektivität, sondern setzten sie voraus. Sie taten das wie die Alten, ohne sich zu mittleren Lösungen in der Art des Relationismus zu flüchten, der

2 Vgl. A. Nowicki, *Problematyka estetyczna w dziełach G. Bruno* [Die ästhetische Problematik in den Werken G. Brunos], in: Estetyka 3 (1962).

schon im Mittelalter verbreitet war. Sie machten sich den ästhetischen Objektivismus mitsamt seinen wirklichen und vermeintlichen Folgen zu eigen, denn sie erklärten nicht nur, daß die Schönheit (im Gegensatz zum Subjektivismus) eine Eigenschaft der Dinge sei, sondern auch, daß sie (im Gegensatz zum Pluralismus) nur eine vollkommene Gestalt habe, daß sie (im Gegensatz zum Relativismus) für alle ein und dieselbe sei, daß sie (im Gegensatz zum Irrationalismus) vom Geist erfaßt werden könne, daß die Schönheit in der Kunst dieselbe sei wie in der Natur, daß man die Kunst durch Regeln normieren könne und solle.

IV. Der Barock

Philosophen befaßten sich im 18. Jahrhundert kaum mit der Ästhetik, eher waren es Künstler und Kritiker. Diese blieben aber der Tradition treu, die nicht subjektivistisch war; gerade ihr entnahmen sie den Glauben an allgemeingültige Regeln, an Kanones, an objektiv beste Proportionen. Auf diesen Glauben stützten sich die im 17. Jahrhundert gegründeten Akademien. In ihnen behauptete sich die objektive Ästhetik der Antike und der Renaissance nicht nur, sondern entwickelte sich zu den extremsten Formen. Der Glaube an allgemeingültige, objektive Regeln, der anfangs in Architektur und Bildhauerei am stärksten war, griff auch auf die Malerei und Dichtung über.

In all diesen Künsten, sagte der damals führende Kritiker A. Félibien 1667 in Paris auf einer Sitzung der Akademie, »wurden gewisse *unfehlbare Regeln* gefunden, wie man zur Vollkommenheit gelangt« (*Conférences de l'Académie 1667*, 1668, Préface). In derselben Zeit schrieb R. Rapin (*Réflexions sur la poétique*, 1675, § XII, S. 18), daß »das Talent, wenn es nicht geregelt ist, nur eine bloße Laune ist, aus der nichts Vernünftiges hervorgehen kann«. Um Schönes zu schaffen und zu beurteilen, genügen nicht Wahrnehmungen und Gemütsbewegungen; »dafür hat der Mensch ein universales Werkzeug, die *Vernunft*«. Natürlich hat jeder andere Neigungen, einen anderen Geschmack, doch wie ein anderes Mitglied der französischen Akademie, H. Testelin (*Sentiments*, 1696, S. 40), erklärte, »urteilen wir über die Schönheit nicht aufgrund individueller Neigungen«. Die Regel und die Vernunft – das waren die Losungen der Ästhetik des 17. Jahrhunderts; ihre objektivistische Einstellung äußerte sich in Universalismus und Rationalismus. Dies war die Einstellung der Künstler, der Kritiker, der Kunstkenner; die Philosophen nahmen eine andere Haltung ein. Mit Ästhetik befaßten sie sich kaum, weil sie nur allgemeingültige und rationale Wahrheiten schätzten und der Meinung waren, daß es solche Wahrheiten über die Schönheit nicht gebe. Es begann mit Descartes, der das Schöne und das Gefallen am Schönen für eine subjektive und persönliche Sache hielt, die nicht Gegenstand der Wissenschaft sein kann (*Brief an M. Mersenne vom 18.3.1630*). Ein entschiedener Relativist war anschließend Pascal; in seinem Kreis war man der Meinung, daß ästhetische Urteile von der Mode abhängen (B. Pascal (?) *Discours sur les passions d'amour*, *Œuvres complètes*, ed. de la Pléiade, 1954, S. 540). Spinoza schrieb (*Brief an H. Boxel aus dem Jahr 1674*), daß Schönheit nicht eine Eigenschaft der Dinge sei, sondern eine Reaktion des sie betrachtenden Menschen; die Dinge selbst sind weder schön noch häßlich.

Zweifel kamen nach und nach aber auch bei Künstlern und Kritikern des 17. Jahrhunderts auf. Der große Corneille schrieb (*Discours de l'utilité des parties du poème dramatique*, 1660, ed. 1862, v. I. 14): »Da die Poesie eine Kunst ist, muß sie selbstverständlich Regeln haben, aber niemand weiß, was für Regeln das sind.« Corneille war ein großer, aber kein typischer Schriftsteller jenes Jahrhunderts, doch auch der ganz typische Félibien erklärte (*Entretiens*, ed. 1706, v. I. 44): »Die Schönheit entsteht aus der Proportion und der Symmetrie, die Anmut aus den Empfindungen und Gefühlen der Seele. Aus der Symmetrie allein würde also eine Schönheit ohne Anmut entstehen.«

Gegen Ende des Jahrhunderts begann eine regelrechte Abkehr vom objektiven Verständnis der Schönheit. Sie begann merkwürdigerweise in der Architektur, obwohl Zahlen, Proportionen und Kanones hier stärkere Traditionen und, wie man meinen könnte, eine stärkere Grundlage hatten als in den anderen Künsten. Diese Abkehr bewirkte ein einziger Mann, allerdings ein hervorragender Mann mit großer Autorität: Claude Perrault, der Schöpfer eines der berühmtesten Bauwerke des Jahrhunderts, der Kolonnade des Louvre. Seine Ansichten, die den hergebrachten Ansichten entgegenstanden, wurden keineswegs sogleich akzeptiert. Sie riefen ganz im Gegenteil Widerspruch hervor. Vor allem von seiten des anderen großen Architekten des damaligen Frankreich, François Blondel.

Die Auseinandersetzung nahm folgenden Verlauf.[3] Perrault gab seinen subjektivistischen Ansichten über die Schönheit in der Architektur in seiner Ausgabe der Schriften Vitruvs im Jahr 1673 Ausdruck. Daraufhin verteidigte Blondel 1675 das traditionelle, objektivistische Verständnis in dem Werk *Traité d'architecture*. Perrault ließ sich davon nicht überzeugen, sondern äußerte sich in seiner *Ordonnance de cinq ordres d'architecture* von 1683 noch krasser. Darauf antwortete nicht mehr Blondel, sondern dessen Schüler Ch. E. Briseux in einem *Traité complet d'architecture*. Diese Auseinandersetzung war schon deshalb wichtig, weil sie die erste Auseinandersetzung dieser Art war. Zuvor hatten sowohl die Subjektivisten als auch die Objektivisten ihre Theorie geäußert und ihre Argumente zusammengestellt, doch erst jetzt maßen sich diese Theorien und Argumente aneinander.

Blondel, der die Tradition und die *communis opinio* des Jahrhunderts repräsentierte, vertrat Thesen, die man wie folgt zusammenfassen kann: a) Die Architektur besitzt ihre objektive, in der Natur der Dinge selbst liegende Schönheit; b) diese Schönheit ist unabhängig von der Zeit und den Verhältnissen; c) sie hat dieselben Grundlagen wie die Schönheit der Natur; d) sie beruht auf dem Verhältnis der Teile und vor allem

3 Vgl. W. Tatarkiewicz, *L'estétique associationiste au XVII siècle*, in: Revue d'Esthétique 13 (1960), H. 3, S. 287.

Abb. 23 F. Bartolozzi nach Ch. Nattier: Komödie

auf den richtigen Proportionen des Bauwerks; e) sie ruft in den Geistern Gefallen hervor, weil sie den Bedürfnissen der menschlichen Sinne und des menschlichen Geistes entspricht. Daß die Menschen nicht nur an dem objektiv Schönen Gefallen finden, steht auf einem anderen Blatt, aber es ist keine Rechtfertigung für den Relativismus.

Blondel hielt Perrault, der verneinte, daß es in der Natur an sich etwas Schönes gebe, und behauptete, das sei nur eine Sache der Gewöhnung, folgendes Argument entgegen: Es gibt Dinge, die immer gefallen, während die Gewohnheiten sich ändern (F. Blondel, *Cours d'architecture*, 1675, II-III. Livre VIII. ch. X. S. 169): *Il y en a qui ne veulent pas qu'il y ait aucune beauté réelle dans la nature. Ils assurent qu'il n'y a que l'accoutumance qui fasse qu'une chose nous plaise plus qu'une autre* [...] *D'autres au contraire (et je suis assez de leur sentiment) sont persuadez qu'il y a des beautez naturelles qui plaisent et qui se font aymer au moment qu'elles sont connues; que le plaisir qu'elles donnent dure toujours sans etre sujet au changement, au lieu que celui de l'accoutumance cesse à la moindre opposition d'une habitude differente*). Blondels Argumentation war folgende: a) bestimmte Proportionen gefallen allen; b) nimmt man den Bauwerken diese Proportionen, gefallen sie nicht mehr; c) dem Menschen, der selbst ein Geschöpf der Natur ist, gefällt die Natur, und gute Architektur stützt nicht minder als gute Malerei und Bildhauerei ihre Formen und Proportionen auf die Natur, in der Form der Säule stützt sie sich beispielsweise auf die Form des Baumes; d) das Gefallen an bestimmten Formen und Proportionen kann man nicht aus der Gewöhnung herleiten, denn die Gewöhnung an häßliche Dinge macht diese nicht zu schönen Dingen, und an die schönen braucht man sich nicht zu gewöhnen; e) zur Begründung der guten Formen und Proportionen bedarf es nicht der strengen Überlegung, denn selbst in den exaktesten Wissenschaften wie der Mechanik und der Optik wurden die größten Errungenschaften nicht durch Überlegung erreicht, sondern durch gewöhnliche Verallgemeinerung von Erfahrungen; f) es stimmt, daß die Proportionen der besten Architektur nicht gänzlich einfachen zahlenmäßigen Proportionen entsprechen, aber das liegt daran, daß die Augen deren Proportionen verändern, und es geht nicht darum, daß Werke der Architektur proportional sind, sondern proportional erscheinen. In dieser letzten Hinsicht wich das Mitglied der französischen Akademie vom antiken, Platonschen, radikalsten Objektivismus ab.

Den Gegenpol nahm Perrault ein: er wandte sich gegen die Tradition und die herrschende Meinung. Wenn er an manche oppositionellen Denker der Vergangenheit erinnerte, so hat er sie doch sehr wahrscheinlich nicht gekannt und ist selbständig zu seinen Ansichten gelangt. Er war extremer als sie. Als Oppositioneller auftretend, mußte er mit einer negativen These beginnen: daß keine Proportionen von Natur aus schön oder häßlich sind. Er bezeichnete das mit verschiedenen Adjektiven: er sagte, die Proportionen seien nicht »natürlich«, nicht »real«, nicht »positiv«, nicht »notwendig«, nicht »überzeugend«. Keine Proportion ist an sich besser als andere (vgl. *Les dix livres d'architecture de Vitruve, avec notes de Perrault* (Tardieu et Cousin), 1837, S. 144: »*Cette raison d'aimer les choses par compagnie et par accoutumance se rencontre presque dans toutes choses qui plaisent, bien qu'on ne le croit pas faute d'y avoir fait reflexion*«). Perrault schränkte seine negative These ein; er behauptete nicht, daß es überhaupt keine »natürlich« schönen Dinge gebe. Zu diesen zählte er in der Architekt edle Baumaterialien und eine gute Ausführung, nicht dagegen die Proportionen.

Doch warum erscheinen manche Proportionen als schön und andere als häßlich? Darüber entscheiden Konventionen, Assoziationen, Gewohnheiten, die psychologischen und historischen Bedingungen des Menschen. An bestimmte Proportionen haben wir uns gewöhnt, und sie gefallen uns. Sie gefallen uns besonders, wenn wir sie an prächtigen Bauten gesehen haben, die aus schönen Materialien errichtet und gut ausgeführt sind und daher ihre natürliche Schönheit haben. Ihre Proportionen erscheinen besser als andere, weil sie mit anderen schönen Bauwerken assoziiert wurden (*en compagnie* auftreten, wie Perrault schreibt); den Rest bewirkte die Gewöhnung. Werden aber prächtige Bauten mit anderen Proportionen errichtet, entsteht eine neue Gewohnheit, und jene hören auf zu gefallen. Die Privilegierung bestimmter Proportionen hat keine Notwendigkeit, sie ist nur Zufall. Jede Proportion kann gefallen – das hängt von psychischen Prozessen ab, insbesondere von der Assoziation und der Gewöhnung. Die Übereinstimmung der Menschen in der Beurteilung der Proportionen ist eine gesellschaftliche Erscheinung, ein Ausdruck davon, daß bestimmte Ansichten ansteckend sind.

Perrault blieb mit seiner Ansicht nicht allein, insbesondere unterstützte ihn der Literat Charles Perrault, eine große Autorität der Zeit Ludwigs XIV., der die Gedanken seines Bruders in einem Buch, das sich großen Ruhms erfreute, fast wörtlich wiederholte (*Parallèle des Anciens et des Modernes*, 1692, v. I, S. 138). Bei den Architekten riefen sie dagegen Widerspruch hervor.

Der Architekt Ch. E. Briseux erklärte (*Traité complet d'architecture, Préface*) in seiner Kritik an Perrault, sein Gegner habe zwei Theorien der Proportion. Die in der Vitruv-Ausgabe vertretene Theorie sei nur *pluralistisch*; sie besagte, daß es *viele* Proportionen gibt, unter denen man beliebig wählen kann; alle sind gut. Die in dem späteren Buch vertretene Theorie war bereits entschieden subjektivistisch: *keine* Proportion ist an sich gut, nur die Menschen machen einige von ihnen zu guten.

Briseux stellte seinem Traktat über die Architektur eine Verteidigung der traditionellen Konzeption Blondels voran, in der er den Thesen Perraults Punkt für Punkt seine eigenen Thesen gegenüberstellte. Hier seine Hauptthesen: a) Die Proportionen sind die Quelle der Schönheit, und zwar die Hauptquelle, weil sie in die Kunst die richtige Ordnung und das richtige Verhältnis der Teile bringen, ohne die es keine Schönheit geben kann; b) sie gefallen immer, und alles andere gefällt nur, wenn es in Verbindung mit guten Proportionen auftritt; c) gute Proportionen können jedoch tatsächlich verschieden sein, ja, sie müssen sogar verschieden sein, da die Bauwerke sich in ihrem Charakter, ihren Maßen und ihrer Lage unterscheiden; d) der gute Geschmack kann und muß daher, obgleich bestimmte, nicht aber andere Proportionen an sich schön sind, zwischen diesen wählen; e) Bauwerke und alle schönen Dinge können gefallen und gefallen tatsächlich nicht nur dem, der sich der Gründe, warum sie ihm gefallen, bewußt ist. Dessen sind sich nur gebildete, geschulte Menschen bewußt. Den Ungebildeten gefallen schöne Dinge auch wegen ihrer Proportionen, obwohl sie nicht wissen, daß es die Proportionen sind, die ihnen gefallen. Wie gewisse Thesen Blondels, so waren auch die abschließenden Thesen Briseux' bereits das Ergebnis einer Diskussion, waren Abweichungen vom ästhetischen Absolutismus. Mit seinen Überlegungen war die Diskussion einstweilen beendet. Perrault war inzwischen tot, und keiner der Architekten griff zur Feder, um ihn zu verteidigen. Briseux schreibt von seinem großen Einfluß, aber das war ein Einfluß lediglich auf die Praxis, nicht auf die Theorie der

Kunst. Man schätzte seine Kolonnade des Louvre, aber seine Schriften gerieten schnell und für lange Zeit in Vergessenheit.

Das ist um so merkwürdiger, als die von ihm errichteten Kolonnaden dem beginnenden 18. Jahrhundert weit weniger entsprachen als seine subjektivistische Ansicht über Schönheit und Kunst. Diese Ansicht behauptete sich nicht nur, sondern wurde zur herrschenden Ansicht dieses Jahrhunderts. Allerdings weniger bei den Architekten, die im allgemeinen der akademischen Tradition Blondels treu blieben, als bei den Philosophen. Diese erinnerten sich nicht, daß der Pionier ihrer Theorie ein Architekt war. Plötzlich wurde die subjektivistische Ästhetik zur selbstverständlichen und allgemein anerkannten. Sie war nicht länger auf die Architektur und die Proportionen beschränkt; sie wurde zur allgemeinen ästhetischen Konzeption. Und sie wurde radikaler: sie hielt nicht nur, wie es Perrault getan hatte, die Schönheit der Proportionen, sondern jegliche Schönheit für subjektiv. Sie mußte außerdem ihre Argumentation ändern: sie konnte nicht behaupten, daß die subjektive Schönheit durch die Assoziation mit der objektiven entsteht, da sie keinerlei objektive Schönheit anerkannte.

V. Die Aufklärung

Die Vorherrschaft der objektiven Ästhetik zog sich also über Jahrhunderte hin (wurde allerdings begleitet von der bald schwächer, bald stärker werdenden Opposition der Subjektivisten). Bis es im 18. Jahrhundert zum Sieg der subjektivistischen Ästhetik kam. Sie fand jetzt viele Anhänger und Propagatoren in Frankreich und mehr noch in England. Schon in den Anfängen des Jahrhunderts legte F. Hutcheson (*An Inquiry into the Original of Our Ideas of Beauty and Virtue*, 1725) dar, daß Schönheit nicht eine objektive Eigenschaft der Dinge (*primary quality*) ist, sondern eine »Wahrnehmung im Geist«, daß sie nicht von festen Proportionen abhängig und nicht durch rationale Prinzipien bestimmt ist. Ähnliche Vorstellungen entwickelten dann Hume (*Of the Standard of Taste*), Burke (*A Philosophical Enquiry into the Origin of Our Ideas of the Sublime and Beautiful*), Gérard, Home, Alison und Smith. Es war eine vollkommene Umkehrung: schien es bis vor kurzem, als seien die ästhetischen Eigenschaften der Dinge *offensichtlich objektiv*, so schien es nun, als seien sie *offensichtlich subjektiv*. Die Ästhetiker wollten den Menschen lediglich die Augen öffnen, damit sie diese Offensichtlichkeit erkannten.

Hatten die Gegner des Objektivismus in früheren Zeiten – von den Sophisten bis Witelo – vor allem die Relativität der Schönheit betont, so kehrten die Männer der Aufklärung geradewegs ihre Subjektivität hervor. Aber auch die mangelnde Allgemeingültigkeit von Urteilen über die Schönheit; diese Rationalisten in der Wissenschaft waren keine Rationalisten in der Kunst, weil sie meinten, diese habe andere Quellen und Ziele.

Die subjektivistische Strömung der Ästhetik veränderte deren Problemstellung: man suchte nicht mehr nach allgemeinen Prinzipien und Regeln der Schönheit und der Kunst, weil man nicht an sie glaubte. Stattdessen versuchte man, die psychologische Grundlage der ästhetischen Erscheinungen zu entdecken: war es die Phantasie, der Geschmack oder einfach der Assoziationsprozeß der Phantasie? Obendrein tauchte die Konzeption eines speziellen »Schönheitssinnes« (*sense of beauty*) auf. Und es geschah etwas Merkwürdiges: die Konzeption der Subjektivisten lieferte gerade ihren Gegnern Argumente. Ihr Initiator, Hutcheson, wies darauf hin, daß ein solcher Sinn einen passiven Charakter hat. Wenn er aber passiv ist, dann registriert er einen objektiven Sachverhalt, die objektive Schönheit: noch vor Ende des Jahrhunderts nutzten Price und Reid dies als Argument für den Objektivismus.

Das Denken des 18. Jahrhunderts wies verwickelte Tendenzen auf. Auf dem Gebiet der Kunsttheorie vollzog sich die erwähnte große Wendung, der Sieg des Subjektivismus; in der Praxis der Kunst vollzog sich dagegen eine andere Wendung, ja, sogar zwei andere Wendungen; beide fast gleichzeitig, in der zweiten Jahrhunderthälfte. Die eine war die Wendung vom Barock zurück zur Antike, zu einem neuen Klassizismus. Einst hatte die klassische Kunst in Griechenland eine objektivistische Ästhetik hervorgebracht; die klassische Kunst der Renaissance hatte an ihr festgehalten und sie erneuert; und jetzt zog die Rückkehr der Kunst zum Klassizismus abermals eine Erneuerung der objektivistischen Theorie nach sich: Ausdruck dessen war insbesondere das Werk Winckelmanns (*Geschichte der Kunst des Altertums*, 1764). Merkwürdig ist, daß sein Manifest für den Objektivismus in demselben Jahrzehnt verkündet wurde wie die bekanntesten Manifeste des englischen Subjektivismus.

Die andere Wendung in der Kunst des 18. Jahrhunderts war die Wendung zur Romantik: sie schien den Subjektivismus zu begünstigen, indem sie die emotionalen Elemente ästhetischer Erlebnisse und die individuellen Elemente des Schaffens in den Vordergrund rückte. Doch bald erklärten die Romantiker, die Kunst und besonders die Dichtung strebe nach der Wahrheit (Novalis), wirke mit der Wissenschaft zusammen (Schlegel), dringe in die innere Wirklichkeit ein (Jean Paul), sei Anfang und Ende der Erkenntnis (Wordsworth: »*Poetry is the first and the last of all knowledge*«[4]). Das war zweifellos keine subjektivistische Kunsttheorie mehr.

Gegen Ende dieses uneinigen Jahrhunderts entstand eine große Konzeption, die eine Versöhnung zwischen ästhetischem Objektivismus und Subjektivismus zu bringen schien, weil sie deutlich machte, was an dem einen und dem anderen richtig ist. Sie war das Werk Kants (*Kritik der Urteilskraft*, 1790). Er war bewandert in der psychologistischen Ästhetik der Engländer, gab den Grundfragen der Ästhetik eine psychologische Formulierung und fand eine Antwort auf sie, die das rein subjektivistische Verständnis ästhetischer Erlebnisse jedoch einschränkte. Das ästhetische Erlebnis und das ästhetische Gefallen wird, erklärte er, nicht allein durch den Ein-

4 Vgl. R. Wellek, *A History of Modern Criticism, 1750-1950*, Cambridge 1955, Bd. II [dt.: Geschichte der Literaturkritik, 1750-1950, Darmstadt 1977]; W. J. Bate, *From Classic to Romantic*, Cambridge 1949, § 5-6.

druck und auch nicht allein durch das Urteil hervorgerufen, sondern durch ihr Zusammenwirken; es wird hervorgerufen durch ein Ding, das beider Aktivität zu wecken vermag, und das vermag nur eines, das unserer Natur entsprechend aufgebaut ist. Wenn ein solches Ding auf uns einwirkt, ist seine Wirkung notwendig und allgemein; da die Menschen dasselbe geistige Vermögen haben, kann man erwarten, daß ein Objekt, das ästhetisch auf ein Subjekt eingewirkt hat, auch auf andere einwirkt. Dieser Standpunkt kam dem Relationismus nahe, der einst von Basilius bis Thomas von Aquin verkündet worden war. Die Geschichte der Ästhetik deutet offenbar darauf hin, daß das Problem von Subjektivismus und Objektivismus in dieser mittleren Lösung seine natürliche Auflösung findet.

Die Geschichte blieb auch bei der Kantschen Lösung nicht stehen, weder auf Dauer noch auch nur für längere Zeit. Das Verständnis der Ästhetik neigte im 19. Jahrhundert in der romantischen Philosophie zum Subjektivismus, in der Philosophie Herbarts zum Objektivismus. Der Standpunkt der großen idealistischen Systeme war auf seine Weise objektiv. In den sechziger Jahren kam, nachdem Fechner die Methoden der experimentellen Psychologie in der Ästhetik angewandt hatte, wieder die subjektivistische Auffassung auf. Seine Ansichten hoben den assoziativen, subjektiven Faktor der ästhetischen Erlebnisse hervor, neben ihm aber auch den objektiven, »unmittelbaren«. Es herrschte darin ein gewisses Gleichgewicht beider Faktoren. Es hatte aber keinen Bestand. In der weiteren Entwicklung der psychologistischen Ästhetik trat Fechners unmittelbarer Faktor in den Hintergrund.

An der Wende vom 19. zum 20. Jahrhundert gab es eine starke Strömung, die die Schönheit als ein rein psychologisches Phänomen auffaßte und keine andere Ästhetik als die psychologistische anerkannte. Sie fand Ausdruck in einer 1911 im »Przegląd Filozoficzny« veröffentlichten Abhandlung Jakub Segałs (*O charakterze psychologicznym zasadniczych zagadnień estetyki* [Über den psychologischen Charakter grundlegender Fragen der Ästhetik]), in der er Argumente für den ästhetischen Subjektivismus zusammentrug. Erstens gibt es kein einziges Merkmal, das ein gemeinsames Merkmal schöner Objekte wäre, wohl aber gemeinsame Merkmale einer ästhetischen Haltung zu den Objekten. Zweitens ist das ästhetische Erlebnis von der Einnahme einer ästhetischen Haltung abhängig, die wiederum jedes Objekt zu einem ästhetischen machen kann. Drittens ist schon der Begriff des ästhetischen Objekts psychologischer Natur; das ist, wenn nicht im Falle eines Bildes oder eines architektonischen Werkes, so doch im Falle eines Romans oder eines Gedichts offenkundig. Diese Begründung der subjektiven Methode erschien fast gleichzeitig mit der 1910 veröffentlichten *Uzasadnienie metody obiektywnej w estetyce* [Begründung der objektiven Methode in der Ästhetik] von Michał Sobeski – eine symptomatische Koinzidenz in der Geschichte dieser hartnäckigen Auseinandersetzung. Aber wohl die letzte. Die nächste Generation von Ästhetikern fragte nicht mehr explizit, ob ästhetische Werte objektiv oder subjektiv sind. Ihnen erscheint eine solche Frage allzu allgemein, ungenau, altmodisch. Die Auseinandersetzung geht dennoch weiter. Es gibt zwar Bemühungen, die Standpunkte wenn nicht zu versöhnen, so doch einander anzunähern, die richtige Proportion zwischen beiden Faktoren, dem objektiven und dem subjektiven, zu finden. Aber es werden auch extreme Meinungen vertreten, besonders auf seiten des Subjektivismus. Namentlich in Gestalt des Soziologismus: Was schön ist, hängt vom gesellschaftlichen System ab, jedes System hat seine eigene Schönheit. Oder des Historismus: Was schön ist, hängt von der historischen Situation ab. Jede Epoche hat ihre eigenen Schönheit. Oder des Konventionalismus: Was schön ist, hängt von der jeweils geltenden Konvention ab, und die Konventionen können verschieden sein, waren und sind verschieden.

Es tauchte noch ein anderer Standpunkt auf, der Verzicht auf die Lösung der alten Frage. Im Sinne des Skeptizismus: Die Probleme sind unlösbar, es gibt keine dafür geeignete Methode. Oder im Sinne des Nominalismus: Eine Eigenschaft wie Schönheit oder ästhetischer Wert gibt es überhaupt nicht, es gibt lediglich die Ausdrücke »Schönheit« und »ästhetischer

Wert«, aber das sind »offene« Ausdrücke, die ungenau benutzt werden, ohne Definition, so daß man letztlich alles so nennen kann.[5] Dieser Standpunkt, der jüngste und sicherlich bezeichnendste für die zeitgenössische Ästhetik, ist weder ein ästhetischer Objektivismus noch ein ästhetischer Subjektivismus. Allerdings fällt es Subjektivisten sehr viel leichter, ihn einzunehmen.

Warum hatte das Problem von Objektivismus und Subjektivismus in der Ästhetik eine so wechselhafte und so verwickelte Geschichte? Dafür gab es mehr als einen Grund.

Erstens trat der ästhetische Subjektivismus in unterschiedlichen Gestalten auf. Im Altertum erklärte er die Schönheit als Konvention, im Mittelalter als Resultat der Gewöhnung, in der Neuzeit als Folge von Assoziationen. Nicht minder heterogen war auch der ästhetische Objektivismus.

Zweitens löst man das Problem der Subjektivität oder Objektivität der Schönheit nicht nur durch ein einfaches »ja« und »nein«, sondern auch (schon seit Sokrates) durch ein pluralistisches »sowohl ja als auch nein« oder (seit Basilius) durch den mittleren, relationistischen Standpunkt »weder ja noch nein«. In dieser Auffassung ist die Schönheit weder eine Eigenschaft des Objekts noch eine Reaktion des Subjekts, sondern ein Verhältnis zwischen Objekt und Subjekt.

Drittens verband sich die These des Subjektivismus vielfach mit den Thesen des Relativismus, des Pluralismus, des Irrationalismus und des Skeptizismus, die das Produkt einer ähnlichen minimalistischen Geisteshaltung sind, obwohl sie logisch den Subjektivismus nicht implizieren und auch nicht von ihm impliziert werden. Daraus entstand eine Vielzahl von Standpunkten: ein Subjektivismus mit und ohne Relativismus, ein Relativismus ohne Subjektivismus, ein Subjektivismus, der

5 Den radikalsten Standpunkt nehmen M. Weitz und W. E. Kemnick ein. Die wichtigsten Arbeiten aus der Sicht des ästhetischen Skeptizismus und Nominalismus sind versammelt in zwei Anthologien: *Collected Papers on Aesthetics*, hg. von C. Barrett, Oxford 1965, und *Aesthetics and Language*, hg. von W. Elton, Oxford 1967.

mit dem Pluralismus verbunden war, und einer ohne ihn, u. dgl. m. Gleicherweise verband sich der Objektivismus im Laufe der Geschichte mit anderen Theorien, die aus einer maximalistischen Geisteshaltung erwuchsen.

Viertens schließlich ist das Problem von Subjektivismus und Objektivismus ein philosophisches Problem, eines der Probleme, für die von altersher Argumente gesucht und gefunden werden, die aber zumeist nicht definitiv sind. Wegen dieses Charakters hat das Problem keine allgemein überzeugende Lösung gefunden, und seine Geschichte ist nicht bei einer mehr oder weniger dauerhaften Position zum Stillstand gekommen, sondern hat immer wieder von der einen zur anderen Position gewechselt.

Kapitel VII

Die Form: Geschichte eines Terminus und von fünf Begriffen

Forma multipliciter dicitur
Gilbertus Porretanus

Es gibt nicht viele Ausdrücke, die von solcher Dauer sind wie »Form«; er hat sich seit der Römerzeit erhalten. Und nicht viele, die gleichermaßen international sind: Der lateinische Ausdruck »*forma*« wurde von vielen modernen Sprachen übernommen. Unverändert vom Italienischen, Spanischen, Polnischen und Russischen, von anderen mit sehr geringfügigen Änderungen (französisch »*forme*«, englisch und deutsch »*form*« bzw. »Form«). Die lateinische »*forma*« ersetzte von Anfang an zwei griechische Termini: »*morphé*« und »*eidos*«: der erste bezeichnete vornehmlich sichtbare, der zweite begriffliche Formen. Und dieses doppelte Erbe trug nicht wenig zur Vielfalt der »Formen« bei. Gemeinhin versteht man darunter ausschließlich die sichtbare Form, oder man versteht sie im weiteren Sinn so, daß sie auch die literarischen Formen umfaßt. In der Umgangssprache und der Sprache der Künstler versteht man die Form nicht ganz genauso wie in der Sprache der Philosophen, die manchmal, etwa bei Aristoteles oder Kant, sehr speziell ist.

Gemeinhin erwähnt man vier Gegensätze der Form: Inhalt, Stoff, dargestellte Sache, Thema. Gewiß hat die Form so viele Gegensätze, ja sogar noch mehr. Die Vielheit der Gegensätze deutet auf die Vielheit der Bedeutungen des Ausdrucks hin: ist der Inhalt Gegensatz der Form, bedeutet das, daß die Form als das Äußere der Sache verstanden wird, ist der Stoff der Gegensatz, wird sie als Gestalt verstanden; ist das Element der Gegensatz, dann ist die Form gleichbedeutend mit einem System.

Die Geschichte der Ästhetik weist zumindest fünf verschiedene Bedeutungen auf, die für das Verständnis der Kunst bedeutsam sind. Hier die fünf verschiedenen Begriffe, die mit demselben Namen »Form« bezeichnet werden.

1. Erstens bedeutet Form soviel wie eine *Anordnung von Teilen*. Nennen wir sie der Transparenz halber *Form A*. Der Gegensatz oder das Korrelat der Form sind in diesem Fall die Elemente, Bestandteile, Teile, die Form *A* zu einem Ganzen vereint. Die Form des Portikus ist eine Anordnung von Säulen, die Melodie eine Anordnung von Tönen.

2. Zweitens nennt man Form das, was *den Sinnen unmittelbar gegeben* ist: es soll in diesen Überlegungen als *Form B* gelten. Ihr Gegensatz und Korrelat ist der Inhalt. In diesem Sinne gehört in der Dichtung der Klang der Wörter zur Form, die Bedeutung der Wörter zum Inhalt.

Oft werden diese beiden Bedeutungen der Form miteinander gleichgesetzt, aber zu Unrecht. Form *A* ist eine Abstraktion; ein Kunstwerk besteht niemals nur aus der Anordnung als solches, sondern immer aus den zu einer bestimmten Anordnung zusammengefügten Teilen. Form *B* ist dagegen *ex definitione* konkret, weil »den Sinnen gegeben«. Gewiß kann man Form *A* und Form *B* miteinander verbinden und mit dem Namen »Form« die Anordnung (Form *A*) dessen bezeichnen, was unmittelbar gegeben ist (Form *B*): das ist dann gewissermaßen eine Form in zweiter Potenz.

3. Drittens bedeutet Form die Grenze oder *Kontur* des Objekts. Nennen wir dies *Form C*. Ihr Gegensatz und Korrelat ist der Stoff, das Material. Die Form in diesem Sinne (die in der Umgangssprache reichlich benutzt wird) ist der Form *B* ähnlich, aber keineswegs mit ihr identisch: zu dieser gehört nämlich die Farbe in gleichem Maße wie die Zeichnung, zur Form *C* dagegen nur die Zeichnung.

Die drei obengenannten Formbegriffe (*A*, *B* und *C*), die in der Ästhetik benutzt werden, sind, wenn man so sagen darf, ihr eigenes Erzeugnis. Die beiden anderen Formbegriffe

Abb. 24 R. S. Marcourd nach G. B. Cipriani: Die Malerei

entstanden dagegen in der allgemeinen Philosophie und gingen aus ihr in die Ästhetik über.

4. Einer von ihnen – nennen wir ihn *Form D* – war eine Idee von Aristoteles: hier bedeutet Form soviel wie *begriffliches Wesen* des Objekts; ein anderer aristotelischer Name für die so verstandene Form war »*entelechia*«. Gegensatz und Korrelat dieser Form *D* sind die akzidentellen Merkmale des Objekts. Die Mehrheit der Ästhetiker kommt heute ohne diesen Formbegriff aus, aber so war es nicht immer. Der Begriff der Form *D* ist in der Geschichte der Ästhetik ebenso alt wie der der Form *A*, und er ist sogar älter als die Begriffe *B* und *C*.

5. In der fünften Bedeutung wurde die Form – nennen wir sie Form *E* – von Kant gebraucht. Für ihn und seine Nachfolger bedeutete sie soviel wie *Beitrag des Geistes* zum Erkenntnisgegenstand. Gegensatz und Korrelat dieser Kantschen Form ist das, was nicht vom Geist hervorgebracht und beigetragen, sondern ihm von außen durch Erfahrung gegeben wird.

Jede dieser fünf Formen hat eine andere Geschichte. Sie werden hier der Reihe nach vorgestellt, allerdings beschränkt auf die Ästhetik und die Kunsttheorie. Erweitert wird der Begriff dagegen in folgender Weise: Die beschriebene Geschichte der fünf Formen wird nicht nur jene Fälle berücksichtigen, in denen diese Begriffe mit dem Namen »Form« erfaßt wurden, sondern auch jene, in denen sie sich unter anderen Namen verbargen, unter Synonymen der Form wie »*figura*« oder »*species*« im Lateinischen, »kształt« oder »postać« im Polnischen. Stets hatte die »Form« viele Synonyme, und es konnte bei einem so vieldeutigen Ausdruck nicht anders sein.

Die hier vorgetragenen Überlegungen umfassen die Geschichte nicht nur des Begriffs, sondern bis zu einem gewissen Grad auch der *Theorie* der Form. Es wird nicht nur der Frage nachgegangen, wann und in welcher Bedeutung die Form in der Kunsttheorie auftauchte, sondern auch die, wann und in welcher Bedeutung sie als ein wichtiger Faktor der Kunst galt.

I. Geschichte der Form A

Die Ausdrücke, mit denen die alten Griechen das Schöne bezeichneten, bedeuteten etymologisch soviel wie Zusammenstellung, Gefüge oder Proportion der Teile. Für das sichtbare Schöne, für Werke der Architektur oder der Bildhauerei, war der wichtigste Terminus »*symmetria*«, das heißt Ebenmaß; für das hörbare Schöne, für Werke der Musik war er »*harmonia*« oder Zusammenklang. In ähnlicher Bedeutung wurde auch der Ausdruck »*taxis*« oder *Ordnung* benutzt. Das alles waren antike Synonyme der Form, namentlich der Form *A*, also der Anordnung.

Dies waren keine zufälligen Namen: die Griechen benutzten sie, weil sie überzeugt waren, daß die Schönheit (besonders die sichtbare und hörbare) auf dem Gefüge und der Proportion der Teile, auf der Form *beruht*. Das war ihre oberste, ihre Große Theorie der Ästhetik.

Diese Theorie entstand, wie Aristoteles bezeugt, bei den Pythagoreern, vermutlich im 5. Jahrhundert vor unserer Zeitrechnung. Und zwar in der folgenden Gestalt: Die Schönheit beruht auf einer bestimmten, einfachen Proportion der Teile. Saiten ertönen harmonisch, wenn ihre Länge einfachen Zahlenverhältnissen wie 1 : 2 (Oktave) oder 2 : 3 (Quinte) entspricht. Der Portikus eines Tempels ist vollkommen, wenn die Höhe, die Breite und der Abstand der Säulen nach einem anerkannten Modul berechnet sind (als richtiges Verhältnis der Breite der Säule zum Interkolumnium nahmen die Architekten beim dorischen Tempel 5 : 8 an). Sowohl der lebende Mensch als auch die Statue sind schön, wenn sie bestimmte Proportionen aufweisen (die Bildhauer achteten darauf, daß das Verhältnis des Kopfes zum Körper 1 : 8 und das Verhältnis der Stirn zum Kopf 1 : 3 betrug).

Die Überzeugung, daß die Schönheit von der Proportion abhänge, faßten die pythagoreischen Philosophen in die allgemeinste Formel: »Ordnung und Proportion sind schön« (Stobaios, *Ecl.*, IV 1. 40 H). »Jede Kunst«, sagten sie, »kommt durch eine Zahl zustande. Es gibt infolgedessen eine Proportion in der Plastik, in gleicher Weise auch in der Malerei. Allgemein gesagt ist jede Kunst ein System von Wahrnehmungen, das System aber ist eine Zahl. Darum trifft es zu, wenn man sagt: Dank der Zahl ist alles wohlgeraten« (Sextus Emp., *Adv. math.*, VII 106).

Platon hielt an der Ansicht der Pythagoreer fest: »richtiges Maß und angemessenes Verhältnis haben offenbar überall Schönheit [...] im Gefolge« (*Phileb.*, 64 E). »Häßlichkeit ist nichts anderes als Ungemessenheit« (*Soph.*, 228 A). Ähnlich urteilte Aristoteles (*Poetik*, 1450 b 38): »Die Hauptarten des Schönen sind: richtige Anordnung, Proportion und eine bestimmte Größe.« Nicht anders die Stoiker: »Die Schönheit des Leibes ist die Proportion der Glieder untereinander und hinsichtlich des Ganzen, und so ist auch die Schönheit der Seele« (Stobaios, *Ecl.*, II 62, 15). Cicero erklärte ebenfalls (*De off.*, I 28. 98): »Die Schönheit des Leibes bezaubert die Augen durch die glücklichen Proportionen der Glieder.« Von den sechs Vorzügen der Architektur, die Vitruv (*De arch.*, I 2. 1) erwähnt, beruhen vier – *ordinatio, dispositio, eurythmia* und *symmetria* – auf dem richtigen Verhältnis der Teile. Selten wurde eine allgemeine Theorie so umfassend und während so langer Zeit anerkannt. R. Zimmermann, ein Historiker der Ästhetik aus dem 19. Jahrhundert, schrieb (*Geschichte der Ästhetik*, 1858, S. 192): »Das Prinzip der antiken Kunst ist die Form.« (*) Das ist richtig, und zwar genau in dieser Bedeutung der Form: als Verhältnis und Proportion der Teile.

Die Privilegierung der Form im Sinne des Systems wurde erst am Ende des Altertums, im 3. Jahrhundert unserer Zeitrechnung, in Frage gestellt, und zwar von Plotin (*Enn.*, I 6. 1 und VI 7. 22). Er bestritt nicht, daß die Schönheit ihre Grundlage in der Proportion der Teile hat, er bestritt aber, daß dies ihre einzige Grundlage ist. Denn wenn es so wäre, könnten nur zusammengesetzte Dinge schön sein; nun gibt es aber Dinge, die nicht zusammengesetzt und doch schön sind: die Sonne, das Licht, das Gold. Schönheit, folgerte Plotin, liegt nicht nur in der Proportion, sondern auch im Glanz der Dinge. Ihre privilegierte Stellung in der Kunsttheorie büßte die Form (*A*) dadurch nicht ein, wohl aber ihre Ausschließlichkeit.

Die Ästhetik des Mittelalters hatte nicht mehr nur eine, sondern *zwei* Gestalten. In der einen erklärte sie, im Einklang mit der altgriechischen Tradition: Schönheit und Kunst beruhen auf der Form. Diese Ansicht unterstützte und stärkte Augustin. »Der Vernunft wurde bewußt«, schrieb er (*De ord.*, II 15 42), »daß ihr nichts anderes als das Schöne gefalle, im Schönen aber die Formen, in den Formen die Proportionen und in den Proportionen – die Zahlen«. Kein Grieche der klassischen Epoche hat die althellenische Konzeption bündiger formuliert als dieser Kirchenvater. An anderer Stelle (*De vera rel.*, XLI 77) schrieb Augustin: »Nichts nämlich ist geordnet, was nicht auch schön wäre.« Und ferner (*De musica*, VI 12. 39): »Schöne Dinge gefallen uns dank der in ihnen enthaltenen Zahl.« Und schließlich (*De nat. boni*, 3): »Alle Dinge sind, je mehr Mäßigung, Formung und Ordnung in ihnen zu finden ist, desto mehr den Gütern zuzuzählen.« Dieses Trinom – *modus, species, ordo* – wurde zur Formel der mittelalterlichen Ästhetik und behauptete sich wie diese tausend Jahre lang. Wortwörtlich wird es im 13. Jahrhundert in einem großen Kompendium der Scholastik wiederholt, das als *Summa Alexandri* bekannt ist (II. S. 103): »Ein Ding in der Welt ist schön, wenn es das richtige Maß, die Form und die Ordnung bewahrt, *modum, speciem et ordinem*.« Das waren drei Synonyme dessen, was wir heute Form (*A*) nennen.

Der wichtigste Terminus des Mittelalters für Form *A* war »*figura*« (von *fingere*, gestalten). Abälard (*Logica ingr.*, S. 236) definierte sie als Gestaltung eines Körpers (*compositio corporis*), und zwar sowohl des Modells wie der Statue. Der Ausdruck »*forma*« wurde aber gleichfalls in dieser Bedeutung benutzt. Und das schon früh, denn Isidor stellte bereits in den *Differentiae* diese beiden Ausdrücke »*figura*« und »*forma*« nebeneinander. Im 12. Jahrhundert schrieb Gilbert von la Porrée (*In Boethii de Trin.*, ed. 1570, S. 1138): »Das Wort ›forma‹ hat viele Bedeutungen. Unter anderem auch die Bedeutung der Körperfigur.« Der aus demselben Jahrhundert stammende Traktat *Sententiae divinitatis* (Tract. I. 1, ed. Geyer, S. 101) unterschied die begriffliche Form (von ihr wird als Form *D* noch die Rede sein) von der sichtbaren (Form *A*). Clarembaldus von Arras (*Exp. in Boethii De Trin.*, S. 91) definierte: In den materiellen Dingen »ist die entsprechende Anordnung der Teile die Form«. Alain de Lille (*Anticlaudianus*, P. L., S. 504) nannte als Synonyme: Form, Figur, Maß, Zahl, Zusammenhang. Was im Altertum den Namen der Symmetrie, der Harmonie, der Proportion trug, nannte sich nunmehr Form. Konrad von Hirschau (ed. Huyghens, XVII) bestimmte die Form als äußeres Gefüge (*exterior dispositio*) und sah sie in der Zahl oder der Proportion oder im Ausmaß oder in der Bewegung.

So blieb es bis zum Ende des Mittelalters. Duns Scotus (*Super praed.*, q. 36, n. 14) definierte: »Sowohl ›forma‹ wie auch ›figura‹ bezeichnen das äußere Gefüge der Dinge.« Ebenso Ockham (*Expos. aurea*, S. 94): »Die Formen und Figuren [...] bezeichnen eine sichere und abgeschlossene Ordnung der Dinge.« Während die Antike und das Frühmittelalter, wenn es um das ging, was wir heute Form (im Sinne *A*) nennen, von Proportion, Maß und Ordnung sprachen und das Wort »*forma*« nur selten benutzten, war dies für Duns Scotus und Ockham bereits der gewohnte Terminus: forma ist dasselbe wie figura.

Relativ früh gelangte die Form in Gestalt des Adjektivs »*formosus*« in die Sprache der Kunst. Dieser Ausdruck bedeutete soviel wie ebenmäßig, wohlgestaltet, schön; er enthielt eine positive ästhetische Bewertung; er war ein Zeichen der Anerkennung des Mittelalters für die Form. Von ihm stammte das Substantiv »*formositas*«, das Ebenmaß, Wohlgestalt, Schönheit bedeutet. Aber auch das Adjektiv »*deformis*«, gestaltlos, häßlich. Bei Bernard de Clairvaux (*Apol. ad Guil.*, P. L., c. 915) gibt es ein Spiel mit diesen Wörtern: »*formosa deformitas*« und »*deformis formositas*«: so nannte er die für ihn zweifelhafte Schönheit der Kunst seiner Zeit: gestaltlose Wohlgestalt, unschöne Schönheit.

In ihrer zweiten Gestalt folgte die mittelalterliche Ästhetik Plotin und übernahm dessen dualistische Konzeption der Schönheit: diese beruht auf der Form, aber nicht nur auf ihr. War dort Augustin der Vermittler, so hier Pseudo-Dionysios. Von ihm stammt das Binom Proportion und Glanz, *euarmostia* und *aglaia*, *consonantia* und *claritas*. Diese Konzeption der Schönheit hatte auf dem Höhepunkt der Scholastik ebenfalls zahlreiche Anhänger. Robert Grosseteste (*Hexaem.*, 147 v) bestimmte die Schönheit als Proportion, schrieb jedoch über die Schönheit des Lichts, daß sie »nicht auf der Zahl beruht, nicht auf dem Maß und nicht auf dem Gewicht«. Dieser zweiten Konzeption schloß sich aber vor allem Thomas von Aquin an. Schon im frühen Kommentar zu *De divinis nominibus* (c. IV, lect. 5) schrieb er, daß ein Ding schön genannt wird, wenn es erstens hellen Glanz hat, sei es ein geistiger, sei es ein körperlicher, und zweitens richtig proportioniert ist. Und in der *Summa theologiae* (II-a II-ae, q. 180 a. 2 ad 3) formulierte er ganz lapidar: »Die Schönheit beruht auf einem gewissen Glanz und auf dem harmonischen Verhältnis« (*pulchrum consistit in quadam claritate et proportione*).

Diese beiden Linien der Ästhetik mit ihrem unterschiedlichen Verhältnis zu Form *A* behaupteten sich in der Zeit der Renaissance. An der Linie des Pseudo-Dionysios hielt die Platonische Akademie in Florenz fest. Ihr Leiter Marsilio Ficino schrieb (*Comm. in Convivium*, V 1): »Es gibt aber nicht wenige, die eine gewisse Lage der Glieder oder, um mich ihrer Worte zu bedienen, die Kommensurabilität und die Proportion [...] für das Wesen der Schönheit halten. Deren Auffassung können wir deshalb nicht annehmen, weil eine derartige Anordnung der Teile nur bei zusammengesetzten Dingen vorkommt, also keine einfachen Dinge schön sein könnten. Nun aber nennen wir reine Farben, Lichter, eine einzelne Stimme, den Glanz des Goldes, den weißlichen Schimmer des Silbers, das Wissen, die Seele – lauter einfache Dinge – schön.« Das war im Einklang mit Plotin und seinen mittelalterlichen Anhängern. Ähnlich äußerte sich Pico [della Mirandola]. Doch die Vertreter dieser dualistischen Konzeption waren in der Renaissance in der Minderheit. Die Vorherrschaft gewann erneut die klassische Theorie: die Schönheit beruht ausschließlich auf der Anordnung und der Proportion der Teile, ausschließlich auf der Form (*A*). So war es seit Alberti (*De re aed.*, VI 2 und II 5), der für die Renaissance den Ton der Theorie des Schönen und der Kunst angab: »Schönheit ist eine harmonische Fügung aller proportional aufeinander abgestimmten Teile«, »Schönheit ist eine Art Übereinstimmung und ein Zusammenklang der Teile«. Den für die Schönheit entscheidenden Zusammenklang der Teile nannte Alberti »*concerto*«, »*consenso*«, »*concordantia*«, »*corrispondenza*« und besonders auf Latein »*concinnitas*« – und dieser Ausdruck wurde zu dem für die Renaissance bezeichnendsten Namen der vollkommenen Form. Doch Alberti (ibid., IX 5) benutzte auch andere Namen: »*ordine*«, »*numero*«, »*grandezza*«, »*collocatione*« und – »*forma*«.

Die Nachfolger Albertis vertaten nicht viel Zeit mit der Analyse der Form als Proportion und Harmonie – das war für sie eine einfache und klare Sache; hingegen versicherten sie immer wieder, daß sie allein über die Schönheit entscheide. Kardinal Bembo schrieb (*Asolani*, 1505): »So wie derjenige Körper schön ist, dessen Glieder die Proportionen untereinander festhalten, so ist diejenige Seele schön, deren Tugenden untereinander eine Harmonie bilden.« Der große Palladio (*I quattro libri*, 1570, I, 1, 6) sah die Vortrefflichkeit der Architektur in »*forme belle e regolate*«. Und der Philosoph Cardano (*De subtilitate*, 1550, S. 275) antwortete auf die Frage, was Schönheit sei: »etwas durch den Gesichtssinn vollkommen Erkanntes, denn der Gesichtssinn erkennt, was einfache Proportionen hat«.

Dieser Theorie entsprach die Praxis der Renaissance, natürlich die von Alberti und Palladio, aber auch die anderer Architekten, Bildhauer und Maler. Als man in der Mitte des 19. Jahrhunderts mit kunsthistorischen Untersuchungen begann, gehörte zu den ersten Erfolgen der Nachweis durch Thiersch und Burckhardt (*Die Geschichte der Renaissance in Italien*), daß die Architektur der Renaissance ständig mit denselben Proportionen arbeitete. Dahinter stand die Überzeugung, daß die Vollkommenheit von Kunstwerken von der Proportion, der Form abhängt. Für die Philosophen und bildenden Künstler der Renaissance war dies nicht minder ein Dogma als für die Alten.

Diese auf die Form gestützte Konzeption der Kunst herrschte auch im Frankreich des 17. Jahrhunderts. In voller Klarheit zeigt sie sich bei Poussin. Noch krasser aber in der Akademie, wo man einen besonderen Akzent auf die *Regeln* legt, die für die Form gelten. Wir lesen davon bei den damaligen Theoretikern wie Félibien, Bosse, Du Fresnoy, Testelin.[1] Die klassische Konzeption vertrat der Klassiker der Ar-

1 A. Fontaine, *Les doctrines d'art en France*, Paris 1909; H. Lohmüller, *Die französische Theorie der Malerei im XVII. Jahrhundert*, Berlin 1933; W. Tatarkiewicz, *Geschichte der Ästhetik*, Bd. 3, Basel u. Stuttgart 1987.

chitektur F. Blondel; er schrieb (*Cours d'architecture*, V. Partie, Livre V, ch. XIX, S. 785), wesentlich an einem Bauwerk seien »*l'ordre, la situation, l'arrangement, la forme, le nombre, la proportion*«.

Der Primat der Form im Sinne der Anordnung der Teile, insbesondere einer einfachen, transparenten, zahlenmäßig bestimmbaren Anordnung, geriet bei den romantischen Strömungen des 18. Jahrhunderts ins Wanken. Er wurde im 18. Jahrhundert jedoch bei den englischen Psychologen und den kontinentalen Romantikern rasch wiederhergestellt. Doch der typische Ästhetiker dieses Jahrhunderts, J. G. Sulzer (*Allgemeine Theorie der schönen Künste*, 1771/74), bestimmte die Form als »die Art, wie das Mannigfaltige in einem Gegenstand in ein Ganzes verbunden wird«, und erklärte: »Die *Formen* sind wegen der mannigfaltigen *ästhetischen Kraft*, die sie haben, der hauptsächlichste Gegenstand der zeichnenden Künste.« Die Überzeugung von der ästhetischen Bedeutung der Form verstärkte sich noch zum Jahrhundertende hin im neuen Klassizismus, in den Schriften von Winckelmann (*Werke*, IV 49) und Quatremère de Quincy (*Considérations sur l'art du dessin*, 1791, S. 66). Letzterer erklärte, daß die wahre Schönheit »geometrisch ist«. Unabhängig von den Strömungen der Kunst und ihren Schwankungen, von Klassizismen und Romantismen, schrieb der Philosoph Kant im Jahr 1790 (*Kritik der Urteilskraft*, § 52), daß »in aller schönen Kunst das Wesentliche in der Form besteht [...,] nicht in der Materie der Empfindung«.

In der ersten Hälfte des 19. Jahrhunderts brachte die »idealische Schönheit« die Ästhetiker von der Form ab, doch nur für kurze Zeit. Der Terminus, der Begriff und die Forderung nach der Form (*A*) kehrte in der Ästhetik Herbarts und vor allem seines Schülers Zimmermann wieder; dessen ganze Ästhetik (von 1865) wurde als »Form-Wissenschaft« verstanden, genau im Sinne der Form *A*, also des gegenseitigen Verhältnisses der Elemente.

Wenn der englische Kunsttheoretiker R. Fry, ein Zeitgenosse von uns, schreibt, die Errungenschaft unserer Zeit sei »die Hervorhebung der formalen Relationen«, dann ist das historisch falsch: gerade mit ihr begann in Griechenland die Ästhetik. Richtig ist dagegen, daß unser Jahrhundert in bestimmten Strömungen der Kunst und der Kunsttheorie die Form in den verschiedenen Bedeutungen dieses Wortes, besonders im Sinne *A*, *erneut* in den Vordergrund gerückt hat. Das taten vor allem Witkiewicz (*Nowe formy w malarstwie*, 1919) und die Formisten in Polen, Clive Bell (*Art*, 1914) und Roger Fry (*Vision and Design*, 1920) in England. Der letztere begründete das so: Die mit der figurativen Kunst verbundenen Gemütsbewegungen verflüchtigen sich rasch, doch die Gefühle, die bleiben und nicht nachlassen oder sich verflüchtigen, sind jene, die auf der rein formalen Beziehung beruhen (*what remains, what never grows less nor evaporates, are the feelings dependent on the purely formal relation*). Er erklärte das damit, daß mit »der Wahrnehmung der Ordnung, der Unvermeidlichkeit der Beziehungen« (*inevitability in relation*) eine spezifische »Lust« verbunden sei.

Dasselbe sagen andere Künstler und Theoretiker unserer Zeit, wenngleich mit anderen Worten. Statt »Form« sagen sie z. B. »Invarianten«. Le Corbusier schrieb 1921 in der Zeitschrift »Esprit nouveau«, daß es das Ziel der Kunst sei, *»prendre conscience des invariants«*, und daß *»la science et l'art ont l'idéal commun de généraliser, ce qui est la plus haute fin de l'esprit«*. Wenn die Bildhauer Gabo und Pevsner (im *[Realistischen] Manifest* von 1920) sagen, der Künstler breche mit allem Zufälligen und Lokalen, um »einen konstanten Rhythmus der Kräfte« aufrechtzuerhalten, dann verkünden sie mit wiederum anderen Worten die alte Theorie der Form (*A*). Von denen, die sich im 20. Jahrhundert mit der Form in der Kunst befaßten und befassen, geben ihr die einen, zum Beispiel E. Monod-Herzen (*Principes de la morphologie générale*, I, 1956), eine rein geometrische, die anderen, zum Beispiel M. Ghyka (*Le nombre d'or*, 1939), eine mystische Interpretation. Die eine wie die andere war den alten Pythagoreern bekannt; daß der Form eine besondere Bedeutung beigemessen wird, wie es in der antiken Kunsttheorie allgemein üblich war, ist im 20. Jahrhundert dagegen nur das Spezifikum bestimmter Strömungen, dafür aber radikaler und polemischer. Einst war es Ausdruck der herrschenden Kunst, jetzt ist es das Manifest einer Kunst, die sich gegen die herrschende auflehnt. Einst genügten das Wort »Form« und seine Synonyme, jetzt entstanden der »Formismus« und der »Formalismus«.

Der zeitgenössische amerikanische Ästhetiker K. Aschenbrenner (*Forma i formalizm*, 1969) löst den Streit um die Form auf folgende Weise: Die Form (*A*) entscheidet nicht allein über die ästhetische Wirkung eines Werkes (denn die Elemente entscheiden ebenfalls darüber), aber sie allein kann angemessen analysiert werden, und daher ist allein sie der geeignete Gegenstand der ästhetischen *Theorie*. Das ist eine neue Lösung alter Probleme.

Beim Blick auf über zweitausend Jahre Geschichte der Form *A* erkennen wir, daß Form entweder *Anordnung überhaupt* oder *richtige*, schöne, harmonische Anordnung bedeutete – daher solche Synonyme wie *symmetria, concordantia, concinnitas*. Oder sie bedeutete *rationale*, gesetzmäßige, regelmäßige, in Zahlen ausdrückbare *Anordnung*, so besonders bei den Pythagoreern und Augustin – daher die verschiedenen griechischen und scholastischen Synonyme der Form. Deshalb unterscheidet eine genauere Analyse die Form *A* (jede beliebige Anordnung) von der Form A_1 (harmonische Anordnung, das heißt regelmäßige Anordnung). Gerade dank A_1 hat sich der Begriff der Form *A* lange in der Kunsttheorie behauptet und eine privilegierte Stellung in ihr eingenommen.

Eine Einengung des Begriffs der Form *A* auf den Begriff der Form A_1 (in dem Sinne, daß einzig eine *besonders wertvolle Form* den Namen »Form« verdient) kann man in vielen Bereichen beobachten: ein Beispiel dafür sei hier der lateinischen Paläographie entnommen.[2] Ein bestimmter Schrifttyp des 13.-15. Jahrhunderts wird »*littera formata*« genannt, aber nur der, der beim Abschreiben biblischer und liturgischer Texte benutzt wurde und einen gewissermaßen feierlichen Charakter hatte. Auch in der alltäglichen Eilschrift (*littera cursiva*)

2 Das Beispiel verdanke ich Prof. J. Karwasińska.

tauchte um das Jahr 1400 eine veredelte, kalligraphische Variante auf – auch diese, aber nur diese, nennt sich »*cursiva formata*«.

Der Form im Sinne *A* in der Bedeutung verwandt ist der heute oft benutzte Ausdruck *Struktur*. Er bezeichnet nur nicht-zufällige, durch innere Kräfte *von innen her* geformte Formen. Dementsprechend sprach man vor allem von biologischen oder geologischen Strukturen; vor relativ kurzer Zeit fanden Ausdruck und Begriff der Struktur auch in der Theorie der Sprache und der Kunst Anwendung, besonders der literarischen Kunst. Darin äußert sich ein Bestreben, daß die Formen literarischer Werke nicht beliebig sein, sondern aus Naturgesetzen und natürlichen Prozessen hervorgehen sollen. Nimmt man also die Strukturen in die Familie der Formen auf, dann werden es Formen sein, die Form *A* ähnlich sind, insbesondere Form A_1, aber doch *sui generis*; ihnen gebührt daher ein anderes Symbol: das der *Form* A_2.

Als *Formalismus* bezeichnet man gewöhnlich die Ansicht, für die allein die Form ästhetisch bedeutsam ist. Die klassische Formulierung von R. Zimmermann aus dem Jahr 1865 lautet: »Da alles ästhetische Gefallen und Mißfallen nur die Form angeht, so bleibt der ästhetische Stoff gegen die Form, in welche er einbezogen wird, gleichgiltig.« Die Form wird hier im Sinne von *A* verstanden. Der Formalismus als Gegenstand der Auseinandersetzung in Zeiten, die uns näher sind, versteht sie überwiegend auf eine andere Weise, die hier Form *B* genannt wird.

II. Geschichte der Form B

Bedeutete die Form im ersten Sinne (*A*) soviel wie Anordnung, so bedeutet sie im zweiten (*B*) soviel wie die *äußere Erscheinung* der Dinge. Das Korrelat der Form im ersten Sinne waren Bestandteile, Elemente, Teile, einzelne Farben in der Malerei, einzelne Töne in der Musik; im zweiten Sinne ist ihr Korrelat dagegen der Inhalt, der Sinn, die Bedeutung. Der bekannte

Spruch: »Es gibt keine schönen Farben, sondern nur schöne Farbzusammenstellungen« ist ein Lob der Form *A*, und das einst populäre Paradox: »Ein Kohlkopf kann genauso schön sein wie der Kopf eines Heiligen« war ein Lob der Form *B*. Die impressionistischen Maler legten den Akzent auf die Form im Sinne der Erscheinung, die abstrakten Maler legen ihn auf die Form im Sinne der Anordnung. Witkiewicz Vater und Sohn waren beide Befürworter der Form in der Kunst, der Vater jedoch der Form im Sinne der Erscheinung, der Sohn hauptsächlich der Form im Sinne der Anordnung.

Diese beiden Begriffe werden oft miteinander vermengt, auch in unserer Zeit. Doch Bonaventura (IV *Sent.*, D. 48, a. 2, q. 3) unterschied sie (unter dem Namen »figura«, einem Synonym der Form) schon im 13. Jahrhundert in aller Klarheit: »Zweifach ist die Bedeutung ›Figur‹: Die erste meint ein *geschlossenes System von Linien*; die zweite versteht darunter das *äußere Gesicht*, d. h. die Schönheit *einer Sache*« (*Figura dicitur* [...] *uno modo dispositio ex clausione linearum* [...] *secundo modo exterior rei facies sive pulchritudo*).

A. Die alten Sophisten waren die ersten, die die Form *B* aussonderten und ihre Bedeutung hervorhoben. Sie taten das auf dem Gebiet der Kunst des Wortes: in der Dichtung unterschieden sie nämlich den »Klang der Wörter« vom »gewichtigen Inhalt«. Unter »Klang der Wörter« – aber auch unter »schönen Rhythmen und Reichtum des Ausdrucks« – verstanden sie das, was wir die Form der Dichtung nennen, nämlich die Form *B*. An der Unterscheidung von Form und Inhalt hielt die Poetik des Hellenismus fest. Die von Poseidonios stammende Definition der Dichtung schied zwischen dem Gedicht selbst und der Bedeutung des Gedichts (*semantikon poiema*). Oder es wurde auch (Philodemos, *De poem.*, V) der »spachliche Ausdruck« (*lexis*) dem »Inhalt« (*ta pragmata*) gegenübergestellt. Zumindest aber seit Demetrios (*De elocutione*, 75) war eine andere Formel für den Gegensatz von Inhalt und Form bekannt und wurde auch benutzt: »*was* gesagt wird« (*ta legomena*) und »*wie* es gesagt wird« (*pos legetai*). Diese letztere Formel war äußerst allgemein und dehnbar. Und es gab schon im 3. Jahrhundert vor unserer Zeitrechnung Schriftsteller, die in diesem Sinne Formalisten waren. Philodemos führt im fünften Buch seiner Poetik (*Über die Gedichte*, V, ed. Jensen) die aus jenem Jahrhundert stammende Ansicht des Andromenides an: »Die Aufgabe ist nicht, *das* zu sagen, was kein anderer sagt, sondern *so* zu sprechen, wie kein anderer sich auszudrücken vermag.«

Bestimmte Schulen der Spätantike sonderten in der Kunst des Wortes nicht nur die Form im Sinne des Ausdrucks aus, sondern maßen ihr auch besondere Bedeutung bei, sahen in ihr allein das Wesen dieser Kunst. Und zwar in der engsten, rein akustischen Interpretation. Cicero und Quintilian meinten, in der Kunst des Wortes komme es auf das *Urteil der Ohren* (*aurium iudicium*) an; und noch vor ihnen, schon im 3. Jahrhundert vor unserer Zeitrechnung, gab es griechische Gelehrte, die allein dieses Urteil gelten ließen. Die Namen dieser antiken Formalisten haben sich erhalten; Krates, einer von ihnen, erklärte, gute Gedichte unterschieden sich von schlechten allein durch den angenehmen Klang, und Herakleodor, der genauer war (und Form *A* mit Form *B* verband), sagte, sie unterschieden sich durch die angenehme Fügung der Laute (Philodemos, *Vol. Herc.*, 2. XI. 165). Die Formalisten stellten die (akustische) Form in der Dichtung nicht nur dem Inhalt gegenüber, sondern über den Inhalt.

Das Mittelalter unterschied noch genauer zwischen poetischer Form und poetischem Inhalt; es war dies das Verdienst der Scholastiker, die Meister in der Kunst der *distinctio terminorum* waren. Doch schon früher, um das Jahr 600, noch vor der Ära der Scholastiker, machte Isidor von Sevilla (*Sententiae*, II 29. 19) in der Dichtung einen Unterschied zwischen der Fügung der Wörter (*compositio verborum*) und dem wahren Gedanken (*sententia veritatis*), also zwischen der Form (*B*) und dem Inhalt. Die Scholastiker faßten den Gegensatz von Form und Inhalt zumeist in den Gegensatz zwischen dem *äußeren* und dem inneren Faktor der Dichtung. Den Inhalt nannten sie *sententia interior*, die Form äußerlichen Schmuck (*superficialis ornatus verborum*). Sie unterschieden somit zweierlei Formen: einerseits die rein sinnliche, besonders akustische (*quæ mulcet aurem*) oder musikalische (*suavitas cantilenae*), andererseits die geistige oder imaginative Form, die Art des Sprechens (*modus dicendi*), die Tropen und Metaphern umfaßte, vor allem aber optischen Charakter hatte, sich der Bilder bediente, die *plastische* Seite der Dichtung bildete. Diese Unterscheidungen entwickelte besonders Matthäus von Vendôme (*Ars versificatoria*, S. 153). Sowohl der »*ornatus verborum*« als auch der »*modus dicendi*« fielen unter das, was die hier vorliegenden Überlegungen als Form *B* bezeichnen. Der Inhalt (*sententia interior*) war in der Poetik des Mittelalters ebenfalls ein zweifacher: er umfaßte einerseits das Thema des Werkes (*fondus rerum*) und den Gang der im Werk beschriebenen Ereignisse, andererseits den ideellen Gehalt, den religiösen oder metaphysischen Sinn. Die mittelalterliche Poetik trennte also zwischen Form und Inhalt, benutzte aber das Wort »Form« im allgemeinen nicht (denn dieses war damals für einen Begriff bestimmt, der hier Form *D* genannt wird).

Nicht minder deutlich trennte die Poetik der Renaissance zwischen Form und Inhalt. Sie tat dies unter den Namen »*verba*« und »*res*«. Zum Inhalt zählte sie den Einfall (*inventio*) und den Gedanken (*sententiae*), zur Form die Ausdrucksweise (*elocutio*). Manche Schriftsteller, so Fracastoro und Castelvetro, bezeichneten die Form als Instrument (*stromento*) und gaben damit der Überzeugung Ausdruck, daß ihr eine dienende Rolle zukomme.[3] Andere wie Robortello sahen die eigentliche Aufgabe und den Wert der Dichtung in schönen, harmonischen, entsprechend gefügten Wörtern, also in der Form. Die Bedeutung der Form wuchs in der literarischen Ästhetik des Manierismus; eine seiner Strömungen, der sogenannte »*conceptismo*«, setzte sich zwar die Subtilität der *Gedanken* (also des Inhalts) zum Ziel, doch die andere Strömung, der »*culturanismo*«, setzte den Akzent auf die Subtilität der *Sprache* (also der Form) (B. Gracián, *La agudeza y arte del inge-*

3 Vgl. B. Weinberg, *A History of Literary Criticism in the Italian Renaissance*, Chicago 1961.

Abb. 25 F. Bartolozzi nach G. B. Cipriani: Die Musik

nio, 1648). Faßt man den Gegensatz von »Form« und »Inhalt« jedoch so, wie Demetrios ihn bestimmte (»was gesagt wird« und »wie es gesagt wird«), dann ging es dem gesamten literarischen Manierismus mit all seinen Strömungen allein um die Form. Dagegen verschlägt nicht, daß das Wort »Form« noch immer kaum benutzt wurde; es war nämlich von den Aristotelikern besetzt und wurde von ihnen anders verwendet.

B. Die Begriffe Form und Inhalt traten also ausschließlich in der Poetik auf, in ihr allerdings viele Jahrhunderte lang, und sie traten in ihr nicht nur auf, sondern nahmen den höchsten Platz ein.

Im 18. Jahrhundert fand das Problem des Verhältnisses von Form und Inhalt kein Interesse mehr, wurde es für einige Zeit von anderen Problemen verdrängt; nicht nur das Wort »Form«, sondern auch seine Synonyme kamen in den Poetiken kaum vor. Doch schon im 19. Jahrhundert war das Problem wieder da. Jetzt nicht nur in der Poetik, sondern in den

Theorien aller Künste. Früh, nämlich schon in der Mitte des Jahrhunderts, in der Musiktheorie und bald darauf auch in der Theorie der schönen Künste. Das war eine bedeutsame Veränderung, denn bis dahin war Form *B* in diesen Bereichen nicht angewandt worden, war allein ein Begriff der Poetik gewesen.

Form und Inhalt wurden in der Kunst des Wortes voneinander getrennt, denn in ihr und nur in ihr bilden sie zwei deutlich voneinander abgegrenzte, einander unähnliche Schichten: Worte und Dinge, *verba* und *res*. Die Form ist hier sprachlich, der Inhalt sachlich; dem Leser sind unmittelbar nur Wörter gegeben, durch die er sich mittelbar Dinge vorstellt. Diese Dualität von Form und Inhalt gibt es in anderen Künsten nicht.

Doch auch in anderen Künsten gibt es eine Grundlage, um zwischen Form und Inhalt zu trennen. Musikalische Werke drücken etwas aus, Bilder und Skulpturen drücken etwas aus, bedeuten, bezeichnen etwas, und das, was sie ausdrücken, bedeuten, bezeichnen, ist ihr Inhalt, nicht ihre Form. Der Sachverhalt ist in diesen Künsten jedoch ein anderer, denn es gibt in ihnen nicht zwei so verschiedene Schichten, wie es Wörter und Dinge sind. Ein Bild von Monet zeigt das Ufer der Seine, das ist sein Inhalt; dieser Inhalt ist aber in dem Bild, nicht außerhalb seiner. Der Betrachter sieht auf dem Bild das Ufer der Seine und nicht nur Farben und Gestalten. Der Inhalt eines Romans befindet sich außerhalb des Romans, was der Leser sieht, außerhalb der bedruckten Seite; den Inhalt eines Bildes sieht der Betrachter dagegen im Bild selbst. Außerhalb des Bildes befindet sich nicht sein Inhalt, sondern sein Sujet, sein Modell, das, wonach sich der Maler gerichtet hat.

Die Begriffe der Form (*B*) und des Inhalts änderten sich durch die Anwendung auf die bildenden Künste; man kann sogar sagen, daß neben dem älteren, aus der Poetik bekannten Formbegriff ein neuer Begriff der Form B_1 entstand, der allgemeiner und unbestimmter war. Eine Gelegenheit, die Form *A* mit der Form *B* zu verwechseln, hatte es lange nicht gegeben, denn der eine Begriff wurde hauptsächlich in den bildenden Künsten, der andere ausschließlich in der Dichtung angewandt, und beide traten überwiegend unter anderen Namen auf. Das änderte sich, seit die Form *B* in die Theorie der bildenden Künste Eingang gefunden hatte. In dieser Theorie sprach man jetzt von der Form in beiden Bedeutungen, ohne darauf hinzuweisen, in welchem; man *vermengte* die beiden Formen. Oder man *verband* sie zu einem Begriff; mit der Wendung: »In der Kunst zählt allein die Form« meinte man zumeist, daß allein die äußere Erscheinung (nicht der Inhalt) zählt und an der äußeren Erscheinung allein die Fügung (nicht die Elemente); man meinte also die Form *B* und in ihr die Form *A*. Dieser Begriff der Form in zweiter Potenz wurde entweder bewußt angewandt oder (wie vermutlich im Falle Witkiewicz) infolge der Nichtunterscheidung der zwei Bedeutungen von »Form«.

Eine andere bedeutsame Wendung in der Geschichte der Form *B* bestand darin, daß Form und Inhalt, als gleichermaßen unerläßliche und einander ergänzende Faktoren betrachtet, im 19. und besonders im 20. Jahrhundert miteinander zu konkurrieren begannen. Es kam eine bis dahin unbekannte Streitfrage auf: Was ist in der Kunst wichtiger, die Form *oder* der Inhalt?

Den Streit entfachten die radikalen Anhänger der Form wie S. I. Witkiewicz, der erklärte, daß »das Wesen der Sache *einzig und allein* in der Reinen Form liegt«, und »reine Form« [anders als im Polnischen üblich – d. Ü.] mit großen Buchstaben schrieb. Und er war nur einer von vielen – seine Zeit (1920-1939) war die Zeit der Manifeste des Formalismus, des Suprematismus, des Unismus, des Purismus, des Neoplastizismus, der Auftritte von Malewitsch in Rußland, Le Corbusier in der Schweiz, der Formisten in Polen, von Mondrian in Holland und Focillon in Frankreich. Bei Le Corbusier lautet die These des Formalismus in gemäßigter Form: »Im wirklichen Kunstwerk ist *das Wichtigste* die Form.« In extremer Form lautet sie wie bei Witkiewicz: wichtig ist *allein* die Form. In negativer Version: Der Inhalt ist unwichtig. Das bedeutet: Unwichtig ist sowohl das Thema als auch die Narration, sowohl die Übereinstimmung mit der Wirklichkeit als auch die Idee, sowohl das, was das Kunstwerk darstellt, als auch das, was es ausdrückt. Denn Formen sind, wie Focillon (*La vie des formes*, 1934) sagt, weder Zeichen noch Bilder, sie bezeichnen und drücken allein sich selbst aus.

Für den gemäßigten Formalismus ist der Inhalt trotz allem ein unerläßlicher Bestandteil des Kunstwerks. Kandinsky (*Über das Geistige in der Kunst*, 1910) schrieb: »Eine Form ohne Inhalt ist keine Hand, sondern ein leerer, mit Luft gefüllter Handschuh. Der Künstler liebt leidenschaftlich die Form, so wie er seine Werkzeuge oder den Geruch des Terpentins liebt, denn das sind machtvolle Mittel im Dienste des Inhalts.« (*) Der extreme Formalismus braucht dagegen keinen Inhalt, ihm genügt in der Kunst die Form; Inhalt hilft nicht, er kann nur schaden.

Im Zusammenhang mit dieser Losung gewann die Unterscheidung zwischen zwei *Arten von Formen* an Bedeutung: jenen, denen irgendein Inhalt entspricht, und jenen, denen kein Inhalt entspricht. Es gibt nämlich *darstellende* (nachbildende, gegenständliche, figurative) und *abstrakte* (nicht-darstellende) Formen. Die Dualität der Formen war seit langem bekannt, stellte doch schon Platon (*Phileb.*, 51 c) der Schönheit der »lebenden Körper« die Schönheit »der geraden Linie und des Kreises« gegenüber. Im 18. Jahrhundert hatte diese Dualität einen gesicherten Platz in der Theorie der Künste, und Kant unterschied die »freie« von der »anhängenden Schönheit«; Humes Unterscheidung zwischen *intrinsic* und *relative beauty* hatte eine ähnliche Bedeutung. Wenn Witkiewicz den Namen dern *»reinen«* Formen nicht erfunden hat, so hat er ihn doch für inhaltsleere Formen in der polnischen Literatur verbreitet.

Man kann den scharfen Gegensatz dieser beiden Arten von Formen jedoch in Frage stellen. Kandinsky wies als abstrakter Maler darauf hin, daß die abstrakten Formen lediglich das Ende eines Kontinuums bilden, das von den rein gegenständlichen bis zu den abstrakten reicht. Ganz davon zu schweigen, daß abstrakte Formen vielfach aus gegenständlichen Inspirationen entstehen und auf die Rezipienten oft dadurch wirken, daß sie mit gegenständlichen assoziiert werden. Aber wie dem auch sei – im 20. Jahrhundert erlangte die Form (*B*) die höchste Stellung in der Theorie der Kunst.

III. Geschichte der Form C

Viele Wörterbücher nennen, wenn sie die Form erklären, an erster Stelle diese dritte Bedeutung. Das »Philosophische Wörterbuch« von A. Lalande beginnt so: Form ist »eine geometrische Figur, gebildet aus den Konturen von Gegenständen«. Ähnlich das »Wörterbuch der französischen Sprache«, der *Robert*; die lange Liste der Bedeutung dieses Terminus beginnt mit einer Definition: Form ist »ein Komplex von Konturen eines Gegenstandes«.

Wenn man in der heutigen Umgangssprache das Wort »Form« benutzt, dann zumeist in dieser Bedeutung. Sie scheint die ursprüngliche, naturwüchsige Bedeutung zu sein, der gegenüber alle anderen metaphorische oder zumindest abgeleitete Bedeutungen zu sein scheinen. Die so verstandene Form – wir nennen sie Form *C* – ist ein Synonym der Kontur, aber auch der Figur und der Gestalt; sie ist sinnverwandt mit der Oberfläche, aber auch mit dem (geometrischen) Körper.

Die Form *C* ist nicht nur ein umgangssprachlicher Ausdruck, sondern wird auch in den Künsten, namentlich den bildenden Künsten, und in den Werken von Architekten, Bildhauern und Malern benutzt. Sie sind diejenigen, die solchermaßen verstandene Formen nachzubilden oder zu konstruieren versuchen. Wenn Form *B* der natürliche Begriff der Poetik ist, dann ist Form *C* jener der Theorie der *bildenden* Künste. Und es kann nicht anders sein, da sie *ex definitione* die Kontur betrifft; Formen *C* sind räumliche Formen.

In der Geschichte der *Theorie* der Kunst spielte die Form *C* eine bedeutende Rolle, allerdings nur in einer bestimmten Periode, nämlich zwischen dem 15. und 18. Jahrhundert unserer Zeitrechnung; damals war sie der Grundbegriff dieser Theorie. Sie trat hauptsächlich unter den Namen »Figur« oder

»Zeichnung« auf (in lateinischen Texten überwog »*figura*«, in italienischen »*disegno*«) und nicht unter dem Namen »Form«, denn der wurde damals in einer anderen Bedeutungsnuance benutzt (davon wird noch als von der Form *D* die Rede sein). »*Rysunek*« [»Zeichnung«] war das natürliche Synonym der so verstandenen Form: es hat im Polnischen dasselbe Stammwort »*rys*« [»Riß«] wie »*zarys*« [»Umriß«], das Synonym der Kontur. Vasari (*Le Vite*, 1550) sagt über die Zeichnung, sie sei der Form ähnlich (*simile a una forma*). F. Zuccaro, ein anderer Schriftsteller des 16. Jahrhunderts, bestimmte die Zeichnung als *Form ohne körperliche Substanz*.

Die Form *C* umfaßt nur die Zeichnung, nicht die Farbe; gerade darauf beruht der klare Unterschied zwischen ihr und der Form *B*. Für Schriftsteller des 16. Jahrhunderts bildeten Form (*C*) und Farbe fundamentale Gegensätze, zwei Pole in der Malerei. Darüber schreibt z.B. Paolo Pini im *Dialogo di pittura* aus dem Jahr 1548. Im 17. Jahrhundert kam in den visuellen Künsten eine Rivalität zwischen Form und Farbe auf. Dabei genoß die Zeichnung insbesondere in akademischen Kreisen einen eindeutigen Vorrang. »Möge die Zeichnung immer die Richtung angeben und der Kompaß sein«, schrieb Le Brun, der Diktator der Künste unter Ludwig XIV. (*Conférence*, 1715, S. 36 und 38). So auch Testelin, der Historiograph der französischen Akademie der Maler und Bildhauer (*Sentiments*, S. 37): »Der Maler, der ein guter und korrekter Zeichner ist, aber mittelmäßig koloriert, wird mehr geschätzt als derjenige, der mit einer schönen Farbgebung schlecht zeichnet.«

Diese Vorherrschaft der Form im Sinne der Zeichnung endete mit dem Beginn des 18. Jahrhunderts; mit dem Auftreten von Roger de Piles und der »Rubenisten« erlangte die Farbgebung (im großen und ganzen) eine der Zeichnung ebenbürtige Stellung; die Rivalität und die Diskussionen hörten auf, die Entgegensetzung von Form *C* und Farbe verlor an Aktualität. Doch noch Kant schrieb in der *Kritik der Urteilskraft* von 1790, daß in den schönen Künsten »die Zeichnung das Wesentliche« sei; die Farben dagegen gehören lediglich zum »Reiz« und können allein den Gegenstand »nicht anschauungswürdig und schön machen«.

Es ist an der Zeit, die drei hier gegebenen historischen Kurzdarstellungen zusammenzufassen. Viele Jahrhunderte lang nahm die Form eine privilegierte Stellung in der Ästhetik ein, allerdings in unterschiedlichen Bedeutungen des Wortes »Form«: am längsten die Form im Sinne der Proportionen und der Anordnung, zu anderen Zeiten aber auch die Form im Sinne der äußeren Erscheinung und die Form im Sinne der Zeichnung. Schätzte das Altertum besonders die Form *A* und die Renaissance die Form *C*, so legt das 20. Jahrhundert den Akzent auf die Form *B*. Die Privilegien dieser Formen wurden immer wieder in Frage gestellt. In der Antike, besonders der späten, stritt man über die Frage: Ist in der Kunst allein die Form (*A*) wichtig, oder gibt es auch andere wichtige Elemente? In der Renaissance wurde strittig, ob allein die Form (*C*) oder auch die Farbe wichtig sei. Im 20. Jahrhundert streitet man darum, ob allein die Form (*B*) oder auch der Inhalt des Kunstwerks wichtig ist. Noch etwas. Kritiker schreiben manchmal, daß es diesem oder jenem Werk »an Form mangelt«. Ist es möglich, daß ein Kunstwerk oder überhaupt ein Gegenstand keine Form hat? Die Antwort darauf muß lauten, daß es davon abhängt, was man unter »Form« versteht. Es ist nicht möglich, daß ein Gegenstand nicht Form *A* hat, denn irgendeine Anordnung der Teile muß er haben. Möglich ist es dagegen, daß er keine harmonische Anordnung hat – und dann hat er (nach der hier angenommenen Konvention) nicht die Form A_1. Analog verhält es sich mit der Form *B* und der Form *C*. Denn jeder Gegenstand hat irgendeine Anordnung, irgendeine äußere Erscheinung, irgendeine Kontur. Zumeist hat das Wort »Form« jedoch eine eingeengte Bedeutung; dann bezeichnet der Name »Form« nicht jede Anordnung, jede äußere Erscheinung, jede Kontur, sondern nur diejenige, die harmonisch oder klar oder besonders oder reich oder originell oder charakteristisch ist. Bei dieser Einengung ist allein die »gelungene« Form eine Form; es gibt folglich Gegenstände ohne die Formen *A*, *B* und *C*. Oder man folgt Bell; dann ist einzig die bedeutende, bemerkenswerte Form, die *significant form*, eine Form. Im Einklang damit ist, was Strzemiński

(*Unizm w malarstwie* [Unismus in der Malerei], 1928) über die »Ungleichmäßigkeit der Form«, über ihre »Knoten« und »Leerräume« sagte.

Am Schluß dieses Abrisses der Geschichte der drei Formen sei wiederholt, was ein zeitgenössischer Philosoph (E. Cassirer, *An Essay on Man*, 1944, § 9; dt.: *Versuch über den Menschen*, 1990) unter Verwendung alter Formulierungen schrieb: daß »*rerum videre formas*« für den Menschen nicht minder wichtig sei als »*rerum cognoscere causas*«. Eine schöne Formulierung, nur nicht ganz klar, weil man sie auf diesen oder jenen der drei oben besprochenen Formbegriffe anwenden kann.

IV. Geschichte der Form D, der substantiellen

Der vierte Begriff der Form stammt von Aristoteles. Er verstand die Form als das, was an jedem Ding dessen Wesen ausmacht, was zu seinem Begriff, zu seiner Definition gehört, was seine wesentlichen Eigenschaften umfaßt, die es mit anderen Dingen derselben Gattung gemein hat. Er sah in der Form das Wesen des Dings, seinen notwendigen, nicht-zufälligen Bestandteil, und setzte die Form gleich mit dem Akt, der Energie, dem Ziel, dem tätigen Element des Seins. Heute mag einem ein solcher Formbegriff als eine übertragene Bedeutung erscheinen, doch im Altertum war er das nicht. Er war ein Grundbegriff der Metaphysik des Aristoteles; in der Ästhetik brauchte er ihn dagegen nicht. Weder er noch seine antiken Nachfolger in der Ästhetik benutzten ihn.

Das änderte sich im Mittelalter, besonders seit es im 13. Jahrhundert den aristotelischen Formbegriff übernahm. Die Scholastiker fanden für den antiken Begriff eine Anwendung auch in der Ästhetik. Sie fanden sie durch Weiterentwicklung der noch auf Pseudo-Dionysios zurückgehenden Ansicht, daß die Schönheit auf zwei Dingen beruhe, auf der Proportion, aber auch auf der Helligkeit, dem Glanz (*claritas, splendor*). Nach der Rezeption des Aristoteles versuchten sie im 13. Jahrhundert die dualistische Formel des Schönen – Proportion und

Glanz – in die Termini und Begriffe des Stagiriten zu fassen. Und da setzten sie den »Glanz« gleich mit der Form des Aristoteles. So entstand diese spezielle Konzeption des Schönen: es hängt vom metaphysischen Wesen des Dings ab; das Wesen des Dings, das sich in seinem Äußeren manifestiert, macht das Ding schön. Urheber dieser Interpretation war, wie es scheint, Albert der Große (*Opusculum de pulchro et bono*, V. 420). Die Schönheit, schreibt er, beruht auf dem Glanz der substantiellen Form, der sich in der Materie manifestiert. Er manifestiert sich jedoch nur dann, wenn diese proportioniert ist. Ihm zufolge, kann man sagen, beruht die Schönheit gemeinsam auf der Form *D* und der Form *A*, vor allem aber auf der ersteren, der »substantiellen«, der metaphysischen Form. Die Form als Proportion war für ihn nicht wie für die Alten das Wesen der Schönheit, sondern deren Bedingung.

In der Schule der Albertisten hielt sich diese Ansicht; Ulrich von Straßburg wiederholte sie (*De pulchro*, 73f.): »Die (substantielle) Form ist die Schönheit eines jeden Dings.« Aber auch die andere damalige Schule, die franziskanische, augustinische, dachte ähnlich. Bonaventura (*Sent.*, II D 34 a. 2 q. 3) machte sich diese Ansicht zu eigen und folgerte aus ihr, daß, wenn die Schönheit in der (substantiellen) Form liegt, jedes Sein schön ist, denn jedes hat eine solche Form (*omne quod est ens habet aliquam formam, omne autem quod habet aliquam formam habet pulchritudinem*).

Das 13. Jahrhundert war nicht nur der Höhepunkt, sondern auch das Ende der Herrschaft der Form *D* in der Ästhetik. Diese Form war ein spezifischer Begriff des hohen Mittelalters und überdauerte es nicht. In der allgemeinen Philosophie der Neuzeit lebte die »substantielle Form« mitsamt dem ganzen aristotelischen System zwar noch lange fort, doch im geringsten Maße in der Ästhetik. Im 16. Jahrhundert gab es noch gewisse Spuren dieses Begriffs. Etwa bei dem Bildhauer und Schriftsteller Vincenzo Danti, wenn er schrieb (*Trattato*, 1567, I 11), daß die Gestalt in der Kunst aus der »*perfetta forma intenzionale*« hervorgeht, oder bei dem Maler Federico Zuccaro (*L'idea*, ed. 1718, I 2), der die Zeichnung »Form« nannte und die Form mit der Idee, der Regel, der Erkenntnis gleichsetzte.

Diese Spuren verwischten sich im 17. und 18. Jahrhundert. Baldinucci definiert die Form in seinem »Wörterbuch« (1681) als einen philosophischen, nicht als einen ästhetischen Terminus; ähnlich C. P. Richelet (1719). In der Ästhetik bediente man sich also nicht mehr der Form *D*, und weil man die Form *A* damals *»figura«* und die Form *B* *»aspetto«* nannte, verschwand die »Form« für einige Zeit aus dem ästhetischen Wortschatz.

Auch im 19. Jahrhundert benutzte gewiß niemand in der Ästhetik den Ausdruck »Form« im Sinne *D*, und niemand (Schelling nicht ausgenommen) behauptete, daß das begriffliche Wesen, das sich in der äußeren Erscheinung des Gegenstandes manifestiert, über dessen Schönheit entscheide. Im 20. Jahrhundert dagegen rückte diese Konzeption gewissermaßen erneut an, wenn auch unter anderen Namen, besonders bei Abstraktionisten wie Mondrian oder Nicholson. Wenn Mondrian (*De Stijl*, 1917/18) schreibt, daß »dem modernen Künstler bewußt ist, daß die Schönheitsempfindung kosmisch, universal ist«, daß die neue Kunst »durch Rekonstruktion der *kosmischen Relationen* ein universales Element ausdrückt«, dann benutzt er zwar nicht das Wort »Form«, aber er sagt doch ähnliche Dinge wie jene, die die mittelalterlichen Aristoteliker so nannten.

Es muß, in die Vergangenheit zurückkehrend, noch eine Erscheinung festgehalten werden: Nicht nur die aristotelischen Entelechien, sondern auch die platonischen *Ideen* wurden *Formen* genannt. Besonders von den Übersetzern Platons ins Lateinische, deren Beispiel dann manche seiner Übersetzer in die modernen Sprachen folgten. Das hatte eine gewisse Berechtigung, denn *»idea«* bedeutete in der Umgangssprache der Griechen soviel wie Aussehen, Gestalt, es hatte einen mit der Form *B* verwandten Sinn. Erst Platon gab dem Ausdruck einen anderen Sinn. Die Übersetzer hielten sich aber an die ursprüngliche Bedeutung von *»idea«* und wählten als deren Äquivalent die »Form«. Dadurch gewann die »Form« eine weitere, metaphysische Bedeutung. In der Geschichte der Ästhetik erlangte die Form im Sinne der Idee jedoch nicht dieselbe Stellung wie die Form als Entelechie (Form *D*). Selbstverständlich hatte die Idee in dieser Geschichte eine nicht geringe Bedeutung, aber nur unter dem Namen »Idee«.

V. Geschichte der Form E, der apriorischen Form

Der fünfte Begriff der Form ist der Kantsche Begriff; die Form im Sinne Kants kann man folgendermaßen bestimmen: als Eigentümlichkeit des Geistes, die bewirkt, daß der Geist Gegebenheiten der Erfahrung auf diese und nur auf diese Weise (oder: in dieser Form) wahrnehmen und verstehen kann und die Erfahrung daher notwendigerweise diese und nur diese Form hat. Diese Kantsche Form (nennen wir sie Form *E*) ist eine apriorische Form; wir finden sie in den Objekten, aber nur, weil sie diesen vom Subjekt aufgezwungen wurde. Ihrer subjektiven Herkunft verdankt sie ihre besonderen Eigenschaften: Allgemeingültigkeit und Notwendigkeit.

A. Hat irgendjemand vor Kant diesen Kantschen Begriff gekannt? Eine der historischen Schulen, die sogenannte Marburger Schule, schrieb ihn bereits Platon zu und behauptete, dessen Apriorismus sei dem Kantschen ähnlich gewesen, Platon habe die Ideen als Formen des Geistes verstanden. Der Platonsche Dialog *Theaitet* scheint diese Interpretation in der Tat zu bestätigen: Platon sagt dort, wir könnten die Welt nicht anders denken als durch Ideen, die die Welt für uns gestalten. Doch wenn Platon so gedacht haben sollte, dann gewann in seinen Schriften und besonders in den Schriften seiner Schule eine eher ontologische Konzeption der Idee die Oberhand. Gleichwohl war aber eine »Kantische« Interpretation der Platonschen Idee möglich, und sie war auch – gerade im Bereich der Kunsttheorie und unter dem Namen der »Form« – schon längst unternommen worden, von einem Denker der Frührenaissance aus der platonischen Linie, Nicolaus Cusanus. Er macht sich Gedanken über die Natur der Formen in der

Abb. 26 J. Flaxman: Die den Dichter (Hesiod) belehrenden Musen (1823)

Kunst und schreibt (*De ludo globi*, 1565, S. 219): »Betrachte nun aufmerksam, daß der Geist in sich die Kraft des Bildens hat [...] er [der Künstler] bemüht sich zuerst, die Möglichkeit herbeizuführen oder die Materie fähig zu machen, die Form der Kunst anzunehmen«. Und weiter: »...jede sichtbare Form *wird Gleichnis und Bild der wahren und unsichtbaren Form bleiben, die im Geiste als der Geist selbst existiert*«. Das ist wohl innerhalb der Kunsttheorie die größte vorkantische Annäherung an die Form im Kantschen Sinne.

B. Kant selbst hält eine Überraschung bereit. In der *Kritik der reinen Vernunft* entdeckt er bekanntlich apriorische Formen der Erkenntnis; diese Formen, wie Raum und Zeit, Substanz und Kausalität, sind unwandelbar, universal und notwendig; allein in diesen Formen ist Erkenntnis möglich. Wenn Kant nach dieser Kritik der Erkenntnis in der *Kritik der Urteilskraft* (1790, §§ 34 und 46) zu einer Kritik der Bewertungen und der Schönheit schritt, hätte man erwarten können, daß er im Geist ebenfalls unwandelbare und notwendige Formen finden würde, in denen allein eine ästhetische Erfahrung möglich ist. Und hier kommt die Überraschung: Es gibt in der Kantschen Ästhetik keine Kantsche Form. *In der Ästhetik entdeckte Kant keine apriorischen Formen.* Für die Schönheit sind seiner Meinung nach nicht unwandelbare Formen des Geistes entscheidend, sondern außergewöhnliche, einmalige Begabungen der Schöpfer. Es gibt hier keine ein für allemal geltenden Formen (Formen *E*); es sind Genies, die Schönes schufen und weiterhin schaffen werden. Das heißt, daß es in der Ästhetik keinen Raum für apriorische Formen gibt.

C. Nicht nur Kant selbst, auch seine Schüler, die im 19. Jahrhundert seine Lehre weiterentwickelten, entdeckten in der Ästhetik keine apriorischen Formen. Sie wurden jedoch – im letzten Viertel des 19. Jahrhunderts (1887) – von einem Denker entdeckt, der nicht der kantianischen Schule angehörte, Konrad Fiedler. In der Philosophie folgte er Herbart; seine Terminologie wich von der Kantschen so stark ab, daß der Zusammenhang, der zwischen ihm und Kant bestand, ihm selbst und anderen leicht entgehen konnte. Dennoch trat er mit der These hervor, daß die Kunst unwandelbaren Formen unterliegt und daß diese Formen ihren Ursprung im Subjekt haben. Ihm zufolge hat nicht nur der Geist, sondern auch unser Sehen seine unwandelbare Form, so wie für Kant die Erkenntnis eine solche Form hatte. Er war jedoch der Auffassung, daß der Mensch die eigentliche Form des Sehens verlieren kann – aber mit Ausnahme des Künstlers, der sie bewahrt und in seinem Schaffen anwendet. Die künstlerische Vision und das bildnerische Schaffen sind daher nicht, wie Kant meinte, ein ganz und gar freies Spiel der Phantasie; sie sind von den Gesetzen des Sehens bestimmt.

Fiedlers Verständnis der Formen des Sehens war noch recht allgemein und kaum bestimmt. Genauer bestimmt wurden sie erst von seinen Schülern und Anhängern, dem Bildhauer A. von Hildebrand, den Kunsthistorikern A. Riegl und H. Wölfflin und dem Philosophen A. Riehl. Bahnbrechende Bedeutung hatte Hildebrands Buch *Das Problem der Form* (1883). Er unterschied, ältere Anregungen von R. Zimmermann nutzend, zwischen dem Nahbild und dem Fernbild. Beim Betrachten aus der Nähe bewegen sich die Augen, umfahren sie die Konturen des Gegenstandes. Im praktischen Leben ist ein solches Betrachten notwendig, um den betrachteten Gegenstand kennenzulernen, aber es dient nicht der Schönheit und der Kunst; die ständige Bewegung der Augen verhindert die Entstehung eines einheitlichen und deutlichen Bildes. Ein solches Bild formt sich erst beim Betrachten aus der Ferne; erst dann entsteht die klare und dauerhafte Form, derer das Kunstwerk bedarf und die ästhetische Befriedigung schafft.

Bei den rasch wechselnden Kunstströmungen im 19. Jahrhundert konnte es jedoch nicht ausbleiben, daß man der hier unterstellten einzigen Form des künstlerischen Sehens mit Skepsis begegnete. Wenn die Form der Kunst von der Form des Sehens abhängt, dann muß es mehr als eine Form des Sehens geben; in der Geschichte der Kunst gewinnt bald die eine, bald die andere die Oberhand. In Anbetracht dessen entstand eine eigene *pluralistische* Konzeption der apriorischen Form (*E*) der Kunst, und gerade sie wurde zur typischen Konzeption der ersten Hälfte des 20. Jahrhunderts, vor allem in Mitteleuropa. Man muß eher von *Formen* (*E*) als von *einer* Form sprechen. Sie wechseln. Sie sind nicht, wie bei Fiedler, überzeitlich, unwandelbar, abstrakt, sondern mit der Epoche verbunden und ändern sich mit dieser.

Das stärkste Echo fand diese Konzeption in der Fassung Wölfflins, der den wechselnden Charakter der Formen am Beispiel des Übergangs von der Renaissance zum Barock, von der linearen zur malerischen, von der geschlossenen zur offenen Form verdeutlichte. Die österreichische Schule, angeführt von A. Riegl, sah die Kunst in einem ständigen Wechsel zwischen der optischen und der haptischen Form. Der dieser Schule nahestehende J. von Schlosser unterschied kristalline und organische Formen, W. Worringer abstrakte und empathische, W. Déonna archaische und klassische Formen. Untereinander verschieden, akzeptieren sie doch alle für die Kunst die Form *E* in ihrer pluralistischen Gestalt.

VI. Geschichte anderer Formen

Bisher wurden nicht alle in der Kunst und ihrer Theorie benutzten Formbegriffe erörtert, sondern nur die fünf wichtigsten. Von den für die Kunsttheorie weniger bedeutsamen, aber dennoch benutzten seien hier noch vier erwähnt.

1. Den Namen »Form« gibt man auch den Werkzeugen, die der *Erzeugung* von Formen dienen. So gibt es Bildhauer-, Töpfer-, Büchsenmacher- und andere Formen. Diese Formen – nennen wir sie *Formen F* – dienen der Hervorbringung von Formen; zugleich sind sie aber selbst Formen (*C*). Oft sind sie, wie die Bildhauerformen, Negative der Formen, die mit ihrer Hilfe entstehen sollen. Manche, wie gerade die Bildhauer- und Töpferformen, dienen der Formung von Körpern, also von Formen *C*. Andere, wie Färber- oder Druckformen, verleihen den Dingen nicht nur Gestalt, sondern auch Farbe, produzieren also Formen im Sinne *A*.

Eine allgemeine Bemerkung: Wie die Geschichte zeigt, *wächst* in der Kunst die Bedeutung von Formen *F*. Sie werden inzwischen auch von Architekten benutzt, denen sie dazu dienen, Präfabrikate sowohl für den Bau als auch für die Verkleidung von Bauwerken herzustellen.

2. In der Geschichte der bildenden Künste wie in der Geschichte der Musik und der Literatur spricht man oft noch in einem anderen Sinne von Formen, nämlich im Sinne von *feststehenden*, hergebrachten, üblichen, verbindlichen Formen. Sie haben sich aus diesem oder jenem Grund eingebürgert und stehen bereit, damit sich die Schriftsteller und Künstler ihrer in ihrem Schaffen bedienen. Beispiele dieser Formen – geben wir ihnen den Namen *Formen G* – sind: in der Literatur die Form des Sonetts oder der Tragödie »mit den drei Einheiten«; in der Musik die Formen der Fuge oder der Sonate; in der Architektur die Formen des Peripteros oder der ionischen Ordnung, die Form des Bosketts in der italienisch-französischen Gartenbaukunst, des Rollwerks in der Gebäudedekoration der Renaissance, des Zwiebelmuster-Ornaments beim Meißner Por-

zellan. Das sind teils konstruktive, teils schmückende Formen. Es sind Formen *A*, doch hat nur ein geringer Teil der Formen *A* den Charakter von Formen *G*. Viele Formen *G* haben eine alte und lange Geschichte. Ihr goldenes Zeitalter war das Altertum; fast jede Gestalt der Kunst war damals in solche Formen gefaßt. In verbindliche Formen war auch die Kunst des Mittelalters gefaßt, aber auch der Klassizismus des 18. Jahrhunderts. Die Romantik untergrub die alten Formen, aber sie schuf neue. Erst unsere Zeit scheint sich von feststehenden Formen zu verabschieden: jeder Künstler möchte nach eigenem Gusto verfahren.

Eine allgemeine Bemerkung: Die Geschichte scheint zu zeigen, daß die Kunst von Formen *G* abgeht. Es ist jedoch jederzeit möglich, daß neue feststehende Formen entstehen.

3. Von Formen der Kunst spricht man auch, wenn ihre *Gattungen* oder Spielarten gemeint sind. In Wendungen wie »neue Formen der Malerei« oder »kleine Formen des Films« hat Form dieselbe Bedeutung wie in den Wendungen »Gesellschaftsform« oder »Krankheitsform«. »Form« ist kein spezieller Terminus der Kunsttheorie, aber er wird in ihr benutzt. Er ist angesichts der Vielfalt der Kunst ein bequemer Ausdruck – *ars una, species mille*. In dieser Aufzählung wäre das die *Form H*.

4. Bei metaphysischen, spiritualistischen Ästhetikern bedeutete Form bisweilen soviel wie *geistiges Element* des Kunstwerks. F. Th. Vischer, im 19. Jahrhundert als Ästhetiker eine Berühmtheit, schrieb (*Das Schöne und die Kunst*, 2. Aufl. 1898, S. 54): »Die Form ist ein geistiger Mantel, der über die Materie geworfen ist.« Wenn man hier eine eigene Version des Formbegriffs erkennt, wäre das die Form *H*.

VII. Neue Begriffe der Form

Oben wurde die Geschichte von verschiedenen Begriffen geschildert, die alle denselben Namen Form tragen, darunter fünf wichtige (*A, B, C, D, E*) und vier unbedeutende (*F, G, H,*

J). Es kommen außerdem noch zwei Begriffe der Form vor, die jüngeren Datums sind und noch keine Geschichte haben, jedenfalls keine längere.

1. Zbigniew Pronaszko schrieb 1918 in einer programmatischen Erklärung (*O ekspresjonizmie* [Über den Expressionismus]): »Form nenne ich die Konvention, in die ich eine gegebene Gestalt fasse; Gestalt nenne ich die Erscheinung eines räumlichen Körpers, z. B. ein Stück Himmel zwischen den Wolken, einen Lichtfleck auf der Stirn, einen Baum, den Schatten eines Baumes usw. Die Gestalt als Ausdruck der Natur ist von den Umständen und der Umgebung abhängig und daher zufällig; die Form ist unveränderlich als Ausdruck des Schaffens. Die menschliche Gestalt ist eine zufällige, sich verändernde Gestalt, die menschliche Figur, z. B. in der Gotik, ist dagegen eine Form: eine Fassung von Gestalten durch eine bestimmte Konvention, ein bestimmtes System.«

Der prominente Künstler bestimmte die Form hier als System und als Konvention. Die Form als System läßt sich reduzieren auf die Form im (oben erläuterten) Sinne *A*; die Form als Konvention hat dagegen eine andere Bedeutung: sie umfaßt nämlich nur Gestalten, die *bewußt geschaffen* wurden, im Gegensatz zu den zufälligen wie den notwendigen; sie umfaßt nur *Schöpfungen des Menschen*, im Gegensatz zu Schöpfungen der Natur. Bezeichnen wir eine solche Form als *Form K*. Und fügen wir hinzu, daß man ein solches Verständnis der Form am besten mit der in der Geschichte beobachteten Neigung zum Formalismus, zur Privilegierung der Formen erklärt – in dieser Neigung äußert sich das Gefallen des Menschen an dem, was sein eigenes Werk ist, was nach seinen eigenen Bedürfnissen und Vorlieben ausgewählt ist.

2. Witold Gombrowicz notierte in seinem *Tagebuch* (I, S. 158f.): »Die Wahrheit ist nicht etwas, das sich restlos in eine Form einschließen ließe.« Und ferner: »Hingegen ist der wichtigste und der allerdrastischste und unheilbare Streit der, den in uns zwei unserer grundlegenden Bestrebungen führen: die eine, die

nach Form, Gestalt, Definition begehrt, die zweite, die sich gegen die Gestalt wehrt, keine Form will.« Wie verstand er diese Form, nach der wir zwar begehren, gegen die wir uns aber auch wehren? Offenbar verstand er sie als verbindliche *Regel*, als *Gesetz*, von dem sich der Mensch leiten läßt, das aber auch auf ihm lastet. Es ist dies eine Form in einer noch anderen Bedeutung als die bisher aufgeführten: sie soll in dieser Auflistung als *Form L* Platz finden. Ihr Gegensatz ist Freiheit, Individualität, Leben, Unbeständigkeit, Kreativität. Der Begriff des Gesetzes, der Regel war zwar auch früher schon der Kunsttheorie nicht fremd; auf irgendeine Weise hing er zusammen mit dem Begriff der Form, speziell der Form *A* (in ihrer radikaleren Ausprägung als Form A_1); der Akzent lag dort jedoch anderswo.

In älteren Texten aus der Ästhetik stößt man selten auf die Form *L*. Vielleicht bei Diderot, wenn er schreibt: »Warum findet man an der Schönheit einer Skizze mehr Gefallen als an der Schönheit eines Bildes? Weil in ihr mehr Leben und weniger Form ist. Je mehr Form hineinkommt, desto mehr schwindet das Leben.« (*) Aber wohl auch bei Friedrich Schiller, wenn er als einen von zwei Grundtrieben des Menschen den Formtrieb nennt, der auf Einheit und Beharrlichkeit drängt, auf Unterwerfung unter das Gesetz, das Allgemeingültige, Notwendige.

Im 20. Jahrhundert tauchten neue psychologische und epistemologische Interpretationen der Formen auf, besonders der Formen *A* und *C*.

1. Eine Gruppe von Psychologen beobachtete, daß Formen von uns als *Ganzheiten* wahrgenommen werden; daß die Ansicht der Psychologen des vorigen Jahrhunderts, wir nähmen die Elemente wahr und setzten aus ihnen erst die Formen zusammen, nicht der Wahrheit entspricht; es ist nicht so, daß wir zuerst die Augen, die Nase und den Mund wahrnehmen und danach erst das Gesicht; wir nehmen das Gesicht unmittelbar wahr. Genauso unmittelbar hören wir eine Melodie und nicht eine Zusammenstellung von Tönen. Diese Beob-

achtung aus der Zeit des Ersten Weltkriegs wurde zum Ausgangspunkt einer Theorie der Formen, die unter dem (ursprünglich deutschen) Namen »Gestaltpsychologie« bekannt ist. Die These dieser Theorie ist, daß die Elemente der Form Abstraktionen sind und allein die Ganzheiten, die Gestalten, *allein die Formen real sind.* Diese These fand in der zweiten Jahrhunderthälfte auch in der Ästhetik Anwendung (R. Arnheim, 1956, J. Żórawski, 1962) – von ihr wird noch im Kapitel über das ästhetische Erlebnis die Rede sein.

2. Dagegen unterschied eine von dem Bildhauer A. von Hildebrand angeführte Gruppe von Kunsttheoretikern noch in den letzten Jahren des 19. Jahrhunderts zwischen Formen, welche die Dinge besitzen, und solchen, die wir in diesen Dingen sehen, zwischen *Daseinsformen* und *Wirkungsformen*, wie sie sie nannten. Die Dinge erscheinen dem Betrachter also nicht in der Form, in der sie existieren, sondern in einer Form, die durch bestimmte Faktoren wie Umgebung, Beleuchtung usw. verändert ist. Die Daseinsformen als solche nehmen wir nicht wahr, sie sind eine abstrakte Konzeption; real sind für uns allein die Wirkungsformen. Wie der Philosoph A. Riehl (*Bemerkungen*, 1898) sagte, *ist uns die eigentliche Form* der Dinge *niemals gegeben*; sie ist ein Problem, das der Künstler auf verschiedene Weise lösen kann.

3. Andere Schriftsteller trugen die These vor, daß es keine fertigen Formen gibt, die wir umstandslos feststellen, wahrnehmen können; wir müssen selbst an ihrer Unterscheidung oder gar an ihrer Erzeugung mitwirken. Das Verhältnis des Rezipienten zu den Formen ist ein *aktives*. Prägnanten Ausdruck gab E. Cassirer diesem Gedanken, als er feststellte, daß die Formen »nicht einfach unserem Geist aufgezwungen sein können; wir müssen sie *hervorbringen*, um ihre Schönheit empfinden zu können« (*).

Die hier zusammengestellten Bedeutungen[4] des Ausdrucks »Form« sind vermutlich nicht alle, die von jenen, die sich über

4 Eine große Zusammenstellung der Bedeutungen von »Form« leistete R. In-

Kunst und Schönheit geäußert haben und noch äußern, benutzt wurden und werden. Die große Zahl der Bedeutungen ist seit langem bekannt und vermerkt worden. Gilbert von la Porrée schrieb schon im 12. Jahrhundert, daß »das Wort ›forma‹ viele Bedeutungen hat«. Robert Grosseteste (*De unica forma omnium*, ed. Baur, S. 109) unterschied im 13. Jahrhundert drei Bedeutungen des Wortes: a) das *Muster* (z. B. die Form der Sandale, nach der eine Sandale genäht wird); b) die *Form* (z. B. die Gußform einer Statue); c) das Bild im Geiste des Künstlers. Die Unterscheidung zweier Bedeutungen der Form durch Bonaventura wurde schon zitiert.

Besonders in der heutigen Sprache ist die Benutzungsweise von »Form« schwankend. Der Ausdruck wird in den Bedeutungen *A*, *B*, *C*, *F*, *G*, *H*, *J*, *K* und *L* benutzt. Er wird darüber hinaus abwechselnd zur Bezeichnung einer *konkreten Sache* und einer *abstrakten Eigenschaft* benutzt: in der ersten Bedeutung *ist* die Statue eine Form, in der zweiten *hat* sie eine Form. Auch benutzt man ihn abwechselnd zur Bezeichnung einer *einmaligen* Form und des allgemeinen, vielfach benutzten *Modells* einer Form. Wenn P. Picon (*L'art dans la société d'aujourd'hui*, 1967) schreibt, daß Formen in der Kunst nur einmal benutzt werden können (*les formes ne servent qu'une fois*), dann versteht er ihn anders als U. Eco (*Modelli e strutture*, 1966), der über eine *forma commune* für viele Erscheinungen

---

garden (seit 1946, zuletzt in der Abhandlung *O formie i treści dzieła literackiego* [Über Form und Inhalt des literarischen Werks], in: Studia z Estetyki, Bd. 2, Warszawa 1958). Er unterscheidet 9 Bedeutungen des Ausdrucks. Nur drei dieser neun (die 1., die 3. und die 6.) stimmen mit den Unterscheidungen der hier vorliegenden Arbeit überein – ein weiterer Beweis für die ungewöhnliche Vieldeutigkeit des Begriffs der »Form«. Der Unterschied beider Zusammenstellungen erklärt sich damit, daß Ingardens Zusammenstellung auf dem modernen Begriffsapparat beruht, die hier vorliegende dagegen auf dem historischen Material, jene im Rahmen der allgemeinen Philosophie, diese im Rahmen einer speziellen Wissenschaft von der Kunst. Ingarden meint, daß nur in zwei von den neun Fällen, die er unterscheidet, der Name richtig gebraucht wird; in den anderen wären »Anordnung«, »Existenzweise«, »konstanter Faktor«, »entgegenstehender Faktor«, »Kunstwerk« und »Gesetzmäßigkeit« angemessener gewesen.

reflektiert. H. Focillon sagte in seinem Buch *La vie des formes* merkwürdigerweise überhaupt nicht, was er unter Form versteht, aber ihm muß das Modell vorgeschwebt haben, denn es sind ja nicht die einzelnen Formen, die sich entwickeln und (nach seiner nicht sonderlich geglückten Metapher) »leben«, sondern die Modelle der Formen.

Als Folge dieser Vielfalt »werden verschiedene und bisweilen einander widersprechende Aspekte des Kunstwerks Form genannt« (M. Rieser, 1969). Doch einige der alten Formbegriffe sind aus der heutigen Philosophensprache fast verschwunden, gehören der Vergangenheit an; die zeitgenössischen Ästhetiker haben keinen Bedarf für die Form *D*, und für die Form *E* haben sie andere Namen. Überdies ist die Form *F* lediglich ein technischer Terminus unter Künstlern, die Form *G* ein technischer Terminus unter Kunsttheoretikern; die Form *H* ist ein umgangssprachlicher Ausdruck, der leicht durch einen anderen zu ersetzen wäre; in all diesen Fällen droht keine Begriffsverwirrung.

Hingegen sind die Begriffe *A*, *B* und *C* einander ähnlich und werden deshalb leicht miteinander verwechselt; alle drei sind aber dermaßen mit dem Namen »Form« verwachsen, daß man ihnen diesen Namen nur mit Gewalt nehmen könnte. Daher besteht keine Aussicht, daß die Mehrdeutigkeit der Form in der Ästhetik und der Kunsttheorie behoben werden könnte – sie wird mit Sicherheit weiterbestehen. Aber einmal bewußtgemacht, hört Mehrdeutigkeit auf, gefährlich zu sein.

Es ging in den hier vorgetragenen Überlegungen nicht nur um die Unterscheidung einer Reihe von Formbegriffen, sondern vor allem um die Darstellung ihrer Geschichte. Und für jeden der fünf großen Formbegriffe verlief die Geschichte anders. Form *A* war über unwahrscheinlich viele Jahrhunderte hinweg ein Grundbegriff der Kunsttheorie. Form *B* wurde zu verschiedenen Zeiten als Gegensatz des Inhalts des Kunstwerks verstanden und über den Inhalt gestellt, aber nie so entschieden wie im 20. Jahrhundert. Form *C* war die charakteristische Losung der Kunst des 16. und 17. Jahrhunderts.

Form *D* stellte eine Besonderheit der reifen Scholastik dar. Für Form *E* begann man sich erst gegen Ende des 19. Jahrhunderts zu interessieren.

Kapitel VIII

Das Schöpferische: Geschichte des Begriffs

> Facta et creata habent aliquam differentiam: facere enim possumus nos qui creare non possumus
>
> Cassiodor

I. Kunst ohne Kreativität gesehen

Wir haben uns so sehr daran gewöhnt, von künstlerischer Kreativität zu sprechen und die Begriffe des Künstlers und des Schöpfers miteinander zu verbinden, daß sie uns unzertrennlich erscheinen. Indessen zeigen uns Studien über ältere Zeiten, daß es nicht so ist und daß diese Begriffe erst vor relativ kurzer Zeit miteinander verknüpft wurden.

Die Griechen hatten keine Ausdrücke, die den Ausdrücken »schaffen« und »Schöpfer« entsprochen hätten. Und man kann sagen, daß sie sie nicht brauchten. Ihnen genügte der Ausdruck »machen« (*poiein*). Aber auch diesen benutzten sie nicht in bezug auf die Kunst und solche Künstler wie Maler und Bildhauer: diese Künstler fertigen nämlich keine neuen Dinge an, sondern bilden nur jene nach, die in der Natur sind. »Sagen wir von dem Maler, daß er etwas verfertigt?« fragte Platon in der *Politeia*, und er antwortete: »Keineswegs, denn er bildet nur nach« (*Politeia* 597 d). Von einem Schöpfer unterschied sich der Künstler in den Augen der Alten noch durch etwas anderes: während nämlich der Begriff des Schöpfers und des Schaffens Handlungsfreiheit impliziert, steckte im griechischen Begriff des Künstlers und der Künste die Unterordnung unter Gesetze und Regeln. Kunst definierte man damals als »Anfertigung einer Sache nach Regeln«; wir kennen viele derartige Definitionen aus den antiken Schriften. Zwischen einem Künstler und einem Schöpfer bestünde damit sogar ein zweifacher Unterschied: der Künstler schafft nicht, sondern bildet nach, und Gesetze bestimmen ihn, nicht die Freiheit.

Die Haltung der Alten zur Kunst könnte man vollständiger so beschreiben: Die Kunst enthält keine Kreativität, und es wäre sogar schlecht, wenn sie sie enthielte. Kreativität in der Kunst ist nicht nur nicht möglich, sie ist auch nicht erwünscht. Denn Kunst ist Kunstfertigkeit, besonders die Kunstfertigkeit in der Herstellung bestimmter Dinge, und diese Kunstfertigkeit erfordert die Kenntnis von Regeln und Geschicklichkeit in ihrer Befolgung; ein Künstler ist, wer sie kennt und sie zu befolgen versteht. Die Voraussetzung dieses Kunstverständnisses war klar: Die Natur ist vollkommen, und der Mensch soll sich ihr in seinem Tun angleichen; sie unterliegt Gesetzen, also soll er diese Gesetze entdecken und sich ihnen unterwerfen, nicht aber die Freiheit suchen, die ihn leicht von jenem *optimum* abbringt, das er in seinem Tun erreichen kann. Man kann den Standpunkt der Alten auch so ausdrücken: Der Künstler ist kein Erfinder, sondern ein Entdecker.

Es gab hierin für die Griechen nur eine, dafür aber große Ausnahme: die Dichtung. Ihr griechischer Name »poiesis« leitete sich ab von *poiein* – machen. Der Dichter – *poietes* ist der *Macher*. Sie brachten ihn nicht in Zusammenhang mit den Künstlern und verbanden die Dichtung auch nicht mit der Kunst. Der Unterschied war ein zweifacher. Erstens macht der Dichter neue Dinge, ruft er eine neue Welt ins Leben, während der Künstler lediglich nachbildet. Zweitens ist der Dichter nicht durch Gesetze gebunden wie die Künstler, er ist in dem, was er macht, frei. Es gab keinen Ausdruck, der »Schaffen« und »Schöpfer« entsprach, doch in Wahrheit verstand man den Dichter als denjenigen, der schafft. Und nur er wurde so verstanden. Einige Beispiele aus der Praxis der Griechen werden ihr Verhältnis zu den Künsten verdeutlichen. In der Musik gab es keine Freiheit: Die Melodien waren vorgeschrieben, besonders für Feierlichkeiten und Vergnügungen, und sie hatten einen sprechenden Namen, denn man nannte sie *nomoi*, das heißt *Gesetze*. In der bildenden Kunst war die Freiheit des Künstlers begrenzt durch die Proportionen, die Polyklet für die menschliche Gestalt festgelegt hatte und die er für die einzig richtigen und vollkommenen hielt; er selbst nannte sie – und mit ihm andere – »kanon«. Auch dieser Name war bezeichnend: Kanon bedeutete – *Maß*.

Ähnlich war es in der Theorie. Die Aussagen Platons sind ganz eindeutig: »Die Dinge sind immerdar und für sich schön«, schrieb er im *Philebos* (51 B). Und im *Timaios* (28 B) führte er aus, daß man, um ein gutes Werk zu erschaffen, sich in das Urbild vertiefen muß. Der Künstler erliegt bisweilen den Reizen des sinnlich Schönen, aber Platon sah darin eine Sünde des Künstlers, denn dann begeht er Verrat an der Wahrheit (*Politeia*, 607).

Nicht anders dachten die späteren Theoretiker. Cicero schrieb, daß die Kunst die Dinge umfaßt, über die wir ein Wissen besitzen (*quae sciuntur*) (*De or.*, II. 7. 30). Der Verfasser eines spätantiken Traktats über das Erhabene, den man früher mit Longinos gleichgesetzt hat, war der Meinung, daß man das Erhabene ebenfalls lernen könne; sogar in der Dichtung könne man mit *Methode* alles erreichen (*De subl.*, II. 1).

Anderes sagten die Dichter und die Erforscher der Dichtkunst. Im ersten Buch der Odyssee (I. 346) heißt es: »Was neidest du dem lieben Sänger, so zu singen, wie ihn das Herz antreibt?« Aristoteles hegte bereits Zweifel, ob die Dichtung eine Nachbildung der Wirklichkeit sei und ob in ihr die Wahrheit gelte; sie ist eher der Bereich dessen, was »weder wahr noch falsch« ist (*De interpr.*, 17 a 2).

In Rom gerieten diese griechischen Begriffe teilweise ins Wanken. Horaz schrieb, nicht nur den Dichtern, sondern auch den Malern komme immer das Privileg zu, alles zu wagen (*quodlibet audendi*). Ähnlich dachten die Kritiker der Kunst der ausgehenden Antike. Philostratos schrieb, daß »die Kunst eine Verwandtschaft hat mit der Dichtkunst und daß beiden die Phantasie gemeinsam ist« (*Imag.*, Prooem., 6). Und Kallistratos: »Nicht allein die Künste der Dichter und Prosaiker werden inspiriert, sondern auch die Hände der Handwerker (Bildhauer) sind von den Liebesgaben göttlicher Inspirationen eingenommen« (*Descr.*, 2. 1). Das war neu: Die Griechen der klassischen Epoche wandten die Begriffe der Phantasie und der Inspiration nicht auf die bildende Kunst an, sondern beschränkten sie auf die Dichtung. Das Lateinische war reicher als das Griechische: es hatte bereits einen Ausdruck für das Schaffen (*creatio*) und den Schöpfer; es hatte zwei Ausdrücke – *facere* und *creare* –, wo das Griechische nur einen hatte: *poiein*. Doch bedeutete *creare* mehr oder weniger dasselbe wie *facere*; man sagte zum Beispiel »*creare senatorem*«, jemanden zum Senator machen, so wie es heute im lateinischen Text der Doktorpromotion heißt: »*doctorem creo*«.

Ein grundlegender Wandel vollzog sich in der christlichen Ära: der Ausdruck *creatio* wurde benutzt, um Gottes Tätigkeit der Erschaffung aus dem Nichts, die *creatio ex nihilo*, zu bezeichnen. In diesem Verständnis nahm er eine andere Bedeutung an als *facere*, »machen«; er wurde aber auch nicht mehr auf menschliche Tätigkeiten angewandt. Wie Cassiodor im 6. Jahrhundert in dem Satz sagte, der diesem Kapitel als Motto vorangestellt ist, »besteht zwischen dem Machen und dem Schaffen ein Unterschied, denn machen können auch wir etwas, die wir nicht imstande sind, etwas zu schaffen« (*Exp. in Ps.*, CXLVIII).

Bei diesem neuen, religiösen Verständnis des Wortes mußte sich die antike Ansicht erhalten, daß die Kunst nicht ein Bereich des Schaffens ist. Das ist schon bei zwei früheren und überaus einflußreichen christlichen Schriftstellern deutlich, bei Pseudo-Dionysios und bei Augustin. Der erstere schreibt wie Platon, daß sich der Maler, um ein Bild anzufertigen, unbeirrbar in die Schönheit des Urbilds vertiefen muß, und das heißt: er muß nachbilden, nicht schaffen, die Schönheit erkennen, nicht ersinnen (*De eccl. hier.*, IV. 3). Analog Augustin: es sei lediglich Aufgabe des Künstlers, »Spuren des Schönen zu sammeln« (*De vera rel.*, XXXII, 60). Ähnlich dachte man auch im späteren Mittelalter. Hrabanus Maurus schrieb im 10. Jahrhundert, die Künste hätten unwandelbare Regeln, die keinesfalls von Menschen aufgestellt, aber durch den Scharfsinn genialer Menschen *entdeckt* worden sind (*De cler. inst.*, 17). Und Robert Grosseteste im 13. Jahrhundert: Da die Kunst die Natur nachahmt und die Natur alles immer so gut, wie ihr nur möglich ist, macht, ist auch die Kunst irrtumsfrei wie die Natur (*De gener. son.*, 8). Das Mittelalter ging hier weiter als das Altertum; es machte keine Ausnahme für die Dichtung; auch sie hat ihre Regeln, ist eine Kunst, also eine Kunstfertigkeit, kein Schaffen.

Das alles änderte sich in der Neuzeit. Es ist bekannt, daß die Menschen der Renaissance ein Gefühl ihrer Unabhängigkeit, ihrer Freiheit, ihrer Kreativität hatten. Dieses Gefühl mußte sich vor allem in ihrem Kunstverständnis äußern. Aber welche Mühe das kostete! Nach dem richtigen Ausdruck suchend, bemühten sich die Schriftsteller und Künstler der Renaissance, dieses Gefühl in Worte zu fassen. Sie probierten dieses und jenes Wort aus, kamen aber noch immer nicht auf »Schaffen«. Der Philosoph Ficino sagte, daß der Künstler seine Werke »ersinnt« (*excogitatio*); der Theoretiker der Architektur und Malerei, Alberti, daß er sie im voraus festlegt (*preordinazione*); Raffael, daß er das Bild nach seiner Idee (*idea*) gestaltet; Leonardo, daß er Formen anwendet, die es in der Natur nicht gibt (*forme che non sono in natura*); Michelangelo, daß der Künstler eher seine Vision realisiert als die Natur nachahmt; Vasari, daß die Natur von der Kunst besiegt wird (*natura vinta dall'arte*); der venezianische Kunsttheoretiker Paolo Pino, daß die Malerei »Erfindung dessen (sei), was es nicht gibt«; Paolo Veronese, daß die Maler dieselben Freiheiten genießen wie die Dichter und die Irren; Zuccaro, daß der Künstler die *neue* Welt, neue Paradiese (*il nuovo mundo, nuovi paradisi*) gestaltet; C. Cesariano, daß die Architekten Halbgötter (*semi-dei*) sind. Ähnlich die Theoretiker der Musik: Tinctoris (*Diffinitorium musicae*, um 1470) verlangte in dem, was der Komponist macht, Neues, und definierte den Komponisten als den, der *neue* Lieder schafft (*novi cantus editor*).

Noch klarer äußerten sich jene, die über die Dichtung schrieben: G. P. Capriano (*Della vera poetica*, 1555) erklärte,

Abb. 27 Constantin Brancusi: Schlummernde Muse. Skulptur (um 1906/10)

daß die Erfindung des Dichters »aus dem Nichts« entsteht. F. Patrizi (*Della poetica*, 1586) sah in der Dichtung etwas »Erdachtes« (*finzione*), eine Gestaltung (*formatura*), eine Umwandlung (*transformazione*). Aber auch sie wagten nicht, den Ausdruck »Schöpfer« zu benutzen.

Bis sich schließlich einer fand, der es tat: es war ein Pole des 17. Jahrhunderts, der Dichter und Theoretiker der Dichtkunst Kazimierz Maciej Sarbiewski. Er schrieb nicht nur, daß der Dichter »erfindet« (*confingit*), »gleichsam baut« (*quodammodo condit*), sondern auch, endlich diese Wendung benutzend, daß er »von neuem erschafft« (*de novo creat*) (*De perfecta poesi*, I. 1). Er war derjenige, der es wagte, diesen Ausdruck zu benutzen. Er fügte sogar hinzu, daß der Dichter nach dem Ebenbild Gottes schafft (*instar Die*).

Er hielt das Schöpfertum jedoch für das alleinige Privileg der Dichtung; den Künstlern ist Schöpfertum nicht zugänglich. »Die anderen Künste ahmen nur nach und bilden nach, aber schaffen nicht (*non vero faciunt*), weil sie die Existenz entweder des Materials, aus dem sie schaffen, oder das Thema voraussetzen« (ibid.). Das war die Ansicht eines Dichters, dem die Künstler nicht entgegenzutreten und sich als den Dichtern ebenbürtig zu betrachten wagten. Noch am Ende des 17. Jahrhunderts schrieb Félibien lediglich, daß der Maler »*gleichsam* ein Schöpfer« sei. Sein Text lautet: »Die Regeln der Kunst sind nicht unfehlbar, der Maler kann auch ganz neue Dinge darstellen, deren Schöpfer er gleichsam ist« (*Entretiens*, III. 185).

B. Gracián schrieb dagegen ähnlich wie Sarbiewski: »Die Kunst ist die Erfüllung der Natur, gleichsam ihr zweiter Schöpfer, der sie vollendet, verschönert und manchmal sogar übertrifft. [...] Die Kunst *bringt*, sich mit der Natur verbindend, alle Tage *neue Wunder hervor*« (*El criticón*, franz. Ausg. 1696, S. 154f.).

Im 18. Jahrhundert tauchte der Begriff des Schaffens schon häufiger in der Kunsttheorie auf. Er verband sich mit dem Begriff der Phantasie, der damals in aller Munde war.[1] »Die Phantasie enthält so etwas wie Schöpfung« (*has something in it like creation*), wie Addison schrieb. Voltaire (im *Brief an Helvétius* aus dem Jahr 1740) erklärte sogar, daß »der wahre Dichter ein Schöpfer ist« (*le vrai poète est créateur*). Das war jedoch – bei Addison wie bei Voltaire – eher nur ein Vergleich des Dichters mit einem Schöpfer. Andere hatten von der Sache eine andere Auffassung: Diderot meinte, die Phantasie sei lediglich die Erinnerung der Formen und Inhalte (*la mémoire des formes et des contenus*) und schaffe nichts (*l'imagination ne crée rien*), sondern kombiniere nur, vergrößere und verkleinere.

Besonders im Frankreich des 18. Jahrhunderts stieß der Gedanke, daß der Mensch ein Schöpfer sei, auf Widerstand. Batteux (I ch. 2) schrieb: »Von unserem Geist kann nur in uneigentlichem Verstande gesagt werden, daß er erschaffe: alle seine Werke tragen die Spuren eines gehabten Vorbildes. Selbst

1 M. Gillman, *The Idea of Poetry from Houdar de la Motte to Baudelaire*, Harvard 1958.

die Ungeheuer, die sich eine zerrüttete Phantasie in ihren Rasereyen vorstellt, müssen aus Theilen zusammengesetzt werden, die aus der Natur genommen sind.« Ähnlich äußerten sich Vauvenargues und Condillac (*Essai*, I. 45). Ihr Widerstand hatte wahrscheinlich einen dreifachen Grund. Der eine war sprachlicher Natur: der Ausdruck »Schöpfung« war in der damaligen Sprache der Schöpfung *ex nihilo* vorbehalten, die dem Menschen nicht zugänglich war. Der zweite war philosophischer Natur: Schaffen ist ein geheimnisvoller Akt, und die Psychologie der Aufklärung ließ keine Geheimnisse zu. Der dritte Grund war ein künstlerischer: Die Künstler hingen damals an ihren Regeln, und es schien, als ließe Schaffen sich nicht mit Regeln vereinbaren. Dieser letztere Widerstand war der schwächste, denn schon damals wurde man sich dessen bewußt, daß Regeln letztlich Menschenwerk sind. Wie es ein weniger bekannter Autor jener Zeit formulierte: Die Regeln gelten in der Kunst und der Dichtung, aber ihre Quellen muß man in der Natur unseres Geistes suchen (La Motte Houdar, *Réflexions sur la critique*, 1715).

Im 19. Jahrhundert nahm die Kunst für den Widerstand früherer Jahrhunderte gegen ihre Anerkennung als Schöpfung Revanche. Jetzt wurde sie nicht nur als Schöpfung, sondern *sie allein* wurde als Schöpfung betrachtet. »Schöpfer« wurde zu einem Synonym für Künstler und Dichter. Als man dann zu Beginn des 20. Jahrhunderts auch in der Wissenschaft (wie Łukasiewicz) und in der Natur (wie Bergson in der *Évolution créatrice*) von Schöpfung zu sprechen begann, empfand das die Allgemeinheit als eine Übertragung von Begriffen, die eigentlich zur Kunst gehören, auf Wissenschaft und Natur.

Die polnische Sprache hat zwei verschiedene Ausdrücke: »stwórca« und »twórca«. Gott, der aus dem Nichts schafft, ist ein »stwórca«, der Künstler und der Dichter ein »twórca«. Dies ist eine idiomatische Eigentümlichkeit des Polnischen oder der slawischen Sprachen. Die anderen europäischen Sprachen, das Französische, das Italienische, das Englische und das Deutsche, haben diese Doppelung nicht, sondern nur einen Ausdruck für Gott und den Künstler, weshalb sie ihn auch sparsamer in bezug auf den Künstler verwenden.

Wie ist das hier kurz geschilderte Schicksal des Begriffs des Schaffens und des Schöpferischen zu beurteilen? Wir sind geneigt, darin die Geschichte eines Fortschritts zu sehen, der nach und nach Widerstände, Vorurteile und Blindheit für die schöpferischen Merkmale der großen Kunst überwindet. Vermutlich ist es so – aber die Sache ist nicht ganz einfach. Der springende Punkt ist, daß Kunst und Dichtung mindestens zwei grundlegende Werte besitzen und beide das Ziel der Kunst sein können und auch waren. Der eine ist die Erfassung der Wahrheit, die Erkenntnis der Natur, das Entdecken der Regeln und Gesetze, die das menschliche Handeln bestimmen; der andere ist das Schöpferische, das Schaffen neuer, unerhörter, vom Menschen erdachter Dinge. Kurz, Kunst und Dichtung haben zwei Losungen: Gesetz und Schöpfertum. Oder: Regel und Freiheit. Oder noch anders: Kunstfertigkeit und Phantasie. Das Schicksal des Begriffs des Schaffens zeigt, daß die erstgenannte Aufgabe lange die Oberhand hatte. Dieses Schicksal lehrt, daß man lange nicht geglaubt hat, daß beide Aufgaben zugleich erfüllt werden können. Es lehrt, daß man für das Schaffen lange keinen entsprechenden Namen hatte und daß man sich, als man ihn dann hatte, fürchtete, sich seiner zu bedienen, und die Idee des Schöpferischen durch andere Namen ausdrückte. Daß man in dieser Hinsicht einen grundlegenden Unterschied zwischen der Dichtung und den übrigen Künsten machte und daß man in der Dichtung früher etwas Schöpferisches sah. Dieses Schicksal deutet darauf hin, daß das Werk des Künstlers vielfältig ist und unterschiedlich aufgefaßt werden kann. Und daß frühere Epochen es ganz anders auffaßten als die unsere, in deren Dichtung man beide Tendenzen findet: Während manche Künstler und Dichter nach individueller Freiheit und Kreativität streben, suchen andere nach den allgemeinen Gesetzen, die Kunst und Dichtung regieren, und wollen sich diesen Gesetzen unterwerfen.

II. Geschichte des Namens

Der Begriff der Kreativität gelangte also spät, widerstrebend und mühsam in die europäische Kultur. Einige Episoden dieses Widerstandes und der schließlichen Rezeption wurden oben schon geschildert; nun soll in aller Kürze, aber systematisch die ganze Geschichte dargestellt werden. Trotz der Parallelen zwischen dem Ausdruck, dem Begriff und der Theorie soll zuerst gesondert die Geschichte des Ausdrucks dargestellt werden. Sie durchlief vier Etappen.

1. Fast tausend Jahre lang gab es den Namen »Schöpfung« weder in der Philosophie noch in der Theologie oder der Kunst Europas. Die Griechen besaßen überhaupt keinen entsprechenden Ausdruck; die Römer besaßen einen, wandten ihn aber in keinem dieser drei Bereiche an. Es war für sie ein Ausdruck der Umgangssprache, »*creator*« bedeutete soviel wie Vater, »*creator urbis*« soviel wie Gründer der Stadt.

2. In den nächsten tausend Jahren wurde der Name benutzt, aber ausschließlich in der *Theologie*: *creator* war ein Synonym für Gott. Sogar noch in der Zeit der Renaissance wurde der Name allein in dieser Bedeutung benutzt.

3. Erst im 19. Jahrhundert ging der Ausdruck »Schöpfer« in die Sprache der *Kunst* ein. Nun wurde er jedoch zu ihrem *ausschließlichen* Eigentum (bezogen auf die Welt der Menschen). Schöpfer wurde zum Synonym für den Künstler. Jetzt wurden neue Ausdrücke gebildet, die man früher nicht gebraucht hatte, wie das Adjektiv »schöpferisch/kreativ« und das Substantiv »Schöpfertum/Kreativität«; sie wurden ausschließlich in bezug auf Künstler und ihre Arbeit benutzt.

4. Im 20. Jahrhundert begann man den Ausdruck »Schöpfer« auf die gesamte *menschliche Kultur* anzuwenden, begann man, von Kreativität in der Wissenschaft, von einem schöpferischen Politiker und von den Schöpfern einer neuen Technik zu sprechen.

Heute verfügen wir über eine Reihe von Ausdrücken dieses einen Stammworts mit analoger Bedeutung: Schöpfer, schaffen, schöpferisch, *Schaffen*. Der letzte ist gewissermaßen der zentrale, aber mit einer spezifischen Zweideutigkeit: man benutzt ihn zur Bezeichnung des Prozesses im Geist des Schöpfers, aber auch des *Produkts* dieses Prozesses. »Das Schaffen von Mickiewicz« bezeichnet sowohl die Werke des Dichters als auch den psychischen Prozeß, der diese Werke hervorgebracht hat. Der Unterschied ist erheblich, denn während wir die Werke gut kennen, können wir den Prozeß nur erahnen, zu rekonstruieren versuchen.

III. Geschichte des Begriffs

Die Geschichte *des Begriffs und der Theorie* des Schaffens verlief weitgehend, aber nicht gänzlich parallel zur Geschichte des Namens.

A. Das Altertum bediente sich jahrhundertelang nicht des Begriffs des Schaffens, und er kam auch nicht unter einem anderen Namen vor; und da es den Begriff nicht gab, konnte es auch keine Theorie oder eine allgemeine Ansicht über das Schaffen geben. Insbesondere sprach man nicht vom Schaffen in der Kunst. Natürlich hatten die Alten zwei *verwandte* Begriffe, aber keiner von ihnen hing mit der Kunst zusammen: der eine gehörte zur Kosmologie, der andere zur Theorie der Dichtung (die nicht unter den Begriff der Kunst fiel). Die frühgriechische Theorie der Entstehung der Welt, die Theogonie und die Kosmogonie waren geformt nach dem Begriff des Gebärens, Hervorbringens, der sich vom Begriff des Schaffens unterscheidet. Platon stellte sich (wie er im Dialog *Timaios* schilderte) die Entstehung der Welt wiederum anders vor: als ihre Errichtung durch den göttlichen Demiurgen – dieser verfertigte die Welt, aber nicht aus dem Nichts, sondern aus der schon vorhandenen Materie und nach präexistierenden Ideen. Im Sinne Platons versteht man den Demiurgen als *Baumeister* der Welt, nicht als Schöpfer. Der andere, mit dem Begriff des Schöpfers verwandte Begriff der Alten war der *Dichter*, der *Poet*. Etymologisch war der »*poietes*« der »Macher«. Im Gegensatz zum Künstler, der nach Meinung der Griechen lediglich das Bestehende nachahmte und umänderte. Der Dichter hatte nach ihrer Überzeugung dagegen die Freiheit, die der Künstler nicht hatte. Dieser war für sie das Gegenteil eines Schöpfers, und jener war einem Schöpfer wenigstens ähnlich; er war ihm ebenso ähnlich wie der Demiurg, nur daß er *frei* wirkt, während der Demiurg nach Prinzipien oder *Ideen* wirkt. Die Griechen der klassischen Ära hatten also zwei dem Schöpfer verwandte Begriffe – den des Baumeisters und den des Poeten –, doch den Begriff des Schöpfers hatten sie nicht. Platon stellt diese zwei Begriffe zusammen (*Politeia* 597 d), den des Baumeisters und den des Poeten, um zu sagen, daß der Maler weder das eine noch das andere ist. Ein Begriff des Schaffens *strictiori sensu* begann sich erst ganz am Ende des Altertums zu bilden, nämlich in dem Sinne, daß *aus dem Nichts* etwas gemacht wird. Aber die erste Ansicht über das Schaffen war eine negative; sie besagte, daß *es kein Schaffen gibt*. Die Spätantike hatte dafür die Formel: *ex nihilo nihil*, aus nichts kann nichts entstehen. Wir finden sie bei dem Philosophen, namentlich bei Lukrez, der in dem Gedicht *De rerum natura* schrieb, daß es so etwas wie Etwas aus Nichts machen nicht gibt: *nihil posse creari de nihilo*. Die spätantiken Materialisten verneinten also das Schaffen; und die damaligen Nichtmaterialisten verneinten es ebenfalls, denn sie waren Anhänger der Emanation.

B. Die Menschen des Mittelalters behaupteten nicht mehr wie der antike Materialist, daß es eine Schöpfung *de nihilo* nicht gibt, aber sie waren überzeugt, daß sie ein ausschließliches Attribut Gottes sei. Schöpfer ist allein *Gott*. Der Begriff des Schaffens war bei den Kirchenvätern und den Scholastikern derselbe wie bei Lukrez, doch ihre Theorie war eine andere: Es gibt Schöpfung, nur sind die Menschen ihrer nicht fähig.

C. In der Neuzeit, aber spät (eigentlich erst im 19. Jahrhundert), unterlag der Begriff des Schaffens einem Wandel, der

Abb. 28 G. de Chirico: Die beunruhigenden Musen

Sinn des Ausdrucks änderte sich. Und zwar radikal, denn es entfiel die Forderung »aus dem Nichts«. Das Schaffen im veränderten Verständnis wurde zu einem Machen *neuer* Dinge anstelle des Machens von Dingen aus dem Nichts. Die Neuheit konnte so oder so verstanden werden, enger oder weiter, nicht jede Neuheit reichte aus, um eine Schöpfung zu sein, aber letztlich definierte sie sie.

Zusammen mit dem neuen Begriff entstand eine neue Theorie: Schöpfung ist ein ausschließliches Attribut des *Künstlers*. Die Anfänge dieser Theorie liegen im 17. Jahrhundert, aber Anerkennung fand sie erst sehr viel später. Sie ist eine typische Ansicht des 19. Jahrhunderts: »*L'art est pour l'homme ce qu'est en Dieu la puissance créatrice*«. Der Wandel vollzog sich nicht umstandslos. Noch in der zweiten Jahrhunderthälfte bezeichnete der große Larousse es als Argot, wenn der Maler ein Schöpfer genannt wird. Aber schließlich wurde der Widerstand gebrochen, und die Ausdrücke »Schöpfer« und »Künstler« wurden zu Synonymen, wie es zuvor »Schöpfer« und »Gott« gewesen waren. Der ältere Ausdruck hielt sich noch, aber der Begriff und die Theorie waren neu. Wie der italienische Ästhetiker G. Morpurgo Tagliabue treffend bemerkt, eröffnete der Begriff der Schöpfung eine neue Periode in der Geschichte der Kunsttheorie: war die Kunst in der klassischen Periode Nachahmung, in der romantischen Periode Expression gewesen, so wird die Kunst in unserer Zeit als Schöpfung aufgefaßt.

D. Herrschte im 19. Jahrhundert die Überzeugung, daß nur der Künstler ein Schöpfer sei, so entstand im 20. die Idee, daß dies nicht nur für ihn gelte; nicht nur Künstler, sondern auch Menschen, die in anderen Bereichen der Kultur tätig sind, können Schöpfer sein. Schaffen ist in *allen* Bereichen menschlicher Produktion möglich. Diese Erweiterung des Umfangs des Schaffens sollte keine Veränderung sein, sondern nur die konsequente Anwendung des hergebrachten Begriffs, denn Kreativität erkennt man an der Neuheit der Produkte, und Neuheit zeigt sich an den Werken nicht nur der Kunst, sondern auch der Wissenschaft und der Technik. Doch in Wirklichkeit veränderte die Erweiterung des Umfangs des Begriffs dessen Inhalt – und brachte einen weiteren Begriff des Schaffens hervor.

Der Historiker findet in der Geschichte drei verschiedene Begriffe des Schaffens: der erste faßt das Schaffen als göttlich (S^1), der zweite als menschlich (S^2), der dritte als ausschließlich künstlerisch (S^3) auf. Ein weit verstandenes menschliches Schaffen ist der chronologisch jüngste, für unsere Zeit typische Begriff. Doch die beiden anderen sind nicht verschwunden. Die Theologen bedienen sich nämlich weiterhin des ersten, und Publizisten bedienen sich häufig des dritten; wenn sie vom Schaffen schreiben, muß man oft vermuten, daß sie nur das künstlerische Schaffen oder gar nur das literarische Schaffen meinen.

Diese drei Begriffe, die für drei Epochen stehen, sollen hier der Reihe nach besprochen werden: zuerst der, der am Anfang der Begriffsgeschichte stand, dann der, der am Ende stand, und schließlich der mittlere.

IV. »Creatio ex nihilo«

Der Begriff des Schaffens gelangte also nicht durch die Kunst in die europäische Kultur, sondern durch die Religion. Genauer durch die christliche Religion, deren Dogma die Erschaffung der Welt durch Gott ist: *»In principio creavit Deus coelum et terram«* (Gen. 1. 1). Der religiöse Schöpfungsbegriff hat natürlich nichts mit der Kunst zu tun, aber mit ihm begann es, an ihm orientierte sich der spätere künstlerische Begriff; derjenige, der als erster einen Dichter Schöpfer nannte, fügte hinzu: *»instar Dei«*. Schaffen bezeichnet in der christlichen Lehre den Akt, durch den Gott den Dingen Sein verleiht; und es ist ein Schaffen »aus dem Nichts«. Nach der lapidaren Formel Alberts des Großen *»creatio est factio alicuius de nihilo«* (*Summa de creaturis*, I qu. 1. art. 2: *Opera*, vol. XVII. S. 2; ähnlich Duns Scotus, *Opus Oxoniense*, IV d. 1. q. 1 n. 33).

Philosophien und Religionen kennen drei große Ansichten über die Entstehung der Welt. Die eine ist *dualistisch* und besagt: Es gibt Gott und es gibt die ewige Materie; aus dieser Materie bildete Gott die Welt. So ist es in den babylonischen Mythen, so auch bei Platon. Die zweite Ansicht ist *emanatorisch*: für die Neuplatoniker gibt es nur das Absolute, aus dem die Welt hervorging. Diese beiden Ansichten verwirft die christliche Religion und Theologie, denn sie steht auf dem Standpunkt des *Kreationismus*: Es gibt nur Gott und sonst nichts, Gott schuf die Welt aus dem Nichts; nicht durch einen Prozeß der Emanation, sondern durch göttlichen Befehl. Die Grundlage der christlichen Theorie der Erschaffung der Welt ist im *Alten Testament* formuliert. Vor allem im *Buch Genesis* (Gen. 1, 1-2 sowie 2. 4b. 14. 22). Dort heißt es, daß Gott die Welt erschuf; es wird jedoch nicht explizit gesagt, daß er sie *ex nihilo* schuf; dies wird jedoch in *2 Makk.* 7.28 gesagt: *ouk ex onton*. Alles, was existiert, wird in der *Heiligen Schrift* als durch Gottes Macht geschaffen aufgefaßt: »Alles hat der Herr für seinen Zweck erschaffen«, heißt es im *Buch der Sprüche*, 16. 4; und im *Psalm* 148. 5: »Er gebot, und sie waren erschaffen«. Ähnlich bei den christlichen Schriftstellern seit der Frühzeit; Tertullian schrieb, daß Gott *»universa de nihilo produxerit«* (*De praescr.*), ähnlich Origenes (*Joh.* I. 17. 103). Die Kirche bekräftigte die Lehre von der Erschaffung der Welt, sobald Zweifel an ihr auftauchten: auf dem Konzil von Nicäa im Jahr 325 gegen die Manichäer, dem Laterankonzil im Jahr 1215 gegen die Albigenser, dann auf dem I. Vatikanischen Konzil (Sess. III: *de fide catholica)*.

Die Erschaffung der Welt ist ein *Dogma* der christlichen Religion und in ihr ein Geheimnis des Glaubens, nicht ein Gegenstand der Erkenntnis. Die Bedeutung der christlichen Philosophen und vor allem des Thomas von Aquin beruht darauf, daß sie zeigten, was von diesem Dogma dennoch durch die Philosophie erklärt werden kann. Nach Thomas (*Summa theol.*, I. a q. 44-105) ist schon die Tatsache der Schöpfung eine philosophische These, die sich beweisen läßt, während die These, daß die Schöpfung in der Zeit vollbracht wurde, eine Sache des Glaubens ist; auf die Frage, ob die Welt seit Ewigkeit besteht oder zusammen mit der Zeit entstanden ist, hat die Philosophie keine Antwort.

Welchem der beiden verwandten Begriffe der Antike – dem des Poeten und des Baumeisters, *poietes* und *demiurgos* – kommt der christliche Begriff des Schöpfers näher? Das *Buch Genesis* spricht für den Begriff des Baumeisters, der planmäßig die Welt ausbaut. Das ist jedoch nicht die einhellige Meinung der Theologen; für manche ähnelt die Schöpfung eher einem Befehl als einem Projekt. Die Scotisten und Ockhamisten neigten mehr zur These einer völligen Freiheit, Beliebigkeit der Schöpfung; nach ihrem Verständnis ähnelte der Schöpfer, wenn man einen menschlichen Vergleich heranzieht, mehr einem Poeten als einem Baumeister. Von der *via moderna* ging diese Ansicht auf die Protestanten über. Martin Luther (*Werke*, ed. Medicus, V. 191) schrieb: »Schaffen heißt gebieten«.

Wie ist die Formel »*ex nihilo*« zu verstehen? »Aus dem Nichts« wurde als *terminus a quo* verstanden und bedeutete soviel wie *post nihilum*. Doch wie ist das zu verstehen, wenn zusammen mit der Welt die Zeit erschaffen wurde? Vor der Schöpfung gab es keine Zeit, da es vor der Schöpfung nichts gab. Deshalb hat der scharfsinnige französische Denker Lachelier gesagt, daß die religiöse Konzeption der Schöpfung nicht den Begriff eines Anfangs impliziert (A. Lalande, *Vocabulaire de Philosophie*, Stichwort »*création*«). Auch Theologen erklären, daß die Welt nicht in der Zeit, nicht in diesem oder jenem Moment, erschaffen wurde. Sie sagen, Schöpfung sei ein Dauerzustand, »une situation permanente« (L. Bouyer, *Dictionnaire Théologique*, 1963, S. 172 f.). Die geschaffene Welt hatte keinen Anfang in der Zeit, und doch kann man von ihr nicht sagen, daß sie keinen Anfang hatte. Sie existierte zwar schon immer, sagt Thomas, wurde aber gleichwohl geschaffen. Das alles ist schwer gedanklich zu begreifen, schwieriger, als es bei oberflächlicher Erfassung scheinen mag. Fichte sagte von der Schöpfung, daß sie »sich gar nicht ordentlich denken läßt«. Und sie hat nicht viel gemein mit dem Schaffen, das den Menschen zugeschrieben wird.

Überdies wird die Erschaffung der Welt von den Gläubigen gemeinhin als ein einmaliger Akt verstanden, und alles, was seither geschehen ist und noch geschehen wird, ist nur eine

Folge dieses Aktes. Es gibt jedoch noch eine andere Interpretation der Schöpfung, wenn nicht der Theologen, so doch einiger Philosophen: für sie ist die Geschichte der Welt eine fortwährende Schöpfung, eine »*creatio continua*«. Dieser Gedanke findet sich bei Thomas von Aquin, und für Malebranche wurde er zur grundlegenden These. Der Schöpfungsakt dauert an: die Welt würde aufhören zu bestehen, wenn Gott aufhören würde, sie zu erschaffen. Die Erhaltung des Seins, *conservatio*, ist ebenfalls Schöpfung, *creatio*. Was ist von dem religiösen Begriff in dem modernen Begriff der Schöpfung, wie er in der Kunsttheorie gebraucht wird, geblieben? Nicht viel. Weder, daß sie eine Schöpfung *ex nihilo* ist, noch, daß sie außerhalb der Zeit ist, noch, daß sie eine Sache des Glaubens ist. Geblieben ist wohl nur der Gedanke der Macht: der Poet schafft wie Gott, »*instar Dei*«. Das Schaffen des Künstlers wird eher im Sinne der »*poiesis*«, einer durch nichts eingeschränkten Produktion verstanden, zuweilen aber auch nach dem Ebenbild der »Demiurgie«, des Bauens, der planmäßigen Verwirklichung einer Konzeption.

V. Der zeitgenössische Begriff des Schöpferischen

Im zeitgenössischen Verständnis ist Schaffen ein Begriff von sehr weitem Umfang; er umfaßt menschliche Tätigkeiten und Erzeugnisse aller Art, nicht nur von Künstlern, sondern auch von Wissenschaftlern und Technikern. Die Kunst ist in diesem Begriff des Schaffens enthalten, füllt ihn jedoch nicht aus. Was ist der *Inhalt* dieses Begriffs, worin besteht das derart breit verstandene Schaffen, welches Merkmal unterscheidet schöpferische Handlungen und Werke von nicht-schöpferischen?

Die Antwort scheint einfach zu sein. Das Merkmal, das in jedem Bereich das Schöpferische auszeichnet, in der Malerei ebenso wie in der Literatur, in der Wissenschaft wie in der Technik, ist die *Neuheit*, die Neuheit des Handelns wie des Werkes. Diese Antwort ist indes allzu einfach, denn nicht überall, wo Neuheit ist, ist auch Schöpferisches. Jedes Schöpfertum impliziert Neuheit, aber nicht jede Neuheit impliziert Schöpfertum. Der Begriff der Neuheit ist zu allgemein, und was in einem bestimmten Sinne dieses Ausdrucks neu ist, ist es in einem anderen Sinne nicht. Wie in den beiden schönen Gedichten von Jerzy Zagórski: »wszystko się zmienia« und »nic się nie zmienia« [»alles ändert sich« und »nichts ändert sich«]. Die Werke der Menschen können *von verschiedenen Standpunkten aus* betrachtet werden, und die, die von einem aus neu sind, sind von einem anderen aus nicht neu. Ein nichtneuer Baum treibt auf eine nichtneue Weise in jedem Frühling neue Blätter. Ähnlich ist es mit den Hervorbringungen des Menschen: was immer er macht, ist in gewisser Weise dem, was vorher war, ähnlich und in gewisser Weise unähnlich. Jeder polnische »Fiat 125« ist ein neuer Wagen, auch wenn er keine einzige Besonderheit aufweist, die ihn von anderen polnischen »Fiat 125« unterscheidet.

Zweitens ist Neuheit etwas *Graduelles*, ist sie größer oder kleiner. Es gibt jedoch kein Maß, keine Skala, keine Apparatur zur Messung der Neuheit, so wie ein Thermometer die Temperaturgrade mißt. Wir können sagen, daß eine Schöpfung in *hohem* Grade neu sei, aber es fehlt doch an einer Analogie zum Siedepunkt, die uns anzeigen würde, daß das Neue in etwas Schöpferisches übergegangen ist.

Drittens gibt es im menschlichen Schaffen *qualitativ* verschiedene Arten der Neuheit: eine neue *Form*, ein neues *Modell*, eine neue *Methode* der Herstellung. Am Automobil zum Beispiel eine neue Karosserie, einen neuen Karosserietyp, einen neuen Motor, einen neuen Motorentyp – und eine qualitativ wiederum andere Neuheit war das erste Automobil. In der Kunst unterscheiden wir ein neues Werk in einem gegebenen Stil und einen neuen *Stil*. Jeder dorische Tempel hatte eine etwas andere Anordnung der Säulen und des Balkenwerks, aber alle hatten dieselbe *Konzeption* der Anordnung. Diese Unterscheidung gilt nicht nur in der Kunst. Die Neuheit beruht im allgemeinen auf dem Besitz einer Qualität, die es zuvor nicht gab; manchmal besteht sie aber auch nur in einer Erhöhung der Quantität oder in der Schaffung einer unbekannten Kombination. Dégérando, ein Philosophiehistoriker von der Wende des 18. zum 19. Jahrhundert, meinte sogar, jegliche Schöpfung sei nur eine neue Kombination: »*Toute création n'est qu'une combinaison*«.

Viertens ist die von schöpferischen Menschen erreichte Neuheit unterschiedlicher *Herkunft*: sie ist beabsichtigt oder unbeabsichtigt, impulsiv oder gesteuert, spontan oder nach sorgfältiger Erforschung und Überlegung methodisch erreicht; sie ist ein *Anzeichen* einer unterschiedlichen Haltung der Schöpfer, Ausdruck einer unterschiedlichen Denkweise, unterschiedlicher Fähigkeiten und Talente.

Fünftens pflegt die Schaffung neuer Werke unterschiedliche theoretische wie praktische *Folgen* zu haben, von gleichgültigen bis zu solchen, die Individuum und Gesellschaft erschütterten, von nichtssagenden bis zu umwälzenden, die das menschliche Leben veränderten, wie der Buchdruck, das elektrische Licht, die Dampflokomotive, das Flugzeug, wie die großen Werke der Philosophie, der Literatur, der Kunst.

Diese vom Begriff der Neuheit umfaßte Vielfalt geht über in den Begriff der Schöpfung, wenn man diese durch Neuheit definiert – allerdings nicht in vollem Umfang, denn so wie wir den Begriff der Schöpfung benutzen, umfaßt er eigentlich nur neue *Konzeptionen* und nicht jede neue Anordnung; nur die Produkte *höherer* Befähigungen; nur solche Neuheiten, die *bedeutende* Folgen haben. Wesentlich ist, daß über das Schöpferische nicht allein die Neuheit entscheidet, sondern noch etwas anderes: ein höheres Niveau des Handelns, eine größere Anstrengung, eine größere Wirksamkeit. Wo freilich das höhere Niveau beginnt, läßt sich nicht exakt angeben. Es wäre vergeblich, hier numerische Konventionen einzuführen wie etwa die Grenze von 21 Jahren für die Volljährigkeit oder von 65 Jahren für das Ruhestandsalter. Wir müssen daher ohne solche Konventionen und ohne Exaktheit auskommen, so wie wir ja auch ohne sie auskommen, wenn wir Begabung, Schönheit oder gesellschaftlichen Wert bestimmen; dennoch vermögen wir begabte, schöne und wertvolle Menschen zu unterscheiden. So ist es auch mit dem Schöpferischen.

Als schöpferisch betrachten wir jene, deren Werke nicht nur neu sind, sondern außerdem eine ungewöhnliche Begabung, Spannung, geistige Kraft, Talent und Genie erkennen lassen. Die zur Hervorbringung einer neuen Sache aufgewendete *geistige Energie* ist nicht minder ein Maß des Schöpferischen als deren Neuheit. Tatsächlich ist sie – neben der Neuheit – der zweite Maßstab des Schöpferischen. Wir haben also zwei Kriterien, zwei Maßstäbe des Schöpferischen. Beide, die geistige Energie wie die Neuheit, lassen sich aber nicht messen, sondern können nur intuitiv bewertet werden. Das Schöpferische ist denn auch kein Begriff, mit dem man exakt operieren könnte.

Die Feststellung, daß das Schöpferische auf Neuheit und geistiger Energie beruht, ist eine Beschreibung des Schöpferischen; die Mehrheit der Menschen von heute sieht darin aber auch eine Bewertung, und zwar eine sehr positive. Warum schätzen sie das Schöpferische? Mindestens aus zwei Gründen. Weil das Schöpferische, indem es neue Dinge hervorbringt, den Rahmen unseres Lebens erweitert, aber auch, weil es ein Zeichen der Macht und Unabhängigkeit des menschlichen Geistes ist, ein Zeichen seiner Besonderheit und Unwiederholbarkeit. An der positiven Bewertung hat in der Regel auch ein hedonistisches Moment teil: Das Schöpferische beglückt sowohl diejenigen, die es sich zunutze machen, als auch die Schöpfer selbst; für viele ist es ein Bedürfnis, etwas, ohne das sie nicht leben können. »Ich kann«, schrieb van Gogh, »im Leben und im Malen nicht auskommen ohne etwas, das größer ist als ich, das mein Leben ist – ohne die schöpferische Fähigkeit«.

Vor allem aber ist der Kult des Schöpferischen ein Kult einer übermenschlichen, gleichsam göttlichen Fähigkeit des Menschen. »An der Wurzel jeglichen Schaffens«, schrieb Igor Strawinsky (*Musikalische Poetik*, in: »Res Facta« *IV*), »findet man den Besitz von etwas, das mehr ist als die irdischen Früchte«.

Die hohe Wertschätzung des Schöpferischen entstand hauptsächlich auf dem Gebiet der Kunst. Und das ist verständlich, denn die anderen menschlichen Tätigkeiten dienen anderen Aufgaben: die Wissenschaft dient dem Erkennen der Welt, die Technik der Organisation und Erleichterung des Lebens; die Kunst aber erfüllt diese anderen Aufgaben nicht gut genug, als daß diese ihre Daseinsberechtigung liefern könnten. Der Kult des Schöpferischen ist vielleicht auch eine Folge der Überproduktion an Kunst – er dient der Selektion ihrer Werke, deren es allzu viele gibt.

Die positive Bewertung hat sich so innig mit dem Schöpferischen verbunden, daß ein gleichgültiges oder gar negatives Verhältnis zu ihm für den heutigen Menschen kaum zu verstehen ist. Doch ein solches Verhältnis hat in der Geschichte der europäischen Kultur lange vorgeherrscht. Man sprach nicht vom Schöpferischen, weil man es nicht bemerkte, und man bemerkte es nicht, weil man es nicht schätzte. Man schätzte es nicht, weil man die größte Vollkommenheit im Kosmos sah: Was könnte ich schaffen, das gleichermaßen vollkommen wäre? fragten die Menschen der Antike und des Mittelalters. Der Kult der Vollkommenheit des Kosmos war ein Dogma – aber ein Dogma kann man auch in der Verehrung der Neuzeit für das Originelle, Individuelle, Schöpferische sehen. Die älteren und die neueren Zeiten stellen zwei verschiedene Phasen in der Wellenbewegung der menschlichen Vorlieben dar.

Die erste Phase fiel auf das Ende des 19. Jahrhunderts. Damals erklärte R. de Gourmont (*Livre des masques*, 1896-98), daß »die einzige Daseinsberechtigung des Schriftstellers darin besteht, originell zu sein«. Und der leitete daraus den zweifellos falschen Schluß ab, daß »man *ebenso viele Ästhetiken* anerkennen muß, wie es selbständige Ästhetiker gibt«. Wünschenswert ist jedoch gerade *eine* Ästhetik, die die Werke der originellen Schriftsteller umfaßt. Daß dies eine pluralistische Ästhetik sein wird, versteht sich von selbst.

Heute steigt erneut die Welle der Vergötterung des Schöpferischen. Besonderen Ausdruck fand das u.a. bei den *Rencontres Internationales de Genève* im Jahr 1967, die der »Kunst in der heutigen Gesellschaft« gewidmet waren. Wichtig, führte einer der Redner (Leymarie) aus, sei nicht, was man schafft, sondern daß man überhaupt *schafft*. Es geht nicht um Kunstwerke, von denen wir genug haben, mit denen wir gesättigt und übersättigt sind; es geht um die Künstler, die Verkörperung von Phantasie und Freiheit. »*Ce qui compte c'est la fonction créatrice de l'art* [...] *non les produits artistiques dont nous sommes massivement saturés*«. Nicht auf die Kunst kommt es an, sondern auf das Schöpferische: weiter kann man in der Vergötterung des Schöpferischen nicht gehen.

VI. Der Pankreationismus

Im 20. Jahrhundert wird ein noch weiterer Begriff des Schöpferischen benutzt. Dieser Name bezeichnet danach jedes menschliche Tun, das über die bloße Rezeption hinausgeht; der Mensch ist schöpferisch, sobald er sich nicht auf das Feststellen, Wiederholen und Nachahmen beschränkt, sobald er etwas von sich hinzutut. Schöpferisch in diesem Sinne ist vieles: nicht nur, was der Mensch mit der Welt macht und was er über sie denkt, sondern auch, wie er sie sieht. Und es kann nicht anders sein. Der Mensch *muß*, ob er will oder nicht, die Reize, die er von der Welt empfängt, ergänzen, muß sich sein Bild von der Welt formen, denn die Eindrücke, die er empfängt, sind unvollständig und ungeformt, müssen zusammengeführt werden, sind nur Material. Der Mensch empfängt von außen vereinzelte Eindrücke, die er zu einem einheitlichen Bild verbindet, verbinden muß. Davon wußten schon Platon und einige Platoniker. Systematisch hat Kant den Sachverhalt dargelegt; auch Goethe bestimmte den Menschen als das Wesen, das die Dinge, die es berührt, formt.

Das ist aber insbesondere die Überzeugung unserer Zeit, ihr gaben Heidegger, Cassirer und Koestler Ausdruck. Dieses Schaffen, durch das wir die von außen erhaltenen Daten ergänzen, ist in allem menschlichen Tun enthalten, ist allgemein und unvermeidlich. Man kann sagen, daß der Mensch zum Schaffen verurteilt ist. Ohne es kann er nichts tun. Das Schöpfertum in diesem weiten Sinne zeigt sich nicht nur in dem, was Menschen malen und komponieren, sondern schon in dem, was sie sehen und hören. Es vollzieht sich gewissermaßen in *festen* Formen. Diese Formen studierten Kant und die Kantianer. Es ist in ihm aber auch Raum für *individuelle* Spielarten; der Künstler kann auf diese oder jene Weise malen. Unsere Augen und unser Intellekt fügen die Eindrücke zusammen zu der einzelnen Blume, dem einzelnen Stein, sie verknüpfen aber auch die Erscheinungen und bilden daraus die großen Ideen der Welt oder Gottes. »Wir schufen Gott«, läßt Montherlant seinen Helden sagen. Natürlich »schaffen wir Gott« in einem anderen Sinne als dem, in dem Gott uns schuf.

Das sind treffende und gewichtige Bemerkungen, aber man sollte hier lieber nicht von Schaffen sprechen; es reicht aus, wenn man die Sache als Produktivität oder Aktivität des menschlichen Geistes bezeichnet.

VII. Das Schaffen des Künstlers

Die Geschichte zeigt, daß zwischen dem theologischen Begriff des Schaffens, der vor allem dem Mittelalter eigen war, und dem heutigen Begriff noch ein anderer Begriff benutzt wurde, der dem 19. Jahrhundert eigen war und das Schaffen auf die Kunst beschränkte. Wie verstand man damals das Schaffen, wenn es *allein auf die Kunst* anwendbar war? Sein damaliger Begriff war nicht identisch mit dem heutigen; ob etwas schöpferisch war, hing nicht nur von der Neuheit und der geistigen Energie ab, denn diese Merkmale treten nicht nur in der Kunst auf, in den Werken nicht nur von Künstlern, sondern auch von Gelehrten, Technikern, Organisatoren. Im Verständnis des 19. Jahrhunderts mußte Schaffen also etwas anderes bedeuten.

Schaffen bedeutete insbesondere, *eine fiktive Existenz zu erzeugen*: einen Hamlet und einen Othello, einen Konrad [aus *Konrad Wallenrod* von Adam Mickiewicz – d. Ü.] und einen Kordian [Held des gleichnamigen dramatischen Gedichts von Juliusz Słowacki – d. Ü.], einen Wokulski [aus dem Roman

Lalka (Die Puppe) von Bolesław Prus – d. Ü.] und einen Judym [aus dem Roman *Ludzie bezdomni* (Die Heimatlosen) von Stefan Żeromski – d. Ü.], fiktive Wesen, fiktive Charaktere, fiktive Schicksale, fiktive Ereignisse. Bei einem solchen Verständnis kann Schaffen sich in der Tat nur in der Kunst äußern, nicht aber in Wissenschaft und Technik. Ja, sogar nur in einem Teil der Kunst. Im allgemeinen war es nämlich nicht üblich, selbst die schönsten Diwane und Möbel als Schaffen, als schöpferische Werke zu bezeichnen. Dieser Begriff des Schaffens ist ein ganz anderer als der theologische, aber auch nicht der, den wir heute überwiegend benutzen; diese Abweichung vom heutigen Begriff machen sich jedoch nicht nur Laien, sondern auch Theoretiker nicht ganz bewußt.

Am klarsten findet dieser Begriff des Schaffens Anwendung in der *Kunst des Wortes*. Die Alten trennten die Dichtung von allen anderen Künsten, weil sie eine fiktive Existenz erzeugt; sie nannten das »Machen«, *poiesis*; sie sahen dies ausschließlich in der Poesie, die daher bis heute ihren Namen hat. Dieses Verständnis der Dichtung und ihre Abtrennung auf dieser Grundlage von den anderen Künsten überdauerte das Altertum und wurde noch bis in die Renaissance beibehalten. Sarbiewski schrieb in der Einleitung des Traktats *De perfecta poesi*: »Es steht dem Dichter frei, nicht den Stoff und das Thema vorauszusetzen, sondern den Stoff und die Art seiner Fassung gleichsam durch eine Art Schöpfung (*per quandam creationem*) zu begründen. [...] *Die Dichter können* ein Thema und den Stoff eines Werks *erschaffen*, was *keiner Wissenschaft noch irgendeiner Kunst möglich ist*. Denn weder der Bildhauer kann Holz oder Stein noch der Schmied Eisen und Kupfer erschaffen [...]. Die Dichtkunst erfindet oder ahmt nach, und zwar so, daß sie dasjenige, was sie nachahmt, erschafft, nicht wie die anderen Künste, die nicht hervorbringen, da sie entweder den Stoff oder das Thema voraussetzen.« Nur der Dichter (*solus poeta*) bewirkt, daß etwas gleichsam von neuem geschaffen wird (*de novo creari*); nur der Dichter spricht auch von Dingen, die es nicht gibt, als ob sie existierten, ohne dabei zu lügen.

Auch die anderen literarischen Manieristen des 17. Jahrhunderts verstanden die Dichtung als Schaffen. Balthasar Gracián übertrug diese Konzeption jedoch auf die gesamte Kunst. Im *Criticón* (1656-57) schrieb er: »Die Kunst ist gleichsam der zweite Schöpfer der Natur. Sie hat zur ersten Welt gleichsam eine zweite hinzugefügt. Sie gibt ihr eine Vollkommenheit, die sie in sich selbst nicht hat; die Kunst bringt, sich mit der Natur verbindend, alle Tage neue Wunder hervor.«

Diese besondere Fähigkeit, die man zunächst an der Dichtung bemerkte, wurde zwischen dem 17. und dem 19. Jahrhundert allgemein der gesamten Kunst zuerkannt. Der schöpferische Charakter wurde überdies nicht nur der gesamten Kunst zuerkannt, sondern ausschließlich ihr. Das Schaffen wurde zum Definitionsmerkmal der Kunst; der Umfang der Kunst deckte sich mit dem Umfang des Schaffens. Eine Folge davon war ein neues Verständnis nicht nur der Kunst, sondern auch des Schaffens. Sein neuer Begriff festigte sich im 19. Jahrhundert, hielt sich während dieses Jahrhunderts und ist für es charakteristisch.

Der für unsere Zeit typische Begriff des Schaffens ist, wie schon erwähnt, weiter – er umfaßt nicht nur die Kunst. Sie hat sich in diesem weiteren Begriff jedoch eine außergewöhnliche Stellung bewahrt, die man sich durch einen Vergleich veranschaulichen kann. In manchen Parlamenten sitzen sowohl Virilmitglieder, die ihm von Amts wegen angehören, als auch gewählte Abgeordnete. Ähnlich verhält es sich mit dem Schaffen. Man kann sagen, die Künstler seien seine Virilmitglieder. Der Wissenschaftler erfüllt seine Aufgabe, wenn er Phänomene richtig erkennt, der Techniker, wenn er ein nützliches Werkzeug ersinnt; die Aufgabe des Künstlers ist jedoch gerade das Schaffen. Es ist eine Zierde der Wissenschaft und Technik, aber das Wesen der Kunst. Das folgt sowohl aus dem heutigen Begriff des Schöpferischen als auch aus dem heutigen Begriff der Kunst. Diese Annäherung gab es nicht, solange das Schöne die Kunst definierte. Als der Zusammenhang zwischen der Kunst und dem Schönen sich lockerte, verstärkte sich ihr Zusammenhang mit dem Schöpferischen.

Früher nahm man an, daß es keine Kunst ohne Schönheit gibt, heute dagegen, daß es keine Kunst ohne Schöpfung gibt. So verstand sie Coleridge schon an der Wende vom 18. zum 19. Jahrhundert, wenn er schrieb: »Die Kunst ist eine Wiederholung des Schöpfungsaktes«. Vom 19. Jahrhundert an wurde der Begriff der Schöpfung in Literatur und Kunst so selbstverständlich und allgemein benutzt, daß sogar E. Zola, der Initiator des Naturalismus, in *Mes haines* (1861, S. 141) schrieb: »Ich möchte in jedem Schriftsteller einen Schöpfer sehen, der nach Gott eine neue Erde zu erschaffen versucht« (*J'aime à considérer chaque écrivain comme créateur qui tente, après Dieu, la création d'une terre nouvelle*).

Ähnlich in unserer Zeit z.B. J. Dubuffet (*Prospectus*, 1967, I. S. 25): »Die Kunst ist ihrem Wesen nach Neuheit, auch die Ansichten über die Kunst sollten eine Neuheit sein. Es gibt für die Kunst nur eine vorteilhafte Ordnung: die permanente Revolution.«

Weil verschiedene Begriff des Schaffens und verschiedene Begriffe der Kunst in Umlauf waren und sind, gestaltet sich das Verhältnis von Schaffen und Kunst unterschiedlich. Wenn wir die Kunst mit dem Buchstaben K und das Schaffen mit dem Buchstaben S bezeichnen und S^1 = göttliches Schaffen, S^2 = menschliches Schaffen im weitesten Sinne und S^3 = ausschließlich künstlerisches Schaffen unterscheiden, ergibt sich folgendes Verhältnis:

Kein S^1 ist K, und kein K ist S^1

Dagegen:

Manche S^2 sind K, und manche K sind S^2

Schließlich:

Jedes S^3 ist K

Nimmt man jedoch (kühn) die Annahme von Coleridge-Dubuffet hinzu, gilt auch:

Jedes K ist S^3

Dazu einige Bemerkungen. Erstens gilt der Begriff des Schaffens (sowohl S^2 als auch S^3) für *jegliche* Kunst, die hervorbringende wie die nachbildende, die abstrakte wie die figurative,

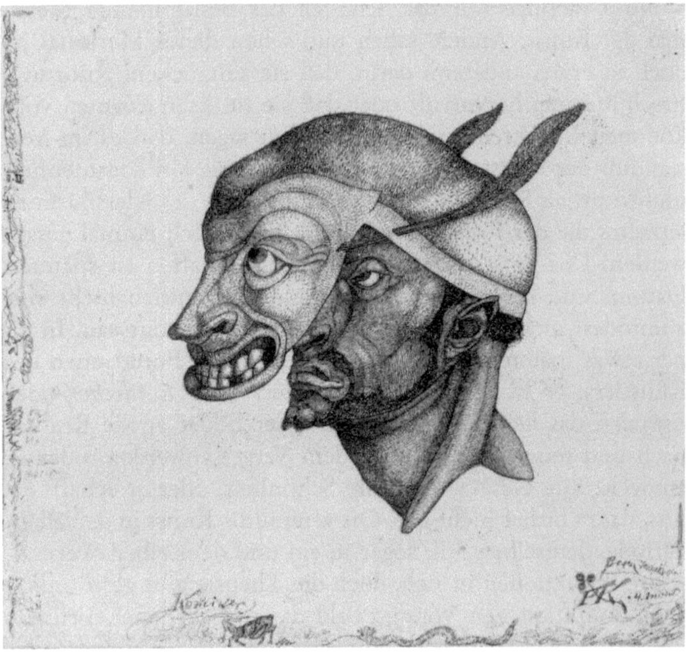

Abb. 29 Paul Klee: Komiker (1934)

den realistischen Roman Tolstois ebenso wie das Märchen der Scheherazade und die Słopiewne.

Zweitens darf der Maßstab des Schaffens anspruchslos sein, ohne Berufung auf Inspirationen und Genialität. Delacroix schreibt (*Tagebuch* vom 1.3.1857): »Es besteht Einigkeit darüber, daß das, was man das Schaffen der großen Künstler nennt, *nichts anderes* ist als die jedem von ihnen eigene *Art, die Natur zu sehen*, zu ordnen und nachzubilden.«

Drittens ändert sich das Verhältnis von Kunst und Schaffen nicht nur in Abhängigkeit davon, wie das Schaffen verstanden wird, sondern auch davon, wie die *Kunst* verstanden wird. Ihr Verständnis weist mindestens zwei Varianten auf: »Jede Kunst ist Schaffen« und: »Kunst ist in der Regel Schaffen« (oder: Gute Kunst ist Schaffen).

Für Coleridge war das Schaffen das bestimmende Merkmal der Kunst. Andere sahen und sehen dieses Merkmal jedoch in etwas anderem: darin, daß sie Entzücken, Rührung, Erschütterung hervorruft oder daß sie in ihren Formen vollkommen ist. Vereinfachend kann man sagen, daß es im Verständnis der Kunst zwei Pole gibt: Kunst als Vollkommenheit und Kunst als Schaffen. Ersteres ist die Sicht des Klassizismus, letzteres die der Romantik. Aber es muß noch einmal gesagt werden: Das Verständnis der Kunst als Schaffen ist späteren Datums und kommt vor der Romantik eigentlich nicht vor, zumindest nicht vor der Protoromantik, vor Rousseau. In einer etwas späteren Formulierung gibt es drei Funktionen des Künstlers: er ist entweder *Nachbildner* oder *Entdecker* oder *Erfinder*, das heißt Schöpfer. Entweder bildet er die Realität nach und rettet sie damit vor dem Vergessenwerden, oder er entdeckt ihre Gesetze und ihre Schönheit, oder er schafft etwas, das es bisher nicht gab. Oft vereint die Kunst in derselben Periode, demselben Stil, sogar in ein und demselben Werk alle drei Funktionen in sich, doch die Theorie gibt gewöhnlich einer Funktion den Vorzug, bald dieser, bald jener. Frühere Zeiten sahen im Künstler entweder einen Nachbildner oder einen Entdecker, unsere Zeit sieht in ihm entweder einen Entdecker oder einen Schöpfer. Früher sah man am wenigsten den Schöpfer, heute sieht man am ehesten den Schöpfer. Diese Vielfalt zeigt sich sowohl in theoretischen Abhandlungen als auch in der aktuellen Kritik, aber auch in der Politik der Museen. Bis vor kurzem versuchten die Museen aus jeder Epoche die (kurz gesagt) vollkommensten Werke zu sammeln; heute sammelt man eher jene, die für ihre Zeit neu, spezifisch, also (wiederum kurz gesagt) schöpferisch waren.

Aus den vorstehenden Darlegungen ergibt sich, daß das Schaffen kein mustergültiger Begriff ist. Schon der Ausdruck »Schaffen« ist mehrdeutig, denn er hat im Laufe der Geschichte seine Bedeutung geändert, und die letzte, heute aktuelle Bedeutung ist (mit Descartes zu sprechen) höchstens klar, aber gewiß nicht deutlich. Dennoch gibt es keinen Grund, auf den Begriff des Schaffens zu verzichten: er ist kein Arbeitsbegriff, aber doch ein brauchbares Stichwort. Man kann sagen: er ist kein wissenschaftlicher, aber ein philosophischer Begriff. Er entspricht, wenn wir die Kunst mit dem Heer vergleichen, nicht dem Säbel oder dem Karabiner, aber der Fahne. Fahnen sind auch nötig, mit Sicherheit bei Feierlichkeiten und manchmal sogar in Schlachten.

Kapitel IX

Die Nachbildung: Geschichte des Verhältnisses der Kunst zur Wirklichkeit

Nulle poésie se doit louer pour accomplie si elle ne ressemble la nature
R. de Ronsard: Vorwort zu den Oden (1550)

I. Geschichte des Begriffs »mimesis«

Nachbildung ist ein wenig benutzter, aber leicht verständlicher Ausdruck. Das Nachbilden steht dem Schaffen, die Nachbildung der Schöpfung gegenüber. Wenn es jedoch um die Antike geht, benutzt man besser einen anderen Ausdruck, nämlich »Nachahmung«. Er entspricht genauer dem, den die Griechen benutzten, die sich als erste über das Verhältnis von Kunst und Wirklichkeit Gedanken gemacht und geäußert haben. Nachahmung hieß auf griechisch *mimesis* und auf lateinisch *imitatio*: es ist ein und derselbe Terminus in verschiedenen Sprachen. Dieser Terminus erhielt sich und und änderte sich nur insofern, als er von einer Sprache in die andere überging. Was sich jedoch änderte, war der Begriff. In der heutigen Sprache bedeutet der Ausdruck »Nachahmung« mehr oder weniger soviel wie Wiederholung, und wir neigen zu der Annahme, daß er von Anfang an dasselbe bedeutete. Das trifft jedoch nicht zu. In der griechischen Sprache hatte er mehrere Bedeutungen, und die früheste war eine gänzlich andere: Nachahmung bedeutete nicht Wiederholung, insbesondere nicht Wiederholung der sichtbaren Dinge.

A. Der Begriff der Nachahmung bildete sich in der klassischen, ja sogar schon in der frühen Epoche Griechenlands aus.

1. Der Ausdruck *»mimesis«* ist post-homerisch, es gibt ihn noch nicht bei Homer und auch nicht bei Hesiod. Die Linguisten sagen, seine Etymologie sei dunkel. Er entstand vermutlich im Zusammenhang mit den Ritualen und Mysterien des Dionysos-Kults – und dort hatte er seine ursprüngliche (von der heutigen verschiedene) Bedeutung. Mimesis-Nachahmung war der Name von Kulthandlungen des Priesters, die sich aus Tanz, Musik und Gesang zusammensetzten; das bezeugen sowohl Platon als auch Strabon; der Ausdruck, der später die Nachbildung der Wirklichkeit in Skulpturen und Theaterstücken bezeichnete, wurde damals auf *Tanz, Mimik und Musik* – und nur auf sie – bezogen. Sowohl die delischen Hymnen als auch Pindar, aber auch Aristoteles gaben diesen Namen der Musik. Nachahmen hieß nicht Nachbilden der äußeren, sondern *Ausdrücken* der inneren Wirklichkeit; es hieß Expression und war der Funktion des Schauspielers, nicht der eines Kopisten verwandt. In den bildenden Künsten wurde er nicht benutzt.

2. Im 5. Jahrhundert vor unserer Zeitrechnung ging der Ausdruck »Nachahmung« aus der kultischen in die philosophische Sprache über. Und damals begann er soviel zu bedeuten wie Nachbilden der äußeren Welt. Die Bedeutungsverschiebung ist leicht zu verstehen, denn durch Mimik drückt man sowohl sein inneres Erleben aus, wie man Dinge nachbildet. Sokrates hatte gleichwohl noch Skrupel und vermied es, die Malerei als Mimesis zu bestimmen; er benutzte deshalb verwandte Ausdrücke wie *»ek-mimesis«* und *»apo-mimesis«*. Demokrit und Platon hatten diese Skrupel nicht mehr; für sie war Mimesis schon Nachahmung der Natur, allerdings für beide in unterschiedlicher Bedeutung.

Für Demokrit war Mimesis das Nachahmen der *Handlungsformen der Natur*. Er schrieb, daß die Menschen sich in den Künsten nach der Natur richten: beim Weben ahmen sie die Spinne nach, beim Bauen die Schwalbe, beim Singen den Schwan und die Nachtigall (Plutarch, *De sollert. anim.*, 20. 947 A). Dieser Begriff fand Anwendung auf die Weberei und die Baukunst, also auf die *nützlichen Künste*. Große Verbreitung

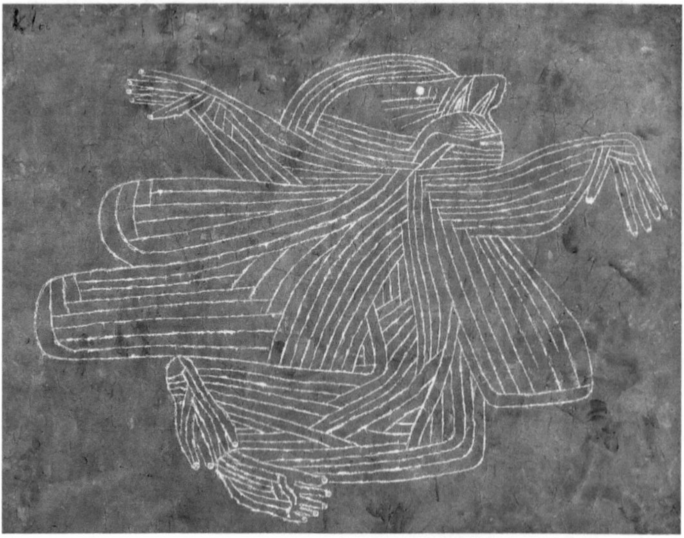

Abb. 30 Paul Klee: Der Schöpfer (1934), 213 (u 13)

fand er nicht, trat jedoch auch später noch auf, bei Hippokrates und den Epikureern, besonders bei Lukrez.

3. Große Verbreitung fand dagegen ein anderer Begriff der Nachahmung, der ebenfalls von athenischen Philosophen des 5. Jahrhunderts vor unserer Zeitrechnung gebildet wurde, aber von einer anderen Gruppe: von Sokrates geschaffen, wurde er von Platon und Aristoteles weiterentwickelt. Für sie war »Nachahmung« ein Wiederholen des *äußeren Gesichts der Dinge.*

Dieser Begriff der Nachahmung entstand bei der Betrachtung der Malerei und der Bildhauerei. Sokrates fragte sich nämlich, wodurch diese Künste sich von den anderen unterscheiden. Und er antwortete: Dadurch, daß sie ein Abbild von den Dingen machen; sie ahmen nach, was wir sehen (Xenophon, *Comm.*, III. 10. 1). Sein *Begriff* der Nachahmung war neu, aber noch sehr unbestimmt, insbesondere ließ er offen, ob es um ein getreues oder ein freies Nachbilden geht. Sokrates tat noch mehr: wohl als erster formulierte er eine *Theorie* der Nachahmung, nämlich die Ansicht, daß sie die *eigentliche Funktion* solcher Künste wie der Malerei und der Bildhauerei sei. Das war ein wichtiges Ereignis in der Geschichte der Kunstanschauung. Nicht minder wichtig war jedoch, daß Platon und Aristoteles die Theorie übernahmen; sie entwickelten sie weiter, gaben dem »Nachahmen« einen konkreteren Sinn. Allerdings war dieser Sinn bei beiden verschieden, so daß zwei Varianten der Theorie entstanden, genaugenommen sogar zwei Theorien unter ein und demselben Namen.

4. *Die Variante Platons.* Platon benutzte den Ausdruck »Nachahmung« zunächst schwankend; er bezog ihn abwechselnd im ursprünglichen Sinne auf Musik und Tanz (*Nomoi*, 798 d), dann aber wie Sokrates auf Malerei und Bildhauerei (*Politeia*, 597 D). Anfangs verstand er ihn eng und nannte eine Dichtung »nachahmend«, in der (wie in der Tragödie) die Helden selbst sprechen, und von der epischen Dichtung urteilte er, daß sie nicht nachahme, sondern beschreibe. Letztlich akzeptierte er aber den weiten Begriff des Sokrates, der fast die gesamte Malerei und Bildhauerei, aber auch die dramatische und epische Dichtung umfaßt.

Später, vom zehnten Buch der *Politeia* an, faßte er die Nachahmung der Wirklichkeit durch die Kunst sehr radikal als ein passives und getreues Kopieren der Wirklichkeit auf. Zu dieser Auffassung bewog ihn die damalige illusionistische Malerei, die durch ihre Bilder eine Illusion von Wirklichkeit erzeugen wollte. Seine Ansicht ähnelte jener, die eine uns nähere Zeit (das 19. Jahrhundert) unter dem Namen »Naturalismus« vertrat. Platons Theorie war eine deskriptive Theorie, nicht eine normative; sie sah in der Nachahmung der Wirklichkeit durch die Kunst sogar etwas Negatives. Und zwar mit der eigentümlichen Begründung, daß die Nachahmung nicht der richtige Weg zur Wahrheit sei (*Politeia*, 603 A, 605 A; *Sophistes*, 235 D – 236 C).

5. *Die Variante des Aristoteles.* Scheinbar Platon treu, gestaltete Aristoteles dessen Begriff und Theorie der Nachahmung um, entwickelte eine andere, von ihm positiv bewertete Nach-

ahmung. Nicht ganz im Einklang mit der Platonschen Lehre von der getreuen Nachahmung war seine Behauptung, daß die Kunst, indem sie die Dinge nachahmt, diese schöner oder häßlicher darstellen kann, als sie sind; daß sie sie darstellen kann, wie sie sein *könnten* und *sollten*; daß sie sich auf deren *allgemeine*, typische, notwendige Eigenschaften beschränken kann (und sogar soll) (*De poet.*, 1148 a 1; 1451 b 27; 1460 b 13). Er blieb bei der These, daß die Kunst die Wirklichkeit nachahmt, aber nicht im Sinne einer getreuen Kopie, sondern eines *freien* Verhältnisses des Künstlers zur Wirklichkeit, die dieser auf seine Weise darstellen darf. Er übernahm von Platon den Ausdruck »Nachahmung«, gab ihm aber einen anderen Sinn; sein Begriff war dem ursprünglichen näher, war eine Fusion zweier Begriffe, des rituellen und des sokratischen. Dadurch konnte er ihn auf die Musik ebensogut anwenden wie auf die Bildhauerei und das Theater.

Dieser freie Begriff der Nachahmung war im klassischen Griechenland nicht nur Aristoteles eigen. Einen noch freieren finden wir bei Aristophanes; in der Komödie *Die Frauen am Tesmophorienfest* (411) läßt er nämlich den Dichter Agathon sagen: »Was uns in der Natur ermangelt, das verschafft uns die Nachahmung«. Dieses Verständnis der *Mimesis* schwebte dem bekannten Philologen des 19. Jahrhunderts, Vahlen, vor, als er sie definierte als »dichterische Umbildung des gegebenen Stoffes«.

Spätere Kunsttheoretiker ließen sich von dem gemeinsamen Terminus täuschen, waren sich nicht immer darüber im klaren, daß Platon und Aristoteles verschiedene Konzeptionen von der Nachahmung hatten, und schwankten jahrhundertelang zwischen der einen und der anderen. Meistens beriefen sie sich auf Aristoteles, aber sie hielten sich an die einfachere, leichtere, primitivere Konzeption Platons. Im Gegensatz zu Platon hielten sie aber die Nachahmung in der Kunst für ein natürliches und *positives* Phänomen. Weil Aristoteles sich aber besonders für die Dichtung interessierte, wurde seine Theorie der Nachahmung mehr zu einer Theorie der Dichtung als der bildenden Künste. War »Nachahmung« bei Aristoteles vornehmlich die Nachahmung *menschlicher* Handlungen, so wurde sie in späteren Zeiten immer mehr zu einer Nachahmung der *Natur*, aus der sie ihre Vollkommenheit schöpfen sollte.

Um zusammenzufassen: Schon in der klassischen Periode, im 4. Jahrhundert vor unserer Zeitrechnung, waren vier verschiedene Begriffe der Nachahmung im Gebrauch: der ursprüngliche, rituelle (Expression), der des Demokrit (Nachahmung der Handlungsformen der Natur), der des Aristoteles (freie Gestaltung des Kunstwerks aus Motiven der Natur) und der des Platon (Kopieren der Natur). Der ursprüngliche Begriff verschwand nach und nach. Der des Demokrit wurde nur von wenigen Denkern anerkannt. Der Platonsche und der des Aristoteles, die sich – nicht immer mit dem Bewußtsein, daß es sich um zwei verschiedene Begriffe handelt – in unterschiedlichen Proportionen miteinander verbanden, waren dagegen über Jahrhunderte hinweg Grundbegriffe der Kunst.

B. Wenn Cicero einige hundert Jahre später die Nachahmung der Wahrheit *entgegensetzte* – er schrieb, daß die Wahrheit die Nachahmung besiegt (*vincit imitationem veritas*) (*De orat.*, II. 57. 215) –, dann konnte er sie nur als freien Ausdruck des Künstlers verstehen; er hielt also an der Konzeption des Aristoteles fest. *In der hellenistischen und der römischen Epoche* überwog jedoch das populäre Verständnis der Nachahmung als Wiederholung der Wirklichkeit. Diese allzu einfache Interpretation der Künste mußte Widerspruch hervorrufen. Die Theorie der Nachahmung, die sich eher durch die Macht der Tradition erhielt, löste eine recht starke Opposition aus. Man stellte der Nachahmung solche Losungen entgegen wie die *Phantasie* (z. B. Maximos von Tyros, *Or.*, XI.3; Philostratos der Jüngere, *Imag.* (Prooem.), 3; Pseudo-Longinos, *De sublim.*, XV. 1), die Expression und das *innere Bild* (Kallistratos, *Descr.*, 7, 1; Dion Chrysostomos, *Or.*, XII.71; Seneca, *Epist.*, 65.7), die *Freiheit* des Schöpfers (Horaz, *De arte poet.*; Lukian, *Historia quo modo conscr.*, 9), die *Inspiration* (Kallistratos, *Descr.*, 2, 1;

Lukian, *Demosth. encom.*, 5), die *Erfindung* (Sextus Empiricus, *Adv. math.*, I. 297). Philostratos der Ältere sah in der Phantasie eine klügere Schöpferin als in der Nachahmung, denn diese hält lediglich fest, was sie gesehen hat, jene auch das, was sie nicht gesehen hat. Die Theorie der Nachahmung war ein Produkt der klassischen Epoche Griechenlands. Die hellenistische und die römische Epoche hielten zwar im Prinzip an ihr fest, trugen aber auch Einwände und *Gegenvorschläge* vor – das war ihr Beitrag zur Geschichte dieser Theorie.

C. Der antiken Theorie der Nachahmung (namentlich in den Versionen Platons und des Aristoteles) lagen zwei typisch griechische Annahmen zugrunde: zum einen, daß der menschliche Geist passiv ist, daß er nur das Bestehende zu erfassen vermag; zum anderen, daß selbst dann, wenn er fähig wäre, nicht Bestehendes zu ersinnen, von dieser Fähigkeit kein Gebrauch gemacht werden sollte, weil die dem Menschen zugängliche sichtbare Welt vollkommen ist und nichts Vollkommeneres erdacht werden kann.

Das *Mittelalter* ging von anderen Annahmen aus, die schon früh von Pseudo-Dionysios und Augustin formuliert wurden. Wenn die Kunst nachahmen soll, dann sollte sie ihrer Meinung nach die *unsichtbare* Welt nachahmen, die ewig ist und vollkommener als die sichtbare. Wenn sie sich aber an die sichtbare hält, dann soll sie in ihr nach *Spuren der ewigen Schönheit* suchen. Dieses Ziel erreicht sie durch Symbole schneller als durch unmittelbare Darstellung der Wirklichkeit.

Die frühen, extremen christlichen Denker wie Tertullian waren sogar der Meinung, daß Gott verboten habe, überhaupt Abbilder von dieser Welt zu machen (»*omnem similitudinem vetat fieri*«: *De spectaculis*, XXIII); ähnlich dachten die Bilderstürmer. Von solchen Extremen waren die Scholastiker frei; sie meinten jedoch, geistliche Bilder seien höher, wertvoller als materielle. Auf dem Höhepunkt des Mittelalters sagt Bonaventura über den Maler und den Bildhauer, sie machten nur äußerlich sichtbar, was sie sich innerlich vorgestellt haben (III *Sent.*, D 37 dub.). Nicht nur Theologen, sondern auch Dichter wie Alain de Lille (*Anticlaudianus*, I.4) nannten eine Malerei, die getreulich die Wirklichkeit nachahmt, unfreundlich eine »Äffin der Wahrheit« (*simia veri*).

Bei solchen Annahmen trat die Theorie der Nachahmung in den Hintergrund, und der Ausdruck »*imitatio*« wurde selten benutzt. Er verschwand jedoch nicht; er erhielt sich insbesondere bei den Humanisten des 12. Jahrhunderts. Jean von Salisbury benutzte ihn. Wie die Alten definierte er das Bild als Nachahmung (»*imago est cuius generatio per imitationem fit*«; *Metalogicon*, III.8). Vor allem aber der große Aristoteliker des Mittelalters, Thomas von Aquin, vertrat uneingeschränkt die klassische These, daß »die Kunst die Natur nachahmt« (»*ars imitatur naturam*«; *In Phys.*, II.4).

D. In der Epoche der *Renaissance* verstummten alle Zweifel an der Nachahmung: sie wurde erneut zum Grundbegriff der Theorie der Künste, ja, die Theorie der Nachahmung erreichte erst jetzt ihren Höhepunkt. Dem Vergessen entrissen, erschien sie als eine Offenbarung, und sie genoß die Privilegien einer neuen Idee. Mehr noch, sie wurde jetzt lebhafter und gründlicher analysiert und diskutiert als im Altertum; man wollte sie verteidigen, erklären, verbessern.

Das Neulateinische übernahm aus dem römischen Latein den Ausdruck »*imitatio*«; ihm folgten die italienische »*imitazione*« sowie die französische und die englische Variante des Terminus. Die Slawen und die Deutschen bildeten eigene Entsprechungen. Es gab gewisse Zweifel, ob man den Ausdruck nicht durch einen anderen ersetzen sollte: der Übersetzer des Averroes benutzte 1481 »*assimilatio*«; Fracastoro schrieb 1555, es sei gleichgültig, ob man diese Tätigkeit »Nachahmung« oder »Darstellung« nennt (*sive imitari, sive representare dicamus*). Aber die Bezeichnung »*imitatio*« setzte sich mühelos und auf der ganzen Linie durch.

Am frühesten, nämlich schon vom Beginn des 15. Jahrhunderts an, wurde die Theorie der Nachahmung in den *bildenden* Künsten übernommen. Sie ist bereits in den *Kommentaren* von L. Ghiberti enthalten, der schrieb, er habe sich bemüht, die

Natur nachzuahmen (*imitare la natura*), »soweit immer mir das möglich war« (*I comm.*, II.22). Dieselbe Theorie vertrat L. B. Alberti. Er erklärte, es gebe keinen sichereren Weg zur Schönheit als die Nachahmung der Natur (*De pictura*, III). Noch radikaler äußerte sich Leonardo da Vinci: Am lobenswertesten war seiner Überzeugung nach jene Malerei, die am meisten mit dem nachgeahmten Gegenstand übereinstimmt (»*conformità co'la cosa imitata*«: *Tratt.*, Frg. 411). Sie waren Pioniere, denen andere Schriftsteller der Renaissance folgten. Einer von ihnen war G. Cardano, der betonte, daß der Maler »alles nachahmt«.

In die *Poetik* der Renaissance fanden Ausdruck, Begriff und Theorie der Nachahmung erst später Eingang, nämlich erst in der Mitte des 16. Jahrhunderts, nach der Rezeption der *Poetik* des Aristoteles; von da an wurden sie jedoch zu ihrem wichtigsten Element. Sassetti erklärte auf aristotelische Art, die Nachahmung sei eine der vier Ursachen der Dichtung, nämlich die Formalursache (die »Wirkursache« ist der Dichter selbst, die »Materialursache« der Vers und die »Zweckursache« die durch die Dichtung bereitete Freude).[1]

Die Theorie der Nachahmung griff von Italien auf andere Länder über: früh regte sie in Deutschland Dürer an (*Ästhetischer Excurs*, in: *Vier Bücher*, ed. Heidrichs, S. 277), dann in Frankreich Poussin (*Brief an Fréart de Chambray* vom 1.3.1665, ed. Du Colombier) und viele andere. Sie blieb lange, noch in der Zeit des Barock und des Akademismus, der Mittelpunkt der Kunstanschauungen. Auch am Beginn des 18. Jahrhunderts war sie die Grundthese der Ästhetik, selbst bei den Neuerern, sowohl bei Abbé Dubos als auch bei Vico, der erklärte: »*Non essendo altro la poesia che imitazione*«. Alles in allem behauptete die »*imitatio*« ihre Stellung in der Theorie der Künste über mindestens drei Jahrhunderte. Sie war in dieser Zeit freilich keine einheitliche Theorie, und zwar nicht nur deshalb, weil sie in der Theorie der bildenden Künste eine andere Nuance hatte als in der (mehr schulmäßigen) Poetik. Von Anfang

1 Vgl. B. Weinberg, *A History of literary Criticism*, op. cit., S. 48.

an wurde sie von den einen im Sinne des Aristoteles, von den anderen im Sinne Platons und der populären Konzeption der getreuen Nachahmung verstanden. So bestand denn auch Einigkeit mehr in den Ausdrücken als im Verständnis der Sache, und Auseinandersetzungen gab es reichlich.

Die populäre Konzeption der »Nachahmung« stieß auf Schwierigkeiten, die man auf unterschiedliche Weise zu bewältigen suchte. Die Schriftsteller der Renaissance betonten, daß nicht jede Nachahmung der Kunst diene, sondern nur die »gute« (Guarini), nur die »künstlerische« (Varchi), nur die »schöne« (Alberti), die »phantasievolle« (die *»imitatio fantastica«* bei Comanini).

Andere versuchten, die Nachahmung genauer zu interpretieren, und wichen dabei vielfach von der Konzeption der buchstäblichen Wiederholung der Wirklichkeit ab. Die Nachahmung soll im Gegenteil »originell« sein, wie der Franzose Pelletier du Mans schrieb. In der Deutung Albertis ahmte die Kunst eher die Gesetze als die äußere Erscheinung der Natur nach. In der Deutung Scaligers eher deren Normen. Nach Meinung der einen sollte die Kunst die Schönheit der Natur nachahmen, nach Meinung Shakespeares ihre Bescheidenheit. Die Aristoteliker, unter ihnen der polnische Dichter und Theoretiker der Dichtkunst Sarbiewski (*De perfecta poesi*, 1. 4), führten aus, daß die Natur nicht so nachgeahmt werden solle, wie sie ist, sondern so, wie sie hätte sein können oder müssen. Michelangelo gab der Imitation eine religiöse Version: die Kunst solle Gott in der Natur nachahmen. Torquato Tasso, der sich ernsthaft mit der Nachahmung in der Dichtung befaßte, erkannte, daß sie in seiner Kunst ein kompliziertes Verfahren darstellte, denn die Worte (*parole*) ahmen die Begriffe (*concetti*) und diese erst die Dinge (*cose*) nach.

Von besonderem Gewicht war die Meinung vieler Schriftsteller, daß die Kunst nicht die Natur in roher Form nachahmen sollte, sondern eine vom Menschen umgeformte Natur, nach der Korrektur ihrer Fehler, nach dem Treffen einer *Auswahl*. Das war insbesondere die Überzeugung der französischen Klassiker. Andere Theoretiker hoben hervor, daß die

Nachahmung *nichts Passives* ist: man muß die Natur entziffern, das, was in ihr ist, herausreißen (Dürer). Manche Schriftsteller verstanden die Nachahmung so weit, daß sie nicht nur die Nachahmung der Natur umfaßte, sondern auch die von *Ideen* (Fracastoro). Andere zählten sogar die *Allegorie* (schon seit Petrarca) und selbst die *Metapher* zur Nachahmung. Tesauro (*Cannochiale Aristotelico*, 1654, S. 369) schrieb: »Die Metapher ist nichts anderes als eine dichterische Nachahmung« (*metafora altro non è che poetica imitatione*). Varchi (*Lezzioni*, 1590, S. 369) meinte, Nachahmen bedeute, wohlverstanden, nichts anderes als Erfinden (*fingere*). Im gleichen Sinne erklärte Delbene, »*imitatio*« sei dasselbe wie »*finzione*«. Diese Schriftsteller mochten als Revolutionäre erscheinen, doch in Wahrheit standen sie Aristoteles nahe.

Manche unter ihnen, wie Correa, unterschieden behutsamer zwischen *zwei Arten der Nachahmung*: einer buchstäblichen und einer freien, »*imitatio simulata et ficta*«. Ähnlich schied R. de Piles Anfang des 18. Jahrhunderts unter dem Namen »zweier Wahrheiten« – der einfachen und der idealen – die getreue Nachahmung von jener, die eine Auswahl erfordert und auf diese Weise die in der Natur verstreuten Vollkommenheiten zusammenführt (*Cours de peinture*, 1708, S. 30-32).

Manche Schriftsteller der Renaissance und des Barock kamen schließlich zu der Überzeugung, daß es unfruchtbar sei, hartnäckig an der alten Theorie der Nachahmung festzuhalten, daß man sich eine *neue*, treffendere Theorie ausdenken müsse. Sie ließen sich dabei von zwei ganz unterschiedlichen Gründen leiten. Eine Minderheit war der Ansicht, daß die Nachahmung für die Kunst eine allzu schwere Aufgabe sei, daß das nachahmende Werk niemals dem Vorbild gleichkomme. Die Mehrheit war im Gegenteil der Meinung, daß die Nachahmung eine allzu geringe, allzu passive, allzu leichte Aufgabe sei. An die Stelle der »*imitatio*« trat nach und nach ein anderes Programm, zwar nicht die »*creatio*« (sie gehörte zur Theologie), aber die »*inventio*«. Ronsard schlug den Dichtern eine Kompromißlösung vor: *imiter et inventer*, man soll sowohl nachahmen als auch erfinden. Für V. Danti war die Aufgabe der Kunst nicht *imitare*, sondern *ritrarre*, darstellen (*Trattato*, II. 11). F. Patrizi sagt dagegen (*Della poetica*, 1586, S. 135), daß der Dichter kein Imitator sein, sondern ein »*facitor*« (dies war eine wörtliche Übersetzung des griechischen *poietes*). Danti sagte, der Dichter schaffe zwar keine neuen Dinge, aber neue Ganzheiten. Robortello äußerte sich mutiger: Die Kunst zeigt die Dinge, wie sie *nicht* sind (*Explications*, 1548, S. 226). Im darauffolgenden Jahrhundert sagt der große Bernini, daß »die Malerei sichtbar macht, was es *nicht gibt*« (Baldinucci, *Vita di Bernini*, S. 146). Capriano schreibt in seiner Poetik, die Dichtung sei eine Erfindung *aus dem Nichts* (*Della vera poetica*, 1555; vgl. B. Weinberg, *A History of Literary Criticism*, S. 733). Wenn das so ist, dann ahmt die Kunst natürlich *nicht* nach.

Es wurde die Überzeugung geäußert, daß die Kunst vollkommener sein könne als das, was sie nachahmen soll, die Natur. Ficino nannte sie »weiser als die Natur« (*Theol. Plat.*, 1. XIII, *Opere*, 1561, S. 296). Michelangelo sagte, sie mache die Natur schöner (*piu bella*), als sie ist; Danti schrieb, der Maler solle sie erhöhen (*superar*). Vasari dagegen erklärte, die Natur sei von der Kunst besiegt worden, »*natura vinta dall'arte*« (*Vite*, VII. S. 448).

Bemerkenswert ist, daß all diese Einwendungen und Abweichungen in eine Zeit fielen, in der die Theorie der Künste, der literarischen ebenso wie der bildenden, die »*imitatio*« als ihr Programm, ihre oberste Losung betrachtete. Die Zahl der Einwendungen und Einschränkungen war jedoch so groß, daß die Nachahmung im Grunde aufhörte, Nachahmung zu sein. Nicht die Gegner, sondern die Anhänger der »Imitation« führten ihren Niedergang herbei.

Eine folgenreiche, aber in ihrem Wert zweifelhafte Neuerung der Renaissance war die These, daß man nicht nur die Natur nachahmen solle, sondern auch und vor allem jene Künstler, die es am besten verstanden, sie nachzuahmen. Das bedeutete, daß man die Alten nachahmen sollte. Die Losung »Nachahmung der Antike« tauchte schon im 15. Jahrhundert auf und hatte am Ende des 16. Jahrhunderts die Losung »Nachahmung der Natur« fast verdrängt. Es war der größte Wandel in der Geschichte des Begriffs der Nachahmung. Er machte die klassische Kunsttheorie zur akademischen. Das Prinzip der Nachahmung trat ebenfalls in einer zweifachen, kompromißhaften Formulierung auf: Man soll die Natur nachahmen, aber so, wie die Antike sie nachahmte. Das bedeutet, Skulpturen nach dem Vorbild des Apollo von Belvedere zu schaffen und zu schreiben wie Cicero. Im 15. und 16. Jahrhundert forderte man die Nachahmung der Antike vor allem in der Dichtung, im 17. und 18. Jahrhundert in den bildenden Künsten.

Das war die Hauptströmung jener Zeit, doch muß man feststellen, daß immer wieder Widerspruch laut wurde. In der Renaissance gab es mindestens drei berühmte Proteste gegen das Imitieren der Antike in der Dichtung: Poliziano erklärte (contra Cortesi), daß »nur der gut schreibt, der es wagt, aus den Vorschriften auszubrechen«; danach Pico der Jüngere (contra Kardinal Bembo): *aemulator veterum verius quam imitator*; schließlich Erasmus von Rotterdam (1518), der erklärte, im Geiste Ciceros handle der, der, weil die Zeiten sich geändert haben, von Cicero abweicht.[2]

Wenn man die Situation und ihre Entwicklung vom 16. bis zum 18. Jahrhundert ganz allgemein charakterisieren möchte, muß man sagen, daß ein Teil der Theoretiker unerschütterlich, wenn auch mit einigen Konzessionen, am Prinzip der Nachahmung festhielt, während andere geneigt waren, es aufzugeben. Aufgegeben wurde es von denen, die sich an den extremen (Platonschen) Begriff der Nachahmung hielten, aufrechterhalten von denen, die diesen Begriff durch den gemäßigten (aristotelischen) ersetzten.

E. Letztlich gab es vom 15. bis zum 18. Jahrhundert keinen Ausdruck, der häufiger benutzt worden wäre als »*imitatio*«, und kein Prinzip wurde umfassender angewandt. Indessen ge-

2 B. Otwinowska, *Imitacja – eklektyzm – spontaniczność* [Imitation – Eklektizismus – Spontaneität], in: Studia Estetyczne, 1967.

schah etwas Bemerkenswertes: Ein gewisser Ch. Batteux, der im Jahr 1747 ein Buch mit dem Titel *Les beaux arts réduits à un seul principe* veröffentlichte, erklärte darin, er habe das gemeinsame Prinzip aller Künste entdeckt, und dieses Prinzip sei die Nachahmung.

Der springende Punkt war der: Seit langem hatten unzählige Abhandlungen das Prinzip der Nachahmung angewandt, aber die einen auf diese, die anderen auf jene Gruppe von Künsten, die einen auf die Dichtung, die anderen auf Malerei und Bildhauerei; Batteux jedoch verallgemeinerte dies auf *alle* Künste. Er subsumierte alle nachahmenden Künste unter die Theorie der Nachahmung, sowohl die Literatur als auch die bildenden Künste. Er ging darüber noch erheblich hinaus und dehnte die Theorie der Nachahmung auch auf die *nichtnachahmenden* Künste aus, die Architektur und die Musik. Er erreichte diese Verallgemeinerung weitgehend dank eines nichtssagenden, unbestimmten, verschwommenen Begriffs der Nachahmung. Unter ihr verstand er sowohl die Wiederholung der Wirklichkeit als auch das Sich-inspirieren-Lassen durch sie. Er faßte sie jedoch auch einerseits als ein getreues *Kopieren* der Natur (er war wohl der erste, der sich so äußerte: »*imiter c'est copier un modèle*«) und andererseits als ein *Auswählen* aus der Natur auf, als Nachahmung allein der *schönen* Natur.

F. Zwischen dem 15. und dem 17. Jahrhundert wurde die Idee der Nachahmung in der Kunst so vielfältig diskutiert, daß hier nicht mehr viel zu tun blieb. Das 18. Jahrhundert ererbte diese Idee und akzeptierte sie, hörte aber auf, sich über sie Gedanken zu machen. E. Burke, ein typischer Ästhetiker dieses Jahrhunderts, gab dem Ausdruck, als er schrieb, daß Aristoteles in der *Poetik* so ausführlich und so treffend über die Nachahmung geschrieben habe, daß ein weiteres Nachdenken über dieses Thema nicht mehr nötig sei (»Aristoteles hat in seiner Poetik so viel und so Gründliches über die Kraft der Nachahmung gesagt, daß dies jede weitere Untersuchung über diesen Gegenstand überflüssig erscheinen läßt«: *Vom Erhabenen und Schönen*, 1757, I 16). Burke selbst verstand die Nachahmung jedoch nicht aristotelisch, er forderte ein getreues Abbild und schrieb, daß eine beschreibende Dichtung keine Nachahmung sei, weil Worte den Dingen nicht ähnlich sind.

Die Theorie der Nachahmung, die lange vornehmlich in der Poetik angewandt wurde und sich auf sie stützte, verlagerte ihren Schwerpunkt jetzt auf die bildenden Künste. J. Harris schrieb: »Die Dichtung besitzt einen Reiz, der allein aus ihrem Rhythmus herrührt, wohingegen die *Malerei* auf keinen anderen Reiz Anspruch erhebt als den, welchen die Nachahmung verleiht« (*Three Treatises*, 1744, § V).

Ende des 18., Anfang des 19. Jahrhunderts, nach der Entdeckung von Herculaneum und Pompeji, nach den Reisen der Archäologen nach Griechenland, kam die Nachahmung der Antike stärker in Mode als je. Es war die Zeit von Mengs und Winckelmann, Adam und Flaxman, Canova und Thorvaldsen. Aber das war die Praxis der Nachahmung – die Idee der Nachahmung kam nicht mehr voran.

Das 19. Jahrhundert verwarf das Prinzip der Treue zur Antike und setzte einen noch stärkeren Akzent auf das Prinzip der Naturtreue.

G. Über Jahrhunderte hinweg hielt sich in Europa die eine Große Theorie des Schönen, und ähnlich verhielt es sich mit der Kunst. Die Große Theorie des Schönen besagte, das Schöne beruhe auf der Anordnung der Teile; die große Theorie der Kunst (nennen wir sie lieber die Alte Theorie, denn heute ist sie kaum noch aktuell) besagte, daß die Kunst in der Nachahmung der Wirklichkeit bestehe. Die bisherigen Bemerkungen zusammenfassend sagen wir, daß die Alte Theorie vom 5. Jahrhundert vor unserer Zeitrechnung bis zum 18. Jahrhundert mindestens sechs Phasen durchlaufen hat:

Das klassische Altertum brachte nicht nur die Ansicht hervor, daß die Künste (speziell: die nachbildenden) eine Nachahmung der Wirklichkeit seien, sondern gab ihr auch von Anfang an zwei Interpretationen: die unnachgiebige Platons und die liberale des Aristoteles. Der Hellenismus hielt an dieser Theorie fest, hob daneben aber auch andere Funktionen der Kunst hervor: anfangs die expressive, später die ideologische. Das Mittelalter hielt ebenfalls an ihr fest, hauptsächlich dank des Aristotelismus des Thomas von Aquin.

Die Renaissance war nach dem klassischen Altertum die zweite Blütezeit der mimetischen Theorie: von der Antike geschaffen, wurde sie von der Renaissance exakt formuliert, bearbeitet, differenziert. Diese Theorie war nie weiter verbreitet als im 17. Jahrhundert, allerdings in einer speziellen, idealisierenden Fassung: die Kunst ahmt die Wirklichkeit nach, jedoch nur das Allgemeine und Vollkommene in ihr. Die radikalste Gestalt der Theorie der Nachahmung entstand indessen erst im 18. Jahrhundert: die Nachahmung wurde als allgemeine Eigenschaft aller Künste bezeichnet, nicht nur der »nachbildenden«. Derselbe Ästhetiker der Aufklärung, der die Theorie auf diese Weise erweiterte, schränkte sie jedoch gleichzeitig ein mit der Feststellung, daß die Künste nicht jede Wirklichkeit schlechthin, sondern allein die schöne Wirklichkeit nachahmen.

Das spätere 18. Jahrhundert interessierte sich nicht mehr sonderlich für die nachahmende Funktion der Kunst. Was man zu diesem Thema sagen konnte, war schon längst gesagt worden. Doch im 19. Jahrhundert kehrte das Problem zurück.

II. Andere Theorien der Vergangenheit

A. Die Ansicht, daß die Kunst die Wirklichkeit nachahme, herrschte in der europäischen Kultur also über zweitausend Jahre. Monolithisch war sie jedoch nicht: sie trat in verschiedenen Varianten und einer unterschiedlichen Terminologie auf.

Der wichtigste Terminus der Alten Theorie war »Nachahmung«; die Abhängigkeit der Kunst von der Wirklichkeit wurde jedoch auch mit anderen Namen bezeichnet, die eine etwas andere Konnotation hatten.

Den Ausdruck »*Nachbildung*« verstand man nämlich als getreu, aber ohne den Anspruch, die Wirklichkeit zu kopieren und eine Illusion von Wirklichkeit zu erzeugen. Die Italiener der Renaissance benutzten den Ausdruck *»ritrarre«*, das heißt »porträtieren«. Er tritt schon bei Cennini auf: *ritrarre da natura* oder *ritrarre naturale.* Danti definierte *»ritrarre«* als »die Dinge so zeigen, wie man sie sieht« (*farà le cose come le vede*). Die *»Darstellung«* der Dinge, die *»repræsentatio«*, verstand man als freie Wiedergabe der Dinge, ohne Anspruch auf skrupulöse Treue. Sie entsprach der aristotelischen Auffassung von *»mimesis«*, und gelegentlich, etwa bei Fracastoro, wurde sie als Übersetzung dieses Terminus gewählt. Sie bezeichnete die Wiedergabe der Dinge nicht so sehr so, wie wir sie sehen, sondern (speziell bei Danti) so, wie sie gesehen werden *sollen* (*come hanno a essere vedute*).

»Kopieren« war ein Ausdruck und Begriff, den man später benutzte, vom 18. Jahrhundert an (z.B. bei Batteux). Die früheren Kunsttheoretiker wie Vasari behaupteten gerade, daß die Nachahmung *kein* Kopieren sei. Man wußte, daß es nicht möglich ist, einen Menschen oder einen Baum mit Hilfe der Farbe oder des Wortes getreulich zu kopieren, man erwartete von der Kunst aber auch mehr als nur eine getreue Kopie.

B. Die Theorie der Nachahmung änderte nicht nur ihren Namen, sondern auch ihre Thesen. Am bedeutsamsten waren zwei Veränderungen, hinsichtlich des Umfangs und hinsichtlich der Modalität.

Zum *Umfang*: Platon und Aristoteles teilten die Künste in hervorbringende (wie die Architektur) und nachbildende (wie die Malerei) ein und wandten die Theorie der Nachahmung lediglich auf die nachbildenden an; ebenso ihre Nachfolger. Doch schon im Altertum wandten die Architekten sie in einem lockeren Sinne auf ihre eigene Kunst an. Vitruv (*De architectura*) schrieb, daß die guten Proportionen in ihr »auf den Proportionen eines gut gebauten Menschen beruhen müssen«, also auf der Wirklichkeit und nicht auf gedanklichen Konstruktionen. Hier handelte es sich natürlich nicht um ein konkretes Vorbild, sondern um eine *Direktive*. Die These, daß die Architektur sich ein Vorbild an der Natur nehmen solle, be-

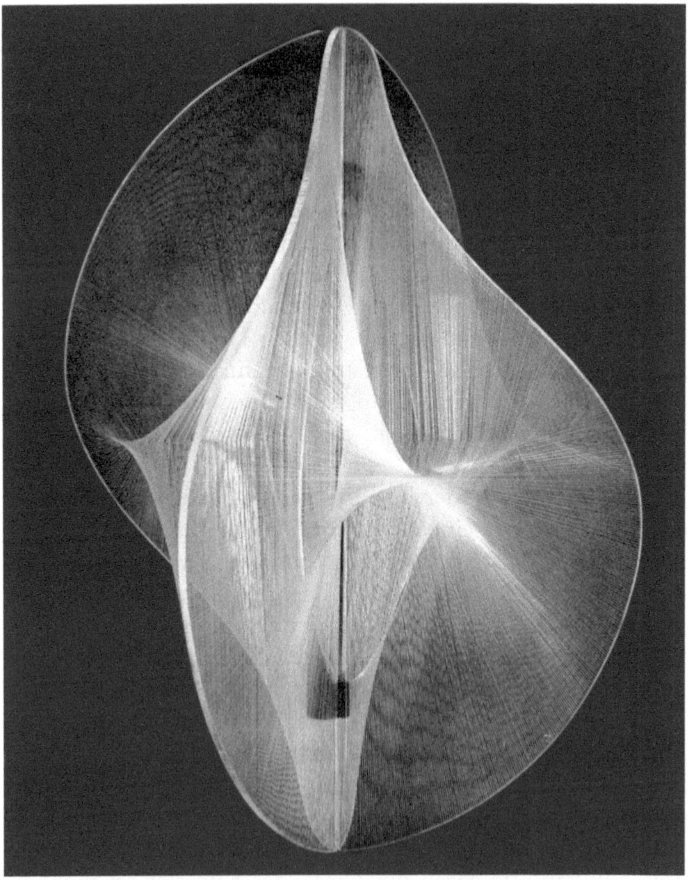

Abb. 31 Naum Gabo: Lineare Konstruktion Nr. 2

hielten auch ihre modernen Theoretiker Serlio und Palladio bei. Und im 18. Jahrhundert bezog Batteux die Architektur (und auch die Musik) in die nachbildenden Künste ein und vertrat die These, daß *alle* Künste im gleichen Maße Nachahmung seien. Das bedeutete einen Wandel des Begriffs der Nachahmung – er konnte jetzt etwas anderes bezeichnen als die Abstützung der Kunst auf die Struktur und die Proportionen realer Dinge.

Auch bezüglich der *Modalität* gab es im Laufe der Jahrhunderte Änderungen in der Theorie der Nachahmung. Sie war in Griechenland als assertorischer Satz entstanden, als Feststellung des *faktischen* Sachverhalts, daß die Kunst von der Wirklichkeit Gebrauch macht. Sie war keinesfalls ein Postulat oder Desiderat; Platon erklärte sogar, die Kunst ahme zwar die (sichtbare) Wirklichkeit nach, aber sie *solle* das *nicht* tun. In der Neuzeit nahm die ähnlich klingende Theorie dagegen den Charakter einer Vorschrift an: die Kunst *soll*, wenn sie ihre Aufgabe erfüllen will, die Wirklichkeit nachahmen. Der Maler muß (*deve*) nachahmen, schrieb Dolce (*Dialogo*, 1557, S. 196). Gleiches stellte Torquato Tasso für die Dichtung fest: dies ist ihre Natur, nur dann ist sie sie selbst. Mit anderen Worten: sie *muß* nachahmen, *wenn* sie ihre Aufgabe erfüllen *möchte*.

Die Entwicklung der Theorie der Nachahmung ging von einem engeren zu einem weiteren Verständnis und von ihrer Einstufung als Assertion zur Einstufung als Postulat. Beide Veränderungen schienen die Theorie zu erweitern und zu stärken, beschleunigten aber im Grunde ihren Niedergang.

Zur Schwierigkeit bzw. Leichtigkeit der Nachahmung: Jahrhundertelang herrschte die Ansicht, das Nachahmen sei nicht nur einfacher für den Künstler, sondern das einzig Mögliche. Michelangelo war anderer Meinung: Die Natur ist so vollkommen, daß es für den Künstler einfacher ist, etwas Nichtexistierendes zu schaffen, als Existierendes nachzubilden. Drei Jahrhunderte später war die Sache noch immer umstritten: Zola z.B. kämpfte gegen die These, der Künstler sei nicht in der Lage, die Wahrheit wiederzugeben (*Le roman expérimental*, 1880, S. 10).

C. Die hohe und lang anhaltende Anerkennung, derer sich die Theorie der Nachahmung erfreute, verhinderte nicht, daß neben ihr andere Theorien entstanden.

1. In der klassischen Antike entstand auch die Theorie des *Illusionismus*. Ihr zufolge besteht die größte Leistung der Kunst darin, Dinge hervorzubringen, die dem wirklichen Vor-

bild täuschend ähnlich sind, daß eine Illusion der Wirklichkeit entsteht, »*apate*«, wie Gorgias sich ausdrückt. In der Tragödie wie in der Malerei, schrieben die Alten, ist der der größte Künstler, der den Betrachter am besten irreführt, indem er Dinge erzeugt, die den wirklichen ähneln. Zum Lob des Parrasios erzählten sich die Alten die Anekdote, daß die Vögel an den von ihm gemalten Früchten gepickt hätten. Baldinucci schrieb in der *Vita di Bernini* (1682), die Kunst bestehe darin zu bewirken, daß alles, »obwohl es fiktiv *ist*, dennoch als wirklich *erscheint*«.

2. Der Neuzeit war die pluralistische Theorie nicht fremd: Kunstwerke ahmen die Wirklichkeit nach, drücken aber auch die Ideen und Erlebnisse des Künstlers aus. Sie können daher aus der Wirklichkeit *auswählen* und sie sogar umgestalten. In der Zeit des Übergangs von der Renaissance zum Barock führte Zuccaro aus, daß es in der Malerei nicht so sehr um die äußere als vielmehr um die »innere Zeichnung« gehe, den »in unserem Geist geformten Begriff«. Auch bei anderen Schriftstellern des 16. und 17. Jahrhunderts tauchte der Gedanke auf, daß die Schönheit im Geist entsteht (*bellezza che viene dell'anima*). Achtzig Jahre nach Zuccaro schrieb Bellori (1672), ein Wortführer des barocken Klassizismus, daß die Künstler, »den Schöpfer nachahmend, in ihrem Geist ein Vorbild von höchster Schönheit Formen und, indem sie auf dieses Vorbild schauen, die Natur *verbessern*«. Das war innerhalb der traditionellen mimetischen Theorie eine bedeutsame Wendung, nämlich eine Abkehr von der Theorie der getreuen, passiven Nachahmung; sie führte zur Theorie der Selektion, der *Auswahl* aus der Wirklichkeit, und zur *Verbesserung* der Wirklichkeit. Félibien schrieb gegen Ende des 17. Jahrhunderts: »Obwohl die Kunst alle natürlichen Gegenstände, sowohl die schönen wie die häßlichen, umfaßt, so muß der Maler dennoch auswählen, was am schönsten ist.« Ausdruck dieses Standpunkts war eine andere antike Anekdote, die man in der Neuzeit lange nacherzählte: die von dem Maler Zeuxis, der von der Stadt Kroton den Auftrag hatte, die schöne Helena zu malen, und alle Frauen der Stadt musterte, um die fünf

schönsten auszuwählen und nach ihrem Vorbild das Bildnis der einen wahren Schönheit anzufertigen. Das Programm des 17. Jahrhunderts empfahl den schönen Künsten, sich an die Wirklichkeit zu halten, zugleich aber aus ihr auszuwählen, sie zu vervollkommnen, zu verschönern, zu sublimieren. Bellori schrieb sogar, daß die Natur der Kunst unterlegen sei und daß die *»artifici similitudinari«*, also jene, die eine vollkommene Ähnlichkeit der Kunst mit der Natur anstreben, *»imitatori de'corpi senza elettione«*, keine Anerkennung gefunden hätten. Denn selbst »Helena mit ihrer natürlichen Schönheit kam den Formen des Zeuxis und Homers nicht gleich«. Letzten Endes erlaubte die Losung *»imitare«*, die Dinge nicht so darzustellen, wie sind, sondern so, wie sie sein *könnten* (*ut res essere potuerant*). Mehr noch: wie sie sein *sollten*. Den lapidarsten, wenngleich nicht allerglücklichsten Schlußpunkt dieser Tendenz zur Selektion und Sublimierung der Wirklichkeit im 18. Jahrhundert bildete die Formel von Batteux, daß die Kunst eine *Nachahmung* der Wirklichkeit sei, aber *nur der schönsten*. Hier schieden sich die Wege. Diderot schlug eine andere Richtung ein: die Kunst bildet nicht die schöne, sondern die wahre Wirklichkeit nach. Über die Ansicht, daß »die Kunst eine Nachahmung der schönen Wirklichkeit ist« (*), sagt der Historiker der Ästhetik Zimmermann später, daß sie »einen offenkundigen Zirkelschluß enthält«. Und es wird verständlich, daß im 19. Jahrhundert, nach zweitausend Jahren der Herrschaft der mimetischen Theorie, die Forderung aufkommen konnte, daß die Kunst *stärker* als bisher die Wirklichkeit berücksichtigen müsse.

3. Eine Ansicht, die als Errungenschaft unserer Zeit gelten könnte – daß die Kunst die Wirklichkeit nicht nachahmt, sondern *erkennt* –, hatte mindestens schon seit dem Beginn der Neuzeit Anhänger. Pacioli, Piero della Francesca und später Leonardo waren klassische Vertreter des kognitiven Kunstverständnisses; Piero gab sogar die Malerei auf, um sich ganz der Erforschung ihrer Gesetze zu widmen. Man könnte einwenden, daß diese Künstler des Quattrocento die Kunst nicht mit der Erkenntnis gleichsetzten, sondern lediglich meinten, sie

erfordere die Kenntnis der Wirklichkeit, insbesondere der Gesetze der Perspektive und des Lichts. Sie selbst machten indes keinen Unterschied zwischen den Funktionen des Forschers und des Malers und übernahmen die Funktion, die Wirklichkeit zu erforschen.

4. Die Ansicht, daß Kunstwerke nicht Nachahmungen sind, sondern Zeichen der Wirklichkeit, eine Ansicht, die als ein Einfall unserer Zeit erscheinen könnte, trat in Wahrheit früher auf, nämlich in der zweiten Hälfte des 17. Jahrhunderts bei Emanuele Tesauro. In der Terminologie, die wir sonst von diesem Schriftsteller gewohnt sind, lautete die These: das Kunstwerk ist eine Metapher. Zufällig hat er jedoch vom Kunstwerk gesagt, es sei ein *Zeichen*, *segno*.

III. Aus der Geschichte des Realismusbegriffs

A. *Neue Argumente.* So stand es über zweitausend Jahre lang um die Theorie der Nachahmung. Sie hielt sich so lange, bis ihre Wirkungsmacht sich erschöpft hatte. Zu Beginn des 19. Jahrhunderts waren die Bedingungen für sie nicht förderlich, weder in der idealistischen Philosophie noch in der romantischen Kunst. Sie ähnelte jedoch einer Kerze, die noch einmal hell aufleuchtet, bevor sie erlischt. In der Mitte des 19. Jahrhunderts betonten die Ästhetiker nämlich erneut die Abhängigkeit der Kunst von der Wirklichkeit. Sie benutzten dabei aber schon eine andere Terminologie und einen anderen Begriffsapparat, und sie argumentierten anders. Nun wurde mit *Argumenten* für und wider den Realismus in der Kunst gerungen. Das war etwas Neues, denn jahrhundertelang hatte die Theorie der Nachahmung keine erklärten Gegner gehabt, hatte es daher keine Polemik gegeben. Jetzt versammelte *F. Th. Vischer*, ein Schriftsteller aus dem hegelianischen Lager, in seiner *Ästhetik* aus dem Jahr 1846 Argumente gegen die Nachahmung der Wirklichkeit durch die Kunst. *Die Wirklichkeit kann nicht Gegenstand der Kunst sein*, erklärte er, weil sie a) auf das Schöne keine Rücksicht nimmt; b) nicht schön sein kann, da sie sich aus verschiedenen Gegenständen zusammensetzt, die weitgehend unverbunden miteinander sind und daher keine Harmonie bilden; c) nicht schön sein kann, da sie dem Lebensprozeß untergeordnet ist, der andere Ziele hat als das Schöne; d) das Schöne, wenn sie es denn enthält, flüchtig, vergänglich ist; e) sie uns zwar schön erscheint, aber nur deshalb, weil wir sie häufig mit den Augen von Ästhetikern betrachten. Die Kunst ist, wie Vischer erklärte, vielmehr dazu da, Schönes zu schaffen; sie ist dazu da, das zu erreichen, was es in der Wirklichkeit nicht gibt. Sie kann deshalb auch nicht deren Nachahmung sein; allenfalls kann sie aus ihr Motive schöpfen, die sie umformt, umwandelt, um sie schön zu machen.

Argumente zugunsten der Theorie der Nachahmung, die teils traditionell, teils neu waren, versammelte der russische Schriftsteller *N. G. Tschernyschewski* [Černyševskij] (in seinen Schriften aus den Jahren 1851-53): a) Seine Grundthese war, daß das Schöne im *Leben* und nur in ihm, also in der Wirklichkeit, enthalten ist; b) die Wirklichkeit ist vollkommener als die Phantasie, deren Bilder nur eine mehr oder weniger blasse Verarbeitung der Wirklichkeit sind; c) es ist nicht wahr, daß die Kunst aus dem Bedürfnis nach Vervollkommnung der Wirklichkeit entsteht, denn ihre Schöpfer kommen der Wirklichkeit nicht gleich, kommen nicht einmal an sie heran; d) Ziel der Kunst ist nicht bloß das Schöne, nicht bloß die Vollkommenheit der Form – die Kunst erzeugt alles, was den Menschen interessiert, und erfüllt darüber hinaus andere Aufgaben, hilft dem Gedächtnis, hält die Wirklichkeit fest, und tut noch mehr: sie interpretiert und bewertet.

Tschernyschewski verwarf Vischers Argumentation und kehrte sie sogar gegen ihn: was dieser der Wirklichkeit vorwerfe, gelte gerade für die Kunst; sie sei weniger schön, weniger vollkommen. Wir überschätzen die Schönheit der Kunst, was verständlich ist, weil es eine menschliche, an die menschlichen Bedürfnisse angepaßte Schönheit ist, weil die Kunst die Unterstützung der Gesellschaft hat (wie Banknoten, die an sich kaum etwas wert sind, aber von der Gesellschaft garantiert werden), weil sie die Geister zur Aktivität anregt, zu Ergänzungen, derer die Wirklichkeit nicht bedarf; weil die Kunst dem Menschen schließlich mehr Gelegenheit zum Träumen läßt als die Wirklichkeit, die ihn ganz verschlingt.

Von diesen beiden Ansichten, die in der Mitte des 19. Jahrhunderts aufeinanderprallten, kann man ganz allgemein sagen: die eine behauptete, daß die Wirklichkeit keine Aussichten habe, schön zu sein, und die Kunst folglich das mit ihren Mitteln machen müsse, die andere dagegen, daß die Kunst dafür keine Mittel habe und sich daher nur der Wirklichkeit unterwerfen könne.

Tschernyschewski ging in einer Hinsicht weiter als die alte Theorie der Nachahmung. Er erklärte, daß die Kunst die Wirklichkeit nicht nur nachbildet, sondern sie auch – und darin liegt ihre besondere Bedeutung – *interpretiert und bewertet*.

B. *Neue Theorien*. Wenn in den Generationen Winckelmanns, Schellings und Hegels, der Messianisten und der romantischen Dichter in der Kunsttheorie bei den Philosophen die Idee und bei den Dichtern die Phantasie die Oberhand über die Wirklichkeit gewann, so kehrte doch schon in der ersten Hälfte des 19. Jahrhunderts die alte Ansicht wieder. Sie kehrte zurück unter dem neuen Namen des Realismus[3] und mit dem besonderen Anspruch, *eine neue Bestrebung* zu sein. Sie kam auf dem Boden Frankreichs auf.

1. Der erste theoretische Ausdruck des neuen Realismus in der Literatur war ein anonymer Artikel im »Mercure du Dixneuvième Siècle« des Jahres 1821: »Zunehmenden Zuspruch findet eine literarische Doktrin, die zu einer *getreuen Nachahmung* jener Vorbilder führt, welche die Natur bietet.« Der

3 B. Weinberg, *French Realism* in: *The Critical Reaction*, Chicago 1937; S. Krzemień, *Realizm: narodziny pojęcia i krystalizacja doktryny* [Realismus: Geburt eines Begriffs und Kristallisierung einer Doktrin], in: Estetyka 3 (1957); Ch. E. Gauss, *The Aesthetic Theories of French Artists*, Baltimore 1949 und 1966; T. Brunius, *Mutual Aid in the Arts from Second Empire to Fin de siècle*, Uppsala 1972.

Autor fügt hinzu, daß diese Doktrin »sich *Realismus* nennen könnte«. Es war in der Tat die Zeit der großen realistischen Literatur eines Stendhal und eines Balzac. Es gab jedoch einen Unterschied zur alten Theorie der Nachahmung. Er bestand nicht nur in dem neuen Namen Realismus. Das Wesen der Kunst, speziell der literarischen, sahen die neuen französischen Kritiker weniger in der Nachahmung als in der *Analyse* der Wirklichkeit. H. Babou schrieb, der Schriftsteller verwandle sich in einen Chemiker: »Man beginnt die Leidenschaften und die Charaktere wie Wasserstoff und Sauerstoff zu behandeln.« Gleichwohl war dies aber eine neue Version der alten Theorie. Der wichtigste Fürsprecher des »Realismus« war in den fünfziger Jahren Champfleury. »Die Phantasie ist die Königin der Unwahrheit und der Heuchelei«, schrieb er (*Le réalisme*, 1857). Er wies darauf hin, daß er dem Ideal und dem Schönen nicht entsagt habe, sie aber anders verstehe als die Klassiker und die Romantiker: die Schönheit der Kunst ist eine *widergespiegelte* Schönheit, hat ihren Ursprung in der Wirklichkeit.

2. Ähnliche Gedanken kamen in Frankreich auch bei den Vertretern der schönen Künste auf. Ihr Wortführer war G. Courbet: 1855 veranstaltete er eine denkwürdige Ausstellung seiner Bilder, und 1861 veröffentlichte er im »Courrier de Dimanche« eine grundsätzliche theoretische Erklärung des »Realismus«. Seine These lautete: Die Malerei ist eine konkrete Kunst, sie kann nur reale Dinge darstellen, Abstraktionen gehören nicht zu ihrem Bereich. Seine Richtung nannte er Realismus. Das war ein Rückfall in die alte Theorie, aber mit einer defensiv-offensiven Haltung, die früher nicht nötig gewesen war.

3. Die Tendenzen des Realismus griffen in den folgenden Jahrzehnten ein hervorragender Historiker und ein berühmter Romanautor auf: der Historiker war H. Taine, der Romanautor E. Zola. Der Realismus, wie sie ihn formulierten, klang radikal, enthielt aber dennoch Einschränkungen, die den Keim zu einer Abkehr legten. Realismus und Nachbildung der Wirklichkeit erwiesen sich abermals als eine ebenso verlockende wie schwer zu realisierende Losung. *Taine* bemerkte, wie

einst seine Vorläufer in der Renaissance, daß der Künstler von der Wirklichkeit Gebrauch macht, aber eine *Auswahl* aus ihr trifft. Darüber hinaus entwirrt und *interpretiert* er die Wirklichkeit. Mit dieser Behauptung fügte Taine der uralten Theorie eine neue Variante hinzu.

4. *Zola* gab seinem Programm, mochte es auch identisch mit dem Standpunkt der Realisten erscheinen, dennoch einen anderen Namen: er nannte es »Naturalismus«. Der Roman war für ihn weniger eine Nachbildung als vielmehr eine *Untersuchung* der Natur und der Menschen; er sah in ihm eher eine Erkenntnis als eine Beschreibung, eine bloße Wiedergabe der Wirklichkeit. Das literarische Werk ist, wie er in *Le roman expérimental* (1880) erklärte, ein Protokoll (*l'œuvre devient un procès verbal*): er maß also der Kunst dieselbe Eigenschaft bei, welche die Neopositivisten ein halbes Jahrhundert später der Wissenschaft zuschrieben. Seine nicht sonderlich glückliche Überlegung lautete: »Wenn die Medizin, die eine Kunst war, zur Wissenschaft wird, warum sollte dann nicht auch die Literatur durch die experimentelle Methode zur Wissenschaft werden?« Ein krasses Beispiel der Verwechslung verschiedener Bedeutungen von »Kunst«. Das Adjektiv »experimentell« übernahm Zola von der Physik und der damals im Entstehen begriffenen experimentellen Psychologie.

Zugleich merkte er an, daß der Roman (und entsprechend auch die anderen Künste) die Wirklichkeit durch das Temperament des Schriftstellers (*à travers un tempérament*) sieht. Er ahmt sie also, könnte man ihm vorwerfen, nicht nach, sondern faßt sie auf seine Weise.

In derselben Zeit nannten die Brüder Goncourt ihre Romane »*Dokumente*«, da sie die Funktion des Schriftstellers als mit der Funktion des Historikers verwandt betrachteten: er ist ein Erzähler, *raconteur*, der Gegenwart, so wie jener ein Erzähler der Vergangenheit ist. Historiker und Erzähler, Gelehrter, Forscher und Protokollant – das waren die neuen Charakterisierungen des Schriftstellers und Künstlers durch das 19. Jahrhundert.

5. Nach Taine, Zola und den Brüdern Goncourt wurden in

den folgenden Generationen die *bildenden Künstler* zu Pionieren eines neuen Verständnisses der Kunst und ihres Verhältnisses zur Wirklichkeit. An ihren Theorien zeigt sich, wie die Theorie der Künste sich Schritt für Schritt vom Realismus, von dem sie unlängst ausgegangen war, entfernte und allmählich dem entgegengesetzten Pol näherte. Die *Impressionisten*, die in der bildenden Kunst des 19. Jahrhunderts die nächste Etappe nach Courbet bildeten, waren realistisch eingestellt, aber ihre Bilder stellten eine flüchtige und subjektive Wirklichkeit dar – so, wie sie der Rezipient sieht. Man kann das sowohl als einen äußerst radikalen Realismus wie auch als einen Bruch innerhalb des traditionellen Realismus betrachten. In den Anschauungen anderer bildenden Künstler, die ihre Theorien aufzeichneten, wird der Bruch noch deutlicher. Die wichtigsten Beispiele: Auguste Rodin und James Abbot MacNeill Whistler.

6. Niemand wollte sich in Theorie und Praxis der Wirklichkeit stärker unterwerfen als *Rodin*; er ahmte sie nach. Er war jedoch überzeugt, daß der Künstler sie nicht passiv nachahmen darf, daß er Akzente setzen muß, und darin hat er eine gewisse Freiheit. Er schrieb zwar,[4] daß »das einzige Prinzip in der Kunst (sei), zu kopieren, was man sieht«, bemerkte jedoch, daß trotzdem »ein Abguß der Wirklichkeit nicht minder echt ist als seine Skulpturen«. Warum? Weil der Bildhauer »das Ganze im Gedächtnis behält« (*l'ensemble de la pose*). Mehr noch: während der Abguß nur die äußere Erscheinung (*l'extérieur*) gibt, »bildet (der Bildhauer) auch den Geist nach, der ja ebenfalls ein Element der Natur ist«. »Ich akzentuiere jene Linien, die am besten den von mir interpretierten inneren Zustand ausdrücken.« Der Künstler akzentuiert also, und damit interpretiert, integriert, vertieft er.

7. Der Maler *Whistler* (*The Gentle Art of Making Enemies*) stellte die folgende Überlegung an: In der Kunst geht es um die Formen, die zwar in der Wirklichkeit enthalten, aber

4 Vgl. A. Rodin, *Die Kunst: Gespräche des Meisters*, ges. von Paul Gsell, Zürich 1988.

nicht deutlich abgegrenzt sind – daher kann die Kunst von der Wirklichkeit keinen Gebrauch machen. Er schrieb: »Die Natur enthält in Farbe und Form die Elemente zu allen Bildern. Aber der Künstler ist dazu ausersehen, diese Elemente verständig aufzugreifen und zu gruppieren, um ein schönes Resultat zu erzielen. Daß die Natur immer im Recht sei, ist vom künstlerischen Standpunkt eine Behauptung, die ebenso unwahr ist, als sie allgemein als Wahrheit anerkannt wird; die Natur ist selten richtig, und zwar in solchem Maße, daß man ebensogut sagen könnte, die Natur hat meistens Unrecht! Das heißt: eine unvollendete Harmonie der Dinge, die wert ist, im Bilde festgehalten zu werden, kommt gar selten vor.« Das war eine weitere Abweichung von der Theorie der Nachahmung und vom Realismus.

8. Ein anderer großer Maler, *P. Cézanne*, ging zwar aus dem Kreis der Impressionisten hervor, gab aber durch seine Malerei wie auch durch seine Äußerungen einer anderen, nicht minder realistischen Ansicht Ausdruck. In der Malkunst sah er nicht ein Nachbilden, sondern ein Kommentieren und *Konstruieren* der Natur. Die Natur hat zahlreiche Aspekte, unter denen der Künstler auswählen kann und muß. Er kann nicht nur (wie die Impressionisten) die zufällige Anordnung der Dinge, sondern auch ihren *konstanten*, regelmäßigen Aufbau hervorheben. Von sich selbst sagte Cézanne, daß er »die Natur durch Zylinder, Kugel und Kegel einfängt«. Das hieß, daß er von ihr das einfangen wollte, was regelmäßig und konstant ist, unabhängig von der zufälligen Verteilung. Seine Zylinder, Kugeln und Kegel waren eine Analogie zu den Modellen der Physik und zu den »ursprünglichen Qualitäten«, die er in seinem Weltbild an die Stelle der »sekundären« Qualitäten setzte.

9. In eine ähnliche Richtung, aber noch weiter weg vom traditionellen Realismus gingen die *Kubisten*. Schon 1912 formulierten A. Gleizes und J. Metzinger in dem Büchlein *Du cubisme* deren Theorie. Ihnen zufolge stellten die klassischen Realisten vom Schlage eines Courbet lediglich ein »Linsenbild der Welt« dar, das ein verzerrtes Bild ist und durch »gedank-

liche Operationen« korrigiert werden muß. Wir nehmen die Gegenstände nicht nur mit dem Gesichtssinn wahr, ihr visueller Aspekt ist nur einer von vielen und darf nicht mit dem Gegenstand selbst gleichgesetzt werden. Die Kubisten bemühten sich um eine Fusion der Aspekte des Gegenstandes, wollten seine verschiedenen Aspekte und Qualitäten in einem Bild zu einem organischen Ganzen zusammenfassen. Um das zu erreichen, ersetzten sie die Ansicht des Gegenstandes durch seine Konstruktion, bauten sie ihn aus vielfältigen Elementen auf. Um einen menschlichen Kopf vollständig darzustellen, waren sie bereit, ihn gleichzeitig von vorn, von der Seite und von hinten darzustellen; sie bemühten sich, im Bild nicht nur die Farbe, sondern auch das Gewicht des Gegenstandes sichtbar zu machen. Ihre Kunst war nicht eine Nachbildung, sondern eine *Rekonstruktion* der Dinge. Kunstkritiker sahen eine Analogie zwischen dieser Kunst und der damals aktuellen Philosophie von Whitehead und Russell, die gezeigt hatten, daß die Gegenstände der Wissenschaft »eher eine Konstruktion als eine Folgerung« sind.

10. Wortführer neuer Ideen über die Kunst waren ab Mitte des 19. Jahrhunderts eher die Künstler und Schriftsteller als die *philosophischen Ästhetiker*. Diese verhielten sich anfangs eher ablehnend gegenüber diesen Ideen, schlossen sich aber in unserem Jahrhundert und besonders nach dem Ersten Weltkrieg den neuen Ansichten jener an.

Beispiele:

a. Der in den Vereinigten Staaten wirkende spanische Philosoph G. *Santayana* betonte, daß die Kunst ihre Themen, Vorbilder, Gegenstände und Formen zwar von der Wirklichkeit übernimmt, sie jedoch zu eigenen *Strukturen* zusammenfügt, namentlich zu solchen, die stärker dem Geist und der Sichtweise des Menschen entsprechen.

b. Die amerikanische Gelehrte S. *Langer* (1953, 1957) entwickelte gewissermaßen die entgegengesetzte Ansicht: die Kunst übernimmt von der Wirklichkeit nur *Strukturen*.

c. Die Kunst nutzt das ihr von der Wirklichkeit gebotene Material, aber sie *verallgemeinert* es. Diesen Gedanken im Geiste des Aristoteles griffen deutsche und skandinavische Ästhetiker wie *B. C. Heyl* (1952) und *R. Ekman* (1954, 1960) auf. All diese Ansichten laufen auf die These hinaus: Die Kunst macht von der Wirklichkeit Gebrauch, muß sie jedoch modifizieren.

11. Es trat außerdem eine noch radikalere Ansicht auf: Die Kunst darf *mit der Wirklichkeit nichts gemein haben*. Ihre Anhänger dachten ähnlich wie Whistler: In der Kunst geht es nur um die Formen, die aber in der wirklichen Welt nicht ausgesondert sind. Sie traten zuerst in England auf, am radikalsten bei C. Bell in seinem Buch *Art* aus dem Jahr 1914. Einige Jahre später meldeten sich die Anhänger der »reinen Form« auch in Polen; hier war ihr führender Theoretiker S. I. Witkiewicz. Dort wie hier forderten sie eine von Elementen der Wirklichkeit freie, ungegenständliche, abstrakte Kunst.

In demselben Geist äußerten sich die Künstler der Avantgarde: K. Malewitsch in Rußland (ab 1915), P. Mondrian in Holland (ab 1914), A. Gleizes in Frankreich (ab 1912) und W. Strzemiński in Polen (1928).

Zu der radikal antirealistischen Strömung in der Ästhetik muß man auch den führenden englischen Schriftsteller H. Osborne mit seiner These zählen: Die Kunst macht zwar von Vorbildern der Wirklichkeit Gebrauch, sie darf aber *nicht an die Wirklichkeit erinnern*, weil sie dann im Rezipienten eine lebenspraktische, nicht aber eine ästhetische Haltung hervorruft.

Diese zahlreichen Theorien, die zwischen 1850 und 1950 verkündet wurden, bildeten eine Parallele zur gleichzeitigen *künstlerischen Praxis*: zum Realismus Courbets, zum Impressionismus, zum Expressionismus, zum Formismus, zum Kubismus und den verschiedenen Strömungen in der Literatur. Andererseits hatten sie aber auch eine Parallele in den *philosophischen und wissenschaftlichen Strömungen* dieser Epoche: die Theorie Courbets war eine Entsprechung des Positivismus, die Theorie Zolas und der Brüder Goncourt entsprach dem »Szientismus« der zweiten Hälfte des 19. Jahrhunderts, der Impressionismus dem Aufblühen der experimentellen Psychologie dieser Zeit, die Konzeption Cézannes besaß Analogien zum Konventionalismus Poincarés und noch mehr zum Marburger Kantianismus; der Kubismus entsprach der Philosophie Whiteheads und Russells, die in den Gegenständen der Wissenschaft ebenso eine Konstruktion sahen wie die Kubisten in den malerischen Werken, und die Ideen Santayanas und S. Langers waren der strukturalistischen Strömung in den Geisteswissenschaften verwandt. Witkiewicz baute sich sein eigenes philosophisches System, der bekannte Bildhauer A. Zamoyski berief sich auf Bergson, die Surrealisten schöpften aus Freud. Die Parallelität war natürlich keine vollständige: Während der Realismus der fünfziger Jahre des 19. Jahrhunderts als Entsprechung des Positivismus eines Comte betrachtet wurde, sah Comte die Aufgabe der Kunst gerade darin, die Wirklichkeit zu verschönern (*embellir*). In Wahrheit läßt sich jener Realismus eher mit den Ideen der Schüler Comtes vergleichen, die positiver waren als die ihres Lehrers.

C. Der *Realismus*. Der Name »Realismus« war eine sprachliche Schöpfung des 19. Jahrhunderts. 1821 entworfen, wurde er in der Mitte des Jahrhunderts gebräuchlich. Er war der Titel eines 1857 von Champfleury herausgegebenen Buches und der Name eines seit 1856/57 erscheinenden speziellen Periodikums, das der Verteidigung der neuen Richtung diente. 1855 übernahm der Maler Courbet diesen Namen für seine Malerei. Seit jener Zeit bürgerte sich der Name als genereller Terminus ein, der die Abhängigkeit der Kunst von der Wirklichkeit ausdrückt, und er trat an die Stelle der alten *Mimesis*, der Nachahmung. Sein weiter Umfang und hundert Jahre des Gebrauchs reichten aus, um aus ihm einen Namen zu machen, der an Vieldeutigkeit der »Nachahmung« nicht viel nachstand.

a. Als *Eigenname* einer Kunstrichtung entstanden, wurde er bald zum Namen eines *allgemeinen Begriffs*, und so wird er auch heute benutzt und ebenfalls auf ältere künstlerische und literarische Formationen angewandt, die diesen Namen nicht kannten.

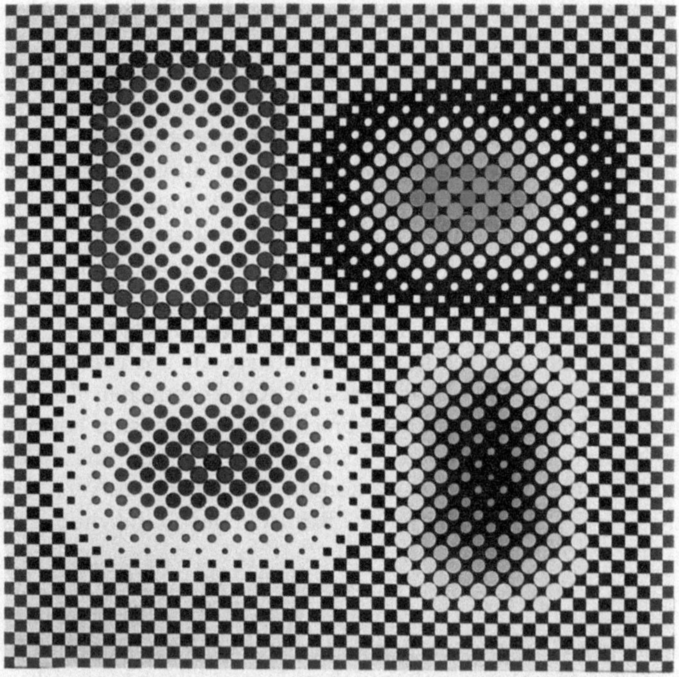

Abb. 32 Victor Vasarély: Micron (1969/84)

b. Er wird *stricte* benutzt, im Sinne der vollkommenen Treue gegenüber der Wirklichkeit (wie die Platonsche *Mimesis*), aber auch in einem freieren Sinne (wie die *Mimesis* des Aristoteles).

c. Er wird mit einer rein *theoretischen* Konnotation benutzt, aber auch mit einer *praktischen*, wie im Marxismus, der als Realismus eine Wiederspiegelung der Wirklichkeit bezeichnet, sofern sie nicht nur wahr und typisch ist, sondern auch für die Allgemeinheit verständlich und gesellschaftlich nützlich, dem Fortschritt dienlich.

In einem bestimmten, deutlich positiven Sinne des Wortes bekennen sich wohl die meisten Künstler und Schriftsteller zum Realismus. Im 19. Jahrhundert kann man sogar eine Art

Wettbewerb beobachten, wer denn ein wahrer Realist sei. Aber in welchem Sinne von Realismus?

Es ist dies ein unbeständiger Begriff, denn weder der Begriff der *Übereinstimmung* mit der Wirklichkeit noch der Begriff der *Wirklichkeit* selbst ist eindeutig. Letztere wird gewöhnlich gleichgesetzt mit dem, was wir sehen; weil unsere Augen aber das, was sie sehen, perspektivisch verzerren, *konstruieren* manche Künstler, um die Verzerrung zu beseitigen, eine unverzerrte Wirklichkeit. Manche halten darüber hinaus gerade die abstrakte Kunst für realistisch, weil sie wenn nicht die äußere Erscheinung der Wirklichkeit, so doch ihre *Struktur* zum Vorschein bringt. P. Mondrian interpretierte die abstrakten Formen seiner Kunst als »Rekonstruktion kosmischer Relationen«. Andere wie Kandinsky brachten die abstrakten Formen in Zusammenhang mit der *geistigen* Wirklichkeit, die durch diese Formen zum Ausdruck kommt. An ein solches Verständnis der Wirklichkeit hatten die Realisten des 19. Jahrhunderts nicht gedacht.

Legt man nun das alte Verständnis der Wirklichkeit zugrunde, so zeigt sich etwas Bemerkenswertes: Die Kunst *kommt ohne sie nicht aus*, macht auf diese oder jene Weise von ihr Gebrauch, obwohl sie sie eigentlich *nicht nachbilden kann*, schon wegen ihres fließenden Charakters und ihrer Mannigfaltigkeit. Unserer Zeit entspricht weniger die Ansicht, daß die Kunst von der Wirklichkeit Gebrauch macht, als vielmehr die, daß die Kunst das tun *muß*. Selbst Picasso bemerkte, daß sie anders nicht möglich ist.

Unsere Zeit neigt dazu, alte Dogmen in Frage zu stellen. Ein solches Dogma war, daß wir die Kunst durch das Prisma der Wirklichkeit sehen und uns besonders dafür interessieren, was im Kunstwerk mit ihr übereinstimmt. Jetzt wird umgekehrt betont, daß wir die Wirklichkeit durch das Prisma der Kunst sehen; die alte Geschichte Polens sehen wir mit den Augen Matejkos und den Januaraufstand mit den Augen Grottgers. Ähnlich verhält es sich mit der aktuellen, alltäglichen Wirklichkeit. Das hat W. Gombrowicz in seinem letzten Interview zum Ausdruck gebracht: »Ohne die Literatur würde niemand erfahren, wie die private Wirklichkeit des Menschen beschaffen ist« (»Times Literary Supplement« vom 25.9.1969). Kraß und paradox schreibt darüber O. Wilde (*Intentions*, 1891): »Das Leben ahmt die Kunst erheblich stärker nach als die Kunst das Leben [...]. Der große Künstler erfindet einen Typ, der das Leben zu kopieren versucht [...]. Die Natur ist unser Werk [...]. Es gibt Dinge, weil wir sie sehen, aber was wir sehen und wie wir es sehen, hängt von den Künsten ab, die uns beeinflußt haben.«

Die Geschichte der nachbildenden Kunst enthüllt noch andere Paradoxien. Jahrhundertelang haben Künstler (aber auch Schriftsteller, die sich in ihrem Namen äußerten) behauptet, sie täten nichts anderes als die Wirklichkeit nachzuahmen; ein Forscher von heute (R. Arnheim, *Art and Visual Perception*, 1957, S. 123) ist dagegen der Meinung, daß sie sich getäuscht haben, daß »es zweifelhaft ist, ob irgendjemand vor dem 19. Jahrhundert versucht hat, das zu tun, obwohl alle behaupteten, sie täten nichts anderes«. Die Künstler des 19. Jahrhunderts, die glaubten, erst sie seien wahre Realisten, zeichneten sich dadurch aus, daß sie versuchten, die Dinge so wiederzugeben, wie sie aus der Nähe erscheinen, *wie durch eine Lupe*, Detail für Detail. Der Forscher von heute sagt, daß sie sich irrten und daß das, was sie taten, im Grunde »die in der ganzen Geschichte der Kunst radikalste Abweichung von der Wirklichkeit« war.

Unter den heutigen Kunsttheoretikern sind einige wie A. Gehlen (*Zeit-Bilder. Zur Soziologie und Ästhetik der modernen Malerei*, 1965) oder H. H. Holz (*Vom Kunstwerk zur Ware*, 1972) der Meinung, wir seien heute Zeugen der *größten Krise* in der Geschichte der Kunst: sie höre auf, nachbildnerisch zu sein. Eine Krise ist sicherlich eingetreten, aber ob es die definitive Krise ist? Die Kunst hatte meistens unterschiedliche Funktionen: sie bildete nach, sie drückte aus, sie konstruierte. Heute ist die Nachbildungsfunktion so sehr in den Hintergrund getreten, wie sie zuvor im Vordergrund gestanden hatte. Wenn man etwas prophezeien kann, dann eher dies: Die Kunst der Zukunft wird die Nachbildungsfunktion abwechselnd verlieren und wiedergewinnen. Dabei ist es eine Frage für sich, ob sie diese Funktion getreulich erfüllen wird und wie sie Treue verstehen wird.

Das Kunstwerk ist fast immer aus einem anderen Stoff gemacht als die Gegenstände, die es nachbildet; es dient auch anderen Zwecken als jene. Kein Wunder, daß am Kunstwerk *etwas anderes wichtig ist* als an der von ihm nachgebildeten Wirklichkeit. Darüber hat Gogol sich einmal geäußert, und in den *Toten Seelen* schrieb er: »Aber diese Bagatellen sind ja nur dann Bagatellen, wenn sie im Buch stehen; wenn sie der Wirklichkeit angehören, werden sie plötzlich zu höchst wichtigen Dingen.« Unser Jahrhundert hat bis zu einem gewissen Grade die Konzeption der Übereinstimmung der Kunst mit der Wirklichkeit beibehalten, jedoch nicht im traditionellen Sinne. Wenn die heutige Kunst Nachahmung ist, dann nicht im gewöhnlichen Sinne des Wortes. Unsere Zeit ist geneigt, unter den verschiedenen antiken Bedeutungen dieses Ausdrucks die Nachahmung im ursprünglichen Sinne anzuerkennen, nämlich in der Bedeutung *Mimesis-Expression*. Aber auch im Sinne Demokrits, sich von *Gesetzen* der Natur leiten zu lassen, die man nachahmen möchte. Denn wie Mondrian, ein maßgebender Maler unserer Zeit, schreibt, »wollen wir die Natur nicht kopieren oder nachbilden, wir wollen vielmehr *so gestalten, wie die Natur* die Frucht gestaltet«. Ähnlich dachte und schrieb auch Paul Klee.

Was unsere Zeit dagegen nicht will, sind Nachahmungen im Sinne eines Kopierens der äußeren Erscheinung der Dinge, das seit Platon so viele Jahrhunderte lang im Vordergrund der Kunsttheorie stand. Die meisten Menschen von heute würden eher dem zwischen Mittelalter und Renaissance stehenden Denker Girolamo Savonarola (*De simplicitate vitae christianae*, Ausg. 1638, III. 1. 87) zustimmen, wenn er sagt, daß zur Kunst im Grunde erst das gehört, was die Natur *nicht* nachahmt: *ea sunt proprie artis, quae non vero naturam imitatur.*

Kapitel X

Die Mimesis: Geschichte des Verhältnisses der Kunst zur Natur und zur Wahrheit

Natura dicitur dupliciter
Vinzenz von Beauvais

I. Kunst und Natur

A. *Wirklichkeit und Natur.* Wirklichkeit ist ein weiterer Begriff als Natur, denn er umfaßt auch die Erzeugnisse des Menschen. Auf eine kurze Formel gebracht: Die Wirklichkeit besteht nicht nur aus der Natur, sondern auch aus der Kultur. Was für das Verhältnis der Kunst zur Wirklichkeit gilt, gilt auch für ihr Verhältnis zur Natur, aber nicht umgekehrt. Es gibt viele Bilder wie die städtischen Veduten von Canaletto oder Utrillo, die die Wirklichkeit darstellen, aber nicht die Natur; sie stellen vielmehr fast nur Erzeugnisse des Menschen dar. Aber auch in den nicht-städtischen Landschaftsbildern kommen Felder vor, die vom Menschen bestellt sind, ein Wald, der von ihm gepflanzt wurde, ein Weg, den er ausgetreten hat. Im Porträt ist der Mensch selbst ein Werk der Natur, nicht aber seine Kleidung. Auch das Stilleben, selbst wenn es nicht vom Menschen gemachte Teller und Gläser enthält, sondern nur natürliche Früchte und Muscheln, weist doch ein bestimmtes Arrangement auf, das ein Werk des Menschen und nicht der Natur ist.

Unter dem Namen »Kunst und Wirklichkeit« wurde oben über das Problem der *Abhängigkeit* nachgedacht: in welchem Maße ist die Kunst von der Wirklichkeit abhängig? Thema der Überlegungen war, wie sich die Ansicht über diese Abhängigkeit im Laufe der Geschichte geändert hat. Jetzt wird unter dem Namen »Kunst und Natur« ein anderes Problem aufgegriffen, das der *Besonderheit* beider: in welchem Maße ist die Kunst verschieden von der Natur? Das Thema wird sein, wie sich im Laufe der Geschichte die Ansicht darüber geändert hat, wodurch sich die Kunst von der Natur unterscheidet, auch dann, wenn sie sie nachbildet. Vor allem: unterscheidet sie sich im *Wert*, kann die Kunst Werte erreichen, welche die Natur nicht besitzt? Heute klingt diese Frage merkwürdig, nicht aber in früheren Jahrhunderten, als solche Vergleiche zwischen Kunst und Natur ganze Bücher füllten.

Die Ansicht über das Verhältnis von Kunst und Natur änderte sich im Laufe der Jahrhunderte allein schon deshalb, weil sich das Kunstverständnis und das Naturverständnis änderten. Von den historischen Wandlungen des Kunstbegriffs war an anderer Stelle in diesem Buch die Rede; hier sei in Kürze an die Wandlungen des Naturbegriffs erinnert.

B. *Natur und natura.* Großen Einfluß auf das Schicksal des europäischen Naturbegriffs hatte die Vorstellung, welche die alten Griechen von der Natur hatten. Welche Vorstellung das war, kann man bei Aristoteles im Zweiten Buch seiner *Physik* nachlesen. Dort sagt er, daß die Dinge, die zur Natur gehören (oder wie er schreibt: »das von Natur Seiende«, *physei*), »in sich den Ursprung von Bewegung und Ruhe enthalten«. Zur Natur gehören also Tiere und Pflanzen, aber ebenso der Mensch, denn auch er entsteht aus einem eigenen Keim. Geräte, Betten oder Kleider sind dagegen nicht »von Natur«, denn sie sind vom Tischler und Schneider gemacht, gemäß *ihren* Absichten. Sie sind »von Setzung« (*thesei*), wie die Griechen sagten, vor allem die Sophisten, welche die Setzung als Gegensatz zur Natur auffaßten. Die Stellung der Kunst war nach Meinung der Griechen kompliziert, denn sie ist vielfältig von der Natur abhängig, aber letztlich muß man sie zu den Dingen zählen, die »von Setzung« sind, weil sie ein Werk des Menschen ist.

Aristoteles gab nicht nur eine allgemeine Definition des Begriffs der Natur, sondern hielt auch seine Mannigfaltigkeit fest. Zum einen, schrieb er, »bezieht sich der Ausdruck Natur sowohl auf den natürlichen *Prozeß* als auch auf die *Erzeugnisse* dieses Prozesses«. Wir erblicken die Kräfte der Natur im *Wachsen* des Getreides, aber das *Getreide* selbst zählen wir ebenfalls zur Natur. Zum anderen bezieht sich der Ausdruck Natur nach Aristoteles sowohl auf den Stoff der Dinge als auch auf das, was er ihre Form nannte, das heißt auf ihr Wesen, auf die Kraft, die die Natur lenkt. Die Natur im ersten Sinne befindet sich in unaufhörlichem Wandel, im zweiten Sinne dagegen »verharrt sie trotz sich ändernder Bedingungen«. Diese Dualität des Begriffs erhielt sich auch in der Redeweise und dem Begriffssystem der Neuzeit: Als »Natur« wird nämlich sowohl die mit dem Gesichtssinn erfaßbare Welt bezeichnet als auch die nur mit dem Geist erfaßbaren Kräfte, von denen wir vermuten, daß sie die Welt formen.

Die griechische *»physis«* übersetzten die Römer in *»natura«*, und diese Übersetzung übernahm die Zweideutigkeit des griechischen Ausdrucks. »Natura« bedeutete also einerseits die *Gesamtheit* der sichtbaren Dinge, *summa rerum*, andererseits aber soviel wie *origo rerum* und *lex naturae*, also soviel wie Entstehungsgrund der natürlichen Dinge, wie die *Kraft*, die diese hervorbrachte. Das Mittelalter behielt beide Bedeutungen des Ausdrucks bei und machte die Zweideutigkeit dadurch unschädlich, daß es jeder Bedeutung ein anderes Adjektiv hinzufügte und unterschied zwischen *natura naturans* und *natura naturata*, also zwischen der schaffenden und der geschaffenen Natur. Diese mittelalterlichen Termini entstanden vermutlich im 12. Jahrhundert in den lateinischen Übersetzungen des Averroes. Wir finden diese Unterscheidung in den populären *Speculum quadruplex* des Vinzenz von Beauvais: *»Natura dicitur dupliciter: uno modo natura naturans id est summa naturae lex* [...], *altero vero natura naturata«*. Diese Terminologie übernahmen sowohl die Scholastiker mit Thomas an der Spitze als auch die Mystiker, insbesondere Eckhart; auch einige neuzeitliche Philosophen wie G. Bruno und B. Spinoza erhielten diese Unterscheidung aufrecht.

Einige Schriftsteller des Mittelalters taten noch mehr: Mit

dem Namen der Natur umfaßten sie auch Gott, und sie identifizierten Ihn namentlich mit der *natura naturans* (»*Natura naturans id est summa naturae lex quae Deus est*«, wie Vinzenz schreibt). Die *Natura naturans* ist der Schöpfer, die *natura naturata* die Schöpfung.

Dagegen schränkte die Neuzeit seit der Renaissance die »*natura*« auf die Schöpfung ein. Gott ist der Schöpfer der Natur und nicht ein Teil von ihr. Gleichwohl aber hielt sich die Konzeption von der zweifachen Natur. Einerseits die Natur (*naturata*) als die sichtbare Summe der Dinge, andererseits die Kraft, die diese Summe hervorgebracht hat und hervorbringt (*origo rerum*). Diese zweite Natur, die unsichtbare, nur mit dem Geist zu erfassende, ist der Ursprung, das Wesen jener: eben die *natura naturans*. Wer heute von der Natur spricht, meint gewöhnlich die erste Bedeutung, aber ganz anders war das in der Epoche der Renaissance und des Barock. Das hat sich deutlich auf die Theorie der Kunst, auf das Verständnis des Verhältnisses der Kunst zur Natur ausgewirkt.

Der lateinische Ausdruck »*natura*« ging im Laufe der Zeit in unveränderter oder fast unveränderter Form in die modernen Sprachen über. Die polnische Sprache ist in einer vorteilhaften Lage, denn dort, wo andere Sprachen einen Ausdruck haben, hat sie *zwei*: »*natura*« und »*przyroda*«. Es hat sich eingebürgert, daß der Pole die *Gesamtheit* der natürlichen Dinge »*przyroda*« nennt, und so bleibt ihm »*natura*« zur Bezeichnung dessen, was Ursache, Ursprung, Wesen der Natur ist; er spricht von der Natur der Welt, der Natur der Dinge, der Natur des Menschen. »*Przyroda*« – die sichtbare und greifbare Welt, die von Gesetzen regiert wird (und nicht ein Werk des Zufalls oder des Willens ist), die von selbst (und nicht infolge menschlicher Überlegungen) entstanden ist, die ein Werk mechanischer (und nicht zielgerichteter) Kräfte ist, die eine normale Tatsache (und nicht ein Wunder) ist – gehört zur empirischen Welt (und nicht zur Welt der Ideen und der Phantasie). Als »*natura*« bezeichnet der Pole dagegen eher die Kraft, welche die Natur (*przyroda*) [die äußere Natur] lenkt.

Die Geschichte der Kunst lehrt, daß die europäische Kunst,

indem sie die Wirklichkeit nachbildete, zwischen der *Nachbildung der Natur (przyroda)* [der äußeren Natur] und der *Nachbildung der Natur (natura)* [der inneren Natur] schwankte und schwankt. Manche ihrer Strömungen wie der Realismus oder der Impressionismus wollten nichts anderes nachbilden als die uns umgebende sichtbare Natur (*przyroda*). Doch in anderen Strömungen, Stilen, Theorien und individuellen Bestrebungen von Künstlern war es anders und ist es anders. Es ging und geht in ihnen eher um die Wiedergabe des Wesens der Dinge, der Struktur der Dinge, also eher der *natura* [der inneren Natur] als der *przyroda* [der äußeren Natur].

In der ausgehenden Antike schrieb Plotin (*Enn.*, V. 8, 1): »Die Künste ahmen nicht die sichtbaren Dinge schlechthin nach, sondern steigen auf zu den *Gedanken, aus denen die Natur stammt*«. Diese Vorstellung wurde im Laufe der Jahrhunderte viele Male sowohl von seinen Nachfolgern als auch von jenen wiederholt, die, ohne ihn zu kennen, ähnlich dachten und die Kunst eher mit der *natura* [der inneren Natur] als der *przyroda* [der äußeren Natur] in Verbindung brachten. Als Alberti sich tausend Jahre später in seiner Kunsttheorie auf die »Natur« berief, meinte er ebenfalls das Prinzip und den Ursprung der Natur, die unwandelbaren Proportionen und die dem oberflächlichen Blick verborgenen Gesetze. Als Vasari 1546 in Beantwortung von Varchis Umfrage erklärte, die Architektur weise noch mehr Übereinstimmungen mit der Natur auf als die Malerei und die Bildhauerei, gab er unzweideutig zu erkennen, wie er die Natur verstand. Eine solche Dualität der Tendenzen und des Naturverständnisses hat sich auch in unserer Zeit erhalten; man kann sagen, daß das Thema für die Impressionisten die *przyroda* [die äußere Natur], für Cézanne dagegen die *natura* [die innere Natur] war.

C. *Vergleiche zwischen Natur und Kunst.* Für die Alten war die Natur Vollkommenheit: sie beobachteten, daß sie sich gesetzmäßig und zielgerichtet entwickelt, und beides bedeutete in ihren Augen höchstes Lob. Wenn die Natur gesetzmäßig und zielgerichtet ist, dann ist sie damit – nach ihrem Urteil –

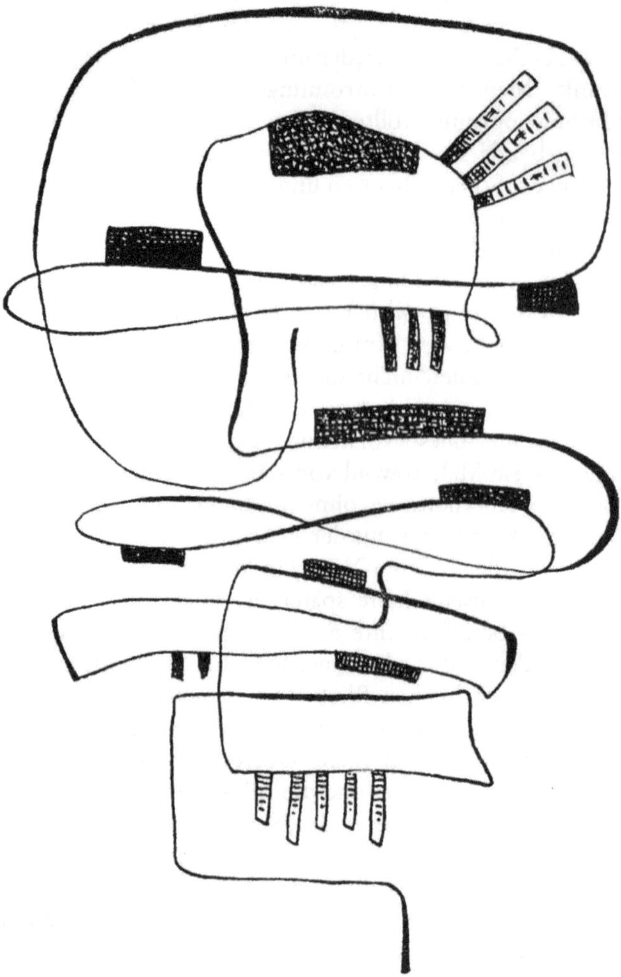

Abb. 33 Wassily Kandinsky: Zeichnung

auch schön. Damit ist sie auch ein Vorbild für die Menschen und besonders für die Künstler. Sie ist es nicht nur für die Maler und Bildhauer, die sie nachahmen, sondern auch für die Architekten, die an ihr die richtigen Proportionen ablesen.

Das waren die Überzeugungen des klassischen Altertums; in der späteren Antike kamen indes auch andere Ideen auf. Aristoteles meinte, die Kunst könne vollkommener sein als die Natur: in der Natur ist das Schöne nämlich verstreut, der eine hat schöne Augen, der andere schöne Hände, doch im malerischen oder bildhauerischen Werk kann dieses verstreute Schöne zusammengeführt werden; besonders aber in der Literatur. Der Stagirit folgerte daraus, daß der Künstler oder der Dichter nicht notwendigerweise einen Fehler begeht, wenn er sich über die Formen der Natur hinwegsetzt. In der späteren Antike war das bereits landläufige Meinung. Maximos von Tyros schrieb (*Or.*, XVII. 3), daß die Künste, die »das Schönste wollen«, »das Schöne von verschiedenen Körpern sammeln«.

Das war ein Bruch mit der ursprünglichen griechischen Konzeption, die die Natur über die Kunst gestellt hatte. Die Skeptiker attackierten diese ursprüngliche Konzeption noch radikaler: »Daß die Welt harmonisch eingerichtet sei, ist falsch«, schrieb Sextus Empiricus (*Adv. math.*, VI 37). Die in der Spätantike zahl- und einflußreichen Stoiker dagegen hielten nicht nur an der Behauptung der Vollkommenheit der Natur fest, sondern bekräftigten sie noch. Der große Poseidonios soll gesagt haben (Aetius, *Plac.*, I 6): »Die Welt ist schön; das geht hervor aus ihrer Gestalt und den Farben und der Mannigfaltigkeit der im Raum zerstreuten Sterne [...]. Auch die Farben sind schön. Schön ist sie auch wegen ihrer Größe«. Wie Cicero berichtet (*De nat. deor.*, II 13. 37), waren die Stoiker der Auffassung, daß die Welt »fehlerlos ist, sie ist vollkommen in allen ihren Proportionen der Teile«. Cicero selbst erklärte (ibid., II 7. 18): »Nun aber ist doch sicherlich nichts besser, nichts vollkommener, nichts schöner als die Welt«; und »Welt« bedeutete für ihn nichts anderes als Natur.

In den Ansichten der Stoiker spielte sich etwas Merkwürdiges ab: sie rühmten die Kunst wegen ihrer Ähnlichkeit mit der Natur, begannen aber auch umgekehrt die Natur dafür zu preisen, daß sie der Kunst ähnlich ist. Zenon schrieb zwar, nach dem Bericht Ciceros (*De nat. deor.*, II 22. 57), daß »alles, was unsere Hand schafft, von der Natur viel kunstreicher geschaffen wird«, fügte aber sogleich hinzu: »die ganze Natur ist eine *Künstlerin*, weil sie gleichsam eine Art von Weg und ein System hat, an das sie sich halten kann«. Nach Philon (*De monarchia*, I 215) urteilt Chrysipp nicht anders: »Am *kunstvollsten* [das größte Kunstwerk] ist der Kosmos«.

Im Mittelalter tauchte ein neues Argument zugunsten der alten These auf, die Natur sei schön und vollkommen: sie ist das Werk Gottes. Der Gedanke trat schon bei den Kirchenvätern auf: Athanasius schrieb, Gott sei der größte Künstler und Blumen seien schöner als die Werke der Kunst. Das Mittelalter hielt an dieser Ansicht fest. Alain de Lille, ein Dichter und Philosoph des 12. Jahrhunderts, sang (in: *De planctu naturae*) einen Hymnus auf die Schönheit der Natur und nannte Gott einen »geschmackvollen Baumeister der Welt« (*mundi elegans architectus*).

Anhänger besaß damals auch die Ansicht, die Kunst sei nicht schlechter als die Natur; sie ist anders, aber nicht schlechter, und obwohl sie nach dem Vorbild der Natur gestaltet ist, ist sie auf ihre Art schön. Richard von St. Viktor (*Beniamin maior*, II 5) schrieb: »Anders geht das Wirken der Natur vor sich und anders die Geschäftigkeit des Menschenfleißes«, aber es gibt unzählige Gründe, um deretwillen wir »die Würde einer göttlichen Gabe (nämlich der Kunst) bewundern und verehren müssen«. Dennoch ist die Natur die größte Vollkommenheit; in diesem Sinne schrieb Robert Grosseteste (*De gener. son.*, 8): »Da die Kunst die Natur nachahmt und die Natur alles immer so gut, wie ihr nur möglich ist, macht, ist auch die Kunst irrtumsfrei wie die Natur«. In dieselbe Richtung ging Thomas von Aquin (*In Phys.*, II 4): »Das Werk der Natur scheint ein Werk der Intelligenz zu sein, weil es mit bestimmten Mitteln bestimmte Zwecke anstrebt – und dies ahmt die Kunst nach.« Eine unvergeßliche

Formel für diese Konzeption fand Dante (*Inferno*, XI 97), indem er die Kunst »Gottes Enkelin« nannte: *»Si che vostr'arte a Dio quasi è nepote«*.

Uneinheitlich war die Wertschätzung der Natur in der Epoche der Renaissance. Eine bescheidene Stellung nahm sie in der platonischen Strömung, bei Ficino (*Theologia Platonica*, LXIII) ein, denn über ihr stand die Welt der Geister und Ideen. Für Leonardo dagegen gab es nichts und konnte es nichts Vollkommeneres geben. Aber später schrieb Bellori wiederum (*Idea del pittore*, 1672): »Die Natur ist der Kunst unterlegen« (*La natura è tanto inferiore all'arte*).

In den antiken und mittelalterlichen Vergleichen wurde die »Natur« aus beiden Gründen gepriesen: wegen der Schönheit der Farben und Formen und wegen der ewigen Gesetze, die sie regieren; man schrieb ihr also mit anderen Worten sowohl die Vorzüge der (sichtbaren) Natur als auch der (von der Vernunft entschlüsselten) inneren Natur zu. Dabei blieb es auch in der Renaissance und im Barock, aber dennoch zählten die rationalen Vorzüge jetzt stärker. Man verehrte die Natur nicht so sehr wegen ihrer Farben und ihres Reizes als wegen ihrer ewigen Ordnung. Die Vernunft sei für die Natur das in ihr enthaltene Gesetz, schrieb Leonardo.

Besonders die erste Hälfte des 17. Jahrhunderts war die Epoche des rationalen Naturalismus. In dieser Zeit entstanden die klassischen Herleitungen sowohl der Naturreligion (Lord Herbert of Cherbury, *De veritate*, 1624) als auch des Naturrechts (Grotius, *De iure belli et pacis*, 1625) aus den Gesetzen der Vernunft. Die gleiche Tendenz zeigte sich auch in der Theorie der *Kunst*: auch sie erlangt Vollkommenheit, wenn sie sich von der Vernunft und der Natur leiten läßt.

Die Theorie, die eine Kunst forderte, welche ebenso rational war wie die Natur (und dadurch ebenso vollkommen, wenn nicht vollkommener als die Natur selbst), erreichte Ende des 17. Jahrhunderts ihren Höhepunkt in der französischen akademischen Ästhetik: in der Poetik Boileaus, in den Ideen Félibiens und du Fresnoys über die Malerei und Blondels über die Architektur.

Abb. 34 Pablo Picasso: Künstler und kniendes Modell (1933)

Danach brach die Theorie zusammen. Man glaubte zwar weiterhin an die Zusammenhänge zwischen Kunst und Natur, aber es änderte sich das Verständnis der Natur. Man schätzte die Natur jetzt mehr wegen ihrer sichtbaren Schönheit als wegen ihrer schöpferischen Macht und der Unwandelbarkeit ihrer Gesetze: Die rationalistische Verehrung der Natur trat zurück hinter die sichtbaren Reize der Natur, hinter ihre von den Vorromantikern gefeierte Farbenpracht, Mannigfaltigkeit und ewige Neuheit.

Die naturalistische Theorie ging bis zu dem Eingeständnis, daß die Kunst die Natur *übertreffen* könne, obwohl sie sich an ihrem Vorbild orientiert. Damit stand sie nicht allein. Ähnlich hatten frühere Meister gedacht, wie Äußerungen von Mantegna, Tizian und Vasari belegen; umso mehr gilt dies im folgenden Jahrhundert für Bellori oder Shaftesbury, umso mehr für Hegel. Und von Goethe stammt die Definition des Kunstwerks als »das höchste Naturwerk von Menschen nach wahren Naturgesetzen hervorgebracht«.

D. *Verschiedene Naturbegriffe*. Ein Symptom des Begriffswandels im 18. Jahrhundert waren die englischen Parks, waren sie doch Kunstwerke, die sich ganz der Natur überließen. Puschkin schreibt (*Dubrowskij*, XIII) über seinen Helden, daß er »englische Parks und die sogenannte Natur liebte«. Dieses »sogenannte« gibt zu denken. »Natur« war, wie das Studium älterer Texte zeigt, ein vieldeutiger Ausdruck. Der amerikanische Historiker A. Lovejoy hat in seiner zu Recht berühmten Studie über die Natur als ästhetische Norm (*Nature as Aesthetic Norm*, 1948) gezeigt, unter wie vielen Aspekten sie gesehen und bewundert worden ist. Vorbild für die Kunst war die Natur nicht in einer, sondern in vielen Bedeutungen: a) im Sinne der ganzen, uns aus der Erfahrung bekannten Welt – so bei d'Alembert; b) im Sinne der spezifisch menschlichen Welt – so schon früher, z.B. bei Boileau; c) im Sinne der außermenschlichen Welt, die kein Menschenwerk ist – so verstand es Shaftesbury; d) im Sinne der allgemeinen Formen der Welt – so verstand es der Maler Reynolds; e) im Sinne ihrer durchschnittlichen, statistischen Formen – so Lessing; f) im Sinne einer idealisierten Wirklichkeit – so du Fresnoy, bis zu einem gewissen Grad auch Batteux; g) im Sinne des Systems notwendiger Gesetze, die die Natur regieren (Natur hier verstanden als *przyroda*, äußere Natur, im Unterschied zur *natura*, der inneren Natur) – so z.B. noch P. André; h) im Sinne der kosmischen Ordnung, der durch Einfachheit, Homogenität und

Regelmäßigkeit gekennzeichneten Natur; und umgekehrt i) im Sinne der unregelmäßigen Natur mit ihrer unerschöpflichen Mannigfaltigkeit und Fülle; und außerdem j) im Sinne dessen, was frei ist von Konvention und Schicklichkeit, ohne Gezwungenheit und Pose, ehrlich, offen, unprätentiös, ohne Konstruktion, Mythologie und Idealtypen.

Bei dieser Vielzahl von Bedeutungen, dieser Weite und Verschwommenheit des Begriffs konnte die Losung der »Natur« alle Wandlungen der Mentalitäten, Vorlieben, Stile und Ideologien überdauern. Bei den Klassikern des 17. Jahrhunderts fand sie ebenso Anerkennung wie nach dem Durchbruch des Sentimentalismus und der Romantik in der Zeit der Aufklärung und dann erneut bei den Anhängern des Neuklassizismus, des Kults der Antike an der Wende vom 18. zum 19. Jahrhundert. Es ist daher verständlich, daß die Ansichten über das Verhältnis von Kunst und Natur verschieden waren. Im Prinzip herrschte zwar die Ansicht, daß die Kunst mit der Natur übereinstimmt, weil sie sich an ihrem Vorbild orientiert, aber es gab auch andere Ansichten: daß die Kunst von ihr abweiche, weil sie vollkommener sei (Shaftesbury); weil in ihr auch das, was in der Natur häßlich ist, wie das Alter und die Ödnis, schön werden könne (Hutcheson), oder weil die Kunst im Gegenteil außerstande sei, bestimmte Erscheinungen und Eigentümlichkeiten der Natur wiederzugeben (Richardson); oder: das Schöne der Kunst und das Schöne der Natur gehören, trotz aller Ähnlichkeiten und Abhängigkeiten, unterschiedlichen Ordnungen an.

Die Theoretiker verallgemeinerten das Verhältnis von Natur und Kunst auf unterschiedliche Weise. Manche fanden zu der Kompromißformel, daß die Kunst von der Natur Gebrauch mache und zugleich von ihr abweiche. In diesem Sinne schrieb schon der Renaissancegelehrte Danti (*Trattato delle perfette proporzioni*), die Kunst setze sich zum Ziel, die natürlichen Dinge *umzugestalten* (*transfigurazione delle cose naturali*), erreiche dieses Ziel aber durch – *Nachahmung* der Natur.

Andere lösten das Problem pluralistisch: Die Kunst kann von der Natur Gebrauch machen oder auch nicht. Schon Seneca erklärte (*Epist.*, 65, 7): »Für die Kunst hat es nichts zu besagen, ob der Künstler sein Vorbild außer sich hat oder ob er es in sich trägt, jenes Vorbild, das er selbst entworfen und aufgestellt hat.«

Oder sie lösten es wie Goethe, der im Kunstwerk ein Werk der Natur sah, ja sogar »das höchste Naturwerk von Menschen nach wahren Naturgesetzen hervorgebracht«.

Oder dualistisch, wie der Romantiker Wackenroder (*Werke und Briefe*, 1910, S. 64), der die folgenden Worte schrieb: »Ich kenne aber zwei wunderbare Sprachen, die der Schöpfer dem Menschen gab, damit die Sterblichen, so weit es ihnen möglich ist, die himmlischen Dinge erreichen können [...]. Die eine dieser Sprachen spricht allein Gott, die andere nur wenige Auserwählte [...]. Diese Sprachen sind die *Natur* und die *Kunst*.«

Hatte man das Verhältnis von Kunst und Natur im Altertum und Mittelalter und sogar noch in der Renaissance dogmatisch als einfach aufgefaßt, so wurde es im 18. Jahrhundert immer problematischer, um in der uns näheren Folgezeit seinen problematischen Charakter und das Interesse der Gelehrten zu verlieren.

Aus dem Zusammenhang der Kunst mit der Welt, in der sie entsteht, ergeben sich mindestens drei Gruppen von Fragen: 1) Macht die Kunst von der Welt Gebrauch, ahmt sie sie nach, bildet sie sie nach, nimmt sie sich sie zum Vorbild? Wie es diesen Fragen erging, schilderte das vorige Kapitel unter dem Titel: »Die Nachbildung: Geschichte des Verhältnisses der Kunst zur Wirklichkeit«. 2) Ob die Kunst sich mit der Welt messen oder gar die Dinge vollkommener machen kann – das ist die zweite Gruppe, von der bisher in diesem Kapitel unter dem Titel »Kunst und Natur« die Rede war. 3) Bleibt noch die dritte Gruppe, die hier unter den Titel »Kunst und Wahrheit« gefaßt wird. Hier lautet die Hauptfrage, wodurch die Kunst sich auch dann von der Welt unterscheidet, wenn sie sie nachahmt, und zwar erfolgreich nachahmt.

II. Kunst und Wahrheit

A. *Wahrheit und Erfindung in der Kunst.* Die Frage der Wahrheit in der Kunst war eine gemeingriechische Frage. Zunächst wurde sie allein an die literarische Kunst gerichtet, an die Dichtung. Ästhetikspezialisten gab es damals noch nicht, die Philosophen befaßten sich nicht mit dieser Frage, doch die Dichter selbst versuchten die Sache zu klären. Sie fragten nicht, wie es sein soll, sondern wie es in Wirklichkeit ist: Gibt die Dichtung der Wahrheit Ausdruck, ist sie in ihrem Inhalt wahr?

Sie verstanden Wahrheit in der Dichtung ganz einfach als Übereinstimmung mit der Wirklichkeit. Darüber bestand unter ihnen keine Einigkeit, die Meinungen gingen auseinander. Homer sah Wahrheit in der Dichtung und lobte sie dafür. Solon hingegen erklärte: »Viel lügen die Dichter«, und Pindar sagte, daß wir es den Dichtern erlauben, mit Märchen zu täuschen. Hesiod nahm eine mittlere Position ein, schrieb er doch, daß die Musen Wahres, aber auch reine Erfindungen künden. Die frühen Autoren, die die Wahrhaftigkeit der Dichtung leugneten, belegten sie mit dem Ausdruck *»pseudos«*, der sowohl Irrtum bedeutet als auch Erfindung und Täuschung. Das alles war das Gegenteil von Wahrheit, das Erdachte ebenso wie die bewußte Fälschung, die Lüge. Und all das warfen die frühen Griechen der Dichtung vor, und bald erweiterten sie diesen Vorwurf auch auf die schönen Künste, wenn auch in einer etwas anderen Fassung. Der Dichtung wurde vorgeworfen, sie erfinde Ereignisse, die es nicht gibt, der Malerei, sie stelle existierende Dinge anders dar, als sie in Wirklichkeit sind.

In der klassischen Epoche Griechenlands griffen die Philosophen die zuerst von den Dichtern formulierte Frage und Kritik auf und schufen eine allgemeine Theorie des Verhältnisses von Kunst und Wahrheit. Es waren sogar gleich zwei Theorien, und zwar gegensätzliche: Verkündete die eine, daß die Kunst (die dichterische ebenso wie die bildende) die Wahrheit sage, so die andere, daß sie erfinde, Trugwerk schaffe. Es spricht einiges dafür, daß die letztere – die illusonistische Theorie – ein wenig früher da war als die Theorie, die die Kunst mit der Wahrheit verband. Sie war die Idee von Gorgias, der sich nicht scheute zu behaupten, es sei gerade das Ziel der Dichtung, die Unwahrheit zu sagen, in die Irre zu führen, Illusionen zu erzeugen, die Phantasie zu reizen – ebendarin bestehe der Daseinsgrund der Dichtung. Ihre Wirkung stellte er als magisch dar; sie ist eine Art Bezauberung, redet den Menschen etwas ein, das es nicht gibt – und gerade dadurch erfreut, tröstet, beglückt sie die Sterblichen.

Ähnlich wie die Dichtung verfahren die schönen Künste. Einer der Schüler des Gorgias schrieb, daß man in der Malerei wie in der Tragödie »am höchsten den Künstler schätzt, der am besten in die Irre führt«. Ähnlich interpretierte man auch die Musik: Polybios erwähnt einen gewissen Ephoros, der »den (seiner nach Meinung des Polybios nicht würdigen) Gedanken äußerte, daß die Musik um der Täuschung und Bezauberung willen zu den Menschen gebracht worden sei«. Nach dieser Theorie, die gleich am Beginn der europäischen Zivilisation entstand, bestand die Aufgabe der Kunst nicht in der Wahrheit, sondern gerade in der Irreführung, der Täuschung, der Unwahrheit.

Fast gleichzeitig entstand jedoch die andere, diametral entgegengesetzte Theorie. Sie verkündete Sokrates, der die Kunst als Nachbildung oder Nachbildung der Wirklichkeit bestimmte. Diese Bestimmung implizierte, daß das Ziel der Kunst die Wahrheit sei. Sokrates schöpfte seine Beispiele aus der bildenden Kunst, aber seine Ansicht galt gleichermaßen für die Dichtung. Platon machte sich diese Ansicht zu eigen, und dank seiner Autorität wurde sie für zwei Jahrtausende zum Axiom der Kunsttheorie. Platon, aber bald auch Aristoteles und ihre unzähligen Nachfolger definierten die Dichtung und die bildende Kunst als »nachahmende« Künste, also als solche, die die Wirklichkeit nachbilden und nach Wahrheit streben. Die Wahrheit, verstanden als Übereinstimmung mit der Wirklichkeit, wurde als Wesensmerkmal der Kunst anerkannt und ging in ihre Definition ein.

Die Sache war indes nicht einfach. Die Alten waren sich dessen bewußt, daß wir die Wirklichkeit selbst dann, wenn wir sie nicht absichtlich verändern, unabsichtlich verändern; unsere Augen verändern, deformieren das, was sie sehen. Wir sehen einen Menschen anders aus der Nähe und anders aus der Ferne, anders im Sonnenschein und anders im Schatten, und doch kann er nicht gleichzeitig so und anders sein. Daraus erwuchs die Frage, wie der Maler und der Bildhauer den Menschen darstellen sollen: so, wie er ist, oder so, wie wir ihn sehen. Die griechischen Bühnenbildner und Skiagraphen malten so, wie wir sehen, in der Überzeugung, daß dies die angemessene Weise einer wahrhaftigen Darstellung der Dinge sei. Die damaligen Philosophen Demokrit und Anaxagoras studierten die Gesetze der Perspektive, denen zufolge wir die Dinge, die wir sehen, deformieren; diese Gesetze galt es nach ihrer Meinung in der Kunst anzuwenden. Platon verstand die Wahrheit indes nicht auf diese Weise; jede Deformation, und entspräche sie auch den Gesetzen der Optik, war für ihn eine Fälschung. Er unterschied zwei Arten von Malerei: die »eikastische«, die treu die Form der Dinge wiedergibt, und die »phantastische«, die diese Form in deformierter Gestalt darstellt. Allein die erste hielt er für wahr.

Mit einer neueren Terminologie können wir sagen, daß es in der Kunst zwei Wahrheiten gibt, die objektive und die subjektive. Platon ließ allein die objektive gelten. Seine Ansicht fand viele Anhänger und behauptete sich über Jahrhunderte hinweg in der Kunst und vor allem in der Kunsttheorie.

Der Stand der Dinge war noch komplizierter. Es gibt nämlich zwei Arten, die objektive Wahrheit zu verstehen, die individuelle und die allgemeine. Nach der ersteren hatte der Künstler die Dinge so darzustellen, wie sie sind, ohne eines ihrer Merkmale zu übergehen, und sei es noch so zufällig und flüchtig. Nach der letzteren hatte der Künstler in seiner Darstellung der Dinge nicht nur die subjektive Reaktion des Betrachters zu übergehen, sondern auch alles Zufällige,

Vorläufige, Veränderliche, und nur das Wesentliche, Allgemeine, Notwendige beizubehalten. Die so verstandene Wahrheit war die »wesentliche«, »allgemeine«, »ideale« Wahrheit. Was Platon vom Künstler forderte, war diese Wahrheit – eine andere als das, was die Mehrheit der modernen Ästhetiker unter »Wahrheit« versteht. Und so haben wir seit Platons Zeit diesen Dualismus im Verständnis der künstlerischen Wahrheit, denn seiner Ansicht fehlte es auch in der Neuzeit nicht an Enthusiasten. Insbesondere die klassische Poetik des 17. Jahrhunderts bezeichnete ein Werk als »wahr«, das den »allgemeinen Prinzipien des Seins« Ausdruck gibt und die Dinge so darstellt, wie sie »sein sollten«.

Für die Künstler und Kunsttheoretiker erhob sich eine weitere Frage: Wenn die Kunst die Wahrheit wiedergeben soll, wie soll sie dann dieses Ziel erreichen? Die Mehrheit der Alten war überzeugt, daß man nur die Wirklichkeit »nachzuahmen« brauche. Das war allerdings nicht unbestritten, denn man konnte auch wie Philostratos lehren, daß die Phantasie größere Möglichkeiten habe als die Nachahmung. »Sie ist gescheiter als die Nachahmung«, schreibt er (*Vita Apoll.*, VI. 19), »weil sie sich nicht auf das beschränkt, was sie sieht.«

Das westliche Denken wird dann nach einer gemäßigten Lösung suchen. Während es von der Kunst Wahrheit fordert und für sie die Nachahmung postuliert, empfiehlt es, auch von der Phantasie und vom Schöpferischen Gebrauch zu machen. Aus dem Osten kamen dagegen extreme Vorstellungen, die sogar bereit waren, die Kunst zu opfern, um nur nicht die Wahrheit zu verletzen. »Moses«, schrieb der jüdische Philosoph Philon von Alexandrien, »verdammte die Künste der Malerei und Bildhauerei, weil sie durch die Lüge die Wahrheit verderben.« Und der arabische Philosoph Averroes schrieb später (*Determinatio in Poetria Aristotelis*, 1491), daß »der Dichter die Dinge nicht mit Hilfe lügenhafter und beiläufiger Erdichtungen darstellen darf, die Aufgabe des Dichters ist, nur von Dingen zu sprechen, die sind oder sein können«. Sowohl Philon als auch Averroes hatten nicht nur im Mittelalter, sondern auch in der Renaissance beträchtlichen Einfluß auf das westliche Denken.

Das Gegenteil der Wahrheit ist die Unwahrheit, die unabsichtliche wie die absichtliche. In der Kunst ist alles Absicht, und eine absichtliche Unwahrheit ist nichts anderes als eine Lüge. Hatten die Alten den Dichtern und bildenden Künstlern selten den Vorwurf der Lüge gemacht, dann umso häufiger das Mittelalter und die Renaissance. Für Dante war die Dichtung eine »schöne Lüge«, doch Boccaccio, der moderner war als er, wehrte sich gegen diese Formulierung (*Genealogia*, XIV, 13): »*dico poetas non esse mendaces*«, die Dichter sind keine Lügner, denn Lüge ist Betrug, und das sind die Erfindungen der Dichter nicht, denn ihr Ziel ist ein ganz anderes, als jemanden in die Irre zu führen. Dante selbst (*De vulg. el.*, II 14) benutzte den passenden Ausdruck, als er die Dichtung definierte als »*fictio rhetorica in musica composita*« – sie ist weder Irrtum noch Lüge, noch Betrug, sondern *Erfindung, Fiktion*. Er brauchte die Formel, den Ausdruck, den Begriff, die Unterscheidung übrigens nicht zu erfinden – sie waren seit langem bekannt. Schon Isidor von Sevilla unterschied »*falsum*« vom »*fictum*«. Die Kunst setzt sich nicht zusammen aus Wahrheit und Lüge, Wahrheit und Unwahrheit, sondern aus Wahrheit und Fiktion. Die Mehrheit der Theoretiker des Mittelalters und der Renaissance schenkte dem jedoch keine Beachtung und fuhr fort, Wahrheit und Falschheit in der Kunst abzuwägen.

B. *Aristoteles und Augustin*. Dabei war die Philosophie schon seit dem 4. Jahrhundert vor unserer Zeitrechnung im Besitz einer treffenderen Theorie über das Verhältnis von Kunst und Wahrheit. Es war die Theorie des Aristoteles. Er hatte in seiner logischen Abhandlung (*De interpr.*, 17 a 2) geschrieben, daß unter den Sätzen, die wir aussprechen, auch solche sind, die keine Urteile sind und daher *weder wahr noch falsch* sind. Und von dieser Art sind gerade die in der Dichtung ausgesprochenen Sätze: sie sind weder wahr noch falsch. Mögen die Dichter auch, fuhr Aristoteles fort, wenn sie von nichtexistierenden und unmöglichen Dingen schreiben, logische Fehler begehen, so haben sie dennoch recht. Die Kunst hat daher nichts zu tun mit Wahrheit oder Falschheit. Diese Begriffe gehören zum Bereich der Erkenntnis, nicht aber des Schaffens. Aristoteles schrieb dies über die Dichtung, doch gelten seine Ausführungen *a fortiori* für die visuellen Künste.

Doch seine Ansicht geriet in Vergessenheit, und jahrhundertelang wurde in diversen Poetiken und Abhandlungen über die Kunst weiterhin behauptet, daß die Sätze der Dichter, da sie nicht wahr sind, Unwahrheit und Lüge seien. Es gab freilich Ausnahmen; so schrieb zum Beispiel Sir Philip Sidney ganz im Geiste des Stagiriten über den Dichter (*The Defence of Poesie*, 1594, S. 53), daß er »lediglich erfindet, aber keinesfalls betrügt; der Dichter ist unter allen Schriftstellern unter der Sonne am wenigsten ein Lügner [...,] denn der Dichter behauptet nie etwas, also lügt er auch nie«.

In der auf Aristoteles folgenden Epoche des Hellenismus forderte man erneut Wahrheit in der Kunst und besonders in der Dichtung. Vor allem die Philosophen forderten sie. Epikur forderte sie und fand sie nicht, weshalb er die Dichtung verurteilte. Die Stoiker fanden Wahrheit in ihr, aber mittels eines Kunstgriffs, nämlich durch Anwendung der Methode der Allegorie. In ihren Behauptungen waren sie radikal. Sie behaupteten, die Dichtung sei sogar besser befähigt, die Wahrheit zu erkennen, als die Philosophie; namentlich dann, wenn es um göttliche Dinge geht. Und sie forderten von der Kunst nicht bloß Wahrheit, sondern eine gewichtige Wahrheit. Es gab im Hellenismus freilich auch eine andere Strömung: Lukian war überzeugt, daß die Kunst, die eine andere Aufgabe hat als die Wissenschaft, nur einem Gesetz unterliegt, dem Willen des Dichters. Bei Demetrios trat die Wahrheitsfrage aber in den Hintergrund: in der Kunst geht es nicht darum, *was* gesagt wird, sondern nur darum, *wie* es gesagt wird; sie darf folglich sowohl die Unwahrheit wie die Wahrheit aussprechen.

Unter den frühchristlichen Schriftstellern verurteilten einige aufs schärfste Unwahrheit und Erfindung in der Literatur. Das tat insbesondere Tertullian. Andere wie Laktanz traten für die Fiktion ein. Augustin trat indes mit einer eigenen großen Konzeption hervor, die sich mit der des Aristoteles messen konnte. Hatte der Stagirit erklärt, daß die Kunst sich *jenseits von Wahrheit und Falschheit* befinde, so sagte Augustin, daß die Kunst *nicht wahr sein kann.*

Frühere Ästhetiker stellten die Frage, ob die Kunst nach Wahrheit streben *solle*, fragten aber nicht, ob sie sie erreichen *könne*. Augustin unterschied zwischen diesen beiden Dingen (*Soliloquia*, II 10. 18): »*falsum esse velle – verum esse non posse*«; es ist zweierlei, ob etwas unwahr sein will, oder ob es nicht wahr sein kann. Die Kunst setzt sich die Wahrheit zum Ziel, aber ist dieses Ziel auch erreichbar? Augustin war wohl der erste, der sich der Schwierigkeit bewußt war, welche das Streben nach Wahrheit in der Kunst mit sich bringt; er hat wohl als erster begriffen, daß die Kunst, um wahr zu sein, gleichzeitig unwahr sein muß. Sein Beispiel entnahm er dem Theater. Der Schauspieler Roscius, der den Priamus spielt, ist, schrieb er, ein wahrer Schauspieler, doch um es zu sein, muß er ein falscher Priamus sein. Diese außergewöhnliche (*mirabile*) wechselseitige Abhängigkeit von Wahrheit und Unwahrheit tritt, wie Augustin meinte, auch in den anderen Künsten auf: »Wie könnte ein Gemälde wahr sein, wenn das dargestellte Pferd nicht ein falsches Pferd wäre?«

Die Zweifel an der Wahrheit in der Kunst blieben im Mittelalter bestehen. Das zeigte sich sogar an den Namen. Den Dichter nannte man »*auctor*«, also einen, der vermehrt, etwas hinzutut (daher unser »Autor«). Oder man nannte ihn auch Schöpfer einer Fiktion, »*fictor*«, weil er »*pro veris falsa*« sagt, wie Konrad von Hirschau formuliert. Dennoch erwartete man damals Wahrheit von der Dichtung. Man rettete sie auf ähnliche Weise, wie die Stoiker es getan hatten, indem man die metaphorische Interpretation anwandte, den *sensus allegoricus*. Das galt für die Dichtung, denn die bildende Kunst betrachtete damals kaum jemand unter dem Gesichtspunkt der Wahrheit. Alain de Lille schrieb jedoch (*Anticlaudianus*, I 4) vom »Wunder der Malerei«; sie verkehrt, was dunkel war, in die Wirklichkeit und alle Lügen in Wahrheit. Diese Ansicht war gewissermaßen eine Umkehrung der Ansicht Konrads. Die »Verkehrung in Wahrheit« war übrigens etwas anderes als die Darstellung der Wahrheit. Das Mißtrauen gegen die dichterische Wahrheit war noch in Dantes »*bella mensogna*« enthalten.

In der Renaissance machten die Menschen sich verstärkt Gedanken über die Wahrheit der Kunst. Vor allem waren sie stärker davon überzeugt, daß die Kunst imstande ist, die Wahrheit zu erfassen. Klassische Vertreter dieser Auffassung waren Leonardo und Dürer. Eine Ausnahme war jedenfalls Castelvetro, wenn er (schon im Ausgang der Renaissance, 1570) erklärte: »Überlassen wir die Wahrheit den Philosophen«.

C. *Verschiedene Wahrheiten*. Auch in der Zeit des Barock und des Akademismus schrieb man viel über die Wahrheit in der Kunst. Die Quintessenz der damaligen Anschauungen gab gewissermaßen Roger de Piles im *Cours de peinture par principe*, der, im 17. Jahrhundert verfaßt, zu Beginn des 18. Jahrhunderts, im Jahr 1708, erschien. Er hielt die Wahrheit für das Wichtigste in der Kunst, das den Leser und Betrachter am stärksten anzieht. Er unterschied (gestützt auf die Malerei) verschiedene Arten von Wahrheit. Es gibt die einfache Wahrheit – er nannte sie die »erste« –, die in der getreuen Nachahmung der Natur liegt und eine Illusion des Dargestellten erzeugt. Von ihr unterschied er die »zweite«, die ideale Wahrheit; sie liegt in der Auswahl von Vollkommenheiten, die sich in der Wirklichkeit nicht versammelt finden, die der Künstler aber von verschiedenen Gegenständen abnehmen und *zusammenführen* kann. In dieser idealen Wahrheit ist Platz für die Fülle der Gedanken, die Schönheit des Ausdrucks, die Feinheit der Konturen. Sie ist ebenso real wie die erste Wahrheit, denn sie erfindet nichts, sondern führt nur zusammen – und sie ist vollkommener als die erste Wahrheit. Diese erste ist jedoch ihre Grundlage, verleiht ihr Geschmack und Leben. Die ideale Wahrheit ist eine Staunen erregende Wahrheit, weil sie, wie de Piles (*Cours de peinture*, 1708) meinte, dem einzelnen »Gegenstand hinzufügt, was er *nicht hat*, aber haben könnte«.

Sicher ist, daß sich die grundlegende Bedeutung des Ausdrucks »Wahrheit« hier geändert hat. Diese Veränderung trat nicht plötzlich ein; sehr viel früher soll Michelangelo (nach F. de Hollanda) gesagt haben: »Es ist üblich, Dinge zu malen, die *nie existiert haben*, und diese Freiheit ist vernünftig und *im Einklang mit der Wahrheit*. Wenn ein großer Maler ein Werk schafft, das künstlich und unwahr erscheint, dann *ist diese Unwahrheit Wahrheit*.«

Um das Jahr 1700 änderte sich der ästhetische Wahrheitsbegriff. Einerseits lockerte er sich so, daß er auch Verallgemeinerungen und Idealisierungen umfaßte – das wird in den Schriften de Piles' deutlich. Andererseits erweiterte sich der Begriff der Wahrheit in Literatur und Kunst derart, daß er auch die *Metapher* umfaßte. E. Tesauro (*Canocchiale Aristotelico*, 1654, S. 74) definierte die Metapher als »dichterische Nachahmung«. D. Bouhours (*La manière de bien penser*, 1687, S. 16) schrieb, daß »die bildliche Ausdrucksweise nicht falsch ist, und die Metapher hat ihre Wahrheit wie die Erdichtung«. G. Vico (*De nostri temporis studiorum ratione*, 1709, S. 63) sah in der metaphorischen dichterischen Wahrheit sogar eine vollkommenere Form von Wahrheit: »Die Dichter folgen dem Falschen so, daß sie in gewissem Sinne wahrer sind.«

Gleichwohl waren sich die Schriftsteller des 18. Jahrhunderts dessen bewußt, daß die dichterische Wahrheit keine Wahrheit im eigentlichen Sinne ist. Diderot schrieb sogar (*Salon*, 1757, S. 165), daß »in jedem poetischen Werk immer ein wenig Lüge (*un peu de mensonge*) enthalten ist«. Aber sie nahmen das der Kunst nicht übel. E. Burke meinte sogar, daß »jegliche Kunst in dem Maße groß ist, wie sie betrügt« (*all art is great as it deceives*).

Es unterliegt keinem Zweifel: Der Name der Wahrheit war beständiger und homogener als ihr Begriff. Die wichtigsten Varianten des Wahrheitsbegriffs seien hier zusammengestellt:

1. Wahrheit im engen Sinne der Logiker als *adaequatio intellectus et rei* war allein in der Ästhetik der Literatur anwendbar. (Aber schon Solon und Pindar wußten, daß sie auch in diesem engen Bereich selten ist.)

2. Im erweiterten Sinne bedeutete Wahrheit soviel wie getreue Nachbildung der Wirklichkeit in welcher Gestalt auch

immer: in Sätzen, Bildern oder Statuen. Dieser Wahrheitsbegriff galt nicht für die Musik und die Architektur, außerhalb der Literatur aber für die Malerei und die Bildhauerei. Seine Bedeutung war weit und locker, wie aus den Äußerungen von Michelangelo und de Piles ersichtlich ist. (Es muß angemerkt werden, daß man in Abhandlungen über die Kunst nicht nur die Nachbildung der Wirklichkeit, sondern auch die Wirklichkeit selbst als »wahr« zu bezeichnen pflegte. Man sagte, ein Roman stelle ein wahres Ereignis, ein Bild eine wahre Landschaft dar.)

3. Im 18. Jahrhundert kam der Ausdruck »Wahrheit« in Abhandlungen über die Kunst oft in einer veränderten, mehr metaphorischen Bedeutung vor, die sich sogar auf nicht nachahmende Künste bezog. Als Beispiel mag die Abhandlung von Jean François Blondel über die Architektur (*Cours d'architecture civile*, 1771-1777) dienen, wo es heißt: »Man sagt im übertragenen Sinne: ›diese Architektur ist wahr‹, wenn man eine Architektur meint, die in all ihren Teilen ihren Stil wahrt ohne Beimengung eines anderen, die nur das Unerläßliche an Schmuck verwendet, die unangebrachte Mannigfaltigkeit meidet und der Symmetrie und Regelmäßigkeit den Vorrang gibt, kurz, wahr ist jene Architektur, die den Augen gefällt, weil sie mit der Idee, die man von einem solchen Bauwerk hat, übereinstimmt.«

Unter Wahrheit versteht Blondel, wie er hier erläutert, Einheit des Stils, Sparsamkeit bei Verzierungen, Regelmäßigkeit. Dieser Wahrheitsbegriff ist nicht klar und nicht eindeutig; Blondel versteht die Wahrheit, wie er selbst gesteht, metaphorisch. Dieser Begriff hat nicht viel gemein mit der Wahrheit als Nachbildung der Wirklichkeit; er weicht auch von anderen Wahrheitsbegriffen ab, die man in Wörterbüchern findet. Als »wahr« empfand dieser Schriftsteller des 18. Jahrhunderts einfach jene Architektur, die er für gut hielt.

4. In jüngerer Zeit bildeten sich auch noch andere Wahrheitsbegriffe. Wahr bedeutet soviel wie echt, man spricht von einem »wahren Rembrandt«, um auszudrücken, daß es sich bei einem Bild weder um eine Kopie noch um eine Fälschung

handelt. Ist die so verstandene Wahrheit eine Voraussetzung des ästhetischen Erlebnisses? Das ist ein ernstes Problem, aber ein engeres Problem als das der Wahrheit im Sinne von Aristoteles oder de Piles.

5. An der Wende vom 19. zum 20. Jahrhundert nahm der Ausdruck »Wahrheit in der Kunst« innerhalb der Kunsttheorie noch weitere Bedeutungen an. Bei manchen Autoren wie Maurice Denis bedeutete »Wahrheit« des Kunstwerks soviel wie *Übereinstimmung* mit seinem *Ziel* und seinen *Mitteln*. Andere verstanden darunter indessen *Ehrlichkeit*: ein Kunstwerk ist wahr, wenn es ausdrückt, was der Künstler wirklich gedacht und gefühlt hat. Das waren zwei bedeutsame Begriffe, die aber sehr weit vom traditionellen Wahrheitsbegriff abwichen. Es waren weder Begriffe der Philosophen noch solche des Alltagsdenkens, sondern Ideen von Künstlern und Ästhetikern.

Roman Ingarden, ein origineller und zugleich repräsentativer Ästhetiker unserer Zeit, hat den Begriff der künstlerischen »Wahrheit« analysiert und darin mehrere Bedeutungen ausgemacht. Wahrheit wird verstanden als: a) Entsprechung zwischen dem dargestellten Gegenstand und der Wirklichkeit; oder b) als treffende Wiedergabe der Idee des Künstlers; c) als Ehrlichkeit; d) als innere Folgerichtigkeit. Diese Mehrzahl läßt sich vielleicht auf drei Bedeutungen reduzieren: Übereinstimmung mit der Wirklichkeit, Übereinstimmung mit der Intention des Künstlers und innere Übereinstimmung des Werkes, also auf jene Bedeutungen, die oben als 1 und 5 erwähnt wurden.

Ganz allgemein scheint sich die Konzeption der Wahrheit in der Kunst im Laufe der Jahrhunderte von der Übereinstimmung mit dem dargestellten Gegenstand zur Übereinstimmung mit der Intention des Schöpfers zu verschieben.

D. *Das Verhältnis von Wahrheit und Schönheit.* In den Zeiten, in denen es ein Axiom war, daß die Kunst die Wahrheit darzustellen hat, mußte man erklären, warum sie sich dennoch von ihr entfernt. Die antiken Schriftsteller erklärten, die Kunst tue dies, um den Menschen die *Illusion* von etwas zu geben, das noch besser, noch schöner, noch anziehender war als die Wahrheit. Die modernen Schriftsteller erklärten, die Kunst tue dies, um die Dinge *schöner zu machen*, als sie in Wirklichkeit sind. Da Schönheit und Wahrheit sich aber nicht gegenseitig ausschließen (wie Illusion und Wahrheit), konnte ihr Verhältnis und wurde ihr Verhältnis auf unterschiedliche Weise verstanden.

1) Wahrheit ist eine notwendige, aber keine hinreichende Bedingung der Schönheit. Das ist die klassische, schon früh entstandene Konzeption, die sich eindeutig bei Platon findet.

2) Die gegenteilige Ansicht entstand ebenfalls in der Antike: Wahrheit ist keine, weder eine notwendige noch eine hinreichende Bedingung der Schönheit. Dies behauptete schon Cicero mit dem Argument, daß, wäre die Wahrheit hinreichend, die Kunst nicht nötig wäre.

3) Im Mittelalter entstand eine Konzeption, die Schönheit und Wahrheit auf andere Weise einander näherrückte: sie sind das Ergebnis einer und derselben Anordnung der Dinge. Nur mit dem Unterschied, daß die Wahrheit »*relata ad interius*«, die Schönheit »*relata ad exterius*« ist, wie der Verfasser der *Summa Alexandri* schrieb.

4) Neuzeit: Die Wahrheit ist keine notwendige Bedingung der Schönheit, aber das sicherste Mittel, sie zu erreichen. Das war die Ansicht des ungemein einflußreichen Kunsttheoretikers der Renaissance, L. B. Alberti.

5) Vorsichtiger: Die Wahrheit dient der Schönheit, ihr dient aber auch das Gegenteil, die Fiktion. Dieser Ansicht begegnet man nicht selten bei den späteren Theoretikern der Renaissance. E. S. Piccolomini schrieb (*Opera*, Basel 1571, S. 646): »*Il dire vero o il falso è cosa al poeta accidentale*«. Und Vida, der Verfasser einer anderen Renaissance-Poetik, erklärte, es sei das Recht des Dichters, der Wahrheit Fiktives hinzuzufügen (*ficta addere veris*).

6) In der Zeit des Barock und des neuen Klassizismus überwog dagegen ein Standpunkt, der radikal, ja sogar noch radi-

kaler war als der klassische: Die Wahrheit ist eine notwendige Bedingung der Schönheit, ja, sie ist sogar mit der Schönheit identisch. Boileau schrieb: »*Rien n'est beau que le vrai*«, und Shaftesbury: »*All beauty is truth*«.

7) Der Übergang vom Klassizismus zur Romantik war radikal; typisch wurde jetzt die folgende Ansicht: Nicht nur, daß die Fiktion der Schönheit dient, sie dient ihr besser als die Wahrheit, die oft schlimm und häßlich ist. Im Leben kann man nicht die Augen vor der Wahrheit verschließen, doch in der Kunst kann man sich emporschwingen »ins Traumparadies«.

8) Im philosophischen Idealismus und im Messianismus war – trotz ihrer scheinbaren Nähe zur Romantik – das Verhältnis zur Wahrheit ein anderes. Diese Philosophen hielten die Wahrheit für eine hinreichende Bedingung der Schönheit, ja sogar für das Schöne selbst. Sie dachten dabei allerdings nicht an die schlimme Wahrheit des Lebens, sondern an die erhabene Wahrheit der Ideen. Kein Geringerer als Hegel schrieb, daß die Kunst berufen sei, die Wahrheit zu enthüllen. Aber auch: »Die Sphäre der göttlichen Wahrheit, künstlerisch für die Betrachtung und das Gefühl dargestellt, ist der zentrale Punkt der ganzen Welt der Kunst.« (*) Ähnlich schrieben damalige polnische Denker. Libelt: »Die schönen Künste [...] werden die Wahrheit darstellen, obschon nicht die abstrakte, nackte, wissenschaftliche Wahrheit, sondern die in eine angemessene Form gekleidete, als Ideal aufgefaßte Wahrheit.« Andere äußerten sich noch entschiedener. Trentowski im *Panteon*: »Die Schönheit ist die Form der Wahrheit. Je mehr irgendwo Wahrheit, desto mehr Schönheit.« Krasiński: »Das Wesen der Schönheit, ob auf der Leinwand, im Marmor oder in der Dichtung, ist nichts anderes als die äußere Gestalt der Wahrheit.« Sogar Brodziński im ersten *Brief über die polnische Literatur*: »Ist nicht jede Wahrheit schön und jede Schönheit nur dann schön, wenn sie wahr ist?«

9) In Zeiten, die uns näher sind, entstand eine gemäßigte und pluralistische Ansicht über das Verhältnis von Wahrheit und Schönheit, die den Tatsachen vielleicht mehr entspricht

als die anderen: Bestimmte Dinge sind schön und Quelle ästhetischer Erlebnisse, weil sie wahr sind und die angenehmen Gefühle hervorrufen, die den realen, wahren, bekannten Dingen eigen sind; andere sind hingegen schön, weil sie im Gegenteil irreal sind, weil sie Gefühle hervorrufen, die nicht minder angenehm sind, Gefühle der Unwirklichkeit, der Erhabenheit über die Realität.

An divergierenden Ansichten war auch in unserem Jahrhundert kein Mangel. Halten wir uns weiter an polnische Beispiele: J. Conrad schrieb im Vorwort zum *Nigger von der ›Narzissus‹*: »Der Künstler sucht ebenso wie der Denker und der Gelehrte die Wahrheit und beruft sich auf sie.« Ebenso St. Brzozowski in *Kultur und Leben*: »Denn was ist Schönheit? Ich würde gewiß vergebens nach einer anderen Bestimmung suchen – es ist allein die liebevolle Erscheinung der Wahrheit.« L. Staff legt dagegen der personifizierten Wahrheit die Worte in den Mund: »Wer mir nachfolgt, möge die Schönheit fahren lassen.«

Die Ansicht über das Verhältnis der Kunst und der Schönheit zur Wahrheit hat sich nicht geradlinig entwickelt, sondern vom einen Extrem über das andere Extrem zur Mäßigung.

Kapitel XI

Das ästhetische Erlebnis: Geschichte des Begriffs

There is no unique emotion which we can label the aesthetic emotion

C. W. Valentine: The experimental Psychology of Beauty

I. Die Vorgeschichte

Wohl die meisten Publikationen über Schönheit und Kunst hatten in den letzten hundert Jahren psychologischen Charakter; ihr Thema war das ästhetische Erlebnis (oder die ästhetische Empfindung, die ästhetische Erfahrung). Seine Eigentümlichkeiten, sein Verlauf, seine Elemente und die psychische Haltung, die es erfordert, wurden untersucht. Man sah in ihm das Hauptproblem der Ästhetik, man war sogar der übertriebenen Meinung, daß es ihr einziges Problem sei, und alle übrigen seien nur Scheinprobleme und unwissenschaftlich.

Die Forscher des 19. Jahrhunderts hielten sich für Neuerer, sie glaubten, sie hätten die psychologische Ästhetik geschaffen. Auch diese Überzeugung enthielt eine Übertreibung, denn einige Schriftsteller hatten sich schon in ferner Vergangenheit über die Psychologie des Schönen und der Kunst geäußert. Freilich waren es nur wenige. Das heute vielfach behandelte Thema wurde einst selten aufgegriffen. Das lag zum Teil daran, daß man das Problem für allzu einfach hielt: Es gibt das Schöne in der Welt, und um es wahrzunehmen, braucht man nur Augen zu haben und zu schauen. Etwas genauer: man muß fähig sein, das Schöne wahrzunehmen, und die richtige Haltung zu ihm einnehmen.

Die ersten Äußerungen über das ästhetische Erlebnis stammen wohl von Pythagoras. Sein Text, wie er von Diogenes Laertios überliefert ist (*Vitae*, VIII. 1), lautet: »Das Leben gleicht einer Festversammlung. Die einen kommen zu ihr als Wettkämpfer, die anderen des Geschäftes wegen, die besten aber als *Zuschauer*.« Man darf annehmen, daß der alte Grieche jene als Zuschauer bezeichnete, die eine ästhetische Haltung einnehmen, daß er diese Haltung mit der Haltung des Zuschauers gleichsetzte. Dieser Text, mit dem die Geschichte des Begriffs der ästhetischen Erlebnisse beginnt, kann als Motto unserer historischen Betrachtungen dienen.

A. *Die Cognitio aesthetica*. Selbst diejenigen, die sich für ästhetische Erlebnisse interessierten, nannten sie in früheren Jahrhunderten nicht so; der Name ist jünger, sogar erheblich jünger als der Begriff. Dies ist ein klassisches Beispiel dafür, daß die Begriffsgeschichte sich nicht mit der Geschichte der Namen deckt.

Das Adjektiv »ästhetisch« ist offenkundig griechischer Herkunft. Die Griechen bedienten sich des Ausdrucks »*aisthesis*«, der den sinnlichen Eindruck bezeichnete und mit dem Ausdruck »*noesis*« einherging, der das Denken bezeichnete. Beide Ausdrücke benutzten sie auch in adjektivischer Form: »*aisthetikos*« und »*noetikos*«, das heißt sinnlich und gedanklich. Entsprechungen dieser Ausdrücke vor allem im mittelalterlichen Latein waren *sensatio* und *intellectus*, *sensitivus* und *intellectivus*, und *sensitivus* wurde bisweilen nach griechischer Art *aestheticus* genannt. All diese Namen wurden in der antiken und mittelalterlichen Philosophie benutzt, doch wenn man über das Schöne, die Kunst und die mit ihnen verbundenen Erlebnisse sprach, wurde der Ausdruck »ästhetisch« nicht benutzt. Dieser Zustand hielt sich sehr lange, bis ins 18. Jahrhundert.

In der Mitte dieses Jahrhunderts gab Alexander Baumgarten (*Aesthetica*, 1750), ein Philosoph aus der Schule von Leibniz und Wolff, der an der alten Einteilung der Erkenntnis in geistige und sinnliche, in *cognitio intellectiva* und *sensitiva*, festhielt, ihr jedoch eine neue, überraschende Interpretation: er setzte die *cognitio sensitiva*, die sinnliche Erkenntnis, mit der Erkenntnis des Schönen gleich; und er bezeichnete den Zweig der Philosophie, der die Erkenntnis des Schönen erforscht, mit der griechisch-lateinischen Wendung *cognitio aesthetica*, kurz *aesthetica*. Damals gingen aus diesem modernen Latein das Substantiv »Ästhetik« und das Adjektiv »ästhetisch« in die modernen Sprachen ein.

Diese Namen bürgerten sich ein, wenn auch nicht sogleich und nicht gänzlich; vorerst in Deutschland, anfangs nur in der Schule Wolffs; in anderen Schulen galten sie als Barbarismus. Kant, der Baumgartens Schriften vollständig kannte, ignorierte anfänglich (in der *Kritik der reinen Vernunft*) dessen Wortwahl, machte sie sich aber schließlich (in der *Kritik der Urteilskraft*) zu eigen. Das wirkte bahnbrechend. Zu Beginn des 19. Jahrhunderts benutzten sowohl Herbart als auch Hegel den Namen Ästhetik in den Titeln ihrer Werke. Und Ästhetik wurde zum Namen einer großen philosophischen Disziplin, der dritten neben der Logik und der Ethik, und bildete zusammen mit ihnen das System der Philosophie.

Mit dem Substantiv verbreitete sich das Adjektiv. Man begann, die psychischen Zustände, die Erlebnisse, die Gefühle, die unter der Einwirkung des Schönen und der Kunst empfunden wurden und bis dahin im Grunde namenlos waren, »ästhetisch« zu nennen.

Ohne Namen für diese Empfindungen waren zuvor – erstaunlicherweise – nicht nur Platon und Aristoteles, Scotus Eriugena und Thomas von Aquin, sondern auch die sehr avancierten, sehr modernen englischen und französischen Ästhetiker des 18. Jahrhunderts ausgekommen. »Ästhetisches« Erlebnis war ein später Name für Erscheinungen, die seit mindestens zweitausend Jahren diskutiert wurden. Bemerkenswert an dem Namen war, daß im Stammwort weder das Schöne noch die Kunst, noch das Gefallen enthalten war. Selbst im 19. Jahrhundert wurde er anfangs mit einem gewissen Mißtrauen benutzt; noch für H. Heine (*Buch der Lieder*, 1827) steckte im Begriff des Ästhetischen etwas Gekünsteltes und Übertriebenes; aber das verging recht bald.

Das Erlebnis, das ab dem 18. Jahrhundert den Namen

»ästhetisch« erhielt, nannte man in früheren Jahrhunderten zumeist einfach Wahrnehmung des Schönen. Auch heute noch ist es landläufige Überzeugung, daß ästhetisches Erlebnis und Erlebnis des Schönen ein und dasselbe bedeuten, daß man, um das ästhetische Erlebnis zu definieren, nur zu sagen braucht: das ist das Erlebnis des Schönen. Und so kümmerten sich die Gelehrten, seit der Begriff des »ästhetischen« Erlebnisses entstanden war, nicht mehr um seine Definition, sondern nur noch um seine Theorie; sie waren nämlich der Meinung, daß leicht zu erkennen, nur schwer zu sagen sei, worin seine Besonderheit und sein Wesen bestehen.

Doch so einfach ist es nicht, das ästhetische Erlebnis zu definieren: die Ästhetiker unterscheiden Eigenschaften, die dem Schönen verwandt, aber von ihm verschieden sind, wie das Erhabene, das Malerische, die Anmut, das Tragische und das Komische, und nehmen sie unter die ästhetischen Erlebnisse auf. Daher ist der Umfang des Begriffs »ästhetisches Erlebnis« verschieden vom »Erlebnis des Schönen« *stricto sensu*. Um so mehr vom »Erleben der Kunst«. Jeder dieser drei großen Begriffe der Ästhetik – das Schöne, die Kunst, das ästhetische Erlebnis oder (in adjektivischer Form) schön, künstlerisch, ästhetisch – hat einen etwas anderen Umfang.

B. *Die Konzentration.* Die erwähnte frühe pythagoreische Äußerung über das ästhetische Erlebnis war kein Zufall; sie entsprach der natürlich erscheinenden Ansicht, daß das Erleben des Schönen nichts anderes sei als sein Betrachten. Der antike Begriff des Schauens und Betrachtens (auf griechisch *thea*) war weit: er umfaßte sowohl die Haltung des Forschers, der etwas studiert, als auch die Haltung dessen, der es einfach betrachtet. Man kann den Gedanken des Pythagoras auch so ausdrücken: Um das Schöne (in der Natur oder in der Kunst) wahrzunehmen, muß man den Blick auf es konzentrieren.

Dieser Gedanke wurde früh vom Gesichtssinn auf das Gehör ausgedehnt. Es ist ebenfalls ein Organ der Wahrnehmung des Schönen. So wie man, um die Schönheit einer Ansicht zu erfassen, den Gesichtssinn auf sie konzentrieren muß, so muß man, um die Schönheit einer Melodie zu erfassen, das Gehör und die Aufmerksamkeit auf sie konzentrieren. Diese Konzeption, daß die Wahrnehmung des Schönen auf der Konzentration des Sinnes beruht, entsprach den Griechen, war der Ausgangspunkt ihrer Ästhetik. Sie drückten sie vereinfacht aus, indem sie sagten, daß wir die Kenntnis des Schönen den *Sinnen* verdanken: die Augen sehen die Symmetrie, die Ohren hören die Harmonie. Aber wie ist es mit der Schönheit der Dichtung? Sie meinten, daß über sie das Gehör belehre. Der beste Richter, sollte Quintilian später schreiben, sind auch in der Dichtung die Ohren: »*optime iudicant aures*«. Man muß dazu nur ein »geübtes« Gehör haben, wie Diogenes der Babylonier einwandte (bei Philodemos, *De musica*, 11).

C. *Die Bezauberung*. Diese erste Ansicht über die ästhetischen Erlebnisse, die diese mit den Erlebnissen des Betrachters (und Zuhörers) gleichsetzte, wurde in Griechenland früh in reifer Form dargestellt, und zwar durch Aristoteles. Er formulierte sie nicht in der *Poetik*, sondern in den ethischen Schriften. Die dort verborgene Theorie des ästhetischen Erlebnisses entging der Aufmerksamkeit der Historiker, zumal sie in der weniger gelesenen *Eudemischen Ethik* (1230 b 31 h) ausführlicher entwickelt wird. Aristoteles benutzt zwar nicht den Namen des »ästhetischen« Erlebnisses, aber er beschreibt genau das, was wir so nennen.

Die Theorie des Aristoteles ist verwickelt; man findet in ihr sogar sechs Merkmale des Erlebnisses, das wir erfahren, wenn wir die »Haltung des Betrachters« einnehmen.

1) Es ist, sagt der Stagirit, ein Erlebnis intensiver Lust, geschöpft aus dem Schauen und Hören; diese Lust ist so intensiv, daß der Mensch sich kaum davon losreißen kann.

2) Dieses Erlebnis hebt die Wirkung des Willens in einem Maße auf, daß der Mensch »den von den Sirenen Bezauberten gleicht, als wäre er willenlos«.

3) Das Erlebnis hat Stufen der Intensität und ist manchmal sogar »übermäßig«, doch im Gegensatz zu anderen Wonnen, deren Übermaß als Ausschweifung verurteilt wird, verurteilt niemand ein Übermaß dieses Erlebnisses.

4) Das Erlebnis ist dem Menschen und nur ihm eigen; andere Lebewesen haben ihre Freuden, schöpfen sie aber aus dem Geschmack und dem Berühren und nicht aus dem Sehen und der wahrgenommenen Harmonie.

5) Das Erlebnis kommt von den Sinnen, ist aber nicht von deren Schärfe abhängig; Tiere haben schärfere Sinne als der Mensch, kennen aber solche Erlebnisse nicht.

6) Diese Lust stammt *aus den Eindrücken selbst* (und nicht aus dem, was wir heute Assoziationen nennen); dabei kann man sich an den Eindrücken entweder um ihrer selbst willen freuen oder im Hinblick auf das, was sie an Assoziationen wecken, woran sie uns erinnern und was sie ankündigen, wie etwa die Gerüche von Speisen und Getränken, die uns erfreuen, weil sie die Genüsse des Essens und Trinkens ankündigen, während das Schauen und Hören an sich erfreut. Die Genüsse des Essens und Trinkens sind biologisch begründet; den biologischen Genüssen stellte Aristoteles die anderen gegenüber, die er zwar nicht ästhetische nannte (es sollten zweitausend Jahre vergehen, bevor dieser griechische Ausdruck seine heutige Bedeutung erhielt), doch mit seiner Beschreibung zeigte er, daß er das meinte, was wir so nennen. Er sah die Besonderheit der ästhetischen Erlebnisse.

D. *Die Idee.* Eine andere Theorie dieser Erlebnisse bildete sich in der griechischen Philosophie noch vor Aristoteles, nämlich bei Platon. Seine Ästhetik zielte auf eine Theorie des Schönen selbst, brachte aber indirekt auch eine Theorie der ästhetischen *Erlebnisse* hervor. Wahre Schönheit sah er nicht in den Dingen, sondern in den Ideen; Augen und Ohren vermögen die Schönheit der Dinge wahrzunehmen, nicht aber die der Ideen; er mußte daher eine besondere Fähigkeit der Seele postulieren, das ideale Schöne wahrzunehmen. Hatte Aristoteles die ästhetische *Haltung* beschrieben, so beschrieb Platon die *Fähigkeit* des Geistes, die man benötigt, um ästhetische Erlebnisse zu erfahren. Die Überzeugung, daß die Menschen diese Fähigkeit besitzen, war das Platonsche Motiv in der Geschichte der Ästhetik; sie kehrte auch bei den Erben Platons ständig wieder. Besonders deutlich trat sie am Ende des Altertums bei Plotin auf.

Er führte aus, daß nur der das Schöne in der Welt erblickt, der das Schöne in sich hat. Sein denkwürdiger Satz (*Enn.*, I 6. 9) lautete: »Kein Auge könnte je die Sonne sehen, wäre es nicht sonnenhaft; so sieht auch keine Seele das Schöne, welche nicht schön geworden ist.« Die Bedingung für das Erfahren ästhetischer Erlebnisse sah er nicht nur im Besitz eines besonderen Schönheitssinnes, sondern auch und vor allem in moralischen Qualifikationen, in der Erhabenheit des Geistes.

Aus der altgriechischen Literatur haben sich nicht allzu viele Aussagen über das ästhetische Erlebnis erhalten; dank Platon, Aristoteles und Plotin sind es jedoch Aussagen von historischem Gewicht. Sie enthalten die erste (und in ihrer Richtigkeit wohl unerreichte) Beschreibung des ästhetischen Erlebnisses, aber auch die ersten Gedanken über die Fähigkeiten des Geistes, die dieses Erlebnis ermöglichen.

E. Der *Sensus animi*. Das Interesse am Problem des ästhetischen Erlebnisses war im Mittelalter nicht geringer als im Altertum, aber es brachte weniger neue Ideen hervor; die antiken Begriffe und Theorien blieben im wesentlichen bestehen. Das gilt auch für die erwähnte frühe Theorie, daß das ästhetische Erlebnis im Sehen und Hören besteht und keine andere Haltung erfordert als die des Betrachters und Zuhörers. Guido von Arezzo schrieb im 11. Jahrhundert in der Abhandlung *Micrologus* (14), daß die Süße der Dinge, die dem Gesichtssinn und dem Gehör Lust bereiten, »auf wundersame Weise in das Herz dringt« (*delectabilium rerum suavitas intrat mirabiliter penetralia cordis*).

Die Theorie der spezifischen ästhetischen Erlebnisse übernahm Thomas von Aquin von Aristoteles und entwickelte sie weiter, und zwar in seinem Hauptwerk, der *Summa theologiae* (I-a II-ae, q. 141 a. 4 ad 3). In der Übersetzung lautet sein Text folgendermaßen: »Ein Löwe freut sich, wenn er einen Hirsch sieht und hört, wegen der Nahrung. Der Mensch aber freut sich mit den anderen Sinnen nicht nur deswegen, sondern auch wegen der Harmonie der Sinneseindrücke (*propter convenientiam sensibilium*), die, anderen Sinnen entsprungen, erfreulich sind. Wenn sie in ihm ein Gefallen infolge ihrer Symmetrie hervorrufen, so hat dieses Vergnügen, z. B. an einem gut gebauten Akkord (*sono bene harmonizato*), mit der Erhaltung des Lebens nichts zu tun.« Ähnlich wie Aristoteles, aber noch deutlicher trennte Thomas die ästhetische von der biologisch bedingten Haltung, und eine solche Haltung fand er allein beim Menschen, nicht bei den Tieren. Er schrieb: »Nur der Mensch findet Gefallen an der *Schönheit selbst* der sinnlichen Dinge« (*in ipsa pulchritudine sensibilium secundum se ipsam*).

Während Thomas die Theorie des Aristoteles fortführte, befaßten sich andere Denker des Mittelalters, Motive Platons und Plotins weiterentwickelnd, mit der dem Menschen eigenen Fähigkeit, ästhetische Erlebnisse zu erfahren. Ein Vermittler zwischen Antike und Scholastik war Boethius. Wie die Neuplatoniker erklärte er, daß der Mensch das Schöne in sich haben muß, um das Schöne zu erfassen. »Wir erfreuen uns«, schrieb er (*Institutio musica*, I. 1), »an der Harmonie der Musik, weil wir selbst nach ähnlichem Prinzip gefügt sind.«

Schriftsteller des Mittelalters entdeckten im Menschen die besondere Fähigkeit, die es ihm ermöglicht, das Schöne wahrzunehmen. Es ist der »innere Sinn der Seele« (*interior sensus animi*), wie ihn Johannes Scotus Eriugena nannte, oder, nach Bonaventura, der »geistige Blick« (*visus spiritualis*). Diese Gedanken entstammten der platonischen Tradition, so wie die Gedanken des Thomas der aristotelischen. Außer der damals schon geläufigen Idee eines besonderen Schönheitssinnes hatte Eriugena jedoch noch eine andere, die für die damalige Zeit ungewöhnlich war. Sie erwuchs aus der Konzeption des Aristoteles, stellte die Sache aber klarer dar als dieser. Eriugena stellte nämlich die ästhetische Haltung, die kontemplative Haltung des Betrachters, der praktischen Haltung gegenüber, und das Gefallen stellte er dem Begehren gegenüber (*De divisione naturae*, IV). Zu den schönen Dingen (Eriugena nannte als Beispiel eine Vase) zieht, schrieb er, manche die Begierde (*cupiditas*), die Habsüchtigen die Besitzgier; möglich und vollkommen richtig ist jedoch ein anderes Verhältnis zu den Dingen, nämlich eines, in dem »sich keine Habsucht, keine Begehrlichkeit äußert« (*nulla cupido*). Wer eine solche Haltung einnimmt, der wird in der schönen Sache allein »das Lob des Schöpfers und seiner Werke« sehen. Eriugena formulierte seinen Gedanken religiös, doch schwebte ihm eindeutig jene Haltung vor, die noch immer als die angemessene angesichts des Schönen gilt. Schlecht, schrieb er, handeln jene, die »mit Begehrlichkeit die Schönheit sichtbarer Dinge betrachten« (*libidinoso appetitu*).

F. *Die Lentezza.* In den Theorien der Renaissance hielt sich die Ansicht, daß es zum Erleben des Schönen nicht nur der *Schönheit des Gegenstandes*, sondern auch einer bestimmten *Fähigkeit* bedarf, mit der der Geist ausgestattet ist; es bedarf der richtigen Haltung des Subjekts. Von dieser Haltung hatte die Renaissance zwei völlig verschiedene Vorstellungen, zum einen als aktive, zum anderen als passive Haltung.

Der ersteren Ansicht zufolge muß man im eigenen Geist eine Idee des Schönen haben, um das Schöne an den Dingen wahrzunehmen. »Die Schönheit gefällt, weil sie der uns angeborenen Idee der Schönheit entspricht«, schrieb Marsilio Ficino im Einklang mit der platonischen Tradition (*Comm. in Plotini Enn.*, I. 6).

Leon Battista Alberti erklärte dagegen (*Opere volgari*, I. 9), der Rezipient des Schönen benötige lediglich »*lentezza d'animo*«, *Hingabe* der Seele. Für das Erfassen des Schönen ist passive Hingabe wichtiger als die das Erleben lenkende innere Idee.

Beide Konzeptionen fanden Ausdruck in demselben florentinischen Milieu des Quattrocento: die platonische, die das Erleben von der Idee abhängig machte, wie die aristotelische, die nur verlangte, sich der Wirkung der schönen Dinge hinzugeben. Beide Konzeptionen sollten auch später noch Anhänger haben.

G. *Das Delirio.* In den Ansichten über das ästhetische Erlebnis gab es noch eine umstrittene Frage: Welche Vermögen des Geistes sind dazu berufen, das Schöne zu erfassen? Sind es die rationalen Vermögen, oder ist es gerade das irrationale Gefühl? Die Gelehrten nahmen jedoch lange eine einmütig rationalistische Haltung ein, und es kam zu keiner Diskussion. Das rationale Verständnis des ästhetischen Erlebnisses fand eine Stütze in den Konzeptionen jener Alten, die für die Renaissance Autoritäten waren: in der Poetik des Aristoteles und in der Theorie der schönen Künste des Vitruv.

Erst im Spätbarock kam der gegenteilige Standpunkt zu Wort, nun aber mit aller Kraft. Ihm gab insbesondere Gian Vincenzo Gravina in dem Werk *Ragion poetica* aus dem Jahr 1708 (I. 1) Ausdruck, und zwar extremen Ausdruck. Gravina erklärte, daß die Erlebnisse angesichts des Schönen und der Kunst sich gerade dadurch auszeichnen, daß bei ihnen irrationale Gefühle den Geist beherrschen, ihn in einen Zustand des Entzückens versetzen, ihn aus seinem gewohnten Gang reißen. Diesen an Wahnsinn grenzenden Rauschzustand, in dem die Menschen »mit offenen Augen träumen«, nannte Gravina Wahn, *delirio.*

Man könnte meinen, daß er lediglich an die uralten Platonsche Theorie anknüpfte, der zufolge *manía*, Wahnsinn, das Wesen der Kunst ist. Doch der Unterschied war beträchtlich: *manía* war für Platon der Zustand des Dichters und Künstlers, der Schönes schafft; Gravina meinte indessen auch den *Rezipienten* des Schönen, nicht das schöpferische, sondern das ästhetische Erlebnis. Hierin hatte er keine Vorgänger, jedenfalls keine, die so entschieden und extrem waren wie er.

H. *Ein Mittel gegen Langeweile.* Insgesamt hatten sich diese älteren Epochen – das Altertum, das Mittelalter und die Renaissance – nicht wenig mit den ästhetischen Erlebnissen befaßt, aber ihre Problematik war doch begrenzt. Man fragte vornehmlich, welchem Umstand wir es verdanken, daß wir diese Erlebnisse erfahren, oder auch, welche Fähigkeiten und Haltungen sie von uns fordern. Man fragte dagegen nicht, wie sie zu definieren sind, denn die Definition erschien einfach: das ästhetische Erlebnis ist das Erlebnis des Schönen.

Spät stellte man sich auch die Frage, wozu diese Erlebnisse dienen, wozu sie nötig sind. Denn es schien auf der Hand zu liegen, daß sie dem Betrachten des Schönen dienen, das das Ziel und den Sinn des Lebens ausmacht; ein Problem wurde hier deshalb nicht gesehen. Bis in der Postrenaissance, an der Schwelle der Aufklärung, eine ganze Theorie darüber entstand. Verkündet wurde sie im Jahr 1719 von *J. B. Dubos* (*Réflexions critiques*, 1719, I. Section, III 23). Seine Theorie ging davon aus, daß der Mensch nur das tut, was seine Bedürfnisse befriedigt; eines dieser Bedürfnisse ist, daß der Geist beschäftigt ist, denn sonst langweilt er sich und ist unglücklich. Um der Langeweile zu entgehen, nimmt der Mensch die verschiedensten Tätigkeiten auf sich, darunter auch mühsame und gefährliche; er kann dieses Ziel aber auf eine Weise erreichen, die weder gefährlich noch schädlich ist, nämlich durch die Kunst und durch ästhetische Erlebnisse. Sie dienen dazu, den menschlichen Geist auf unschädliche Weise zu beschäftigen – dies war mit Sicherheit die erste Theorie, die erklärte, wozu sie dienen. Liebhabern des Schönen mochte diese Theorie zynisch erscheinen – und sie hatte zu Lebzeiten des Autors weniger Anhänger als heute.

Die Theorie Dubos' entstand wie die Gravinas an der Wende zum 18. Jahrhundert, und gleich darauf setzte der große Wandel in den wissenschaftlichen Interessen und Präferenzen ein. Durch diesen Wandel gelangte die Frage der ästhetischen Erlebnisse in den Vordergrund. Ein Problem, dem bisher relativ wenige Aussagen – von Platon und Aristoteles, Eriugena und Thomas, Gravina und Dubos – gewidmet worden waren, wurde nun zum Gegenstand unzähliger Abhandlungen.

II. Das Zeitalter der Aufklärung

In einem bestimmten Moment der Geschichte schien es, als sei es vergeblich, danach zu fragen, was Schönheit ist, weil für den einen dies, den anderen das Schönheit ist; eher sollte man fragen, was den Menschen gefällt, was sie für schön halten. Man zog daraus den Schluß, daß die Theorie des Schönen allenfalls eine Theorie des Geschmacks, eine Analyse des Geistes, eine *Theorie der* ästhetischen *Erlebnisse* sein könne. Dieser Schluß entsprach dem Geist des 18. Jahrhunderts, den psychologischen Interessen der Aufklärung. Und er wurde gleich zu Beginn dieses Jahrhunderts von den Forschern gezogen.

A. *England* war damals der wichtigste Schauplatz der Forschungen. Sie hatten dort eine zweifache Genealogie, zwei Ahnherren. Manche Forscher leiteten sich von Locke her, der den psychologischen Gesichtspunkt konsequent in die ganze Philosophie einführte, die Analyse des Seienden durch die Analyse des Geistes ersetzte. Andere dagegen leiteten sich von Lord Shaftesbury her, der den Dingen der Gefühle und Werte größeres Gewicht beimaß als den Dingen der Erkenntnis und des Seienden. Vom ersteren übernahmen die Ästhetiker des 18. Jahrhunderts einen nüchternen Intellektualismus, vom letzteren einen poetischen Anti-Intellektualismus; diese beiden Tendenzen vereinten sich in der neuen englischen Ästhetik mit unterschiedlichen Anteilen, wobei jedoch eher die von Locke begründete Tendenz überwog.

1. Eines der Hauptprobleme war, welcher *geistigen Fähigkeit* wir die ästhetischen Erlebnisse verdanken.[1] Die platonische und die neuplatonische Doktrin hatten seit jeher angenommen, daß wir sie nicht nur den Fähigkeiten des Wahrnehmens und Urteilens verdanken, sondern auch einem intuitiven Vermögen des Geistes, das dem Erkennen des Schönen und der Wahrheit dient. Jetzt, im 18. Jahrhundert, kam der Gedanke auf, daß es eine spezielle Fähigkeit gibt, die ausschließlich dem Erkennen des Schönen dient. Der Lieblingsbegriff jener Zeit war der Begriff des *Geschmacks* (*taste, goût, gusto*), der von Philosophen und Psychologen, noch häufiger

1 W. Folkierski, *Entre le classicisme et le romantisme*, Cracovie u. Paris 1925, bes. Teil I, § I-IV.

aber von Künstlern, Literaten und weiten Kreisen der Intelligenz benutzt wurde. Kant definierte ihn als »*sensus communis aestheticus*«, als Fähigkeit, das zu erkennen, was jedem mit Notwendigkeit gefällt. Andere wie Diderot betonten, daß der Geschmack den Menschen nicht in gleichem Maße gegeben ist und daß er ihnen selten gegeben ist (*il y a mille gens de bon sens contre un homme de goût*). Die englischen Philosophen postulierten eine besondere Fähigkeit, das Schöne wahrzunehmen und zu erkennen, die sie »Schönheitssinn« nannten, »*sense of beauty*«. Dieser Sinn war ihrer Meinung nach jedem gegeben. Diese Theorie stammte von Shaftesbury, der die Fähigkeit, das Schöne zu erkennen, jedoch mit der Fähigkeit verknüpfte, das Gute wahrzunehmen, und beide zusammen als »moralischer Sinn«, »*moral sense*«, bezeichnete. Doch schon in der folgenden Generation, im Jahr 1725, trennte F. Hutcheson, ein Nachfolger Shaftesburys, vom »moralischen Sinn« den »Schönheitssinn« ab. Ihn definierte er als »passive Fähigkeit, Eindrücke des Schönen zu empfangen«. Name und Definition besagten, daß das Schöne entgegen der Tradition nicht Gegenstand rationalen Wissens ist. Sie besagten außerdem, daß das Wissen von ihr nicht durch Vergleichen, Urteilen und Anwenden von Prinzipien erlangt werden kann; es kann unmittelbar erfaßt werden, durch den speziellen Sinn. Später kam es sogar zu einer Vermehrung des »Schönheitssinnes«. A. Gérard nahm 1759 sogar sieben »innere Sinne« an: einen Sinn für das Schöne, für das Neue, für das Erhabene, für die Phantasie, für die Harmonie, für das Lächerliche und für die Tugend. Doch nicht diese Vermehrung, sondern der eine Sinn für das weit gefaßte Schöne war der typische Begriff der frühen Aufklärung.

Die psychologische Analyse der Erlebnisse des Schönen oder, wie man heute sagen würde, der ästhetischen Erlebnisse wurde in England von Shaftesbury und neben ihm auch von Addison und Hutcheson in Gang gebracht und während des ganzen Jahrhunderts intensiv betrieben. Ihre glänzendsten Leistungen fallen in die Jahrhundertmitte. Es waren die Veröffentlichungen von E. Burke im Jahr 1757 und von H. Home im Jahr 1762. Die psychologische Fragestellung und Methode behaupteten sich bis zum Ende des Jahrhunderts, ja sogar noch bei Schriftstellern vom Beginn des folgenden Jahrhunderts (R. Payne-Knight, 1810).[2]

2. Der wichtigste Wandel in der ästhetischen Theorie des 18. Jahrhunderts war der Übergang zur Erklärung des ästhetischen Erlebnisses ohne die Prämissen Shaftesburys und Hutchesons, das heißt *ohne* die Hypothese eines besonderen Schönheitssinnes. Man begann, diese Erlebnisse anders zu erklären: bestimmte Dinge sind einfach imstande, Gefühle der ästhetischen Befriedigung hervorzurufen. Eine wichtige Rolle spielen dabei Assoziationen. Hutcheson zufolge unerheblich oder gleichgültig für das ästhetische Erlebnis, waren die Assoziationen für viele Schriftsteller der Jahrhundertmitte, beginnend mit Hume und Hartley, für das ästhetische Erlebnis entscheidend. Burke nahm einen mittleren Standpunkt ein. Es gibt ihm zufolge bestimmte Dinge, die an sich ästhetische Erlebnisse hervorzurufen vermögen, und andere, die das mit Hilfe von Assoziationen tun. Es waren die Engländer des 18. Jahrhunderts, die den Assoziationismus in der Ästhetik begründeten, doch muß daran erinnert werden, daß der Franzose Cl. Perrault im vorangegangenen Jahrhundert den Anstoß zu ihm gegeben hatte.

Daß man die ästhetischen Erlebnisse im 18. Jahrhundert psychologisch auffaßte, hing bis zu einem gewissen Grad mit der Überzeugung zusammen, daß sie subjektiver Natur seien. Diesbezüglich waren die Meinungen jedoch geteilt. Hatte Shaftesbury das Schöne noch als eine ganz und gar objektive Eigenschaft der Dinge betrachtet, so sah Hutcheson in ihm schon eine sinnliche Eigenschaft (*sense quality*), eine subjektive Reaktion der Sinne auf objektive Reize. In *Of the Standard of*

2 W. J. Hipple jr., *The Beautiful, the Sublime and the Picturesque in Eighteenth-Century British Aesthetic Theory*, Carbondale 1957; S. Morawski, *O podstawowych zagadnieniach estetyki angielskiej XVIII wieku* [Über grundlegende Fragen der englischen Ästhetik], in: *Studia z historii myśli estetycznej XVIII i XIX wieku* [Studien zur Geschichte des ästhetischen Denkens im 18. und 19. Jahrhundert], Warszawa 1961.

Taste (1757) vertrat Hume einen extremen ästhetischen Subjektivismus: »Das Schöne ist keine Eigenschaft der Gegenstände selbst, es existiert einzig in dem Geist, der sie betrachtet.« Dagegen Burke (*A Philosophical Enquiry*, 1757): »Schönheit [...] ist keine Schöpfung unserer Vernunft [...], [sondern] in der Hauptsache eine Eigenschaft von Körpern, die durch Vermittlung der Sinne mechanisch auf den menschlichen Geist einwirkt.« Hume selbst äußerte sich im *Treatise* (1739-40) übrigens nicht völlig subjektiv: »Schön ist eine solche Anordnung und ein solcher Aufbau der Teile, der unserer Seele Freude und Befriedigung zu geben vermag.« Es gab in der reichen englischen Literatur des 18. Jahrhunderts bei aller Einheitlichkeit der Fragestellung und der Methode eine Vielzahl von Lösungen.

3. Der Name »ästhetisch« im modernen Sinne war eine Schöpfung des 18. Jahrhunderts, doch die Schriftsteller, die sich damals am meisten mit ästhetischen Erlebnissen beschäftigten, nämlich die englischen, benutzten diesen Namen nicht. Am häufigsten kam bei ihnen der Ausdruck »Gefühl des Schönen« vor. Bei D. Hume entsprach er nach Inhalt und Umfang den ästhetischen Erlebnissen, doch nicht bei allen englischen Ästhetikern hatte er diese Bedeutung.

Das belegt zum Beispiel der folgende Text von Burke: »Eine rasche Fahrt im leichten Wagen durch eine sanfte, hügelige Graslandschaft gibt wohl die beste Vorstellung von der Schönheit und zeigt besser als irgendetwas anderes ihre wahrscheinliche Ursache.« Für Burke konnten nur kleine, sanfte, mild wirkende Dinge schön sein, er hatte also einen engeren Begriff des Schönen. Gefühl des Schönen und das Gefühl des Erhabenen bedeuteten bei ihm zusammen das, was man heute »ästhetisches Erlebnis« nennt. Bei anderen englischen Schriftstellern des 18. Jahrhunderts zerfiel dieser Bereich noch weiter: in ein Gefühl des Schönen, des Erhabenen, des Neuen, der Pracht und andere; für viele war er die Summe unterschiedlicher Erlebnisse. Man kann die paradoxe Feststellung treffen, daß diejenigen, die die Grundlagen unseres Wissens von den ästhetischen Erlebnissen schufen, selbst keinen klaren Begriff von ihnen besaßen.

B. In *Deutschland* stellte man im 18. Jahrhundert fast genauso intensiv wie in England Betrachtungen über ästhetische Erlebnisse an, aber auf andere Weise und mit anderen Ergebnissen.

Baumgarten, derselbe, von dem der Name der Ästhetik und der ästhetischen Erlebnisse stammt, vertrat ab 1735 (*Meditationes*, S. 115f.) die Konzeption, daß das ästhetische Erlebnis Erkenntnis sei, nur eine rein sinnliche, eine *repraesentatio sensitiva*, und deshalb eine niedere, weil »verworrene« Erkenntnis. Was diese Konzeption mit der Tradition verband, war die Tatsache, daß sie im ästhetischen Erlebnis eine Art der Erkenntnis sah, was sie von ihr trennte, war der Umstand, daß sie den Gedanken an eine nichtrationale Erkenntnis zuließ. Sie behielt im 18. Jahrhundert in Deutschland Anhänger, unter denen G. F. Meier (*Anfangsgründe aller schönen Wissenschaften*, 1748-50) herausragt.

Der Historiker muß hinzufügen, daß der Gedanke an eine nichtrationale Erkenntnis des Schönen sich außerhalb Deutschlands schon vorher ausgebreitet hatte, in Gestalt der Ansicht, daß sich das Schöne nicht bestimmen lasse, daß es *non so ché* ist.

C. *Die Synthese*. Es war dann ein wichtiges Ereignis in der Geschichte der Theorie der ästhetischen Erlebnisse, daß sich am Ende des Jahrhunderts in Deutschland eine Synthese der beiden Konzeptionen, der deutschen und der englischen, vollzog. Diese Synthese war das Werk von Immanuel Kant, der seine Bildung der deutschen Universität und danach englischen Lektüren verdankte. Es war eine große, originelle Synthese. In seiner frühen Abhandlung *Beobachtungen über das Gefühl des Schönen und Erhabenen* von 1764 gelangte Kant noch nicht zu dieser Synthese. Sie entwickelte sich Schritt für Schritt in seinen Universitätsvorlesungen, bis sie in der *Kritik der Urteilskraft* von 1790 definitiv formuliert wurde.[3]

Seine Grundthese übernahm Kant von den Engländern:

3 A. Schlapp, *Kants Lehre vom Genie und die Entstehung der Kritik der Urteilskraft*, Göttingen 1901.

»Das Geschmacksurteil«, schrieb er (*Kritik der Urteilskraft*, Erstes Buch, § 1), »ist also kein Erkenntnisurteil, mithin nicht logisch, sondern ästhetisch, worunter man dasjenige versteht, dessen Bestimmungsgrund nicht anders als subjektiv sein kann.« Das Urteil und das ganze ästhetische Erlebnis ist jedoch, auch wenn es kein Erkenntnisakt ist, mehr als ein bloßes Erlebnis des Genusses. Es erhebt Anspruch auf Allgemeingültigkeit. Das Merkwürdige an diesem Anspruch ist, daß er keine hinreichende Grundlage hat und dennoch unwiderlegbar ist. Das war die spezifische, von Kant festgestellte Eigentümlichkeit der ästhetischen Erlebnisse.

Außer ihr fand Kant noch andere: Das ästhetische Erlebnis ist a) *uninteressiert* in dem Sinne, daß es unabhängig davon auftritt, ob sein Gegenstand real existiert, denn es ist nicht der Gegenstand, der gefällt, sondern seine bloße Vorstellung (darin unterscheidet sich die ästhetische Haltung von der moralischen); das ästhetische Erlebnis ist b) *begriffslos* (darin unterscheidet sich die ästhetische Haltung von der kognitiven); es gilt c) allein der *Form des Gegenstandes* (darin unterscheidet sich das ästhetische Wohlgefallen vom gewöhnlichen sinnlichen Gefallen); es ist d) ein Wohlgefallen, das nicht nur auf dem Eindruck beruht, sondern auch auf der Vorstellung und dem Urteil, es ist ein *Wohlgefallen des gesamten Geistes*. Ganz allgemein formuliert, war das ästhetische Wohlgefallen für Kant ein Wohlgefallen an dem, was eine dem menschlichen Geist entsprechende Gestalt hat; wenn der Gegenstand diese entsprechende Gestalt hat, gefällt er unfehlbar, mit Notwendigkeit, auch wenn dies nur eine subjektive Notwendigkeit ist.

Noch etwas: e) es gibt keine allgemeine Regel, die vorab darüber entschiede, welche Gegenstände gefallen werden; *jeder* muß *für sich* beurteilt, geprüft werden. Deshalb können Urteile über das ästhetische Wohlgefallen *nur individuelle* Urteile sein. Weil aber der Geist aller Menschen ähnlich beschaffen ist, ist die Erwartung begründet, daß ein Gegenstand, der einem gefallen hat, auch anderen gefallen wird; deshalb zeichnen ästhetische Urteile sich durch Allgemeingültigkeit aus, allerdings eine eigentümlich *Allgemeingültigkeit*, denn sie läßt sich nicht in Regeln fassen. Was demnach das ästhetische Erlebnis auszeichnet, ist Uninteressiertheit, Begriffslosigkeit, Förmlichkeit, Engagement des gesamten Geistes, Notwendigkeit (aber eine subjektive) und Allgemeingültigkeit (aber ohne Regeln). Niemals zuvor war eine auch nur annähernd so komplizierte und paradoxe Theorie des ästhetischen Erlebnisses vorgebracht worden. Es ging jedoch aus Kants Überlegungen hervor, daß diese Theorie nicht einfach sein kann. Und auch, daß sie paradox erscheinen muß, denn wir messen sie am Maß der Erkenntnis, doch das ästhetische Erlebnis hat gerade eine andere Natur als die Erkenntnis. Obwohl Kants Theorie der ästhetischen Erlebnisse Anhänger fand, war sie doch allzu schwierig, um alle zu befriedigen; man suchte nach einer einfacheren Formel.

D. *Die Theorie der Kontemplation.* Es war kaum ein Vierteljahrhundert vergangen, als eine einfachere, weitgehend von Kant inspirierte Theorie der ästhetischen Erlebnisse entstand und Anklang fand. Das geschah nicht mehr in der Epoche der Aufklärung, sondern schon in der Zeit der idealistischen Systeme. Es war die Theorie A. Schopenhauers, die er 1818 in seinem Hauptwerk *Die Welt als Wille und Vorstellung* (1818, Drittes Buch, §§ 34, 37, 38) vortrug. Das ästhetische Erlebnis sei, erklärte er, einfach Kontemplation. Der Mensch erfährt dieses Erlebnis, wenn er die Haltung des Betrachters eingenommen hat, wenn er, wie Schopenhauer schreibt, die gewöhnliche, praktische Haltung zu den Dingen aufgibt, wenn er nicht mehr das Warum und Wozu an den Dingen betrachtet, sondern sich allein auf das konzentriert, *was er vor sich hat*; er denkt dann nicht mehr abstrakt, sondern gibt die ganze Macht seines Geistes der Anschauung der Dinge hin, versenkt sich in sie, läßt sein Bewußtsein von dem, was er anschaut, was er vor sich hat, ausfüllen; das Subjekt wird zum Spiegel des Objekts, es gibt kein Bewußtsein der Trennung mehr zwischen dem Anschauenden und dem Angeschauten, das ganze Bewußtsein ist erfüllt von dem anschaulichen Bild der Welt. Diesen Geisteszustand, diese passive Hingabe an die Objekte nannte Schopenhauer Anschauung, *Kontemplation*, aber auch »ästhetisches Wohlgefallen« (§ 37) und »ästhetische Betrachtungsweise« (§ 38).

Diese Bestimmung des ästhetischen Erlebnisses entsprach der natürlichen, seit jeher verbreiteten Konzeption, jener Haltung der »Zuschauer«, von der schon Pythagoras sprach; sie wurde jedoch, wie es bei natürlichen Konzeptionen bisweilen vorkommt, über lange Zeit hinweg nicht eindeutig, *explicite* formuliert; sie war daher, obwohl uralt, in einem gewissen Sinne eine neue Konzeption. Sie schwebte Aristoteles und Thomas vor, ohne daß sie ihr jedoch einen Namen und eine klare Formulierung gegeben hätten. Jedenfalls hat niemand sie so klar formuliert wie Schopenhauer. Er war aber merkwürdigerweise mit seiner einfachen Theorie abhängig von der komplizierten Theorie Kants, aus der er solche Motive wie die Uninteressiertheit und Förmlichkeit des ästhetischen Erlebnisses übernahm.

Schopenhauer belastete seine Theorie dadurch, daß er sie in ein metaphysisches System einflocht; den Wert der Kontemplation erklärte er damit, daß sie den ewig unruhigen Willen besänftige; er ließ die ästhetische Theorie der Kontemplation in der Metaphysik aufgehen. Das machte diese Theorie für die einen anziehend, während es sie den anderen verleidete.

III. Die letzten hundert Jahre

In den großen philosophischen Systemen der ersten Hälfte des 19. Jahrhunderts war *das Schöne* der höchste Begriff der Ästhetik, aber nicht für lange. In der zweiten Jahrhunderthälfte nahm das ästhetische *Erlebnis* (bzw. die ästhetische Empfindung oder Erfahrung, wie seine Synonyme lauten) den ersten Platz in der Ästhetik noch ungeteilter ein als in der Epoche der Aufklärung. Die Ästhetik wurde (weitgehend) zu einem Zweig der Psychologie; damit wurde sie zu einer empirischen und seit den sechziger Jahren, seit den Arbeiten G. Th. Fechners, zu einer experimentellen Wissenschaft. Diese psychologische Ästhetik wurde in Deutschland begründet; später verlagerte sich ihr Zentrum in die angelsächsischen Länder.

Was bewirkte diesen Wandel, daß das Thema des Schönen aus der Ästhetik verbannt wurde und das ästhetische Erlebnis zu ihrem Hauptthema wurde? Vor allem die Beobachtung, daß die schönen Gegenstände keine gemeinsamen Merkmale haben, daß sie dafür zu unterschiedlich sind; deshalb kann es keine allgemeine Theorie des Schönen, keine Wissenschaft vom Schönen geben; was sich hingegen finden läßt, sind allgemeine Merkmale dessen, was wir angesichts schöner Gegenstände erleben, anders gesagt: die allgemeinen Merkmale von ästhetischen Erlebnissen.[4]

Durch die psychologische Methode gewann die Ästhetik viel detailliertes Faktenmaterial; der Ehrgeiz der Forscher des 19. und 20. Jahrhunderts war jedoch, dieses Material mit einer allgemeinen Theorie zu erfassen. Wenn dieses detaillierte Material aber weitgehend unstreitig war, so galt das nicht für die Theorien, die mit ihren Verallgemeinerungen über das Faktenmaterial hinausgingen. Diese Theorien oder doch die typischsten von ihnen müssen hier erwähnt werden. Sie stellten sich vorwiegend als neue Ideen unserer Zeit dar, doch der Historiker erkennt, daß es sich vielfach um die Wiederkehr älterer Ideen handelt, die einst entstanden waren, als von experimenteller Psychologie und Ästhetik noch keine Rede war.

A. *Die einfachste Theorie: Das ästhetische Erlebnis ist ein Erlebnis sui generis, das nicht auf andere zurückgeführt werden kann.* Hervorragende Psychologen wie W. Wundt, Ästhetiker wie G. Th. Fechner und Philosophen wie J. Cohn gaben dieser Ansicht Ausdruck. Wundt meinte, es gebe spezifische »ästhetische Elementargefühle«. Diese Ansicht war die schärfste, modernste Formulierung der im 18. Jahrhundert vertretenen Idee von einem eigenen Schönheitssinn. Entgegen der Ansicht, das

4 J. Segał, *O charakterze psychologicznym zasadniczych zagadnień estetyki* [Über den psychologischen Charakter grundlegender Fragen der Ästhetik], in: Przegląd Filozoficzny, 1911.

ästhetische Erlebnis lasse sich nicht analysieren, wurden im 19. und 20. Jahrhundert viele Versuche unternommen, das Phänomen zu analysieren. Ein Überblick über sie sollte mit dem Einfachen und Verbreiteten beginnen.

B. Für die im 19. Jahrhundert verbreitete *hedonistische Theorie* ist das ästhetische Erlebnis nichts anderes als das Erlebnis eines Lustgefühls (und eines Unlustgefühls im Falle des negativen Erlebnisses der Häßlichkeit). Nach der krassen Formulierung des spanisch-amerikanischen Philosophen G. Santayana (*The Sense of Beauty*, 1896) ist Schönheit lediglich objektivierte Lust (*pleasure regarded as the quality of a thing*). In radikaler Form trug R. Müller-Freienfels (*Das Urteil in der Kunst*, 1909) die Theorie des ästhetischen Hedonismus vor, und zugleich leitete er aus ihr eine Theorie des ästhetischen Werts ab. Der Wert eines ästhetischen Erlebnisses bemißt sich ihm zufolge an seinem Lustgehalt. Maßstab dieses Werts kann allein die Intensität und Dauer der Lust sein, und da ihre Intensität sich einer Messung entzieht, bleibt nur die Dauer der Wirkung auf Individuen und Generationen. Eine Beethoven-Sonate ist der Tanzmusik nur deshalb überlegen, weil sie länger wirkt.

Die hedonistische Theorie ist eine jener uralten Theorien, die entstanden, als von empirischer Psychologie und Ästhetik noch keine Rede war. Aber auch später hatte der Hedonismus immer wieder Anhänger, wenngleich er im allgemeinen – sowohl im Altertum wie im Mittelalter und der Renaissance – von der platonischen und aristotelischen Tradition verdrängt wurde. In der Neuzeit kehrte er jedoch wieder, zumindest seit dem großen Descartes; dieser setzte das Schöne (in dem bekannten *Brief an Mersenne vom 18.3.1630*) einfach mit der Lust gleich. In der Ästhetik des 18. Jahrhunderts, namentlich der englischen, verstand es sich dann fast von selbst, ästhetische Erlebnisse hedonistisch aufzufassen. (Addison nannte diese Erlebnisse sogar »Freuden der Phantasie«, *pleasures of imagination.*) Im 19. und 20. Jahrhundert besaß die hedonistische Theorie nicht mehr dieselbe Stellung wie im 18.; sie war jetzt nur noch eine unter vielen und zudem noch primitiver als andere. Andere, in den letzten hundert Jahren entstandene Theorien des ästhetischen Erlebnisses unternahmen den Versuch, dieses genauer zu bestimmen, und zwar auf unterschiedliche, ja sogar einander widersprechende Weise. Für die eine Theorie ist dieses Erlebnis Erkenntnis, für die andere Illusion; für die eine ist es ein aktives, für die andere ein passives Erlebnis; für die eine ist es ein rationales, für die andere ein emotionales Erlebnis.

C. *Kognitiv* kann man eine Gruppe von Theorien nennen, denen zufolge das ästhetische Erlebnis eine Art von *Erkenntnis* ist. Auch sie hatten Vorläufer, namentlich in der Lehre Baumgartens von der *repraesentatio sensitiva*. Im 19. und 20. Jahrhundert traten sie in mancherlei Gestalt auf. B. Croce (*Brevario di estetica*, 1913) sah im ästhetischen Erlebnis eine »Intuition«, eine »geistige Synthese«, eine Aufklärung des Geistes, eine treffende Formulierung für das Phänomen. Eigentümlich war die Theorie von K. Fiedler (*Schriften über Kunst*, 1913-14), die von seiner Generation nicht beachtet und von der folgenden verehrt wurde. Er behauptete, daß »der Verstand über das anschauliche Wesen der Welt durch das Kunstwerk aufgeklärt werde«.

D. Das extreme Gegenteil der kognitiven Theorie war der *Illusionismus*. Für ihn zeichnen sich die ästhetischen Erlebnisse dadurch aus, daß sie sich, da sie von der Wirklichkeit abweichen, in einer Welt der Täuschungen, des Scheins, der Imagination bewegen. Auch diese Theorie war nicht neu: schon in den Anfängen der europäischen Ästhetik erschienen, nämlich bei Gorgias und den Sophisten, und dann jahrhundertelang dem europäischen Denken fremd, kehrte sie im 19. und zu Beginn des 20. Jahrhunderts in vielen Versionen zurück.

1. Das ästhetische Erlebnis ist eine bewußte Selbsttäuschung: das war die von K. Lange (*Das Wesen der Kunst*, 1907) vertretene Version des Illusionismus. Lange zufolge *oszilliert* der Geist bei der ästhetischen Haltung zwischen Selbsttäuschung und dem Bewußtwerden der Täuschung; wir werden

uns der Täuschung bewußt, und sogleich geben wir uns ihr erneut hin. Gegen diese Theorie wurde eingewandt, daß ein solches Oszillieren des Bewußtseins nicht nur beim ästhetischen Erlebnis auftritt; außerdem zeigt die Analyse der ästhetischen Erlebnisse, daß sie keine existentiellen Urteile enthalten, denn während dieses Erlebnisses interessiert sich das Subjekt gerade nicht dafür, ob das Objekt real oder Täuschung ist.

2. Das ästhetische Erlebnis zeichnet sich dadurch aus, daß die in ihm enthaltenen Gefühle *Scheingefühle* sind; diese Ansicht kam bei E. von Hartmann (*Ästhetik*, 1907-09) und später bei dem Phänomenologen M. Geiger (*Das Problem der Scheingefühle*, 1910) zu Wort. Auch sie hatten einen Vorgänger: Aurelius Augustinus. Die Anhänger dieser Theorie hielten – wie einst Augustin – die Gefühle der Freude und der Trauer, die man im Theater oder beim Lesen eines Romans empfindet, für scheinbar; auch die Angst, die der Zuschauer oder der Leser durchlebt, hielten sie für unecht; niemand flüchtet ja vor Angst aus dem Theater. Es ist ein Merkmal dieser Scheingefühle, daß sie selbst dann, wenn sie unangenehm sind, das Vergnügen nicht beeinträchtigen; dies ist das sogenannte »Problem von Dubos«, der es Anfang des 18. Jahrhunderts bemerkte und zu lösen versuchte. Gegen die Theorie der »Scheingefühle« wurden jedoch in unserer Zeit Einwände vorgebracht. Vor allem stellen diese Gefühle keine eigene Kategorie dar, sie sind nur schwächer als andere; außerdem treten sie nicht nur bei ästhetischen Erlebnissen auf, können sie nicht als deren *differentia specifica* gelten.

3. Eine andere Variante der illusionistischen Theorie der ästhetischen Erlebnisse sah das Scheinbare und Fiktive nicht bei den Gefühlen, sondern bei den Urteilen und Vorstellungen. A. Meinong (*Abhandlungen zur Erkenntnistheorie*, 1917) hielt die *Urteile*, die wir im Theater abgeben, für fiktiv; wir geben sie über die Bühnenfiguren ab, obwohl wir wissen, daß wir es mit Schauspielern zu tun haben. L. Blaustein (*Przedstawienia imaginatywne* [Imaginative Vorstellungen], 1930) wies, diese Theorie korrigierend, darauf hin, daß bei ästhetischen Erlebnissen nicht die Urteile, sondern die *Vorstellungen* fiktiv

sind. Gegen diese Theorien wurde ein ähnlicher Vorwurf erhoben wie gegen die Theorien Langes und von Hartmanns: daß »imaginative« Urteile oder Vorstellungen zwar nur bei ästhetischen Erlebnissen vorkommen, aber doch nicht bei allen.

4. Den irrealistischen Theorien verwandt war jene, die das ästhetische Erlebnis als eine Art von *Spiel* auffaßte. Sie kündigt sich bei Kant an und fand ihre klassische Formulierung schon bei Friedrich Schiller. In der zweiten Hälfte des 19. Jahrhunderts kehrte sie mit einer speziellen biologischen Begründung bei Darwin und Spencer wieder. Entfaltet wurde sie von K. Groos (*Einleitung in die Ästhetik*, 1892). Sie war jedoch bestenfalls eine Theorie der Kunst und nicht eine der ästhetischen Erlebnisse in ihrem ganzen Umfang.

E. Die Theorie von der *aktiven Natur der ästhetischen Erlebnisse*, die Theorie der *Einfühlung*, wurde zuerst in Deutschland formuliert und anfangs mit diesem deutschen Wort bezeichnet; später bürgerte sich für sie der angelsächsische Terminus ein, der auf das griechische Stammwort »*empathia*« zurückgeht. Anfänge dieser Theorie findet man bei Herder im 18. Jahrhundert und bei dem Romantiker Novalis; einen frühen entschiedenen Befürworter hatte sie in F. Th. Vischer, der mit Hegel und dem Idealismus verbunden war; später tauchte sie bei dem Philosophen H. Lotze auf; entfaltet wurde sie aber erst von Th. Lipps, einem Münchner Professor an der Wende vom 19. zum 20. Jahrhundert (*Ästhetik*, 1903).

Die These dieser Theorie lautet: Zu einem ästhetischen Erlebnis kommt es nur dann, wenn das Subjekt seine Aktivität auf das Objekt überträgt; dadurch schreibt es dem Objekt Eigenschaften zu, die dieses an sich nicht besitzt. Was dann stattfindet, ist, wie Vischer schrieb, »ein Leihen, ein Einfühlen der Seele in unbeseelte Formen«. Dadurch entsteht, wie Lipps darlegte, ein eigentümlicher Genuß: man entdeckt sich selbst in dem von einem selbst verschiedenen Objekt; dies ist »ein objektivierter Selbstgenuß«. Es entsteht eine »seelische Resonanz«, die eine ausgesprochene Befriedigung vermittelt. Das ästhetische Erlebnis ist zwar nicht die einzige, aber doch die wichtigste Form dieses Phänomens.

Die Einfühlung wurde unterschiedlich interpretiert: Vischer verstand sie als einen ursprünglichen, nicht zu erklärenden Instinkt; Lotze sah darin empiristisch ein Resultat von Erfahrungen und Assoziationen; ähnlich wie Lotze dachten Fechner und anfangs auch Lipps. Diese Interpretation herrschte eine Zeitlang vor, doch dann wies J. Volkelt darauf hin, daß individuelle Assoziationen bei der Einfühlung eine verschwindend geringe Rolle spielen, daß sie schon bei Kindern vorkommt und folglich auf einer erblichen Disposition beruht. Es gab in der Theorie der Empathie viele strittige Fragen. Ist die ästhetische Einfühlung eine Einfühlung der Gefühle oder der Vorstellungen? Eine Einfühlung der ganzen Person oder bestimmter Erlebnisse? Die Kritik an der Theorie der Einfühlung wies darauf hin, daß nicht jede Einfühlung von Vorstellungen und Gefühlen einen ästhetischen Effekt hat und nicht in jedem ästhetischen Erlebnis eine Einfühlung von Vorstellungen und Gefühlen enthalten ist. Im Lichte der Kritik erscheint diese Theorie als eine übertriebene Theorie, die ein manchmal auftretendes Phänomen zu einem allgemeinen macht, die die Bedingungen der ästhetischen Haltung zu deren Wesen macht und aus einem Phänomen, das dem ästhetischen Erlebnis vorausgeht, dieses Erlebnis selbst.

F. Das extreme Gegenteil der Theorie der Empathie war die *Theorie der Kontemplation*. Sie sagt, daß wir im ästhetischen Erlebnis die Befriedigung keineswegs aus uns selbst, dem Subjekt, schöpfen, sondern vielmehr aus dem Objekt, aus den angeschauten Dingen, indem wir uns ihnen hingeben und ihre Schönheit in uns aufnehmen. Das ästhetische Erlebnis ist ein spezifisches Erlebnis des Betrachters, ein Erlebnis der Konzentration, der *passiven* Hingabe an das Schöne.

Diese Theorie war nicht neu; schon in den Anfängen des ästhetischen Denkens aufgekommen, war sie im Laufe der Jahrhunderte die unter Laien wie unter Gelehrten am weitesten verbreitete Ansicht; oft galt sie als eine dermaßen offenkundige Ansicht, daß man sich darüber gar nicht auszulassen brauchte. Schopenhauer hatte ihr gleich zu Beginn des 19. Jahrhunderts die klassische Formulierung und den Namen gegeben. (Der Name ist insofern nicht glücklich, als er nicht nur die ästhetische Kontemplation der Außenwelt bezeichnet, sondern auch die ganz andere religiöse Kontemplation innerer Erlebnisse. Wenn bei J. J. Rousseau etwa von der »Kontemplation des Weltalls« (*contemplation de l'univers*) die Rede ist, kann man dies auf beiderlei Weise verstehen.)

Anhänger der Theorie der Kontemplation, der ästhetischen Konzentration, der passiven Hingabe an das Schöne während der letzten hundert Jahre waren: in Deutschland O. Külpe, in Amerika C. J. Ducasse (*Philosophy of Art*, 1929), in Polen J. Segał, der in dem oben (s. Anm. 4) zitierten Artikel schrieb, die Kontemplation sei »der gemeinsame Zug aller ästhetischen Erlebnisse, ungeachtet der Kunstgattung und ungeachtet des Umstandes, an welchen Sinn sie sich wendet«; sie sei »der einzige Ausgangspunkt für die Ästhetik«. Im gleichen Sinne zuvor schon H. Siebeck (*Das Wesen der ästhetischen Anschauung*, 1872). Eine ähnliche Auffassung von der Dichtung hatte H. Bergson, wenn er schrieb, daß es ihre Aufgabe sei, »die aktiven Fähigkeiten des Geistes einzuschläfern und ihn dadurch in einen Zustand der Hingabe an die suggerierten Gedanken und Gefühle zu versetzen«.

Merkmal der Kontemplation ist die *Passivität*, die Konzentration auf innerliche Dinge, die Hingabe an sie, das Nicht-über-sie-Hinauseilen der Gedanken; dadurch unterscheidet sie sich sowohl von der praktischen wie von der kognitiven Haltung. Sie ist ein Wahrnehmen, aber von besonderer Art, das Gegenteil der gewöhnlichen Wahrnehmung (die, im Dienste des praktischen Lebens, aus dem Blick- oder Hörfeld nur jene Züge erfaßt, die momentan wichtig oder notwendig sind). Sie ist eine vollständige, passive, gesammelte Wahrnehmung, die, wie Schopenhauer sagte, »sich in das Objekt versenkt«, »sich von ihm erfüllen läßt«, »zu seinem Spiegel wird«.

Diese Theorie scheint in den bildenden Künsten leichter begründbar zu sein als in der Musik und der Dichtung, denn wie kann man entschwindende Klänge kontemplieren, wie literarische Gegenstände, die durch Wörter repräsentiert sind? Die Sache ist jedoch folgende: Richtig verstanden, ist die Kontemplation nicht nur ein Empfangen von Eindrücken; sie umfaßt auch Tätigkeiten des Geistes; beim Anschauen eines Bildes sehen wir nicht nur Formen und Farben, sondern wir *wissen* auch, was sie darstellen. Zur Kontemplation gehören nicht nur die Eindrücke, sondern auch das *Gedächtnis*; am klarsten beweist dies das Beispiel des Hörens von Musik oder von Gedichten – dabei fügt das Gedächtnis die aufeinanderfolgenden Teile des Werkes zusammen. An der Kontemplation ist auch die Erwartung beteiligt, die zusammen mit dem Gedächtnis die kontemplierten Werke zu einem Ganzen fügt. Mit Rücksicht darauf verlangte Aristoteles vom Kunstwerk, daß es »*eusynopton*« sei, daß es nicht jene Maße überschreite, in denen es vom Geist und den Sinnen in seiner Ganzheit erfaßt werden kann. Die Kontemplation der sichtbaren Welt ist (wie ihre Anhänger betonten) kein regungsloses Schauen, sondern ein allmähliches »Inbesitznehmen«. Der Prozeß der Kontemplation verläuft in den bildenden Künsten ähnlich wie in der Musik und der Literatur; er ist ein Zusammenfügen der einzelnen Teile des Werkes und ein Erinnern dieser Teile. Mögen die mit den Augen kontemplierten Gegenstände auch unbeweglich sein – die Augen des Kontemplierenden sind es nicht. Die Kontemplation eines Bildes oder einer Statue ist ein Prozeß, der sich Schritt für Schritt in der Zeit vollzieht, genauso wie das Hören einer Sonate oder die Lektüre eines Gedichts.

G. *Ergänzungen der Theorie der Kontemplation.* Unter den Theorien des 19. und 20. Jahrhunderts waren einige, die man zu Recht nicht als eigene Theorien betrachten kann, sondern als Ergänzungen der Theorie der Kontemplation.

1. Die *Theorie der Isolation.* Ihr zufolge ist die Isolation des kontemplierten Objekts (*isolation of the object and detachment of the subject*) wenn nicht das Wesen, so doch die erste Bedingung des ästhetischen Erlebnisses. Ein Anhänger dieser Theo-

rie war der deutsch-amerikanische Psychologe H. Münsterberg, der (*Principles of Art Education*, 1905, S. 20) schrieb: »Man muß darauf hinwirken, daß nur eine Vorstellung den Geist erfüllt und in ihm kein Raum für etwas anderes bleibt. Wenn das erreicht ist, ist das Ergebnis klar: für das Objekt die vollkommene Isolation und für das Subjekt die vollkommene Ruhe im Objekt [...]. Letzten Endes ist das aber nur ein anderer Name für die Freude am Schönen.«

Die Isolation des Objekts machte auch der Kunsthistoriker R. Hamann (*Ästhetik*, 1911) zum Zentrum seiner ästhetischen Theorie. Er verstand darunter eine Loslösung nicht nur vom praktischen Leben und den Zusammenhängen des täglichen Daseins, sondern auch von der Umgebung, in der sich das Objekt befindet. Das ästhetische Erlebnis konzentriert sich auf das eine Objekt und schaltet alle anderen aus. Auf nichts anderes als die Isolation des kontemplierten Objekts zielen solche Mittel wie die Rahmen von Bildern, die Sockel von Skulpturen und die Szene im Theater; demselben Zweck dienen so unterschiedliche Operationen wie die (oft der Kunst eigentümliche) Stilisierung und Idealisierung; auch sie zielen darauf, das Kunstwerk zu isolieren und dadurch ein ästhetisches Verhältnis zu ihm zu ermöglichen. Die Isolation ist zwar, wie Kritiker aufzeigten (H. S. Langfield, *The Aesthetic Attitude*, 1920), keine hinreichende Bedingung des ästhetischen Erlebnisses, aber eine seiner Bedingungen, so daß die Theorie der Isolation als Ergänzung der Theorie der Kontemplation betrachtet werden kann. Ähnlich verhält es sich mit anderen Theorien, von denen nun die Rede sein soll.

2. Die *Theorie der psychischen Distanz*. Die Kontemplation verlangt, die Aufmerksamkeit auf ein einziges Objekt zu konzentrieren, zumindest aber auf eine einzige Ebene (die Angelsachsen sprechen von einem »*one-level state of attention*«). Speziell das Bewußtsein kann nicht geteilt werden zwischen dem Gedanken an das angeschaute Objekt und dem Gedanken an einen selbst, es verlangt eher den Verlust des Gefühls für die eigene Person. Das ästhetische Erlebnis verlangt mit anderen Worten »psychische Distanz«, wie das der englische Psycho-

loge E. Bullough nannte (*Psychical Distance*, 1912). Ein Sturm auf See ist ein herrliches Schauspiel, aber nicht für den, der an die ihm drohende Gefahr denkt. Wenn jemand, am Meeresufer stehend, vor der anbrandenden Woge zurückweicht, um keine nassen Schuhe zu bekommen, verrät er damit, daß er die ästhetische Haltung verloren hat. Der Applaus im Theater zeigt, daß das Publikum ästhetische Erlebnisse hatte, aber nicht mehr hat, daß sie schon vorüber sind.

3. Die *Theorie der Interesselosigkeit*. Sie behauptet, daß wir, um ästhetische Erlebnisse zu haben, Dinge, an denen wir praktisch interessiert sind, nützliche, persönliche, unmittelbar wichtige Dinge, vorübergehend aus dem Bewußtsein verdrängen müssen. Es war Kant, der diese Ansicht entwickelte und viel zu ihrem Erfolg beitrug. Er hat jedoch keineswegs als erster den Zusammenhang zwischen dem ästhetischen Erlebnis und einer desintereressierten Haltung entdeckt, hatte doch Scotus Eriugena sehr viel früher darüber geschrieben. War die Interesselosigkeit für Kant eines von mehreren Merkmalen, die das ästhetische Erlebnis definieren, so machten einige seiner Nachfolger daraus ein für die Bestimmung dieses Erlebnisses hinreichendes Merkmal. Diese zu weit gehende Interpretation der Theorie löste auch Widerspruch aus; unter ihren bekannten Kritikern waren J. M. Guyau (*Les problèmes de l'estéthique contemporaine*, 1884) und in Polen W. Witwicki (*Psychologia*, 3. Aufl. 1962). Ihre Argumentation beruhte zum Teil auf einem Mißverständnis, nämlich dort, wo sie sich darauf beriefen, daß man von einem ästhetischen Erlebnis durchaus einen persönlichen, lebenspraktischen Vorteil haben könne; die Theorie der Interesselosigkeit bestreitet das natürlich nicht, nur darf man eben nicht an diese praktischen Vorteile denken, weil das ästhetische Erlebnis dann aufhört, ein ästhetisches Erlebnis zu sein.

4. Die *Gestaltpsychologie*, die sich in der Zeit zwischen den Weltkriegen ausbreitete, hatte die Leitidee, daß das Ganze in der Wahrnehmung Vorrang vor den Teilen hat; ein Gesicht, das wir einmal gesehen haben, erkennen wir wieder, obwohl wir uns an die Form der Lippen oder den Verlauf der Run-

zeln nicht erinnern. Der Mensch verbindet einzelne Reize, die ihn von außen erreichen, sofort zu Ganzheiten, »Gestalten«, »geschlossenen Systemen«.

Die Gestalttheorie, die das ästhetische Erlebnis anfangs nicht beachtet hatte, fand schließlich auch auf dieses Gebiet Anwendung: im Bereich der Malerei dank R. Arnheim (*Art and Visual Perception*, 1956), im Bereich der Architektur dank J. Żórawski (*O budowie formy architektonicznej* [Über den Bau der architektonischen Form], 1962). Sie erklärten den ganzheitlichen Charakter des ästhetischen Erlebnisses, der sich bei der Kontemplation eines Bildes oder dem Betrachten eines Bauwerks enthüllt. Die Beobachtungen des polnischen Gelehrten wiesen Ähnlichkeiten mit sehr alten Beobachtungen auf, nämlich denen des Aristoteles, und mit seiner These, daß es eine Bedingung des ästhetischen Erlebnisses ist, daß ein Werk für den Geist, die Sinne oder das Gedächtnis *als ganzes erfaßbar* ist. Ein Werk der visuellen Kunst, ein Bild oder ein Bauwerk, wirkt auf den Betrachter, wenn es »starke« Formen hat und dadurch leicht zu erfassen ist, und dies gilt *mutatis mutandis* auch für die übrigen Künste. Bildhauer, Musiker und Dichter wandten diese Theorie lange vor ihrer Formulierung in ihren Werken an. Die Gestaltpsychologie ist keine hinreichende Theorie der ästhetischen Erlebnisse, aber sie erklärt, wann ein Objekt ein solches Erlebnis hervorruft, und insofern ist sie eine wichtige Ergänzung der Theorie der Kontemplation.

Es ist an der Zeit, die obigen Ausführungen über neuere Theorien des ästhetischen Erlebnisses zusammenzufassen. Dabei gilt es die Differenzen zwischen den einzelnen Theorien hervorzuheben. Die Auffassung des ästhetischen Erlebnisses als *aktives* Erlebnis (wie in der Theorie der Empathie) und seine Auffassung als *rezeptives* Erlebnis (wie in der Theorie der Kontemplation) bilden zwei extreme Pole. Aber das ist nicht alles: es gibt in den Theorien ästhetischer Erlebnisse noch andere Pole.

So interpretieren manche Theorien das ästhetische Erlebnis als ein intellektuelles, andere dagegen als ein rein emotionales. Oben wurden die ersteren besprochen. Ihre Anhänger im 20. Jahrhundert zogen nicht den Anteil der Gefühle an ästhetischen Erlebnissen in Zweifel, hielten sie aber nicht für den entscheidenden Faktor. Erst ganz am Ende des 19. Jahrhunderts tauchte der Gedanke auf, daß ästhetische Erlebnisse bloße Emotion, bloßer Rausch seien. Neu war das im übrigen nicht; Gravina war mit seiner Lehre vom »*delirio*« ein großer Vorläufer.

H. Die *Theorie des Rausches*. Niemand hatte unmittelbar nach der Zeit des Positivismus eine rein emotionale ästhetische Theorie erwartet. Es war eine Überraschung, als Edward Abramowski im Jahr 1898 auf die Frage: »Was ist Kunst?« eine extrem antiintellektualistische Antwort gab. Das ästhetische Erlebnis tritt seiner Darlegung zufolge dann ein, wenn wir »das intellektuelle Element von uns weisen, wenn wir also vor der Schwelle des Denkens haltmachen«; dann, erst dann »zeigt uns das Phänomen sein anderes, intuitives Gesicht«, und »in der Seele des Menschen wird das Schöne geboren«. Solange der Intellekt aktiv ist, gibt es keine Intuition, keine Schönheit, kein ästhetisches Erlebnis.

Nach dem Beginn des 20. Jahrhunderts begannen sich solche Erklärungen zu häufen, vor allem in bezug auf die Dichtung. Eine besonders gewichtige Äußerung kam von dem französischen Dichter und Denker P. Valéry; auch der Engländer E. Selincourt, Professor der Poetik in Oxford (*On Poetry*, 1929), sah in der Dichtung nur »die Übermittlung einer leidenschaftlich empfundenen Erfahrung«; er schrieb, ihr Wert bestehe »in der Fähigkeit, das Lebensgefühl in seiner unendlichen Mannigfaltigkeit wiederzugeben«.

Zum radikalsten Fürsprecher einer rein emotional verstandenen »reinen Poesie« wurde jedoch ein Franzose, der Verfasser der berühmten *Geschichte der religiösen Empfindung*, H. Brémond. Er vertrat unnachgiebig ein enges Verständnis der Dichtung (*Poésie pure*, 1929; *Poésie et prière*, 1929); zu ihr gehörten, schrieb er, *nicht* unsere Tätigkeiten, die an der Oberfläche des Lebens bleiben, weder die Vernunft noch die Sensibilität, noch all das, was die grammatische oder philosophische Analyse in den Gedichten findet; auch das nicht, was eine Übersetzung von einem Gedicht bewahrt; zur Dichtung gehört weder das Sujet eines Gedichts noch sein Inhalt, weder der Klang der einzelnen Sätze noch die logische Folgerichtigkeit der Vorstellungen, weder die Entwicklung der Erzählung noch die Einzelheiten der Beschreibungen, noch gar die unmittelbar hervorgerufene Gemütsbewegung. »Belehren, erzählen, schildern, Schauder oder Tränen hervorrufen – für all das reicht völlig die Prosa, deren naturgegebener Gegenstand all diese Dinge sind.«

Was bleibt dann nach Ansicht dieses Denkers für die Dichtung? Nichts, nur der *Rausch*, der »unbestimmbare Rausch«. Dieser Rausch genügt jedoch, um »mit der geheimnisvollen Wirklichkeit Verbindung« aufzunehmen und »dem *Innersten unserer Seele* zu übermitteln«. Es ist also anscheinend nicht viel, wenn es nur der Rausch sein soll, zugleich aber viel, weil das Innerste der Seele einbezogen wird. Zur Dichtung gehört natürlich auch die Musik des Gedichts, aber diese Musik hat nur dienende Funktion, ist »Träger des Fluidums«. Und was erreicht man durch diese reine Poesie und den von ihr ausgehenden Rausch? Während die Worte der Prosa zu gewöhnlichen Lebensaktivitäten anregen, stellen die Worte der Poesie diese Aktivitäten gerade ein und schaffen Besänftigung. Und durch die Besänftigung führen sie uns, wie Brémond sagt, »dorthin, wo eine andere als menschliche Präsenz auf uns wartet«. Letztlich zielt die Dichtung darauf, zum Gebet zu werden.

Kriterien der Dichtung sind dieser Ansicht nach nicht ihre äußeren und formalen Eigenschaften, sondern der Zustand der Seele, besonders der emotionale, transzendente, mystische Zustand. Was spricht für ein solches Verständnis der Dichtung? Brémond antwortet: Dafür spricht, daß wir Gedichte langsam lesen, ohne uns sonderlich von ihrem Inhalt berühren zu lassen; daß wir nicht immer das ganze Gedicht lesen – manchmal genügen schon ein paar Worte, damit es auf uns wirkt; daß wir bisweilen seinem Zauber erliegen, ohne seinen Inhalt genau zu verstehen, so wie das Volk die Psalmen liest; daß der Inhalt von Gedichten, die zur großen Dichtung gezählt werden, dürftig ist; daß Gedichte auch dann entzücken, wenn ihr Sinn dunkel ist; daß ihr Wert von unbedeutenden Dingen abhängt – bisweilen braucht man nur einen Ausdruck zu verändern, um den ganzen Eindruck zu zerstören.

Dies war eine rein emotionale, antiintellektuelle Natur der ästhetischen Erlebnisse in radikalster Form. Entstanden als eine Konzeption der Dichtung, konnte sie *mutatis mutandis* auf die gesamte Kunst und auf alle ästhetischen Erlebnisse übertragen werden. Sie verliert jedoch ihren paradoxen Charakter, wenn wir den Rausch nicht als die einzige, sondern als eine der Formen des ästhetischen Erlebnisses auffassen. Das beginnt bei Schopenhauer; für ihn war der Rausch die richtige Reaktion auf die Musik – und nicht nur auf sie. An ihn anschließend, schuf Nietzsche (*Geburt der Tragödie*, 1871) eine dualistische Konzeption der ästhetischen Erlebnisse: sie sind teils »apollinisch«, teils »dionysisch«.

IV. Das Erbe

Die oben zusammengestellten Ansichten über das ästhetische Erlebnis unterscheiden sich nicht wenig voneinander; allerdings gelten sie auch nicht immer denselben Fragestellungen.

A. Die einen waren Versuche, eine *Definition*, die anderen, eine *Theorie* des ästhetischen Erlebnisses zu schaffen. Und es war keineswegs so, daß frühere Ästhetiker eine Definition festlegten, auf deren Grundlage spätere eine Theorie errichteten. Die meisten Ästhetiker haben diese beiden Aufgaben überhaupt nicht auseinandergehalten.

Eine Definition des ästhetischen Erlebnisses gibt es bei Aristoteles und bei Thomas von Aquin; sie tritt in ihren Schriften zusammen mit der Beschreibung eines typischen Erlebnisses auf. Platon schuf dagegen eher eine Theorie, namentlich eine Ansicht darüber, welche Bedingungen erfüllt sein müssen, welches Vermögen des Geistes ein Mensch besitzen mußte, um ein ästhetisches Erlebnis erfahren zu können. Die Ausführungen Plotins und Ficinos hatten ein ähnliches Thema wie die Platons. Auch die Ästhetiker der Aufklärung kümmerten sich wenig um eine Definition; sie nahmen an, daß das ästhetische Erlebnis einfach das Erlebnis des Schönen und Erhabenen ist; hingegen versuchten sie zu ergründen, dank welcher Fähigkeiten des Geistes dieses Erlebnis entsteht. Die große Ausnahme war Kant: in seinen Schriften finden wir sowohl eine Definition als auch eine Theorie. Ähnlich ist es in den Schriften Schopenhauers. Die Ästhetiker des 19. und des frühen 20. Jahrhunderts, ob Hedonisten, Illusionisten oder Empathiker, strebten eher danach, die Phänomene zu erklären, als sie zu definieren.

B. Die allmählich entstehenden Theorien der ästhetischen Erlebnisse betrafen mehr als ein Thema. Die pythagoreische Konzeption des »Zuschauers« war eine Theorie der ästhetischen *Haltung*. Ähnlich die Ausführungen Eriugenas über »*nulla cupido*«. Ähnlich auch die kontemplative Ästhetik Schopenhauers. Die Ästhetik Platons war dagegen vornehmlich eine Theorie der für das ästhetische Erlebnis erforderlichen geistigen Vermögen. Genauso die Theorien der Aufklärung über den »ästhetischen Sinn« und den Geschmack. In einem gewissen Maße auch Kants Theorie der »Urteilskraft«, die die Mitwirkung aller Fähigkeiten des Geistes fordert.

Nicht geringer ist die thematische Vielfalt in den uns zeitlich näherstehenden ästhetischen Theorien. Der *Ablauf* des ästhetischen Erlebnisses war Thema der Theorien der Empathie. Die Theorie Brémonds legte den Akzent auf den *Gegenstand* des Erlebnisses: die geheimnisvolle Wirklichkeit. Die Theorie Hamanns nannte eine *Bedingung* des Erlebnisses, nämlich die Isolation vom gewöhnlichen Leben; ähnlich die Theorie der psychischen Distanz. Auf eine *negative Bedingung*, nämlich die Ausschaltung des intellektuellen Elements, verwies die Theorie Abramowskis. Die Theorie des ästhetischen Hedonismus galt den *Elementen* des Erlebnisses. Die für das Erlebnis erforderlichen *Fähigkeiten* nannte die Theorie der imaginativen Vorstellungen. Die *Reihenfolge* der Erlebnisse wurde von der Theorie der Oszillation hervorgehoben. Die Ansicht, daß der Begriff der ästhetischen *Haltung* der Grundbegriff der psychologischen Ästhetik sei und daß sie, die Haltung, darüber entscheide, ob es zu einem ästhetischen Erlebnis kommt, fand um das Jahr 1900 herum Befürworter (darunter O. Külpe in Deutschland und J. Segał in Polen). Darüber, was für eine Haltung das sein müsse, war man sich nicht einig: Külpe und Segał waren für eine kontemplative Haltung, einen anderen Standpunkt vertrat die Theorie der Empathie. Doch wir sind nach Jahrhunderten wieder bei der pythagoreischen Haltung des »Zuschauers« angekommen.

C. Die Schwierigkeit, eine Definition und eine Theorie des ästhetischen Erlebnisses zu formulieren, beruhte seit jeher darauf, daß dieser Name sehr *unterschiedliche* Erlebnisse umfaßte. »Die Unterschiedlichkeit der ästhetischen Erlebnisse«, schrieb S. Ossowski (*U podstaw estetyki* [Am Fundament der Ästhetik], 1958, S. 261), »ist wohl nicht geringer als die Unterschiedlichkeit der Gegenstände dieser Erlebnisse.«

Neuere Ästhetiker meinten, es gebe ein spezifisches Gefühl, durch das sich das ästhetische Erlebnis auszeichnet. Sie versuchten es zu finden, zu bestimmen; anhand dieses Gefühls hätte man die Grenzen der Ästhetik klar abstecken können, doch ist es fraglich, ob es ein solches Gefühl überhaupt gibt. Unter den Psychologen trat die Ansicht auf, daß es gerade »*nicht* ein einzigartiges Gefühl gibt, das man als *das* ästhetische bezeichnen kann« (*there ist no unique emotion which we can label the aesthetic emotion*, siehe C. W. Valentine, *The Experimental Psychology of Beauty*, 1962, S. 9). Das ästhetische Erlebnis beruht vielmehr auf einer harmonischen Verbindung verschiedener Gefühle und einer bestimmten Geisteshaltung. Ähnlich denken Avantgarde-Künstler: Robert Morris sagt, der Unterschied zwischen der ästhetischen und der gewöhnlichen Erfahrung sei ein quantitativer, kein qualitativer (M. Tucker, 1970).

D. Am wichtigsten ist, daß der Begriff des ästhetischen Erlebnisses unscharf ist. Wirkt ein Kunstwerk durch seine Neuheit und Ungewöhnlichkeit, oder wirkt es ästhetisch? J. Addison (*The Spectator*, 1712) sah einerseits einen Gegensatz zwischen dem Ungewöhnlichen (*uncommon*) und dem Schönen, faßte aber andererseits beides zusammen als Spielarten der »Freuden der Phantasie«. Seitdem ist ihr Verhältnis umstritten, und das Ungewöhnliche und das Neue erhalten zunehmende Bedeutung in der Kunst. Nicht nur im Umgang mit neuer Kunst, sondern auch mit der alten, in Antiquariaten nicht minder als auf Ausstellungen der Avantgardisten, denn »das Alte ist zu etwas Unbekanntem geworden und hat dadurch den Titel des Neuen gewonnen« (A. Moles, *Esthétique expérimentale*, S. 21). Museumsbesucher und Reisende erliegen einer scheinbar ästhetischen Gefühlsregung, die aber in Wirklichkeit eher eine spezifisch touristische ist. Es sind, wie paradoxerweise bemerkt wurde (Moles, S. 24), eher die Sammler von Ansichtspostkarten, die im engeren Sinne »ästhetische« Gefühle empfinden. Oft wird dieser Name jedoch so weit und unspezifisch verwendet, daß er alles mögliche umfaßt, was weder Erkenntnis noch Wirkung ist.

E. Die allzu großen Diskrepanzen lösten Bemühungen aus, sie zu überwinden. War das vergangene (19.) Jahrhundert eine Zeit der extremen, einander ausschließenden Theorien, so bemüht sich unser Jahrhundert um pluralistische, alternative Theorien, die eine Versöhnung der Gegensätze versprechen.

Eine dieser Theorien stammt von R. Ingarden; er hat sie an vielen Stellen vertreten, besonders in dem Buch *Przeżycie – dzieło – wartość* (1966; deutsch: *Erlebnis, Kunstwerk und Wert*, Tübingen 1969). Ihr Grundgedanke ist, daß das ästhetische Erlebnis ein komplexes, mehrphasiges Erlebnis ist. Sich in der Zeit entfaltend, durchläuft es mehrere *Etappen* unterschiedlichen Charakters; in einer Etappe bestätigt es die Theorie der aktiven Haltung, in einer anderen die der passiven Haltung, in einer die der intellektuellen, in einer anderen die der emotionalen Haltung.

Der Beginn des Erlebnisses ist nach Ingarden eine »erste Gemütsregung«, die den Charakter einer Erregung hat. Wenn wir unter dem Einfluß dieser Erregung unser ganzes Bewußtsein dem Gegenstand zuwenden, der sie hervorgerufen hat, tritt die zweite Etappe des Erlebnisses ein; der gewohnte Gang des Bewußtseins wird gehemmt, sein Feld verengt sich, das Interesse konzentriert sich auf die wahrgenommene Qualität. Jetzt beginnt die dritte Etappe: das »konzentrierte Anschauen« dieser Qualität. Das ästhetische Erlebnis kann mit dieser dritten Etappe enden, es kann aber auch weitergehen; in diesem Fall hat das Subjekt ein von ihm selbst gestaltetes Objekt vor sich und setzt sich mit ihm auseinander, reagiert es mit einer Erregung auf das, was es selbst geschaffen hat. Im ästhetischen Erlebnis treten also nacheinander auf: die reine Erregung des Subjekts, die Formung des Objekts durch das Subjekt und das rezeptive Erleben dieses Objekts. In den früheren Etappen hat das Erlebnis einen emotionalen und dynamischen Charakter, der in der letzten Etappe der Kontemplation Platz macht.

F. Es gibt noch eine zeitgenössische pluralistische Konzeption der ästhetischen Erlebnisse (W. Tatarkiewicz, *Skupienie i marzenie* [Konzentration und Traum], 1934). Sie vertritt die These, daß die ästhetischen Erlebnisse *unterschiedlicher Art* sind. Ihr Begriff umfaßt sowohl Erlebnisse passiven wie solche aktiven Charakters, sowohl solche, die einen klaren intellektuellen, als auch solche, die einen rein emotionalen Faktor besitzen; er umfaßt sowohl Zustände der Kontemplation und der Besänftigung als auch solche gesteigerter Emotionalität. Die einen wie die anderen fallen unter den gewohnten Begriff des ästhetischen Erlebnisses, und beide haben Anspruch auf den Namen ästhetischer Erlebnisse. Die Theorie, daß ästhetische Erlebnisse ein Rausch seien, ist wahr – aber nur für einen Teil der von diesem Namen umfaßten Erlebnisse; genauso verhält es sich mit der Theorie der Kontemplation.

Man kann die Theorien der ästhetischen Erlebnisse, insbesondere die beiden zuletzt erwähnten pluralistischen, auch in einfacheren, alltäglicheren und für jeden verständlichen Worten darstellen. Die Kontemplation ist letztlich nichts anderes als eine *Konzentration* auf den Gegenstand, der das ästhetische Erlebnis bewirken soll; was dagegen die emotionalistischen Theorien in diesem Erlebnis sehen, ähnelt dem, was man umgangssprachlich als *Traum* bezeichnet. Man kann daher sagen, daß das ästhetische Erlebnis nach Ingardens Theorie *der Reihe nach* Traum und Konzentration ist, während es nach der letzteren Theorie ein Zusammenspiel von Konzentration und Traum sein kann, aber auch ausschließlich Traum oder ausschließlich Konzentration. Der Begriff des ästhetischen Erlebnisses ist so allgemein und so unzureichend bestimmt, daß man ihn nur mit Alternativen beschreiben kann.

Schluß

> Varia sunt mundi membra. Variae sunt in membris mundi species. Variae sunt in speciebus individuorum figurae [...]. Tanta igitur naturae conformaturus, in omnibus diversitatem, in modo subsistendi, in magnitudine, in termino, in situ, et quot poteris discriminibus indue, in agendo, patiendo, elargiendo, capiendo, substrahendo, addendo, aliisque modis ut diximus alterando.
>
> G. Bruno: Ars memoriae

A. Damit endet das vorliegende Buch; es ist eine Geschichte von sechs oder gar einer noch größeren Anzahl von Begriffen, denn am Rande wurde auch die Geschichte der Begriffe der Anmut, des Subtilen, des Erhabenen, des Klassischen, des Romantischen und noch einiger weiterer skizziert. Im Titel hätte daher vielleicht der gemeinsame Charakter dieser Begriffe erwähnt und angemerkt werden sollen, daß es sich um eine Geschichte »ästhetischer« Begriffe handelt. Es erschien jedoch angebrachter, bei einer historischen Arbeit, die bis in die ältesten Zeiten zurückreicht, auf der Titelseite einen Terminus zu vermeiden, der heute zwar allgemein gebräuchlich ist, sich aber relativ spät gebildet hat, einen Terminus, den die Geschichte europäischer Reflexionen über das Schöne und die Kunst, das Schöpferische und die Form über die längste Zeit nicht gekannt hat.

Die Geschichte der sechs Grundbegriffe der heutigen Ästhetik ist reich an Auseinandersetzungen und Wandlungen. Wenn die Begriffe gefestigt zu sein schienen, änderten sich die Namen. Und wenn die Namen sich mittlerweile gefestigt hatten, änderten sich die Begriffe. Für den Historiker ist diese Fülle von Ideen über eine begrenzte Themenzahl verlockend. Für den Ästhetiker kann sie jedoch abschreckend sein; wie soll er diese schwierige Geschichte weiterführen, wie angesichts dieser Vielfalt von Begriffen und Namen eine neuere, bessere Theorie bilden?

Man könnte meinen, die einst geführten Auseinandersetzungen seien am Ende doch verstummt und in unserer Zeit sei, nach zweieinhalbtausend Jahren der Entwicklung der europäischen Kultur, eine Stabilisierung der Begriffe und Theorien eingetreten. Doch wenn sie überhaupt eingetreten ist, dann ist es eine kleine Stabilisierung in unerwarteter Form, und nichts deutet darauf hin, daß sie von Dauer sein wird. Welche der historischen Begriffe haben sich erhalten?

Die *Nachbildung*, die (unter den Namen *imitatio* und *mimesis*) lange ganz im Vordergrund stand, ist jetzt völlig in den Hintergrund getreten. Die *Schöpfung*, einst kaum bemerkt, hat den ersten Platz eingenommen. Einen hohen Rang hat die *Form* eingenommen, ist jedoch nach wie vor ein vieldeutiger und umstrittener Begriff. Dagegen wird *das Schöne* nur mit Mißtrauen benutzt, gilt als altmodischer Begriff. Von der *Kunst* liest man zwar allenthalben, aber dabei geht es um die Frage, was sie *sein könnte*, weil sie nicht mehr ist, was sie zweitausend Jahre lang war. Wo ist hier die Stabilisierung? Der Begriff der Kunst ist heute nicht minder erschüttert als der Begriff des Schönen. Im 19. Jahrhundert schienen die Begriffe der Ästhetik sich zu stabilisieren und (kantisch gesprochen) »den sicheren Gang einer Wissenschaft einzuschlagen«. Doch im 20. Jahrhundert tritt die Krise ein.

Zwei Ursachen trugen zu dieser Krise bei. Die eine ist der gewöhnliche Verlauf der Geschichte: Begriffe nutzen sich ab, statt ihrer bilden sich neue und verschmelzen mit den Relikten der alten. Die andere ist der ungewöhnliche historische Moment, in dem wir leben; die Menschen *wollen* den Wandel und halten sich für berufen, ihn zu vollziehen. In allem und nicht zuletzt in den Begriffen; in allen und nicht zuletzt in den ästhetischen. Wenn im Begriffssystem der Schock an die Stelle des Schönen und die Schöpfung an die Stelle der Kunst tritt, dann kann man nicht mehr von einer weiteren Phase der alten Entwicklung (speziell der des 19. Jahrhunderts) sprechen – es handelt sich um einen Bruch der Kontinuität. Viele Menschen haben heute das Gefühl, an einem Wendepunkt zu stehen. Und das sagt ihnen zu: sie möchten selbst Schöpfer der Umwälzung sein. Umwälzungen hat es in der Vergangenheit nicht wenige gegeben, doch waren sie nicht in dem Maße beabsichtigt, bewußt in die Wege geleitet. Sie waren gerade unbeabsichtigt, vollzogen sich eher unter innerem Zwang, häufig ohne das Bewußtsein, daß es Umwälzungen waren. Der Historiker kennt nicht viele Präzedenzfälle für den gegenwärtigen Augenblick, und er kann kaum aufgrund einer Analogie vorhersagen, wie die nächsten Etappen aussehen werden; insbesondere hat er keine Erfahrungen im Hinblick darauf, ob eine bewußte, absichtliche Umwälzung (»es soll anders werden, als es war«) eine tiefere Umwälzung von nachhaltiger Wirkung ist.

B. Man hat die Begriffsgeschichte mit einem Friedhof verglichen, ein nicht ganz treffender Vergleich. Zumindest im Bereich der Ästhetik ähnelt sie eher einer Reparaturwerkstatt: manche Teile werden repariert, andere entfernt und durch neue ersetzt. Einem Friedhof gleicht eher die Geschichte der Theorien. Es gibt dort ein ausgedehntes Quartier der ästhetischen Theorien, wo viele Theorien des Schönen, der Kunst, des Schöpferischen, der Form und des ästhetischen Erlebnisses begraben liegen.

Die Bildung von *Begriffen* besteht darin, daß wir in der Vielfalt der Erscheinungen Klassen von Erscheinungen aussondern; wurde eine Klasse fehlerhaft ausgesondert, umfaßt sie auch unähnliche Erscheinungen oder hat sie ähnliche ausgelassen, so korrigieren wir den Begriff, erweitern wir ihn oder engen ihn ein, verändern wir die Grenzen der Klasse. Die Geschichte der Begriffe ist denn auch vornehmlich eine Geschichte der *Korrekturen*, Abänderungen, Verbesserungen. Das gilt für ästhetische Begriffe nicht mehr und nicht minder als für andere.

Die Bildung von *Theorien* besteht demgegenüber darin, daß

wir in der ausgesonderten Klasse gemeinsame Merkmale finden und sie mit Hilfe dieser gemeinsamen Merkmale beschreiben und erklären. Diese Operation kann auf unterschiedliche Weise vorgenommen werden, und wenn eine sich als ungeeignet erweist, versuchen wir es mit anderen. Die Geschichte der Theorien ist denn auch weniger eine Geschichte der Korrekturen als vielmehr eine Geschichte immer wieder *neuer Versuche*.

Die Geschichte der Ästhetik kennt indes zwei Theorien von ungewöhnlicher Beständigkeit, die Jahrtausende überdauert haben: die Theorie des Schönen (als Form), die oben als Große Theorie bezeichnet wurde (groß gerade wegen ihrer Beständigkeit), und die Theorie der Kunst (als Nachahmung), die oben als Alte Theorie bezeichnet wurde, weil sie ihre Position eingebüßt hat, allerdings erst nach zweitausend Jahren. Außer diesen beiden gab es in der Ästhetik eine nicht geringe Zahl von Theorien, die eine nach der anderen oder eine neben der anderen auftauchten. Eine Zeitlang weckten sie Interesse, hatten sie Enthusiasten, dann kamen andere und verdrängten sie. Im Lichte der neuen Theorien erschienen die alten als Irrtümer.

Die pythagoreische Theorie, die die Schönheit ausschließlich von der Proportion und der Zahl abhängig sah und so lange die Philosophen und Künstler für sich einnahm, war nur eine Teilwahrheit; als allgemeine Theorie des Schönen geht sie fehl, erscheint sie als Irrtum, es sei denn, sie würde den gewohnten Begriff des Schönen einengen oder den gewohnten Begriff der Proportion erweitern.

Die Platonsche Theorie, es gebe eine Idee des Schönen, die wir kennen, derer wir uns bedienen, durch die allein wir das Schöne erkennen können, ist ein Irrtum. Ein Irrtum, der sogar ziemlich rasch erkannt wurde; dennoch hatte sie über Jahrhunderte hinweg immer wieder begeisterte Anhänger.

Die andere Theorie Platons, die Kunst sei moralisch schädlich, ist ebenfalls ein Irrtum.

Aristoteles' Theorie der *Katharsis*, die in der Kunst ein Mittel der Reinigung sieht: eine mehrdeutige Theorie, die viele

Interpretationen zuläßte teilweise richtige, aber als allgemeine Theorie der Kunst ein Irrtum. Aristoteles' Versuch, eine allgemeine Theorie der Tragödie zu schaffen – ein Irrtum.

Die neuplatonische Theorie der »*claritas*«, die das Wesen der Kunst im Licht und Glanz sieht, ist für eine Theorie zu unbestimmt und zu wenig operativ. Nicht anders die scholastische Gleichsetzung der »*claritas*« mit der »Form«, also die Theorie, etwas sei schön, wenn sein Wesen durch seine materielle Erscheinung durchschimmert. Diese von den Albertisten des 13. Jahrhunderts geschaffene Theorie hatte nicht ohne Grund nur eine kurze Lebensdauer.

Die »*concinnitas*« der Renaissance – eine schöne Theorie, die im Grunde aber nur für die klassische Kunst gilt, versagt angesichts des Schönen der Gotik und des Barock.

Die Theorie der Dichtung, die von den Aristotelikern des 16. Jahrhunderts entwickelt und so detailliert ausgearbeitet wurde, ist jedoch sowohl in ihrer allgemeinen Konzeption wie in vielen Einzelbeobachtungen und Vorschriften ein Irrtum.

Die Literatur- und Kunsttheorie der französischen Akademiemitglieder des 17. Jahrhunderts – ein krasser Irrtum.

Die *agudeza* der Manieristen, eine Theorie, der zufolge das einzig wahre Schöne in der Subtilität und im Raffinement liegt, entspricht nur einem begrenzten Kreis von Werken; als allgemeine Theorie der Literatur und Kunst ist sie ein Irrtum.

Das von Ch. Batteux erdachte System der schönen Künste war das erste System in der Geschichte, das im Prinzip von den Theoretikern des 18. Jahrhunderts anerkannt wurde, wurde indes korrigiert, verändert und am Ende aufgefaßt als – Irrtum.

Die erste Konzeption der Ästhetik als Wissenschaft, die von A. Baumgarten stammte, der behauptete, die Ästhetik sei die Wissenschaft von der sinnlichen Erkenntnis (*cognitio sensitiva*), wurde schon im 18. Jahrhundert kritisiert und als Irrtum aufgefaßt.

Die Ästhetik Schellings und Hegels, große Theorien voller großartiger Einfälle, aber insgesamt – ein großer Irrtum. Nicht anders Libelts »*umnictwo piękne*«: zuwenig Fakten, zuviel Konstruktion.

Unzählige Theorien der Literatur und der Künste im 19. und 20. Jahrhundert, geschaffen von Schriftstellern und Künstlern, Realismen und Naturalismen, Expressionismen und Formismen, entsprachen bestimmten Strömungen, einem bestimmten historischen Moment, einer bestimmten Künstlergruppe, versagten jedoch als allgemeine Kunsttheorien und wurden von anderen Strömungen, Momenten und Gruppen verworfen.

Auch die philosophischen Theorien des Schönen, der Kunst, der ästhetischen Erlebnisse, erdacht und entwickelt von neueren Ästhetikern, Hedonismen, Illusionismen, Theorien der Empathie, waren wichtig als Teilbeobachtungen, stießen aber dennoch auf Kritik und wurden als allgemeine ästhetische Theorien als Irrtümer aufgefaßt.

Letztlich fast ebenso viele Irrtümer wie Theorien. Es gibt sie nicht nur in den frühen Theorien, mit denen einst die anonyme ästhetische Reflexion begann, sondern auch in den letzten, reiferen Theorien der wissenschaftlichen Ästhetik.

Selbstverständlich gab es in vielen dieser Theorien *particulae veri*. Vielleicht gab es sie sogar in allen, in den einen mehr, in den anderen weniger Wahres, aber wohl in jeder dieser Theorien, die im Laufe der Jahrhunderte verkündet und geschätzt wurden, steckte eine Teilwahrheit. Die Irrtümer beruhten überwiegend darauf, daß dort, wo partielle Behauptungen richtig gewesen wären, allgemeine Behauptungen vorgetragen wurden, daß man *totum pro parte* machte. Und es gibt keinen Grund, diese teilweise irrigen Theorien zu verdammen; historisch waren sie notwendig. Auf einem so komplizierten und schwierigen Gebiet wie der Theorie der Kunst, des Schönen, des ästhetischen Erlebnisses und des Schöpferischen gab es wahrscheinlich keine bessere Methode als die Methode von Versuch und Irrtum (wenn man mir hier diesen Namen gestattet); es gab kein besseres Verfahren als extreme Theorien zu verkünden, die Widerspruch hervorriefen und dialektisch bewirkten, daß die Geister zum anderen Extrem übergingen, um sich am Ende der mittleren Wahrheit zu nähern oder besser den vielen Detailwahrheiten, die sich gegenseitig beschränken und ergänzen. Dafür, die richtige Detailtheorie zu finden und von ihrer Richtigkeit zu überzeugen, gab es in der komplizierten Welt des Schönen, der Kunst und des Schöpferischen vielleicht keinen besseren Weg, als mit unrichtigen allgemeinen Theorien zu beginnen und, nachdem man auf Schwierigkeiten, Gegenargumente und Abweichungen gestoßen war, die Fehler zu bemerken und zu begrenzten, aber richtigen Detailtheorien zu gelangen. Das war der noch keineswegs beendete Weg der europäischen Ästhetik. Vielleicht ist er der einzige, der es ermöglichte und noch immer ermöglicht, Gedanken über das Schöne und die Kunst, das Schöpferische und die Form zu ordnen und korrekt zu verallgemeinern.

C. Es ist gut, wenn man sich am Ende eines Buches noch einmal dem Gedanken zuwendet, mit dem es begann. Im vorliegenden Buch war dies der Gedanke, daß die Welt vielfältig und verwickelt ist, die Welt der menschlichen Werke nicht minder als die Natur. Sie enthält Objekte, die einander ähneln, aber mit unähnlichen vermengt sind; sie ist kein Magazin, in dem die Dinge säuberlich nach Gattungen geordnet sind. Der menschliche Geist braucht aber Ordnung und Transparenz. Um sie zu errreichen, *ordnet* er die Welt, sondert er in seinen eigenen Erzeugnissen wie in der Natur *Klassen* von einander ähnlichen Objekten aus.

Und er operiert mit diesen Klassen, als seien sie homogen, obwohl sie Objekte umfassen, die nur unter einigen Aspekten ähnlich, unter anderen aber verschieden voneinander sind; er bildet Klassen von Skulpturen und Tischen, obwohl die Skulpturen unterschiedlichen Gattungen angehören und die Tische von unterschiedlicher Form sind. Um sich aber zu verständigen – nicht nur mit anderen, sondern auch mit sich selbst –, braucht der Mensch nicht nur solche Klassen und Begriffe wie Skulpturen und Tische, sondern auch sehr viel weitere Klassen und Begriffe: solche wie Natur und Wahrheit, aber auch solche wie Schönheit und Kunst, Schöpfung und ästhetisches Erlebnis. Diese allgemeinsten Klassen und Begriffe haben einen riesigen Umfang und damit einen schwer zu erfassenden Inhalt. Gleichwohl bilden wir sie und versuchen ihren Inhalt zu erfassen; dann erkennen wir indes, daß wir es mangelhaft gemacht haben, und versuchen es erneut.

Nicht leichter ist es, wenn nicht sogar noch schwerer, für diese riesigen Klassen *Theorien* zu bilden. Wir brauchen sie nicht für das, wofür wir die Klassen, Begriffe und ihre Definitionen brauchen; denn sie sind keine Vorbereitungen für das Denken, schaffen für es keine Rahmen und Schemata, sind nicht dessen Grundlage, Ausgangspunkt, Anfang. Sie sind vielmehr das Ende, die wenn nicht endgültige, so doch vorläufige Zusammenfassung unserer Gedanken, unseres Wissens.

Wir bilden Theorien, weil sie notwendig sind. Das ist allerdings schwierig im Falle großer Klassen, die eine Unmenge verschiedener, nur teilweise einander ähnlicher Objekte umfassen. Wir bilden sie, doch erweisen sie sich früher oder später als unzulänglich, weil Objekte aufgetaucht sind, die es vorher nicht gegeben hat oder die wir nicht bemerkt haben. Dann bilden wir neue Theorien, die besser erscheinen, besser die uns bekannten Objekte zusammenfassen und beschreiben. Bis wiederum neue Erfahrungen auftauchen, die uns veranlassen, unsere Theorien zu ergänzen oder abzuändern: dann bemühen wir uns, eine abermals neue Theorie zu schaffen. So verläuft die Geschichte des Wissens vom Schönen und der Kunst, von der Form und vom Schöpferischen von einer Theorie zur anderen. Nicht anders, als es mit unserem Wissen von der Natur, vom Menschen und von der Gesellschaft geschieht.

Bei so riesigen Klassen wie der des Schönen oder der Kunst ist es schwierig, alle zu ihnen gehörenden Objekte zu erforschen – deshalb sind Theorien oft nur in bezug auf einen Teil der Klasse wahr. Doch in bezug auf den Teil, anhand dessen sie gebildet wurden, sind sie wahr. Ihre Wahrheit läßt sich jedoch retten, wenn man ihren Umfang verengt oder dem allgemeinen Begriff eine alternative Definition gibt. Der Historiker weiß, daß allgemeine Theorien der Kunst oder des Schönen, die versagt haben, sich dennoch als richtige

Theorien für einen engeren Umfang, für einige Zweige der Kunst, für einige Gestalten des Schönen erwiesen haben. Während sie in der allgemeinen und absoluten Formulierung Irrtümer waren, vermögen sie dennoch bestimmte Formen des Schönen und der Kunst zu erklären und sind insofern nützlich.

D. Es gibt trotz der Veränderlichkeit der ästhetischen Begriffe und Theorien in ihrer Geschichte bestimmte *dauerhafte Motive*, die allzeit lebendig sind oder doch immer wiederkehren. Manche haben sich über die Jahrhunderte in unveränderter Gestalt erhalten, andere haben dagegen oft partielle Veränderungen erfahren und eine Entwicklung durchgemacht. Der Historiker kann im allgemeinen die Momente bestimmen, in denen diese Motive zum Gegenstand der ästhetischen Reflexion wurden. Die wichtigsten und besonders beständigen unter ihnen seien hier aufgeführt und aus Dankbarkeit für jene, die sie schufen oder am besten ausdrückten, mit deren Namen benannt. Manche dieser Motive sind der Kunsttheorie und der Theorie des Schönen gemeinsam, andere dagegen ein Spezifikum allein der Kunsttheorie; hier werden sie zusammen angeführt.

Die Geschichte der europäischen ästhetischen Reflexion beginnt früh mit dem *pythagoreischen Motiv*: so benennen wir nach ihren Urhebern die Ansicht, daß Maß, Zahl, Harmonie oder, wie man es anfangs nannte, *symmetria*, Ebenmaß über die Schönheit entscheiden. Mit ihm ging von Anfang an das *orphische Motiv* einher, die Überzeugung, daß die Kunst auf den, der an ihr Anteil hat, einwirkt, besonders im Sinne einer geistigen Reinigung. Dieses Motiv fand von Anfang an nur bei einigen Gruppen griechischer Philosophen Anerkennung und kehrte später nur in wenigen geschichtlichen Momenten wieder; das pythagoreische Motiv blieb dagegen über zweitausend Jahre lang fester Besitz des europäischen Denkens.

Nicht viel später, in der klassischen Epoche Griechenlands, entstanden eines nach dem anderen weitere Motive der Ästhetik, die Jahrhunderte überdauerten. Nicht alle vertrugen sich miteinander: das *Motiv der Sophisten*, die Relativität und Subjektivität des Schönen, stand dem *Motiv Platons*, der ewigen Idee des Schönen, gegenüber. Beide waren jedoch, wenngleich sie in unterschiedlichen Kreisen Befürworter fanden, von großer Dauer.

Aus dieser klassischen Epoche stammt das *Motiv Heraklits*, das der Harmonie der Gegensätze. Auch das *Motiv des Sokrates*, das der Idealisierung der Wirklichkeit in der Kunst. Ebenso das *Motiv des Aristoteles*, das der Nachahmung der Wirklichkeit durch die Kunst. *Motiv der Stoiker* nennen wir die Erklärung der Schönheit der Dinge durch ihre Zweckangemessenheit.

In dieser Epoche großer geistiger Regsamkeit entstanden auch Motive von negativem Charakter: das *Motiv der Kyrenaiker*, das der Wertlosigkeit des Schönen und der Kunst; das *Motiv der Sophisten*, das der Subjektivität des Schönen und der Relativität der Kunst; das *Motiv des Gorgias*, das des Illusionismus, die Überzeugung, daß die Wirkung des Schönen und der Kunst auf Täuschung beruht; das *epikureische Motiv*, die Unterordnung des Schönen und der Kunst unter die Bedürfnisse des Lebens; das *skeptische Motiv*, die These von der Unmöglichkeit der Bildung einer allgemeinen Theorie des Schönen und der Kunst. Die negativen Motive in der Ästhetik waren frühen Datums, und sie erwiesen sich als nicht weniger dauerhaft als die positiven.

Andere, Jahrhunderte überdauernde Motive der Ästhetik entstanden in der Epoche des Hellenismus. Besonders das *Motiv des Poseidonios*, die Unterscheidung von Form und Inhalt in der Kunst. Auch das *Motiv des Kallistratos*, das der Inspiration als Grundlage der Kunst. Das *Motiv des Philostratos*, das der Phantasie als einer anderen Grundlage der Kunst. Das *Motiv des Vitruv*, das der Eurythmie, das heißt die Überzeugung von der halb objektiven, halb subjektiven Natur der Kunst. Das *Motiv Dions*, das des Dualismus von Dichtung und bildenden Künsten (ein uraltes Motiv in Griechenland, das aber von Dion entwickelt und begründet wurde). Das *Motiv Ciceros*, die pluralistische Auffassung der Kunst, ihre Bewertung als ein Phänomen mit vielen Formen und Möglichkeiten. Das *Motiv der Rhetoren*, die Unterscheidung von Spielarten und Ebenen der Kunst. Am Ende der antiken Welt trat das *Motiv Plotins* auf, die Überzeugung, daß die Schönheit eine einfache Qualität sei und nicht ein Verhältnis und eine Proportion der Teile.

Die christliche Zeit brachte das *Motiv Basilius' des Großen*, das Verständnis der Schönheit als eines Verhältnisses zwischen Subjekt und Objekt. Auch das *Motiv des Pseudo-Dionysios*, die Bestimmung des Schönen als Licht. Und das *Motiv Augustins*, die Auffassung des Schönen als Ordnung. Im Mittelalter entsteht das *Motiv Eriugenas*, das der für das Empfinden der Schönheit unerläßlichen desinteressierten Haltung. Auch das *Motiv des Bernard de Clairvaux*, die These von der Überlegenheit der inneren Schönheit. Das *Motiv Hugos von St. Viktor*, das der hierarchischen Struktur des Schönen und der Kunst. Das *Motiv Alberts des Großen*, die Ableitung der Schönheit der Dinge von ihrer begrifflichen Form. Das *Motiv des Thomas von Aquin* bestand darin, dem ästhetischen Erlebnis die gewöhnliche Wahrnehmung und die biologisch bedingten Tätigkeiten entgegenzusetzen. Schließlich das *Motiv Dantes*, das der »zwei Gipfel des Parnaß«, die Gegenüberstellung von rationaler und inspirierter Kunst.

Die Renaissance begann mit dem *Motiv Petrarcas*, dem Verständnis der Kunst als einer »bezaubernden Fiktion«. Das *Motiv der Humanisten* leitete die Kunst aus dem *furor poeticus* ab. Das *Motiv des Nicolaus Cusanus* bestand in der Betonung des aktiven Anteils des Künstlers an der Hervorbringung eines jeden Kunstwerks. Ähnlich war das *Motiv Albertis*, das das *disegno*, den Entwurf, die Intention des Künstlers in den Vordergrund rückte. Das *Motiv Raffaels* war die Abhängigkeit des Kunstwerks von der Idee *im Geist des Künstlers*. Das *Motiv Leonardos* die völlige Unterordnung der Kunst unter die Natur. Das *Motiv Michelangelos* der intellektuelle Faktor in der Schaffung des Kunstwerks (*si dipinge col cervello*). Das *Motiv Vasaris* die Unterscheidung verschiedener »Manieren« in der Kunst. Das *Motiv Baldassare Castigliones* die nachlässige Anmut (*sprezzatura*) als eine der Quellen des Schönen. Das *Motiv Dürers* war: wir erkennen das Schöne, aber sein Wesen kennen wir nicht (*was aber die Schönheit sei, weiß ich nicht*). Das *Motiv Patrizis* ist das Motiv des Wunderbaren (*meraviglia*) in der Kunst. Das *Motiv Zuccaros* ist das *disegno interno* als Grundlage der Kunst. Das *Motiv Sarbiewskis* war, daß der Künstler ein Schöpfer nach dem Ebenbild Gottes (*instar Dei*) ist. Einem gänzlich anderen Stil gehört das *Motiv Cardanos* an, das der Subtilität als einer künstlerischen Kategorie. Noch weiter entfernt war das *Motiv Malherbes*, das der völligen Nutzlosigkeit der Kunst.

An der Wende von Renaissance und Barock beginnt eine Wiederaufnahme (auch eine gewisse Verstärkung) alter Motive. Das Motiv Malherbes war ja eine Rückkehr zum Motiv der Zyniker. Das *Motiv Giordano Brunos* war eine Radikalisierung des ästhetischen Pluralismus. Das *kartesianische Motiv* in der Ästhetik war eine Wiederaufnahme des Subjektivismus. Das *Motiv Balthasar Graciáns* die extreme Propagierung des Subtilen. Das *Motiv Gravinas* war im Grunde eine Rückkehr zum orphischen Motiv. Das *Motiv Humes* war dann eine Wiederaufnahme der These der Sophisten von der Veränderlichkeit des Schönen, das *Motiv Lessings* eine Wiederaufnahme, Vertiefung und Verbreitung des Motivs Dions von der Verschiedenheit von Dichtung und bildenden Künsten.

Aus der Zeit des Barock: das *Motiv Poussins* ist das des »prospektiven« Sehens; das *Motiv Racines* das der Wahrscheinlichkeit als des höchsten Vorzugs der nachbildenden Kunst; das *Motiv Boileaus* das der Anwendung von Regeln als der allgemeinsten Bedingung guter Kunst; das *Motiv Tesauros* sieht das Wesen der Kunst in der Metapher.

Aus dem 18. Jahrhundert stammt das *Motiv Vicos*, das einer eigenen dichterischen Wahrheit. Auch das *Motiv von Dubos*, die Rechtfertigung der Kunst als Mittel zur Beschäftigung des Geistes und zum Vertreiben der Langeweile. Als *Motiv Addisons* darf man zu Recht die Differenzierung der ästhetischen Kategorien bezeichnen, als *Motiv Burkes* die Verbindung des Schönen und des Erhabenen (obwohl er nicht nur in Pseudo-

Longinos, sondern auch in Boileau einen Vorgänger hatte). Mit dem Namen *Kants* könnte man viele Motive benennen, doch wenn man das wichtigste heraushebt, muß als *Motiv Kants* die Überzeugung bezeichnet werden, daß ästhetische Urteile immer individuelle Urteile sind.

Die Auffassung des ästhetischen Lebens als Kontemplation wird man mit Recht als das *Motiv Schopenhauers* bezeichnen. Als *Motiv Hegels* die Dialektik des Schönen. Als *Motiv Tschernyschewskis* die Erkenntnis der eigentümlichen Schönheit der Realität. Das wichtigste *Motiv von Marx* ist die gesellschaftliche Bedingtheit der Kunst.

Aus der jüngeren Zeit stammt als eigentümliches *Motiv Croces* die Auffassung der Ästhetik als Linguistik. Das *Motiv Riegls* ist die Einführung des Begriffs des »Kunstwillens« in die Historiographie. Das *Motiv von Lipps* die Theorie der Empathie. Das für unsere Zeit typische Motiv des ästhetischen Erlebnisses als Schock könnte den Namen *Motiv Valérys* tragen, und das Sprengen der Grenzen zwischen den Künsten könnte man das *Motiv Apollinaires* nennen. Das Motiv der Beseitigung der ornamentalen Kunst ist das *Motiv von Loos*, das Motiv der funktionalen, besonders der an die soziale Existenz angepaßten Form ist das *Motiv Le Corbusiers*.

Mindestens drei Motive dürfen wir mit den Namen von Polen verbinden: außer dem *Motiv Sarbiewskis*, dem Motiv des Schöpferischen, noch zwei jüngeren Datums: die reine Form als einziger Sinn der Kunst ist das *Motiv Witkiewicz'*, und die Stützung der Ästhetik auf den Begriff des geschlossenen Systems von Elementen ist das *Motiv Żórawskis*.

Wer die Aufzählung von Motiven der Ästhetik und obendrein ihre Verknüpfung mit den Namen einzelner Menschen zu einem eitlen Zeitvertreib, einem *paignion* (wie Platon das nannte), erklärt, möge bedenken, daß dieses Vorgehen einen gewissen mnemotechnischen Wert besitzt, aber auch, daß es bei den meisten ästhetischen Begriffen und Theorien, wenngleich sie ein Gemeinschaftswerk sind, doch jemanden gegeben hat, der sie früher oder vollkommener als andere formulierte. Die Liste der Motive der Ästhetik wurde erstellt, um ihre Fülle und ihre allmähliche Entstehung vor Augen zu führen. Vielleicht gibt sie ja den Anstoß zu besseren, vollständigeren, systematischeren Versuchen, die ästhetischen Begriffe, Ideen und Theorien zusammenzustellen.

Literaturverzeichnis

Aufgrund des bibliographischen Materials des Autors erstellt von *Janusz Krajewski*, bearbeitet von Friedrich Griese und Peter Oliver Loew.

Abkürzungen

P. L. – Migne, Patrologia Latina, 221 Bde., Paris 1844-1855.
P. G. – Migne, Patrologia Graeca, 162 Bde., Paris 1857-1866.
W. – Warszawa/Warschau, Wr. – Wrocław/Breslau, Kr. – Kraków/Krakau, Pozn. – Poznań/Posen, Lw. – Lwów/Lemberg, N.Y. – New York, Ldn. – London, Flor. – Florenz, Ven. – Venedig, Bln. – Berlin, Lpz. – Leipzig.
Hg. – Herausgeber, hg. – herausgegeben, Neuaufl. – Neuauflage, Ms. – Manuskript, Bd. – Band, Bde. – Bände, Jh. – Jahrhundert, v.u.Z. – vor unserer Zeitrechnung, u.Z. – unserer Zeitrechnung

I. GESAMTDARSTELLUNGEN

Anthologien, Wörterbücher

Carrit, E.F. (Hg.), *Philosophies of Beauty, From Socrates to Robert Bridges*, 1947; Oxford 1962.

Encyclopaedia Britannica, A New Survey of Universal Knowledge, W. Benton Publ., Chicago u.a. 1956, 24 Bde.

Gilmore, Holt E. (Hg.), *The Literary Sources of Art History*, Princeton 1947, wieder als *A Documentary History of Art*, Garden City u. N.Y. 1957-1958, 2 Bde.

Grande Antologia Filosofica, hg. v. V.A. Padovani, A.M. Moschetti, Milano 1954-1971, 21 Bde. (*Il pensiero classico*: Bd. 1-2; *Il pensiero christiano*: Bd. 3-5; *Il pensiero della Rinascenza e della Riforma*: Bd. 6-11).

Ilg, A., *Quellenschriften für Kunstgeschichte*, Wien, ab 1871.
Istorija estetiki. Pamiatniki mirovoj estetičeskoj mysli [Geschichte der Ästhetik. Zeugnisse des weltweiten ästhetischen Denkens], Hauptred. M.F. Ovsiannikov, Moskva 1962-68, 4 Bde.
Lalande, A., *Vocabulaire technique et critique de la philosophie*, 9. Aufl., Paris 1962.
Marino, A., *Dictionar de idei literare*, Bd. 1, Bukarest 1973.
Plebe, A., *Estetica*, Flor. 1965, in: Storia Antologica dei Problemi Filosofici.
Wiener, Ph.P. (Hg.), *Dictionary of the History of Ideas*, N.Y. 1973, 4 Bde. u. 1 Registerbd.

Allen, W.D., *Philosophies of Music History*, 1932, 2. Aufl. 1962.
Art and Society. Collection of Articles (Iskusstvo i Obščestvo), Moskva 1968.
Baeumler, A., *Ästhetik*, in: Handbuch der Philosophie, I, München u. Bln. 1934.
Bayer, R., *Histoire de l'esthétique*, 1961.
Beardsley, M.C., *Aesthetic from Classical Greece to the Present*, 1966.
Bosanquet, B., *A History of Aesthetics*, Ldn. u. N.Y. 1892; N.Y. 1957.
Chambers, F.P., *Cycles of Taste*, 1928.
–, *History of Taste. An Account of the Revolutions of Art Criticism and Theory in Europe*, N.Y. 1932.
Charpier, J., Seghers, P., *L'art poétique*, Paris 1956.
Dresdner, A., *Die Entstehung der Kunstkritik*, I, 1915; München 1968.
Gilbert, K.E., Kuhn, H., *A History of Esthetics*, 1939, Bloomington [6]1954.
Grinten, E. van der, *Enquiries into the History of Art-Historical Writing*, Amsterdam 1952.
Hauser, A., *The Social History of Art*, Ldn. 1951.
–, *The Philosophy of Art History*, 1959.
Heimsoeth, H., *Die sechs großen Themen der Abendländischen Metaphysik*, Darmstadt [3][o.J.]
Kallen, H.M., *Art and Freedom. A Historical and Biographical Interpretation of the Relations between the Ideas of Beauty, Use and Freedom in Western Civilisation from the Greeks to the Present Day*, N.Y. 1942, 2 Bde.
Kristeller, P.O., *The Modern System of the Arts*, in: Journ. of the Hist. of Ideas, 12 (1951) u. 13 (1952).
Lotze, H., *Geschichte der Ästhetik in Deutschland*, 1868.

Loveloy, A.O., *The Great Chain of Being, a Study of the History of an Idea*, Cambr. Mass. 1936.
Menendez y Pelayo, M., *Historia de las ideas esteticas en España*, 1883-1891, 7 Bde.; gek. Ausg., Madrid 1940, 5 Bde.; 1962; auch in: *Obras completas*, Madrid 1940.
Momenti e problemi di storia dell'estetica, hg. v. Marzorati, Milano 1959f.
Ovsiannikov, M.F., Smirnova, Z.W., *Očerki istorii estetičeskich učenij* [Grundzüge einer Geschichte der ästhetischen Lehren], Moskva 1963.
Panovsky, E., *Idea, ein Beitrag zur Begriffsgeschichte der älteren Kunsttheorie*, Leipzig 1924; 1960.
Rzepińska, M., *Historia koloru w dziejach malarstwa europejskiego* [Geschichte der Farbe in der Geschichte der europäischen Malerei], Bd. 1, Kr. 1970.
Saintsbury, G., *History of Criticism and Literary Taste*, 1902, 3 Bde.
Schäfke, R., *Geschichte der Musikästhetik in Umrissen*, 1934.
Schasler, M., *Ästhetik als Philosophie des Schönen und der Kunst*, Bd. 1: *Kritische Geschichte der Ästhetik*, Bln. 1872
Schlosser, J. von, *Stilgeschichte und Sprachgeschichte der bildenden Kunst*, Sitzungsberichte der Bayer. Akad. d. Wiss., München 1935.
–, *Die Kunstliteratur*, 1924.
Tatarkiewicz, W., *Geschichte der Ästhetik*, Bd. 1: *Die Ästhetik der Antike*, Basel/Stuttgart 1979; Bd. 2: *Die Ästhetik des Mittelalters*, Basel/Stuttgart 1980; Bd. 3: *Die Ästhetik der Neuzeit*, Basel/Stuttgart 1987.
–, *Pisma zebrane* [Gesammelte Schriften], Bd. 2: *Droga przez estetykę* [Ein Gang durch die Ästhetik], W. 1972.
Zimmermann, R., *Allgemeine Ästhetik als Formwissenschaft*, Wien 1865.
–, *Geschichte der Ästhetik als philosophischer Wissenschaft*, 1858.

II. ANTIKE

Texte

Mullach, F.W.A. (Hg.), *Fragmenta philosophorum graecorum*; Paris, 1860/67/81, 3 Bde.
Diels, H. (Hg.), *Die Fragmente der Vorsokratiker*, Dublin [12]1966-68, 3 Bde.;

–, *Poetarum philosophorum fragmenta,* in: *Poetarum graecorum fragmenta,* hg. v. U. v. Wilamowitz-Möllendorff, Bln. 1901;
–, *Doxographi graeci,* 1879, Berolini [3]1958.
Arnim, J. v. (Hg.), *Stoicorum veterum fragmenta,* 3 Bde., Lpz. 1903-05; Stuttgart 1964.
Usener, H. (Hg.), *Epicurea,* Lipsiae 1887.
Herculanensia Volumina quae supersunt collectio prior, Neapel 1793-1855, 2 Bde.; *coll. altera* 1861-1876, 2 Bde.
Jan, C. von (Hg.), *Musici scriptores graeci,* 1895.
Krüger, J. (Hg.), *Ästhetik der Antike,* Bln. 1964.

Aetius (1. oder 2. Jh.), Autor der *Doxai,* der Quelle der sog. *Placita philosophorum (Ansichten der Philosophen),* die fälschlich Pseudo-Plutarch zugeschrieben werden, hg. v. H. Diels, *Doxographi graeci,* Berolini [3]1958.
Aulus Gellius (gest. 150), *Noctae Atticae (libri XX),* hg. v. P. K. Marshall, Oxonii 1968.
Aristophanes (446-338 v.u.Z.), *Thesmophoriazusai (Die Frauen am Tesmophorienfest),* Erstaufl. 1515 (Juntina); Ldn. 1904.
Aristoteles (384-322), *De interpretatione; Topica; Physica; De rhetorica; De poetica; Metaphysica; Ethica Eudemia;* in: *Aristotelis Opera,* ex rec. I. Bekkeri, Berolini [2]1960-61 (griechischer Text); oder *The Works,* hg. v. W. D. Ross, Oxford 1937-1967, 12 Bde. (engl.).
Cicero (106-43 v.u.Z.), *Academica; Tusculanae disputationes; De oratore; Orator; De officiis; De natura deorum; De finibus; Pro Archia poeta;* in: *Opera quae supersunt omnia,* hg. v. I.C. Orelli, J.G. Bailer, C. Halm, 8 Bde., 1833-61.
Demetrios von Phaleron (ca. 350-280 v.u.Z.), *De elocutione,* hg. v. F. Wehrli, in: *Die Schule des Aristoteles,* Basel, 7 Bde.; Bd. 4: *Demetrios von Phaleron,* 1949.
Dialexeis, in: H. Diels, *Fragmente der Vorsokratiker,* Dublin [12]1966.
Diogenes Laertios (2.-3. Jh.), *Vitae philosophorum,* hg. v. H.S. Long, Oxonii, 1964.
Dion Chrysostomos (ca. 40- ca. 115), *Oratio Olimpica XII* (105), hg. v. Emperius, Braunschweig 1844, 2 Bde.
Dionysios von Halikarnaß (ca. 60-ca. 5 v.u.Z.), *De compositione verborum,* hg. v. H. Usener u. L. Rademacher, Lpz. 1904.
Dionysios Thrax (ca. 170-ca. 90 v.u.Z.), *Ars grammatica; Scholia ad Dionys. Thracis Gramm.,* hg. v. I. Bekker, in: *Anecdota Graeca,* Bln. 1816.

Epiktet (ca. 50-130), *Diatryby, Encheiridion z dodaniem Fragmentów oraz Gnomologium Epiktetowego,* W. 1961.
Galen von Pergamon (129-ca. 200), *Protreptikos epi iatrikes (Adhortatio ad artes addiscendas),* hg. v. G. Kaibel, Bln. 1894;
–, *De placitis Hippocratis et Platonis,* in: *Opera omnia,* hg. v. C.G. Kühn, Lpz. 1821-33, 20 Bde.
Hermogenes von Tarsos (2.-3. Jh.), *De statibus,* hg. v. J. Kowalski, Wr. 1947; ders. anonym: *De Commentarii in Hermogenis Status et Tribus interpretibus confecti recensione in codice Par. Gr. 2923 obvia,* in: Eos 41 (1940-46).
Herodot von Halikarnaß (489-425 v.u.Z.), *Historiai,* hg. v. Schweighäuser, Paris u. Straßburg, 1816, 6 Bde.
Horaz (Quintus Horatius Flaccus, 65-8 v.u.Z.), *Epistola ad Pisones (Ars poetica),* hg. v. Orelli, Zürich 1886.
Isokrates (5.-4. Jh. v.u.Z.), *Panegyricus,* hg. v. Baiter u. Sauppe, Zürich 1846, 2 Bde.
Kallistratos (3. oder 4. Jh.u.Z.), *Descriptiones,* hg. v. C. Schenkl, E. Reisch, 1902.
Lukian von Samosata (130-200), *Charidemos; Paideia; De domo; Pro imag.; Historia quo modo conscribenda*; in: *Opera,* hg. v. Reitz, Zweibrücken 1789-93.
Lukrez (Titus Lucretius Carus, 95-55 v.u.Z.), *De rerum natura libri VI,* hg. v. H. Diels, Bln. 1923-24, 2 Bde.
Maximos von Tyros (2. Jh.), *Orationes. Dissertationes,* hg. v. H. Stephanus, Paris 1557; Reiske, Leipz. [2]1774 (2 Bde.).
Pausanias von Lydien (ca. 115-ca. 180), *Periegesis tes Hellados,* hg. v. J.G. Frazer, 1898, 6 Bde.
Philodemos von Gadara (1. Jh. v.u.Z.), *De poemata,* hg. v. Ch. Jensen, *Philodemos über die Gedichte,* 5. Buch, 1923;
–, *De musica,* hg. v. I. Kemke, *Philodemi de musica librorum quae extant,* 1884.
Philon von Alexandrien (20 v.u.Z.-50 u.Z.), *De monarchia; De Moyse; De animalibus; De epiph. Mundi;* in: *Opera,* hg. v. Mangey, Londini 1742, 2 Bde.;
–, *Inedita,* hg. v. Tischendorf, 1868.
Philostratus Flavius (d. Ältere) (ca. 178-ca. 248), *Vita Apollonii (de Tyanae),* in: *Opera,* hg. v. Kayzer, Zürich 1844;
–, *Imagines* (Bilder, Beschreibung einer angeblichen Bildergalerie), hg. v. O. Benndorf u. K. Schenkl, Lipsiae 1883;
–, *Libellus de arte gymnastica,* Lipsiae 1883, Neuaufl. J. Jüthner, *Philostrates über Gymnastik,* Lpz. 1909.

Philostratus (d. Jüngere), Enkel des vorgenannten (gest. 264), erweiterte die *Imagines* um 18 Beschreibungen, aufgenommen in die Ausgabe von Philostratus d. Älteren.

Platon (428-348 v.u.Z.), *Phaidros*, übers. v. Kassner, Jena u. Lpz. 1904;

–, *Ion*, hg. v. Flashar, München 1963;

–, *Gastmahl*, übers. v. Boll, München 1926;

–, *Philebos*, übers. v. Apelt, Lpz. 1912;

–, *Der Sophist*, Hamburg 1967;

–, *Georgias*, übers. v. Apelt, Hamburg 1955;

–, außerdem: *Protagoras*, *Politeia*, *Nomoi*.

Plinius d. Ältere (23/24-79), *Naturalis historia*, hg. v. D. Detlefsen, Bln. 1866-1873.

Plotin (Plotinus, ca. 203-270), *Enneades*, Editio Princeps Basileensis 1580, poln.: *Enneady*, 2 Bde., W. 1959.

Plutarch (ca. 45-125), *Vita Pericl.; De sollert. Anim.; De placitis philosophorum; Pro pulchritudine; De musica; De gloria Atheniensium; Quaest. Conviv.; De Pyth. Orac.; De fort. Alex.; De stoic. Repugn.; De aud. Poet.; Non posse suaviter vivi; Vitae parallelae*; in: *Opera*, hg. v. T. Döhner u. F. Dübner, Paris (F. Didot), 1839-55, 3 Bde.

Pseudo-Longinos (1. Jh.), *Dionysii vel Longini De sublimitate libellus*, hg. v. I. Vahlen, Stutgardiae 1967.

Quintilian (ca. 35-95), *Institutiones oratoriae*, hg. v. Krüger, Leipzig 1861.

Seneca L.A. (3 v.u.Z.-65 u.Z.), *Epistolae morales ad Lucilium; De tranquillitate animi;* in: *Opera quae supersunt*, 1905-14, 4 Bde.; *Ad Luc. Epist. Mor.*, hg. v. L.D. Reynolds, Oxonii 1965, 2 Bde.

Sextus Empiricus (2. Jh.), *Adversus mathematicos* (engl. *Against the Professors*, 1949), in: *Opera*, hg. v. H. Mutschmann, Lipsiae 1912-14, 2 Bde.

Stobaios (Ioannes Stobaeus, 5. Jh.), *Eclogae physicae et ethicae*, hg. v. Gaisford, Oxford 1850, 2 Bde.;

–, *Anthologion (Florilegium)*, hg. v. Meinecke, Leipz. 1855-57, 4 Bde.

Theon von Smyrna (ca. 130), *Peri ton kata to mathematikon chresimon eis ten Platonos anagnosin (Mathematische Einführung in die Lektüre Platons)*, hg. v. E. Hiller, 1878.

Vitruv (Marcus Vitruvius Pollio, 1. Jh. v.u.Z.), *De architectura*, hg. v. Schneider, Leipzig 1807-8, 4 Bde.

Xenophanes von Kolophon (ca. 570-480 v.u.Z.), Fragmente in: *Philosophorum Graecorum veterum operum reliquiae*, hg. v. Karsten, Amsterdam 1835; sowie in: Klemens von Alexandrien, *Stromata*, v. 110 (Diels, *Fragmente der Vorsokratiker*).

Xenophon (ca. 430-355 v.u.Z.), *Commentarii; Convivium; Oeconomicos;* hg. v. Schneider, Leipzig 1825-1849, 6 Bde.

Monographien

Abert, H., *Die Lehre vom Ethos in die griechischen Musik*, 1899.

Brunius, T., *Inspiration and Katharsis. The Interpretation of Aristotle's the Poetics* VI *1449 b 26*, Uppsala 1966.

Déonna, W., *Primitivisme et classicisme, les deux faces de l'histoire de l'art*, in: Recherche 2 (1946).

Ghyka, M.C., *Le nombre d'or, rites et rhythmes pythagoriciens dans le développement de la civilisation occidentale*, 1939; Paris 1952 (2 Bde).

Gomperz, Th., *Herkulanische Studien*, Leipzig 1865.

Gordziejew, W., *Z zagadnień poetyki Arystotelesa* [Probleme der Poetik des Aristoteles], in: Przegląd Klasyczny 1938.

Grassi, E., *Die Theorie des Schönen in der Antike*, Köln 1962.

Herrick, M. T., *The Fusion of Horacian and Aristotelian Literary Criticism*, 1531-1555, Urbana 1946.

Howald, E., *Eine vorplatonische Kunsttheorie*, in: Hermes 54 (1919).

Ingarden, R., *Z dziejów teorii dzieła literackiego* [Aus der Geschichte der Theorie des literarischen Werkes], in: Kwartalnik Filozoficzny 17 (1948), sowie in: ders., *Studia z estetyki*, Bd. 1, W. 1957.

Körte, A., *Der Begriff des Klassischen in der Antike*, in: Sächs. Akad. d. Wiss., Phil.-hist. Klasse, Bd 86, 1934.

Külpe, O., *Anfänge der psychologischen Ästhetik bei den Griechen*, in: *Philosophische Abhandlungen für M. Heinze*, 1906.

Kumaniecki, K., *Historia kultury starożytnej Grecji i Rzymu* [Kulturgeschichte des antiken Griechenland und Roms], W. 1955; 1964.

Losev, A.F., *Istorija antičnoj estetiki (Rannaja klassika)* [Geschichte der antiken Ästhetik (Frühe Klassik)], Moskau 1963.

Madyda, W., *De pulchritudine imaginum deorum quid auctores Graeci saec. II. p. Chr. n. iudicaverint*, in: Archiwum Filologiczne PAU 16 (1939).

Madyda, W., *De arte poetica post Aristotelem exculta*, Kr. PAU 1948.

Mezzantini, C., *L'estetica nel pensiero classico*, in: *Grande Antologia Filosofica*, I. 2, 1954.

Morawski K., *Historia literatury rzymskiej* [Geschichte der römischen Literatur], Kr. 1909-21, 2 Bde.

Müller, E., *Geschichte der Theorie der Kunst bei den Alten*, 2 Bde., Breslau 1834-37.

Nietzsche, F., *Geburt der Tragödie*, 1871.
Perpeet, W., *Antike Ästhetik*, 1961.
Plebe, A., *Origini e problemi dell'estetica antica*, in: *Momenti e problemi di storia dell'estetica*, Bd. I, 1959.
Pohlenz, M., *Die Stoa, Geschichte einer geistigen Bewegung*, 1948.
–, *Die Anfänge der griechischen Poetik*, in: Nachrichten v. d. königl. Ges. d. Wissenschaften zu Göttingen 1920.
Schuhl, P.M., *Platon et l'art de son temps*, Paris 1933 (reichhaltige Bibliogr.).
Schweitzer, B., *Der bildende Künstler und der Begriff des Künstlerischen in der Antike*, in: Neue Heidelberger Jahrb., N. F. 1925, Nachdr. in: ders., *Zur Kunst der Antike*, Tübingen 1963, I.
Sinko, T., *Literatura grecka* [Griechische Literatur], 3 Bde. in 6 Teilen, Kr. 1931-1954.
Sobeski, M., *Od Platona do Plotyna, Z dziejów greckiej estetyki* [Von Platon zu Plotin, Aus der Geschichte der griechischen Ästhetik], in: Muzeion, 1912.
Svoboda, K., *Vývoj antické estetyki* [Entwicklung der antiken Ästhetik], 1926.
Tolstaja-Melikova, S.V., *Učenie o podražanii i ob illuzii v grečeskoj teorii iskusstv do Aristotela* [Die Lehre von Nachahmung (Mimesis) und Illusion in der griechischen Kunsttheorie bis Aristoteles], in: Izvestija Akademii Nauk SSSR 1926, Nr. 12 (dt. in: Recueil Gebeler 1926).
Utitz, E., *Bemerkungen zur altgriechischen Kunsttheorie*, Bln. 1959.
Walter, J., *Geschichte der Ästhetik im Altertum*, 1893.
Winckelmann, J. J., *Geschichte der Kunst des Altertums*, 1764; Bln. 1942.

III. MITTELALTER

Wörterbücher

Blaise, A., *Dictionnaire latin-français des auteurs chrétiens*, 1954.
Bouyer, L., *Dictionnaire théologique*, 1963.
Du Cange, Ch., *Glossarium mediae et infimae latinitatis*, ed. nova, 1937.
Godet, P., *Dictionnaire de théologie catholique*, 1924.
Jouve, E.G., *Dictionnaire d'esthétique chrétienne*, in: Migne, *Troisième encyclopédie théol.*, Bd. XVII, Paris 1856.

Texte

Coussemaker, E. de, *Scriptorum de musica medii aevi*, novam seriem, Paris 1864-76, 4 Bde.

Gerbert, M., *Scriptores ecclesiastici de musica sacra potissimum*, Sanct-Biassien, 1784, 3 Bde.

Migne, J.P. (1800-1875), *Patrologiae cursus completus, Series Latina*, Paris 1844-55, 221 Bde. (davon 4 Bde. Register), forgeführt bis zum Jahr 1216, die Folgezeit vervollständigte Horoy, 5 Bde., Paris 1879-83.

–, *Series Graeca*, Paris 1857-66, 162 Bde. (davon 1 Bd. Register, 1912), fortgeführt bis zum Jahr 1445.

Montano, R., *L'estetica nel pensiero cristiano*, in: *Grande Antologia Filosafica*, Bd. 5, 1954.

Original Treatises dating from the XIIth to XVIIIth Centuries on the Arts of Painting, hg. v. Mary P. Merrifield, Ldn. 1849, 2 Bde.

Schlosser, J. v., *Quellenbuch zur Kunstgeschichte des abendländischen Mittelalters*, Wien 1896.

Abaelard, P. (1079-1142), *Logica »Ingredientibus«*, in: *Opera*, hg. v. B. Geyer, Beiträge Münster, XXI, 1919-1933, 4 Bde.

Achard von St. Viktor (12. Jh., gest. 1171), *De Trinitate*, Ms. bearb. von M. Th. d'Alverny, (Fragmente) in: Rech. de Théol. anc. et mod. 21 (1954/55).

Alain de Lille (Alanus ab Insulis, ca. 1128-1202), *Anticlaudianus et De planctu naturae*, Migne, P. L. Bd. 210, 1855; sowie hg. v. Th. Wright, Ldn. 1872.

Albert der Große (Albertus Magnus, 1193-1280), *Opusculum de pulchro et bono*, hg. v. P. Mandonnet, V; *Summa de creaturis; Mariale; Summa theologiae*; in: *Opera*, Ed. Coloniensis, B. Geyer, 1951f.

Alexander von Hales (1180-1245), *Summa theologica, seu sic ab origine dicta Summa fratris Alexandri*, Flor., Coll. S. Bonaventura, 1928-48, 4 Bde.

Alkuin (Alcuinus, Albinus Flaccus, ca. 735-804), *Albini dialogus De rhetorica et virtutibus*, in: *Alcuini Opera*, hg. v. Frobenius, Regensburg 1777, sowie: Migne, P. L., Bde. 100/101.

Athanasius (299-373), *Oratio contra gentes*, Migne, P. G. Bd. 25.

Augustin (Aurelius Augustinus, 354-430), *De ordine; De musica; De natura boni; De vera religione; Confessiones;* Migne, P. L. Bde. 32-47.

Basilius der Große (329-379), *Homilia in Hexaemeron,* Migne, P. G. Bd. 29.

Bernard de Clairvaux (1091-1153), *Apologia ad Guillelmum,* Migne, P. L. Bd. 182.

Boethius (480-525), *De institutione musica libri quinque; Topicorum Aristotelis interpretatio,* in: Migne, P. L. Bd. 64.

Bonaventura (Giovanni di Fidanza, 1221-1274), *Itinerarium mentis ad Deum; Breviloquium; Sententiae*; in: *Opera, cura PP. Collegii S. Bonaventurae,* Flor., 1882-1902, 10 Bde.

Cassiodor (ca. 480-ca.575), *Rhetorica;*

–, *De artibus ac disciplinis liberalium artium,* Migne, P. L. Bd. 70;

–, *Expositio in Psalterium,* ebd.

Clarembaldus von Arras (12. Jh.), *Expositio super Boethii De Trinitate,* hg. v. W. Jansen, *Breslauer Studien zur histor. Theologie,* 1926.

Dante Alighieri (1265-1321), *Convivio*; *La Divina Commedia*; *La vita nuova*; *De vulgari eloquentia,* in: *Le Opere,* testo crit. della Società Dantesca Ital., hg. v. M. Barbi, 2. Aufl., Flor. 1960.

Długosz, Jan (1415-1480), *Roczniki czyli kroniki sławnego Królestwa Polskiego* [Jahrbücher, das sind Chroniken des ruhmreichen Königreiches Polen] hg. v. J. Dąbrowski, W. 1961-1973, 3 Bde.

Duns Scotus J. (1266-1308), *Opus Oxoniense, Comment Sent.,* 1305-06, in: *Opera omnia,* Lyon 1639, L. Wadding; neue krit. Ausg. von den Franziskanern von Quaracchi, Nachdr. Hildesheim 1968 (4 Bde.).

Eriugena, Johannes Scotus (9. Jh.), *De divisione naturae,* Migne, P. L. Bd. 122;

–, *Expositiones super hierarchiam coelestem,* (Ms. Douai 202) hg. v. H.F. Dondaine, in: Revue d. Science Philos. Theol. 34 (1950).

Gilbert de la Porrée (gest. 1154), *In Boethii De Hebdomadibus,* Migne, P. L. Bd. 64; neue Ed. N.M. Haring in »Traditio«, 1953;

–, *In Boethii De Trinitate Comm., Opera Boeth.,* ed. Basileae 1570; sowie: Migne, P. L. Bd. 64;

–, *Sententiae divinitatis,* hg. v. B. Geyer, *Sentenzbuch der Gilbertschen Schule,* Münster 1909, Beiträge z. Gesch. d. Philos. d. M., VII, 2-3.

Grosseteste, Robert (1175-1253), *De unica forma omnium*; *De luce seu de inchoatione formarum; De generatione sonorum;* in: *Opuscula philosophica,* hg. v. L. Baur, Bäumkersche Beiträge, 1912;

–, *Commentationes ad De divinis nominibus,* Ms. Erfurt 89, hg. v. Pouillon;

–, *Hexaemeron,* Ms. British Museum, Reg. 6, hg. v. de Bruyne, III.

Guibert von Nogent (1053-1124), *De vita sua,* Migne, P. L. Bd. 156.

Gundissalinus, D. (Gundissalvi Dominik, 12. Jh.), *De divisione philosophiae,* 1150, hg. v. L. Baur, Beiträge zur Gesch. d. Philos. d. mittelalters, IV, H. 2-3, 1903.

Hrabanus Maurus (ca. 776-856), *De clericorum institutione; Carmen ad Bonosum,* Migne, P. L. Bde. 107, 112.

Hugo von St. Viktor (1096-1141), *Didascalicon,* VII, Migne, P. L. Bd. 176.

Isidor von Sevilla (ca. 570-636), *Sententiae,* Migne, P. L. Bd. 83;

–, *Differentiae,* Migne, P. L. Bd. 83.

Johannes von Salisbury (J. Saresberiensis, ca. 1110-1180), *Metalogicon libri IV,* Migne, P. L. Bd. 199; sowie hg. v. C.J. Webb, Oxonii 1929.

Klemens von Alexandrien (ca. 160-ca. 220), *Paedagogus,* Migne, P. G. Bd. 8;

–, *Stromata,* ebd.

Konrad von Hirschau (12. Jh.), *Dialogus super auctores,* hg. v. R.B.C. Huyghens, Coll. Lalomus, XVII.

Matthäus von Vendôme (geb. um 1130), *Ars versificatoria,* (12. Jh.) hg. v. E. Faral, in: *Les arts poétiques du XII*[ème] *et du XIII*[ème] *siècle,* Paris 1924; 1958.

Musica Enchiridiasis, hg. v. M. Gerbert, *Scriptores ecclesiastici de musica,* 1784.

Neckham, Alex. (gest. 1217), *De laudibus divinae sapientiae,* hg. v. Th. Wright, *Rerum Britann. Medii Aevi script.*, Londra 1863; Nachdr. N.Y. 1963.

Ockham, W. (vor 1300-1349 oder 1350), *Expositio aurea super artem veteram,* Bologna 1496; *Commentarii (sive Quaestiones) in quattuor libros,* hg. v. Trechsel, Lyon 1495.

Origenes (185/6-254), *Opera omnia,* Migne, P. G. Bde. 11-17; Nachdr. 1960-64.

Pseudo-Dionysios (Pseudo-Areopagita, 5. Jh.), *De divinis nominibus; Mystica theologia; De coelesti hierarchia; De eccesiastica hierarchia; Epistolae;* in: Migne, P. G. Bd. 3.

Robert Kilwardby (gest. 1279), *Tabulae super originalia Patrum,* hg. v. D.A. Callus, in: *Frühscholastische Abkürzungen des Lombarden,* in*: Melanges Raym. J. Martin,* 1948.

Richard von St. Viktor (gest. 1173), *Beniamin maior,* Migne, P. L. Bd. 177.

Savonarola, Girolamo (1452-1498), *De simplicitate vitae christianae,* Lyon 1638;

–, *Prediche,* Flor. 1496;

–, *Prediche e scritti,* hg. v. M. Ferrara, Milano 1930.

Tertullian (ca. 150-ca. 225), *De praescriptione haereticorum,* hg. v. J. Martin, Bonnae 1930;

–, *De spectaculis,* hg. v. E. Castorina, Flor. 1961;

–, *Opera omnia,* hg. v. Migne, P. L. Bde. 1-2.

Thomas von Aquin (1225-1274), *Summa theologiae,* hg. v. A. D. Sertillanges, Paris 1925, 4 Bde. (I, Ia, IIae);

–, *Comment. ad De divinis nominibus,* in: *Opuscula omnia,* hg. v. P. Mandonnet, Paris 1881, 5 Bde. (Bd. 2);

–, *In libros Physicorum Aristotelis expositio,* in: *Opera omnia,* hg. v. Leonina, Bd. 2.

Thomas von York (gest. 1258), *Sapientiale sive Metaphysica,* ca. 1250, hg. v. H. Pouillon (Fragmente), in: Arch. d'histoire doctrinale et litt. du Moyen Age 11 (1946).

Ulrich Engelbert von Straßburg (gest. 1287), *Liber de summo bono,* L. II;

–, *De pulchro*; in: *Summa,* hg. v. M. Grabmann, *Des U. E. v. S. Abhandlung »De pulchro«,* Sitzungsber. der Bayer. Akad. der Wiss., Philos.-philol. Klasse 1925, 5 Abh., München 1926.

Wilhelm von Auvergne (gest. 1249), *De bono et malo,* hg. v. H. Pouillon, *La beauté, propriété transcendante chez les scolastiques 1120-1170,* in: Arch. d'histoire doctrinal et litt. du Moyen Age 11 (1946).

Vinzenz von Beauvais (ca. 1190-1264), *Speculum quadruplex (doctrinale, historiale, naturale, morale),* Straßburg, 1473, 10 Bde.

Witelo (13. Jh.), *Optica (Perspectiva),* Fragmente in: C. Bäumker, *Beiträge z. Geschichte d. Philos. d. Mittelalters,* Bd. 3, 1908.

Monographien

Assunto, R., *Die Theorie des Schönen im Mittelalter,* Köln 1963.

Bruyne, E. de, *Esthétique paienne, esthétique chrétienne. A propos de quelques textes patristiques,* in: Rev. Intern. de Philosophie 31 (1955).

–, *Études d'Esthétique Médiévale,* Univ. Gent, Brügge 1946, 3 Bde.

–, *Esthétique du Moyen Age,* Louvain 1947.

–, *Geschiedenis van de Aesthetica de Middeleeuwen,* Antwerpen 1951-55.

Cataudella, Q., *Estetica cristiana,* in: *Momenti e problemi di storia dell' estetica,* Bd. I, 1959.

Eco, U., *Sviluppo dell'estetica medioevale*, in: *Momenti e problemi di storia dell'estetica*, Bd. 1, 1959.
Garin, E., *Medioevo e Rinascimento*, 1954.
Gourmont, R. de, *Le latin mystique*, 1922.
Grabmann, M., *Geschichte der scholastischen Methode*, 1909.
Hempel, E., *Nicolaus von Cues in seinen Beziehungen zur bildenden Kunst*, in: Berichte der Sächs. Akad. der Wiss., Phil.-hist. Klasse, 100 (1957), H.3.
Mariétan, J., *Problème de la classification des sciences d'Aristote à St. Thomas*, 1901.
Maritain, J., *Art et Scholastique*, Paris 1920; [4]1947.
Michelis, P.A., *An Aesthetic Approach to Byzantine Art*, 1955.
Pouillon, H., *La beauté, propriété transcendante chez les scolastiques, 1220-1270*, in: Arch. d'histoire doctrinale et litt. du Moyen Age 11 (1946).
Reese, G., *Music in the Middle Ages*, 1940.
Riegl, A., *Die spätrömische Kunstindustrie*, Wien 1901; 1926.
Santinello, G., *Il pensiero di Nicolo Cusano nella sua prospettiva estetica*, 1958.
Schapiro, M., *On the Aesthetic Attitude in Romanesque Art*, in: *Art and Thought, issued in honour of A. K. Coomaraswamy*, Ldn. 1947.
Svoboda, K., *L'esthétique de St. Augustin et ses sources*, Brünn 1933.
Tatarkiewicz, W., *Teatryka, siódma sztuka* [Theatrik, die siebte Kunst], in: *Pisma zebrane* [Gesammelte Schriften] Bd. 2: *Droga przez estetykę* [Ein Gang durch die Ästhetik], W. 1972.
Thérv, G., *Études dionysiennes*, Paris 1932-37, 2 Bde.
–, *Dionysiaca I*, Solesmes, 1937.

IV. NEUZEIT (VOM 15. JAHRHUNDERT BIS ZUR MITTE DES 19. JAHRHUNDERTS)

Anthologien, Wörterbücher

Alsted, J.H. (1588-1638), *Encyclopaedia, VII tomis distincta*, 2 Bde., Hernonae 1630; 4 Bde., Lyon 1649.
Baldinucci, F. (1624-1696), *Vocabolario Toscano dell'arte del Disegno*, Flor. 1681.
Dictionnaire de l'Académie Française, Paris 1694 (4 Bde.); [7]1878 (2 Bde.).

Goclenius, R. (1547-1628), *Lexicon Philosophicum*, 1607.
Johnson, S. (1709-1784), *Dictionary of the English Language*, 2 Bde., Ldn. 1755.
Richelet, P.C. (1631-1698), *Le nouveau dictionnaire français*, 1680; 1719.
Trattati d'arte del Cinquecento fra Manierismo e Controriforma, hg. v. P. Barocchi, 3 Bde., Bari 1960.
Watelet, C. (1718-1786), Lévesque P. (1736-1812), *Dictionnaire des arts de peinture, sculpture et gravure*, 5 Bde., Paris 1792.

Texte

Addison, J. (1672-1719), *The Works*, Ldn. 1854-56, 6 Bde.
Akenside, M. (1721-1770), *The Pleasures of Imagination*, Ldn. 1744.
Alberti, L.B. (1404-1472), *De pictura*, 1435, hg. v. Mallé, 1950;
–, *De statua*, 1435;
–, *De re aedificatoria*, 1485;
–, *Della architettura, della pittura, della statua*, ital. Übers. in: *Opere volgari*, hg. v. A. Bonucci, Flor. 1843-49;
–, *Opuscoli morali*, hg. v. C. Bartoli, Ven. 1568;
–, *De pictura, De statua*, hg. v. H. Janitschek in: *Albertis kleinere kunsttheoretische Schriften*, Wien 1877.
Alciato, A. (1492-1550), *Emblemata*, Lione 1548.
Alison, A. (1757-1839), *Essays on the Nature and Principles of Taste*, 1790.
André, Y.-M. (1675-1764), *Essais sur le beau*, 1715, in: *Dictionnaire d'Esthétique chrétienne*, hg. v. Migne, 1856.
Averlino, A. (Filarete, 1400-1470), *Trattato d'architettura* (1457-64), hg. v. I. R. Spencer, New Haven 1965; M. Finoli u. L. Grassi, Milano 1972.
Aviler, A. C. d' (1653-1700), *Cours d'architecture*, 1738.
Bacon, Fr. (1561-1626), *The Two Books on the Proficience and Advancement of Learning Divine and Human*, Ldn. 1605; latein. Übers. von W. Rawley: *De dignitate et augmentis scientiarum*, Ldn. 1623;
–, *Opera omnia*, hg. v. R.L. Ellis u.a., 15 Bde., Ldn. 1857-74, Nachdruck dieser Ausg. ab 1960;
–, *Essays*, 1597ff. in vielen Aufl.; dt.: *Essays*, München 1929.
Baillie, J., *An Essay on the Sublime*, Ldn. 1747; Los Angeles 1953.
Baldinucci, F. (1624-1696), *Vita del Cavaliere G. L. Bernini, scultore, architetto, pittore*, 1682.

Barbaro, D. (1513-1570), *I dieci libri dell' architettura di M. Vitruvio,* 1556 (Comm.).
Batteux, Ch. (1713-1780), *Les beaux arts réduits à un même principe,* Paris 1747.
Baumgarten, A.G. (1714-1762), *Metaphysica,* Halle, 1739;
–, *Aesthetica acroamatica,* Frankf./O. 1750; 1758;
–, *De nonnulis ad poema pertinentibus,* Halle 1735.
Bellori, G.P. (1615-1696), *Le vite dei pittori, scultori ed architetti moderni,* 1672, Pisa 1821.
Bembo, P. (1470-1547), *Asolani,* 1505, in: *Opera,* 4 Bde. Ven. 1729;
–, *De Imitatione libellus,* in: *Opera,* Basileae 1556; Ven. 1729.
Blondel, N.F. (1618-1686), *Cours d'architecture,* 5 Bde., Paris 1675-1683.
Boccaccio, G. (1313-1375), *Genealogia deorum gentilium* (1363), in: *Opere volgari,* hg. v. Moutier, Flor. 1827-34;
–, *Boccaccio on Poetry,* hg. v. C.G. Osgood, Princeton 1930.
Boileau-Despréaux, N. (1636-1711), *Traité du sublime et du merveilleux,* 1672;
–, *Art poétique,* 1674, in: *Œuvres,* hg. v. Saint-Saurin, Paris 1824.
Bosse, A. (1602-1676), *Traité des pratiques géometrales,* Paris 1645;
–, *Sentiments sur la distinction de diverses manières de peinture, dessin et gravure,* Paris 1649;
–, *Le peintre converty,* Paris 1667.
Bouhours, D. (1628-1702), *La manière de bien penser dans les ouvrages d'esprit,* Paris 1687; 2. Aufl. 1691.
Briseux, Ch.E. (1680-1754), *Traité complet d'architecture,* ca. 1750;
–, *Traité du beau essentiel,* 1752.
Bruno, G. (1550-1600), *De vinculis in genere,* 1591, in: *Jordani Bruni Nolani Opera latine conscripta,* 8 Bde., Florentiae ^{3}1891.
Burke, E. (1729-1797), *A Philosophical Enquiry into the Origin of our Ideas of the Sublime and Beautiful,* Ldn. 1757; krit. u. komm. Ausg. v. I. T. Bulton, Ldn. u. N.Y. 1958.
Capriano, G.P. (16. Jh.), *Della vera poetica,* Vinegia 1555.
Cardano, G. (1501-1576), *De rerum varietate libri XVII,* Basel 1557;
–, *Apologia in De subtilitate,* 1550, Gesamtausg. Lyon 1663, 10 Bde.
Castelvetro, L. (1505-1571), *Poetica d'Aristotele vulgarizzato,* 1570;
–, *Corretione di alcune cose del Dialogo delle linque di B. Varchi,* Chiavenna 1572.
Castiglione, B. (1478-1529), *Cortegiano,* Ven. 1528; auch in: *Opera,* 1737;

–, *Lettere,* Padua 1766-71, 2 Bde.
Cennini, C. (1370-1440), *Trattato della pittura (Il libro dell' arte),* hg. v. Milanesi, Flor. 1859.
Chantelou, P.F. de (1609-1694), *Journal de voyage du cavalier Bernini en France,* 1877.
Chapelain, J. (1599-1674), *Opinion sur le poème d'Adonis,* 1623.
Colonna, Fr. (1432-1527?), *Hypnerotomachia Poliphili* (1467), hg. v. A. Ilg, 1872.
Comanini, G. (16. Jh.), *Il Figino,* Mantua 1591.
Condillac, E.B. de (1715-1780), *Essai sur les origines des connaissances humaines,* 1746.
Corneille, P. (1606-1684), *Discours de l'utilité et des parties du poème dramatique,* 1660; wieder in: *Œuvres,* hg. v. Marty-Laveaux, 1862.
Cousin, V. (1792-1867), *Cours de Philosophie professé à la Faculté des Lettres pendant l'année 1818 sur le fondement des idées absolues du vrai, du beau et du bien,* 1836.
Crousaz, J.P. de (1663-1750), *Traité du beau,* 2 Bde., Amst. 1715; ²1724.
Danti, V. (1530-1576), *Trattato delle perfette proporzioni,* 1567; in: *Trattati d'arte,* hg. v. P. Barocchi, I, Bari 1960.
Delacroix, E. (1798-1863), *Dzienniki* [Tagebücher], Wr. 1968.
Diderot, D. (1713-1784), *Les Salons 1759-1781,* in: *Textes choisis,* Bd. 4, Paris 1955;
–, *Œuvres esthétiques,* hg. v. P. Vernière, Paris 1959;
–, *Essais sur la peinture,* in: *Textes choisis,* Bd. 5, Paris 1955;
–, *Le Beau,* in: *L'Encyclopédie,* 1751.
Dolce, L. (1508-1568), *Dialogo della pittura, intitolato l'Aretino,* Ven. 1557.
Dubos, J.-B. (1670-1742), *Réflexions critiques sur la poésie, la peinture et la musique,* Paris 1719; éd. rev. 1733.
Dürer, A. (1471-1528), *Vier Bücher von menschlicher Proportion,* Nürnb. 1528, Faksimileausg. d. Originals von 1958, Dietikon u. Zürich 1969;
–, *Von der Malerei,* Ms. Ldn., *Albrecht Dürers Schriftlicher Nachlaß,* hg. v. Heidrich, Bln. 1908; 1920.
Eckermann, J.P., *Gespräche mit Goethe,* poln. (hg. v. B. Płaczkowska), 2 Bde., W. 1960.
Erasmus von Rotterdam (1467-1536), *Ciceronianus* (1518), Gesamtausg. Basileae, 1540-41; Nachdr. J. Leclerc, 10 Bde., 1961ff.
Félibien, A. des Avaux (1619-1695), *Entretiens sur les vies et les ouvrages des plus excellents peintres anciens et modernes,* 3 Bde., 1706;

–, *Des Principes de l'architecture, de la peinture et les autres arts*;
–, *Conférences de l'Académie Royale de Peinture et de Sculpture, pendant l'année 1667*, Paris 1668;
–, *L'idée du peintre parfait*, Ldn. 1707;
–, *Entretiens sur la vie et les ouvrages de N. Poussin*, hg. v. P. Cailler, 1947.
Ficino, M. (1433-1499), *Commentarium in Convivium*; *Commentarium in Plotinum, in librum de Pulchritudine*; *Theologia Platonica*; *Commentarium in Philebum; Epistolae*, in: *Opera*, Basel 1561;1576; Paris u. Genf 1641.
Firenzuola, A. (1493-1543), *Discorsi delle bellezze delle donne*, in: *Raggionamenti*, 1548; Bianchi 1884.
Fracastoro, G. (1478-1553), *Naugerius, sive de poetica dialogus*, in: *Opera*, 1584 (engl.: 1924).
Francesco di Giorgio Martini (1439-1502), *Trattato d'architettura* (nach 1482), hg. v. C. Saluzzo, 1841.
Fréart de Chambray, R. (gest. 1676), *Idée de la perfection de la peinture*, 1662.
Fresnoy, Ch.A. du (1611-1665), *De arte graphica*, 1667;
–, *L'art de peinture, traduit en français*, 1668.
Galilei, Galileo (1564-1642), *Dialogo sopra i due massimi sistemi del mondo*, Flor. 1632.
Galilei, V. (ca. 1520-1591), *Dialogo della musica antica e della moderna* (1581), ersch. 1602.
Gauricus, P. (ca. 1482-ca. 1530), *De sculptura*, 1504, hg. v. H. Brockhaus 1886;
–, *De arte poetica*, um 1510, ersch. 1541; neue krit. Ausg. A. Chastel u. R. Klein, Genf u. Paris 1969.
Gérard, A. (1728-1795), *An Essay on Taste, with Three Dissertations on Taste by de Voltaire, de Montesquieu and d'Alembert*, Ldn. 1759.
Ghiberti, L. (1378-1455), *I commentarii* (1436), hg. v. J. Schlosser, 1912; Morisani 1947; siehe R. Krautheimer, *Lorenzo Ghiberti*, Princeton 1956.
Goethe, J.W. (1749-1832), *Ausgewählte philosophische Texte*, hg. v. W. Girnus, Bln. 1962;
–, *Dichtung und Wahrheit*, in: *Werke*, Bd. 37, Weimar 1896 (hier auch Rezension von Sulzer);
–, *Über Kunst und Literatur*, hg. v. W. Girnus, Bln. 1953;
–, *Briefwechsel zwischen Schiller und Goethe*, 2 Bde., Stuttgart 1856.
Gracián y Morales, B. (1584-1658), *La agudeza y arte de ingenio* (1648), 2 Bde., Madrid 1664; 1757; 1773;

–, *El criticón*, franz. Ausg.: *L'homme estrompé*, 1696;

–, *L'homme universel*, hg. v. H. Discreto, 1723.

Gravina, G.V. (1664-1718), *Della ragion poetica*, 1708;

–, *Della tragedia*, in: *Opere scelte italiane*, 1827.

Grotius, H. (1583-1645), *De iure belli et pacis*, Paris 1625; 1869-70.

Harris, J. (1709-1780), *Three Treatises, the First Concerning Art, the Second Concerning Music, Painting and Poetry, the Third Concerning Happiness*, 1744.

Hegel, G.W.F. (1770-1831), *Vorlesungen über die Ästhetik* (Heidelberger Vorlesungen von 1818-29), Bln. 1955.

Herbart, J. F. (1776-1841), *Schriften zur praktischen Philosophie*, 1808.

Herbert of Cherbury, E., Lord (1583-1648), *Tractatus de veritate prout distinguitur a revelatione, a verisimili a possibili et a falso*, Paris 1624.

Hobbes, Th. (1588-1679), *Leviathan*, 1651.

Hogarth, W. (1697-1764), *Analysis of Beauty*, Ldn. 1753; Neuausg. Oxford 1955.

Hollanda, Fr. da (16. Jh.), *Dialogos em Roma*, 1538; franz. (hg. v. A. Raczyński): *Les arts en Portugal*, 1896; dt. u. portug. (hg. v. J. de Vasconcellos) in: *Wiener Quellenschriften*, Wien 1899; engl.: 1928.

Home, H. (Lord Kames, 1696-1782), *Elements of Criticism*, 3 Bde., Edinb. 1762.

Hume, D. (1711-1776), *Treatise of Human Nature*, 1739-40;

–, *Essay of the Standard of Taste*, 1757.

Hutcheson, Fr. (1694-1746), *An Inquiry into the Original of Our Ideas of Beauty and Virtue...*, Ldn. 1725; [4]1738.

Jouffroy, Th. (1796-1842), *Cours d'esthétique, suivi de la Thèse du même auteur sur le sentiment du beau et deux fragments inédits*, Paris [3]1875.

Junius, Fr. (1589-1677), *De pictura veterum*, Amsterdam; engl. Ausg. 1638.

Kant, I. (1724-1804), *Kritik der Urteilskraft*, 1790.

Descartes, R. (1596-1650), *Lettre à M. Mersenne, 18.3.1630*, hg. v. Adam et Tannery, I, 132.

Keats, J. (1795-1821), *Endymion*, 1818, in: *The Poetical Works*, hg. v. Formann, Ldn. [3]1889.

Knight, R. Payne (1750-1824), *An Analytical Inquiry into the Principles of Taste*, Ldn. [3]1805.

Kopernikus, N. (1473-1543), *De revolutionibus orbium caelestium*, 1543.

Krasiński, Z. (1812-1859), *Myśli o sztuce* [Gedanken über die Kunst], hg. v. A. Grzymała-Siedlecki, in: Sympozjon 24 (o.O., o.J.).

Kremer, J. (1806-1875), *Listy z Krakowa* [Briefe aus Krakau], 3 Bde., Naumburg 1869;

–, *Pisma pomniejsze. Filozofia. Historia sztuki i estetyki. Pedagogika* [Kleinere Schriften. Philosophie. Geschichte der Kunst und der Ästhetik. Pädagogik], in: *Dzieła* [Werke], Bd. 12, W. 1879.

La Motte-Houdar, A. de (1672-1731), *Réflexions sur la critique*, 1715, in: *Œuvres*, Paris, 10 Bde., 1754.

Le Brun, Ch. (1619-1690), *Conférence sur l'expression générale et particulière des passions*, Paris 1715.

Le Clerc, S. (1637-1714), *Traité d'architecture*, 1714.

Leibniz, G.W. (1646-1716), *Nouveaux essais sur l'entendement humain*, 1765;

–, *Principes de la nature et de la grâce fondés en raison*, 1740;

–, *Meditationes de cognitione, veritate et ideis*, 1684, hg. v. Erdmann, 1840.

Leonardo da Vinci (1452-1519), *Trattato della pittura*, 1498, nach dem Codex Vaticanus (Urbinas) 1270, hg. v. H. Ludwig, 1882; Faksimileausg. d. engl. Übers., Princeton 1956;

–, *Paragone*, komm. von J. Białostocki, Wr. 1953.

Lessing, G.E. (1729-1781), *Laokoon, oder über die Grenzen der Malerei und Poesie*, in: *Werke in fünf Bänden*, Bd.3, Weimar 1963.

Libelt, K. (1807-1875), *Estetyka czyli umnictwo piękne* [Ästhetik oder Lehre vom Schönen], Pozn. 1849.

Lomazzo, G.P. (1538-1600), *Trattato della pittura, scultura ed architettura*, Milano 1584; 1844;

–, *Idea del tempio della pittura*, Milano 1590.

Lope de Vega Carpio, F. (1562-1635), *Nouvel art dramatique (Arte nuevo de haces comedias*, 1609), franz.: 1861.

Luther, M. (1483-1546), *Ausgewählte Werke*, hg. v. Borcherdt, 8 Bde., München 1922-1925.

Malebranche N. (1638-1715), *Œuvres*, hg. v. De Genoude et de Lourdoucix, 1837.

Mander, C. van (17. Jh.), *Het Schilderboek*, Haarlem 1604, franz. Ausg. H. Hymans, 1884.

Manetti, G. (1396-1459), *De dignitate et excellentia hominis*, 1532.

Meier, G.F. (1718-1777), *Anfangsgründe aller schönen Wissenschaften*, Halle 1748-1750.

Mendelssohn, M. (1729-1786), *Betrachtungen über die Quellen der schönen Künste und Wissenschaften*, 1757.

Menestrier, C.F. (1631-1705), *Philosophie des images*, 1682;
–, *Les recherches du blason*, 1683.
Mesnadière, J. de la (1610-1663), *La Poétique*, 1639.
Michelangelo Buonarroti (1475-1564), *Le lettere*, Mailand ca. 1550;
–, *Rime*, Flor. 1623; 1863.
Mickiewicz, A. (1799-1855), *Pisma estetyczno-krytyczne* [Ästhetisch-kritische Schriften], Kr. 1924; *Literatura słowiańska* [Die slawische Literatur], W. 1952.
Minturno, A.S. (gest. 1574), *De poeta*, 1509; L'Arte poetica, 1564.
Mochnacki, M. (1803-1835), *Pisma po raz pierwszy edycją książkową objęte* [Schriften, erstmals in Buchform gefaßt], hg. v. A. Śliwiński, Lw. 1910.
Montaigne, M. de (1533-1592), *Essais*, Bordeaux 1580, 2 Bde.; Paris 1582, 3 Bde.
Montesquieu, Ch.L. de S. (1689-1755), *Essais sur le goût dans les choses de la nature et de l'art*, in: *L'Encyclopédie*, 1756.
Muratori, L A. (1672-1750), *Della perfetta poesia italiana*, 1706;
–, *Reflessioni sopra il buon gusto nelle scienze e nelle arti*, Ven. 1708;
–, *Della forza della fantasia*, 1745.
Nicole, P. (1625-1695), *Traité de la vraie et de la fausse beauté dans les ouvrages de l'esprit*, in: Bruzen de la Martinière, Nouveau Recueil des Epigrammatistes Français, Amst. 1720.
Nifo, A. (1473-1538?), *De pulchro*, 1631.
Nikolaus von Kues (Nicolaus Cusanus, 1401-1464), *De visione Dei*; *De ludo globi*; in: *Opera omnia*, Basileae, 1565.
Pacioli, L. (ca. 1445-nach 1509), *De divina proportione*, 1509; Wien 1889.
Palladio, A. (1508-1580), *I quattro libri dell' architettura*, 1570.
Pallavicino, P.S. (1607-1667), *Considerazioni sopra l'arte dello stile e del dialogo*, Roma 1646.
Pascal, B. (1623-1662), *Pensées*, 1670; *Discours sur les passions d'amour*, Paris 1954; *De l'esprit géométrique*; Paris 1954.
Patrizi, F. (1529-1597), *Della poetica. La deca disputata*, Ferrara 1586.
Perrault, Ch. (1628-1703), *Parallèles des Anciens et des Modernes*, 4 Bde., 1692-1697.
Perrault, Cl. (1613-1688), *Ordonnance de cinq espèces de colonnes, selon la méthode des anciens* 1683;
–, *Les dix livres d'architecture de Vitruve avec notes de Perrault*, 1837.
Petrarca, F. (1304-1374), *Invectivae contra medicum*, in: *Opera*, hg. v. J. Hérold, 4 Bde., Basel 1554-81;

–, *Epistolae de rebus familiaribus*; *Epistolae Seniles*; *De remediis utriusque fortunae*; in: *Scritti inediti*, hg. v. Att. Hortis, Trieste 1874.
Piccolomini, S. (Pius II., 1405-1464), *Opera*, Basileae 1571.
Pico della Mirandola, G. (1463-1494), *Commento alla canzone di G. Benivieni Dell'amore celeste e divino*, 1731; Bologna 1946;
–, *Oratio de hominis dignitate*, hg. v. B. Cicognani, Flor. 1942.
Piero della Francesca (ca. 1412-1492), *De perspectiva pingendi*, 1894; Wien 1899; Flor. 1942.
Piles, R. de (ca. 1635-1709), *Cours de peinture par principe*, 1708.
Pino, P. (16. Jh.), *Dialogo di pittura*, Ven. 1548; hg. v. Barocchi, *Trattati*, Bari 1960.
Pisarze polskiego Odrodzenia o sztuce [Polnische Schriftsteller der Renaissance über die Kunst], hg. v. W. Tomkiewicz, Wr. 1955.
Poliziano, A. (1454-1494), *Panepistemon, hoc est omnium scientiarum cum liberalium tam mechanicarum brevis descriptio*, 1491.
Poussin, N. (1594-1665), *Correspondence de Nicolas Poussin*, hg. v. Ch. Jouanny, Paris 1911 (Arch. de l'Art franç., nouveau periode, V);
–, *Lettres*, hg. v. Du Colombier, 1929;
–, *Nicolas Poussin, lettres et propos sur l'art*, hg. v. A. Blunt, Paris 1964;
–, *Observations sur la peinture*, in: G.P. Bellori, *Le vite dei pittori*, 1672, hg. v. Jouanny.
Price, U. (1747-1829), *An Essay on the Picturesque as Compared with the Sublime and the Beautiful*, 2 Bde., Ldn. 1794-98.
Quatremère de Quincy, A.Ch. (1755-1849), *Considérations sur l'art du dessin*, 1791.
Racan, H. de (1589-1670), *Œuvres*, Paris 1724.
Racine, J. (1639-1699), *Principes de la tragédie*, hg. v. E. Vinaver, Manchester 1951.
Raffael (Raffaele Sanzio, 1483-1520), *Lettere*, hg. v. J.D. Passavant, Paris 1860. (*Brief an B. Castiglione, an Papst Leo X.*)
Rapin, R. (1621-1687), *Réflexions sur la poétique de ce temps et sur les ouvrages des poètes anciens et modernes*, 1675.
Reid, Th. (1710-1796), *Essays on the Intellectual Powers of Man [...] on the Active Powers*, 2 Bde., Edinb. 1785-88;
–, *An Inquiry into Human Mind, on the Principles of Common Sense*, Edinb. 1764.
Reisch, G. (1467-1525), *Margarita filosofica*, 1503, ital.: Ven. 1600.
Reynolds, J. (1723-1792), *Seven Discourses on Arts*, Ldn. 1778; Calif. 1959; N.Y. 1961.

Richardson, J. (ca. 1665-1745), *Works*, Ldn. 1792.

Ripa, C. (16. Jh., gest. 1611), *Iconologia, ampliata da G. Zaratino-Castellini*, Rom 1593; 1603, 1945.

Robortello, Fr. (1516-1567), *In librum Aristotelis De arte poetica explanationes*, 1548.

Ronsard, P. (1524-1585), *Abrégé de l'art poétique français*, 1565; *Œuvres*, 4 Bde., Paris 1567; *Œuvres choisies*, hg. v. Noël, 2 Bde., Paris 1862.

Saint-Évremont, Ch. de (1615-1703), *Œuvres complètes*, 2 Bde., Ldn. 1705.

Sandrart auf Stockau, J. v. (1606-1688), *L'Academia Todesca della architettura, scultura e pittura oder Teutsche Academie der edlen Bau-, Bild- und Malerei-Künste*, Nürnberg 1675; Neuaufl. A. R. Peltzer, 1925.

Sarbiewski, M.K. (1595-1640), *De perfecta poesi, sive Vergilius et Homerus*; poln.: *O poezji doskonalej, czyli Wergiliusz i Homer*, Wr. 1954;

–, *Praecepta poetica*, poln.: *Wykłady poetyki*, Wr. 1958.

Savonarola, G. (1452-1498), *De simplicitate vitae christianae*, hg. 1638, III.

Scaliger, G.C. (1484-1558), *Exotericarum exercitationum liber XV de Subtilitate ad H. Cardanum*, Frankf. 1582;

–, *Poetices libri VII*, 1561.

Schiller, Fr.v. (1759-1805), *Über die ästhetische Erziehung des Menschen*, 1795;

–, *Über Kunst und Wirklichkeit, Schriften und Briefe zur Ästhetik*, Leipzig 1959.

Schlegel, K.W.F. (1772-1829), *Über des Studium der griechischen Poesie*, 1798.

Schlegel, A.W. (1767-1845), *Vorlesungen über Theorie und Geschichte der bildenden Künste*, Bln. 1827.

Schlegel, J.E. (1718-1749), *Ästhetische und dramaturgische Schriften*, 1887.

Schopenhauer, A. (1788-1860), *Sämtliche Werke in sechs Bänden*, hg. v. E. Grisebach, Lpz. ca. 1841-92, 6 Bde.

Shaftesbury, A.A.C. (1671-1713), *Characteristics*, 3 Bde., Ldn. 1711; hg. v. J.M. Robertson, 2 Bde., 1900.

Sidney, Ph. (1554-1586), *The Defence of Poesie*, 1594; 1904.

Smith, A. (1723-1790), *Of the Beauty which the Appearance of Utility Bestows upon all Productions of Art*, 1759.

Spinoza, B. (1632-1677), *Epistola ad H. Boxel, 9.1674,* hg. v. Van Vloten-Land, II, 370, *Epist. LVIII.*

Stein, K.H. v. (1857-1887), *Die Entstehung der neueren Ästhetik,* Stuttg. 1886, Nachdruck Hildesheim 1964.

Stewart, D. (1753-1828), *Elements of the Philosophy of the Human Mind,* 2 Bde., Ldn. 1818; 1821.

Sulzer, J.G. (1720-1779), *Allgemeine Theorie der schönen Künste,* 5 Bde., Lpz. 1771-1774; 1792-99; Nachdruck Hildesheim 1967-70.

Śniadecki, Jan (1756-1830), *O pismach klasycznych i romantycznych* [Über klassische und romantische Schriften], 1818; wieder in: *Pisma filozoficzne* [Philosophische Schriften], 2 Bde., W. 1958 (Bd. 2).

Tasso, T. (1544-1595), *Discorsi dell'arte poetica,* ca. 1569, hg. v. Solerti, 1901;

–, *Allegoria,* 1581, hg. v. Perchacino;

–, *Lezione sopra un sonetto,* 1582, hg. v. Guasti, 1875.

Tesauro, E. (1591-1675), *Canocchiale Aristotelico,* 1654.

Testelin, H. (1616-1695), *Sentiments des plus habiles peintres sur la pratique de la peinture et sculpture,* 1696.

Tinctoris, J. (1436-1511), *Complexus effectuum musicae,* ca. 1475; hg. v. Coussemaker, in: *Scriptorum de musica medii aevi,* 1876; ibid.: *Deffinitorium musicae.*

Trissino, G.G. (1478-1550), *La poetica,* 1529.

Valla, L. (Della Valle, 1407-1457), *Elegantiarum latinae linguae libri sex,* 1471;

–, *De voluptate,* Pavia 1431 (später u.d.T. *De vero bono); Opera,* Basel 1540 und 1543.

Varchi, B. (1503-1565), *Libro della beltà e grazia,* 1590;

–, *Lezzione sopra la pittura e la scultura,* 1546, erweitert als: *Due lezzioni,* Flor. 1549;

–, *Della maggioranza e nobilità dell' arti,* 1546, hg. v. Barocchi, *Trattati,* I. Bari 1960.

Vasari, G. (1511-1574), *Le vite de' piú eccellenti architetti, pittori e scultori italiani,* hg. v. G. Milanesi, 1878-1906.

Vauvenargues, L. de C. (1715-1747), *Introduction à la connaissance de l'esprit humain* 1747; 1920.

Vico, G.B. (1668-1744), *De nostri temporis studiorum ratione,* 1709; zwei Versionen davon: *Scienza nuova prima,* 1725; *Scienza nuova seconda,* 1744;

–, Gesamtausgabe in 8 Bde.: B. Croce, G. Gentile, P. Nicoli, 1914-1941.

Vida, M.G. (1485-1566), *De arte poetica*, 1527.
Viperano, G.A. (1535-1610), *De poetica libri tres*, 1519.
Vischer, F.Th. (1807-1887), *Ästhetik oder Wissenschaft des Schönen*, 4 Bde., Lpz. u. Stuttg. 1846-1857.
Warton, J. (1722-1800), *The Enthusiast, or the Lover of Nature*, 2 Bde., 1744-1746.
Winckelmann, J.J. (1717-1768), *Abhandlung von der Fähigkeit der Empfindung des Schönen*, Dresd. 1763; 1771;
–, *Geschichte der Kunst des Altertums*, 1764; 1934;
–, *Briefe*, 4 Bde., Bln. 1952-57;
–, *Kleine Schriften u. Briefe*, Weimar 1960.
Wolff, Chr. (1679-1754), *Empirische Psychologie*, 1732.
Zuccaro, F. (1542-1609), *L'idea de' pittori, scultori e d' architetti*, 1718.

Monographien

Antal, F., *Florentine Painting and Its Social Background*, Ldn. 1947.
Assunto, R., *L'antichità come futuro. Studio sull' estetica del neoclassicismo europeo*, Mailand 1973.
Basch, V., *Essai critique sur l'esthétique de Kant*, Paris, Neuaufl. 1927.
Batllori, M., *La agudeza de Gracián y la retorica jesuitica*; in: *Actas del Primer Congreso Internacional de Hispanistas*, Oxford 1964.
Battisti, E., *Il concetto d'imitazione nel cinquecento da Rafaello e Michelangelo*, in: *Commentari*, VII, 1956; wieder in: *Rinascimento e Barocco*, Turin 1960.
Benesch, O., *The Art of the Renaissance in the Northern Europe*, Cambr. Mass. 1947 u. später.
Białostocki, J., *Teoria i twórczość* [Theorie und Schaffen], Pozn. 1961.
–, *Styl i modus w sztukach plastycznych* [Stil und Modus in den bildenden Künsten], in: Estetyka 2 (1961); erweitert auch in: Zs. f. Kunstgesch., 1961, H.2, sowie in: *Sztuka i myśl humanistyczna* [Kunst und humanistisches Denken], 1966.
–, *Pojęcie natury w teorii sztuki renesansu* [Der Naturbegriff in der Kunsttheorie der Renaissance], in: Estetyka 3 (1962), Nachdr. wie oben.
Blunt, A., *Artistic Theory in Italy 1450-1600*, Oxford 1940; ^{2}1956.
Bouterwek, F., *Geschichte der Künste und Wissenschaften seit der Wiederherstellung derselben bis an das Ende des achtzehnten Jahrhunderts*, Göttingen 1801.

Bray, R., *La formation de la doctrine classique en France,* Paris 1957.
Briganti, G., *La maniera italiana,* Rom 1961.
Brinkschulte, E., *J.C. Scaligers kunsttheoretische Anschauungen und deren Hauptquellen,* in: Renaissance u. Philosophie 10 (1914).
Brodziński, K., *O klasyczności i romantyczności* [Über das Klassische und Romantische], in: *Pisma estetyczno-krytyczne* [Ästhetisch-kritische Schriften], Wr. u.a. 1964.
Brunius, T., *Mutual Aid in the Arts. From the Second Empire to Fin de Siècle,* Uppsala 1972.
Brunot, F., *La doctrine de Malherbe d'après son commentaire sur Desportes,* in: Annales de l'Université de Lyon 1 (1891).
Brüstiger, Ch.N., *Kants Ästhetik und Schellings Kunstphilosophie,* Diss., Halle 1912.
Bruyne, E. de, *Geschiedenis van de Aesthetica: De Renaissance,* 1951.
Brzozowski, St., *Filozofia romantyzmu polskiego* [Philosophie der polnischen Romantik], Lw. 1924.
Burckhardt, J., *Geschichte der Renaissance in Italien,* 1867.
Burger, F., *Vitruv und die Renaissance,* in: Repertorium f. Kunstwiss. 32 (1909).
Cassirer, K., *Die ästhetischen Hauptbegriffe der französischen Architekturtheoretiker 1650-1780,* Diss., Bln. 1909.
Cassirer, E., Kristeller, P.O., Randall, J.H.jr., *The Renaissance. Philosophy of Man. Petrarca, Valla, Ficino, Pico, Pomponazzi, Vives,* Chicago 1956.
Chastel, A., *Marsile Ficin et l'art,* Genf u. Lille 1954; 1976.
–, *Art et humanisme à Florence au temps de Laurent le Magnifique,* Paris 1959.
Clements, R.J., *Critical Theory and Practice of The Pléiade,* Harvard 1942.
–, *Michelangelos Theory of Art,* N.Y. 1961.
–, *Picta poesis,* Rom 1960.
Einem, H. von, *Goethe und die Kunst,* Hamburg 1956.
Einstein, A., *Muzyka w epoce romantyzmu* [Die Musik in der Epoche der Romantik], poln.: W. 1965.
Ellenius, A., *De arte pingendi, Latin Art Litterature in XVIIth Century. Sweden and Its International Background,* Uppsala 1960.
Fairchild, A.H.B., *Shakespeare and the Arts of Design,* Univ. of Missouri Studies, 1937.
Falke J. von, *Geschichte des modernen Geschmacks,* 1880.
Festugière, J., *La Philosophie de l'amour de M. Ficino et son influence*

sur la littérature française au XVIe siècle, in: Etudes de Philosophie médiévale 31 (1941).
Folkierski, W., *Entre le classicisme et le romantisme,* Kr. u. Paris 1925.
Fontaine, A., *Les doctrines d'art en France,* Paris 1909.
Garin, E., *Il Rinascimento italiano,* 1941
–, *L'Umanesimo italiano,* Bari 1952; 1965.
–, *La disputa delle arti nel Quattrocento,* 1947.
Gide, A., *Poussin,* Paris 1945.
Gilman, M., *The Idea of Poetry in France from Houdart de la Motte to Baudelaire,* Cambridge Mass. 1958.
Gombrich, E.H., *Norm and Form. Studies in the Art of the Renaissance,* Ldn. 1966.
Hipple jr., W.J., *The Beautiful, the Sublime and the Picturesque in Eighteenth-Century British Aesthetic Theory,* Carbondale, Ill. 1957.
Ivanoff, N., *Il concetto dello stile nella letteratura artistica del' 500,* Trieste 1955.
Jaroszewski, T.S., *Architektura doby Oświecenia w Polsce. Nurty i odmiany* [Architektur der Aufklärungszeit in Polen. Strömungen und Spielarten], Wr. 1971.
Kieszkowski, B., *Platonizm renesansowy* [Platonismus der Renaissance], W. 1935.
–, *Studi sul platonismo del Rinascimento in Italia,* 1936.
Krantz, E., *Essai sur l'esthétique de Descartes,* 1882.
Krautheimer, R., *Lorenzo Ghiberti,* Princeton 1956.
Kristeller, P.O., *Humanism and Scholasticism in the Italian Renaissance,* 1944.
–, *Renaissance Thought, the Classic, Scholastic and Humanist Strains,* N.Y. 1961.
–, *The Philosophy of M. Ficino,* 1943.
Krzemień-Ojak, S., *Estetyka G. B. Vica* [Die Ästhetik G.B. Vicos], in: Studia Estetyczne 1 (1964).
Kuczyńska, A., *Teoria piękna M. Ficina* [Die Theorie des Schönen von M. Ficino], in: Estetyka 4 (1963).
Kurz, O., *Barocco, storia di un concetto,* in: *Barocco Europeo e Barocco Veneziano,* Ven. 1963.
–, *Barocco, storia di una parola,* in: Lettere Italiane 12 (1960).
Lee, R.W., *Ut pictura poesis, The Humanistic Theory of Painting,* in: Art Bulletin 22 (1940).
Legrand, F.C., Sluys, F., *Arcimboldo et les arcimboldesques,* 1955.
Lissa, Z., *Romantyzm w muzyce* [Romantik in der Musik], in: *Romantyzm,* W. 1967.

Lohmüller, H., *Die französische Theorie der Malerei im 17 Jahrhundert*, Diss., Marburg 1931, ersch. 1933.
Lopez, R.S., *Hard Times and Investment in Culture*, in: *The Renaissance, Six Essays*, hg. v. R.H. Bainton, N.Y. 1953.
Lovejoy, N.O., *Essays in the History of Ideas*, Baltimore 1948.
Lukomski, G.H., *I Maestri dell' architettura classica*, Milano 1933.
Mc Keon, R., *Concept of Imitation*, in: Modern Philology 34 (1936).
Mahon, D., *Studies in Seicento Art and Theory*; Ldn. 1947.
–, *Eclecticism of the Carracci*, in: Journ. of the Warburg and Courtauld Inst. 16 (1953), H.3-4.
Mandowsky, E., *Untersuchungen zur Iconologie des Cesare Ripa*, Hamburg 1934.
Maurin-Białostocka, J., *Lessing i sztuki plastyczne* [Lessing und die bildenden Künste], Wr. 1969.
Meiss, M., *Painting in Florence and Siena after the Black Death*, Princeton 1951.
Michel, P.H., *L'esthétique arithmétique du Quattrocento*, in: *Mélanges H. Hauvette*, 1934.
Monk, S.H., *The Sublime, a Study of Critical Theories in XVIII c. England*, N.Y. 1935.
Morawski, S., *Studia z historii myśli estetycznej XVIII i XIX wieku* [Studien zur Geschichte des ästhetischen Denkens des 18. und 19. Jahrhunderts], W. 1961.
Mornet, D., *La question des règles au XVIIIe siècle*, in: Rev. d'Hist. Litt. de la France 21 (1914).
Mustoxidi, T.M., *Histoire de l'esthétique française 1700-1900*, Paris 1920 (Bibliographie).
Nivelle, A., *Kunst- und Dichtungs-Theorien zwischen Aufklärung und Klassik*, Bln. 1960.
Nowicki, A., *Problematyka estetyczna w dziełach G. Bruno* [Die ästhetische Problematik in den Werken von G. Bruno], in: Estetyka 3 (1962).
Ors, E. d', *Du baroque*, Paris 1936.
Otwinowska, B., *Imitacja-eklektyzm-spontaniczność* [Imitation-Eklektizismus-Spontaneität], in: Studia Estetyczne 4 (1967).
Palme, P., *Ut architectura poesis*, in: *Idea and Form*, Stockholm 1959.
Panofsky, E., *Studies in Iconology*, N.Y. 1939; franz.: *Essais d'iconologie. Thèmes humanistes dans l'art de la Renaissance*, Paris 1967.
–, *Renaissance and Renascences in Western Art*, Stockholm 1960.
Pasierb, J. St., *Problematyka sztuki w postanowieniach soborów* [Die

Problematik der Kunst in den Konzilsbeschlüssen], in: Znak 126 (1964).
Pater, W., *Romanticism,* in: Macmillans Magazine 35 (1876).
Patterson, W.F., *Three Centuries of French Poetic Theory,* 2 Bde., Ann Arbor 1935.
Pelisson, P., *Relation contenant l'histoire de l'Academie Française,* 1653.
Pietraszko, St., *Doktryna literacka polskiego klasycyzmu* [Die literarische Doktrin des polnischen Klassizismus], 1966.
Praz, M., *Mnemosyne, The Parallel between Literature and the Visual Arts,* Princeton 1970.
–, *Studies in Seventeenth-Century Imagery,* Ldn. 1939.
Ptaśnik, J., *Cracovia artificium,* Bd. 1, Kr. 1917.
Revault d'Allonnes, O., *L'esthétique de Descartes,* in: Diderot Studies 11 (1968).
Riegl, A., *Stilfragen,* Bln. 1893.
Rouchette, J., *Renaissance telle que nous a léguée Vasari,* Paris 1959.
Rzepińska, M., *Doktryna i wizja artystyczna w rozprawie Albertiego o malarstwie* [Künstlerische Doktrin und Vision in Albertis Abhandlung über die Malerei], in: Estetyka 4 (1963).
Scadura, S., *L'estetica di Dante, Petrarca, Boccaccio,* 1938.
Schlapp, O., *Kants Lehre vom Genie und die Entstehung der »Kritik der Urteilskraft«,* Straßburg 1901.
Schneider, R., *L'esthétique classique chez Q. de Quincy,* Thèse, 1910.
Smyth, C.H., *Mannerism and Maniera,* Locust Valley u. N.Y. 1963.
Spencer, J.R., *Ut rhetorica pictura,* in: Journal Warburg 20 (1957).
Spingarn, J.E., *A History of Literary Criticism in the Renaissance,* Ldn. 1899.
Starzyński, J., *O romantycznej syntezie sztuk. Delacroix, Chopin, Baudelaire* [Über die romantische Synthese der Künste. Delacroix, Chopin, Baudelaire], W. 1965.
Stokes, A., *Art and Science. A Study of Alberti, Piero della Francesca and Giorgione,* Ldn. o.J.
Symonds, J.A., *The Revival of Learning,* in: *Renaissance in Italy,* Ldn. 1882; 1900.
Tatarkiewicz, W., *L'esthétique associationiste au XVIIe siècle,* in: Rev. d'Esthétique 12 (1960), H.3.
Teyssèdre, B., *L'histoire de l'art vue du grand siècle,* Paris 1965.
–, *Roger de Piles et les débats sur le coloris au siècle de Louis XIV,* Paris 1965.
Thieghem, P. van, *Petite histoire des grandes doctrines littéraires en France,* Paris 1960.

Thoré Bürger, Th., *De la Beauté dans les Arts,* in: Revue Universelle des Arts, Bd. 3, 1856.
Thorpe, C.D., *The Aesthetic Theory of Th. Hobbes,* Ann Arbor 1940.
Tietze, H., *Der Barockstil und die Protestantische Welt,* in: Zeitwende 10 (1934), H. 4.
Toffanin, G., *Il Cinquecento,* 1929.
–, *Storia dell' umanesimo,* Napoli u. Città di Castello 1933.
Tolnay Ch. de, *La théorie de l'art et Michelangelo,* Congrès Intern. d'Esthétique, Paris 1937.
Tonelli G., *Zabarella inspirateur de Baumgarten ou l'origine de la connexion entre l'esthétique et la logique,* in: Rev. d'Esthétique 9 (1956), H. 1.
Treves, M., *Maniera, History of the Word,* in: Marsyas 1 (1941).
Vasoli, C., *L'estetica dell Umanesimo e Rinascimento,* in: *Momenti e Problemi di Storia dell' Estetica,* I, 1959.
Venturi, L., *La critica d'arte e F. Petrarca,* in: Arte 25 (1922).
–, *La critica d'arte di Leonardo da Vinci,* 1919.
–, *History of Art Criticism,* N.Y. 1936.
Vossler, K., *Poetische Theorien in der italienischen Frührenaissance,* 1900.
Weinberg, H., *A History of Literary Criticism in the Italian Renaissance,* 2 Bde., Chic. 1961.
Weisbach, W., *Die klassische Ideologie: ihre Entstehung und ihre Ausbreitung in den künstlerischen Vorstellungen der Neuzeit,* in: Dt. Vierteljahrsschr. f. Literaturwiss. u. Geistesgesch. 11 (1933), wieder in: *Stilbegriffe und Stilphänomene,* Wien 1957.
Will, F., *Intelligible Beauty in Aesthetic Thought from Winckelmann to Victor Cousin,* Tübingen 1958.
Wittkower, R., *Architectural Principles in the Age of Humanism,* Ldn. 1949.
–, *G.L. Bernini, the Sculptor of the Roman Baroque,* Ldn. 1955.
Wize, K.F. *Kants Analytik des Schönen,* in: Zs. f. Ästhetik u. allgem. Kunstwiss., Bd. 4, H 1.
Wölfflin, H., *Renaissance und Barock,* München 1888.
–, *Die Klassische Kunst,* München 1899.
–, *Kunstgeschichtliche Grundbegriffe,* München 1915.

V. GEGENWART (19. UND 20. JAHRHUNDERT)

Anthologien, Wörterbücher

Barrett, C. (Hg.), *Collected Papers on Aesthetics*, 1965. (Anthologie)

Dictionnaire de l'architecture moderne, hg. v. Gerd Hatje, Paris 1964.

Elton, W. (Hg.), *Aesthetics and Language*, N.Y. 1954; 1967. (Anthologie)

Knaurs Lexikon moderner Kunst, 1955.

Seuphor, M., *A Dictionary of Abstract Painting*, 1958.

Texte und Monographien

Alain (E. Chartier), *Système des beaux arts*, 1920.

Alexander, S., *Space, Time and Deity*, 1920.

Apollinaire, G., *Kubiści. Rozważania estetyczne* [Die Kubisten. Ästhetische Überlegungen], poln.: Kr. 1959.

Arnheim, R., *Art and Visual Perception*, Berkeley 1957.

Arp, H., *On my Way*, N.Y. 1948.

Art and Confrontation. France and the Arts in Age of Change (J. Cassou et al.), Ldn. 1970.

L'Art dans la société d'aujourd'hui, in: *Rencontres Internat. de Genève 1967*, Neuchâtel 1968.

Aschenbrenner, K., *Forma i formalizm* [Form und Formalismus], in: Studia Estetyczne 6 (1969).

–, *The Concept of Value. Foundation of Value Theory*, Dordrecht 1971.

Bachelard, G., *La poétique de l'espace*, 1951.

Banham, R., *Machine Aesthetics*, Ldn. 1955.

–, *The First Machine Age*, Ldn. 1960.

–, *Los Angeles, The Architecture of Four Ecologies*, Ldn. 1971.

Barzun, J.M., *Classic, Romantic and Modern*, Ldn. ^{2}1962 (Titel der 1. Aufl.: *Romanticism and the Modern Ego*, 1943).

Beardsley, M.C., *Aesthetic Problems in the Philosophy of Criticim*, 1958.

–, *Aesthetic Experience Regained*, 1969.

Bell, Cl., *Art*, 1914; N.Y. 1958.

Bense, M., *Aesthetica. Einführung in die neue Ästhetik*, Baden-Baden 1965.

Bergson, H. (1859-1941), *Essais sur les données immédiates de la conscience*, 1889, in: *Œuvres*, Paris 1963.

–, *Le rire,* 1900, in: *Œuvres,* Paris 1963.
–, *Le deux sources de la morale et de la religion,* 1932, in: *Œuvres,* 1963.
Biemel, W., *Philosophische Analysen zur Kunst der Gegenwart,* 1968.
Birkhoff, G.D., *Aesthetic Measure,* Cambridge, Mass., Harvard Univ. 1933.
Blaustein, L., *Przedstawienia imaginatywne* [Imaginative Vorstellungen], 1930.
Bradley, A. C., *Oxford Lectures on Poetry,* 2. Aufl. 1909.
Brémond, H., *Poésie pure,* 1929.
–, *Poésie et prière,* 1929.
Breton, A., *Le surréalisme et la peinture,* 1928.
Brion, M., Rey, R., *L'art abstrait. Pour et contre,* in: Les Nouvelles Litt., Paris, 6.7.1961.
Brzozowski, St., *Kultura i życie. Zagadnienia sztuki i twórczości w walce o światopogląd* [Die Kultur und das Leben. Fragen der Kunst und des Schaffens im Kampf um die Weltanschauung], W. 1936; 1973.
Bullough, E., *Psychical Distance as a Factor in Art and an Esthetic Principle,* 1912.
–, *Aesthetics. Lectures and Essays,* Ldn. 1957.
Cassirer, E., *Eidos und Eidolon,* in: Vorträge d. Bibl. Warburg 2 (1924).
–, *An Essay on Man,* N.Y. 1944.
Champfleury (J. Fleury Husson), *Le réalisme,* Paris 1857.
Cohn, J., *Allgemeine Ästhetik,* Lpz. 1901.
Croce, B. (1866-1953), *L'estetica come scienza dell'espressione e linguistica generale,* Bari 1902.
–, *Problemi di estetica e contributi alla storia dell' estetica ital.,* Bari 1910.
–, *Nuovi saggi di Estetica,* I: *Breviario di estetica,* Bari 1926.
Dessoir, M., *Ästhetik und allgemeine Kunstwissenschaft,* Stuttgart 1906.
Doucet, F., *L'esthétique d'Emile Zola, et son application à la critique,* Paris 1923.
Dubuffet, J., *L'art brut préféré aux arts culturels,* 1949.
–, *Prospectus et tous écrits suivants,* Paris 1967.
Eco, U., *Modelli e strutture,* in: Il Verri 20 (1966).
–, *Poetyka dzieła otwartego* [Poetik des offenen Werkes], in: Miesięcznik Literacki Nr. 6/34, 1969.
Ekman, R., *Problems and Theories in Moden Aesthetics,* Malmö 1960.

Eliot, T.S., *The Use of Poetry and the Use of Criticism*, 1933.
Estreicher, K., *Leon Chwistek, biografia artysty* [Leon Chwistek, Biographie des Künstlers], Kr. 1971.
Fechner, G.Th., *Vorschule der Ästhetik*, 2 Bde., Lpz. 1876.
Fiedler, K., *Schriften über Kunst*, 1913-1914.
Focillon, H., *La vie des formes*, Paris 1934.
Francastel, P., *Sztuka a technika w XIX i XX w.* [Kunst und Technik im 19. und 20. Jahrhundert], W. 1966.
Fry, R., *Vision and Design*, N.Y. 1920; 1957.
Gabo, N., Pevsner, A., *Realistisches Manifest 1920*; engl. in: H. Read, L. Martin: *Gabo*, 1957.
Gauss, Ch.E., *The Aesthetic Theories of French Artists*, Baltimore 1949.
Gehlen, A., *Zeit-Bilder. Zur Soziologie und Ästhetik der modernen Malerei*, Frankf./M. 1965.
Geiger, M., *Das Problem der Scheingefühle*, 1910.
–, *Beiträge zur Phänomenologie des ästhetischen Genusses*, in: Jahrb. f. Philos. u. phänomenol. Forsch., Halle 1913.
–, *Zugänge zur Aesthetik*, in: Der neue Geist, Lpz. u. Bln. 1928.
Ghyka, M.C., *Esthétique des proportions dans les arts*, 1927.
–, *Le nombre d'or*, 1939.
Gleizes, A., Metzinger, J., *Du Cubisme*, 1912.
Gombrich, E.H., *Art and Illusion*, N.Y. ^{2}1961.
Gombrowicz, W., *Tagebuch (1953-1956)*, Paris 1957.
–, Interview in: Times Literary Supplement, 25.9.1969.
Gourmont, R. de, *Le livre des masques*, 1896-98.
Grabska, E. (Hg.), *Moderniści o sztuce* [Die Modernisten über die Kunst], W. 1971.
Grabska, E., Morawska, H. (Hg.), *Artyści o sztuce. Od Van Gogha do Picassa* [Künstler über die Kunst. Von van Gogh bis Picasso], W. 1963.
Greenough, H., *Form and Function*, 1851, hg. v. H. A. Small, 1947.
Groos, E., *Einleitung in die Ästhetik*, 1892.
Gropius, W., *Scope of the Total Architecture*, 1943.
Guyau, J.M., *Les problèmes de l'esthétique contemporaine*, 1884.
Guze, J. (Hg.), *Malarze mówią o sobie, o swojej sztuce, o sztuce innych* [Maler sprechen über sich, über ihre Kunst, über die Kunst anderer], Kr. 1963.
Hamann, R., *Ästhetik*, 1911.
Hanslick, E., *Vom Musikalisch-Schönen*, 1854.
Hartmann, E. von, *Ästhetik*, 1907-1909.

Hartmann, N., *Ästhetik*, 1953.

Heyl, B.C., *New Bearings in Aesthetics and Art Criticism. A Study in Semantics and Evaluation*, New Haven 1943.

Hildebrand, A. von, *Das Problem der Form in der bildenden Kunst*, Straßburg 1893 (1910).

–, *Gesammelte Aufsätze*, Straßburg 1909, (1916).

Hodin, J.P., *Modern Art and the Modern Mind*, L. 1972.

Hryńczuk, J., *Poglądy estetyczne naturalistów niemieckich* [Die ästhetichen Ansichten der deutschen Naturalisten], Wr. 1968.

Huisman, D., *L'esthétique*, 1959.

Ingarden, R., *O formie i treści dzieła sztuki literackiej* [Über Form und Inhalt des literarischen Kunstwerks], in: *Studia z estetyki* [Studien aus dem Bereich der Ästhetik], Bd. 2, W. 1958.

–, *Przeżycie-dzieło-wartość*, 1966 [dt.: *Erlebnis, Kunstwerk und Wert*, Tübingen 1969].

Janicka, K., *Światopogląd surrealizmu* [Die Weltsicht des Surrealismus], 1969.

–, *Surrealizm* [Surrealismus], 1973.

Jessop, T.E., *The Definition of Beauty*, in: Proceedings of the Aristotelian Society 33 (1933).

Jung, C.G., *Über das Phänomen des Geistes in Kunst und Wissenschaft*, Olten 1971.

–, *Gesammelte Werke*, Zürich 1966-71, 15 Bde.

Kandinsky, W., *Über das Geistige in der Kunst*, 1910; [5]1956.

Klee, P., *Das bildnerische Denken. Schriften zur Form und Gestaltungslehre*, Basel 1956.

–, *Über die moderne Kunst*, Bern 1945.

Koestler, A., *The Act of Creation*, 1964.

Kopczyńska, Z., *Poezja jest sztuką przez język* [Die Poesie ist Kunst durch Sprache], in: *Język i poezja* [Sprache und Poesie], W. 1970.

Krzemień, S., *Realizm: narodziny pojęcia i krystalizacja doktryny* [Realismus: Anfänge des Begriffs und Kristallisation der Doktrin], in: Estetyka 3 (1962).

Kuczyńska, A. (Hg.), *Sztuka i społeczeństwo* [Kunst und Gesellschaft], W. 1973.

Külpe, O., *Grundlagen der Ästhetik*, hg. v. S. Behn, Lpz. 1921.

Lalo, Ch., *Esthétique*, 1925.

Lam, A., *Polska awangarda poetycka, Programy lat 1917-1923* [Die polnische Dichter-Avantgarde. Programme der Jahre 1917-1923], Kr. 1969.

Lange, K., *Das Wesen der Kunst*, 1907.
Langer, S., *Feeling and Form*, L. 1953.
–, *Problems of Art*, N.Y. 1957.
Langfield, H.S., *The Aesthetic Attitude*, 1920.
Lautréamont (I. Ducasse), *Les Chants de Maldoror*, 1869.
Le Corbusier (Ch. Jeanneret), *Le Purisme*, in: Esprit Nouveau, Nr. 4, 1921.
–, *Les yeux qui ne voient pas*, in: Esprit Nouveau, Nr. 8/10, 1921.
–, *Le Modulor*, Paris 1950.
–, *Feststellungen zu Architektur und Städtebau*, 1964.
Léger, F., *Discours aux architectes*, in: Annales Techniques, Athen, Nr. 44/46 (1933).
Lipps, Th., *Ästhetik*, Hamburg 1903-1906, 2 Bde.
Listowel, Earl of, *A Critical History of Modern Aesthetics*, Ldn. 1933.
Loos, N., *Ins Leere gesprochen. Trotzdem*, in: *Sämtliche Werke*, Wien 1962, I.
Löwith, K., *Paul Valéry*, Göttingen 1971.
Lukács, G., *Beiträge zur Geschichte der Ästhetik*, Bln. 1956.
–, *Ästhetik. Die Eigenart des Ästhetischen*, 1963.
–, *Probleme der Ästhetik*, 1969, in: *Werke*, Neuwied 1963-69.
–, *Realism in Our Time*, N.Y. 1964.
–, *Die Theorie des Romans*, 1920.
Mc Luhan, H.M., *Pro and Con*, N.Y. 1968.
–, *Understanding Media: the Extensions of Man*, N.Y. 1964.
Mc Callum, H.R., *Contemporary Aesthetic Theory*, in: Toronto Univ. Quarterly 6 (1937).
Mc Neill-Whistler, J.A., *The Gentle Art of Making Enemies*, 1890.
Makota, J., *O klasyfikacji sztuk pięknych* [Über die Klassifikation der schönen Künste], Kr. 1964.
Mallarmé, S., *Enquète sur l'évolution littéraire*, 1888.
Malraux, A., *La métamorphose des dieux*, Paris 1957.
Marcuse, H., *Kultur und Gesellschaft*, 2 Bde., Frankf./M. [5]1965-1967.
Maser, S., *Grundlagen der allgemeinen Kommunikationslehre*, Stuttg. 1971.
Maugham, W. Somerset, *Cakes and Ale*, 1930 (Roman vor dem Hintergrund der Biographie von Th. Hardy) [dt.: *Seine erste Frau*, Berlin 1974].
Meinong, A., *Abhandlungen zur Erkenntnistheorie*, Neuaufl. 1957.
Meumann, E., *Einführung in die Ästhetik der Gegenwart*, 1908.
Moles, A., *Art et Ordinateur*, Tournai 1971.

–, *L'esthétique expérimentale dans la nouvelle société de consommation*, in: Science de l'art 3.
Mondrian, P., *De Nieuwe Beelding in der Schilderkunst*, in: De Stijl 1917/18.
Monod-Herzen, E., *Lois d'harmonie et tradition*, in: Amour de l'art 2 (1921).
–, *Principes de la morphologie générale*, I, 1956.
Moore, J.S., *The Sublime and Other Subordinate Aesthetic Concepts*, in: Journ. of Philosophy 45 (1948), H.2.
Morawski, St., *Paradoksy estetyczne najnowszej awangardy* [Ästhetische Paradoxien der neuesten Avantgarde], in: Studia Socjologiczne 1973, Nr.3.
Morpurgo Tagliabue, G., *L'esthétique contemporaine*, 1960.
Munro, Th., *The Arts and Their Interrelations*, Cleveland 1951.
Müller-Freienfels, R., *Das Urteil in der Kunst*, 1909.
Münsterberg, H., *Principles of Art Education*, 1905.
Najder, Z., *Wartości i oceny* [Werte und Urteile], 1971.
Odebrecht, R., *Ästhetik der Gegenwart*, 1932.
Ogden, C.K., Richards I.A., *The Meaning of Beauty*, in: *The Meaning of Meaning, the Influence of Language upon Thought and the Science of Symbolism*, Ldn. [3]1930; [7]1945.
Osborne, H., *Aesthetics and Criticism*, Ldn. 1955.
–, *Zagadnienie definicji w estetyce* [Probleme der Definition in der Ästhetik], in: Estetyka 4 (1963).
–, *Aesthetics in the Modern World*, Ldn. 1968.
Ossowski, St., *U podstaw estetyki* [Grundlagen der Ästhetik], 4. Aufl., in: *Dzieła* [Werke], Bd. 1, 1966.
Perret, A., *Contribution à une théorie de l'architecture*, Paris 1952.
Picon, G., *L'art dans la société d'aujourd'hui*, in: *Rencontres Internationales de Genève* 1967, Neuchâtel 1968.
Piwocki, K., *Sztuka żywa* [Lebendige Kunst], Wr. 1970.
–, *Pierwsza nowoczesna teoria sztuki* [Die erste moderne Kunsttheorie], W. 1970.
La poésie comme art de l'espace, in: Journal des poètes, Bruxelles 1969, Nr. 2.
Polin, R., *Le bonheur considéré comme l'un des beaux-arts*; Paris 1965.
–, *La création des valeurs*, Paris 1944.
Pollakówna, J., *Formiści* [Die Formisten], 1972.
Porębski, M., *Dwa programy* [Zwei Programme], in: Materiały do Studiów i Dyskusji, W. 1950.

–, *Kubizm, wprowadzenie do sztuki XX wieku* [Der Kubismus, Einführung in die Kunst des 20. Jahrhunderts], W. 1966.
–, *Ikonosfera* [Die Ikonosphäre], W. 1972.
–, *Granica współczesności* [Die Grenze der Gegenwart], Wr. 1965.
Pronaszko, Z., *O ekspresjonizmie* [Über den Expressionismus], in: Maski 1 (1918).
Przybyszewski, St., *Confiteor*, in: Życie 3 (1899), H.1.
Raymond, G.L., *Essentials of Aesthetics*, 1906.
Read, H., *Art and Society*, Ldn. 1937.
–, *Icon and Idea*, 1954.
–, *The Meaning of Art*, Harmondsworth, Middl. 1964.
Richards, I.A., *Principles of Literary Criticism*, Ldn. 1925.
Riehl, A., *Bemerkungen zu dem Problem der Form in der Dichtung*, in: Vierteljahresschr. für wiss. Philosophie 20 (1898).
Rieser, M., *Problems of Artistic Form: the Concept of Art*, in: Journ. of Aesthetics and Art Criticism 27 (1969), H.3.
–, *Sprachkritische Ästhetik in Amerika*, in: Zs. f. Ästhetik u. allgem. Kunstwiss. 15 (1970), H.1.
Rodin, A., *L'art, entretiens réunis par Paul Gsell*, Paris 1932; dt.: *Die Kunst: Gespräche des Meisters*, ges. von Paul Gsell, Zürich 1988.
Roerig, U., *Architektur und Natur*, in: Zs. f. Ästhetik 15 (1970), H.2.
Rosenberg, H., *The De-definition of Art*, Ldn. 1972.
–, *L'histoire d'art touche à sa fin*, in: Preuves, 213 (1968).
Ruskin, J., *Modern Painters*, 4 Bde., Ldn. 1906.
–, *The Seven Lamps of Architecture*, Ldn. 1913.
Sadzik, J., *Esthétique de Martin Heidegger*, Paris 1963.
Santayana, G. (1863-1951), *The Sense of Beauty, Being the Outlines of Aesthetic Theory*, 1896; N.Y. 1961.
Schaefer, H., *The Roots of Modern Design*, Ldn. 1970.
Schapiro, M., *Style*, in: *Anthropology Today*, hg. v. A. L. Kroeber, Chicago 1953.
Schasler, M., *Ästhetik. Grundzüge der Wissenschaft des Schönen und der Kunst*, 2 Bde., Lpz. 1886.
Scheler, M., *O zjawisku tragiczności* [Über das Phänomen des Tragischen], poln.: Lw. 1938.
Selincourt, E., *On Poetry*, Oxford 1929.
Sedlmayr, H., *Art in Crisis. The Lost Center*, Chicago 1958.
–, *Die Revolution der modernen Kunst*, Hamburg 1960.
–, *Verlust der Mitte*, Frankf./M. 1961.
Segał, J., *O charakterze psychologicznym zasadniczych zagadnień estety-*

ki [Über den psychologischen Charakter grundlegender Probleme der Ästhetik], in: Przegląd Filozoficzny 14 (1911).
Siebeck, H., *Das Wesen der ästhetischen Anschauung*, 1872.
Skolimowski, H., *Antynomie formy w sztuce współczesnej* [Antinomien der Form in der modernen Kunst], in: Tematy 31/32 (1969).
Souriau, A., *La notion de catégorie esthétique*, in: Rev. d'Esthétique, 19 (1966).
Souriau, E., *L'avenir de l'esthétique*, 1929.
–, *La correspondance des arts. Eléments d'esthétique comparée*, 1947; 1969.
–, *Le sublime*, in: Rev. d'Esthétique 1919 (1966).
Stolnitz, J., *Beauty: Some Stages of the History of an Idea*, in: Journ. of the History of Ideas 22 (1961), H.2.
–, *On the Origin of »Aesthetic Desinterestedness«*, in: Journ. of Aesthetics and Art Criticism 21 (1961), H.1.
–, *The Artistic Values in Aesthetic Experience*, in: Journ. of Aesthetics and Art Criticism 32 (1973), H.1.
Stolowič, L.N., *Estetičeskoe v dejstvitelnosti i v iskusstvie* [Das Ästhetische in der Wirklichkeit und in der Kunst], Moskva 1959.
–, *Gumanizm krasoty i krasota gumanizma* [Humanismus des Schönen und Schönheit des Humanismus], in: Trudy po Filosofii (Tartu) 10 (1966).
–, *L'étymologie du mot »beauté« et la nature de la catégorie du beau*, in: Rev. d'Esthétique 19 (1966).
Strawinsky, I., *Poètique musicale*, Paris 1946; 1952 [dt.: *Musikalische Poetik*, Wiesbaden 1960].
Strzemiński, W., *Unizm w malarstwie* [Der Unismus in der Malerei], W. 1928.
Sullivan, L.H., *The Autobiography of an Idea*, N.Y. 1956.
Thiersch, A., *Die Proportionen in der Architektur*, in: *Handbuch der Architektur*, IV, I, 1883.
Tschernyschewski [Černyševskij], N.G., *Pisma filozoficzne* [Philosophische Schriften], poln.: 2 Bde., W. 1961.
–, *Estetičeskie otnošenija iskusstva k'dejstvitel'nosti* [*Die ästhetischen Beziehungen der Kunst zur Wirklichkeit*, Bln. 1954], Moskau 1955.
–, *O sztuce* [Über die Kunst], W. 1952.
Tucker, M., *Robert Morris*, 1970.
Valentine, C.W., *The Experimental Psychology of Beauty*, 1962.
Valéry, P., *Eupalinos*, Paris 1923.
–, *Variétés*, I-V, Paris 1925-44.

–, *Estetyka słowa* [Ästhetik des Wortes], W. 1971.
Venturi, L., *Four Steps Toward Modern Art*, 1956.
–, *Storia della critica d'arte*, Rom u.a. 1945.
Volkelt, J., *System der Ästhetik*, 3 Bde., 1905-1914.
–, *Grundlegung der Ästhetik*, 1927.
Wallis, M., *Przeżycie i wartość* [Erlebnis und Wert], Kr. 1968.
Weinberg, B., *French Realism: A Critical Reaction*, N.Y. 1973.
Weisbach, W., *Vom Geschmack und seinen Wandlungen*, Basel 1947.
Weitz, M., *Open Concepts*, in: Rev. Intern. de Philosophie 99/100 (1972).
–, *The Role of Theory in Aesthetics*, in: *Problems of Aesthetics*, N.Y. 1959.
Wellek, R., *A History of Modern Criticism, 1750-1950*, 4 Bde., Ldn. 1955.
Wilde, O., *Intentions*, Ldn. 1891.
Wittgenstein, L., *Lectures and Conversations on Aesthetics, Psychology and Religious Belief*, hg. v. C. Barrett, Oxford 1970.
Witkiewicz, S., *Sztuka i krytyka u nas* [Kunst und Kritik bei uns], Kr. 1891, W. 1949; wieder in: *Pisma zebrane* [Gesammelte Schriften], Kr. 1971 (Bd. 1).
Witkiewicz, St. I., *Nowe formy w malarstwie* [Neue Formen in der Malerei], 1919.
–, *Szkice estetyczne* [Ästhetische Skizzen], 1922.
–, *Nowe formy w malarstwie i inne pisma estetyczne* [Neue Formen in der Malerei und andere ästhetische Schriften], bearb. von J. Leszczyński, W. 1959.
–, *Nowe formy w malarstwie. Szkice estetyczne. Teatr* [Neue Formen in der Malerei, Ästhetische Skizzen. Theater], bearb. von J. Leszczyński, W. 1974.
Witwicki, W., *Psychologia* [Psychologie], 2 Bde., 1925, [2]1930.
Wize, K.F., *Abriß einer Wissenschaftslehre der Ästhetik*, Bln. 1909.
–, *Nauka o pięknie i sztuce w zarysie* [Die Wissenschaft vom Schönen und der Kunst im Grundriß], Pozn. 1924.
Worringer, W., *Abstraktion und Einfühlung*, 1908.
Woźniakowski, J., *Między dziełem a nicością* [Zwischen dem Werk und dem Nichts], in: Znak 1968.
Wright, F.L., *Writings and Buildings*, N.Y. 1960.
–, *The Natural House*, N.Y. 1963.
Zamoyski, A., *Jak i dlaczego wyrosłem z formizmu* [Wie und warum ich dem Formismus entwachsen bin], in: Poezja, Nr. 1 und 2, 1968.

–, Interview in Zwrotnica Nr. 3 (1922).
–, *O formizmie* [Über den Formismus], in: Głos Plastyków 1938.
Zola, E., *Mes haines,* 1861.
–, *Salons,* hg. v. Hemmings und Niess, 1959.
Zurko, E.R. de, *Origins of the Functionalist Theory,* N.Y. 1957.
Żórawski, J., *O budowie formy architektonicznej* [Über den Aufbau der architektonischen Form], W. 1962; 1973.

Zum Autor

Der Philosoph, Philosophie- und Kunsthistoriker Władysław Tatarkiewicz (1886-1980) wurde in Warschau als Sohn eines erfolgreichen Advokaten und einer wohlhabenden Landadeligen geboren. Er studierte zunächst in Warschau Jura sowie (auf Geheimkursen) Psychologie und Philosophie, wurde wegen seiner Teilnahme an den gegen die Russifizierungspolitik gerichteten Studentenprotesten 1905 vom Studium an Hochschulen im russischen Teilungsgebiet Polens ausgeschlossen und setzte sein Studium in Zürich fort. Hier hörte er Philosophie, Psychologie, Biologie, Anthropologie, Geschichte und Kunstgeschichte. Anschließend studierte er in Berlin und promovierte 1910 in Marburg/Lahn über *Die Disposition der Aristotelischen Prinzipien*. 1911/12 arbeitete er am Pariser Collège de France. 1915 trat Tatarkiewicz an der wiedereröffneten Universität Warschau eine Dozentur für Philosophie an, 1919 (nach seiner Habilitation) ging er als a.o. Professor an die Universität Wilna, nahm kurz am polnisch-sowjetischen Krieg teil und wechselte 1921 nach Posen, ehe er – mit politisch bedingten Unterbrechungen – von 1923 bis 1961 wieder in Warschau lehrte (1929: ordentlicher Professor). In der Zwischenkriegszeit bereiste er ganz Europa, um zu forschen und zu lehren. Während des Zweiten Weltkriegs hielt er in seiner Privatwohnung geheime Vorlesungen für die Untergrunduniversität. Nach seiner Emeritierung wurde Tatarkiewicz zu Gastvorlesungen nach Princeton, Berkeley und Lausanne eingeladen; seine öffentlichen Vorlesungen an der Akademie der Wissenschaften in Warschau waren ein Anziehungspunkt für die geistige Elite des Landes.

Tatarkiewicz war passionierter Reiter; reitend ersann er viele wichtige Texte. Seine Kenntnis der philosophischen und kunsthistorischen Literatur fand kaum ihresgleichen; seine Stilsicherheit gestattete ihm die Übersetzung des zweiten Teils von Thomas Manns »Zauberberg«, auch war er selbst dichterisch tätig. Tatarkiewicz war Mitglied zahlreicher nationaler und internationaler Organisationen, mehrfacher Ehrendoktor und Träger u.a. des polnischen Staatspreises (1966) sowie des Preises der Warschauer »Kultura« (1970).

Władysław Tatarkiewicz war einer der wirkmächtigsten und produktivsten polnischen Philosophen des 20. Jahrhunderts. Er arbeitete insbesondere über Ästhetik, Ethik, Philosophie- und Kunstgeschichte. Seine *Historia Filozofii* (Geschichte der Philosophie, 3 Bde., 1931/1950) erschien 2001 in der 18. Auflage und hat Generationen polnischer Philosophen geprägt. Seine ungemein kenntnisreiche *Historia estetyki* (Geschichte der Ästhetik, 3 Bde., 1960-1967) wurde ins Deutsche übersetzt (Basel/Stuttgart 1979-1987), ebenso sein Buch *O szczęściu* (Über das Glück, 1947, 9. Aufl. 1990; dt.: 1984). Im Bereich der Kunstgeschichte veröffentlichte Tatarkiewicz Studien zum polnischen Barock, insbesondere über den Łazienki-Palast, außerdem war er Mitherausgeber der dreibändigen *Historia sztuki polskiej w zarysie* (Geschichte der Polnischen Kunst im Überblick, 1962). Seine Bücher liegen mittlerweile in zehn europäischen Sprachen vor.

P. O. L.

Einige weitere wichtige Arbeiten Tatarkiewiczs:

Parerga, Warszawa 1978.

O doskonałości [Über die Vollkommenheit], Warszawa 1976 [engl.: On perfection, Warsaw 1992].

Droga przez estetykę [Weg durch die Ästhetik], Warszawa 1972.

Droga do filozofii [Der Weg zur Philosophie], Warszawa 1971.

O sztuce polskiej XVII i XVIII wieku [Über die polnische Kunst des 17. und 18. Jahrhunderts], Warszawa 1966.

The Historian's concern with the future, in: The British Journal of Aesthetics 4 (1964), S. 240-247.

Objectivity and subjectivity in the history of aesthetics, in:

Philosophy and phenomenological research, 24 (1963), S. 157-173.
Aristoteles: ein moderner Ästhetiker, Torino 1961.
Dominik Merlini, Warszawa 1955.
Skupienie i marzenie [Konzentration und Traum], Kraków 1951.
Dwa baroki: Krakowski i Wileński [Zwei Barocke, jener von Warschau und jener von Wilna], Kraków 1946.
Pięć studjów o Łazienkach Stanisława Augusta [Fünf Studien über Stanisław Augusts Łazienki], Lwów (u.a.) 1925.
O bezwzględności dobra [Über das rücksichtlose Gute], 1919.
Rządy artystyczne Stanisława Augusta [Das künstlerische Regiment Stanisław Augusts], 1919.
Budowa pałacu w Łazienkach [Der Bau des Palastes in Łazienki], 1916.

Abbildungsverzeichnis

1933. Entnommen aus: Pablo Picasso. Werke auf Papier aus der graphischen Sammlung der Staatsgalerie Stuttgart, Stuttgart 2000, S. 60.

Personenverzeichnis[1]

1 Das Personenverzeichnis wurde auf der Grundlage der polnischen Ausgabe erstellt und ergänzt von Sylwia Steinbrück, Kamila Mazurek, Markus Müller und Adrian Solarz.

Inhaltsverzeichnis

»Denken und Wissen. Eine polnische Bibliothek«, herausgegeben vom Deutschen Polen-Institut Darmstadt, präsentiert herausragende Texte polnischer Wissenschaftler und zentrale Themen des geistigen Lebens in Polen.

Suhrkamp Verlag GmbH
Torstraße 44, 10119 Berlin
info@suhrkamp.de
www.suhrkamp.de